聖五傷畢奧神父傳

當代最偉大的密契經驗者
被神蹟環繞的一生

PADRE PIO

THE TRUE STORY

C. BERNARD
RUFFIN
伯納德・盧芬——著

林之鼎神父——審訂　朱怡康——譯

謹以本書紀念家母——

莉莉安・利百加・瓊斯・盧芬（Lillian Rebecca Jones Ruffin）

Content

Content

導讀

一個真實的故事

林之鼎

畢奧神父究竟是何許人物？——在聽說了畢奧神父，又知道了他、以及圍繞著他所發生的許多事情之後，總令人不由得打心底發出這個問號。

他是二十世紀的現代人，而活著的時候，就已經是個常上報、被人掛在嘴邊的「八卦人物」了。

他與耶穌和聖人們親切談話，常透過祈禱治癒傷患殘疾，能預言未來、看穿人心。他與他的護守天使互動頻繁，很多時候還請天使來幫他去跑差事。魔鬼對他相當無奈，恐嚇誘惑、甚至暴力痛毆都無效，他繼續齋戒祈禱以對，一點兒都不曾讓步，也告訴大家不用害怕牠。

最為人所樂道或爭議之一的，是他雙手雙腳和左胸口上，竟然烙印著耶穌的五傷，就像是被釘子長矛所刺透的傷口，而且不時流出鮮血。任憑好心的醫生或不懷好意的大夫反覆診察、想要徹底治癒這種奇怪的「疑難雜症」，但從來沒有一個人成功過。一般的傷口常發出腐爛的氣味，而畢奧神父的反倒持續散放一股難以理解的芳香。直到現今二〇一三年都還有很多人在去聖若翰．羅通多朝聖時，聲稱聞到畢奧神父獨有的香氣——他臨在的特殊標記。最後，這些傷口在他臨終交付靈魂的時候，卻又一反醫學常理、已然消失得無影無蹤，連疤痕也沒有！

人願意有知心，常願意自己是好的，而天主透過告解聖事——教會的服務——赦免罪過、幫人重獲自由，但常有人覺得要跟神父告明很難，因為他首先要面對的是自己的難堪。然而慕名來畢奧神父這裡辦告解的蜂擁人潮，就算要等好幾天也沒有關係。有人發現還沒開口，畢奧神父已經知道他犯了甚麼罪，有時還提醒人忘了告明什麼，或乾脆幫他說出來了。這麼私密的事，他怎麼知道的？

眼見受苦的人實在太多，畢奧神父結合了社會善良的力量，為傷患建築了美輪美奐、功能齊備的醫院，就叫做「受苦者安慰之家」。他在人身上看見苦難，也看見受苦的基督：「當看見在我身邊聚集的群眾時，我願意背起每一個人的十字架。」他低頭向主祈禱：「把這個世界所有的痛苦放到我身上——放到這個羔羊身上。」

人們不惜犧牲睡眠時間，就為了參加他一大清早主持的彌撒，因為他的禮儀總令人感動萬分，讓人深受吸引。究竟是被什麼所吸引？——似乎有一股特殊的平安與寧靜，天堂真實得好像用手就可以碰觸得到，讓人感到天主的臨在。

在他身邊所發生的事情，有時看起來的確是太違反常理了，所以不但是街頭巷尾的話題常離不開他，連教廷高層人物之間也議論他。讚美他的大有人在，攻訐他的消息也時有所聞。記者不時喜歡報導他又顯了什麼奇蹟，人們在哪裡又看見他的分身。那些看來似乎「怪力亂神」的現象，恰是這位大鬍子神父——更精確的說，是天主教方濟會大家庭中的嘉布遣會弟兄——表面上看來最受人矚目的原因。

「力不由理，斯怪力也；神不由正，斯亂神也。」有趣的是：當很多人極力宣揚畢奧神父的神奇之時，他自己卻也無法解釋到底是怎麼一回事，但他曉得任何真正的好事都是來自於天主的，所以是有理的，而他也只不過是正神的僕役。事實上，碰到奇蹟擺在眼前還惡意否認攻詰的人，他會生氣；但是對那些懷著純樸之心前來道謝的人，他的溫柔又像冬天和煦的太陽。不難想見為何當時就有人說他是聖人，也有人稱他是騙子和無賴。

畢奧神父於一九六八年離開了這個世界。教會在經過四十多年的訪察明辨後，教宗若望保祿二世終於在二〇〇二年六月十六號隆重的宣布畢奧神父為聖人。剎時逾二十多萬於梵蒂岡伯多祿廣場的群眾一齊爆出熱烈的掌聲，讓人恍若置身於天國的歡呼之中，所有的人都感到與有榮焉的喜樂，同時也平息了反對的風浪。

一直到今天，當人們乘車到聖若翰．羅通多，會發現那是一個位在山脊上的小鎮。沿路土地石頭多而貧瘠，夏天燥熱冬天酷寒不利農業，地理不便又欠缺礦藏不利工業……而人竟越來越多，小鎮在發展！

這些人來做什麼？有什麼好做的?!這麼多的人，已經是個奇蹟了。在這些奇蹟的背後，反映出的是一種渴望、一種追尋，而畢奧神父某方面讓我們碰觸到了——主的真光。

「提起勇氣來吧！繼續往前！光明總不會延遲從黑暗中放射出來！」

「需要愛、去愛，此外無它！」

「每天都是為愛而又有的一天。」

如此的犧牲和付出，於是人家也從他身上看見了基督，而他所受的五傷印證了他與基督融合為一。

的確，如果人們昧於所看見的傳奇，而忽略了畢奧一生所忠勤追隨的是真人真神耶穌、並唯天主旨意是從，那麼所看到的畢奧神父，將只會是一幅失焦的圖像！

本書的生成又是另一項驚奇：作者是基督教信義宗的牧師。

其實聖德才是最吸引人的，而聖德的本身就是神自己。我們若是對此心有所感，那是因為神願意特別向我們敞開祂的慈愛，願意人成為另一位在世的基督。各教會之間所面臨的，早已超越了掌旗正統之爭，而是更深刻的問題：我真的在主內活出了基督的面容嗎？基督所願意於我們的合一又是如何的呢？

畢奧神父自己一步步追隨了主的教誨，在聖方濟的大家庭中受到陶冶。他尊重教會，也愛護自己所屬的修會團體。人家問他有什麼更大的願望。

「我更大的願望？」他說：「使我作我所有弟兄中最小的一個！」

如今在永恆的天堂內，他太清楚世間的路該怎麼走了。卻顧所來徑，當初那些看來孰不可忍的砥礪，竟都是穿越層層疊障的最佳助力。畢奧既然自己走過了、成功了，他也極為願意幫助人、跟人分享，於是我們聽見他跟人講：

「當主召喚我時，我會跟他說：『主啊，我留在天堂的門口！當看見我最後的一個孩子進去時，我才進去。』」

「你們每一個人都可以說：『畢奧神父是我的！』」

至於畢奧神父究竟是何許人物？——此問靜待讀者自評。

（本文作者為台北總教區神父）

專文推薦

平凡中的不平凡

吳伯仁

承蒙出版社編輯電郵的邀請，要我為《聖五傷畢奧神父傳》寫推薦序，同時又附上了一句，有人因著我的名字買了《七重山》的書。這樣的話語，實是令人盛情難卻。

《聖五傷畢奧神父傳》是他人為皮耶垂西那的畢奧神父立傳；這有別於《七重山》是多瑪斯．牟敦（Thomas Merton）個人自傳體的書籍。值得注意的是《聖五傷畢奧神父傳》的作者是一位信義會牧師，他為什麼對天主教嘉布遣會的五傷畢奧神父感到興趣，以及如何動手為他立傳？有興趣的讀者，自可先讀〈作者序〉。此外，作者指出，在初版（此指英文版）發行之後，又有更多見證者和資料的出現，經由研究和修訂後，使現行版本更具完整性與正確性，更能完整地呈現畢奧神父的精彩人生，以及封聖的過程。

一般為偉人立傳常常是歌功頌德。有關五傷畢奧神父，作者在〈後記〉提及「關於他生平的第一手資料，無論是書面也好、口述也好，都對他充滿溢美之詞，完全找不出他的缺點」。甚至，有的說他會在天上飛，跟超人一樣。但本書作者卻採取一個務實的態度，指出別人對畢奧神父的印象是「一個開朗、外向、敏銳又有智慧的人，也跟常人一樣會失望、沮喪、發脾氣。他直率、坦白、真誠，但也非常溫暖、非常關心人。」、「他也是人，也有情緒，不是不食人間煙火的天使，一般人會為什麼事生氣，他也會為什麼事生氣。他是個凡人，有時傷心，有時高興、有時候也會生氣。」畢奧神父最令人不安的舉動是「有時會直接趕走不誠心的懺悔者和喧嘩鼓譟的人。」其實，他和我們是沒有什麼兩樣，「如果他始終笑臉迎人，那還真的不是人了」。

或許，最令讀者好奇的是，想要一探畢奧神父的密契經驗。他確實是一位「領有神恩之人」，當他回憶起十二歲（一八九九年）經驗聖神的洗禮時說道：「我始終記得聖神那天帶給我的感覺……。聖神帶給了我何等狂喜！光是想到那天，我就覺得從頭到腳都被烈焰炙熱、焚燒、融化，但毫不痛苦。」

此外，他領受的特恩是說異語、與護守天使和其他自然存在溝通、散發出聖潔的馨香、神視、醫治、預言、分身、神魂超拔等，當然最令人矚目的是聖傷（stigmata）。這聖傷是畢奧神父於一九一八年在聖寵之母教堂所領受的一次奇妙的神視中：基督出現在他身旁，拿長刃刺他肋下，這長刃似乎還冒出火焰。這段與大德蘭（Theresa of Avila, 1515-1582）所描述的「神劍穿心」有些雷同：「我看見在他的手中，有一支金質的鏢劍，矛頭好似有小小的火花。我覺得，這位天使好幾次把鏢劍插入我的心，插入我內心最深處。」[1]雖然畢奧神父因此被眾人視為「活生生的十架苦像」甚至「第二位基督」，原本名不見經傳的聖若翰．羅通多更一夕爆紅，但是此時的他正處於十字．若望（John of the Cross, 1542-1591）所描述的心靈黑夜的情境，感受自己被天主所遺棄。

畢奧神父所經歷的心靈黑夜，是每一位密契經驗者所經歷的，這正是十字．若望在《兩種心靈的黑夜》中所描述的。靈魂之所以會經歷黑夜，是因為它無法承受那遠比自己偉大的「光」：「光愈明亮，貓頭鷹就會愈看不見；人愈注視燦爛的太陽，太陽愈使視覺官能黑暗；當默觀的神光侵襲一個靈魂，卻沒有完全光照他時，導致心靈的黑暗。因為他不只超越本性的理解動作，也奪去了靈魂的這個動作，且使之黑暗。」[2]而人在此時感受到無限的痛苦，認為天主已經拒絕了他，並且會認為死亡是一個解脫。畢奧神父曾這樣描述說：「我的靈魂冒著脫離肉體的危險，因為我無法（適當地）在此世愛耶穌。是啊，對耶穌的愛傷了我的靈魂，我因愛成疾。」、「對我來說，在塵世生活苦不堪言，這是流亡、也是苦刑，痛苦到我幾乎無法承受！隨時可能失去耶穌的這個想法，不斷以一種難以言喻的方式折磨著我。」這種經驗「應不亞於墮入地獄之人所經受的殘酷磨難」。縱使畢奧神父身陷通往地獄的流沙中，他仍然忠心地等候上主，並且投身於耶穌的懷裡。

事實上，畢奧神父所經歷的考驗，不僅是內在心靈的，也來自外在的環境。他進初學時，身體就頻頻出問題，常瀕臨死亡。一生經歷無數醫生的診治卻仍找不出原因，惟有回到家鄉療養身體的情況才會好些。本書的作者指出密契經驗者往往健康不佳，他們的病常常無法解釋。有可能的情況是因為「他們的靈性高度昂揚，以致讓習於俗世的肉體不斷承受巨大張力。」這不得不讓人想起了大德蘭和聖依納爵．羅耀拉（Ignatius of Loyola, 1491-1556）的相似經驗。

返回家鄉的調養，為畢奧神父的健康是有所助益的，但在這幾年中，他常處於低潮，稱之為「我的雙重流亡時期」。這段時期也是他靈性考驗的時間，常受魔鬼猛烈的攻擊，但也常經驗到護守天使的臨在與保護。他所居住的「小塔」成了他的隱居之所，使他有時間獨自默想、祈禱。當他再次回到團體時，頓時成為眾人的「長老」，擔負起牧靈工作。這段時間畢奧神父也受到來自母親的考驗，母親把他的健康問題歸咎於嘉布遣會的嚴苛苦行，希望他離開修會，加入教區。另外，由於健康的緣故，畢奧神父領受鐸職之時只能舉行彌撒，但不許講道和聽告解；終其一生畢奧神父都沒有修滿講道課程、取得講道許可。而且，修會長上也無法確定他的神學訓練是否夠紮實，沒有立即給他聽告解的許可。

---

1 加爾默羅聖衣會譯，《聖女大德蘭傳》，台北：星火出版社，2010。

2 十字若望著，加爾默羅聖衣會譯，《兩種心靈的黑夜》，台北：星火文化，2010。

因著他的名聲，教廷法院於一九二〇年代禁止他出示聖傷；一九六一年，教廷法院為避免個人崇拜而對畢奧神父下了更嚴厲的禁令：他人不能與畢奧神父共祭、畢奧神父的彌撒時間每日更動、禁止畢奧神父單獨接見婦女等。畢奧神父的友人都對教廷的處置不滿，但他面對這一切，仍然保持謙卑，順服地接受這些命令，一句怨言也沒有。其實，這一切畢奧神父都視為服從聖願的一部分「為了服從，我可以作任何犧牲。」大德蘭的話語有與之共鳴之處：「然而，從不辜負我的上主，在我所列舉的所有磨難中，時常來安慰我，堅定我……。祂告訴我，不要憂愁，說我為天主做了許多，在那個事上沒有冒犯祂。我該做告解神師命令我的，現在保持靜默，等時間到了，再來做這事。我十分的安慰和欣喜，我覺得所有臨於我的迫害，全都不算什麼。」[3] 當聖依納爵．羅耀拉談論〈與聖教會思想一致〉時，說：「為能在一切事上隨從真理，我們常該符合聖教會的判斷：如果聖統教會定斷某物是黑的，我雖看它是白的，也應確信它是黑的；因為我們相信，在我等主基督和祂的淨配教會之間常是同一聖神治理我們，引導我們獲得救恩。原來頒布十誡及管理、指導慈母教會的，是同一的聖神，同一的吾主。」[4]

作者在第二十六章指出畢奧神父一天生活的安排，也提到了畢奧神父的睡眠和三餐飲食。他不僅睡得不多，只有三、四個小時，吃得也不多，早餐偶而只有咖啡，晚餐也只是幾塊餅乾，果汁或是一兩杯冰啤酒。即使中餐也只是幾口。即使患病時，只喝水不吃東西，體重仍然增加。畢奧神父認為他的吸收和營養主要來自每天早上的領聖體：「我覺得我這塊田挺肥沃的。我說真的，我需要的不多。」這便使我們想起主耶穌向門徒所說的話：「我已有食物吃，那是你們所不知道的……。我的食物就是承行派遣我者的旨意，完成他的工程。」（若 4:32-34）畢奧神父的食物除了來自彌撒外，也包括了每天清晨兩小時的默想和祈禱。有幾年之間，畢奧神父每天幾乎長達十五至十九小時的聽告解安排——大排長龍的告解信友，有時還需要先拿號碼牌才行。這自然讓人想起同樣長時間聽告解的本堂神父主保聖維雅納（John Vianney, 1786-1859）神父。

然而，許多認識畢奧神父的人都說，他的牧靈工作中最令人難忘的並不是醫治、分身、或告解時不可思議的經驗，而是參與他的彌撒聖祭。他的彌撒之所以不同，不是因為他擅於表演，或是把彌撒弄得很華麗，而是因為「主禮者投注了強烈感情」，讓會眾感受到好似自己站在十字架旁，真實地經驗到與天主同在。

畢奧神父所接觸的人士來自四面八方、各個階層，他不論宗派——即使不是基督徒也不例外——畢奧神父總是熱情地接待。這對大部分生命歲月生活在梵蒂岡第二次會議（1962-1965）之前時代的畢奧神父而言，他的熱誠接待，無異是一個先知性的行動，他常大聲宣告：「我屬於每一個人。」此外，他在蒙主寵召之前，幾乎平均每個月收到五千封信，需要助手幫他整理回信。即使他長期生活在聖若翰．羅通多的會院，他的接觸面普及世界各地。

回顧畢奧神父的一生，可以說是天主「在一個平凡的人身上，成就不平凡的事」。以保祿宗徒的話語來表達：「弟兄們！你們看看你是怎樣蒙召的：按肉眼來看，你們中有智慧的人並不多，有權勢的人也不多，顯貴的人也不多；天主偏召選了世上愚妄的，為羞辱那有智慧的；召選了世上懦弱的，為羞辱那堅強的；甚而天主召選了世上卑賤的和受人輕視的，以及那些一無所有的，為消滅那些有的，為使一切有血肉的人，在天主前無所誇耀。」（格前 1:26-29）

畢奧神父一生的病痛正如保祿宗徒身上的那一根刺，保祿曾三次求主使它脫離，但「主對我說，『有我的恩寵為你夠了，因為我的德能在軟弱中才全顯出來。』所以，我為基督的緣故，喜歡

3 加爾默羅聖衣會譯，《聖女大德蘭傳》，台北：星火出版社，2010。

4 依納爵．羅耀拉著，侯景文譯，《神操通俗譯本》，三版五刷，台北：光啟文化，2012。

在軟弱中，在凌辱中、在艱難中，在迫害中，在困苦中，因為我幾時軟弱，正是我有能力的時候。」（格後 12:9-10）

當畢奧神父喃喃低語：「耶穌……聖母……耶穌……聖母……」在眾人的臨終禱文中，嚥下最後一口氣，保祿宗徒的話語又在我們的耳邊迴盪：「因為我已被奠祭，我離世的時期已經近了。這場好仗，我已打完；這場賽跑，我已跑到終點；這信仰，我已保持了。從今以後，正義的冠冕已為我預備下了，就是主，正義的審判者，到那一日必賞給我的；不但賞給我，而且也賞給一切愛慕他顯現的人。」（弟後 4:6-8）

（本文作者為輔仁聖博敏神學院教授）

專文推薦

人可以活出永恆的生命

黑幼龍

人生就是那麼奇妙。四十多年前，我幫光啟出版社翻譯了一本五傷畢奧神父的書。想不到近半個世紀後，我竟然有機會為他的新書寫序了！

那是一本很簡單的書，沒有「五傷」的圖片，連黑白的都沒有。當時我覺得畢奧神父身上有與耶穌一樣的傷痕，可能與五傷方濟各一樣，是一個奇蹟。

這四十多年期間的變化真大。

那時候我才二十多歲，剛結婚，老大才剛滿周歲。在空軍服務。對未來相當茫然。現在我已過了隨心所欲之年，周圍有十個孫子、孫女了。我所創辦的中文卡內基訓練也從台灣散播到大陸各地。真的是物換星移，變化大得有點不可思議。

這還只是外在的，可用數字衡量的改變。這四十多年來從心路歷程陸續產生的不同思想、悟念、感受，那就更難形容了。

但人生中有些事是不會變的。信仰就是其中之一。

我覺得信仰本身是一種恩典，一種「奇異恩典」（Amazing Grace）；那麼奇妙，那麼不可思議。奇蹟也是一樣，說不出什麼道理，很神奇。有的人相信，也有些人不信。

五傷畢奧神父的一生是奇蹟。他的手腳有紅腫出血的傷痕，他能說出別人以前做過的事，他能

「猜」到別人心中在想什麼。令人難以置信。

其實宇宙的存在就是一個奇蹟，宇宙的演化也是奇蹟。好多科學家、生物學家是虔誠的基督徒，他們一點都不迷信。有的人不相信世界是七天造成的。聖經「創世紀」中敘述上帝是如何在七天內創造了天地萬物，但所謂一「天」是指太陽從升起到沉沒，而照聖經的說法，太陽是在第四天才造成的。前面的三天是怎麼計算的呢？一天可能是二十五小時，也可能是二萬五千小時，一切就看你怎麼相信了。

人的一生也是一個奇蹟。從一個單細胞，到完整的生命體，到長大成人，綿延下一代，到有喜怒哀樂，一直到具有與萬物不同的智慧、自由意志，思想和信念。最後到達了能活永恆的生命的層次。

人都可以活永恆的生命。我滿心希望你相信。

（本文作者為卡內基訓練大中華地區負責人）

作者序

當牧師遇見畢奧神父

很多人讀了本書第一版（此指英文版）後，好奇我這個信義會牧師怎麼會對畢奧神父有興趣？因為不斷被問到這個問題，我覺得可以在此說明一下緣由。

我出生在一個宗教傳統多元的家庭。家父自認是「自然神論者」（deist），對有組織的宗教沒興趣，他的父親、祖父則是無神論者。我的祖母生於循道會家庭，後來改宗長老會，她的第一任丈夫是猶太人，一個女兒是長老會，另一個是一位論信徒（Unitarian）。我祖母出身於古老的信義會家族，先祖在十六世紀即於德國黑森—達姆施塔特（Hessen-Darmstadt）當牧師，但她祖母移民美國之後，似乎就跟宗教漸行漸遠了。家母的兄弟姊妹則分屬不同宗派。

我最早在天主教聖佳播堂上主日學（我印象中好像叫「教理問答課」），第二年改去華盛頓的十五街長老教會（Fifteen Street Presbyterian Church），我十四歲時，家母在這裡領堅信禮，不久之後我也領了堅信禮，但由於一些神學、禮儀因素，我一九六六年改宗信義會，當時十八歲。

我一直尋找神在世間愛與權柄的證據，不斷渴求神介入人間事務的痕跡。我很愛讀聖人、聖女的事蹟（當然也包括天主教聖人的事蹟），還記得《時代雜誌》有一次報導了一位德國婦人，手、腳、肋旁和頭部都有基督受難的傷，但她的名字我不久就忘了。

一九六五年時，我進入緬因州布魯司維克（Brunswick）鮑登學院（Bowdoin College）就讀。有天晚上，我決定好好找找那位有基督聖傷的婦人的事。我瀏覽《期刊文獻書目資料庫》（*Reader's*

Guide to Periodical Literature），尋找標題有「聖傷」的文章，很快就發現我想找的那名婦人叫德蕾絲・紐曼，是巴伐利亞柯納斯豪特（Konnersreuth）人，在世時可能比畢奧神父還有名（至少對美國一般大眾來說是如此），自一九二〇年代開始，資料庫裡跟聖傷有關的文章幾乎都在寫她，只有一篇提到加拿大另一位女聖傷者，另一篇一九五〇年左右的文章則是關於一位義大利神父。我讀了這兩篇，覺得那篇寫義大利神父的不太有趣，腦子裡唯一的印象就是一個很偏遠、很偏遠的地方，有個很老、很老的神父。因為那篇文章是十五年前寫的，裡面也說那位神父「很老」了，所以我以為他一定已經不在人世，就沒再多想。

沒過多久，當我在國家機場北航站等飛機回學校的時候，突然在報攤看到一本褐色平裝書，封面是位老神父的照片，書名叫做《身負基督之傷的神父》（*The Priest Who Bears the Wounds of Christ*）。我隨手買了一本，在飛機上就看了起來。不難想見，這本書的主角就是我之前查到的那個人——畢奧神父。我承認這本書的確寫的有點誇張，因為我當時的印象就是：畢奧神父會在天上飛，跟超人一樣。但無論如何，我看得很入迷，也開始想確認畢奧神父是否還活著。這是一九六六年末到一九六七年初的事。

我問了不少熟人知不知道畢奧神父的事，結果大家都沒聽過，令我意外的是，連學校輔導天主教學生的神父都不知道他。我拿那本書給家父看，但他覺得那根本是胡說八道，很不高興我居然會相信那種東西。總之，我後來寫了封信去《華盛頓之星》（*Washington Star*）詢問處，也終於得到了答案：他們說畢奧神父「顯然」還活著，住在「義大利佛吉亞」附近。於是我興沖沖地寫信過去，除了跟他要簽名之外（我那時的興趣就是收集名人簽名），也問他我改宗信義會是不是正確的決定，我說我想投入神職，想知道他是否認為我改宗天主教更好。

幾週過後，回信來了。我這個人從不丟東西，一輩子收到的每封信都留著。但奇怪的是，幾年後我再去找這封信時，卻怎麼找都找不到了。

當然，那封信並不是畢奧神父親自回的。我記得那更像私函，而不像正式信件，署名的是另一位神父，大意是說畢奧神父會為我祈禱，我也該永遠相信上主，一切順服上主的旨意。後來我才知道，每個去信者都會收到內容差不多的制式回信。因為畢奧神父每週都會收到好幾千封信，秘書們只會挑十幾封請他過目。所以，雖然我當時相信畢奧神父真的看了我的信，也正為我祈禱，但現在我卻有點懷疑這個可能性。

從那時開始，去義大利找畢奧神父成了我最大的心願，家父也允諾，我畢業時他會贊助我去趟歐洲。一九六八年九月，我終於升上四年級了，幾乎每晚都去閱報室看《華盛頓郵報》（*Washington Post*），注意老家有沒有什麼消息。

九月底有一天，我無意間看到一則訃聞，頓時僵在那裡——畢奧神父過世了。這真是晴天霹靂，我霎時間沮喪不已。我記得我還在那則新聞或另一篇報導裡看到，記者說聖若翰・羅通多恐怕很快就會沒落。

不過，我倒是一直把畢奧神父的事放在心上。鮑登學院畢業後，我進了耶魯神學院，雖然那裡有不少天主教學生，但幾乎沒人聽過畢奧神父，也對他沒什麼興趣。一九七二年畢業後，我去賓州中部鄉間當傳道，在羅根頓（Loganton）、布納維爾（Booneville）、薩隆納三地的教堂實習。到那沒多久，當地報社的宗教編輯齊格勒（Ziegler）小姐就來訪問我，其中有個問題好像是問我的興趣或尊敬的人，我提到了畢奧神父，結果齊格勒小姐眼睛一亮，跟我說：「啊，那你一定要去見桃樂絲・高迪歐斯（Dorothy Gaudiose）！她就住在這附近，她對畢奧神父很熟！」

我馬上致電高迪歐斯小姐，她說她正好要做個小演講，談談畢奧神父的事，邀我一起過去。關於畢奧神父人生與事工的第一手見證，我這才第一次聽到。透過高迪歐斯小姐，我認識了國家畢奧神父中心主任薇菈．卡蘭德拉女士（中心當時位於諾利斯鎮），我也在一九七三年邀她來羅根頓的聖保羅教堂，跟我的會眾談談畢奧神父的事。

一九七四年七月，我在美國舊信義會維吉尼亞大會封牧。我出了第一本書後，問編輯可不可能出一本畢奧神父的傳記。雖然這本書最後不是由那家出版社出版，但我的編輯當時很鼓勵我寫，所以我動筆寫了。

這些年來，很多天主教徒都問過我同樣的問題：為什麼我這個信義會會友，會對畢奧神父這麼有興趣？老實說，這問題真令我困惑，因為對我來說，無論一位聖人屬於哪個宗派，神聖就是神聖，不管他是在哪裡服事基督，都無損其聖潔（更何況我認為自己的身分首先是「聖經基督徒」，再來才是「信義會會友」）。我覺得，把畢奧神父的見證侷限於他自己的宗派，並不是正確的做法，畢竟他自己都說了：「我屬於每一個人。」

在我看來，基督宗教價值、基督宗教傳統，甚至基督宗教信仰本身，在西方世界都已逐漸式微。我認為在這樣的時刻，追隨基督的人應該盡快捐棄宗派成見，在救主之內尋求合一。雖然畢奧神父是天主教會的一員（無疑也是其最佳「宣傳者」之一），但他的人生、榜樣與教誨卻是所有基督徒都應效法的，因為它們確認了聖經真理、體現了信仰內涵，更敦促每一個人相信：耶穌基督是上主、生命的救主。

注：本書為一九八二年版《聖五傷畢奧神父傳》修訂版。出新版的原因，是由於初版發行之後，又出現了許多畢奧神父的新資料，我也認識了更多當初不認識的見證者。此外，在我進一步研究之後，發現了初版某些地方有誤，我自覺必須再做修正、擴寫，以增進完整性與正確性。

當初由於資料所限，我只能大致勾勒畢奧神父到二次大戰為止的生平；但隨著新資料一一出爐，新版已能完整呈現他後三十年的精彩人生，對他過世之後發生的奇事以及封聖過程，新版也有所交代。

C．伯納德．盧芬三世（C. Bernard Ruffin III）

楔子

聖方濟第二

皮耶垂西那的畢奧神父（Padre Pio of Pietrelcina），俗家名方濟・佛瓊內（Francesco Forgione）。《國家評論》（*National Review*）說他是「二十世紀密契主義中最紅的人」，還說他是「義大利最有力的宗教人士之一」。[1]在一九六八年蒙主寵召之前，他平均每個月收到五千封信，會見數以千計的訪客。這些訪客來自世界各地，他們得跋山涉水穿越義大利加爾卡諾山脈（Gargano Mountains），才能抵達畢奧神父所在的聖寵之母會院（Our Lady of Grace Friary）。這所十六世紀的會院規模不大，就在聖若翰・羅通多（San Giovanni Rotondo）鎮外，接近佛吉亞城（Forggia），我們這位可敬的嘉布遣會（Capuchin）神父，便是在此度過了五十餘年歲月。訪客們通常得等上好幾天，才能輪到自己向他辦告解，他們也甘之如飴地擠在會院裡的小聖堂內，參加畢奧神父主持的彌撒。

在畢奧神父的家鄉義大利，關於他的書籍、文章數以百計，關於他的故事更是傳遍世界各地。無論是《時代雜誌》（*Time*）、《新聞週刊》（*Newsweek*）、《紐約時報雜誌》（*New York Times Magazine*），或是美國其他聲譽卓著的刊物，對這位有「聖方濟第二」之譽的神父，也常有長篇、嚴謹的報導。

畢奧神父的訪客多半是義大利人，但那些飽受困擾、對他深信不疑，或者只是想滿足好奇心的人（這種人常常讓他不堪其擾），也常常不惜遠渡重洋見他一面。這些訪客不僅來自鄰近的法國、德國，也來自英國、愛爾蘭、美國、澳洲，甚至連亞洲、非洲各國，都有人不遠千里而來。雖然來造訪這位「人民的先知」的人，多半是天主教徒，但有些時候，基督教其他宗派的信友也會來拜訪他，二次戰後英美兩國於義大利駐軍時，來訪的新教徒尤多。畢奧神父總是熱情接待來訪的人，不僅不論宗派，即使他們不是基督徒也不例外。雖然在那時候，很多天主教徒不太看得起其他宗教和新教徒，但畢奧神父還是大聲宣告：「我屬於每一個人！」

大多數來拜訪這位「加爾卡諾的智者」的朝聖者都出身平凡，但也有不少國際知名的學者、領袖慕名而來。在梵蒂岡第二次大公會議期間（一九六二—一九六五），由於有太多主教來徵詢他的意見，所以有些觀察家甚至提出質疑：會議地點到底是羅馬還是聖若翰．羅通多？

至少有兩位教宗私下說過畢奧神父是聖人：一九五二年三月九日，蒙蒂尼（Giovanni Battista Montini）總主教——即後來的教宗保祿六世（Paul VI）——跟義大利警察總長喬立歐．安東納齊（Giulio Antonacci）都說：「畢奧神父是聖人。」當時在位的教宗碧岳十二世（Pius XII）剛好聽到了這句話，而且顯然同意，因為沒幾分鐘之後，他就說：「我們都知道碧岳神父是聖人！」[2]在此之前，教宗本篤十五世（Benedict XV）也曾說畢奧神父是「天主之人」。[3]雖然無從得知教宗若望．保祿二世（John Paul II）是否也說過畢奧神父是聖人（尤其是一九八三年之後，因為畢奧神父的封聖案開始審理，在位的若望．保祿二世更不便對此發言[4]），但在一九四七年時，還是年輕神父的若望．保祿二世也曾向畢奧神父辦過告解。後來他成了樞機主教，在一九七四年再度造訪聖若翰．羅通多；一九八七年時，他再度來到這個小城，這時他已成了教宗。此外，他也至少有一次請畢奧神父為他生病的朋友代禱——效果顯著！

畢奧神父也有很多朋友是樞機主教，例如雅各伯．雷爾卡羅（Giacomo Lercaro）樞機、若瑟．希理（Giuseppe Siri）樞機，[5]前者曾協助畢奧神父建立醫院，後者曾在一九七五年說：「我們願向他深深致敬，他是這個時代的高貴心靈，也效法我主承擔了苦難。」[6]

不僅教會裡的人對他尊敬有加，世界各地的達官顯要、娛樂明星，也都專程來會院拜訪他。兩度擔任義大利總理的阿爾多・莫羅（Aldo Moro），以及許多義大利政要，都曾多次拜訪這位「加爾卡諾之光」。西班牙國王阿豐索十三世（Alfonso XIII）、義大利王后瑪利亞・喬瑟（Maria Jose），以及西班牙長期執政的佛朗哥將軍（Francisco Franco），都曾來尋求他的指引。歌劇名旦班尼亞米諾・吉矣（Beniamino Gigli）多次來訪，美國詞曲家艾文・柏林（Irving Berlin）至少來過一次，作曲家吉安—卡洛・門諾提（Gian-Carlo Menotti）亦然。此外，未經證實的消息也指出：大作曲家普契尼（Giacomo Puccini）於一九二四年彌留之際，曾請畢奧神父為他祈禱。即使是科學家的圈子，也不乏欽佩畢奧神父之人，例如美國心臟科專家保羅・杜德立・懷特（Paul Dudley White），在造訪畢奧神父後表示：他對畢奧神父本人以及他的事工「印象深刻」。

《國家評論》說他是「義大利最具道德聲望的神父」，有些美國媒體也認為：正是因為這位白髮蒼蒼的嘉布遣會士，才讓數百年來窮困無比的聖若翰・羅通多繁榮起來，帶來了工作、教育機會，以及更好的醫療照顧系統。也是因為他的緣故，這間小而古老的會院，現在成為全世界天主教徒的重要朝聖地。

即使這位謙卑、低調的神父已離世好幾十年，但景仰他的人仍不斷湧入會院，想親近這位聖者。畢奧神父就長眠於聖寵之母教堂的地下墓室，這所教堂在一九五九年擴建，好容納慕名而來的大批信眾，他們甚至願意徹夜不眠，好參加畢奧神父清晨五點主持的彌撒。現在，每年有近一百萬人會從世界各地來到這裡，在他的墓前追思，造訪他起居、離世的斗室，參觀展示他遺物的紀念館。而當然，朝聖者也一定不會錯過舊聖堂裡高懸的十架苦像：一九一八年，畢奧神父就是在這所聖堂領受了聖傷（stigmata）——他的手、足以及側腹，都出現與基督受難時一模一樣的傷痕，明顯可見且不斷滲血。因為聖傷的緣故，他被眾人視為「活生生的十架苦像」，甚至「第二位基督」。原本名不見經傳的聖若翰．羅通多更一夕爆紅，城鎮規模擴大了三分之一。甚至直到今天，都有很多人想搬去那裡「離畢奧神父近些」，在此同時，擴建教堂的計畫也不斷進行，好容納越來越多的朝聖者。

現在在義大利南部，有很多商店、家庭都擺著畢奧神父的肖像，三不五時還可以看見「畢奧神父萬歲！」的塗鴉。事實上，無論是對親炙畢奧神父風采的人，或是在他死後才認識他的人，畢奧神父的確還活著，而且也將永生不死。

我一九七八年在聖若翰．羅通多採訪時，一位義大利老太太跟我說：「我就是不由自主地被他吸引，像是碰上磁鐵一樣。」從一九四八年她首次拜訪畢奧神父之後，每年都要跟家人來這好幾次，尋求他的指引。即使畢奧神父已離世多年，她跟丈夫、兒孫一大家子，每年還是至少兩次，花上四個小時的旅程來「探望」畢奧神父。在他們離開的時候，她的一個女兒還說很捨不得「跟畢奧神父道別」，很想趕快再回來「看看」他。

很多人都說，是畢奧神父改變了他們的人生。紐澤西裁縫師安得烈．曼達托（Andre Mandato）年輕時在故鄉義大利曾親見畢奧神父，他目光閃閃地說：「畢奧神父改變了我的一生。」一九四五年時，他跟另一位朋友本是出於好奇去拜訪畢奧神父，但在辦告解時，他不得不一掃輕慢之心，對畢奧神父肅然起敬——雖然畢奧神父之前從沒見過他，卻完全說中他的心事：他心裡一直犯嘀咕，到底要不要枯等這麼久來辦告解？不僅如此，畢奧神父還精確講出他犯的各種罪。曼達托說：「他竟然知道我做的一切！神父問說：『你有沒有這樣……有沒有那樣……？』」年輕的曼達托完全折服，一一認罪，因為畢奧神父不是籠統地說他犯了哪一類罪，而是準確地講出他做了什麼，曼達托知道，不管一位神父對人性有多了解，都不可能把這些細節「猜」得那麼精確。離開告解室後，他

「不斷地哭了又哭、哭了又哭……」這份經驗給了他深刻而長遠的影響，他說：「很多時候我們祈求上主寬恕，卻言不由衷、口到心不到。但畢奧神父讓我真的能全心、全靈祈求上主寬恕，不只是嘴巴說說而已。從那一刻起，我真的能由衷**感受**自己的祈禱。是他讓我的信仰變得真誠、變得真實！」

喬治城大學（Georgetown University）神學教授莫妮卡・赫爾維格（Monika Hellwig），於梵二會議召開期間在義大利待了三年，當時也曾造訪聖若翰・羅通多。她說在義大利時，從沒見過哪個人質疑畢奧神父，即使是偏激、反教會的人，都對這位嘉布遣會士「心存敬意」。更重要的是，她見證了這位神父讓人「深刻地歸向天主」：「我最驚訝的是，他居然這麼能讓每個接近他的人都感受到天父的臨在。每個見過他的人都深受觸動，相信天父就在他們身邊、也關心他們。在他身上，他們經驗到天父直接、親密的關愛。」

畢奧神父（一八八七－一九六八）和魯道夫・布爾特曼（Rudolf Bultmann）（一八八四－一九七六）是同一代人。不同的是，這位德國信義會神學家認為：現代人已很難接受基督宗教傳統教理，因此主張將福音書「去神話化」（demythologized），重新建構神學。布爾特曼相信，要拋開奇蹟以及其他「一世紀世界觀」的舊包袱，才能發現隱藏於「神話包裝」裡的根本真理。布爾特曼的神學方法及其變奏，深深影響了往後數十年的神學思考。請看，這跟畢奧神父的方法與影響多不一樣！畢奧神父終其一生，從沒出過一本書，或是在大學裡發表過一場演講，可是，在這以「歷史批判法」看待聖經的年代，在這出現「神死神學」的年代，畢奧神父用行動讓數千人相信：奇蹟不是神話，而是鐵一般的事實。畢奧神父用生命與牧養，讓數千人接受聖經，接受基督宗教的一切歷史信條。

除了布爾特曼之外，保羅・田立克（Paul Tillich）、卡爾・巴特（Karl Barth）、德日進（Pierre Teihard de Chardin）、史懷哲（Albert Schweitzer），以及許多博學睿智的神學家，也都和畢奧神父生活於同一年代。然而，畢奧神父的畢生心力卻更讓人直接、親密地感受基督的臨在，雖然他從未提出深邃精密的神學見解，但他的生命，卻比學院裡的碩彥鴻儒更讓人心靈富足。

布爾特曼在《宣教與神話》（*Kerygma and Myth*）中寫道：「要人一邊享受電燈、無線電，以及種種醫療、手術最新成果，一邊還要對新約裡充滿魔鬼與天使的世界深信不疑，實在是不可能的事。」[7]然而，畢奧神父這位布爾特曼的同代人，卻讓許多知識份子相信：天使會為他翻譯外語信件；他曾成功驅魔；還有，他曾好幾次被憤怒的魔鬼攻擊，痛毆在地。

在畢奧神父生活的年代，人類已能探索太空，而電影、電視、電腦、衛星等現代設備，也如雨後春筍般大量出現。但他的生活，仍與聖經裡先知、宗徒（使徒）的生活無異，而且連不願輕信的理性人士也肯定：他就像舊約裡先知、新約裡的宗徒一樣，能行奇蹟。只要我們沒有對數百則證言不屑一顧，就一定會相信這位神父實現了基督的話：「凡信我的，我所做的事業，他也要做。」（若望／約翰福音 14:12）[8]數百位神智清明、學識豐富、不帶偏見的男男女女，都說畢奧神父就跟梅瑟（摩西）一樣：「上主同他面對面地談話，就如人同朋友談話一樣。」（出谷紀／出埃及記 33:11）

也有證言指出：畢奧神父領受了「聖潔的馨香」，他身邊常有無以名之的神秘香氣；對那些來訪的人，他也常常能鉅細靡遺地說出他們心裡的念頭；此外，雖然畢奧神父從未離開聖若翰・羅通多的會院，但世界各地還是有不少人舉證歷歷，說曾在羅馬、烏拉圭、夏威夷、威斯康辛等地看到他，但那些時候，同會院的人明明看到他待在房裡。

聖寵之母會院也保存了汗牛充棟的證言，指出有一千多名被醫師宣告無救的病患，都因請畢奧神父代禱不藥而癒。更特別的是：有數千名信徒作證說，這位「神聖的聖傷神父」主持彌撒時，他們親歷了基督被釘十字架的現場，而且在彌撒過程中，畢奧神父的容貌還明顯發生變化。在神父晚年照顧他的一名弟兄（friar）[9]也說：雖然有不少人因神父的醫治、預言、分身、神魂超拔而折服，但被他的彌撒觸動的人，其實還更多更多。

更重要的或許是：有數千人作證，由於畢奧神父的牧靈工作，他們學會了在善功中前行，將自己交託給上主、完全順服祂的旨意，也願意將自己的痛苦與悲傷當成祭品獻給上主，好讓更多人悔改信主。

追隨畢奧神父的人，都對他的一句話堅信不移：「等我到了天堂，一定能比在世時為你們做更多。」大批證人指出：在神父死後，他們還能見到他的「**血肉之軀**」，甚至跟他交談，這些證人之中也包括了神父的老友——醫學博士安得烈．卡東內（Andrea Cardone）。甚至連那些沒見過他的形體、沒聞過他「天堂的芬芳」的人，都說他們能深深感到他的影響。

不過，也不是每個人都對畢奧神父心服口服。一九二〇年代，多名舉足輕重的教士、神學家向教廷提出控訴，指控畢奧神父是個騙子。其中最主要的人士，是兼具醫師、心理學家、神學家三種身分的奧斯定．杰梅禮神父（Padre Agostino Gemelli），他堅決主張畢奧神父的聖傷是歇斯底里的結果。頗具威望的曼弗雷多尼亞（Manfredonia）總主教巴斯加．加依亞迪（Pasquale Gagliardi），甚至按著胸前的十字架起誓：畢奧神父的聖傷是自己弄的，而且他根本就是被魔鬼附身！此外，羅馬大學病理學主任阿米柯．比納米（Amico Bignami）醫師也在一九一九年提交一份報告，雖然確認畢奧神父有聖傷，卻也暗示這些傷口是他「自我暗示」的產物。雖然這些人最後都無法證明畢奧神父是騙子或瘋子，有時他們的言論還前言不對後語，但他們還是造成了傷害，直到今天，有些人還是認為畢奧神父不過是高明的騙子，甚至還有人說他是魔鬼同路人。

即使沒那麼負面看待畢奧神父的人，也常常把他當成一個充滿謎團的神秘人物，只覺得那是超市小報的八卦話題，無法認真看待他的種種奇蹟。他們談起畢奧神父死後顯現的事，就像在談貓王其實是被外星人綁架一樣。對於神秘馨香、奇蹟治癒、與天使魔鬼相遇這種事，很多人就是無法接受，在所謂「工業化世界」尤其如此。

既然如此，把畢奧神父當成宗教歷史的奇聞軼事來寫，不是皆大歡喜嗎？把他當成一個跟不上時代的人物，不是容易得多？畢竟他早期既不屬「工業化世界」，也沒「科學世界觀」，要說畢奧神父是地區迷信式的愚忠產物，不是也很合理嗎？而且，我們都進入二十一世紀了，不是應該更關心和平、公義、社會公平、人權這些更大的議題嗎？為什麼要把精力花在一個怪老頭的生平上？他不過就讓一些土包子相信他能行奇蹟罷了！

寫這樣一本書，我知道一定得面對這些質疑。但我覺得，雖然多疑、唯物論的現代人很難接受畢奧神父的種種事蹟，但有一件事是確切無疑的：對很多人來說，是畢奧神父讓基督宗教變得真實不虛，而且這些人來自社會各個階層，有醫師、科學家、知識份子，也有農民、工人。透過畢奧神父的牧靈工作，很多人經驗了深刻、永久的皈依（歸化），不再犯罪。畢奧神父改變了很多人的人生，這點無庸置疑。

另一件無可否認的事是：有數千人作證，證明畢奧神父領受了神秘的神恩（charismata）。的確，是有不少證人年紀太大，在他們試著擠出二十、三十、四十，甚至五十年前的往事時，確實有些語焉不詳、牽強附會。但同樣不能忽視的是：也有很多證言是事件發生當時就記下的，並不是加油添醋的回憶，而且記錄得很詳細，記下它們的人也都客觀、受過教育。

總之，我們絕不該輕忽畢奧神父的影響，將他的一生幾筆帶過。基本上，對於這位嘉布遣會士的牧靈工作，人們可能做出的結論歸納起來有四個：

第一，畢奧神父是史上最浮誇的騙子之一，而且可能根本就是魔鬼同路人。他行騙的人數之多、範圍之大，連詐騙集團頭子都要自嘆弗如。

第二，畢奧神父是愚夫愚婦造神運動的產物，他們把自己的迷信與想像，投射到了這位單純的神父身上，結果讓他也忘乎所以、自命不凡。

第三，畢奧神父是瘋子，根本有病，即使不是精神分裂，也是歇斯底里。可是精神不正常是一回事，他還是夠精明，所以才能讓那麼多人相信他的幻想就是現實。

不過，如果這三個論點都無法成立，那我們就不得不承認：畢奧神父的確是教會歷史上最重要的人物之一，地位幾乎可與先知、宗徒比擬，他以聖潔的人格、絕俗的智慧，以及科學無法解釋的靈性恩賜，讓一個冷漠、懷疑的時代，重新肯定了福音的真理，以及教會傳統的正確性；他有能力讓廣大的人群親身體驗到神的慈愛；雖然他終身生活在會院，更未發動十字軍聖戰，但他卻成功地將福音傳遍世界，改變了許多人的生命。

要為畢奧神父作傳，的確有不少很好的一手資料可供參考。不過問題還是有的，在畢奧神父晚年與他一起共事的阿雷修．帕稜提（Alessio Parente）神父說：「我們根本沒時間寫東西。每天晚上我們都忙翻了、也累癱了，一點寫東西的餘力都沒有，只想早早上床睡覺，所以我沒記下什麼事，結果現在非常遺憾。唉！我當年明明那麼常跟畢奧神父在一起，可以好好聽他說了什麼、好好看看他做了什麼。我有試過偷偷幫他錄音，但被他發現了。」不過，阿雷修跟其他弟兄有時還是成功錄下畢奧神父的談話，錄音帶現在保存在會院檔案室，但從未公開。

道明．梅耶（Dominic Meyer）神父多年擔任畢奧神父的秘書。一九六一年時，他在評論一本畢奧神父的傳記時提到：「關於那些報章媒體的報導，我只能說：記者在寫那些明顯造假、誇大的不實報導時，根本沒來請教過畢奧神父長上的意見，我們根本沒機會澄清。可是，阿貝托．德爾方提（Alberto del Fante，義大利作家）偏偏收集了一堆這樣的報導，而且有些報導說的還是同一件事。明眼人只要稍微比較一下這些相同事件的不同報導，一定馬上能看出它們多不可靠……它們不只扭曲事實，有些還根本是撒謊、毀謗。媒體報導不能直接拿來當史料，一定得確認、確認、再確認。」

對某些自稱畢奧神父「友人」的「證言」，道明神父也持懷疑態度：「我們真受夠了這些『證言』！並不是什麼人說畢奧神父怎麼樣都能相信。有些人大概想讓別人覺得自己跟神父很熟，所以講了一些非常難以置信的故事。還有一些人是把想像當事實，誇大不實、加油添醋、天馬行空，甚至根本是胡說八道。也許他們不是有意要撒謊，可是他們真的腦袋太不清楚，加進了太多他們自己的想像到故事裡。」

不過，雖然很多報導跟談話都得打折扣，有些資料還是扎實可信的。這些資料當中，最重要的就是畢奧神父自己的信，有些寫給他的靈修導師，有些寫給受他靈修指導的屬靈兒女，這些信大多都在一九一〇至一九二三年間寫成。為確認這些事件的可靠性，我也找了畢奧神父會院弟兄的日記、文件做佐證，尤其是奧斯定神父（Padre Agostino）的紀錄，因為他與畢奧神父相知近半世紀之久。在這些資料之中，尤具價值的是道明神父於一九四八至五八年間，寫給堂弟雅博．梅耶（Albert Meyer）的信函。道明神父懷疑、不輕信的態度眾所周知，而其堂弟雅博神父後來更擢升樞機，兼領芝加哥總主教。除此之外，為堵悠悠之口，我也特別請很多神父、醫師及其他受過良好教育的人，提供了書面、口頭證言，好佐證那些出身寒微、也未受過教育的人的見證。懷疑論者常將他們當成愚夫愚婦，對他們的故事嗤之以鼻，我希望透過第三者的證言，能讓這些記錄更加可信。值得一提的是：雖然道明神父覺得，畢奧神父在世時的相關報導大部分是胡扯，但他也認為，如果我們能看到他生命中的真實記錄，一定會覺得「真相比小說還要奇特」。

畢奧神父的一生，的確充滿了種種奇特的事件，對一般讀者來說，它們甚至很難置信。不過，這就是這位一生服事眾人之人的真實人生，有血有淚，有苦有樂。以下，就是他的故事。

01

凡事靠主之家

皮耶垂西那是座人口約四千的小鎮，位於貝內文托城（Benevento）東北方六哩處，屬義大利南方坎帕尼亞省（Campania），距省會拿坡里（Naples）約四十哩。皮耶垂西那依傍一座前中古時期的古堡而發展，曾被稱為佩特拉波爾西那（Petrapolcina）、佩特拉波里西那（Petrapolicina）、普雷塔普西那（Pretapucina），到十八世紀之後，才被稱為皮耶特拉·埃爾西那（Pietra Elcina）或皮耶垂西那。沒人確定這個名字的意思，但某些地方文史工作者認為，它的意思應該是「小石」或「橡石」。

一八六〇年前，貝內文托原屬兩西西里王國所有，一八六〇年為薩丁尼亞王國兼併，首相加富爾（Camillo Cavour）伯爵於次年建立義大利聯合王國，義大利統一大致底定。然而，二十多年過後，名為統一、人口亦有兩千八百萬的義大利，實際上卻像是兩個國家：羅馬以北直到阿爾卑斯山的北義大利，經歷快速的工業成長與都市化；而被稱為梅索瓊諾（Mezzogiorno）[1]的南義大利，則無論從社會、農業、經濟上來說，都極為窮困落後。皮耶垂西那就跟南義大利的大部分地區一樣，大多數人目不識丁，資訊亦極其封閉，很多農民甚至直到當時，都還不知道義大利已經統一。[2]

一八八一年的普查顯示：每一千名居民中，只有四十六名佃農、五十九名自耕農，其他大多數人都是既無田產、也無力租田耕作的農民，地主只會臨時雇用他們，報酬也僅能勉強餬口。他們只能靠著大米、小麥、玉米度日，幾無肉食，大部分人都營養不良，只有少部分年輕人的體格達到入伍標準。瘧疾、糙皮病、肺結核四處橫行，孩童死亡率居高不下，而且每隔幾年，總會有好幾千人死於霍亂。[3]

雖然南義居民幾乎都是天主教教友，但此處的教會樣貌卻極為特殊，也常常混雜異教元素。這裡的人常常只有在想得到什麼東西的時候，才會想到天主、聖母、聖人，所以他們的祈禱也常常都是在討價還價：「如果祢給我什麼什麼，我就回報祢什麼什麼。」[4]要是願望沒實現，他們甚至還會老實不客氣地咒罵天主。

皮耶垂西那是典型的南義小鎮，它很封閉，距最近的鐵路車站也有二哩之遙，但這是它對外聯絡的唯一管道，四周沒有公路，連通往貝內文托城的路都沒有。鎮上的社會結構也跟南義其他城鎮一樣，除了少數工匠外，幾乎每個人都務農，他們又區分為地主（possedenti）和無田農民（braccianti），而大多數人都屬於後者。雖然 possedenti 這個字的意思是「有權勢的」（powerful），但就皮耶垂西那的地主來說，也只有極少數在社會、經濟上有權有勢，大概只有四、五個地主有能力在貝內文托附近置產，[5]他們擁有大部分土地，雇用無田農民耕作。皮耶垂西那的大部分地主田產都少得可憐，他們多半自己下田，只在農忙時期雇五、六個人來幫忙。在南義，無田農民的居住環境極為惡劣，多半只能圖個遮風避雨，而大多數的地主雖然住在城裡，卻要每天往返農地。[6]

皮耶垂西那的日常作息依教堂鐘聲而行，每一次鐘聲響起，都提醒了祈禱時刻，或是某一個當地特殊敬禮。小鎮生活少有起伏，年度盛事皆與聖人瞻禮有關，周遭其他小鎮的宗教生活與皮耶垂西那相去無幾。有位作家寫道：「這裡的生活，是由一連串慶典、九日敬禮（novenas）[7]、大禮彌撒（High Masses）和遊行串起來的，其中當然少不了熱熱鬧鬧的煙火、音樂。」[8]

年度最重要的盛事之一，便是四旬期[9]開始前的嘉年華會。人們奇裝異服、鬧聲喧天，攤販高聲叫賣各種小玩意，酒館大力吹噓自家招牌佳釀，肉鋪紛紛折扣攬客。男人或著女裝、或扮成動物，當街起舞，狹窄的巷道擠得水洩不通。不過，當四旬期開始的鐘聲在午夜響起，這些玩鬧夠了的「普西那客」（Pucinari，皮耶垂西那居民的暱稱）會馬上停止狂歡作樂，拿起火把，把象徵「血肉」的稻草人放進棺材裡，一路送出鎮外，嘉年華會就此落幕。[10]

每年四月八日，普西那客也會慶祝總領天使彌額爾（天使長米迦勒）節。他們會走到五哩外的托雷村（Torre），在那辦告解、望彌撒、吃吃喝喝，欣賞當地樂團的表演。回程時則帶上大把花朵，敬奉於皮耶垂西那教堂的總領天使像前。

敬禮聖母之風在皮耶垂西那尤為強烈，除了聖誕節、復活節之外，這裡最大的宗教慶典即是八月的「釋放之母」（La Madonna della Libera）慶日[11]。釋放之母為皮耶垂西那的主保，在為期三天的慶典中，教友會湧入聖堂，藉著神父奉獻初熟收成。農人們帶來穀物，而經濟情況較好的人，則會獻上貼了鈔票的蠟燭。以寶石裝飾的木質釋放之母像被抬出巡街，一路有地方樂團敲鑼打鼓。畢奧神父後來寫道：「鎮上的主要街道被裝飾得華麗亮眼，晚上還會放煙火。那兒有各種比賽、賽馬、走鋼索，還有很多舞台劇。」[12]

普西那客非常崇敬釋放之母，不僅將她視為地方主保，更把她當成個人守護者。人人耳熟能詳的是：拜占廷大軍於七世紀橫掃義大利時，是釋放之母保護他們倖免於難。在貝內文托躲過兵災之後，被尊為「聖巴爾巴托」（San Barbato，意譯為「聖鬍者」）的主教教導信眾以「釋放之母」名稱敬禮聖母，向她祈禱、謝恩。一八五四年時，釋放之母亦曾庇佑此地免於霍亂之災。那年十一月底，鎮上居民紛紛染病，多達數十人一病不起。鎮民決定向他們敬愛的釋放之母求助，於是在十二月二日聚滿教堂，在當時已有兩百年歷史的聖母像前哭泣、祈禱，並將聖母像請出教堂，巡行大街小巷，驅趕死亡。這樣做之後，鎮上的霍亂真的停止，也不再有人因此而死了。[13]

對普西那客來說，聖人就像家中的一份子一樣，那看不見的神聖世界，與他們的日常生活緊密相連。鎮旁有股泉水據說跟聖尼各老（St. Nicolas）有關，傳說當年他路過這裡時，曾祈求天主賜他些水來餵馬，於是這股泉水就湧了出來。畢奧神父小時候常常聽到這類故事，其中還有一個是說：有個年輕地主是癱子，他跟家裡女僕相戀，夢到自己娶了她之後竟能起身行走。後來他娶了她，也真的能起身行走了，但他對妻子卻不再忠實。於是，他又夢到要是他繼續風流度日，神會讓他再次癱瘓。不過這次他卻沒把夢當一回事，還是拋下妻子跟另一個女人私通，他馬上又癱瘓了，他大驚失色、馬上回到妻子身邊，但從此以後他再也未能康復。[14]總之，畢奧神父的童年，就是在這極其虔誠、卻也不少迷信的環境中度過。街坊鄰居不時會流傳一些特殊的「祈禱文」，說是只要用特定方式不斷誦念，就能預知自己的死期。有些人還偷偷傳授一種據說是亞蘭文（Aramaic）[15]的咒語，能藉此跟魔鬼打交道，用自己的靈魂來換世間所得。鎮裡的「耆老」有時還會講些「預言」——據說在一八〇〇年代，鎮上就已預言了汽車、飛機的出現，甚至還預言了太空探險。[16]

有位比畢奧神父年紀稍輕的皮耶垂西那婦人，是這樣形容家鄉的：「那裡全是農田。對我們來說，貝內文托已經算是大城了。我們的世界就那麼大。我們穿的跟美國人沒兩樣，也沒有老派到『指腹為婚』，除了特別節日，我們也不會穿什麼『傳統服裝』。不過，我們的衣服都是自己做的，沒有自來水、幫浦，也從來都夜不閉戶。」[17]

畢奧神父出身的佛瓊內家族，在皮耶垂西那屬地主階級。據當地說法，這個家族來自於東北方的阿布魯齊（Abruzzi）地區。佛瓊內家族的相關記錄，最早可追溯到安東尼歐・佛瓊內（Antonio Forgione），他約於一七六〇年出生，但關於他及其子多納托（Donato）的生平，只有教堂保存的幾筆紀錄，記著他們領洗、婚姻、死亡等人生大事。對多納托之子米切雷（Michele），我們同樣所知不多，只知道他於一八一八年出生，四十八歲時死亡，身後留下年輕的第二任妻子斐莉綺雅・當得烈（Felicita D'Andrea），以及七歲的葛拉修・瑪利亞（Grazio Maria）、兩歲的歐爾索拉（Orsola）。

葛拉修・瑪利亞・佛瓊內即為畢奧神父的父親，生於一八六〇年十月廿二日。葛拉修的生父米切雷過世之後，斐莉綺雅．當得烈隨即改嫁瑟雷斯提諾．奧蘭多（Celestino Orlando），而葛拉修的童年，大部分也是與繼父度過的。雖然葛拉修領洗時登記的名字是「葛拉修」，但大家後來都以為他叫「歐拉修」（Orazio）。這是因為他後來在美國工作多年，到那時才學會簽自己的名字。[18]葛拉修當時已年逾不惑，私下被尊稱為「修．葛拉修」（Zio Grazio，意為「葛拉修大叔」）。葛拉修的同鄉多半跟他一樣不識字，通常也是到了美國才學會認字。而對美國人來說，葛拉修用拿坡里腔念自己的名字時，「修．葛拉修」聽起來像「西．歐拉修」（Zi Orazio）。也許是因為這樣，教葛拉修簽名的美國人才會教他寫成「歐拉修」，結果直到他死，這個錯誤都沒改過來，所以他的死亡證明跟墓碑上刻的都是「歐拉修」。

葛拉修年輕時生活窮困，小時候還牧過羊。他曾提過因為經濟拮据，媽媽只用得起最粗的布幫他做褲子，穿起來很難受。有一天他實在受不了，憤恨地把褲子脫下來，用石頭狠狠地打，褲子破成一條一條。他穿著這條破褲子回家，讓他媽媽大為光火，叫了繼父來教訓他。但他繼父反而很同情他，對妻子說：「這孩子沒錯。這種褲子根本不是人穿的。給他做條新的吧！」[19]到了少年時期，葛拉修已被稱為「節慶大師」，成為策劃八月慶典的成員之一。這是一份莫大的榮譽，代表這位年輕人的虔敬之心已贏得了鎮上居民的普遍敬意。

一八八一年六月八日，二十歲的葛拉修．佛瓊內穿上當地傳統禮服（金扣緊身馬甲、白絲裝飾的及膝長襪，以及白鞋一雙），在繼父的陪伴下，出發迎娶瑪利亞．喬瑟芭．德．努修（Maria Giuseppa De Nunzio）。喬瑟芭身著紅緞禮袍、湛藍圍裙，以及金線繡花的紅色緊身胸衣，頭戴白色頭巾，頸上配掛印有十三位男性聖人的霞披（以求多子多孫）；手袋放著小剪一把，作「避邪」之用。在瑟雷斯提諾（葛拉修的繼父）行禮如儀地訓勉喬瑟芭之後，喬瑟芭親吻父母的雙手，與伴娘們一起動身，先往鎮公所公證，再往教堂舉行婚禮，婚禮後一群人再浩浩蕩蕩地將這對新人送回德．努修家，兩人四十八年的婚姻生活自此開始[20]。

這對人人欽羨的夫妻，彼此暱稱「葛拉」、「貝芭」。據描述，葛拉修雖然身材矮小，但體格結實。他皮膚白皙，眼神深邃，栗色的頭髮又濃又密，直到晚年依然如此。除此之外，他還明顯體現孫女說的「佛瓊內家風」：「不管是我爺爺、爸爸，或是我叔叔畢奧神父，都有不向困難低頭的硬頸性格。每次遇到困難，我爺爺總是能安安靜靜坐下來，跟大家好好討論該怎麼辦，談好之後就勇往直前，直到克服難關。」由於深信上主一定會賜他智慧、讓他解決一切問題，葛拉修從不擔憂。而且，他也努力把這種精神灌注在孩子身上。[21]大家常說葛拉修「單純」、「可愛」，有位鄰居還以「聖潔」來形容他。在當時，男人通常只會在復活節、聖誕節望望彌撒，其他時候則是妻子去望彌撒，一群大男人聚在教堂外閒聊；但葛拉修不僅每個禮拜天都去望彌撒，每天下完田後，還會跟妻子一起上教堂祈禱。大家都記得他常念〈玫瑰經〉，而這個習慣，他也忠實地傳給了他著名的兒子畢奧神父。他從不口出惡言、從不說長道短，由於他極為尊重生命，所以耕田時也會盡量小心，連隻螞蟻都不踩死，「為什麼要弄死這可憐的小東西呢？」[22]除了一顆無比虔誠的心外，他另一個讓大家津津樂道的特質，就是他常懷喜樂。大家都愛他頗具磁性的嗓音，更說他是說故事高手。他體驗到神活在他生命裡，所以凡事喜樂，更讓這份喜樂熠熠生輝，「他的喜樂充滿感染力，讓其他人也不知不覺感到喜樂」。[23]

喬瑟芭生於一八五九年三月廿八日，比丈夫葛拉修大一歲半，是弗圖納托．德．努修（Fortunato De Nunzio）和瑪利亞．喬望娜．加依亞迪（Maria Giovanna Gagliardi）的獨生女。據說因為她家境不錯，女方親友原本反對這樁「門不當戶不對」的親事，不樂見她下嫁出身寒微的葛拉修。喬瑟芭有雙淡藍色的眼睛，身材跟葛拉修一般高。到六十多歲時，她「依然像少女般苗條，一雙腳好小」。她跟丈夫一樣虔誠，除了教會規定的週五齋戒之外，她週三、週六也都自行齋戒。她溫婉可人、舉止高雅，讓人一見忘俗，人們有時還稱她為「小公主」。她總是衣著典雅，從上衣到裙子潔白無瑕。她有位美國上流階級的朋友，至今仍對「喬瑟芭女士」念念不忘，說她「把發硬音的當地方言說得極其優雅」。[24]她每次提起自己的計畫，總不忘先加上一句「如果天主願意……」。她也從不蜚短流長，從不在背後說人閒話。認識她的人，也總是對她的才情與好客深深折服：「她總是樂在付出，遠甚接受」。[25]

葛拉與貝芭是天造地設的一對，他們深愛彼此，也深愛孩子。即使以十九世紀南義的標準來看，貝芭都是個極順從丈夫的妻子，不過她還是很獨立，所以在她丈夫去美國工作的那些年，她才能隻身打理家中農地。她跟葛拉也都深愛孩子，在孩子犯錯時，他們總是好言相勸，從不「家法伺候」。畢奧神父就說，他小時候是挨過罵，但從沒挨過打。

佛瓊內一家的小石屋，坐落於皮耶垂西那最古老的古堡區（此區傍古堡而發展）彎谷巷（Vico Storte Valle, Crooked Valley Lane）廿七及廿八號。佛瓊內家原本可能是兩座獨立的小屋子，因為你得從廿七號出去，才能進入廿八號。廿七號只有一個房間、一個窗戶，是父母親的臥房，幾個孩子也在此出生。廿八號則有廚房、一個小房間（女兒們的臥室）。幾步之外，佛瓊內家還有另一個「屋子」，這間「屋子」其實只是一個房間，稱為「小塔」，因為你得走過陡峭的階梯才能上去，但在那裡，農地全景一覽無遺。這間是男孩房。佛瓊內家的擺設相當儉樸，只有必要的日用品及家具，恰可維持健康、舒適的生活環境。石灰牆上簡單裝飾著十架苦像，以及幾張聖母、聖人的肖像。但孩子們出生之後，來訪的親友會很驚訝地發現，這對不識字的夫婦，臥室桌上居然擺了一堆書！[26]這是因為葛拉與貝芭決定：雖然他們目不識丁，但一定要在能力所及的範圍內，讓孩子們接受良好的教育。

他們後來生了八個孩子。老大生於一八八二年六月廿五日，取名米切雷，以紀念葛拉的生父。

兩年後次子誕生，取名方濟。有人說這是因為葛拉很景仰聖方濟（St. Francis），也有人說這是以葛拉的某位叔伯為名。然而，這孩子只活了二十天就不幸夭折。他們的第三個孩子阿瑪莉亞（Amalia）也是一樣，還在嬰兒時就早夭。一八八七年五月廿五日，[27]第四個孩子出生，以他早逝的二哥為名。他，就是後來聞名世界的畢奧神父。一八八九年九月十五日，小方濟多了個妹妹，取名斐莉綺雅，以紀念兩年前過世的祖母。一八九二年三月十五日，裴蕾格莉娜（Pellegrina）出生，這次是以葛拉修自己的祖母為名。一八九四年十二月廿六日，另一個女兒出生，葛拉修以自己的名字為她命名，取名葛拉齊雅（Grazia，又稱「葛拉齊耶拉」）。第八個孩子馬利歐（Mario）則只存留在家族回憶中，沒有在世上留下任何痕跡，因為無論是教會或是鎮公所，都沒有他出生與死亡的正式紀錄，我們只知道他應該生於一八九九年三月廿四日，並於嬰兒時夭折。

每一天，當教堂的鐘聲於清早響起，佛瓊內家即起身晨禱。接著葛拉修便騎上驢子，前往鎮外的家族農地工作（該區稱做皮阿納．羅馬納〔Piana Romana〕）。入夏之後，葛拉修會在教堂或鎮公所外稍停片刻，雇幾名無田農民幫忙（他們每天都群聚於此，巴望有工可做）。葛拉修出門後不久，貝芭也會帶著孩子們去幫忙，走向有一小時腳程的皮阿納．羅馬納。

佛瓊內家的農地大約只有五英畝大。葛拉修在此種植葡萄、小麥、玉米、橄欖、無花果，還有李子。他們還養了綿羊、山羊、母雞、鴨子、兔子，有時還養一、兩隻乳牛，幾隻豬。農地旁邊的小巷子裡，佛瓊內家還有一間泥土地小屋，他們在此擺放工具、飼養牲畜，到了夏天也會在這煮飯、吃飯、睡覺。這間小屋只有兩張床，一張父母親睡，一張讓來幫忙的孩子們睡。如果全家到齊，有幾個孩子就得到隔壁的司柯卡（Scoccas）家借住，他們是佛瓊內家的遠房親戚（皮耶垂西那的人多多少少都沾親帶故），農地也就在隔壁。在這間小屋的花園裡，貝芭種了玫瑰、桂竹香，還有麝香石竹。用水得從鄰近的井打來，貝芭每次打完水，都把水壺頂在頭上慢慢走回家。

夏日的農場時光，讓畢奧神父留下了美好回憶。他跟哥哥、妹妹們，總會跟司柯卡家的孩子玩成一片，其中一個叫墨糾里歐（Mercurio）的孩子還跟畢奧神父同年出生，但比他晚一些去世。每天工作結束之後，暱稱「小方」（Franci）的畢奧神父，總會跟家人、司柯卡家一起，到鄰近農地的鄰居家裡串門子，伴著月光一起唱歌、吃零食。直到晚年，畢奧神父談起綠油油的農地、茂盛的榆樹、冰涼的泉水，還會神往不已。他說他們兄妹「就像在小王國裡悠遊的王公貴族，而王國裡唯一的法律，就是上主美好的創造」。[28] 每次提到這些朋友與一起度過的美好時光，畢奧神父總是低迴不已，這些憨直、爽朗、虔誠的農民，陪伴他度過了大部分的童年歲月，他深深懷念這段日子。

入冬之後，孩子們白天會在聖亞納（St. Anna）教堂前玩耍（聖亞納堂亦稱「城堡教堂」），晚上則是說故事時間。說故事的人有時是爸爸葛拉修，有時則是外婆喬望娜．加依亞迪，她正好住在附近。

基督是佛瓊內家的中心。由於這家人實在虔誠，鄰居有時還稱他們是「凡事靠主之家」（God-Is-Everything Family）。[29] 這家人每天都會去教堂，每晚也都會一起跪念〈玫瑰經〉。小女兒葛拉齊耶拉後來也成了修女，她晚年回憶道：小時候，家裡不管做什麼事都要先祈禱。不管是打零工或是規劃出遊，都要祈禱之後才能進行；孩子們聽的故事，也大多是聖經故事。雖然葛拉修不識字，但他記得住聖經大部分的內容，也會用輕鬆易懂的方式，將這份知識傳遞給他的兒女。

聖母、聖人也在佛瓊內家佔有重要地位，他們幾乎也被當成了家中的一份子。對佛瓊內家和左鄰右舍來說，聖母、聖人與他們非常親近，所以在遇到困難時，他們很自然地會向聖母、聖人求助，就好像跟鄰居們求助一樣。許多新教徒覺得自己是孤伶伶地站在上主可畏的座前，但對佛瓊內家來說，他們在上主面前絕不孤單。他們相信：「在順服、服事那光榮的聖三之時，一定有聖母、聖人一**起作伴**，因為他們正是上主派來的嚮導，要在通往天國的路上溫柔地陪伴我們。」當然，在所有聖人之中，聖母尤其重要。對佛瓊內家而言，身為基督徒而不敬愛萬福童貞瑪利亞，是無可想像之事。在這個家裡長大的畢奧神父，自然對聖母無比孺慕，無怪乎他會說聖母「遠比太陽更美、更亮……她是最純淨的水晶，只能映照天主」。[30]

02 可愛的小方

在畢奧神父舉世聞名之前，沒什麼人對他小時候的事感興趣。等大家都覺得他是聖人之後，種種不可思議的傳奇亦隨之而起，例如說他「從小就很聖潔」、「喜歡獨處和傾聽遠方的聲音、天國的呢喃，只有他能聽見無形的鐘聲」，還有人說他不太跟其他孩子玩在一起，常常「若有所思」，也總是沉浸在祈禱裡。[1]

可惜的是，畢奧神父童年時留下的紀錄少之又少。我們只能找到一些他小時候的作文，但這些對了解他的童年生活並沒什麼助益。他跟哥哥妹妹都沒留下日記（現在只找得到一本）。雖然葛拉修長年在外國工作，父子之間噓寒問暖的信件多年來也只留下寥寥一、兩封。不過，葛拉修成了八旬老翁之後，倒是提供了可貴的口述歷史資料，當時他已住在聖若翰．羅通多的瑪利．派爾（Mary Pyle）家中。他那些年說過的事，被派爾和其他人東一點、西一點地記了下來。然而，雖然葛拉修當時稱得上耳聰目明，但這位簡直算是崇拜兒子的父親，卻未必是全然客觀的見證者。

重現畢奧神父童年歲月的大規模記錄，要到他死後才開始進行：里巴波托尼（Ripabottoni）的亞歷山大神父（Padre Alessandro）以及普拉塔（Prata）的李諾．巴爾巴提神父（Padre Lino Barbati）四處訪問對畢奧神父童年有印象的老人，記下他們的口述歷史。但當然，看到這兩位熱心神父興致沖沖地來訪，受訪人士可能會揣摩他們的心思，只挑他們想聽的話講。很可惜的是，到了那時，畢奧神父的哥哥、妹妹已大多不在人世，唯一還活著的是他的小妹葛拉齊耶拉，當時住在羅馬，但似乎沒有人去訪問她。而在畢奧神父過世幾個月之後，她也離開了人世。

親戚和街坊鄰居說，「小方」小時候長得真是可愛，有頭漂亮的金髮，一雙棕色的眼睛，「美得跟天使一樣」。[2]鄰居們叫他「可愛的小方」，因為他不僅長得可愛，連個性都很得人疼。

不過，方濟就跟其他小孩一樣，也有不乖的時候。葛拉修說，方濟有時會哭整晚，吵得全家睡不著覺。但畢奧神父長大後聽人說起這件事時，說他當時之所以哭個沒完，是因為「有一堆妖怪跑來弄我」。有天晚上，葛拉實在被吵得受不了，乾脆起床教訓兒子，他把方濟抱起來，邊搖邊吼說：「天主沒給我兒子，反倒給了個小魔鬼！」[3]沒想到他一時失手把兒子掉在地上，不只自己嚇了一大跳，連貝芭都被驚醒，她怒氣沖沖地衝了過來，用力推她丈夫，更大聲地對他大吼：「你在做什麼？想殺了我兒子嗎！」他們很快就不再計較這件事了，但許多年後，至少有一名證人提到：畢奧神父在講到這件事時，說：「魔鬼那時在打我。」[4]

跟傳言相反的是，方濟小時候健康得很，一點也不體弱多病。不過在兩歲時他得了胃病，於是媽媽帶他去看當地的一個女巫（witch），擔心他是被人「降蠱」。畢奧神父說：「她把我倒抓起來，跟抓隻羊一樣。」女巫在他胃部劃了九個十字，揉一揉，又唱了一段怪怪的咒語。[5]結果他還真的好了。

到十歲時，方濟染上傷寒，病得很重。鎮上的赤腳大夫賈欽佗・瓜達納（Giacinto Guadagna）看了之後，搖搖頭說他大概只有幾天好活了，爸爸媽媽強忍悲痛，老實跟方濟說他快死了。方濟聽了之後，說：「如果我快死了，我想再看一眼我深愛的皮阿納・羅馬納。」爸媽考慮之後，決定完成兒子的心願，要他十五歲的哥哥米切雷把方濟搬到驢子背上，跟他一起去一趟那間小屋。當時正是收成季節，貝芭炒了很多胡椒，準備款待請來的雇工。因為這些辣椒實在太辣，所以那些大男人吃得也沒想像中多，還剩了一大罐在桌上。方濟跟米切雷進屋時，想跟哥哥要點來吃，但哥哥不讓他吃。等貝芭來了，方濟跟她說：「媽咪，把門關上好不好？光太刺眼了。我想一個人待一下，妳先走開一下好嗎？」等貝芭離開後，這病奄奄的孩子從床上起來，把辣椒全都給吞了，還配上半罐牛奶。貝芭回來發現辣椒沒了，驚訝之餘以為是米切雷不小心放狗進來，讓狗把辣椒全給吃了，把米切雷罵了一頓。當時方濟正在昏睡，醒來之後覺得身體好了大半，這才知道整個經過。他老實告訴媽媽說：吃了那罐辣椒的「狗」，其實就是他。[6]

一八九〇年代時，皮耶垂西那免費提供學童三年教育。課程都開在晚上，好讓孩子們在白天還能幫忙家務。雖然米切雷不喜歡上學，方濟倒是挺用功的。他的啟蒙老師是科西莫．司柯卡（Cosimo Scocca），一名十四歲大的男孩，正好就是佛瓊內家農舍隔壁的孩子。接下來兩年，方濟受教於曼達托．薩吉納利歐（Mandato Saginario），他晚上當老師，白天當裁縫。

方濟在靈性上相當早熟。從他的家庭背景來看，這似乎也不太讓人意外。我們必須銘記在心的是：葛拉和貝芭就是想把孩子教育成聖人。雖然其中一個女兒的行為後來讓大家痛心，但其他四個孩子都很虔誠正直。在教養孩子方面，他們可說幾乎完成了撒羅滿（所羅門）的箴言：「教導孩童應行的道路，待他老年時也不會離棄。」

在方濟領洗時，貝芭將他獻給了基督和聖母[7]（也許在其他孩子領洗時，她也是這麼做的）。到方濟五歲時，貝芭也鼓勵他將自己獻給上主、獻給聖母、獻給自己的主保聖人——阿西西的聖方濟。有些人還記得，貝芭在牆上貼了一張好大的耶穌聖心像，在畫像底下，則寫著每個孩子獻身上主的日期。

方濟熱切追求父母灌輸的宗教價值。從他會開口說話起，就常常要人帶他去教堂。他很愛聽基督、聖母、聖人的故事，也對罪惡極其敏感。他還很小的時候，有一次跟媽媽一起走過一片蘿蔔田，貝芭情不自禁地說了一句：「這蘿蔔長得真好，真想吃一口。」結果方濟嚴肅而莊重地看著他媽媽，不苟言笑地說：「那是犯罪。」不過幾天之後，這對母子又走過一列高大的無花果樹，但這一次換成是方濟拜託他媽幫他摘幾顆果子吃。貝芭忍俊不住：「喂！怎麼偷吃蘿蔔是罪，偷吃無花果就不是呢？」[8]

小時候，方濟也得幫忙看顧家裡的四、五隻羊。當時，鄰近的農家常會把羊趕在一起，這樣看羊的孩子就能有人作伴，一起玩玩。方濟的兒時玩伴晚年受訪時，對這位聖人的回憶似乎都不太相同。路吉・奧蘭多（Luigi Orlando）說：「跟我們在一起時，他從不祈禱，就跟一般男孩沒什麼兩樣，只是比較有教養，也比較謹慎。」[9]鄔巴爾多・維恰里阿諾（Ubaldo Vecchariano）說他「既謙和又謹慎」、「有時有點無趣」[10]；安東尼歐・波納維塔（Antonio Bonavita）說：「我們這些人皮得要死，但他一直很乖。」[11]墨糾里歐・司柯卡（Mercurio Scocca）說，方濟喜歡用沙堆堆教堂，或是用黏土塑基督、聖人像。李帕塔・瑪索內（Riparta Masone）是方濟玩伴文森佐・瑪索內（Vincenzo Masone）的堂妹，她記得有些人抱怨方濟「老是在講道」。[12]

有些玩伴說：那時每家媽媽都讓孩子帶麵包當早餐，大多數人都是隨手往口袋裡一塞，吃的時候拿出來狼吞虎嚥，但方濟不一樣，他媽媽特別準備了一條乾淨、白色的亞麻手帕，把麵包好好包在裡面。方濟要吃之前，都會先跪下祈禱，如果有一小塊掉在地上，他也會細心撿起，擦擦乾淨再吃。

每次有人賭咒或罵髒話，方濟都會躲開。剛剛說方濟「跟一般男孩沒兩樣」的路吉・奧蘭多記得，有一次跟方濟玩摔角時，他被方濟按住、動彈不得，忍不住「飆了一句髒話」，結果這位贏家反而跳起來跑掉了。[13]李帕塔・瑪索內也說，葛拉齊耶拉聽見髒話的反應跟他哥哥一模一樣。佛瓊內家的孩子之所以會這樣，跟貝芭的教育關係很深，她對他們三令五申：只要周遭有人賭咒或罵髒話，一定要馬上離開那裡。事實上，每當貝芭聽見褻瀆之言，她都會馬上說句「天主庇佑」來彌補那句話的傷害，她也很努力地把這種做法灌輸到每個孩子身上。[14]

我得再次一提的是：在佛瓊內家中，方濟的言行舉止並不比哥哥、妹妹奇特。在同伴眼中，他的兩個妹妹斐莉綺雅、葛拉齊耶拉，也都是相當虔誠的人。李帕塔·瑪索內記得：葛拉齊耶拉根本沒興趣跟其他女孩玩，「她總是目不斜視，去汲水就是去汲水，一點都不會為其他事分神，也不會跟其他小孩聊天。我印象中她隨時都在祈禱。」[15]方濟也是一樣，有些時候他會遠離人群，自己靜靜坐在榆樹蔭下，或是祈禱或是看書。據說那群孩子裡只有他一個人會堅持要把作業寫完。不過，方濟也會玩樂、也會跟人開玩笑，並不是成天板著張臉的小大人。比方說，在方濟、斐莉綺雅都還小的時候，他會趁妹妹在廚房木盆裡洗澡時，偷偷摸摸溜到她後面，把她頭浸到水裡。但斐莉綺雅也真是天生好脾氣，她從不抱怨哥哥的惡作劇，只是笑咪咪地看看他，跟他說：「欸，你玩上癮了哦？」[16]畢奧神父後來提起這個妹妹，總說她是「聖人」，是「我們全家最好的人」。

有天下午，墨糾里歐·司柯卡趁方濟在榆樹下午睡，跑去用一堆玉米稈把他蓋住，然後躲起來看好戲。方濟朦朦朧朧醒來，發現四周一片黑暗，馬上嚇得大叫媽媽，墨糾里歐眼見惡作劇得逞，立刻爆出笑聲來，被方濟當場活逮。第二天下午，換成是方濟看到墨糾里歐在農場推車上午睡，見此良機，他立刻跑去用力把推車抬起來，沒想到墨糾里歐還是好端端地睡在裡面。方濟不死心，一直把推車不斷抬高，最後把推車立成了直角，整台車也翻了過來。好在墨糾里歐沒受傷，惡作劇沒以悲劇收場。[17]

方濟也曾試過抽煙。鄰居有天給了他點錢，請他幫忙去鎮上買支雪茄。買完回來的時候，方濟實在好奇雪茄是什麼味道，於是點上吸了一口。[18]但他覺得實在很不舒服，所以後來他雖然會嗅嗅鼻煙，卻再也沒有吸煙的念頭。

方濟從小衣食無缺，但他很早就懂得關心窮人、病人。貝芭常帶方濟一起探訪衣食無著的貧農，他們的艱困處境方濟看在眼裡、記在心裡，深感同情之餘，也為他們的生計煩惱。從他小時候的作文就可以看出他深深關心不幸的人。例如他曾寫到一名名叫希維歐（Silvio）的孤兒，年紀很小，感冒得全身發抖，卻跟祖父一起跪在父母墳前，痛苦啜泣。[19]另一篇作文則提到一名叫「小安瑟姆」（little Anselm）的孩子，他才十二歲大，卻已父母皆歿、兄弟俱亡，孤身一人，「只能挨家挨戶乞討，求人好心賞口飯吃，勉強活命」。[20]

方濟八歲時目睹的一件事，更深深烙進他的心裡，讓他終身不忘。當時每逢假期，佛瓊內家都會去拜訪附近的宗教聖地，例如貝內文托的慈悲聖母堂，還有拿坡里旁邊的龐貝聖母堂（Our Lady of Pompeii）。一八九五年八月廿五日，葛拉決定帶方濟去殉道者聖佩雷葛里諾（St. Pellegrino the Martyr）的朝聖地，他是六世紀時的阿米特爾諾（Amiterno）主教，在蠻族入侵時被溺死。他們可能是乘馬車去的，得穿過重重山谷，才能到朝聖地所在的阿爾塔維拉・伊爾庇納鎮（Altavilla Irpina）。在當時，朝聖地常常上演「南義式虔敬」的誇張戲碼。方濟跟爸爸來朝聖這天，也看到了同樣讓人全身不對勁的一幕，但結局卻讓人終身難忘。他們到的時候，教堂裡已人潮洶湧，香氣、蒜味、酒氣全混做一處。突然，有個「激動、頭髮蓬亂的婦人」高聲大喊，拼命擠向聖佩雷葛里諾主教的雕像，方濟、葛拉跟其他朝聖者都為之一怔。在這女人懷裡，抱著一個畸形、智能不足的孩子[21]，他不斷發出一種悽厲、粗啞的聲音，就像是烏鴉嘎嘎般的叫聲。這名婦人歇斯底里地祈求聖人治好她的孩子，但當然，什麼事都沒發生。他那顆腫大、畸形的頭無力地歪在一邊，繼續不斷發出難聽的聲音：「嘎！嘎！嘎！」那位母親悲極生恨，開始厲聲咒罵聖人，最後她高喊：「你為什麼不救我孩子！那你來照顧他好了！拿去！」她把孩子往聖人雕像丟去，那孩子撞到聖像、彈回來，再狠狠摔在地上。但這時，眾人被眼前的一幕震懾住了：這個從來沒走過路、說過話的孩子，居然站起來跑向他媽媽，邊哭邊用清楚、正常的聲音說：「媽媽！媽媽！」

「奇蹟！奇蹟！」狂喜的吶喊充滿了整間教堂。信眾不分男女老幼，全都向前湧去，想看看聖人剛治好的孩子，方濟和爸爸差點被瘋狂的人群踩在腳下。上主這件慈愛的作為，方濟終身銘記不忘。[22]

其實，這並不是方濟第一次與神聖世界相遇。在此之前，他已常常見到上主現身物質世界。長大之後，他跟好友奧斯定神父說：還很小的時候，他就見過耶穌、聖母，還有他的護守天使，而且還跟他們說過話。對他來說，這不是什麼不尋常的事，所以他也若無其事地問奧斯定神父：「你沒見過聖母瑪利亞嗎？」聽奧斯定神父說沒有，他也是淡然地聳聳肩說：「啊！你一定是謙虛，不好意思說。」[23]在信件裡，他也常常提到自己的護守天使，說他是「我嬰兒時的同伴」。很難不讓人好奇的是：在畢奧神父小時候，父母知不知道自己的兒子常跟神聖世界溝通？但關於這點，我們沒有確切證據。

不過在畢奧神父死後，他的兒時玩伴瑪潔莉塔・德・契亞尼（Margherita De Cianni）倒是提供了一則軼事：有一天，葛拉想在皮阿納・羅馬納挖一口井，當時方濟也在旁邊。葛拉挖了四十呎深，還是一滴水都沒冒出來，這時方濟說話了：「那裡挖不到水的。」葛拉問他怎麼知道，方濟回得直接了當：「耶穌跟我說的。你得去那邊挖才挖得到水。」葛拉也很乾脆：「好吧！我去你說的那邊挖挖看。要是挖不到的話，我就把你這小子丟進去！」於是葛拉換了個地方挖，挖了三呎、四呎、五呎、六呎、七呎——突然，水冒出來了！[24]

一個世紀之前，在更具懷疑精神的英格蘭，未來的大詩人威廉・布雷克（William Blake）因為說他看見天使，挨了他老爸一頓板子。從這件事可以看出：在更「工業化」的地區，要是小孩說他跟超自然世界有接觸，會被父親當成神經病。但在皮耶垂西那，人們對超自然現象的態度較為開放。雖然方濟的父母也知道，有些人的「超自然經驗」其實只是幻覺，只不過是胡思亂想或精神失常。但那股汩汩湧出的泉水，卻證明了這孩子並不是在幻想，他的超自然經驗有鐵一般的事實為證，這也讓這對父母相信：他們的孩子並沒有發瘋，而是真的有神秘恩賜。很可惜的是，我們明明可以好好調查一下畢奧神父的家人是否也常有超自然經驗，但這項研究至今沒人做過。畢奧神父的姪女曾經說過：她很肯定葛拉齊耶拉姑姑「非常屬靈」，但自己的父親米切雷則不然。在當事人及其友人在世的時候，這些調查、訪談明明能做，卻沒人去做，這不得不說是一大憾事。

就我們目前所知，方濟是在十歲時第一次接觸死亡。一八九六年八月廿二日，外公弗圖納托．德．努修於皮耶垂西那逝世，享年七十五歲。我們無從得知方濟跟外公的關係多親？外公去世時他是否隨侍在側？但從他幾個月前的一篇作文裡，我們知道他曾目睹一個人斷氣。

方濟跟媽媽常去貝內文托的醫院探望住院親戚。而貝芭每次去醫院，似乎都會把每床病人都巡一巡，幫他們打打氣，或是為他們祈禱。當時，這對母子駐足於一名年輕士兵的床前，他是在阿杜瓦（Adowa）戰役中負傷的（義大利當時處心積慮要爭取殖民地，但一八九六年三月卻於非洲阿杜瓦遭衣索匹亞軍隊痛擊），一名神父跟一名護士試著為他打氣，但這名重傷的年輕人置若罔聞，只是不斷地呼喚遠在他方的母親，不住地呻吟：「再也見不到她了……我快死了……好想看看親人，尤其是我媽……她好愛我啊……好想見她最後一面……」

大多數的母親都不會讓九歲大的兒子見到這種場景，但貝芭還是把方濟留在身邊。於是他親眼看到，雖然護士還苦口婆心地為他打氣：「振作一點啊！不要自暴自棄。你一定能活下去，一定能回爸媽身邊！」但這個年輕人「突然頭一歪、不動了。幾分鐘後，他死了」。這件事讓方濟很難過，整整兩天，他什麼也不吃。[25]

目睹這場死別後不久，方濟經歷了另一場生離。這次離別，部分得歸因於方濟想入嘉布遣會的心願。畢奧神父晚年受訪時，總是說「我從小就想修道」。但葛拉和貝芭是到他十歲時，才第一次聽他提這件事。那時，方濟剛聽了一場讓他深受感動的講道，於是坦白跟爸媽說他想當神父。這孩子當時才十歲，卻已下定決心要進嘉布遣會。

大約就在那時，二十六歲、來自聖艾利亞阿皮亞尼西（Sant'Elia a Pianisi）的卡米羅弟兄（Fra Camillo），被任命為莫孔內（Morcone，距皮耶垂西那約十三哩）會院的「地區托鉢會士」。托鉢會士的任務，就是要巡迴化緣，所以他們得隨身帶個大袋子，好放化來的麥子、穀物、麵粉、雞蛋、金錢等等。卡米羅羅弟兄是個熱情風趣的年輕人，他會送孩子們圖畫、聖牌、栗子、核桃，很受他們歡迎。方濟深受這位開朗、聰明的弟兄吸引，對他濃密的鬍子更是著迷。在卡米羅跟方濟說每個嘉布遣會士都留大鬍子之後，他就決心要進嘉布遣會了，因為他希望有一天，他也能有一把跟卡米羅一樣的大鬍子。

方濟跟父母說了進嘉布遣會的心願，但他們說，他們更希望他當堂區神父，也答應如果他想當堂區神父，他們會設法讓他完成必要的學業。

可是這孩子堅決不從：「不要！我就是想當大鬍子弟兄。」

「大鬍子？」貝芭忍不住笑了出來：「你為什麼想留大鬍子？你還這麼小，怎麼會去想留不留鬍子的事？」[26]

不過，貝芭下次見到卡米羅時，還是跟他說了：「卡米羅弟兄，我們想讓這孩子進嘉布遣會修道。」這嘉布遣弟兄馬上回道：「願聖方濟祝福他，幫助他變成一個好嘉布遣會士！」他當場邀請貝芭來參觀會院，也跟院裡長上談談。於是葛拉和貝芭得空就一起去了一趟莫孔內，參觀會院，也跟院長晤談。他們才剛回家，方濟馬上迫不及待地問：「他們收我嗎？」看到父母雙雙點頭之後，這個十歲大的男孩喜不自勝，邊跳邊喊：「他們收我！他們收我！他們收我！」[27]

不過，還是有個問題得解決：方濟當時已快受完三年免費教育了，如果他想當神父，就得繼續念書，這樣就非進私立學校不可。可是佛瓊內家實在沒什麼錢，付給醫生的是穀物，付給鞋店的是雞蛋，如果他們想讓方濟繼續升學，就一定得湊出一筆現金。於是，葛拉找兒子來深談了一番，確定他是認真想當神父，不是在兒戲。確定了方濟的決心之後，葛拉毅然遠赴美國工作，好為兒子湊足學費。

十九世紀末時，有大批南義男子橫渡大西洋，前往北美、南美尋找工作，因為家鄉除了農場雜活之外，根本沒其他工作可找。據說有段時間，皮耶垂西那的男人有三成都在外國工作。大多數人都無意定居國外，只是想去海外「打工」，好養活家中的老婆孩子。說起來，葛拉的家境已經算好了，他好歹有塊小農地，自耕自食足供生活所需，只不過，這點家產還是不夠他應付額外支出。於是，在一八九七年末或一八九八年初，葛拉將農務交給了貝芭，經拿坡里航向巴西（也有人說是阿根廷）。一八九八年初夏，葛拉首次返家，但沒帶錢回來。有人說是因為他在那生病了，也有人說是他在那沒找到什麼工作。一八九九年三月，最小的孩子出生之後，葛拉再次出國，但這一次去了美國。後來，他在賓州新堡（New Castle）郊外的馬洪尼鎮（Mahoningtown）上，找到了份農場工人的工作，東家姓邁爾斯（Myers）。他跟幾個堂兄弟在對街的蒙哥馬利大道（Montgomery Avenue）上，合租了間簡陋的小屋。不久之後，葛拉就被東家指派為工頭。據說他每週能寄九美元回家，[28]以南義標準來說，這是不小的數目（在當時，美國的平均年收入是六百美元）。

葛拉在美國十分刻苦，因為他不只讓方濟受完相當於中學的教育（至於家中其他孩子的就學情況，我們並不清楚），還買了兩塊小農田和一些牲口。這一次去，他似乎待到了一九〇三年才回家，因為現存唯一一封他當時寄給妻子的信，日期是一九〇二年十一月十二日（他只會簽名，所以他的信也都是口述，由別人代筆），他告訴貝芭：「親愛的老婆……幫我留一瓶好酒吧，明年八月聖母瞻禮節時，我就回義大利了。」[29]米切雷說他跟父親在美國一起生活過，但一九〇三到〇七年間，葛拉是否人在美國，我們還是不太能確定。無論如何，葛拉應該常會回家，畢竟當時大多數南義外勞都是如此，至少米切雷就常回義大利——在他去美國「打工」的十二年間，他不只結了婚，還有了六個孩子。

回到方濟。一八九七或九八年，他在多梅尼柯·提札尼（Domenico Tizzani）開設的私立學校註冊，學習閱讀、寫作，以及基礎拉丁文，學校位於卡拉裘羅街（Via Caracciolo）。提札尼先生五十多歲，是位沉靜、陰鬱的男士，他曾是神父，但已還俗、娶妻。謠傳方濟因為對此極感不滿，甚至無法好好求學。這項傳言似乎不是空穴來風，因為葛拉也曾從美國拍電報給妻子，要她給方濟換間學校，另擇良師。[30]不過，畢奧神父後來倒是說過提札尼是位好老師，而且從沒聽他提起自己的事。這樣看來，比較合理的解釋可能是：葛拉自己對提札尼的經歷不滿，他可能覺得離開聖職的前神父並不適合教育自己想當神父的兒子，所以才催促妻子趕快幫方濟換個老師。[31]

貝芭找的新老師是安傑洛·卡卡沃（Angelo Caccavo）先生，年約三十。雖然他也沒多虔誠（畢奧神父後來還寫信給他，跟他說自己每天都為他的信德祈禱），但對葛拉來說，還是比離職神父來得好。卡卡沃先生很會教書，他先是自己開私塾，後來又在皮耶垂西那擴辦的公立學校教書，一九四四年過世時，他才剛退休沒多久。直到今天，很多當地人都還記得這位嚴格、能幹的老師。

卡卡沃先生教學嚴格，從不苟且。要是作業有錯，學生就得乖乖回家重抄好幾遍，而且隔天一早就得交上來。對調皮搗蛋的直接打手心，要是打了手心還不聽話，卡卡沃先生就二話不說往頭敲下去，或是叫他「面壁思過」——到教室前面對黑板跪著。由於卡卡沃的確把學生教得不錯，所以也沒家長反對這種鐵腕教育。

方濟也至少見識了一次卡卡沃先生的火氣，雖然事後證明他根本是無端遭殃。同班男生寫了封很煽情的情書，簽上方濟的名字，交給了班上另一個女生，結果那個女生跟卡卡沃先生報告，也把情書拿給他看。卡卡沃先生看了怒不可遏，馬上把方濟叫到教室前面，當著全班的面飽以老拳。方濟嚇壞了，根本不知道是怎麼回事，情急之下躲到老師桌下避難。這時，卡卡沃太太也聽見了這場騷動，她素知丈夫的脾氣，於是連忙下樓安撫他，免得方濟被打成重傷。當卡卡沃先生發現那封信根本不是方濟寫的時候也大驚失色，據說他一輩子都對這件事耿耿於懷，相當懊悔。畢奧神父後來說道：「我知道他很自責，可是傷害已經造成，我全身瘀青痛了好幾天。」[32]

方濟越大越俊，十多歲時大家都說他是個帥哥，他不僅皮膚白皙紅潤，還有一頭漂亮的紅褐色頭髮，而且總是笑臉迎人。有不少女生迷上了他，但對她們的示好，方濟總是不為所動，跟她們說話時也總盯著地板。他很喜歡讀書，不過他後來跟一位屬靈女兒說，他對自己當初讀的一些書頗感後悔：「對那些有害道德純淨的書，我的確毫無興趣，畢竟我天生不喜歡污言穢語，哪怕只是寫得有點輕佻，我都會很受不了。我那時讀的書並沒有什麼可議之處，只是它們都是世俗之作，我讀來追求新知，或讓腦袋消遣。」可是，畢奧神父強調，這些書「對增進德行毫無用處」，甚至還減低了他對上主的愛。[33]

畢奧神父的苦行生活讓人印象深刻，而事實上，他從這時開始就已試著苦行。根據他一篇學校作文得知，雖然放假睡覺時他還是喜歡起得晚一點，但他已試著節制飲食。照目前掌握的資料看來，似乎有些時候是方濟一個人待在鎮上，貝芭則去皮阿納・羅馬納安排農事。不過貝芭每天至少會回家一次，或是幫方濟煮飯，或是準備點東西讓他自己煮。貝芭每次發現方濟沒吃多少東西，總是十分心疼。貝芭最傷心的一次，是她特地做了一份「香噴噴的焗烤起司櫛瓜」，回家時卻發現兒子根本沒吃。貝芭難過得哭了出來，方濟看到媽媽這樣，覺得既感動又自責，他後來說：「如果我當時有想到媽媽會因此難過，我一定會把整盤吃個精光。」[34] 這件事之後，不管貝芭準備了什麼，方濟都會盡量吃完，免得讓她難過。

一九〇一年十月，方濟寫信給遠在賓州的父親：「我現在被新老師教導，也覺得每天都有進步，我跟媽對此都很高興。」這是他現存信件中最早的一封，不僅提到他很高興父親身體無恙，也跟葛拉報平安：「感謝天主，我們大家都很好。我也每天都跟慈悲的聖母祈禱，請她庇佑你免於一切禍患，不僅平安、健康，也能時時感受我們對你的愛。」

這封信裡還提到一件他讓貝芭生氣的事：這年稍早，他跟幾個同學到龐貝聖母朝聖地。因為他一聲不吭就去了，所以回家時被貝芭訓了一頓。葛拉顯然也在前封信裡教訓了他一番，所以他在這封信裡自責地寫道：「爸，你教訓得一點都沒錯。」但他也說：「請你們想想，如果上主願意的話，到了明年，一切慶典、歡樂都將結束，因為那時我會拋下此生，去擁抱更美好的生命。」[35]

信裡的其他部分就平淡得多：承諾會好好唸書、談談缺水、收成不佳，報告媽媽、哥哥、妹妹都好，順便問問美國一個親戚的近況。這封家書再平實不過，裡頭完全沒提到什麼奇特的夢或神視（異象），更難以讓人相信寫信的人精神有問題。但它的確顯示：早在十四歲時，方濟・佛瓊內即已獻身宗教生活，決心「拋下此生」，擁抱「更美好的生命」。

不過，在即將完成入嘉布遣會的要求前，方濟也不禁緊張了起來。對一個天性敏感的男孩來說，出家苦修畢竟不是個容易的決定。畢奧神父後來說，當時的他「已享受太多無益的塵世歡愉」，要拋下世俗的確不易。讓畢奧神父難捨的「歡愉」，並不是財富、醇酒、美色或其他一般人會想到的東西，而只是生命中平凡、正當的快樂。想到要拋下它們，進入會院嚴格苦修，即使是決志修道的方濟也難免傷情。

就在這時，方濟認識了一位終生知己，不管是往後幾年或其後一生，他都給了方濟很大的幫助。這個人是薩瓦托瑞・瑪利亞・帕努洛（Salvatore Maria Pannullo），當時四十二歲，曾在大學、神學院教書，一九〇一年時剛就任皮耶垂西那總鐸（archpriest）。[36]帕努洛神父是個活潑又有教養的人，有過目不忘的本事，能一字不漏背出整部福音書。由於葛拉長年在外，帕努洛神父幾乎成了方濟的第二個父親。他很受人敬重，當其他堂區教友尊稱他為「薩瓦大叔」的時候，方濟稱呼他為「老爹」。

一九〇二年秋，方濟差不多該進嘉布遣會院時，卻發生了一件幾乎毀了他生涯規劃的事：帕努洛神父接到一封黑函，指控方濟跟鐵路站長的女兒有性關係。這位總鐸馬上召集了他的工作伙伴一起討論這件事，他們也決定暫停方濟的輔祭職務。不過，方濟對停職的原因一無所知，還以為這是進初學院前的慣例。由於帕努洛神父對方濟極為了解，我們實在很難相信他會把這個誣告當真，不過他還是讓人徹查，也馬上找出寫這封黑函的人是誰。那個人是方濟的學校同學，被查到之後，他也對此事坦承不諱。水落石出之後，神父恢復了方濟的輔祭職務，也一五一十地跟他說了全部經過一直被蒙在鼓裡的方濟聽了，只覺得既困惑又尷尬。他的老友奧斯定神父後來問起這件事，想知道他聽了全部經過之後有沒有想過要報復，畢奧神父說：「恰恰相反。我當時就為他們祈禱，現在也還在為他們祈禱。」不過他也承認：「有些時候，我的確是會跟天主說：『主啊，如果讓他們受點教訓，能讓他們悔過、靈魂得救的話，就教訓他們一頓吧！』」[37]

畢奧神父中年時，曾對另一個神父說過：「我十多歲時，根本不知道人是怎麼變出來的。在那個年代，皮耶垂西那的青少年根本對性一無所知。」[38]在此同時，奧斯定神父也寫道：「我敢發誓他直到今天依然貞潔，連小罪都不犯，也從不違背此天使之德。」[39]

一九〇三年元旦，方濟用心默想他的聖召，思考自己是否真有勇氣告別塵世、投身修會，將自己完全奉獻給上主。就在那時，他經驗到了理智神視（intellectual vision，亦即不是藉由感官而看見的形象或景象）。他說，那時他的感官活動「突然停止」，他開始「以智性之眼、而非肉體之眼觀看」。以下就是他的神視內容，也請注意他是以第三人稱描述自己：

他看到身邊站了一位極其俊美的男性，像太陽一樣光輝耀眼。這人牽起了他的手，對著他說：「跟好我，因為你得跟個難纏的戰士戰鬥。」這人帶他走過一片廣大的原野，原野上密密麻麻的都是人。他們分成兩群，一群外表端正，身穿雪白的袍子……另一群長相凶惡，身穿黑衣，像是一大片烏雲。

兩群人之間有片不小的空地，那人把這個靈魂帶來這裡。他疑惑地到處張望……結果在空地中間，突然出現了一個非常高大的人，身長幾可通天，他長得像個衣索匹亞人，臉又黑又恐怖（作者按：義大利於進軍東非失利後，竭力醜化衣索匹亞人，方濟無疑也受了這些宣傳影響）。

這時，那可憐的靈魂完全嚇壞了，覺得自己死期不遠。那高大的怪人越走越近，一路帶靈魂來此地的人更告訴他說，他得跟這怪人打上一仗。聽到之後，這可憐的靈魂頓時嚇得面無血色、全身顫抖，幾乎要昏厥在地。

那人伸出手扶他，等他慢慢從驚嚇中恢復。靈魂轉向那人，苦苦哀求他別叫自己跟這怪物決鬥，因為那傢伙實在太過強大，即使集合所有人的力量，都不可能打敗他。

那人對他說：「別說了。你非跟他作戰不可。放心去吧，帶著信心參戰，勇往直前！我會陪在你身邊。等你戰勝他之後，我會賞你一頂奪目的冠冕妝點你。」

於是，那弱小的靈魂鼓起勇氣，跟那巨大、神秘的人物一起投身戰場。那個巨人猛烈地攻擊他，但那人也始終待在他身邊幫助他。最後，靈魂終於戰勝了敵人，巨人被擊倒在地，落荒而逃。

那人履行承諾，從袍裡掏出一頂美麗得難以言述的冠冕，戴在那靈魂的頭上。不過，他馬上又把冠冕收了回去，對靈魂說：「如果你能再次戰勝剛剛那個東西，我會給你一頂更美的冠。你記住，為了奪回他失去的榮譽，他還會不斷發動攻擊。你要勇敢地與他作戰，但不用擔心，我一定會幫你。你要隨時謹慎小心，因為他隨時會出其不意發動攻擊。別怕他恐怖的力量，只要把我的承諾銘

> 記在心：我永遠在你身邊，也永遠會幫你，所以，你也永遠能贏得過他。」
>
> 怪物逃走之後，那群長相凶惡的人也開始撤退，他們厲聲嘶吼、瘋狂詛咒，喊聲震耳欲聾。至於另外那群剛與靈魂並肩作戰的人，則大聲歡呼，變得比太陽更為耀眼。神視至此結束。[40]

我想可能有不少人會覺得，方濟那時大概正在看約翰・班揚（John Bunyan）的《天路歷程》（*Pilgrim's Progress*），讀到主人翁跟魔王作戰那段正好睡著，所以才會做了個情節這麼雷同的夢。但我得提醒大家的是：在當時，約翰・班揚幾乎被視為異端，一個像方濟這樣虔誠的天主教男孩，實在不太可能去看他的書。

一九〇三年一月三日，方濟在領聖體後再次領受理智神視，「與上主親密交談」。他的靈魂「頓時滿溢超自然之光」，藉此他也突然明白：獻身事奉萬有之主，正是與神視中的魔鬼展開長期抗戰。於是他也頓時了悟：雖然魔鬼仍會不時發動攻擊、譏笑他的失敗，但沒什麼好怕的，因為天使也會與他同在，並在他戰勝魔鬼之時為他喝采。這份信念，堅定了他修道的決心。

他也發現：原來那位陪他上戰場、幫助他作戰的人，正是耶穌基督。方濟堅信祂會繼續與他並肩作戰，而且「只要他信靠祂、堅定地追尋祂，那在他贏得勝利之後，祂也會在天國獎賞他。」[41]

兩天之後，終於到了他在家的最後一夜，隔天一早，他就要離開皮耶垂西那，前往莫孔內了。方濟覺得胸中彷彿有千斤巨石，沉甸甸地壓著他喘不過氣。在即將告別母親、哥哥、妹妹的此刻，他覺得「肝腸寸斷」，痛苦得幾近崩潰。但就在此時，他領受了五天之內的第三次神視，「不僅上主來安慰了他，他也凝望著耶穌與聖母瑪利亞的高貴莊嚴。他們鼓勵他、也告訴他說他們愛他，高大的耶穌還伸手撫摸他的頭。這就夠了！他靈魂裡高貴的部分，因此變得堅強。雖然在離別的時刻到來之時，他的身心仍感痛苦，但對這痛苦的別離，他再沒掉下一滴淚。」[42]他這麼寫道。

一九〇三年一月六日，方濟與另兩位憧憬嘉布遣生涯的男孩（文森佐．瑪索內與安東尼歐．波納維塔），一起登上了前往莫孔內的火車。貝芭含淚祝福方濟，柔聲告訴他說他從此不屬於她，而屬於聖方濟了。一小時後，火車緩緩駛進莫孔內車站。卡卡沃先生陪著這三個心如熾火的少年，一起走過凹凸不平的石子路，來到聖斐理伯與聖雅各伯會院（Friary of SS. Philip and James）。他們敲敲會院大門，來應門的不是別人，正是他們的老朋友卡米羅弟兄！他一一叫出他們的名字，熱情地擁抱他們。方濟隨他走進會院，自此開始他艱苦、服事的新人生。

03

眾人的模範

嘉布遣小兄弟會（The Order of Friars Minor, Capuchin）是源出於聖方濟的三個男修會之中作風最傳統的一個。阿西西的聖方濟（約一一八一—一二〇六）於一二〇六年建立修會，追求「以服從、安貧、守貞來遵循我等救主耶穌基督的神聖福音」。[1] 雖然方濟的父母覺得兒子是去當「隱修會士」（monk），畢奧神父也常被稱為「隱修會士」，但在嘉布遣會裡，他們其實都互稱「弟兄」；精確來說，嘉布遣會也不是「隱修會」（monastic Order），而是「托缽修會」（mendicant Order）。

修會自古要求修士安貧，不得擁有私人財產，但對公有院產並無限制。於是在中世紀時，有不少修會變得相當富有，甚至到了奢侈的地步。托缽會發願連公有財產都捨棄，部分也是為了矯正這個弊病。托缽會得靠自耕自食、信眾供養來維持生計。托缽會的 mendicant 一字，字根即為拉丁文的「乞討」。在托缽會剛成立時，托缽弟兄甚至只能乞討物資，不得接受財物奉獻。

如果要做個比較：理論上來說，「隱修會士」通常一生都住在同一所修院，而「托缽弟兄」則常被派往不同會院。所以，像畢奧神父那樣五十多年都待在同一會院的情況，其實是相當罕見的，他大部分的弟兄都搬了好幾次會院。

此外在傳統上，隱修會士把大部分時間花在祈禱、默觀上，很少跟外界接觸。但大部分的托缽會弟兄，則是除了祈禱、靈修之外，還要主動服事當地居民。不過，外人通常不太在意隱修會士跟托缽弟兄有什麼不同，畢奧神父也跟他其他弟兄一樣，幾乎不曾糾正人家稱他為隱修會士。

總之，方濟會（或稱小兄弟會）在剛成立的幾十年裡，無論在靈修、學術或服事眾人方面，都有相當出色的表現。但就像許多先張後弛的組織一樣，方濟會後來在道德、靈性上也逐漸走下坡，染上不少當初成立時想改革的弊病。聖方濟過世一百五十年後，「弟兄」一詞已帶有貶意，幾乎成了服從、安貧、守貞的反義詞。喬叟（Chaucer）在《坎特伯里故事集》（*Canterbury Tales*）裡，就是這樣挖苦托缽弟兄的：

這位弟兄風流倜儻，放浪不羈
沿門托缽，長袖善舞
四修會裡屬他口舌伶俐
巧舌如簧，八面玲瓏……

聽告解時慈眉善目
禮物奉上無罪不赦
只要錦衣玉食好生供養
大小罪孽一筆勾消……

針線刀剪隨身齊備
哄得女士服服貼貼
金嗓一開繞樑三日
曲藝高超技壓群倫……

酒館客棧無一不熟
掌櫃女侍無一不識
乞丐癩子敬謝不敏
高貴如斯，豈可與瘋癲之流擅交？
乞丐下人，豈有涓滴之禮相贈？
身分如此，惟富商巨賈方可相襯……[2]

喬叟之後一百多年，終於有人再也看不下修會鬆弛腐化，起身呼籲改革。一五二八年，宗教改革沸沸揚揚之際，巴西歐的瑪竇神父（Padre Matteo of Bascio）成立了嘉布遣會，力圖改革《坎特伯里故事集》中點出的種種墮落。在那時，方濟會已分為兩支，較節制的稱「嚴規會」（Observants），較寬大的稱「住院會」（Conventuals），而嘉布遣小兄弟會，則是以嚴格奉行聖方濟會規為己志，比嚴規會管理更嚴。「嘉布遣」（Capuchin）一詞取自聖方濟常戴的「大兜帽」（capuche）。為表明嚴格奉行聖方濟所訂會規的意願，這新修會規定會士們必須穿戴兜帽。

此外，因為聖方濟蓄鬍、基督也蓄鬍，所以嘉布遣會士也不得修面。在此同時，他們也奉行聖方濟不穿皮鞋的命令，所以涼鞋也成了嘉布遣會的標記之一。每位弟兄皆分配到一件粗布帶兜帽的長袍，一件羊毛衫以及披風。整套會服以簡單的繩子束腰，繩子上再掛上玫瑰念珠。他們不再戴帽子或教士冠，因為兜帽與腦殼已經夠發揮保護作用啦！

十六世紀反宗教改革運動（Counter-Reformation）[3]開始時，嘉布遣會出力甚多，在改革中世紀及文藝復興初期的教會弊病上，嘉布遣會也起了很大作用。此外，嘉布遣會的慈善事業也做得有聲有色，十七、十八世紀幾次大瘟疫橫掃歐洲時，嘉布遣會為醫療照顧投注的心力有目共睹。

方濟・佛瓊內於一九〇三年進修會時，大部分會內弟兄都年紀不大。這是因為在此之前，義大利嘉布遣會被政府壓抑了二十多年，當時才剛剛恢復元氣。十九世紀中葉，大多數歐洲國家對教會懷有敵意，壓抑教會的行動不勝枚舉。國族主義烈火熊熊，後來甚至還因此引發一次大戰。由於教會當時在義大利中部還有很大的政治權力，因此招了不少國族主義政客的忌，一八六〇、七〇年代，法國、德國紛紛通過法律，不僅削弱天主教會權力，也壓抑各地修會發展。

在義大利，政教衝突的情況尤其嚴重。全新統一的義大利領土，有大半是奪自教廷轄地。為反擊義大利政府進逼，教宗碧岳九世（Pius IX）也毫不留情地動用絕罰（excommunication），將侵犯教會傳統權利的政客開除教籍。義大利政府的早期領袖，很多都對教會抱持敵意，認為削弱教權是建立效能政府的必要條件。舉例來說，義大利統一要角加富爾（Camillo Cavour）認定修會「無用且有害」[4]；從波旁（Bourbon）家族手下解放南義的加里波底（Giuseppe Garibaldi）不僅說教士是「豺狼」、「凶手」，還說教宗「稱不上真基督徒」[5]。有些義大利政客甚至做得更絕：他們呼籲軍隊攻入梵蒂岡，還要把樞機主教們扔進台伯河（Tiber）裡。[6]

面對如此赤裸裸的惡意與暴行，一八六四年教宗碧岳九世在《謬誤綱要》（*Syllabus of Errors*）中批判「自由主義」，批評宗教寬容、良心自由、出版自由，還斷然否認教宗需要適應「進步」、「自由主義」或「現代文化」。[7]

於是，義大利政府也在一八六六年強制解散修會、沒收教產，部分是為了反擊《謬誤綱要》，但更重要的原因是為了稅收。一夕之間，三萬八千所教會機構遭到關閉，嘉布遣會亦屬其中之一。他們的產業被變賣以充實義大利政府國庫。嘉布遣弟兄被迫加入教區，或是出國避禍，或是在私人房舍中繼續秘密奉行嘉布遣會會規。

不過，變賣教會產業的政策到頭來卻失敗收場，因為絕大部分的農民根本買不起教會土地，而教堂、修院這類建築，就算買了也不知道能做什麼用。二十多年後，政府對教會的態度不再那麼激烈，管制、壓抑政策取消，於是嘉布遣會和其他修會也紛紛再起，重新開始修道生活，最後也取回原有的教堂、會院。

嘉布遣會佛吉亞會省下轄近二十座會院，重建會省任務艱鉅，這份重擔最後落到了貝內文托的碧岳神父（Padre Pio of Benevento）肩上。貝內文托的碧岳神父才學、信德俱佳，在教會受迫時期，曾遠赴英格蘭、印度宣教。在受命就任省會長後，他積極徵召青年人加入修會，為奄奄一息的修會注入活血。在受迫之前，佛吉亞會省向以嚴格苦行聞名，被視為全義大利最嚴格的嘉布遣會會省之一。在被迫解散之前，據說有很多弟兄「死時充滿聖潔的馨香」。貝內文托的碧岳神父決心讓佛吉亞會省恢復舊觀。

對方濟及所有準備投身聖職的人來說，他們得接受兩種培育：一種是修道培育（religious program），為會院生活做預備；一種是神職培育（ecclesiastical program），為成為神父做預備。修道培育可分為三個階段：(1)初學；(2)發安貧、服從、守貞初願（temporary/provisional vows）；(3)發終身末願（solemn vows）。至於神職培育的內容，則視學生之前受過的教育而定。一般說來，修會都有類似於中學的小修院（minor/seraphic seminary）。但在方濟入會的一九〇三年，義大利修會才剛剛復甦、百廢待興，還不及成立小修院，所以他才得就教於提札尼和卡卡沃，在世俗教育機構中完成必要教育。

方濟抵達莫孔內後，就被帶往一間斗室，裡頭有一張木板床（附了以玉米皮為裡的床墊）、一張小桌、一張椅子、一個盥洗台、一個水壺，牆上則有木製十字架。方濟、文森佐．瑪索內和其他初學生，被告知得先獨自默想數日（與方濟、文森佐．瑪索內同來的安東尼歐．波納維塔，因為年紀太小，直接被請回家）。

一月廿二日，在抵達會院十六天後，終於到了方濟穿上會衣、正式入會的日子。他的初學導師是天使山的多默神父（Padre Tommaso of Montesantangelo），方濟走向祭壇，在他面前跪下。他脫下方濟的夾克，說：「願上主剝去你的舊我，以及一切舊習。」在方濟穿上方濟會長袍時，多默神父祈禱：「願上主為你穿上新人——天主在公義、聖潔與真理之中所造的新人。」接著，他戴上附肩衣的頭罩，初學導師說道：「願主為你戴上救贖之冠，擊敗魔鬼的誘惑。」方濟繫上腰繩，神父祈禱：「願主用純潔之帶繫住你，熄滅你腰間的慾火，讓你常保節制、貞潔。」最後，方濟拿到了一根蠟燭，神父諄諄叮囑：「以基督之光作你永生的印記，因此你可死於塵世而活於主內。由死中復生吧！基督將賜給你光明！」[8]

接著，方濟被剃去頭頂的頭髮，在梵蒂岡第二次大公會議（Vatican II，以下簡稱梵二）之前，這種髮式是區隔神職人員與平信徒的象徵。這個習俗可能源自於羅馬時代，當時的奴僕都會被剃髮，而神職人員剃髮，則象徵從此成為基督之僕。

此外，方濟還得取個聖名，代表他已在神聖世界重生。他為什麼會選「畢奧」為聖名，我們並不清楚。有些人說，他是想紀念埋骨於皮耶垂西那的殉道者聖畢奧（St. Pius the Martyr）；也有人說，這是因為貝內文托的碧岳神父以前就認識他，也相信天主對這孩子大有計劃，所以希望他以後出家也取自己的聖名。不過，因為畢奧神父總把五月五日當成自己的主保節，所以他的聖名應該是為了紀念聖碧岳[9]五世，因為這天正是這位十六世紀教宗的瞻禮日。直到今天，嘉布遣會士多半仍以聖名相稱（例如「若望神父」、「保祿弟兄」），所以為了區分聖名相同的弟兄，他們通常會在聖名之外再加上出生地（至少在義大利是如此）。因此，「方濟．佛瓊內」在教會裡會被稱為「皮耶垂西那的畢奧神父」。不過，聖名在義大利政府眼中並無效力，所以對他們來說，根本沒有「畢奧神父」這個國民。我們在後面也會提到，當畢奧神父被徵召入伍時，他是以「方濟．佛瓊內」的身分被徵召，但因為當時大家都只知道他是「畢奧神父」，所以有一道要「方濟．佛瓊內」報到的命令寄來時，人家根本不知道這命令是下給他的，直接原件退回，結果他差點因為「逃兵」被治罪。由於聖名不具法律效力，所以在簽法律文件時，畢奧神父也跟其他神職人員一樣，會把俗家名和聖名都簽上去：「皮耶垂西那的畢奧神父，俗家名方濟．佛瓊內」（不過在梵二之後，嘉布遣會士也用俗家姓代替出生地來做區隔，也常常使用俗家名而非聖名）。

於是，畢奧弟兄開始進入初學階段。從十六世紀開始，莫孔內會院即專供初學培育之用，入會青年由初學導師專責指導。天使山的多默神父雖然嚴厲，但大家都說「他有顆善良的心，很了解自己指導的初學生，也很關心他們」[10]。依會規規定，他要教導初學生克服七情六欲，並讓他們學會謙卑、服從、「天使般的潔德」、拋下自我、犧牲、安貧，以及苦行精神。此外，他也要講授會規和日課內容，後者包括時辰禮儀（Divine Office）經文，會院全體得在每天七個特定時間吟誦。

一九〇三年的莫孔內會院，約有五十名成員居住，但無暖氣設備。只有在最寒冷的日子，會院成員才被允許在夜禱（Compline）之後、就寢之前，齊聚於火爐取暖。會規也規定：除監督神父（會院院長）及初學導師之外，年長弟兄與初學生應避免不必要的交談。其他弟兄們穿著涼鞋，但初學生們則光著腳。

除禮拜天外，每晚十二點半，鐘聲都會準時響起，叫醒弟兄準備時辰短禱。睡眼惺忪的弟兄一個個穿過走廊，前往教堂裡的「誦經席」（祈禱小堂）作時辰短禱。會規要弟兄們在「熱切、默想、刻苦、安寧、靜默」之中，努力「切記自己正在天主跟前，需以聖潔之情專心唱出神聖讚美」。於是，弟兄們開始頭兩個時辰短禱——黎明禱與晨禱。結束之後，他們可以再上床睡覺。

不過，這場覺也不能睡多久，因為他們五點就得起床。起床後先整理床鋪，整理完後在床上放個十架苦像，讓它看起來像個棺木。然後，他們再次前往誦經席誦唸「三鐘經」（Angelus），銘記上主道成肉身的奧蹟。三鐘經結束後吟唱「諸聖禱文」（Litany of the Saints），呼求聖母、總領天使、聖祖、先知、宗徒、以及其他等三十多名聖人，請他們代禱轉求天主以遠離凶惡。結束之後，會院全體默想半個鐘頭，為教宗、為靈魂得救、為不信之人的皈依，也祈求上主賜智慧給樞機、主教、教長、王公貴族、各長上們。在此之後進行「誦讀日課」的第一時辰禱及第三時辰禱，然後是被稱為「會院彌撒」的團體感恩祭。彌撒之後，弟兄們終於可以享受麵包配橄欖油當早餐，飯後繼續回到小堂進行「聖母日課」。

接下來是初學生的上課時間，多默神父為他們講授聖人生平（尤其是嘉布遣會聖人生平），此外，他們也得背誦會規。到第六及第九時辰時，再回到聖堂誦念日課。

此時已是中午。會院全體再次到小堂誦三鐘經，接著是午餐時間。午餐跟晚餐的菜色都很簡單，主要是麵包和燉菜。許多老弟兄們回憶當日，都還記得剛進會院那個禮拜餓得多慘。用餐時不能交談，但會有人朗讀福音書、方濟會會規，以及其他靈修書籍的段落。

除聖誕節期外，從十一月二日至復活節前的聖週六，弟兄們都要齋戒。每天只能進一頓全餐（修會標準的「全餐」）、兩份份量較少的小餐，只有全餐才有肉食。在戒律較鬆的會省，全餐會有好幾道菜，讓弟兄們把肚子撐飽，好熬一整天。但二十世紀初期的佛吉亞會省，則仍嚴格執行古老的戒律。在四旬期期間，完全不供應肉食；四旬期週五，更只能吃麵包、喝白水。之所以如此刻苦，是因為聖方濟教導說：「若縱容感官，則需求永難滿足。」會院裡的每件事都被精心安排，好讓弟兄遠離塵世之物（即使是必需品也不例外），專心關注靈修生活。

午餐之後，弟兄們小睡片刻。兩點半時，全體再次聚集於誦經席詠唱晚禱，然後一起做些工作。即使是在地下室掃廁所，弟兄們都會一邊擦地，一邊大聲唱詩歌、念玫瑰經。工作做完之後，大家再一起吟誦「聖母晚禱」。接著，初學生們再去跟多默神父上課。上完課後，弟兄們可以去園子裡放鬆一下，雖然可以交談，但他們被強烈建議只談聖人事蹟或方濟會規。晚上七點，弟兄們回到誦經席念玫瑰經，然後再默想、祈禱半個鐘頭，就到了「夜禱」的時刻，這也是一天之中最後一次的時辰短禱。夜禱之後進晚餐，菜色就跟午餐一樣簡單，用餐過程之中，同樣會有人大聲朗讀新、舊約聖經。晚餐之後，初學生得再次去見多默神父，請他提供靈修指引，其他的弟兄則可稍事休憩。最後到了晚上九點，全體到教堂朝拜聖體[11]三十分鐘，之後即可回房休息。在就寢之前，每位弟兄都要先祈禱、省察良心。初學生被教導養成仰睡的習慣，雙手交叉做十字狀，輕放於胸前，好擊退魔鬼的襲擊。

這的確是非常嚴苛的生活方式。但畢奧弟兄跟其他弟兄卻自願擁抱這種生活，甚至甘之如飴，因為他們深信：這樣度日能讓自己更愛上主。除了必要的對話之外，修會每天只容許弟兄交談兩小時（即餐後去園子放鬆的時間），但即使是這種時刻，弟兄們還是得守「福音靜默」——只談神聖和訓導之事。晚上九點到清晨五點間，全會院更需嚴守「大靜默」，除非絕對必要，否則一個字都不准說。故意違反福音靜默或大靜默的人，得雙臂展開平躺在地（如十字架狀），大聲祈禱五遍〈天主經〉（主禱文）、五遍〈聖母經〉。

修會也相當重視「默想」，尤其是將心思抽離塵世，讓心、靈皆專注於上主之上。與畢奧神父同代的英國密契主義作家艾芙琳・安德希爾（Evelyn Underhill）是這樣描寫默想的：「讓意識專注，收攝一切分心；不帶自我意識地將整個自我投向這項行動。」[12]初學生學習將心思集中於神聖實相（Divine Reality）的一個面向，例如神的一個名號或特質、聖經裡的一個段落，或是基督生命裡的一件事。安德希爾說：在這樣做時，默想者的靈魂會「逐漸而緩緩地進入深層冥想之中，這種神聖狀態能讓他們遠離俗務，不被瑣事分心。在深深沉入其中之後，他們便進入了苦修主義所說的『斂神』（recollection）境界，亦即收攝一切心神。」[13]著名的信義會密契者雅各・波默（Jacob Boehme）也曾生動地描繪何謂默想：「從你的行動中抽離，用你真正的『眼』專注凝望一點……為了做到這點，你得嚴格收攝一切念頭，以信心將他們投注於『中心』。委身、緊抓住上主的聖言，祂召喚著你，也永無謬誤。順服地回應這個召叫，在上主之前保持靜默，在你最內在、最隱密的心房裡，與祂相偕同坐，讓你的心神收攝、凝聚於自身，懷著盼望耐心等待祂的旨意。於是，你的真光如晨曦破曉，紅色微光過後，你等候已久的太陽將隨之現身，他要升向你，而在那滿富治癒力量的翼下，你將滿懷極大的喜樂，在明亮、治癒的光中飛舞……」[14]

雖然初學生們即使認真默想，也難以見到破曉晨曦（其實，就連年長弟兄都未必見得到），但大家深信：認真默想本身即可中悅天主。

嚴格服從長上，也被視為精進靈修的重要步驟，因為這也能讓人拋下私意與自我。嘉布遣會士得盡其所能，隨時師法、貫徹長上的意旨與期望。畢奧神父後來寫道：「對我來說，凡事都要服從。對奉派來審核我內、外言行的長上，我斷無冒犯之理。天主不准我冒犯他們，即使是最輕微的冒犯都不可以。」[15]西耶納（Siena）的伯納德神父（Padre Bernardino）也說：畢奧神父即使到了晚年，做任何事之前也都會先請長上許可，那怕是剪髮、更衣、穿袍這些微不足道的小事也不例外。外人看來過度依賴、缺乏自主的行為，在這群渴求謙卑、無私、仰賴上主的人眼中，卻是一種值得追求的德性。畢奧神父有一次聽到有人說他不服從，還反駁道：「即使長上命令我從窗戶跳下去，我也會二話不說馬上跳！」[16]

在多默神父這位嚴格的初學導師督導下，畢奧弟兄跟其他初學生練習謙卑、服從的機會很多。會規規定：修會所有成員（含初學生）每週一、三、五都得「打苦鞭」：為貶抑自我意志，弟兄們得在這些日子進聖堂，拉起上衣後背，用鍊子擊打自己赤裸的背部。會規還說，在打苦鞭時，弟兄們得一邊想著耶穌的受難。從現代人眼光來看，這項舉動可能既怪異又野蠻，但打苦鞭的目的，卻是要對抗性衝動、懶惰以及輕浮。

會規規定已是如此，但多默神父還更進一步。初學生們進了食堂之後，用餐之前都得先到他腳邊跪下請求：「神父，請祝福我。」如果多默神父回答：「我祝福你。」初學生就能起身回到座位，準備用餐。但要是多默神父不答話，這倒楣的孩子就得留在原地，繼續跪在冷冰冰的地板上，直到多默神父讓他退下。有些時候，初學生還得跪到用餐時間結束，但即便如此，多默神父還是不會講明他到底做錯了什麼。

跟畢奧弟兄同來的文森佐·瑪索內，忍受了兩個月後還是回皮耶垂西那去了。還有一個來自拿坡里、姓名不詳的初學生，在餓著肚子罰跪到用餐時間結束後，嘲諷地講了一句：「在拿坡里，我們得花錢看神經病，在這裡倒是能免費看神經病。」偏偏多默神父聽見了這句話，叫他當場打苦鞭。那孩子倒也乾脆，馬上起身離開會院，再也沒回來過。不過，畢奧弟兄倒是毫無怨言地忍受了多默神父的嚴厲。[17]

初學生除了要捨棄物質享樂，也得捨離家人、朋友。要是初學生太過想家，聖召的真確性便會受到質疑。嘉布遣會從字面意義來理解、奉行基督的話：「如果誰來就我，而不惱恨自己的父親、母親……兄弟、姊妹……不能做我的門徒。」（路加福音 14:26）、「手扶著犁而往後看的，不適於天主的國。」（路加福音 9:62）畢奧弟兄的父母為此相當心碎。

不過，畢奧弟兄不管是當時或之後，都未口出怨言。一位會院弟兄寫道，畢奧弟兄總是維持真誠的初學精神：「我去他房間找他時，他常常都跪在床尾祈禱，或是埋首看書。他有時會祈禱得忘神，忘了來參加晚課，我去叫他的時候，總看他跪在地上，整個人沉浸於祈禱之中，雖然會院明明能稍微改善一下飲食，但我從沒聽他抱怨過吃的。他也從不批評長上，而且要是聽到別人批評長上，他還會責備他們，或是馬上離開那些人。他從沒抱怨過嚴寒，也從不抱怨我們的毛毯根本不足以禦寒。不過，他讓我最難忘的還是他對祈禱的愛。」[18]

另一位從畢奧神父初學期就認識他的神職人員，則是記得在他祈禱的時候，「總是淚流滿面，常常連地板都濕了」。[19]

畢奧弟兄很重視肉體苦行。他後來寫信給一位屬靈女兒時，引用了保祿（保羅）〈迦拉達書〉（加拉太書）五章廿四節：「凡是屬於耶穌基督的人，已把肉身同邪情和私慾釘在十字架上了。」他寫道：「由此來看很明顯的是：想成為真正的基督徒的人……一定得看管好自己的肉體，好獻身耶穌。祂為了愛我們，將整個身體釘上了十字架，受盡了一切苦楚。苦行必須堅定不移，不容一絲懈怠，終身奉行而不間斷。此外，完美的基督徒絕不為看似嚴苛的苦行滿足，一定得確定這些苦行真的夠艱苦……因為……魔鬼對靈魂的一切傷害，都能被歸因為肉體苦行失敗，不管是因為無知、或是因為缺乏意志而苦行失敗，都是如此。如果你想獲得聖潔，就得降服肉體，將它釘在十字架上，因為它是一切罪惡的源頭。」[20]

不過，畢奧神父的想法後來也改變了一些，因為他漸漸發現：能像他一樣嚴格苦行的人，真的少之又少。

不幸的是，在貝芭有天去探望兒子時，沒人跟她好好解釋嘉布遣會的修道方式，也沒人跟她提過初學生得怎樣度日，於是這場會面讓她心痛不已。抵達會院後，她被帶往會客室，畢奧弟兄由另一位弟兄陪著過來，後者從頭到尾一句話也沒說。她的孩子與她近在咫尺，但畢奧弟兄只是動也不動地低頭坐著，雙眼望著地板。貝芭看到兒子居然沒有流露任何情感，只是一直眼看著地、雙手插在袖裡，覺得既震驚又難過。在她拿一堆禮物送他時，他也沒有表露一點熱情，只是靜靜、冷冷地說：「謝謝。我會把它們交給長上。」貝芭發現她根本沒法讓兒子跟她多說幾句話，不禁悲從中來，不斷地問：「孩子，你到底怎麼了？你怎麼成了個啞巴？」

貝芭淚流滿面地回到皮耶垂西那，無論是畢奧弟兄或會院長上，都沒人跟她好好解釋為什麼兒子得這麼木然、冷淡。多年過後，畢奧神父回憶起這次會面時說：「我一眼看到媽媽，真想馬上衝到她懷裡。可是初學的規定不許這樣做。」[21]

葛拉從美國回來後，聽貝芭提起這件事也一樣震驚。他馬上趕往莫孔內求見多默神父，多默神父才跟他解釋了規定。知道原因之後，他覺得平靜了些，但心裡還是很不好受，覺得這些規定對十多歲的孩子實在太過嚴厲。

這種嚴格的管理如今已不復見。而事實上，如果關於多默神父的傳聞有一半是真的，即使從當時標準來看，他的做法也是太過。不過，今日嘉布遣會會士多半還是認為：傳統會院生活方式未必都那麼不好，不該完全否定其價值。畢竟，傳統方式至少有一件事值得稱道：成功培育出畢奧神父！

還在初學階段，畢奧弟兄的順服與靈修熱誠即已吸引了其他弟兄及長上的目光。即使嚴格如多默神父，都說他「不只是模範初學生……也是眾人的模範」。[22]他甚至請多默神父准許他不去園子休憩、甚至不吃飯，好多點祈禱時間。聽到這種請求，連多默神父都很訝異。很多時候，因為畢奧弟兄實在吃得太少，多默神父還會命令他多吃點東西。他似乎不是在祈禱就是在讀聖經，而且常常都是跪著讀。

從這些敘述看來，大家可能會覺得畢奧弟兄古怪、陰鬱、狂熱，甚至有點精神不正常。但很多證據顯示，他的個性並非如此，有個資料也提到，大家其實都很喜歡跟他在一起。除了懺悔、苦行的時刻之外，他總是很能把快樂散播給別人。在會規許可範圍內，他從不吝於展現幽默感，也愛說笑話，不時也會跟人家開開玩笑。

有天午夜，鐘聲再度喚醒全院作黎明禱，畢奧弟兄從盥洗室出來，毛巾還掛在手上。這時，他看到了一位個性緊張、畏縮的初學生。這位初學生沒看到畢奧弟兄，兩人之間隔著個昏暗的大房間，房裡桌上有幾個不太穩的大燭台，每次有人經過都會晃動。燭台之間放著幾個猙獰恐怖的骷髏頭，這是當時會院裡的必備擺飾，用意在提醒弟兄生命倏忽而逝。畢奧弟兄知道那位同學很怕骷髏，於是暗暗躲在桌子後面，在那男生經過的時候，他一邊揮動手上的毛巾，一邊裝鬼叫。

事情發展果如所料：那位初學生嚇得一邊尖叫一邊衝過走廊。但這時，畢奧心裡反而比那初學生更慌了——要是多默神父發現他這個樣子，麻煩可大了。於是畢奧想安撫一下這個同學，趕忙追上去，無奈對方聽到後頭的腳步聲，心裡反而更加害怕，更是沒命地跑。畢奧最後終於追上了他，在他身後喊了他名字，那位初學生轉頭一怔，馬上跌倒，畢奧煞不住腳，整個人栽到他身上，嘴裡還一邊忙著說：「別叫別叫！是我！別怕別怕！」但他朋友真的是嚇傻了，看起來一臉茫然，「幾乎不知道自己人在哪裡」。[23] 畢奧神父當時大概沒被抓到，因為他後來還挺愛說這件事的。

由於健康因素，畢奧弟兄有幾次被迫回家休養（後面會詳細說到這件事）。每次他離開會院，弟兄們都很想他，即使是多默神父也不例外。古葉爾摩神父（Padre Guglielmo）就記得，每次畢奧弟兄離開，「都讓全會院的我們心裡很空虛，成天盼望他能早點回來」。

一年初學期結束後，會院會開會討論要讓哪些初學生發初願，又該讓哪些初學生離開修會。發初願前約兩週的時間，每個人都感受到了畢奧的焦躁。古葉爾摩神父說他「永遠忘不了他（畢奧）發初願前九天，有多虔誠祈禱、多常淚流滿面」。[24] 最後，終於到了一九〇四年一月廿二日，畢奧弟兄走向祭壇，跪在省會長貝內文托的碧岳神父腳前。畢奧弟兄在眾人面前握起省會長的手說：「我，皮耶垂西那的畢奧弟兄，在此向全能天主、萬福童貞瑪利亞、聖方濟、諸聖人，以及神父您宣誓並允諾：我將恪守何諾教宗（Pope Honorius）認可之小兄弟會會規三年，以服從、安貧、守貞度日。」

貝內文托的碧岳神父答道：「我謹代表天主允諾：若你恪守不渝，將賜你永生。」

長上認為這位初學生「言行無瑕」，而且「很能吸引接觸他的人」。三天之後，他跟貝內文托的碧岳神父和另一位弟兄一起離開莫孔尼，前往二十哩外的聖方濟會院。聖方濟會院建於十七世紀，接近聖艾利亞阿皮亞尼西鎮，距坎坡巴索城（Campobasso）約十二哩。在此，畢奧弟兄將開始為期六年的密集神職培育，並繼續學習修道生活，以發終身末願。

在當時，嘉布遣會不送要當神父的弟兄進大學或神學院，通常也不會要他們取得什麼學位。準備當神父的弟兄，只要在會院裡修畢所需課程即可。由於課程是由合格的會院神父或教授開設，各院不同，所以在神學培育過程中，弟兄們也得周遊會省內的各個會院，才能修畢所有課程——邏輯、哲學、神學、聖經、教理及倫理神學、教會史、教父學、教會法、教牧神學、會規。晉鐸[25]之後，神父們還得學習一年講道，進修之後通過審核，方能取得講道許可。

在聖艾利亞阿皮亞尼西時，畢奧弟兄修畢了相當於中學的課程。一九〇五年，他被送往聖馬爾谷·卡托拉（San Marco la Catola）會院學哲學，此會院位於聖艾利亞阿皮亞尼西東南約十哩處，環境清幽，風景優美。一九〇六年，他再次回到聖艾利亞阿皮亞尼西，學習更深的邏輯與哲學。隔年，他在此發終身末願——在初願三年期滿之後，他再次發願恪守小兄弟會會規，終身安貧、守貞、服從。

之後，他再被派往聖艾利亞東北約二十哩的賽拉卡普里歐拉（Serracapriola）會院，研讀神學。隔年前往約七十哩遠的義大利西海岸，在蒙特福斯可（Montefusco）小鎮上的會院繼續讀書。

畢奧弟兄求學相當勤奮。一九〇八年上旬，他哥哥米切雷迎娶喬瑟芭·卡東內（Giuseppa Cardone）時，他以學業忙碌為由，婉拒參加婚禮。他寫信跟父親說：他很確定通過考試比參加婚禮來得重要。

在蒙特福斯可時，畢奧弟兄曾受教於聖若翰·羅通多的伯納德神父。伯納德神父說他「程度一般」，但也跟其他認識畢奧弟兄的人一樣，對他的循規蹈矩印象深刻：「在一群活潑吵鬧的學生之中，他總是安安靜靜的，即使是休息時間也不例外。他很謙卑、溫和，也很服從。」[26]

在畢奧弟兄接受神職培育時，非傳統的宗教思考幾乎進入了基督宗教的各個宗派。在天主教內引領這股風潮的有：法國的歐弗烈德．費門．羅西（Alfred Fermin Loisy）神父、英國的喬治．提瑞爾（George Tyrell）神父，以及義大利的羅莫洛．穆里（Romolo Murri）神父、恩內斯托．波納優里（Ernesto Buonaiuti）神父。他們都是天主教現代運動（Modernist movement）的聖經學者，希望能透過現代科學與哲學的眼光，重新詮釋天主教教理。他們對聖經的無誤性提出質疑，認為無論是新約或舊約，聖經作者都有其時代限制，因此宗教真理也應與時俱進。此外，他們也較為著重社會改革，而不像傳統天主教、東正教、新教那麼強調內在生活。不過，他們的主張遭到天主教領袖強烈反擊，一九〇七年時，教宗碧岳十世（Pius X）甚至將現代運動斥為「集一切異端之大成」。最後，幾位主導現代運動的神父或者自願離開，或者被迫卸下神職。

現代運動對畢奧神父的學識、靈修有何影響，我們不得而知，但很可能是一點影響都沒有，因為嘉布遣會始終嚴守教會傳統，神學立場一向相當保守。所以畢奧弟兄的神學教育也一直緊緊圍繞著聖經、教父，以及少數幾位密契主義神學家。

雖然相對而言，天主教神學院不像新教神學院那麼著重聖經學識，但聖經課程還是份量很重。從畢奧神父寫給靈修導師和屬靈子女的信亦可看出：他幾乎能背整部聖經。雖然他在引用時未必能一字不差，也不會詳述這出自哪一章哪一節，但對於聖經經文，他的確可以信手拈來、揮筆而就。他的信常常通篇都在引用聖經、詮釋聖經，對於小先知書、福音書，似乎又特別熟稔。他跟許多福音派新教徒一樣，也堅信聖經是無誤的。他也常常告訴門生和屬靈子女說：他的建議不是出於個人意見，而是出於神的話語——因為這些建議都出自聖經。對他來說，如果聖經有談過某個問題，那就不需要再做討論了，因為聖經的話便是「確切無誤的論點」。

早在梵二會議之前，畢奧神父就常對信眾強調閱讀聖經的重要性[27]：「關於閱讀，當代作品無足稱道，也幾乎沒有啟發性。如果要讀書，就非讀聖經不可，教父們也都是這麼說的。」[28]

對畢奧及其他神父來說，教會傳統和聖經一樣重要。教會是聖經真正的詮釋者與導師，有極大的權威性。畢奧接受的教導是：被尊稱為「教父」的初期教會神學家的著作，乃是聖經的延伸。傳統的重要性不下於聖經，而且也是與聖經和諧的。在畢奧神父青年時期，天主教徒普遍認同「教會是聖經的最終詮釋者」，在這種氛圍下，要去想像教會說聖經某些段落已跟不上時代、甚至不重要了，幾乎是不可能的事。在當時，無論是教宗、主教，對聖經詮釋的立場，其實都跟現代的基本教義派差不多。他們更進一步相信：教會才有正式的聖經詮釋權，而這詮釋權最終應歸於教宗。總之，對畢奧神父那一代來說，教會、聖經、傳統密不可分，三者幾乎是同義字。他根本無法想像：代表教會權威的人（哪怕只是曖昧地代表教會權），有可能公開否定聖經裡的話，或是說聖經不合時宜，他無法想像有人會這樣做，更無法相信有人有權力這樣做。至少到他晚年為止，這都是他想都想像不到的事。

除了聖經和早期教父之外，畢奧弟兄也熟讀兩位神學家的大作：道明會的聖多瑪斯．阿奎那（St. Thomas Aquinas）以及方濟會的聖文德（St. Bonaventure）。後者的寫作重心是培養祈禱、奉獻的內在心靈，作品常帶深邃靈性，教宗良十三世（Leo XIII）還稱他是「引領我們走向天主的完美領袖」。除了這兩位神學家外，畢奧弟兄也深受兩位西班牙加爾默羅會（Carmelite）密契神學家影響：聖女大德蘭（St. Teresa of Avila）以及聖十字若望（St. John of the Cross）。事實上，他們關於祈禱、默觀、捨棄自我與內在生活的教導，當時已深深體現於嘉布遣會之中。

聖女大德蘭說過，我們必須「把自己完全交給基督，什麼都不留」。此外，她也認為對獻身宗教的基督徒來說，苦難是必要的：「在基督看到一個靈魂如此愛祂時，也會知道這靈魂能為祂受更多苦。」[29] 她甚至鼓勵有心委身基督的人，要祈求受苦與磨難。

聖十字若望也倡言「對萬物漠然」。他說：「要滌淨靈魂的欲望、執著與虛榮，以對萬物不動心。」他還寫道：「我們得拋下一切欲望與喜好（除非它純然是為了榮耀神），空虛自己以愛基督，祂一生只為天父的意旨，其他別無所為、別無所欲。」[30] 聖十字若望也教導說：為了完美地服事天主，基督徒必須「空虛」自我，拋下一切，無論是身外之物或內在欲望皆然。

同樣地，聖十字若望也鼓勵愛苦難、與基督同受苦痛，他說：「不追求基督十架者，即不追求祂的榮耀。」他也說：「一定要記住——為天主子受苦是有福的。」[31]

在閱讀聖女大德蘭和聖十字若望的過程中，畢奧弟兄的兩個信念被進一步強化：全然獻身、擁抱痛苦。一位基督徒應該要能完全獻身上主，僅僅關注於祂，以致能毫無眷戀地拋下世間一切，即使是正當娛樂也不例外。此外，接受基督也代表接受祂的十字架，與基督一同受苦是有福也有益的。事實上，聖保祿也是這樣說的：「如今我在為你們受苦，反覺高興，因為這樣我可在我的肉身上，為基督的身體——教會，補充基督的苦難所欠缺的。」（哥羅森書／歌羅西書 1:24）聖保祿的意思不是基督的救贖未竟全功，所以還需要人幫祂一把，而是要指出：在基督徒完全獻身於基督時，不僅會更靠近救主的愛，也會更靠近救主的苦難。聖女大德蘭、聖十字若望以及其他靈修大師，都告訴了畢奧弟兄同一件事：願意承擔苦難，即是參與人類救贖，即是淨化自己，即是接近為世人得救而流血的基督。

所以畢奧弟兄相信：有些靈魂甚至渴求受苦。基督並非孤獨無助地一肩扛起救贖大業，而是把分擔這份使命的特權，賞賜給祂所愛的人。受苦是值得追求的福份，這不是因為聖人們有被虐待狂，而是因為受苦可以帶來靈魂的救贖。

聖十字若望要我們「永遠奮力抉擇：不挑最容易的，反要選最困難的；不找能帶來最多快樂的，反要選無法帶來任何樂趣的」。[32]唯有從這個角度來看，我們才能理解畢奧神父五十多歲時的一段話。當時，聖若翰・羅通多會院裡的一位弟兄剛剛過世，畢奧神父說道：「當他還活在我們中間時，每晚吃完晚餐，我想休息一下時，這位有福的神父都會來找我，跟我談談他的困擾。提起精神傾聽他的問題，其實是不小的犧牲。而現在，每晚到了同樣時間，不管我多累，我都會為他念一串玫瑰經。我把這當成他以前逼我作犧牲時的獎賞。」[33]

培育畢奧弟兄的靈修傳統認為：虔信之人承擔苦難，要比傳道、寫作或「作見證」更能為基督贏得靈魂。雖然聖女大德蘭、聖十字若望和其他靈修作者都有隱約提到把自己獻為「聖愛的犧牲」（victim of divine love）的概念，但似乎要到十九世紀，才有人刻意將自己獻為「犧牲」。

當時剛剛過世的法國加爾默羅會修女小德蘭（Sister Thérèse of the Child Jesus，一八七三—一八九七，一九二五年封聖），便是其中典範。她的自傳《靈心小史》（*The Story of a Soul*）[34]約在畢奧動念要進嘉布遣會時出版，畢奧求學過程中也讀了這本書。他在書中讀到，小德蘭希望特別獻上自己，「作上主慈悲之愛的燔祭」。

另一位時代更近的典範是吉瑪・加爾佳尼（Gemma Galgani，一九四〇年封聖）。她是位卑微的義大利女子，也跟小德蘭一樣，很早就為肺結核所苦。畢奧弟兄讀了她的信件之後，被她的經歷深深感動。吉瑪曾在神視中聽到耶穌跟她說：「孩子，我需要有人做犧牲，而且是很大的犧牲，但他們的痛苦、磨難與考驗，能讓罪人改過，讓他們知道感恩。」吉瑪馬上回答：「我願做耶穌祭司的犧牲！現在就做！凡是耶穌的旨意，我都渴慕！凡是耶穌給我的，也都是恩賜！」[35]吉瑪跟小德蘭一樣，在獻上自己之後，馬上在身、心、靈各方面承受了極大痛苦，過世前兩年，她甚至領受了聖傷。

雖然「聖愛犧牲」的概念似乎較風行於地中海諸國，但它並不是天主教特有的想法。舉例來說，循道會的法蘭絲（芬妮）．寇斯比（Frances [Fanny] Crosby）女士，就寫了很多富含基督受難意象的聖詩。她祈求能更靠近耶穌「湧出寶血的肋旁」，也祈求能更靠近十字架。她說自己欣然渴慕「磨難與勞苦」，好跟基督更加親近，她甚至還說：「要是我沒受苦，我會覺得神不愛我了。」

長老會印度傳教士約翰．尼爾森．海德（John Nelson Hyde），也曾多次在神視中看到基督受難，這讓他決心獻出自己承擔苦難，好讓更多靈魂悔悟信主。他跟許多天主教密契者一樣，也強調「凡事順服，即使在最微不足道的事情上，也要拋下己意，順服上帝旨意」。無獨有偶的是，海德也曾經驗「骨肉之中燃起熊熊烈火」[36]，這是許多天主教密契者都有過的經驗，畢奧神父也不例外（我們馬上就會談到這件事）。

畢奧弟兄很早就決心獻出自己、作聖愛的犧牲，與基督一同受苦，好拯救更多的靈魂。

我想特別指出的是：無論是大德蘭、十字若望、小德蘭、吉瑪或畢奧，雖然會說承擔苦難是「平息天主的義怒」、「為罪人補贖」，但他們都不覺得自己是在「幫耶穌的忙」，更沒有把這當成操縱上主的手段。正如畢奧神父幾年後在神魂超拔中對基督所說的：「我好想幫幫祢……祢不能讓我更剛強嗎？……我一定要跟祢說：看到祢這樣，我實在心如刀割。他們最近是不是又傷害了祢？……他們竟然又加重了祢的十架！……我也能幫祢啊……請讓我幫祢一起背那好重、好重的十字架……他們不能把這十架減輕一點嗎？……啊，耶穌，祢說得對……我的確軟弱……可是，我親愛的耶穌，我到底能做什麼呢？……祢能不能幫幫我？……我知道自己無能為力……但我真的想與祢一起承擔……今晚，可以讓我幫幫祢嗎？……當然，祢根本不需要的我幫忙……我該做些準備嗎？……但祢就在那裡……我還有什麼好怕的呢？」[37]

畢奧很想幫基督背那「好重、好重的十字架」，但耶穌似乎表示得很清楚：(1)祂不需要人的幫助；(2)人不可能憑自己的力量背負基督的十字架。不過，祂顯然也告訴畢奧：憑藉基督的恩寵，他將能獲得參與基督苦難的力量，在祂的救贖工作中協助祂。雖然上主給了他與基督同負十字架的機會，但祂也同時告訴畢奧：完全是因為上主慈悲，才賞賜給他這個福份。與上主同擔救贖的苦難，乃是基督賜給他的恩寵，絕不是畢奧施惠於基督！

二十歲前後的畢奧弟兄，就這樣一邊完成神學訓練，一邊堅定受苦的決心。與基督一同扛起救贖之擔，自此成為他神職生涯的主軸。

04

屬天的秘密

開始研讀神學之後，畢奧弟兄有時會聽見聲音、經歷神視。對現代讀者來說，若聽人說他們經驗到神視、或是聽到了超自然的聲音，往往會抱持懷疑態度，即使是基督徒讀者聽了都不免狐疑。於是，畢奧神父生命中的這些經驗也常被略過不提。但我認為，如果不談這些事件，是不可能了解畢奧神父的，因為與神聖世界的接觸，乃是他生命中最重要的面向之一。

聖女大德蘭、聖十字若望以及其他靈修大師的著作，讓畢奧弟兄知道神視可分為三種：感官神視（bodily vision）、想像神視（imaginative vision）與理智神視（intellectual vision）。一般人聽到「神視」，最常想到的是感官神視。比方說，如果我完全清醒地走進客廳，用我平常看書、看東西的那雙肉眼，看見已經過世二十多年的畢奧神父站在那裡，那就是經驗到了感官神視（當然，前提是我並沒有產生幻覺）。我有個已經過世的叔叔也跟我提過，一九二九年我祖母過世、停靈在家時，十歲的他有天偷偷溜下床，走下樓梯想看看他媽媽。結果赫然發現，停靈的房間滿是聖潔之光，而圍在棺木旁往裡看的竟是一群天使！他還特地去碰碰百葉窗，確定自己不是在作夢。如果這不是幻覺，他也沒有在作夢，那他就是經驗到了感官神視。但讓人有點意外的是，大德蘭和十字若望都不太信任這種神視，因為區分幻覺和感官神視其實相當困難，也只有在這種經驗是不求自來時，才有可能被視為真正的感官神視。

畢奧神父有多次感官神視，而且每次都相當清晰，天國和地獄的住民就在他面前出現，每個都跟他那些有血有肉的弟兄一樣具體。我們之後也會看到，畢奧神父不僅提過邪靈把他揍到出血，他也說過自己曾經親吻基督的手。

想像神視比較難解釋清楚。說某個神視是「想像神視」，並不是說那是經驗者的憑空想像。在想像神視中，超感官智慧透過已存在於經驗者想像中的意象，被灌注到靈魂之中。想像神視像是一種寓言。艾芙琳．安德希爾是這樣解釋的：「想像神視是實在的象徵式重構，超感官之物重新調整到人能感受的層次，好讓人能體驗到原本無法體會之事。這種象徵式重構被視為深具意義、鮮明而戲劇性的夢，而且由於此夢傳遞了超越一切的真理，並將神視者引入永恆的氛圍之中，因此，它當然被認為比單調無味的所謂『真實世界』更來得優越。」[1] 雖然少年方濟當時是以「理智神視」來描述與黑巨人交戰的那次神視，但那次經驗其實應該歸為想像神視——少年方濟說他那時感官活動已經停止，但他卻能「看」到象徵化的實相。神想讓這孩子一窺他的未來，所以透過已經在他心中的一些圖像，來告訴他這些事。

至於理智神視，則是不帶任何感官意象的純理解（pure understanding）。聖女大德蘭說，這是一種「一無所見」的「神視」。義大利密契者佛利紐的安琪拉（Angela of Foligno）則是這樣描述：「有些時候，神不被呼求就直接進入靈魂，在靈魂之中注入愛與熾火，不時也注入甜蜜。靈魂相信這來自於上主，因此也大感歡愉。但在這時，靈魂還不知道、也沒看到上主已經進門，她（靈魂）光是感受到祂的恩寵便已大為歡愉……之後，靈魂得到了面見上主的恩寵。神對她說：『看著我！』靈魂方知上主已在她之內。她清楚地見到了神，甚至比人看著人更加清晰。靈魂之眼之所能見，已遠遠超過我能描述的範圍，她能見到無比豐富的靈性、非感官之物，對此我無以言說。」[2]

一九〇三年一月三日那天，讓十五歲的方濟「頓時滿溢超自然之光」的「純理智」啟示，為他兩天前的想像神視賦予了意義。

我們稍後會更深入探討畢奧神父的靈性生活，但很重要的是，從學生時代開始，畢奧神父就有豐富的超感官經驗。除了神視之外，他也常常聽見神秘的聲音，或與那聲音「交談」，這些聲音有時就像另一個人跟他說話，有時則純粹是內在之聲。

雖然畢奧了解理智神視與感官神視之別，但在他二十五、六歲時，也會把這種區別用在聽見神秘之聲的經驗上，並把神視與聽見神秘之聲都稱為「交談」，由此可知，他顯然經驗了超性的溝通。基本上，他把「交談」區分為兩種：一種是「純粹超自然、不具形式的顯現與景象」（最理智性的神視與聲音），另一種則「以人的形式出現」（感官與想像的神視與聲音）。畢奧說，那些「純粹超自然」的顯現，都「與天主以及祂的完美與特質有關」。他以類比方式說明這種「純粹超自然」的顯現：

我想用個例子來解釋這件事……站在鏡子前時，我們會看到什麼呢？只會看到一個人影。如果我們理智正常，當然也會認為這是自己的人影。

再想像一下，現在每個人都想證明你是被騙了，所以才會想要相信鏡中的影像是自己的影像。他們可不可能成功動搖你的信念，或是至少讓你有點懷疑呢？當然不會。

我在經驗這些顯現以及神聖交談時，也是一樣篤定。當靈魂見到屬天的秘密、聖潔的完美、天主的特質，會比你在鏡子裡看到自己的影像還要清晰。即使我想質疑它們的真實性，也是徒勞無功，只會更堅定我靈魂的信念。我不知道你們有沒有見過，當熊熊烈火碰到一滴水時會發生什麼事？——那滴水不但不會減弱火勢，還會讓火燒得更旺。在我用盡全力質疑這些事來自天主時，也就像那投入烈火的水滴一樣。

他也說：雖然我們無法把鏡像與鏡子分離，更不可能碰觸到鏡像，「然而，那鏡像還是在我們之外存在。」他繼續說道：「對我來說也是一樣。雖然我想用理智提出質疑，但我的靈魂完全相信：這些屬天的顯現一定出於天主。不過，就像我們無法分離鏡像與鏡子，也無法碰觸到鏡像，要把這些屬天的秘密形諸文字，也是絕無可能之事，那充滿缺陷的人類語言根本做不到這點。靈魂若不自欺，便只能講這些『不是』什麼。」[3]

畢奧神父接著說明何謂感官的顯現（以人的形式出現）。他說在這些神視之中，上主通常都是以人形出現，例如最後晚餐、山園祈禱、綁在柱上受鞭刑、光榮地復活與升天。此外，他也在神視之中看過聖母和「其他崇高的天國住民」。雖然這些存在是「以人形出現」，較之無形無色的神視，的確較好加以描述，但畢奧神父還是寧可「完全保持沉默，因為在我們的意識與表達能力之間，存在著一道鴻溝。表達一定會出錯」。

每個超自然的顯現都影響了畢奧的靈魂，也啟發他寫道：「每次經驗神視，我都更深刻地感受到自己有多卑微。在這光中，我明白我是見過這光的受造物中最卑微的一個。我深切地想脫離這可悲的世界，也覺得自己像在流亡……當我發現與我同在這悲慘之地的人，竟然很少有人像我這樣盼望應許之地後，我感到莫大的痛苦。我總覺得更充滿了天主的美善，於是也總是呻吟，盼望至少能有幾個人全心愛祂。看到自己如此卑微，讓我非常痛苦，因為面對這麼完美、慈愛的天主，我竟無法獻上任何東西作為感謝。」[4]

這些「交談」的另一個影響，是強大而持續的平安：「我強烈渴望中悅天主，整個人被這渴望淹沒。上主賜了我愛祂的恩寵，對無法讓我更接近祂的東西，我根本不屑一顧。」[5]

畢奧弟兄根本不想跟人說這些「屬天的秘密」，但因為「服從聖願」，他必須告訴長上這些事。長上知道後，決定派給他一位靈修導師。聖十字若望認為每個虔誠的基督徒都要有靈修導師，好在生活各方面獲得指引，認識神的旨意。除非靈修導師提出的建議明顯有罪，否則弟子們必須絕對服從，將他視為靈魂「內、外的法官」。要是靈修導師不慎引弟子犯罪，需在上主面前擔起責任的便是靈修導師，而非屬靈子女。

靈修導師不僅要學養豐富，更要人品高潔。長上們派給畢奧弟兄的靈修導師，正是全會省公認最聖潔、最博學的人之一——從聖馬爾谷・拉米斯（San Marco in Lamis）鎮來的本篤・納德拉（Benedetto Nardella）神父，一位年輕的哲學、物理學教授。一九〇五到一九〇六年，畢奧弟兄曾受教於他，本篤神父當時也對這年輕人的靈性早熟印象深刻。本篤神父對畢奧弟兄很感親近，因為他自己也是密契者，也曾多次領受神視與「交談」的恩寵。

本篤神父十八歲入嘉布遣會，廿六歲時晉鐸（一八九八年），才三十出頭便已是密契主義權威，也被公認為義大利最有才學的神學家之一。他一共寫了九本書，大多數都與密契主義和內在生活有關。他同時也是極受歡迎的講道者，經常受邀奔波於中、南部義大利。貝內文托的碧岳神父於一九〇八年過世後，本篤神父獲選繼任省會長一職。

現存照片顯示，本篤神父儀表堂堂、神色剛毅，但他濃密的黑髮和一把大鬍子也幾乎蓋住了他的五官。從本篤神父寫給畢奧弟兄的信看來，他是個不太好親近、也頗為權威的人。他有時甚至顯得專斷，讓畢奧覺得他有些頑固。不過，畢奧還是一直非常尊敬他，也稱他為「親愛的爹地」。「爹地」要求畢奧仔細描述他的神秘經驗，也很坦白地跟他說：他的一切「交談」，都要「交給指導你的人判斷」，就算是畢奧覺得非常確定、可靠的「交談」，都要一五一十向他報告。本篤神父警告他說：即使看來再明顯不過的啟示，都有可能是出於私見、出於魔鬼，或是因為「我們太熱切地想接收到啟示」，才有以致之，因此不可不慎。當畢奧不確定自己是否中悅天主的時候，本篤神父也鼓勵他要完全信任導師的判斷，就像盲人相信引路人或導盲犬一樣。此後，每當畢奧神父遇上靈性考驗，總會寫信告訴本篤神父，而後者的建議總能讓他心安。

於此同時，畢奧弟兄也和另一位老師建立起深厚而長久的友誼。這個人是聖馬爾谷・拉米斯的奧斯定神父。在一九〇七年時，畢奧弟兄曾在賽拉卡普里歐拉跟他學神學。奧斯定神父生於一八八〇年一月，俗家名米切雷・丹尼耶雷（Michele Daniele），公立中學畢業後入嘉布遣會，一九〇三年三月晉鐸，此時畢奧弟兄入初學院才兩個月。奧斯定神父也是極受歡迎的講道者，他還在公立大學研讀法文與希臘文，並以最優秀成績畢業。

奧斯定神父身高不滿五呎，但身寬體胖，腰圍直逼身高，因此有些弟兄在背後暱稱他為「老爹」。他有一把濃密、分岔的棕鬚，臉色紅潤，嗓音低沉而富磁性。相對於不苟言笑的本篤神父，他似乎跟畢奧弟兄更親。事實上，因為奧斯定神父沒比畢奧年長多少，所以這位「教授」也成了畢奧的終身密友。畢奧弟兄會把自己的心思全都寫給奧斯定神父，奧斯定神父看過以後，再讓他把信轉給本篤神父，本篤神父讀信之後，再提供建議。奧斯定神父和本篤神父以這種方式，共同指導畢奧弟兄的靈修。

然而，由於奧斯定神父並不是密契者，所以有些事情他還是不如本篤神父了解。一九四六年時，有位同會弟兄問畢奧神父：是否每個人都要有靈修導師？畢奧神父答道：「通常有聽告解神父就夠了。即使聽告解神父無法了解某些靈性事物，你也只要全心信任天主的良善就可以了。」

若望繼續問：「不過，你不是有靈修導師嗎？」畢奧神父答道：「我以前是有靈修導師，就是本篤神父。可是他們後來把他調走了，所以我後來也沒靈修導師了。」

畢奧神父繼續被問：「是奧斯定神父聽你告解，是不是？」他答道：「沒錯。可是他不夠了解我，所以我還是得在主內繼續向他吐露私密。」[6]

但即使如此，畢奧和奧斯定還是交情深厚，彼此的通信也總是熱情洋溢。畢奧有時會稱奧斯定為「全世界最可愛的人」，奧斯定也曾在一九一二年寫道：「我親愛的孩子，我非常愛你，就像天主希望我愛你的那樣多。除了在地上再次擁抱你，在天上、在我們最慈悲的主內與你永遠相聚外，我別無所求。」[7]

在畢奧弟兄學生時代，嘉布遣會除本篤神父之外，沒有人知道他的超性經驗。即使是奧斯定神父，也要到一九一一年才知道這些事。在當時，奧斯定神父雖已注意到他過人的良善、服從與勤奮，卻「毫不知道有什麼神奇或超自然的事」。不過，有些事實在太過奇特，所以還是被記了下來。

一九一八年，佛瓊內家鄰居、畢奧兒時玩伴墨糾里歐的媽媽達莉雅．司柯卡（Daria Scocca），說出了一件十年前發生的事。「司柯卡大嬸」說：畢奧弟兄在蒙特福斯可求學時，常會帶當地盛產的栗子給她。在當時，從小看他長大的達莉雅已經認定這孩子是聖人了，所以會特地把他裝栗子的袋子當聖髑（relics）[8]收好，在遇上困難時就摸摸袋子，希望能獲得這年輕人的助佑。有天她自己一個人在家，打開一個放火藥罐的抽屜時，火藥炸了開來，她頭頂、上半身頓時著火。她又驚又痛，慌張地想盡快滅火，但頭、臉皆已嚴重灼傷。達莉雅驚恐地拖行到梳妝台，找到了一個栗子袋，便趕緊將它套在頭上。不久之後她把袋子拿下來，發現不僅燙傷消失了，臉也再度完好如初。

不過，這個故事有些地方有問題。首先，達莉雅．司柯卡說，她很確定這件事發生在一九〇八年二月廿七日，然而，畢奧弟兄要到一九〇八年十一月才前往蒙特福斯可求學，那時才會帶當地的土產栗子給達莉雅。這讓人不得不質疑：要是還沒過幾年，達莉雅就連日期都記錯，那她對事件的記憶難道不會也有出入嗎？此外，達莉雅當時是隻身一人，身旁毫無其他見證者，沒人親眼看到她被燒傷，更不可能證明她的燒傷有多嚴重。反過來說，在意外發生之後，她能客觀判斷自己的燒傷有多嚴重嗎？畢竟，很多人在受傷之後，都會以為自己比實際上傷得更重。

除了這件事之外，另有一件事發生得更早、也更難質疑，而且還牽涉到所謂「分身」

（bilocation）現象（關於這個現象，本書稍後還會做較深入的探討）。

這事發生於一九〇五年，畢奧弟兄當時正在聖艾利亞阿皮亞尼西求學。在事件發生三週之內，畢奧弟兄趁著記憶猶新，寫了份報告提交長上。這份報告的原件，現在還在聖若翰．羅通多的聖寵之母會院檔案室裡。報告日期是一九〇五年二月，畢奧弟兄寫道：

幾天以前，我有一個很奇特的經驗。一九〇五年一月十八日晚上十一點左右，亞納大削弟兄（Fra Anastasio）和我一起在誦經席。突然，我竟發現自己身在遠處的一個有錢人家裡。那位父親正奄奄一息，而一個孩子正要出生。忽然，萬福童貞瑪利亞出現在我身旁，對我說：「我把這孩子交付給你。她現是未琢之鑽，但我希望你好好琢磨她、為她拋光，盡可能讓她發亮，因為有一天，我要用她妝點我。」

我答道：「這怎麼可能？我還只是個神學生，甚至不知道我有沒有那福氣當神父。即使我當了神父，我住得離她這麼遠，又要怎麼照顧這孩子？」

聖母說道：「不要懷疑。她會去找你的。不過，你第一次見她會是在羅馬聖伯多祿大殿（St. Peter's Basilica）。」之後，我發現自己又在誦經席裡了。[9]

這是畢奧的想像嗎？他是不是睡著做了個夢？還是他齋戒、苦行過度，以致產生了幻覺？但就在那天晚上，北方三百五十哩處的烏迪內城（Udine），的確有個有錢人家發生了這樣的事。那家主人名叫喬望尼．巴提斯塔．里札尼（Giovanni Battista Rizzani），一九〇五年一月十八日晚，他已進入彌留階段。而他的太太蕾翁妮爾德（Leonilde）則是在他剛罹病時懷上了第六個孩子。里札尼是個狂熱的共濟會會員（Mason），不僅排斥天主教，也排斥所有教會，而他病得越重，就越是吃了秤頭鐵了心，嚴禁他太太找神職人員來。病況轉劇之後，他的共濟會朋友更是日夜守在屋裡，阻止神父來探望這瀕死之人。

不過，蕾翁妮爾德．里札尼倒是很虔誠的教友，她急切祈求上主，希望她丈夫在死前能悔改信主。畢奧弟兄遠在聖艾利亞阿皮亞尼西於誦經席中體會密契經驗之時，蕾翁妮爾德正跪在她奄奄一息的丈夫床邊，努力祈禱。突然，她舉目一看，見到了一個年輕的男士。她沒看清他的臉，只注意到他穿的是嘉布遣會會衣，而且她才瞥到一眼，那男士就不見了。蕾翁妮爾德馬上起身追出門外，但那男士就像是蒸發了一樣，憑空消失了。

她還來不及細想是發生了什麼事，思緒就被硬生生打斷——家裡的狗開始狂吠。在當時，狗吠被認為是有人快過世的預兆，所以可想而知，蕾翁妮爾德的注意力馬上被吸引過去，神經頓時緊繃。狗吠聲讓她全身發毛，所以她決定去院子裡把狗鬆綁。然而，才走到門口，這個懷孕八月、心慌意亂的女人，突然開始劇烈產痛。她大聲呼喚管家，後者急奔而來，順利為她接生，產下一女。

沒過多久，這位還在淌血的母親抱著孩子，蹣跚地上樓，把孩子放在床上，回到丈夫身邊。管家出來要求那些共濟會員讓一位神父進來：「老爺是說過他不想見神父，你們或許有據不讓神父為他行臨終傳油聖事。」他大吼：「可是，你們沒有權力不讓他太太剛生下的孩子受洗！」那些共濟會員立刻讓開一條路，讓枯等了好幾小時的神父進來。神父逕直走向里札尼的房間，為他行臨終傳油禮。這瀕死之人突然睜開了眼睛，看著神父，清楚地說：「我的天主！我的天主！原諒我！」之後，他馬上又陷入昏迷，天亮之前過世了。

要完整了解這件一九〇五年的奇事，我們得跳到一九二二年去。在丈夫過世之後，蕾翁妮爾德和孩子們搬到了羅馬。一九二二年夏，最小的女兒喬望娜（Giovanna）——那位在父親過世當晚出生的孩子——和朋友一起到了聖伯多祿大殿。她當時正要上大學，但心裡滿是困擾，因為她受了高中老師的影響，嚴重懷疑天主三位一體的教理。她想找個神父辦告解，說說她對這教理的困惑。然而大殿警衛卻跟喬望娜一行人說：所有聽告解的神父今天都不在。她正失望地要走，卻遇上一位年輕的嘉布遣會士，他說他很樂意聽喬望娜告解。

喬望娜跟這年輕神父說了她的信理困惑後，他重新解釋了三位一體的教理，讓喬望娜茅塞頓開。喬望娜心中一塊大石落地，走出告解室，和她朋友一起等這神父出來。沒想到她們卻看到警衛氣沖沖地過來，說：「妳們在這做什麼？我們要關門了，馬上離開！明天早上再來辦告解！」

喬望娜怯生生地說：「可是，我已經辦過告解了……我們正在等神父出來好吻他的手。他是位嘉布遣會神父。」

警衛勃然大怒，大步走向告解室，一把拉開神父那邊的門：「小姐們，看清楚了吧？這裡根本沒人！」

喬望娜也一頭霧水：「他怎麼不見了？我們明明都站在這裡等，根本沒看他出來啊！」喬望娜跟朋友們百思不得其解，但還是認定，如果那位神父有走出告解室，她們不可能沒看見。

到了秋天，喬望娜進了大學。隔年某日，有人拿了張畢奧神父的相片給她看，他那時已相當有名，喬望娜卻沒聽過他。喬望娜覺得他有點像伯多祿大殿的那位嘉布遣會士，心裡閃了一下那會不會就是他，不過她馬上把這念頭拋諸腦後，沒再多想。

一九二三年夏天，喬望娜和阿姨還有幾個朋友相約，一起去聖若翰．羅通多看畢奧神父。她們到時已近傍晚，在祭衣房外滿滿的人潮中，喬望娜第一次瞥見了畢奧神父。讓她十分驚訝的是：畢奧神父竟直直地向她走來，伸出手讓她吻，對她說：「喬望娜，妳驚訝什麼呢！我認識妳！妳是在令尊過世那晚出生的，對不對？」

喬望娜頓時如墜五里雲霧：這個人怎麼會知道這件事？第二天，畢奧神父在聽完她告解後對她說：「親愛的孩子，妳終於來找我了。我等妳好多、好多年了！」

喬望娜忍不住問道：「神父，你到底在說什麼？我不認識你啊。」她說她從沒來過聖若翰·羅通多，還解釋道：「我是跟阿姨一起來的。也許您把我跟另一個人弄混了。」

畢奧神父很堅持：「沒有，我沒弄錯。我以前就認識妳了。」

「不對，神父，你弄錯了。我不認識你，以前也從沒見過你。」

畢奧神父緩緩說道：「妳記不記得，去年夏天有個下午，妳跟朋友一起到聖伯多祿大殿，還跟一個嘉布遣會神父辦告解？」

「對，神父，我記得。」

「嗯，我就是那個嘉布遣會神父！」

畢奧神父說出這句話後，喬望娜呆若木雞，而畢奧神父繼續說道：「親愛的孩子，好好聽我說。在妳快到這世上來的時候，聖母把我從這帶到妳的老家烏迪內。在妳病危的父親床前，聖母給了我一個任務，她對我說：『看，這家的一家之主就要死去。藉著他妻子的眼淚與祈禱、還有我的代禱，他可免於永死。他太太快生小孩了，我把這孩子託付給你。不過，你第一次見她會是在聖伯多祿大殿。』於是，我去年在聖伯多祿大殿見到了妳，我雖然沒要妳過來，但妳還是主動來聖若翰·羅通多找我了。所以，就如在天之后所願意的，讓我照顧妳的靈魂吧！」

喬望娜立刻淚流滿面，邊啜泣邊說：「神父，既然我是你的責任，就請你照顧我吧……請告訴我我該怎麼做。我該去當修女嗎？」

畢奧神父答道：「一點也不是！但妳要常來聖若翰·羅通多。我會負責妳的靈魂，而妳將明白天主的旨意。」

不久之後，蕾翁妮爾德聽喬望娜說了這件事，便也來聖若翰·羅通多找畢奧神父。神父對她說：「女士，妳丈夫快過世時，妳在烏迪內老家看到的那個修士就是我。我可以向妳確認妳的丈夫得救了。聖母在那屋裡對我顯現，要我為妳臨終的丈夫祈禱，她告訴我耶穌因她身為母親的代禱，赦免了妳丈夫一切的罪。他蒙救贖了。」[10]

蕾翁妮爾德母女都對此深信不疑。值得特別注意的是：這對母女在一九二三年聽到畢奧神父講的話，跟一九〇五年畢奧弟兄寫下的紀錄幾乎完全相符。

喬望娜後來嫁入豪門，成了切塞納（Cesena）的波士奇（Boschi）侯爵夫人，一直活到一九八九年。她一生忠誠追隨畢奧神父，也曾在曼弗雷多尼亞總主教事務處，對此一事件做出詳細證言。事務處發現：一九二三年喬望娜與畢奧神父第一次詳談時，畢奧神父對喬望娜所說關於她出生以及父親死亡的內容，與畢奧神父一九〇五年提交的紀錄完全相符，而這位侯爵夫人根本沒看過這份文件！此外值得一提的是：在此之前，除了看過畢奧弟兄報告的長上之外，沒有任何人知道他有過分身經驗，因為長上們始終守口如瓶。

雖然在畢奧弟兄學生時代，同學們都不知道他有密契經驗、甚至曾經歷奇蹟，但就如我們已經提過的，他們仍對畢奧弟兄的品格折服不已。古葉爾摩神父曾寫道：「他謙虛的眼神中流露出純潔……他堅持苦行……當他不經意看到不正經的畫時，你會發現他神色大變……當看到別人在善惡間掙扎時，也會不自覺地流露悲傷……凡此種種，在在證明他的愛與天使的德行。」[11]

聖艾利亞阿皮亞尼西的拉斐爾神父（Padre Raffaele），曾與畢奧神父一同求學，也是他很好的朋友。他說：「每次看到他那堪稱模範的言行舉止，我總不由自主生起敬佩之情。」拉斐爾神父也說，不管什麼時候看到他，他似乎都處在斂神狀態，專心覺察上主的臨在，不僅在走廊是如此，在誦經席、祭衣房、園子裡也都是這樣。」拉斐爾神父還說：「他連一個多餘的字都不說。雖然我那時很年輕，對德性一知半解，但我還是能明顯感覺到他跟其他同學不一樣。」[12]

聖艾利亞阿皮亞尼西的達瑪蘇神父（Padre Damaso），也和拉斐爾神父有相同看法。他說畢奧「跟其他人不太一樣……他更受人喜愛，也很知道怎麼恰如其分的對較小弟兄說應該的事。他提供建議時總是好言好語，所以我們也很自然地會願意聽他的話。」[13]

因此在學生時代，畢奧弟兄之所以獲得教授、同學一致好評，並不是因為他有超性恩賜，而是因為他人格超群，很難不讓人敬佩、愛戴。不過，畢奧弟兄受到眾人關心的原因其實還有一個——他的健康狀況始終有問題。

05 聖潔的司祭，完美的祭品

雖然畢奧弟兄兩頰豐腴、面色紅潤，但從他入初學院開始，身體就頻頻出問題。他飽受腸躁症之苦，也常噁心、反胃，有時甚至好幾週都無法吃固體食物。他還一度有六個月的時間只能靠牛奶來維持體力。此外，他還常常劇烈咳嗽到痙攣，頭痛、發燒更如影隨形。畢奧弟兄會毫無徵兆地重病，幾近於死，然後又突然恢復過來。他的長上雖然也詢問過醫師的意見，卻還是無法找出他身體一直出問題的原因。

一九〇八年，當畢奧弟兄在蒙特福斯可的聖艾智德（St. Egidio）會院求學時，醫師們對他的健康情況極不看好。他們除了注意到這位廿一歲的青年身體孱弱，也發現他有嚴重呼吸道問題，更經常高燒（夜晚尤然）。因此，醫師們的診斷是：他罹患了嚴重肺結核。在當時南義營養不足的農民家庭，肺結核是常見的惡疾。這診斷結果也代表了一件事：在過去幾年就常被送回家休養的畢奧弟兄，這次可能得長期離開會院，不知何時才能回來了。

不過，畢奧的父母不太相信這個診斷，所以他們帶他去看皮耶垂西那的一位年輕醫生——安得烈．卡東內。卡東內擁有醫學博士學位，對此亦深感自豪（畢竟在當時的南義，很少醫生能有這項成就）。他也的確醫術精湛、聰明過人、好學不倦，直到他九十多歲時，都還努力跟上最新醫學進展。檢查過畢奧之後，他不認為畢奧得的是肺結核，但為慎重起見，他還是勸葛拉和貝芭帶畢奧去拿坡里，找這方面的專家確認一下，結果專家們也認為畢奧沒有得肺結核。

雖然拿坡里的醫生無法確定畢奧的問題何在，但卡東內相信這跟長年苦行脫不了關係：畢奧原本可能只是慢性支氣管炎，但是因為苦行生活太過嚴苛，他才會無法好好休養、順利痊癒。因此，他建議畢奧在皮耶垂西那多休養一段時間，並「好好補充營養」。不久之後，畢奧弟兄似乎恢復過來，可以返回會院了。但往後十年，他還是反覆地莫名發病，幾乎讓他的修道生涯因此告終。

一九〇九年，雖然畢奧的健康情況還是很不穩定，但他終於還是走到了領受聖職這一步。一九〇八年十二月九日，畢奧於貝內文托領受「小品」（minor orders），兩天後被祝聖為「副執事」（subdiaconate），[1]次月於莫孔內晉秩「執事」（diaconate）。但就在此時，他身體垮了：他的胃什麼東西都負荷不了，於是他又被送回家，而一到了家，他的健康情況立刻好轉。

知道畢奧弟兄健康好轉後，長上們馬上將他召回，並在一整年中送他到會省裡的各個會院，希望換換環境能讓他身體好些。他們送他去了莫孔內會院、坎坡巴索的山上聖母會院（Our Lady of the Mountain）、蒙特福斯可會院，還有傑蘇阿爾多（Gesualdo）會院。然而，不管被送到哪個會院，畢奧弟兄的胃疾都立刻復發，強烈胃痙攣、嘔吐，不得不再次被送回家。每當他回到「土生土長」的故鄉，身體狀況都會馬上變好，但只要一回會院，他的健康便又急轉直下。

此時甫就任省會長的本篤神父決定，畢奧弟兄應該在家休養靜候通知，因為很明顯的是，他的健康狀況不容許他在會院裡生活，即使是短暫生活都有問題。然而，這個決定卻帶來了一個問題：畢奧尚未完成學業，沒修完倫理神學之前，他還不能晉鐸。於是，本篤神父特許畢奧在家修課，並派給他一位家教。這位老師是若瑟・瑪利亞・奧蘭多（Giuseppe Maria Orlando）神父，這時已七十八歲，有時有點「老番癲」，不過他基本上是個相當聰明、虔誠的人。在這位聰明但古怪的老人指導下，畢奧弟兄終於完成了晉鐸所需的必要學業。

在這段時間，畢奧弟兄也一直跟本篤神父保持聯繫，此時的信件顯示畢奧相當低潮、相當沮喪，因為健康狀況不允許他待在會院，他滿心只想晉鐸，然後便死而無憾。事實上，畢奧連在皮耶垂西那都不得安生，還是常常生病。一九一〇年三月，他抱怨高燒不退、夜間尤然，也提到咳嗽、胸痛、背痛、盜汗。四月時，他甚至只能臥病在床，無力起身。五月，再度胸痛。到七月時，這些疼痛更加劇烈，有時還痛到他說不出話。

他寫信告訴本篤神父：「如果全能天主大發慈悲，願縮短我在世流亡的日子，讓我解脫這肉身之苦（我衷心盼望祂願意如此），我一定會含笑長眠……」[2]另一封信他也寫道：「在至高上主降下這些苦痛之後，『痊癒』對我來說像個幻夢、甚至像個瘋狂的念頭。相反地，死亡倒是相當吸引我。」[3]

不過，畢奧弟兄一點都不認為這是因為他有未認之罪，所以上主才降下這些苦難。他對本篤神父寫道：「我的良心為過去的荒誕生活痛苦了好幾天，但讓我內心最痛苦、最煎熬的一個念頭，卻是：我很確定我已告解過去一切的罪，所以我開始懷疑，我是否告解得還不夠好……親愛的神父，我需要你的幫助，請你安撫我騷亂不安的靈，因為這個念頭正在吞噬我，請你一定要相信我……我想辦個總告解（general confession），但我不知道這樣做好不好？神父啊，為了我們耶穌的愛，請幫幫我吧……。」[4]

畢奧深感痛苦，他不明白為何自己雖「寧可死一千次也不犯一罪」，此時心中卻滿是衝突與煎熬。他七月時寫道：「我願將我壞的傾向全部打包，將它們交給耶穌，請祂大發慈悲，用祂的聖愛之火燒盡它們！」[5]

但無論如何，畢奧弟兄還是願意順服上主旨意：「雖然我不知道為什麼會這樣，但我還是在靜默中敬慕、親吻祂鞭打我的聖手。我真切地知道，祂一隻手鞭笞我，但另一隻手安慰了我。」[6]

在此同時，本篤神父也盡力而為，好讓畢奧弟兄能順利晉鐸。七月六日，他寫信說畢奧已符合一切必要條件，應該能在八月十或十二日晉鐸。但在此之前，畢奧還是要在七月中左右回到莫孔內，好熟悉晉鐸大典的禮儀程序。此外，畢奧也要先到貝內文托通過最終測驗。

因此在七月廿一日，畢奧弟兄在大皮納塔羅（Pignataro Maggiore）的尤震神父（Padre Eugenio）陪同下（嘉布遣會士必須兩人同行），從皮耶垂西那啟程前往莫孔內，然而才剛剛抵達會院，畢奧就又開始痙攣、嘔吐。次日，畢奧的前初學導師多默神父寫信給本篤神父，說他又把畢奧送回家去了。本篤神父很同情畢奧的遭遇，立刻提筆寫了封信給他，說他會授權帕努洛神父教他彌撒禮儀，還堅定地告訴他說：「你的病苦並不是神的懲罰，而是為獲得上主給你的恩賜；而你靈魂背負的陰影，則是魔鬼的作為，牠想用這種方式傷害你。」本篤神父也勉勵畢奧：「神越是拉近一個靈魂，上主之敵也就越會猛烈攻擊他。」[7]

長久渴盼的晉鐸之日，終於在一九一〇年八月十日到來。葛拉和米切雷這時還在紐約長島工作，不克出席；廿三歲的畢奧弟兄在媽媽和帕努洛「老爹」的陪伴下，坐著馬車前往貝內文托的主教座堂，受八十三歲的保祿·史齊諾西（Paolo Schinosi）總主教祝聖為司鐸。簡單用過午餐之後，一行人便踏上歸程，約於下午五點抵達皮耶垂西那。還沒進鎮，遠遠便已看到一個樂隊來歡迎他們，這是米切雷之妻、喬瑟芭·卡東內請來的。樂隊一路伴著他們進門，鄉親父老也沿途熱情投送硬幣、糖果。到家之後，貝芭準備了份豐盛的晚餐，大宴賓客。但從頭到尾，畢奧神父都低頭坐著，因情緒翻騰而臉紅氣喘。他後來總說「那美好的晉鐸之日」就像是身在天堂一般。

畢奧神父發送了一些小卡作為晉鐸的紀念，上面印著「初次主持彌撒紀念」和他的牧靈座右銘：「耶穌，我的生命、我的呼吸，就在今日，我在愛的奧蹟之中，敬畏、恭謹地將祢舉起。願我與祢一起作這世上的道路、真理、生命；願我藉著祢成為聖潔的司祭，完美的祭品。」[8]

四天後，這位剛剛晉鐸的青年神父，在天使之后堂（Our Lady of Angels）主持了第一場公開彌撒。當天講道的是奧斯定神父，講道內容是司鐸的三項使命：獻祭、講道與聽告解。但事實上，畢奧神父在這個階段只能做其中一項：聖體聖事[9]，而且終其一生，他都沒有修完可以讓他通過考試、取得講道資格的課程。至於身為省會長的本篤神父為何遲遲不願許可畢奧神父聽告解，部分原因固然是畢奧神父健康情況不佳，另一部分的原因也是他不確定畢奧神父的神學訓練是否夠扎實（畢竟他常常因病中斷學業）。

雖然畢奧神父繼續身著嘉布遣會會衣，但因為健康狀況不容許他久住會院，所以他被任命為堂區神父，作帕努洛總鐸的助手。不過，即使是待在皮耶垂西那，他的身體還是屢出狀況。接下來幾個月，他嚴重氣喘、胸部劇烈疼痛，痛到他覺得前胸後背都快裂開了。

這段時間，畢奧神父也常待在皮阿納．羅馬納。貝芭在那為兒子隔了個小房間，畢奧神父休假時很愛去那裡。多年以後，他回憶道：「那兒啊……我可以成天待著，呼吸新鮮空氣。對我來說，那裡就像個小教堂，我可以在那專心修道、祈禱。」[10]畢奧常常坐在附近一棵榆樹下，祈禱、念日課經。就這樣慢慢地，他的健康逐漸好轉，只是還沒好到可以讓他重回會院的程度。

在皮阿納．羅馬納休養期間，畢奧神父屢次跟本篤神父報告魔鬼的攻擊。在這段時間，魔鬼的攻擊似乎是智性上的，手段有三種：違背純潔的引誘、害怕有罪未告解、以為自己的邪惡已無藥可救。一九一一年復活節期，畢奧神父寫道：「即使在這神聖的日子裡，魔鬼還是竭盡全力，想引誘我墮入牠的罪惡陷阱。尤其明顯的是這些邪靈還出盡各種花招，用污穢的念頭引誘我，讓我覺得絕望。」不過，畢奧神父不僅對這些引誘毫不動心，還深感恐懼，他說：「一想到冒犯天主，我就從頭到腳恐懼到顫抖。」[11]

畢奧神父幼時的朋友墨糾里歐．司柯卡倒是覺得：畢奧老是莫名其妙生病，是欲求不滿所致，墨糾里歐還說自己結婚之後就什麼病都沒了（也有人說這個建議其實更勁爆）。這對老友當時正在穀倉閒聊，墨糾里歐一出此語，畢奧就二話不說抄起大耙，一把往他朋友打去，把他趕出門外。

這位年輕神父就跟當時很多矢志修道的人一樣，為了徹底避開犯罪可能，甚至連女性親人都避免身體接觸。畢奧的姪女說：有一次畢奧跟嫂嫂喬瑟芭一起坐在爐邊，喬瑟芭正在幫孩子餵奶，餵到一半就敞著衣服睡著了，畢奧試著出聲把她叫醒，但沒成功，可是他又實在不願出手搖她。最後，他用了個實在不算聰明的法子來達到目的：拿正在念的日課經本敲她頭。喬瑟芭驚醒之後，怔怔地看著他說：「老天啊！你這神父還當得真好。」

除了種種試探之外，畢奧神父也常苦於強烈的絕望、罪惡感與卑賤感。在靈修傳統中，馬丁路德稱此階段為「試煉」（*Anfechtung*），十字若望則稱之為「靈魂的黑夜」。畢奧神父說，撒殫「總把我的人生用最不堪的方式呈現」，他還寫道：「我們的共同敵人不斷對我宣戰，直到現在都沒罷手投降的跡象。牠不計代價要擊潰我，不斷讓我想起種種可悲的事，最窮凶惡極的是，牠用盡詭計在我心裡播下絕望。」[12] 一九一一年六月，他說自己已到了臨界點，對自身罪惡以及無力挽救自己靈魂的恐懼，已讓他瀕臨「崩潰」。

我們稍早也提到過，此時的畢奧神父很害怕自己會因為某些他不知道自己有犯過的罪，而受到神的懲罰。他始終害怕著自己在「俗世生活」中犯下的罪終不免於遭受永罰，而這樣的焦慮更加劇了他的健康問題。一九三九年時，距這段痛苦的日子近三十年後，他對奧斯定神父提起這段時間時說：「我（年輕時）的病，泰半是因靈性痛苦而起。」[13]

本篤神父常常要提醒畢奧：我們的神是充滿慈愛的上主。他曾寫道：「恐懼你犯過的罪，是出於魔鬼的幻覺與凌虐。放下吧！一鼓作氣放下吧！要相信基督不是你想像的虐待狂，而是除免世罪的羔羊，不斷為著我們向善而祈禱。」[14]

畢奧所懷有的罪惡感[15]由我們今日眼光來看，可能有些不健全，但無論如何，大多數時候本篤神父不會如此責備畢奧。他跟這位年輕人說：雖然他身體、心靈的磨難是魔鬼的攻擊，但這也是天主所允許的，因為這能將他磨練得更聖潔。畢奧晉鐸一個月後，本篤神父寫信給他：「我很清楚地看到，上主揀選了你，要讓你離祂更近。你可以堅定地相信：上主要全然擁有你的心……用痛苦與摯愛刺穿它，就像祂的聖心一樣。」[16]

換句話說，要接近基督，就要跟祂一樣受苦。在另一封信裡，本篤神父把這點說得更為清楚：

你想知道基督希望你如何嗎？答案非常簡單：祂要把你像麥子一樣拋打、攪拌、搗碎、篩檢，直到你的靈魂純淨如祂所要的……

儘管如此，你還是要盡力行善，企盼上主讓你免於這些試探，並為此祈禱……千萬不用怕上主把你拋下、讓你變成魔鬼的俘虜。祂雖然讓魔鬼折磨你，好完成祂聖化你靈魂的計畫，但除此之外，祂不會讓魔鬼越雷池一步。所以，你要剛強壯膽、心懷喜樂。[17]

本篤神父也在另一封信裡說道：「聽到暴風變得更加猛烈，我覺得很安慰，因為這代表天主已在你心中作王。試探是上主對你聖愛的明確記號，若你恐懼試探，則是你拒絕它們的明證。所以，心懷喜樂，不要氣餒！敵人越是猛力攻擊，你越要將自己交託給忠信的主，祂永不讓你落敗。聖經上說：『天主是忠信的，祂決不許你們受那超過你們能力的試探……』我們上主的美好不是超乎我們想像嗎？祂不是比我們自己更關心我們的幸福嗎？想到祂哺育我們的愛，還有祂對我們福份的熱切關懷，我們就該平靜下來，絕不懷疑祂的父愛將支持我們、協助我們擊退敵人……」[18]

畢奧不斷跟本篤神父傾訴靈魂飽受煎熬，而本篤神父也不斷以聖經經句安慰他，提醒他肉體與靈魂之苦，正是上主讓他更純淨、更聖潔、也更肖似於祂的方法：「我很高興、也很確定這些痛苦是天父允許的……祂要讓你肖似祂的愛子，像祂一樣受難、就死、高懸於十字架！痛苦越大，神對你的愛也越大！」[19]

在此同時，畢奧神父也自己找到了安慰。他漸漸領悟克服試探的唯一方式，就是將它們全都交在耶穌手裡：「在我將自己全然交在耶穌手中之後，魔鬼在我腦中放入的那些醜陋幻想也就灰飛煙滅。當我與耶穌同釘十架時（我的意思是說，當我默想耶穌受難時），我的確像被千刀萬剮，但那種苦痛，卻是能讓我更好的苦痛，於是，我也享受了難以言喻的平安與寧靜。」[20] 還有一次，畢奧對靈修導師寫道：

> 耶穌不時對著我心低語，減輕了我的苦痛。是啊！我父，良善的耶穌的確與我同在！啊！與祂同在的時刻是如此彌足珍貴！其中喜樂無物足堪比擬。這種神賜的喜樂，幾乎只有在苦痛中才能領受。在如此時刻，世間一切變得更讓我痛苦、更讓我苦惱，但在此時，我也只想愛、只想受苦。是啊，我親愛的神父，我在苦痛中感到喜樂，因為我覺得我心已與耶穌聖心結合、一起跳動。請您想想：確知耶穌進入我心，會是多大的安慰！
>
> 迫我屈服的試探的確很大，但我深信上主的旨意，並未掉入試探者的毒牙之中。雖然耶穌的確常常隱藏自己，但重要的是：我也總有你的幫助，一直盡力要待在祂身邊！因你對我保證我沒被祂拋下，而是被祂的聖愛雕琢。[21]

神似乎愛玩捉迷藏。在高峰與低谷、狂喜與鬱結中擺盪，是密契者的共同經驗，西耶納的聖佳琳（St. Catherine of Siena）和大德蘭都提過「聖愛的遊戲」（game of love），亦即神似乎會對靈魂一時隱匿、一時現身。畢奧神父的經驗也是如此。有時，他覺得「宛若置身天堂」；有時，他又覺得撒殫幾乎將他從上主手中劫走。本篤神父向他保證：這是靈命成長的正常過程。

畢奧的信德逐漸茁壯，他發現自己漸漸能抵抗魔鬼的試探，也越來越不憂心自己會陷於誘惑。不過，直到遲暮之年，他也從不敢掉以輕心，自以為已完全得救。有些人認為「一朝得救，即永遠得救」，但畢奧神父的想法絕非如此，他認為直到人生最後一刻，都有失去這份救續的可能性。在晚年時，畢奧神父有一次和好友皮耶特洛．庫吉諾（Pietro Cugino）一起散步，結果他突然拋了一個讓好友驚訝不已的問題：「認真告訴我：你覺得我會得救嗎？」[22]正因在神枯（spiritual desolation）之時，畢奧神父深深感到自己無能拯救自己，所以他更加明瞭，唯一的對策是將自己完全交託給耶穌。從他一九一一年八月寫給本篤神父的信中，我們可以明顯看到：這時的他，已有足夠信心擊退魔鬼的攻擊。他寫道：「魔鬼一如往常地發動攻擊，處心積慮要傷害我的靈魂。不過，我這些日子卻油然生起一股靈性的喜樂，言語難詮其美……我以前覺得很難完全順服天主旨意，但現在不會了。我現在甚至能輕鬆擊退試探者的猛烈攻擊，不覺疲倦也不感吃力。」[23]

隔月，畢奧再次寫信給本篤神父：「耶穌繼續與我同在，堅定我的力量，讓我能輕易擊退試探、並委身於上主……這些事變得越來越容易了。你可知道，我過去有多少次忘恩負義，為了世間俗物而忽視耶穌？但看啊！耶穌美妙的印記，竟賜給了我這卑賤不堪的人！這奇異恩典，我該如何比擬？這豐沛恩賜，我又該如何回報？」[24]

畢奧神父的靈性就這樣日益成長，他越來越能接受苦痛，而且不只是為了自我滿全。在這段時期，他也將自己作為犧牲獻給上主，以拯救世人之靈。正如我們在第三章提過的，畢奧神父也很熟悉「聖愛犧牲」的概念，在晉鐸紀念卡上，他也寫下了作「完美祭品」的心願。晉鐸數月之後，他在一九一〇年十一月廿九日寫信給本篤神父說：「我以前就想以自己作為犧牲的祭品獻給上主，為可憐的罪人和煉獄裡的煉靈補贖。我一直有這個心願，它也逐漸在我心裡茁壯，如今它已成為一股沛然莫之能禦的熱情。我以前就曾多次將自己獻給上主，懇求祂將對罪人、煉靈的懲罰加在我身上，只要祂能讓罪人悔改得救、讓煉靈加速離開煉獄，要我多承受幾百倍的懲罰都可以……現在，我想徵得你的許可，再次將自己獻給上主。我覺得這也是耶穌的心願，我也相信，許可我這樣做並不會讓你為難。」[25]

本篤神父的回覆熱情無比：「就獻上自己吧！在十字架上張開雙臂，以自己作為犧牲的祭品獻給天父，與慈愛的救主結合！為世上的罪惡與煉獄中的煉靈受苦、呻吟、祈禱。」[26]

兩年後，在一封寫給奧斯定神父的信中，畢奧神父進一步說明了何謂「聖愛犧牲」：「天主揀選了一些靈魂，來和祂一起完成人類的救贖大業。雖然我不配，但祂也揀選了我。這些靈魂越是受苦不得安慰，我們的好耶穌就可以少受些苦。我之所以希望能多受些苦、不受安慰，原因正在於此，這便是我一切喜樂所在。要這樣做的確需要勇氣，但耶穌從未拒絕我任何東西。」[27]

幾年之後，在另一封寫給奧斯定神父的信中，他再次提到了與基督同負拯救之擔的使命：「請你為我這基勒乃人（古利奈人）祈禱，好讓我能背起眾人的十字架，滿全宗徒的話：『我行善，以補充基督的苦難所欠缺的。』」[28] 耶穌往髑髏地受刑途中，曾因無法承受十字架的重壓而癱倒，羅馬士兵於是強迫基勒乃人西滿（西門）為祂背十字架，畢奧神父乃以此自喻。但就像西滿是被臨時徵來的一樣，畢奧神父也不認為是自己選擇了自己的使命，相反地，他相信是上主揀選了他作為犧牲，偕同耶穌背負十字架。

事實上，在畢奧神父請本篤神父許可他作聖愛犧牲之前，他的身體已經領受了印記，讓他相信上主已接受他獻上自己。這些身體印記的位置，正呼應了基督受難時的傷口。

一九一〇年九月七日午後，畢奧神父來到帕努洛神父的辦公室，請他看手掌上的傷。帕努洛「老爹」問他到底出了什麼事，畢奧說他在皮阿納．羅馬納祈禱時，耶穌和瑪利亞出現在他面前，給了他這些傷口。帕努洛神父仔細檢查了他的手，叫畢奧一定要去看醫生。第一個醫生認為這只是皮膚結核病，於是畢奧又去看安得烈．卡東內。卡東內對上個醫生的診斷嗤之以鼻，直呼：「鬼扯！」他仔細翻看畢奧的手掌，發現兩隻手的手心、手背，都有直徑約半吋的瘡腫。雖然傷口沒有出血，但似乎擴散到整個手掌。不過，雖然卡東內很肯定這不是「皮膚結核病」，卻也說不上來這到底是什麼。

畢奧對這傷口很感尷尬，也試著隱瞞。除了兩位醫生和帕努洛神父之外，他只有讓老友墨糾里歐看，連自己的媽媽都蒙在鼓裡。其實，貝芭也有注意到兒子不太對勁，問他為什麼一直甩動他的手，像在彈吉他一樣。但畢奧還是成功瞞過了她，沒讓她看見手上的傷。

看過卡東內幾天之後，畢奧又去找帕努洛神父，對他說：「老爹，請幫我個忙。請跟我一起祈禱，求耶穌把這收回去。我願意受苦，甚至願意受苦而死，但我希望不要讓人知道。」

帕努洛神父答道：「孩子，我會為你祈禱，和你一起請耶穌把這收回去。不過，如果這是神的旨意，你就得全然順服。你要記住，既然是為了拯救靈魂、讓世界變得更好，你就要對耶穌說：『依祢的旨意用我。』」[29]

於是，他們一起祈禱，傷口也真的消失了——只消失了一季。

帕努洛神父的言詞顯示：他已知道畢奧想將自己獻給耶穌，好讓更多靈魂悔改信主。可能也是因為在九月時，這位平易近人的「老爹」贊同了他的想法，所以在十一月時，畢奧才敢向嚴厲的本篤神父說出這個念頭。而關於聖傷一事，他更是要等一年多後，才有勇氣告訴這位靈修導師。聖傷在首次出現一年後再度浮現，這一次，畢奧決定要告知本篤神父：

> 昨天發生了一件事，我不知該怎麼解釋，也無法了解。在我兩隻手的手掌中央，出現了一個硬幣大小的紅點，紅點中央劇痛無比，左手掌尤然，在我提筆寫信的此刻依然如此。另外，我也感到

> 雙腳腳底隱隱作痛。
>
> 這現象持續了將近一年，但最近有一小段時間沒有出現。請別責怪我沒早點向您報告，因為我實在不好意思提。真希望您能了解，我鼓起了多大勇氣才寫這封信！其實，我有很多事得向您報告，但我實在不知該怎麼表達。[30]

不過，這次「雛形聖傷」（proto-stigmata）事件，後來被畢奧神父淡化。一九六六到一九六七年，拉斐爾神父為畢奧神父做了一系列訪談，當時他已垂垂老矣。一開始時，畢奧神父完全忘了這件事，指著聖傷說「這都是到聖若翰．羅通多才出現的」。不過，在看過自己五十年前寫的信之後，這位老人終於記起了在皮耶垂西那發生過的事，他說：在皮阿納．羅馬納的小房間祈禱時，「當我陷入深層默想、神魂超拔的狀態，我的手掌不止一次出現灼熱的紅點，劇痛長達數日。我也發現肋旁出現傷口。不過，要到聖若翰．羅通多之後，這些傷口才開始出血、不再消失。」[31]

至於本篤神父，從他收到來信、知道畢奧手掌出現傷口那一刻起，便決心要不計代價將他帶回會院。

06 天堂與地獄之間

接到畢奧關於聖傷的信後，本篤神父馬上寫信給嘉布遣會總會長，塞吉亞諾（Seggiano）的帕西費科神父（Padre Pacifico），一方面告訴他這位青年弟兄相當聖潔，一方面也徵詢他的意見：是否該把畢奧召回會院？在介紹畢奧是位「人格聖潔的年輕司鐸」之後，本篤神父也提到畢奧將自己獻為聖愛犧牲，還有他一再復發的怪病，並將這兩件事連在一起：「他懇求同擔救主的苦痛，這份請求也以一種神秘的方式獲得應允：無藥可醫的偏頭痛、群醫束手的怪病，遍訪名醫皆無結果。他深受病痛之苦，也飽受心靈煎熬。醫生們原本認為他得了肺結核，所以要他回家鄉休養，畢竟他嘔吐的情況相當嚴重，長期無法正常進食。」[1]

然後，本篤神父也說了聖傷的事，認為「這是他特殊召叫的印記」，並尋求帕西費科神父的建議，因為在過去幾年中，雖然畢奧神父不斷被送往各個會院，但每次都以重病回家休養告終。所以本篤神父問道：「我認為迄今為止，他的經歷都是出於天主旨意。但現在，我想盡可能將他召回會院。不過我也擔心，（事情若有什麼差錯）錯誤必定在我。所以我想請教：您覺得怎麼辦比較好呢？」

帕西費科神父顯然同意本篤神父的想法，也認為該將這「聖潔」的年輕神父召回會院，因為在一九一一年秋天，本篤神父開始積極敦促畢奧返回會院。不過他僅止於勸說、鼓勵，並未強加命令。

畢奧神父很是為難，他寫信跟本篤神父說：「您知道我也很想回會院，我獻給上主最大的犧牲，莫過於我無法在會院裡生活。」但他也說：他若回會院，應該很快會因劇烈嘔吐及營養不良病死，他並不認為神想這樣置他於死地。另一方面，繼續待在皮耶垂西那，他還有能力主持彌撒；但要是回會院後歷史重演，他顯然會因身體因素而無法再獻彌撒。畢奧寫道：「如果我必須獨自受苦，我可以接受；但若是痛苦、焦慮的結果僅是讓我死亡而已，我實在不曉得該怎麼面對。」不過，縱然有這些疑慮，畢奧還是願意服從長上的命令：「我覺得我有權利、也有責任不讓自己二十四歲就死去，我也覺得這不是神的計畫。請把我當成無意志的死人，而非有意志的活人，依您認為最好的方式處理吧！為了服從，我可以作任何犧牲。」[2]

事實上，本篤神父也很為難，他很擔心要是硬把畢奧召回會院，導致畢奧重病而死，天主會要他負起全責，所以他也遲遲不願下令，只想用勸說的方式，讓畢奧相信這是最好的安排。九月廿九日，他寫信給畢奧說：「我得說：你一直待在家裡讓我十分困擾。你知道我愛你如子，所以我不僅希望你能待在會院，更希望你能待在我身邊，這樣我才好照顧、輔導你。也是因為這樣，我才會覺得你待在會院之外不能作更有益的服事……如果你的病不是因為環境，而是出於天主旨意的話，那你更該回到會院裡來。畢竟，如果是至高上主要你如此，那家鄉故土也治不好你……但我相信，無論是在家裡或會院，上主都希望你健康度日。」[3]

總之，對於該不該直接下令畢奧服從長上、返回會院，本篤神父這位省會長還是頗為躊躇。

畢奧的回信現已佚失，但根據本篤神父的下一封信判斷，畢奧信中似乎頗有微詞，不僅堅持要再問問醫生的意見，也抱怨本篤神父並不真正關心他的健康。無論畢奧到底說了些什麼，本篤神父終於發火了。在十月四日的信裡，他寫道：「當有人以長上和靈修導師的身分寫信給你時，你應該恭敬、順服地傾聽他的意見，不該心存不滿地同他爭辯！我以你長上與導師的身分宣告：你的病不需要醫生插手，因為那是**天主的安排**，所以，我也並不打算請另一位專家去為你檢查。」

本篤神父繼續說，修會照顧弟兄從不吝於投注金錢、精力，照顧晚年的貝內文托的碧岳神父是如此，照顧最近重病的幾位弟兄也是如此，「這樣你懂了吧？你的指控完全是無稽之談，你只不過是頑固地自欺欺人而已！」本篤神父怒氣沖沖地寫道：「你不願謙卑地聽服我的判斷，還做這樣惡劣的事！我希望這是你最後一次不聽從我的指導，否則我再也不會寫信給你了。另外我也要讓你知道，我很難過你說我不愛你，說我想害死你……」[4]

畢奧一收到信，馬上寫了封長信道歉：「我紅著眼眶、抖著雙手寫這封信給您，跪求您的寬恕……我願以此向您悔過，正如愛天主的人如此悔罪一樣。父啊，請寬恕我。我知道我不配得寬恕，但您對我的好，還是讓我盼望能獲得寬恕。請您別生氣。您不知道我是個驕傲的人嗎？讓我們一起向上主祈禱，祈求祂在我再犯這種錯之前，重重地擊垮我！」[5]

收到這封低聲下氣的道歉信之後，本篤神父也同意了畢奧之前的請求，讓他再做一次健康檢查。他將畢奧送到拿坡里的醫院，但那裡的醫生還是說畢奧的病無藥可醫（也還是不能肯定到底是什麼病），他們認為畢奧無論是在會院或是在家裡度過餘生，都不會有多大差別。於是本篤神父做了決定：既然畢奧已註定時日無多，那還不如在會院中離開這個世界。他下令畢奧去維納弗洛城（Venafro）聖尼康多洛鎮（San Nicandro）的會院報到，此地位於皮耶垂西那北方五十哩處，向以空氣清新聞名，本篤神父希望這裡的良好環境能多少增進畢奧的健康、延長他的壽命。於是，畢奧神父在此一邊等待死亡降臨，一邊補修原應在晉鐸之後就上的講道課。

也是在維納弗洛時，畢奧神父的超自然經驗變得全會院皆知。

聖尼康多洛會院建於一五七三年，院址接近羅馬時代的殉道者聖尼康多洛之墓。會院裡有十三個人，九位是神父，四位是弟兄。院長是卅三歲的艾文傑利斯塔（Evangelista），出身聖馬爾谷．拉米斯鎮；副院長則是奧斯定神父，他同時也教授講道學。除畢奧神父之外，院裡的其他弟兄還有羅悠（Roio）的亞納大削神父、聖若翰．羅通多的古葉爾摩神父，以及坎巴德撒的方濟．瑪利亞神父（Padre Francesco Maria of Gambatesa）。一九〇五年一月，畢奧神父分身造訪里札尼家那晚，在誦經席坐在他身旁的就是亞納大削神父；古葉爾摩神父後來寫了一份記錄，記載畢奧神父的早年神職生活；至於方濟．瑪利亞神父，當時已六十八歲，是會院裡年紀最大的弟兄，也以學識、苦行見長。

畢奧於十月廿八日抵達會院，剛開始的日子還挺平順。除了默觀祈禱與團體敬拜之外，會院裡的每一份子也各有職責。以畢奧神父來說，他除了修課之外，也要幫鎮上的小孩上道理課、教他們唱詩歌。不過到了十一月中時，畢奧又不能進食了。他只能臥病在床，中斷學業、授課，除了參加彌撒之外，完全足不出室。

艾文傑利斯塔神父決定再帶他去拿坡里看醫生。但一如以往，醫生們無法診斷出他到底生了什麼病，兩位神父對病情仍舊一無所獲。

當晚他們一起住在旅館。深夜裡，艾文傑利斯塔神父突然被怪聲吵醒，嚇得說不出話。怪聲停止之後，畢奧問他是不是也聽見了聲音，然後要他不用擔心。畢奧似乎知道是怎麼回事，但他沒跟艾文傑利斯塔神父多作解釋。雖然艾文傑利斯塔神父還是緊張、擔心了好一陣子，但畢奧神父似乎完全沒受影響，倒頭又睡，第二天醒來依舊神采奕奕。

不過，畢奧神父的胃病還是一點都沒好。在離開拿坡里回維納弗洛之前，畢奧提議找間館子吃點東西再走，艾文傑利斯塔挖苦地問：「你是想吐給大家看嗎？這麼想出名喔？」

畢奧笑笑說不會有問題的，但才上第二道菜，畢奧就忍不住衝向窗戶狂吐，把才吃進的東西全吐到窗外花盆裡。回到維納弗洛之後，嘔吐的情形也絲毫沒有改善。畢奧唯一能吃進的東西是聖體，但現在，他甚至虛弱到沒辦法參加彌撒，於是弟兄們只好幫他把聖體送到房裡。

到目前為止，畢奧神父都只被當成修道典範，而且一直飽受不明疾病之苦。聖傷這時暫時消失，維納弗洛沒有半個人知道這件事（連奧斯定神父也不例外）。知道他曾出現聖傷的人屈指可數——帕努洛、本篤、卡東內、墨糾里歐，還有那位說他得了「皮膚結核病」的醫生，但他們都有善盡保密之責。不過，到了一九一一年十一月，旁人終究還是察覺了他的不尋常之處。

有一天，奧斯定神父聽人說畢奧情況很糟，就馬上去他房裡看他。才剛進門，他就聽到這年輕人大聲囈語，高喊有隻大黑貓要跳到他背上。奧斯定心想這可憐的年輕人一定是太過虛弱，才出現幻覺，因為他已經好幾天沒進食了。奧斯定很擔心這個學生死期不遠，便走到禮拜堂為他祈禱。但一邊祈禱，他的心思一邊飄到其他地方去。他想，若是畢奧死了，人家可能會要他在葬禮上講道，於是他開始煩惱到時候該講些什麼。

祈禱完後，他回到畢奧房間，但讓他驚訝的是：畢奧這時神智清明，精神也變好了，還對他說：「你去聖堂祈禱了啊，那很好；可是，你怎麼會去想我的葬禮悼詞……還早呢，老師！我還會活上好一段時間，你可以慢慢想！」[6]

接著，畢奧請奧斯定神父在彌撒時為他祈禱，奧斯定點頭答應。不料，雖然奧斯定下樓去教堂時還記得這件事，到彌撒時卻完全忘光，他記得在彌撒中為一些人的意向祈禱，卻獨獨忘了畢奧的事。彌撒結束後，奧斯定神父又去看畢奧，在畢奧問他是否有為他祈禱時，奧斯定頗感尷尬，隨口撒了個謊：「有啊！我記得！」

畢奧答道：「好啦，至少在你下樓時，耶穌有收到你的意向。」[7]奧斯定神父聽了滿臉通紅。

奧斯定不是唯一一個發現畢奧不太尋常的人。另一次，跟畢奧神父在一起的有年輕的古葉爾摩神父，以及六十七歲的守門人莫孔內的革魯賓弟兄（Fra Cherubino）。當時，神父們的祭衣都是送到鎮上請人清洗。這天，上述三人正湊在一起，革魯賓弟兄突然看看錶、起身跟另兩位說聲失陪，因為送洗的祭衣快送回來了，他要去門口等那位太太。

結果畢奧對這位老弟兄說：「您現在還不用過去，再歇會兒吧！她會遲到一小時，您先在這等就行了。」一小時後，畢奧跟革魯賓說可以去門口了，這老弟兄依言起身，才打開門就看到那位太太，她才剛舉起手要敲門！[8]

於是，奧斯定神父開始更仔細地觀察畢奧，也相信這年輕人不是精神有問題。他開始常常待在畢奧房裡，有時候甚至接近擾人的程度，因為他不只自己跑來，還會帶著群學生一起來——他跟艾文傑利斯塔神父都認為，畢奧的密契經驗是真正的神魂超拔（ecstasy），學生們一生難得有幾次親身「觀摩」的機會。

聖十字若望對「神魂超拔」的定義是「靈魂衝出自身，被天主握在懷裡」[9]。奧斯定和艾文傑利斯塔都認為，畢奧有幾次恍惚出神，就是進入了這種境界，完全「沉浸」在主內。但另一些時候，他們也相信畢奧受到了魔鬼騷擾。

奧斯定發現，畢奧每天會進入神魂超拔境界兩到三次。其中有七次，奧斯定在旁記下畢奧說的一切，但其他時候因為種種原因，奧斯定沒有記下畢奧所說的內容。在與天國住民相遇時，畢奧似乎會和耶穌、聖母還有他的護守天使交談，但在這些經驗發生前後，他通常都會被魔鬼騷擾。奧斯定也發現：與天國住民交談的時間通常比魔鬼騷擾的時間來得久——與天國住民交談的時間約半小時到四十五分鐘，魔鬼的騷擾則通常不會超過十五分鐘。

奧斯定總共記下了十次「魔鬼現身」的事件，第一次就是前面提過的大黑貓。有一次是畢奧看到一個裸女在房裡「跳豔舞」；另一次魔鬼沒現身，卻打了他一巴掌；還有一次是畢奧抱怨有怪聲，但旁人沒人聽到。

有一天，奧斯定和艾文傑利斯塔驚恐地發現：畢奧正痛苦地扭動身體，像是被什麼東西痛打一樣。他們警覺事情不太對勁，馬上跪下祈禱，向畢奧還有整個房間灑聖水。一刻鐘後畢奧終於清醒，說他被一個恐怖的人鞭打，那人看起來就像個職業拷問人。有些時候，畢奧還說魔鬼會偽裝成他朋友、弟兄、長上，甚至偽裝成現任教宗或耶穌、聖母、聖方濟、護守天使。畢奧發現有一套識破魔鬼詭計的辦法：首先，如果出現的是魔鬼，他會本能地有種厭惡感，他會要求這神秘的訪客讚美耶穌，如果後者拒絕，他就知道牠是魔鬼。

在這段時間裡，奧斯定每天都會聽畢奧告解。但有天早上他太忙沒空，就跟畢奧說他晚點再來幫他辦告解，要他先去領聖體[10]。傍晚，奧斯定神父回到畢奧房裡，準備幫他辦告解，卻很驚訝地發現：這位向來跟他很親的朋友，竟一臉狐疑、充滿恐懼地看著他。

畢奧問道：「你是我老師嗎？」

「我當然是啊！」奧斯定覺得莫名其妙：「你怎麼會問這種怪問題？」

畢奧定定地凝望他的眼睛，對他說：「說『讚美耶穌！』」

「讚美耶穌！讚美耶穌！讚美耶穌一千遍！好了，可以跟我說一下到底怎麼了嗎？」

畢奧鬆了口氣，跟奧斯定說他早上離開之後，馬上有人來敲房門，是奧斯定神父又回來了——至少看起來是奧斯定神父。他對畢奧說他現在能聽畢奧告解了，但奇怪的是，畢奧對他有種無以名狀的排斥感。此外，雖然這位「奧斯定神父」看起來跟平常差不多，但他額頭上多了個傷疤——剛剛匆匆而別時還沒有。於是畢奧問道：「你額頭是怎麼回事？」

「奧斯定」若無其事地答道：「喔，這個啊！我下樓時不小心跌了一跤。來吧，孩子，我現在來聽你告解吧。」

這時，畢奧神父對他說：「說『**讚美耶穌！**』」

「絕不！」這偽裝成奧斯定的邪靈突然怒吼，馬上消失不見了[11]。總之，每當畢奧的神秘訪客拒絕讚美耶穌時，他就知道牠們是魔鬼偽裝的。值得注意的還有兩點：第一，在這些事件裡，魔鬼多半以具體形象現身；第二，雖然畢奧能用肉眼看到牠們，其他人卻完全看不到。

在畢奧處在神魂超拔狀態時，別人會聽見他跟隱形的神聖訪客交談，而且內容也很有條理。奧斯定雖然看不見畢奧跟誰說話、也聽不見對方說了什麼，但他還是將畢奧說的話記了下來，從這些話裡，我們大致能推斷出交談內容。在這些對談之中，畢奧總是祈求眾人悔改信主，為了讓更多人得救，畢奧有時不僅懇求、甚至還跟上主爭論。他會訴說他對魔鬼的恐懼，也會表達背負十字架的渴望。他還祈求聖傷能再次出現——隱形的就好。他悲嘆當代神父的世俗之舉，也說他擔心自己因病被逐出嘉布遣會……但最重要的是，他每次神魂超拔時，總會不斷訴說他對救主深切的愛。

奧斯定神父第一次記下的神魂超拔，發生在一九一一年十一月廿八日，上午九點四十五分到十一點。在一開始，畢奧似乎在跟聖母交談，然後他開始為一些人的靈魂祈禱，像朋友一樣地跟耶穌說話：「耶穌啊，我將那靈魂交託給祢……祢一**定**要讓她悔改！祢做得到的！……讓她悔改，拯救她！……不只要讓她悔改，更要聖化她，不然，她還是可能失去祢的聖寵。是的，請聖化她……喔，祢不也為她流下了寶血嗎？……耶穌啊，也請祢讓那個人悔改信祢……祢做得到的！沒錯，祢做得到！……我也完全向你獻上自己……」在這些有被記下的神魂超拔記錄中，畢奧一貫的心願總是：他願為所有罪人或特定的人悔悟信主而獻上自己，作聖愛的犧牲。

接著，畢奧祈求上主「多待一會兒」，責怪祂上午太早離去，讓魔鬼乘機來騷擾他：「啊，牠真的嚇死我了！……耶穌，請別再讓牠來！……我寧可失去在祢面前的甜蜜，也不要再看到魔鬼！」

然後，畢奧在狂喜中高喊：「喔！耶穌！我還有一件事要說——我愛祢！……我好愛祢！我想全然歸屬於祢……祢沒看到我正為祢燃燒嗎？……祢要我愛祢——愛，愛，愛！請看，我真的愛祢……每天早上，都請祢（透過聖體聖事）進入我內……請與我一起停駐，獨獨我倆一起停駐——只有我和祢、祢和我……喔！耶穌！請祢愛我！……當祢來到我心，若有看到任何配不上祢愛的東西，請祢摧毀它……我愛祢！……我會緊緊地、緊緊地握住祢……絕不讓祢離開！……當然，祢是全然自由的，可是我……我想緊緊抓著祢，緊緊地抓著祢……幾乎讓祢無法自由行動……」[12]

在這次神魂超拔的尾聲，畢奧催促他的護守天使「為我讚美耶穌……因為你的嘴純淨，我的嘴污穢笨拙……」天使似乎說了什麼，因為畢奧接著道：「拜託！你可不是黑暗天使……你是沒有原罪的天使！……為我讚美耶穌吧！……親愛的護守天使，請把魔鬼趕走……」畢奧接著低語：「喔，耶穌……神聖之主……至美……至愛……耶穌……」這樣不久之後，畢奧便回過神來，回到肉身的世界了。

畢奧隔天告訴耶穌，他有點煩惱自己神魂超拔時被看到了。畢奧能接受奧斯定神父在場，讓他在意的是另一位見證者：平信徒尼可拉．隆巴底（Nicola Lombardi）醫生：「讓弟兄們看是一回事……但讓平信徒看……我知道他是好人，可是他終究是**平信徒**！」

接著，他又開始祈禱眾人悔改信主：「耶穌啊！祢可不能拒絕我！請記得祢為全人類流下了寶血……就算他是個頑固的罪人又怎樣呢？」

然後，他為在他生病時照顧他的弟兄祈禱：「耶穌，我將這幾位弟兄交託給祢。祢知道，他們三更半夜還起床照顧我……我何德何能？……請祢幫助他們……我連獻彌撒都有困難，但他們還是一肩挑起牧靈工作……」[13]

畢奧跟護守天使的對話就沒那麼畢恭畢敬了：「天主的使者，我的天使啊——你不是要守護我嗎？是天主派你來保護我……你是受造物還是創造者？……你是創造者嗎？當然不是！所以，你也是受造物，你也要服從天主的律法——也就是說，不管你願不願意，你都得待在我身邊……笑什麼笑！……有什麼好笑的！……告訴我一件事——你必須要告訴我：那個人是誰？昨天早上在這裡的人是誰？……你又笑什麼！……你非告訴我不可！……那個人是誰！……那是我老師還是院長？

快告訴我！……快點！好好回答我！……笑什麼笑！天使會笑成這德性嗎？……你不說我就不讓你走！」

畢奧後來決定改問耶穌，他對天使說：「好，沒關係。你不告訴我的話，我就去問耶穌……到時候你也聽好！」

從記錄上來看，不太能判斷畢奧跟耶穌的對話內容，不過不久之後，他又開始逼天使答話：「你這小子，快告訴我那個人是誰？……都不回答是怎樣！……好，那你就繼續當啞巴，跟個木頭似地站著吧！……我實在好想知道……我只不過想問你一件事，結果我們就耗了這麼久……耶穌，請祢告訴我吧！」[14]

耶穌最後顯然要天使答話：前一天看到他神魂超拔的人，只有奧斯定而已。

這次神魂超拔接近尾聲時，畢奧神父說他在領聖體之前，會經驗神秘的口渴（這是密契者常有的經驗，對活生生的上主的渴慕，常讓他們真的感受到飢餓與口渴）。最後，畢奧在狂喜中親吻救主的聖傷，神魂超拔結束。

隔天，畢奧告訴耶穌他想幫祂背十字架。耶穌說祂不需要人幫忙，但畢奧繼續祈求，請耶穌賜他同擔救贖性苦難的恩寵。從畢奧的言詞看來，耶穌後來答應了他，讓他一同擔負救贖的十架。

然而，畢奧仍有遺憾：對於自己只能做到在家鄉主持彌撒、盡神父的職責，他覺得很是沮喪。他問耶穌說：「為什麼我能在那裡，就不能在這裡？難道只有在皮耶垂西那我才是神父嗎？」在此同時，他也很難過本篤神父不准他聽告解。從畢奧的言詞看來，耶穌似乎也對此不太滿意，還責備本篤這位省會長「頑固」。但即使如此，畢奧還是祈求：如果本篤會因此受懲，他願意為本篤承擔懲罰。不過，畢奧沒有被自以為是的優越感沖昏頭，他馬上意識到自己的不足，覺得自己應受懲罰。他驚訝地問道：「祢要**在我身上**光榮祢？我算是什麼人？……我是神父沒錯，但我一點用都沒有，連主持彌撒、聽告解都不行……」[15]最後，畢奧為本篤、奧斯定、帕努洛以及所有或好或壞的司鐸祈禱，神魂超拔至此結束。

再隔天是十二月一日，禮拜五，畢奧看見耶穌被釘上十架、流血、受苦，他對耶穌說：「耶穌，我愛祢，但請別再這樣顯現……祢扯碎了我的心……」看到耶穌為世人的罪受刑的殘酷景象，讓他驚恐不已，他繼續說：「是啊，祢一生都背著十架……那些惡人說你只受苦了一夜一天，全是假話……祢一直在受苦……從沒停過！」[16]

畢奧再一次地獻上自己，祈求再次領受聖傷：「若祢賜我力量，請讓那釘傷再次出現……讓它們釘穿我手……只要這是祢的意旨……但，請讓那聖傷隱形，因為世人總蔑視祢的恩賜……」[17]

畢奧始終承受著哀痛與憂苦，但另一方面，他也總能領受聖潔的狂喜，他問耶穌說：「告訴我，如果連此世都如此可愛，天堂又會是什麼樣子？……在那裡，我們會因愛而死！……耶穌啊，世間一切，不過是幻影而已……」[18]

知道艾文傑利斯塔和全會院都熱切地為自己祈禱，畢奧也感動不已，對耶穌說：「請祢安慰他。也許他甚至沒有為自己祈禱……請賜他（他正尋找的）恩寵……為祢凡事都能！」[19]

十二月三日，禮拜天，在與耶穌交談時，畢奧提到他憂心有些神父不稱職、犯了罪。為補贖他們的罪，他再一次獻上自己作為犧牲：「我親愛的耶穌，今天早上，祢為何如此鮮血淋漓？……他們今天對祢做了壞事嗎？……唉，居然連禮拜天祢都得忍受不知感恩之人的冒犯！……有多少惡行發生在祢的聖所！……我親愛的耶穌，請祢寬恕！放下祢的懲戒之劍……若是祢非懲罰不可，就懲罰我一個吧！……是的，我願作犧牲！……祢總說我太軟弱了……沒錯，我是很軟弱……但我的耶穌啊，祢可以給我力量……然後單單懲罰我一個，別懲罰別人……若我下地獄後仍能愛祢、也能讓眾人得救，那就送我去地獄吧！請祢讓每個人都得救！」[20]

畢奧不僅呼應了梅瑟（摩西）的祈禱：「唉！這百姓犯了重罪，為自己製造了金神像。現在只求祢赦免他們的罪，不然，就把我從祢所記錄的冊子上抹去罷！」（出谷紀／出埃及記 32:31-32）也呼應了聖保祿（保羅）的話：「為救我的弟兄，我血統的同胞，就是被詛咒，與基督隔絕，我也甘心情願。」（羅馬書 9:3）。

在這次神魂超拔中，上主顯然也要畢奧回皮耶垂西那去。從前幾次神魂超拔的紀錄中，我們已能發現：對自己無法待在會院裡，畢奧已深感憂心。在他聽說總會長帕西費科神父因為他長期臥病，想叫他離開修會時（而他若想提出請求，可能要去羅馬一趟）更是驚恐不已。他對耶穌哀訴道：「喔，我的耶穌啊！你要放逐我嗎？……難道我在這就不能當神父？……（在皮耶垂西那）我該做什麼呢？」這時，耶穌顯然告訴他說：返回皮耶垂西那，也是祂在他身上光榮自己的安排之一，畢奧說道：「祢想在我身上光榮祢？我算是什麼人？……世人都不知道我惡貫滿盈！……爸爸這麼以我為傲，到處跟人炫耀我的事……唉，要是他知道我犯了多少罪，要是他知道……」

聖方濟也現身在他眼前。他向聖方濟抱怨道：「聖潔的父啊，您要將我逐出修會嗎？……您不再認我為子了嗎？」聖方濟似乎向畢奧保證，他不會被逐出嘉布遣會，在皮耶垂西那待一陣子也是天主的意旨。

尼可拉．隆巴底醫生見過畢奧兩次神魂超拔。十一月廿八日，隆巴底看畢奧躺在床上，眼睛凝視著天花板——這年輕人正和上主交談。隆巴底點了根蠟燭拿到他眼前，但後者毫無反應。隆巴底跟奧斯定說：「他現在陷入強直性昏厥。等他醒來後你問他，他一定不記得剛剛發生了什麼事。」結果證明隆巴底錯了：雖然沒人跟畢奧提起隆巴底醫生來訪，但正如我們剛剛提過的，畢奧隔天就跟耶穌抱怨為什麼讓平信徒看到他神魂超拔。

十二月三日，隆巴底又被找來一次。來訪時，畢奧神父又正與隱形的訪客交談，只聽他喃喃地說：「拿我的心去，用祢的愛充滿它。」隆巴底用聽診器聽他心跳，也按著他手量他脈搏，結果竟發現心跳與脈搏並不一致：手腕的脈搏固然既強且快，但實際的心跳竟然更強也更快。隆巴底呼喚畢奧的名字，想把他叫醒，結果畢奧對天使叫道：「誰在叫我？天使啊，請讓我繼續待在耶穌身邊。」於是，畢奧繼續沉浸在神魂超拔裡。

不久之後，艾文傑利斯塔神父也來了。他對隆巴底說：「醫生，我讓你看件事。」然後自己走出門外，要醫生繼續待在房裡。沒過多久畢奧就醒了，而且神清氣爽、神采奕奕。艾文傑利斯塔隨即進門，跟隆巴底醫生解釋道：他剛剛站在走廊，低聲叫畢奧**服從命令**醒過來。雖然他的聲音很小，房裡的人根本不可能聽到，但畢奧還是醒過來了。很明顯地，這位病奄奄的弟兄沒有透過感官了解周遭的事，是他的護守天使把重要的事告訴了他。在隆巴底叫他的時候，畢奧獲准不理；但當長上以服從聖願叫他時，即使畢奧正在與上主交談，他還是得中斷談話，服從命令。

十一、二月之交，奧斯定神父為畢奧送聖體時，常常發現他正處於神魂超拔狀態。畢奧顯然忘了自己當天有沒有領過聖體，因為他有時會問耶穌：「我早上領過聖體了嗎？」從畢奧驚訝的回答中，奧斯定推斷耶穌告訴他說奧斯定正送聖體到他房裡。此外，耶穌還會跟畢奧複述奧斯定送聖體時說的話，例如「畢奧，看啊！耶穌聖體」，還有「以我握在手中的耶穌之名，我令你領下聖體」。耶穌甚至會跟畢奧複述奧斯定常說的一個法文：**Petit enfant**（孩子）[21]。

奧斯定沒有把畢奧的神魂超拔對話全部紀錄下來，尤其是那些涉及畢奧隱私的對話。不過，奧斯定有記下畢奧為他祈禱，祈禱他能不受魔鬼攻擊。畢奧有時似乎說出了更多奧斯定沒記下的細節，奧斯定後來回憶道：「有一天，他在神魂超拔中為一個靈魂祈禱，我對那靈魂再熟悉不過，就像了解自己一樣地了解它（按：幾乎可以肯定奧斯定在說他自己）。這靈魂經歷恐怖的誘惑已一年有餘，但只有天主和他的聽告解神父知道這些事，畢奧神父絕不可能知情。但那一天，他卻為這靈魂祈禱，懇求天主救它免於誘惑。他那時正處在神魂超拔狀態，若非神聖啟示，他絕不可能知道這靈魂的內在掙扎。耶穌跟畢奧神父說祂會拯救這個靈魂，但也說這靈魂要受試探。從那天開始，這靈魂覺得有了力量，而感謝天主，那些誘惑……不再像以前那麼強了。」[22]

奧斯定神父也注意到：在神魂超拔之時，畢奧神父似乎受命要為某些人祈禱。然而不僅奧斯定不認得這些人，連畢奧自己都不認識。神魂超拔結束後，他常說他根本不認識那些人，甚至連聽都沒聽過。畢奧後來也寫信跟本篤神父說：「在祈禱時，我有時會不由自主地為一些我原本沒打算代禱的人代禱；更奇妙的是，我有時還會為一些我根本不認識、沒見過、沒聽過、也沒聽人提過的人祈禱。天主總是會這樣要我為人代禱。」[23]

該怎麼解釋在維納弗洛的這些經驗？至少隆巴底醫生改變了他原本的看法，不再認為畢奧是陷入「昏厥」（他的看法改變，似乎也不具特殊動機）。隆巴底醫生後來說，這些經驗無法以科學解釋，而這位年輕神父的臉上，的確也流露出超凡絕俗之美。因此，隆巴底醫生判定這是「真正的神魂超拔」，是純宗教性的經驗。[24]

在維納弗洛的這段日子，旁人為畢奧神父留下了許多記錄。奧斯定神父除了詳錄七次神魂超拔經驗之外，幾年後也把這段日子的回憶寫下來。一九一二年二月，在隆巴底醫生親見畢奧神父神魂超拔兩個月後，也寫下了一份報告。這份報告雖然不長，但和奧斯定的紀錄完全吻合。此外，五十八年之後，古葉爾摩神父也寫下了這段日子的回憶。

畢奧神父在神魂超拔中的對話皆前後一致——至少被記錄下來的都是如此。這點讓隆巴底醫生很是驚異，也證明畢奧神父不是看到幻覺或瘋人囈語。而且，這些言詞不僅前後一致，有時還道出具體的人與事，其中有些人、有些事，甚至是畢奧神父平常根本不認識、不知道的！

不過，最重要的或許還是：畢奧神父所說的一切，都是具訓導意義且神學正確的，更深深流露出對神、對人的愛。畢奧神父的神魂超拔經驗，沒有一個是濫情或自我中心的。在神魂超拔之時，畢奧神父總懇求能更接近上主、更完美地服事人群。

然而，畢奧神父的健康狀況也一直未見好轉。十一月時，他再次前往拿坡里遍訪名醫，但還是沒人能確定他身體到底出了什麼問題。約在十一月的最後一個禮拜，出身維納弗洛的年輕醫生朱塞貝・德・文森齊（Giuseppe De Vincenzi）來看他，為他做些檢查。德・文森齊醫生認為畢奧是得了肺結核，但為他檢查過兩次的隆巴底醫生卻不做此想。隆巴底醫生也注意到畢奧呼吸有雜音，但他認為那是喉嚨而非肺的問題，此外，他也發現畢奧晚上不會盜汗或發燒。另一方面，雖然畢奧嘔吐的情況很嚴重，幾乎把吃下去的東西全都吐了出來，但他沒有營養不良，更未形銷骨立。發現畢奧除了在家鄉之外、到哪個會院都重病之後，隆巴底醫生寫道：「據上述事實，本人排除肺部疾病之可能，研判此屬神經失調之疾。」[25]總之，隆巴底醫生的診斷是：畢奧的病其實是心身症。

所謂心身症，指的是情緒影響生理，導致身體產生疾病，並不是說畢奧神父在裝病或有疑病症（hypochondriac）。他的病似乎是不斷想與基督同擔救贖性苦難的結果，並不是因為自我中心的焦慮，也不是因為壓抑了內在衝突。如我們一再看到的：畢奧神父總是請耶穌讓他擔負別人的罪、承擔他們的懲罰；也常常出於憐憫，主動想分擔別人的病痛。

艾芙琳・安德希爾發現：密契者往往健康不佳，而且他們的病常常無法解釋。無論是明谷的聖伯納德（St. Bernard of Clairvaux）、聖女大德蘭、聖十字若望、西耶納的聖佳琳，或是熱那亞的聖佳琳（St. Catherine of Genoa），皆是如此。安德希爾女士也認為：密契者往往體弱多病，可能是因為「他們的靈性高度昂揚，以致讓習於俗世的肉體不斷承受巨大張力」。[26]

但當然，要是一個人根本不相信密契經驗，不相信人能與更崇高的實相接觸，不認同獻上自己作聖愛犧牲，也不相信基督會賜下與祂同擔苦難的恩寵，那對他來說，畢奧神父即使不是瘋子，最少也是嚴重神經質。然而，如果一個人相信畢奧神父所相信的，那一定能接受畢奧神父的病跟肉體關係不大，也是在這種意義上，他的病可以算是一種「心身症」——因密契經驗張力與獻上自己作聖愛犧牲而起的「心身症」。

無論畢奧神父的長上怎麼詮釋他的病，對他們來說，畢奧不斷重病都是非得處理的棘手問題。艾文傑利斯塔發現畢奧長達數週無法進食後，憂心忡忡地寫信給本篤神父，請這位省會長讓畢奧回皮耶垂西那，然而石沉大海，未獲回覆。由於實在擔心畢奧的情況，艾文傑利斯塔後來決定即使冒犯本篤，也要越級申報，直接去信給人在羅馬的總會長帕西費科神父。艾文傑利斯塔跟帕西費科說：他已寫了「好幾封信」給本篤，皆無回音，所以才越級呈報。在這封一九一一年十二月三日的信中，艾文傑利斯塔寫道：

我誠心作證：皮耶垂西那的畢奧神父至今已重病三年，除在本鄉之外，於會省各地皆無法順利進食。不僅我的弟兄可為此作證，全會省的弟兄也都可為此作證。畢奧神父曾長居本鄉近兩年之久，該時期從未受劇烈嘔吐之苦；然而不論回到哪一間會院，即使只待上短短一天，他的身體都會極感不適，嘔吐的情況尤其嚴重。他已於本院生活一個半月，而我願誠心作證：每次進食，他不到一刻鐘就會全吐出來。到目前為止，他已臥病在床十六、七天，其間連一湯匙的水都喝不進……

他剛到本院不久，即已開始劇烈嘔吐，症狀至今仍未緩和；然而他只要一回本鄉，胃病即可不藥而癒。是否是天主的旨意，要這可憐的神父一直待在本鄉呢？

為了不讓帕西費科神父誤會，以為畢奧是因為不喜歡會院生活而裝病，導致這位總會長做出將畢奧逐出修會的決定，艾文傑利斯塔還細心寫道：「我們每個人都願意作證：畢奧是位足堪表率的神父。他絕無戀家之意，而身為他的弟兄，我們也都不願失去與他相處的機會，少掉這麼一位珍貴的成員。」[27]

於是，帕西費科神父指示本篤讓畢奧返回本鄉。本篤對此甚感不快，寫了封怒氣沖沖的信給奧斯定：「我實在不懂，為什麼要把一件可以由我的智慧來判斷的事，千里迢迢上呈羅馬？這種不尊重直屬長上的行為，讓我深感困擾……」[28]

但無論如何，本篤神父還是同意讓畢奧返鄉，同時也授權奧斯定陪他回去。一九一一年十二月七日，畢奧和奧斯定一起返回皮耶垂西那。隔天，畢奧神父就在家鄉主持了彌撒——「像沒生過病一樣」。[29]

07 雙重流亡

畢奧神父的神職生涯可分為三個階段：第一階段，聖潔之名全鄉盡知；第二階段，名聲傳遍義大利；第三階段，舉世聞名。

一九一一到一九一六這五年，畢奧神父常處低潮，他稱這段時間為「我的雙重流亡時期」——一方面與會院分離，另一方面也與他熱切渴慕的天鄉分離。但也是在這段期間，他的聖潔名聲傳遍皮耶垂西那。

由於嘉布遣會會規規定：即使弟兄因特殊狀況無法居於會院，也不可與家人同住（許多堂區神父就是如此）。因此在夏天，畢奧神父就住在他父親為他在皮阿納．羅馬納隔的小房間裡；到了冬天則搬進「小塔」，也就是皮耶垂西那老家旁的單間小屋。

雖然回到了家鄉，但這段「休養時間」其實也不平靜。畢奧的健康狀況還是不佳；家裡風波不斷；鄉親父老剛開始對他有些誤解；與長上溝通有些摩擦；最後，畢奧也經歷了艱鉅的靈性試煉與猛烈的魔鬼攻擊。

除了原有的健康問題之外，畢奧的眼睛現在也出了狀況。一九一二年大部分的時間，他讀、寫都有困難。這對他主持彌撒造成了很大困擾，因為隨日期不同，彌撒經文也會有些調整，而且數量太大，想背也背不起來，非看彌撒經本不可。於是，畢奧每次都得在彌撒經本前點一盞燈，費盡眼力主持整場彌撒。長上們擔心長期如此他的視力問題會更加惡化，特准他每天在聖母彌撒和亡者彌撒之間擇一而行。於是畢奧把這兩式彌撒的經文都背起來，不再擔心每天都得讀不同經文。在此同時，長上也允許他不讀日課經文，而以念〈玫瑰經〉代替。

至於佛瓊內家的狀況，畢奧神父在這段「流亡」時期寫的信裡並沒有直接提到。葛拉修大多數時間都在美國工作。一九〇七年時，他離開賓州前往紐約皇后區（當時還屬鄉村地區）繼續農場工作之餘，也定期打零工，參與修建伊利鐵路（Erie Railroad）[1]。長子米切雷此時已廿五歲，第一次前往紐約跟父親一起工作。從這時開始，他總共在美國工作了十二年，不僅定期返家省親，甚至還成婚、生了六個孩子。然而，六個孩子裡只有長子活過了嬰兒期，他也叫方濟，但常被暱稱為「小方濟」，或以法文暱稱為「小方索」，他很快就成為畢奧與奧斯定的最愛。

此時，貝芭已獨立維持農務超過十年。畢奧神父最親的妹妹斐莉綺雅也已出嫁，夫婿正是畢奧的老友文森佐．瑪索內，他當時已成了鎮公所公務員。一九一二年，斐莉綺雅生了長女茱塞貝娜（Giuseppina），之後又生了佩雷葛里諾（Pellegrino）和艾托雷（Ettore）兩個兒子。一九一三年七月，第二個妹妹裴蕾格莉娜嫁給安東尼歐．瑪索內（Antonio Masone，與文森佐無親戚關係），三個月後即產下一女，但隨即夭折。不久之後，安東尼歐．瑪索內遺棄妻子前往美國，沒再回來，裴蕾格莉娜婚姻破碎。至於葛拉齊耶拉，此時仍住在家裡，一心想當修女。不過，這位「蒼白、虛弱」的女孩的修道之路有道難關：當時的女修會規定，入會者需有大學文憑，不然就要準備好所謂「嫁妝」——奉獻一筆可觀的資金。

這段時間，佛瓊內家顯然是出了什麼問題，因為畢奧神父後來跟姪女提過：「我那時得回家導正一些事情。」[2]至於他要導正的到底是什麼事，始終不得而知。

在一九一二年五月一日寫給奧斯定神父的信中，畢奧除了洋洋灑灑地表達了對聖母的崇敬之情，也稍稍暗示了他跟媽媽有些摩擦：「我最大的痛苦是，在這世上我彷彿已經沒了母親，有的只是天上那位深富同情的母親。」[3] 母子間有摩擦的原因，似乎是貝芭把兒子的健康問題歸咎於嘉布遣會的嚴苛苦行，反對他返回會院，她一直要畢奧申請在會院外居住，加入教區，和「老爹」一起當堂區神父，開口閉口都是：「孩子啊，你身體這麼差，怎麼可能在會院過那種生活？我一想到就想哭……」[4] 諸如此類的言詞，讓畢奧既難過又挫折。不過，他之所以相信待在皮耶垂西那是天主的旨意，原因應該不在於此。因為貝芭雖然未必贊同他所有的目標，但整體而言，她是相當支持兒子的。畢奧有次抱怨修會要他父母支付醫藥費，還在信裡寫道：「就算要他們把自己的血給我，他們連眉頭都不會皺一下。」[5]

佛瓊內家的真正問題，似乎出在次女裴蕾格莉娜身上。畢奧於一九一三年五月寫給奧斯定的信，是現存唯一一封有隱約提到這個妹妹的信，他在信裡寫道：「我真為某些頑冥不靈的靈魂痛苦……如果他們能清醒過來、全心歸主，要我付出生命我都願意。讓我最痛苦的是，這些靈魂之中還有我的親人。」[6] 在他寫這封信的時候，裴蕾格莉娜已經未婚懷孕四個月了，懷的顯然是她兩個月後嫁的那個人的孩子。她雖然也是佛瓊內家的人，但大家似乎都不想提她。據說她是三姊妹裡最漂亮的一個，生性活潑，有頭紅褐色的頭髮。不過，有些只願匿名談談她的人，卻說她「很壞」、「根本是惡魔」。她跟她虔誠的家人截然不同，行徑之乖張，似乎不僅讓家人蒙羞，也讓小鎮的其他虔誠百姓不恥。雖然家人不斷為她祈禱、與她懇談，但一切努力似乎都無法讓她有所改變。

在這段「流亡」時期，畢奧神父幾乎天天主持彌撒，地點大多是皮耶垂西那的鄉間小堂。於此同時，畢奧神父也在學校教書。其中一位學生瑟雷斯提諾．奧蘭多（Celestino Orlando）在七十多歲受訪時表示：畢奧神父是位很熱心的老師，雖然他跟不太上課程，但畢奧神父還是很有耐心地教他數學。如果他成功地解出一道難題，畢奧神父還會請他到家裡吃炸魚，獎勵他一下。不過，畢奧神父也很重規矩，上課之前他一定先祈禱，要是學生彼此打罵，他也會馬上拿起涼鞋就打。

畢奧也籌畫成人教育課程，在空地幫農人、工人上課，教他們閱讀、寫字。另外，他也找了十五個男生組成聖詠團（唱詩班），教他們唱各種聖詩。因為沒有伴奏，所以畢奧神父自己大聲帶著他們唱，他的男中音渾厚而富感情，美中不足的是有點五音不全。

帕努洛神父愛畢奧如子，也很感謝他的幫忙。有天晚上他們一起散步時，帕努洛忍不住對他說，真希望他能離開嘉布遣會，留在皮耶垂西那和他一同服務鎮民，將來接下他總鐸的職務。結果畢奧說：「老爹，我死都不會脫下方濟會衣。」7

一開始，帕努洛神父的家人不太歡迎畢奧上門。帕努洛跟弟弟及其三個女兒同住，帕努洛的三個姪女依長幼叫安東妮葉塔（Antonietta）、蘿希娜（Rosina）和葛拉齊雅。大姪女安東妮葉塔已經結婚，跟幾個孩子一起住在這裡，很擔心畢奧神父會把結核病傳染給她小孩。所以，每當這年輕神父登門拜訪，三姊妹都一句話也不敢多說，深怕這樣就會被傳染。她們每次都請他坐在同一張椅子上，也都拿同一個杯子給他——讓他專用，其他人碰都不碰。有天晚上，安東妮葉塔的表現還更羞辱人：這天，貝內文托的總主教史齊諾西來訪，晚上在帕努洛神父家用餐。總主教熱情邀請畢奧一同入席、也跟他們一起祈禱。此舉顯然沒先徵詢主人同意，因為安東妮葉塔得知後，不僅怒氣沖沖奪門而出，還對她伯伯破口大罵，怪他居然讓一個有肺結核的神父進門吃飯，是想讓孩子都被傳染嗎？帕努洛神父尷尬無比，一邊跟總主教說他姪女太緊張了，一邊只好請畢奧離開。

帕努洛神父的另一個姪女蘿希娜，則是擔心畢奧和其他神父共用祭衣、聖爵（聖餐杯）、聖盤（聖餐盤）。她強烈要求伯伯為畢奧準備一套專用的，而帕努洛也真的屈服了。這讓畢奧頗感委屈。

有一天，管堂人員米切雷．皮拉（Michele Pilla）喝個酩酊大醉，忘了更換聖爵。結果，畢奧神父正舉行彌撒時，蘿希娜眼尖發現祭壇上的聖爵不是他專用的那個，她馬上去找皮拉，堅決要求他當場更換聖爵。於是在眾目睽睽之下，這位管堂人員走上祭壇、中斷彌撒，硬是把聖爵換了過來。

這次畢奧真的忍無可忍。當晚他跟「老爹」散步時，老實對他道出了心中不滿：「我得跟你說，有兩件事讓我很難過，一是您姪女安東妮葉塔不願我進屋，唯恐我會把病傳染給孩子；二是您另一位姪女蘿希娜，我今天早上主持彌撒的時候，她居然當場要管堂人員換聖爵。嗯，我就直說吧：上主今天給了我恩寵，跟我說我的病不會傳染。」[8]

這位總鐸把神的啟示告訴了姪女，她們毫無異議地接受了，此後她們也歡迎畢奧登門造訪。

皮耶垂西那的鄉親也覺得畢奧神父異於常人。即使沒住在會院，畢奧神父還是按日子打苦鞭，用金屬鏈打到流血為止。當他在皮阿納．羅馬納的小房裡祈禱時，總有些閒雜人等探頭探腦，想看看這個「瘋子會士」。雖然貝芭有幫兒子準備床，但畢奧覺得這太奢侈了，堅持要睡在地板上，並以石頭為枕。這種情況持續到貝芭發現為止：貝芭發現後極為反感，跑去跟若瑟．奧蘭多侯爵報告，他也是神父，跟畢奧私交不錯，根據記錄，他是附近一所城堡及周邊產業的地主。奧蘭多侯爵把畢奧找來，跟他說不睡床而睡地板，等於沒盡到子女應該服從父母的義務，於是畢奧之後就睡在床上了。諸如此類的虔誠苦行，在一開始時讓不少人覺得畢奧是個怪人和盲信者。

畢奧的密契經驗尤受誤解。在彌撒進行時，他常會突然中斷好一段時間，對外在事物渾然不覺——其實這些時候，他是在向上主祈禱，或是正與天界存在交談。在為生者、亡者祈禱時，他也常會無意識地頓住好一陣子，在那時，他沉浸於為靈魂代禱，也常能感知到某些人的心靈狀態；在祝聖聖體、聖血時，他也常常親見基督受難，以致無法順利唸完經文。因為這些狀況，通常為時半小時的彌撒，他主持時會拖到兩個多小時，許多無法準時上工的鎮民開始向帕努洛抱怨，而不久之後，他的彌撒變得只有老太太會來參加。於是「老爹」只好找畢奧談談，跟他說在彌撒中經驗狂喜固然是好事，但他還是要體貼會眾時間有限，他們之後還有很多事情得做。

即使是其他神父，也不能了解畢奧的密契經驗。彌撒之後感恩祈禱時，畢奧常會像在維納弗洛一樣，突然進入神魂超拔狀態。雖然「老爹」知道是怎麼回事，但其他神父並不了解，有時甚至覺得驚駭，因為他們上個鐘頭才離開教堂，讓畢奧一個人在那祈禱，下個鐘頭一進教堂，就發現畢奧倒在地上，簡直像死了一樣。皮拉有一次就見到這種情況，但帕努洛神父鎮定地對他說：「沒事，他沒死。不要吵他，敲完午時鐘就回去吧！」結果他下午回來，發現畢奧還是倒在那裡，一點生命跡象都沒有。他又去找帕努洛神父，跟他說：「托瑞老爹，那個會士真的死了。」但帕努洛神父還是若無其事地說：「我都說了不用擔心，他會醒來的。」於是他跟皮拉回到教堂，以服從聖願之名命畢奧醒來──他奉命醒過來了！[9]

漸漸地，皮耶垂西那的鎮民發現這個本鄉子弟不是什麼瘋子──倒不是因為畢奧神父行了奇蹟，而是因為他自然流露的愛與關懷，深深打動了每個人的心。

其實，早在畢奧剛剛晉鐸、還沒去維納弗洛那年，不少人已對這年輕神父寄予厚望，在他成功解開少時老師多梅尼柯．提札尼的心結之後，也有更多人注意到他的不凡之處。我們之前提過，提札尼先生曾是神父，但已還俗娶妻，然而，他後來對此深感痛苦。很多人說，若不是婚後生了個女兒，他其實很想回去當神父。隨著年紀越來越大，提札尼先生也越來越憂鬱，最後甚至足不出戶、不與任何人往來。他完全封閉自己，即使貝內文托的總主教召見他，他都加以拒絕。最後，連他的朋友、鄰居都放棄開導他，帕努洛神父和其他神父也不想再管他的事。

然而畢奧在晉鐸之後，卻始終把這位老師放在心上。每次經過提札尼家門口，如果看到他的妻女，他一定會請她們代為致候。幾個月後的十二月某天，他發現提札尼先生的女兒似乎心事重重，於是主動問道：「雅煦妲（Assunta），老師還好吧？」雅煦妲聞言大哭，說她六十九歲的父親快過世了。

畢奧問：「我能進去看看他嗎？」

「當然可以！」她邊說邊帶畢奧進屋，到父親床邊時，她輕聲對他說：「爸爸，畢奧神父來看你了！」這位老人一看到他以前的學生，馬上老淚縱橫。這位被附近所有神父認為不會悔悟的人，開始向畢奧告解，流淚痛悔犯下的罪，將自己交託給耶穌基督的慈愛。

畢奧回去跟帕努洛報告時，這位總鐸高興得難以自抑，跪在地上感謝上主。第二天，提札尼先生就過世了。

一年多後，畢奧重返皮耶垂西那，也再一次以愛與關懷贏得了鎮民的心，深受鄉親父老敬愛。他去附近村落主持彌撒後，回程途中總會在田間稍作停留，跟農夫們聊聊天。不過，他給本篤神父的信倒是說出了真心話：「除了那些天主要我去跟他們談談的人之外，大多數時候，我都覺得聊天是件很痛苦的事……也因為這樣，我喜歡獨處……如果人家跟我聊個沒完，而我又無法恰當地告退，我總得盡最大努力才能繼續待著，這些閒談讓我痛苦。」[10]

鎮民們覺得畢奧跟其他神父不太一樣。不管他說什麼，似乎都能讓他們得到最大的幫助與鼓勵。雖然畢奧友善、有禮、幽默，也讓人愉快，但他基本上是個嚴肅的人。如果他有理由認定某教友違反神的誡命，他絕不會噤口不言。由於大家打從心裡敬重他，所以他們也樂於接受他的指正，要是換個神父來說，他們很可能來個相應不理。

比方說，畢奧神父完全無法認同在安息日工作。葛拉回國看莊稼時，說他兒子簡直食古不化，因為麥子成熟一定要盡快收割，否則很可能被太陽烤焦、被雨淋壞，數月辛勞毀於一旦。葛拉這樣想其實也沒錯，畢竟，如果一個人得在禮拜天工作才能維持生活所需，上主也不會苛責他的。可是畢奧並不這樣想，他認為聖經怎麼說就該怎麼做：「應記住安息日，守為聖日。六天應該勞作，作你一切的事；但第七天是為恭敬上主你的天主當守的安息日；你……不可作任何工作。」（出谷紀／出埃及記 20:8-10）天主不就是這麼說的嗎？我們怎麼可以找藉口違反它呢？葛拉最後同意他兒子有理，不再在禮拜天工作，但也發現他的莊稼並沒有因此受損。

畢奧冬天住的「小塔」附近，有一位名叫瑪莉安卓雅納・蒙特拉（Mariandreana Montella）的婦女。有個禮拜天，畢奧神父剛主持完彌撒回來，看她坐在前門台階上幫衣服縫絲帶，於是正色說道：「瑪莉安卓雅納，今天是禮拜天，我們不該在這天工作。」瑪莉安卓雅納叫他別管她，埋頭繼續幹活。畢奧怒上心頭，馬上進屋拿了把剪刀出來，搶過絲帶剪成碎片。這位大嬸當然被惹火了，據說她當場把這神父推倒在地。不過，她後來也承認在禮拜天工作的確不對。[11]

畢奧後來乾脆在禮拜天舉辦一些活動，讓鎮民們有所消遣，也就不會違反守安息日的誡命了。大家越來越喜歡他，還開始稱他為「我們的聖人」。雖然他的彌撒還是比其他神父要長（他已盡力克制，但依舊如此），但有越來越多人喜歡去參加他的彌撒。因為他們覺得：參加畢奧神父主持的彌撒，可以感受到神的神秘臨在，也能領悟以前從不了解的十架奧蹟。其實在此之前大家就有默契：如果想為特殊意向獻彌撒，就該去找「那位住在城堡附近、大家都覺得是聖人的小弟兄」。[12]

在一九一二或一九一三年四月，皮耶垂西那地區的樹遭了蟲害，果樹岌岌可危。有一天，有位「純樸的莊稼人」來找畢奧神父，請他跟自己去一趟農地，祝福果樹、也詛咒害蟲。畢奧神父欣然同意。令這位農夫驚奇的是：沒過多久，那些害蟲就全摔在地上了。附近的農夫知道這件事之後，也一窩蜂地來找畢奧神父，請他去自己的農地祝福果樹、詛咒害蟲。據說畢奧神父去過之後，不但害蟲都死了，果樹的收成也都不錯。雖然科學家們可能有不同解釋，但對皮耶垂西那鎮民來說，他們之所以能安度一場蟲害，都得歸功於他們的小聖人。

曾因畢奧的病而排斥他的蘿希娜・帕努洛，想試試他是不是真的這麼行。有一天，她跟畢奧說她打算去「小塔」偷一件東西，然後看看如果畢奧不去檢查房間，能不能知道她偷了什麼。畢奧一臉淡然地說：「好啊，妳去試看看。不過妳到那邊之後，會在門後發現一個小天使幫我看屋子。」

蘿希娜聽了覺得害怕，就沒去試了。但這件事還沒完，幾天之後，畢奧跟「老爹」說他姪女想偷的是他的日課經本，於是帕努洛回家問蘿希娜是不是真有此事。

「是啊，可是我沒跟任何人提。其實我也只是想想而已，想看看他能不能知道我在想什麼。」[13]

不過，蘿希娜的爸爸阿豐索・帕努洛（Alfonso Pannullo）仍不死心，還是想試試畢奧的能力。於是他又跑去找畢奧，跟他說他會去他屋裡偷件不起眼的東西，看看他會不會知道。畢奧煩不勝煩，對他說：「阿豐索叔叔，您可以別為這種事跑去我屋裡嗎？」

可是阿豐索還是跑去了。不過他才踏上台階，就發現自己一步都動不了，整個人像被定住一樣。阿豐索怕自己是中風，馬上掉頭就走，但一下台階，他的腳又恢復正常，只是一上台階就又麻痺了。阿豐索摸摸鼻子走了，回去跟畢奧神父說：「你們這些弟兄還真知道怎麼設陷阱！」

畢奧搖搖頭說：「阿豐索叔叔，您搞錯了。那是天使在幫我看門，只要有人想硬闖，他就整他們！」[14]

關於畢奧護守天使的存在與行動，奧斯定於一九一二年九月發現了一個有趣的證據。因為有太多好事之徒想偷看畢奧的信，所以奧斯定用希臘文給畢奧寫了封信。但問題是：畢奧神父的語言能力並不算好，也根本看不懂希臘文。奧斯定在信中寫道：「你的天使怎麼想？如果天主願意，你的天使會讓你知道我寫了什麼。如果他沒跟你說的話，你再給我封信。」

畢奧收到信後，就拿去「老爹」辦公室請他看。這飽讀詩書的博士正打算為畢奧翻譯，卻驚訝地發現：畢奧其實知道裡面寫了什麼！帕努洛後來寫道：「畢奧神父把信的內容講給我聽，一字不漏。」

帕努洛好奇地問道：「我親愛的畢奧，你不是連希臘字母都不認得嗎？你是怎麼讀懂這封信的？」

畢奧說：「老爹，你知道的，我的護守天使什麼都會跟我解釋。」[15]這也是帕努洛能想到的唯一解釋。

往後數年，奧斯定還用法文給畢奧寫了不少信——又是另一種畢奧不懂的語言。不過，畢奧還是知道信裡寫了些什麼，有一次甚至也用法文寫了張明信片給奧斯定。他說，這是他的「小天使」教他寫的。不過，他的天使似乎程度不佳，因為有個法文教授讀了這張明信片後，說畢奧的法文比奧斯定差！

一九一二年十一月，奧斯定寄來的信開始被墨污染遍。畢奧懷疑這是魔鬼的把戲，在「老爹」的建議下，他將十字苦像放在烏漆抹黑的信上，結果帕努洛發現：「墨污漸漸變得較淡，雖然讀起來很吃力，但總算是勉強能看了。」[16]

關於魔鬼現身騷擾畢奧神父的故事也很多，這種情況在「小塔」和皮阿納．羅馬納都有。有幾位老鄰居作證：在皮阿納．羅馬納時，魔鬼常現形為一條頭部碩大的蛇，在畢奧神父祈禱或默想時騷擾他。

魔鬼或邪靈在「小塔」搗亂的事件，則有較多紀錄。鄰居們說畢奧房裡常傳出怪聲（碎裂聲、撞擊聲、尖叫聲都有），也為此向畢奧的父母抱怨過。一開始時，鄰居以為有人在那醉酒鬧事，因為房裡不斷傳出叫罵聲。等葛拉和貝芭趕到時，屋裡一片狼籍，到處都是砸碎的東西，而他們的兒子則癱倒在地。葛拉和貝芭問兒子是誰來鬧事，結果畢奧說：「一群噁心的東西。」[17]

在一九一三年一月十八日寫給奧斯定的信裡，畢奧證實了這是一次魔鬼攻擊。他說他「一開始什麼東西也沒看見」，但能聽見「毛骨悚然的噪音」，噪音之後，一大群邪靈「以最醜陋的樣貌現形」，而在畢奧拒絕牠們的要求之後，「牠們開始圍毆我，把我打倒在地，死命打我。然後，牠們開始丟枕頭、丟書、丟椅子，用最污穢不堪的話咒罵我。還好旁邊、樓下的房裡都沒人！」[18]

這一次，畢奧顯然不是用隱喻筆法描述內在試探，因為他是親眼看見、親耳聽見、也親身感受到了超自然現象，而且雖然身邊沒人，但不只是他，連好幾戶外的鄰居都聽到了怪聲。

一九一三年二月十三日，畢奧又寫了封信跟奧斯定說：「我的身體到處瘀青，這都是我們共同敵人痛毆我的結果。」畢奧還說，過去一個月來魔鬼又攻擊了他好幾次，撕碎他睡衣痛打他，讓他赤身露體冷得發抖：「牠們揚長而去，而我冷到連動都動不了，還因此赤身露體了好一段時間。若非慈愛的耶穌出手相助，這些邪惡的東西一定黏著我不走。」[19]

據說，即使在畢奧神父離開皮耶垂西那之後，「小塔」還是繼續鬧鬼。陶罐莫名其妙被砸碎，椅子被四處亂扔，屋裡也不時傳出怪聲。米切雷跟他弟弟說了這些事，畢奧跟他說「那群噁心的東西」一定還賴著不走，要他去請位神父驅魔。驅魔之後，「小塔」終於恢復了平靜。

總之，畢奧神父身邊發生了不少無法解釋的事，這一點毫無疑問。而且，這些事件很多都有詳細紀錄，不應被當成鄉野奇談一笑置之。

畢奧神父人生裡的很多事，我們也許永遠難以理解，那些超自然事件尤其難以解釋。不過，如果我們更仔細地探究他的靈性生活，試著了解他這段時間的心靈狀態，或許對他的經驗也能有進一步的認識。

08

心靈的黑夜

畢奧神父的生命中心，是他的心靈世界——祈禱、默想、與上主及隱形世界交往。他的日常生活與舉止，都奠基在內在生命之上。

對大多數人來說，就意識所及，祈禱都像是單向的對話。我們相信神會傾聽自己的請求，接受我們的讚美與感恩，也赦免我們的罪——然而，我們通常感知不到祂的回應。但對畢奧神父來說，祈禱的經驗絕不僅止於此。神真的會對他「說話」——有時是讓他聽見聲音，有時是讓他看見異象，但更多時候，則是藉「看不見的神視」、「聽不到的聲音」與他溝通。

在皮耶垂西那的時候，畢奧寫信告訴本篤神父：「我通常是這樣祈禱：一開始禱告，我便感到靈魂收攝到一種我難以言詮的平靜。」他接著說：「然後，我的感官停止運作，但聽覺有時不會停止，不過那不會造成我的困擾……即使身邊有很大的噪音，也一點都不會干擾到我。」[1]畢奧說，他會進入一種「不斷思念神」的境地，有時還覺得「被上主觸碰……那種感覺無比生動、無比甜蜜，以致我常常淚如雨下，一面懊悔自己的不忠，一面感激天父如此慈愛、如此良善，竟給了我這般恩寵，召我到祂跟前。」

他覺得自己「被超性的恩寵充滿」，靈魂彷彿「迷失在上主之內」，因而無可遏抑地生起「靈性奉獻」之情。另一些時候，他感受到的是「一股對神的強烈渴望，熾烈到幾乎願意就死」。他也強調：「這並不出於我的想像，我也從不知道它什麼時候出現。它出自於內在之火，出自於（從靈魂之外灌入靈魂之中的）愛。它猛烈無比，要不是上主及時出手相助，我已化做灰燼！」[2]

在另一封寫給本篤神父的信中，畢奧如此描述「內在之火」：「我常常一開始祈禱，心中便燃起愛火……那火與世間之火不同，它能將人化成灰燼，卻不讓人感到疼痛。它甜蜜、豐富，能讓靈魂獲得極大的喜樂，靈魂在它之內既得滿足，卻也繼續渴望著它。喔，主啊！這對我來說實在太深奧了！在抵達天鄉之前，我應該絕不可能了解！」[3]

如果畢奧神父本人都無法了解，別人當然更不可能了解。但可以確定的是，那是一種人類語言無法描述的經驗。處於密契狀態時，畢奧常會見到天界的訪客。一九一二年時，他寫信跟奧斯定神父說：「天界生命不斷來訪，讓我不禁期待他們出現，帶給我喜悅。」[4]另一次，他則是告訴這位知心好友：「晚上我一閉上眼，便看到薄幕降下，天國對我敞開。這神視讓我滿心喜樂，於是我全然平靜下來，帶著笑容入睡，等著我那小伴侶（護守天使）早上叫我起床，與我一同唱出讚美，唱出我們的滿心喜悅。」[5]

可是，畢奧神父有時也會感到「靈魂極度空虛」，再怎麼努力都無法收攝精神祈禱。此外，他也無法完全免於惱人的恐懼。一九一三年時，他寫信跟本篤神父說：「有個糟透的念頭一直飄在我腦海：雖然我不這麼認為，但這一切會不會都只是幻想？」[6]不過大多數時候，畢奧神父都不難進入大多數基督徒難以企及的深層祈禱狀態（至少待在皮耶垂西那前期時是如此）。對於這種狀態的真確性，他也很少懷疑。然而，要他跟別人好好描述這種經驗，卻是難煞了他。他曾告訴本篤神父：「我的靈魂像是被帶進王宮的卑微牧羊人，放眼望去盡是從未見過的奇珍異寶。在這牧羊人離開王宮時，心裡當然記得那華美的景象，但他不可能一一數算珍寶的數目，也無法給它們適切的名字。即使牧羊人想跟別人分享他的所見所聞，但他就算想破腦袋也不可能好好說出他的經驗，反而只是發現自己無能表達所見所思，於是，他選擇了沉默。」[7]

雖然對大多數人來說，密契經驗在某種程度上是無法了解的，但這類經驗通常也有一定模式。畢奧神父的密契經驗也是如此。許多密契者在靈魂提升到最高層次之前，都曾經歷幾個特定階段。艾芙琳．安德希爾和一些密契主義研究者，就曾梳理、比較基督宗教密契者的經驗，將這條通往「神聖結合」（divine union）的路分為五個階段。

安德希爾稱第一階段為「自我覺醒」（the awakening of the self），在這個階段，人漸漸察覺靈性世界的存在，並開始追尋神聖。〈靜寂之谷〉（The Valley of Silence）這首詩（本詩出現於聖詩作者芬妮．寇斯比（Fanny Crosby）的手稿，但也有人認為是「南方聯盟詩人」亞伯蘭．雷恩〔Abram J. Ryan〕所作）[8]生動描繪出被大德蘭稱作「寧靜祈禱」（prayer of quiet）的境界：

我走入靜寂之谷
那昏暗、無聲的幽谷
萬籟俱寂，唯聞神與我的腳步聲
我心平靜，聖潔如天使起舞

接著，寇斯比繼續描述她如何覺醒，開始追求此一狀態：

我已久厭眾聲擾亂我心
我已久厭喧囂攪亂我靈
罪與罪人四處皆是
我已無處容身

我曾在俗世與俗人同行
渴求塵世無法給予之物
我曾輕嘆：何等世間！
原應如星辰照耀生命之波的理想
竟被拋於終極實在之岸
沉睡如墳中幻夢

我曾渴慕終極的完美
卻總在真理中發現謬誤
我曾在人間尋找天堂
卻僅能一瞥半縷微光
那必朽的烏雲遮蔽了我的視線
為此，我流淚嘆息

於是，我踽踽獨行，對人間心涼如冰
在茫茫人海中，我不斷呻吟
直到那日，我跪在祭壇之前
聽見那召喚我的聲音，自此
我走入靜寂之谷
告別必朽的一切

這首詩單純描繪了一個身處塵世的靈魂，如何因為不滿及渴望而踏上追尋上主的旅程。「神聖結合」的第二階段，安德希爾稱為「自我淨化」（the purification of the self）。在這個階段，人第一次發現自己和神之間有多大鴻溝。透過聖神（聖靈）的工作與靈魂本身的合作，人開始滌除生命中阻隔靈魂與神聖的一切。靈魂開始掙脫「與實相不合的一般經驗，諸如幻覺、邪惡，以及不完美的一切」（借安德希爾語）[9]。要做到這點，密契者要有堅強的意志力，透過齋戒、「打苦鞭」，以及其他種種苦行，來鞭策自我、革除陋習。

第三階段謂之「光照」（illumination），在此階段，密契者生起一種沛然莫之能禦的敬畏之情，同時也「對最高絕對產生更新、狂喜的覺察」[10]。艾曼紐爾．布魯納托（Emmanuele Brunato）所描述的經驗是很好的例子，一九一九年，他在畢奧神父的帶領下見到了基督：「四處盡是超性臨在所揭示的真理。不分日夜、晴雨、颳風，所有的一切都讓我與造化結合：即使是小雞的巢，都讓我感動落淚；即使是玻璃的閃光，都讓我訝然無語。有時，連鄉村裡的色彩、形狀、氣味，都能讓我欣喜若狂；走在山間，我也唱詩獻上感謝，滿心喜樂。我百分之百相信，自己是這世上最富足、最快樂的人。」[11]

第四階段，聖十字若望稱為「心靈的黑夜」，上主著手滌除靈魂對自我的執著（到此一階段時，肉體執著已經滌淨）。這是相當痛苦的一個階段，必須抽離身體、心靈的一切安適。這階段的行動通常都是「消極的」，亦即這一階段是上主在工作，不是靈魂在努力或做準備。

這漫漫長夜（畢奧神父稱之為「被動的淨煉」[passive purgation]），一開始是在靈性的喜悅與低潮間不斷擺盪，包括畢奧神父在內的許多密契者，都稱這靈性的起伏為「聖愛的遊戲」。這段起伏之後，緊接著的是更幽暗的黑夜、更孤寂的神枯。除靈性試煉之外，肉體和外在也常常受到嚴重考驗，生命中的一切彷彿都出了錯，靈魂也不再能感受上主的臨在，唯一沒讓靈魂失去信心的理由，是它仍「盲目相信過去的經驗」[12]。此外，密契者這時也會被罪惡與卑賤感淹沒。據聖十字若望的看法，靈魂之所以會經歷黑夜，是因為它無法承受那遠比自己偉大的「光」——「光愈明亮，貓頭鷹就愈看不見；人愈注視燦爛的太陽，太陽就愈使視覺的官能黑暗……當默觀的神光擊中一個尚未完全淨化的靈魂，會讓這個靈魂充滿靈性的黑暗。這不是神光本身的光輝所致，而是因為它讓靈魂的完美本質受到震懾而頹然不振。靈魂所受的這種折磨，就如同在眼睛生病、虛弱之時，如果有一道輝煌的強光照射過來，眼睛就會感到痛苦……面對這道純淨的明光，靈魂會察覺到自己的不潔和卑劣，好似天主與他作對……天主手中的靈魂是如此虛弱而不完美，雖然天主的手這麼柔軟與溫和，靈魂卻感到如此地沉重和拂逆。天主的手並沒有擠壓或重壓，只是碰觸他而已。這是很慈悲的碰觸，因為天主的目的在於給靈魂恩惠，而非責罰靈魂。」[13]

聖女大德蘭也曾寫過這樣的現象：「這顯示出能做這事者的尊威，使人害怕極了，不敢開罪這麼尊威的天主。不過，如此的懼怕伴隨著對天主的深情切愛，細想祂對這麼腐爛的微蟲所做的，便益發深切地愛祂。彷彿祂真正的滿足不是只帶領靈魂歸向祂，而是連身體也要，即使身體如此腐敗，是由污穢的泥土所造，做了許多冒犯的事。」[14]

最後，心靈的黑夜終於過去，進入基督徒靈性成長的最終階段——東正教謂之「神化」（deification），天主教則稱之為「神婚」（divine marriage）。尚妮－瑪希・布維耶・居雍（Jeanne-Marie Bouvier Guyon）如此描述這樣的轉化：「靈魂在不斷死去之後，終於在主愛裡斷氣；不過，在化成灰燼之後，永生的種子也從中萌芽……」[15]

至此，自我意志終於死去，而靈魂也與約伯齊聲同說：「即使祂殺我，我仍相信祂。」（約伯傳13:15）[16]此時靈魂之所以愛上主，已不是為了得到身心快樂或安慰，它全然在上主懷裡安息；而自我就像安德希爾說的那樣，「如海棉被海水滲透一般，被其已到達的愛與生命之海充滿」[17]。

信義會密契者雅各・波默認為：到了這個階段，密契者終於被永恆之光照耀、被永恆之愛燃燒。他以生動的畫面勾勒了這種狀態：「看啊，那燒紅的鐵！它本身雖然黑暗，但烈火穿透了它，從它之中放出光明。這鐵不會燒盡，雖然它依舊是鐵……但火的泉源卻會維持住它，不燒盡它，但穿透它……鐵依舊是原來的鐵……進入上主之內的靈魂也是一樣，上主穿透靈魂、在靈魂之中巡梭；雖然靈魂不了解上主，上主卻完全了解靈魂……」[18]

深刻沉浸於上主之內，並不會讓密契者變得孤僻而難以親近，反而能讓他們更有活力、更願意接近人群。與上主親密交往的密契經驗，能讓密契者更願意、也更有能力服務別人。基督徒的靈命越是長進，就越能照顧他人的需要。

畢奧神父的靈性成長經驗，**大體而言**也與此歷程相符。在一九二二年寫給門生瑪利亞・坎帕尼磊（Maria Campanile）的信中，畢奧神父很優美地描述了他的「覺醒」經驗。這是他留下的文稿中最接近靈性自傳的段落：

> 我這受造物如此卑賤不堪，但從我出生開始，上主就對我特別偏愛。祂不只作我的救主、作我最高的保護者，還願與我為友，真心而忠實地對我……祂是我的安慰、我的喜樂、我的愉悅、我所有的珍寶。
>
> 但我的心啊，唉……它竟無知、不自覺地被看似迷人的受造物吸引……好在神總鑒察著我，從內在不斷將我拉回，訓誡我。雖然祂的斥責充滿慈愛，一如慈父訓誡子女，但我的靈魂仍能感受到那是斥責。
>
> 我卑賤的心裡迴盪著悲傷但慈愛的聲音，那是一位慈父的訓誡。祂在祂孩子的心裡提出警告，要我知道在生命之戰中會遇到什麼危險；那聲音是慈悲天父的聲音，祂想讓孩子的心不再被無知而

幼稚的喜好吸引；那聲音是慈愛天父的低語……要祂的孩子遠離屬肉之事……那聲音斷然要我聖化自己、完全獻身於祂；那聲音既熱切又充滿慈愛，既充滿難以言喻的悲嘆，也充滿慈愛與溫柔。祂召我到祂跟前，與祂獨處。

為了讓我對聖子更忠實，祂甚至容許那些迷戀塵世的人惡待我，讓他們不知感恩地攻擊我，這樣，我就會知道自己對受造物無知而幼稚的喜好，原來這麼虛假、這麼謬誤。

於是，我這不知感恩的人頓時恍然大悟，因祂無盡的恩寵，我清楚地觀視到那慘絕人寰的恐怖畫面，那畫面深深震撼了我，我也相信，即使是最堅強的靈魂，見了它都會恐懼顫抖。

見識到這等醜陋與邪惡之後，我高呼耶穌與瑪利亞的聖名，熱切地呼求慈愛天父助我。祂似乎微微一笑，邀我進入另一個截然不同的生命。祂讓我知道：對我來說最堅實、平安的港口，就是加入教會的行列。

（我問：）「喔，主啊！除了在阿西西那卑微僕人（按：聖方濟）管理的修會之外，我到哪兒還能更好地侍奉祢呢？」上主看到了我的困惑，微笑地注視我片刻，那微笑在我心裡留下了難以言喻的甜蜜。有些時候，我覺得祂與我如此接近，像是能看到祂的影子，而我的血肉、我的整個存在，都在我救主、上主之中狂喜不已！[19]

這段優美的文字，描述了畢奧到十五歲為止的靈性覺醒過程。至於他的「自我淨化」經驗，則是在學生階段或更早就已發生。到他在皮耶垂西那當神父時，似乎已進入了「光照」階段，同時也越來越常感到神枯。聖愛的遊戲逐漸轉化為更深的靈性黑夜與苦痛，到一九一五年，畢奧的內在世界已完全進入心靈黑夜（亦即「被動的淨煉」）。這心靈黑夜在一九一八年到達顛峰，而在某種意義上，也一直持續到他生命落幕。一九四四年時，畢奧神父依舊為他持續不斷的試煉所苦，而奧斯定神父這時也已知道，他的這位學生、朋友「持續與神親密結合」。即使到了一九四六年，畢奧神父還是苦於試煉（他這時已五十九歲），據奧斯定神父的觀察，這些試煉「雖然減緩，卻並未消失」。事實上，雖然畢奧不斷「在主內高揚」，但試煉也一直與他相伴。

如我們剛剛提到的，在一九一二至一九一六年間，畢奧經驗了「光照」與「心靈的黑夜」。一九一二年三月十六日，畢奧寫信跟奧斯定說他經驗到的靈性狂喜：「有些時候，我幾乎死於過度的甜蜜喜樂！」五天後他又寫道：「只有神能了解我昨天經驗的甜蜜……尤其是在彌撒之後經驗到的那些……直到現在，我還是能感受到祂的所有甜蜜，如果我能將這份神慰深埋我心，我一定能置身天堂！耶穌讓我多快樂啊！祂的聖神多甜蜜啊！……祂不斷愛我、不斷帶我更接近祂。祂忘卻了我的罪，卻……記得祂的慈悲。祂日復一日走進我卑微的心裡，傾盡祂的良善！」[20]

一九一二年四月十八日，他再次寫信給奧斯定：「喔！我今早與天國的對話是多讓人振奮啊！……這些事根本不能用人的語言描述……基督的心與我的心——請容我這樣說——合而為一。我感受到的喜樂竟如此濃烈、如此深刻，我無法自持，滿臉盡是喜樂之淚。」[21]

一九一三年七月七日，畢奧再次提到一個基督的神視。他跟奧斯定說，上主「讓我的靈魂浸入深深的平安與滿足，世上一切最甜蜜的喜樂即使成倍，與此祝福的一滴相較，都顯得蒼白無味。」[22]

不過，這些靈性喜悅也總交雜著神枯。甜蜜無比的神慰增加了畢奧對上主的渴慕，但他清楚知道，這份渴慕不可能在此世獲得滿足，因為如此，他也期待著死亡。一九一二年八月九日，畢奧寫信給他敬愛的老師說：「我的靈魂冒著脫離肉體的危險，因為我無法（適當地）在此世愛耶穌。是啊，對耶穌的愛傷了我的靈魂，我因愛成疾。我不斷為這燒不盡的烈火痛苦……」[23]

一九一二年十二月廿九日，在一封寫給奧斯定的新年書信中，畢奧再次提到在天堂與耶穌結合的渴望。說到一年「又將永遠逝去」，他哀嘆道：「有多少比我有福的靈魂正歡慶新年的開始，而非一年的終結！（過去一年）有多少靈魂已進入了耶穌的家，並永遠待在那裡！……對我來說，在塵世生活苦不堪言，這是流亡、也是苦刑，痛苦到我幾乎無法承受！隨時可能失去耶穌的這個想法，不斷以一種難以言喻的方式折磨著我。」[24]

在給奧斯定神父的信裡，畢奧也寫到了自己進入神魂超拔、而管堂人員以為他死了的那件事：「似乎有種看不見的力量，將我的整個存在浸在火裡……神啊！那是何等烈火，又是何等甜蜜！那愛的狂喜有時像是讓我離開了人世……這狀態若再久一點，哪怕只是多一秒鐘，我的靈魂都會脫離身體，奔向耶穌！」[25]

另一封信裡，他再次提到類似經驗，並寫下他渴求擺脫肉體束縛的渴望。這是他相關記述中最崇高的段落之一：「在我卑微的靈魂哀求離去之後；在它多次走向生命的界線之後；在它領略死亡的甜蜜之後；在它飽經天性帶來的折磨與掙扎之後；在我的靈魂離開肉體、幾乎看不見這個世界之後；在我幾乎觸及天上耶路撒冷城門之後——我在這流放之地甦醒，再次變成了隨時可能迷路的朝聖者，一股新的苦痛向我襲來，不僅比死亡痛苦，也比任何一種殉道方式還要痛苦。」

接著，他繼續向奧斯定悲嘆：「唉！我親愛的父親，這必朽的生命竟如此恐怖！它一日不告終，永生便一日無法確定。喔，殘酷的生命，你是聖愛之敵！祂是如此深愛我們，超乎我們理解，更遠遠超過我們對祂的愛……（生命啊，）你為何不趕快終結？」

畢奧期盼能早日進入「永遠的安息，我在那裡將獲得永生，悠遊於至善的大海……享受上主的祝福！……啊，我親愛的父親，我引頸企盼的那天到底何時才會到來？到那時，我卑微的靈魂將如破碎的小船，沉入永恆真理的大海。我們在那不再能犯罪，也不再意識到受造物有自由意志，因為一切苦難都告終結，我們的眼不再能從至美之上挪開，最甜蜜的愛也將帶來永恆的神魂超拔，面見上主的喜悅永不終結！」[26]

畢奧神父之所以痛苦，並不只是因為與上主分離，也是因為他不斷感到強烈的罪惡感。在寫給奧斯定與本篤的信中，他一直提到自己是個卑賤的人。一九一四年五月，在提到「我心底的黑霧越來越濃」之後，畢奧坦白說道：「我知道在神眼中，沒有人是純潔無瑕的，而我的污穢也被祂一覽無遺。現在，慈悲的上主以祂無限的智慧與公義，不吝紆尊降貴，為我揭起掩飾我秘密缺陷的簾幕，讓我看到它們多邪惡、多可憎。我覺得自己既畸形又醜惡，彷彿連我的衣服都不敢與我為伍，怕被我弄髒！」[27]

畢奧不只為自己犯過的罪恐懼，也為自己犯罪的**可能**恐懼。一九一五年九月，他寫信給奧斯定說：「走上歧路和……冒犯天主的念頭讓我滿心恐懼，甚至令我手腳發麻。我的身心都像被龐大的邪惡擠壓，骨頭彷彿扭曲錯位……被擠扁、碾碎。」[28]這麼強烈的痛苦，竟只是因為**可能犯罪的想法**！

畢奧有一次還說：靈魂在「黑夜」階段經歷的痛苦，應不亞於「墮入地獄之人所經受的殘酷磨難」。馬丁．路德曾說，劇烈的神枯讓他痛苦欲死，若是這種折磨超過十分鐘，他應該會一命歸西。畢奧神父也說：「這種酷刑不會持續太久，它也無法持續太久，因為如果它持續下去而我仍活著，那就代表神還眷顧著我！」[29]在許多信件中，畢奧都有提到自己「痛苦到陷入瘋狂」，不知身在地獄、煉獄亦或人間，他也常說自己「彷彿身處黑暗、沮喪、冷漠的無垠沙漠之中，身處死亡之地、遺棄之夜、枯竭之坑，我可憐的靈魂遠離上主，形單影隻」。

畢奧神父能用清晰、客觀的方式，描述這種心靈的黑夜。他有位名叫瑪潔莉姐．特雷斯卡（Margherita Tresca）的年輕「屬靈女兒」，差不多也在同一段時間面臨了相同考驗，畢奧寫信跟她說：這種痛苦是上主的恩寵，目的在於「提升妳的靈魂，讓它達成愛的完美結合」。畢奧還繼續寫道：在達成這種結合之前，基督徒都得過這一關，滌淨缺陷、也滌淨執著——不管是對本性或超性事物的執著，都要滌淨。畢奧認為這是一條必經之路，因為「一切人性傾向與行為模式」都應向上主臣服、獲得轉化，讓它們「以一種神聖而非凡俗的方式運作」。[30]

畢奧神父繼續解釋上主如何淨煉靈魂，完全將它掏空。一切的「自我中心」都要代之以「純然超性、屬天的新思考與新願望」。為了到達這個階段，基督徒必須接受痛苦的考驗，被那道揭示未見之罪的強光淨化。在這時，上主更像令人畏懼的法官，而非慈愛的天父。受考驗的基督徒會覺得神像是要驅逐自己，因此感到嚴重失落。

透過這種被動的淨煉，神用「愛的鎖鍊」讓靈魂與自己結合，只是這個過程「會帶來濃重的黑暗，比〈出谷紀〉（出埃及記）裡打擊埃及人的黑暗更黑」[31]。之所以如此，一方面是因為智性無法負荷這光，另一方面也是因為智性見到太多的缺陷與軟弱，因此變得頹然不振。而且受影響的不僅是智性，靈魂較高層次的能力與肉體偏好同樣也受到影響。[32]

總之，這「淨煉之光」向靈魂揭示其「微不足道、罪惡、缺陷與卑賤」，它「將靈魂的一切自尊、自滿與自傲連根拔起」[33]。這光也為人做好內在準備，讓他能接受密契結合的喜樂。此外，淨煉之光也讓靈魂明白：要獲得救贖，就得完全依靠上主，靠自己絕對無能自救。畢奧神父說：藉著這光，基督徒領悟到自己無法報償神對他的愛，也發現自身除錯誤與缺陷之外，一無所有；在此同時，他也將明瞭神是真理、恩寵與慈愛的泉源，也是救贖的唯一根源。

雖然畢奧神父能鉅細靡遺地描述、分析他的考驗，但這一點都不能減輕他的痛苦，在他覺得被神拋棄、放眼望去盡是黑暗與孤寂時，理性分析並無法減輕他的煎熬。在這些時刻，他唯一能做的只有投身於耶穌懷裡。

不過，縱然畢奧神父有時覺得自己身陷通往地獄的流沙之中，他還是始終忠心等待上主。他總是持續不斷地表白信仰：「即使祢殺我，我仍相信祢。」他從不懈怠讀經，在約納（約拿）、耶肋米亞（耶利米）、達味（大衛）、保祿（保羅）的故事中尋求安慰，因為他們都曾像他一樣，在神枯的深水中掙扎。

身為畢奧靈魂「內、外的法官」的本篤神父也給了他一些安慰：「你應從我的擔保獲得平靜，視其如盟誓。」換句話說，即使只是為了服從長上，畢奧神父都應抱持信心、不對上主的慈悲絕望。本篤解釋這「黑夜」是天主所賜，目的在「消滅人智，好以神智代之。你既已被剝除……習以為常的心智運作，應該就能上升至超性、屬天的淨煉。」另一方面，帕努洛神父的安慰就沒本篤神父有效了。雖然這位「老爹」也很想幫助這個年輕人，但畢奧寫道：「他嘮嘮叨叨地念了我一頓，說的話一點都沒安慰到我。」[34]

在這段時間，畢奧神父也持續受到魔鬼攻擊。一九一二年八月，他有幾天每次想寫信給長上，都會開始強烈偏頭痛，寫字的手也抽搐不已。發現這是魔鬼作祟之後，他開始祈禱，也就能提筆寫信了。不過魔鬼還是不斷誘惑他，試圖破壞他的純潔。此外，魔鬼也一直發動身體攻擊，每次攻擊發出的噪音，都傳進左鄰右舍耳裡。然而，縱然魔鬼騷擾不斷，護守天使、耶穌和聖母還是常常現身。在魔鬼發動身體攻擊時，他的護守天使也常來救他。以下這封一九一二年十一月寫給奧斯定的信，講的就是這種奇特的事：

我不知該怎麼說那些齷齪東西是怎麼揍我的。有時候我覺得自己快被打死了。禮拜六那天，牠們似乎真的想要我的命，我不知該向誰求助，只好向我的護守天使求助。他遲了一會兒才現身，在我身邊飛舞，用美妙的聲音向上主唱出讚歌。

接著我們一如往常地交談。我把他狠狠罵了一頓，因為我一直叫他幫我，他卻姍姍來遲。我想教訓他一下，所以故意不正眼看他，我故意冷落他、不理他。結果這可憐的傢伙幾乎哭出來了，他伸手拉我，讓我轉頭過去看他。於是我看著他，發現他一臉歉疚。

（他說：）「我親愛的孩子，我一直在你身邊，我一直在你身旁飛舞，為你對上主的感恩而雀躍。我始終深愛著你，即使有一天你過世了，我對你的愛仍不會止息。我知道你那慷慨的心總渴求著我們深愛的上主、總為祂悸動。我知道你願爬遍群山、穿越荒漠，只為追尋祂、再次見到祂、再次擁抱祂……求祂打破繫住你與肉體的鎖鍊……你可以跟祂說：離開祂待在塵世，讓你憂傷多於喜樂……（但你還得多等一會兒）現在，祂能賜你的只是星光、花香、豎琴的一個音符、微風的一陣輕拂。但別停止向祂祈求，因為讓你在祂身旁，是祂最大的快樂。雖然祂現在仍未滿足你，雖然祂的聖意就是要你再流亡一陣子，但最後，祂會滿足你的一切願望……[35]

所以很明顯的是：即使在心靈最痛苦、陷入最深的黑夜之時，畢奧神父仍未完全與神聖世界隔絕；即使在上主似乎要拋下他的時候，他還是能與耶穌、聖母、護守天使交談，詢問他們長上交待的問題。但讓他終生痛苦的是：雖然神聖世界會向他揭示其他人的靈魂狀態，但他自己的心靈卻始終長夜漫漫。

無論是上主或魔鬼讓他看見的異象，大部分都跟他的牧靈工作有關。不同的是：耶穌和天使都給他鼓勵、增加他牧靈的力量，魔鬼則是不斷打擊他，引誘他拋下拯救靈魂的使命。

一九一三年三月，畢奧神父記下了一次神視：耶穌哀嘆現代基督徒靈性貧乏、神職人員欠缺奉獻之情。在這次感官神視中，耶穌是以人身出現，直接對著畢奧說話。祂有時沉默不語，有時則不斷哽咽，悲嘆人們「不努力克制自己、抵抗試探……甚至為自己的過錯沾沾自喜。這些我深愛的靈魂，竟一遇試探便拋下信仰，日復一日地在聖堂裡忽視我。他們不再在意祭壇的聖事……沒人在乎我對他們的愛，他們不斷傷我的心，我的居所竟成了娛樂的戲院……我的牧者，那些我愛如眼珠的人……原應安慰我如今充滿憂苦的心，原應協助我一同拯救靈魂，可是……他們對我不知感恩。孩子啊，我看到他們當中有許多人……偽善、背叛了我，犯了重罪卻不懺悔就領聖體……」[36]

在這次神視中，耶穌似乎在跟人鬧脾氣，不過，上主可能是為了讓畢奧更了解祂想傳達的東西，才故意用這樣的方式說話，好讓畢奧能順利把話帶給其他人。這次神視讓畢奧更熱切地想為基督拯救靈魂，也再次將自己獻為聖愛犧牲。

在另一些神視與啟示中，耶穌也會把畢奧不認識的靈魂介紹給他。在這些神視中，畢奧能獲知這些靈魂的內在狀態，以便能幫助他們。

我想讀到這裡，一定還是有不少讀者對畢奧神父的靈性經驗不以為然，或者把他當成瘋子，覺得他實在太會幻想了。但他們不得不正視的是：畢奧的許多超自然經驗（尤其是魔鬼攻擊的那些）都有旁人能觀察到的現象，他得到的啟示也都符合實情。此外，這些神聖「交談」也讓他更有愛心、更關懷別人，最重要的是：這些超自然經驗總以對神、對人的愛為中心。畢奧神父的靈性經驗越是豐富，他也越是愛人、關心人。

在一九一五年秋天寫給奧斯定的信中，畢奧祈求上主將生命賜給那些「死亡的靈魂」，亦即，賜福給那些活在罪惡中的人：「我全身顫抖地懇求祢：求祢大發慈悲，將祢憤怒的目光從我不幸的弟兄身上移開。喔！我親愛的主啊！祢曾說『愛猛如死亡，頑如陰府』[37]，所以，請用祢那充滿無可言喻的甜蜜之眼，看看這些死亡的弟兄吧！用愛的鎖鍊將他們與祢綁在一起。喔，主啊！願這些死亡的靈魂重生！喔，耶穌！拉匝祿（拉撒路）沒有求祢讓他復生，但光是一個罪婦的祈禱，就足以讓祢大發慈悲救了他[38]。所以，我神聖的主啊！求祢也顧念這個惡貫滿盈的靈魂的懇求，可憐那些不向祢祈禱的死亡靈魂吧！我主，我王！祢知道這些死去的拉匝祿們，是多讓我傷心痛苦、宛受酷刑！求祢大聲呼喚他們，賜給他們生命，讓他們因祢的命令，從污穢逸樂的墳墓裡復活！」[39]

畢奧神父靈性生命的最大目標，就是要讓當代的拉匝祿們死而復生。他的靈性經驗增強了他的牧靈力量，讓他竭力為拯救靈魂奮鬥。他常如梅瑟（摩西）一般祈求上主：「求祢赦免他們的罪，不然，就把我從祢的生命冊上抹去吧！」有次有個人告訴他一個預言，說方濟會裡的一個弟兄，會帶領三分之一的人類歸向基督。這人相信畢奧神父就是這位方濟會弟兄。沒想到畢奧神父聽了之後反駁道：「怎麼才三分之一？不夠！我還想拯救更多人！更多！我想讓每一個人都歸向天主！」[40]

09

重返會院

雖然本篤神父持續擔任畢奧的靈修導師，奧斯定神父也不斷給他建議，但他們兩人也逐漸會在遇上困難的時候，轉而向他們的學生尋求智慧。這三位弟兄在這段時間的往來書信，讀來十分有趣。畢奧總在訴說心靈痛苦及其他問題，本篤和奧斯定有時給他建議，有時也責備他未善守「服從」聖願，不過，他們也都會把自己的問題告訴他，請他給予安慰或指導。

奧斯定神父特別愛問畢奧問題，總指望他能透過超性智慧指點迷津。舉例來說，奧斯定在一九一四年五月十三日寫信給畢奧，詢問即將舉行的嘉布遣會會省選舉事宜。奧斯定說他有跟本篤談過畢奧的事，問他說「也許上主會把我們的談話內容告訴你？」[1]畢奧回信說他一無所知，奧斯定仍不死心，硬是要他去問問上主自己跟本篤說了什麼，但畢奧最後還是跟他說不知道。同年八月，奧斯定又寫了封信給畢奧，這次是代轉問題：有位神父想請畢奧問問上主自己的未來。畢奧老實不客氣地回信說：除了正常管道能獲知的事之外，耶穌並不想讓這位神父知道更多。他也告誡奧斯定神父這樣做有點過頭，幾乎算是試探上主了。

不過，如果本篤和奧斯定想知道自己輔導的人的靈性狀態，畢奧倒是樂於回覆，他的明確建議也總讓這兩位年長弟兄驚嘆。雖然畢奧常常抱怨上主棄他而去、天堂突然離他好遠，但他似乎總能看出上主對其他靈魂的旨意。舉例來說，在一九一六年上旬回給奧斯定的一封信裡，他提到一位奧斯定介紹的人說：「耶穌想再試探她一下，現在，祂還不想答應她的請求。請這蒙福的靈魂再多點耐心，祂會滿足她的。」[2]

一九一三年夏，本篤寫信提到一個女人，說她的信仰生活突然嚴重墮落，請畢奧問問耶穌這到底是怎麼回事。畢奧回覆道：

這靈魂被魔鬼的網困住了。她發現神如此愛她那時，曾好好想過神賜給她的一切美好，也能清楚分辨屬天之善與屬地之善。到那時為止，她還一切都好。

可是那時，魔鬼也警覺到了她對神的愛，於是說服她相信自己絕不會失去信心……魔鬼甚至還栩栩如生地對她描繪天國的美好，讓她覺得自己絕不可能為了低下的塵世歡愉，捨棄如此幸福的天國。

魔鬼讓她生起毫不謙卑的信心，不再對自己保持神聖的戒心。但無論天主給了一個靈魂多大的恩寵，靈魂都應戒慎恐懼，對自己維持一定程度的不信任。

於是，這靈魂越來越不戰戰兢兢，對自己過度自信，最後不但臣服於誘惑，還自信滿滿地認為這一點關係也沒有……她之所以墮落至此，原因與經過便是如此。我們還能做什麼呢？就讓我們向上主祈禱，求祂將她引回正途吧……[3]

很多人向神職人員求助時，會被他們複雜的神學語言弄得一頭霧水，可是畢奧神父不會如此，他總能簡明扼要地直指問題核心。奧斯定神父在日記裡常常寫道，畢奧神父的建議總是「犀利、明智、清晰而慈愛」。

看到這裡，有人也許認為畢奧神父大概以不變應萬變，不管什麼問題答案都差不多，可能也有人覺得他的建議讓人不敢恭維。畢竟，他怎麼可能那麼清楚那位女士的靈魂狀態？又有什麼資格來做評判？但畢奧神父常說，如果上主沒有給他啟示，他什麼建議都不會給。對於特定的人與事，他也常常無法提供意見。然而，在他能明確提出建議時，通常都能一針見血，讓人獲得很大的幫助。

由於畢奧有這種恩賜，本篤和奧斯定都很希望他能擔任靈修導師，為其他人的靈修生活提供建言。於是在一九一五年，廿八歲的畢奧受命指導數名「屬靈女兒」，其中包括巴雷塔（Barletta）的瑪潔莉妲・特雷斯卡，以及佛吉亞的安妮妲・羅多德（Annitta Rodote），她們後來都成了修女。畢奧神父也指導了兩位方濟第三會[4]的太太，她們「又老又病」卻「聖潔過人」，都於佛吉亞賃屋而居。這對獨身姊妹是喬溫娜・切拉瑟（Giovina Cerase）和菈菲菈・切拉瑟（Raffaella Cerase），她們出身富有家庭，但在父母死後，膝下猶虛的哥哥嫂嫂卻為了遺產問題跟她們鬧得很不愉快。雖然這對姊妹總自稱「老太太」，但在奧斯定請畢奧指導她們時，喬溫娜才五十三歲，菈菲菈（又稱菈菲莉納）也才四十六歲。不過，她們的健康狀況都不是很好。菈菲菈說喬溫娜「煩惱得犯了胃病」，而且由於生活經歷了「一連串的衝突、摩擦、憂傷與眼淚」，因此愈形憔悴，「無論身心皆已油盡燈枯」。雖然她「心地善良，充滿理想」，但暴躁易怒，「對一切人、事皆感厭惡」，總在自憐自艾：「年輕時命苦，老了更加命苦。」相較之下，妹妹菈菲莉納就開朗得多，但還是神經質且意志不堅，也常常罹患診斷不出的怪病。她埋怨自己「四十六年的人生無用、空虛且罪惡」，也坦承自己「恐懼生命」，深受「地獄般的內在酷刑」煎熬，「被憂愁之海沒頂」。她覺得自己是「一把爛泥」、「一團罪惡」，而且「空虛、卑賤又沒用」[5]。

畢奧神父和菈菲莉納密集通信了兩年。雖然畢奧比菈菲莉納小了快二十歲，但他仍毫不猶豫地用長者的語氣寫信，而菈菲莉納也像孩子般地言聽計從。在寫給這位屬靈女兒的信中，畢奧神父強調：菈菲莉納經受的試探，正是「靈魂與天主結合的明證」，而她經歷的煎熬，也正是天主愛她的證據：「妳會深感困擾，正是因為妳在服事天主。而且，妳與天主越親密，就越會遭受試探。試探是天主與靈魂結合最明確的證據……相信我，妳揮之不去的那些挫折念頭（例如神因為妳沒有好好告解、勤領聖體，或是漫不經心地參加敬拜而懲罰妳）都是妳必須遠離的試探，妳在這些事上絕沒有冒犯神，因為耶穌的恩寵把妳保護得非常好，不會讓妳在這些事上冒犯神。」[6]

畢奧向菈菲莉納保證神與她同在，而且如果靈魂恐懼冒犯天主，就絕不可能離祂太遠。畢奧也說，菈菲莉納的一些恐懼與煩惱是來自魔鬼，而仁慈的天父之所以容許魔鬼攻擊她，是因為「神的慈悲希望妳跟祂更親近，祂希望妳肖似祂的獨生子——祂承擔了人類的一切不義，接受了一切恐怖酷刑。」所以，畢奧要菈菲莉納讚美上主，因為祂「揀選了妳，讓妳緊跟著耶穌走上髑髏地。」[7]

畢奧要菈菲莉納安心，因為痛苦正是上主恩寵的記號，基督徒不但不該埋怨考驗與試探，還應「跟隨神聖導師的腳步，走上髑髏地的陡坡、扛起我們的十字架。當祂喜悅我們，讓我們扛上疾病的十架時，要感謝祂讓我們有幸以此方式榮耀祂。要知道：與耶穌同在十架之上，絕對比只是默想祂在十字架上更加完美。」[8]

另一方面，畢奧也說喜樂是基督徒生命不可或缺的一部分。他勉勵菈菲莉納「要時時喜樂，因為上主的軛是柔和的。妳以生命榮耀上主，而祂也深愛著妳。別讓悲傷鑽入妳的心，因為這不是聖神要注入妳靈魂的。」[9] 畢奧還建議菈菲莉納，如果為憂鬱所苦，就該想想耶穌、讀本好書，「去做手工，或是其他能讓妳分心的事……唱唱快樂的歌，或是找人和妳一起唱」。[10] 畢奧也要菈菲莉納把精神集中在天國，多想想「此生是一場戰鬥，在天國則能得到勝利的冠冕；此生是一場考驗，勝利的獎品就在天堂；我們正身處流放之地，真正的家鄉在天堂，回到那裡，我們將永遠喜悅。」[11]

畢奧跟菈菲莉納說，她當前的困境是「感官的淨煉」，其特點在於無法專注「想像、默想任何真理」，因為「神已從想像之中撤回祂的光。在此之前，正是這光照亮了對超性之物的想像，讓妳能順利地長篇祈禱」。換句話說，是上主讓她難以專心祈禱、默想，因為祂現在要在她心中「注入更完美的光，一種更靈性、更純淨的光」，藉著這光，她將能「不透過言語」便凝神於上主，「以單純、純淨、喜樂、優雅、聖潔的凝望來默觀祂」。[12]

畢奧繼續說，在「感官的淨煉」之後，菈菲莉納會遇上「一種更為嚴苛的淨煉，亦即心靈的淨煉」，這種淨煉能提升她的靈魂，讓它更加完美。[13] 畢奧說：「這項考驗非常嚴苛，但不要害怕，因為上主將一如以往地與妳同在、安慰妳。這新的淨煉將一直延續，直到妳對神不再只是有條件的靈性崇敬與愛。」換句話說，這淨煉的目的是讓人能為了上主本身而愛祂，不再為了祂的恩賜而愛祂。

在這「靈性的荒蕪」之中，「純靈性的一切安適皆被全然剝奪」，而她對神的愛與奉獻也將被滌淨，「一切感官興趣與喜樂全遭抹除」。在這種狀態中，菈菲莉納將宛如「被深深的黑暗包圍」，所有靈性活動都將「受阻而不順」。[14]

畢奧神父給菈菲莉納和其他屬靈女兒的建議，其實不完全是他的創見。在寫信給她們的時候，他常整段引用本篤神父的信。事實上，後來他終於被允許聽告解時，有位告解人說他的建議聽起來跟本篤神父一模一樣，畢奧神父也坦承不諱，承認是本篤神父「塑造」了他。

雖然長上們很滿意畢奧當靈修導師的表現，卻不太樂見他久離會院。一九一三年十二月，本篤又開始催促畢奧返回會院。到那時為止，畢奧已離開維納弗洛「返鄉休養」兩年，但他的健康情況仍進步不多。本篤堅決說道：「就算你認為回會院對你健康不利，你也要回來……為健康因素待在會院外這麼久，似乎違背天主旨意。難道你入會的目的是過好日子嗎？難道因為會生病、死亡，你就不發聖願了嗎？」本篤要畢奧接受一項任命，去莫孔內會院當副初學導師，這項工作並不繁重，只要做好榜樣即可。本篤說：「要是死亡真的到來，就張手歡迎它吧！那代表你的肉體束縛要卸下了！」[15]

畢奧不願接受，說他不管到哪個會院，都只會變成人家的麻煩。他還請本篤代向梵蒂岡陳情，許可他繼續留在嘉布遣會，也繼續待在皮耶垂西那。他之所以提出這項請求，可能是想在本篤神父和「老爹」、媽媽之間取得妥協：前者堅持他立刻回會院，後兩者希望他退出嘉布遣會，在家鄉當堂區神父。

本篤和奧斯定都要畢奧去問問耶穌：為什麼上主會希望他待在會院之外？結果畢奧回說：耶穌說他們根本不該問這種事。本篤神父顯然不滿意這個答覆，一九一四年六月，他下令畢奧前往莫孔內。奧斯定寫信對畢奧說：「不要怕。一切都會讓天主得榮耀，也會讓你更好。就算你死了，我也相信你一定能享受天主的美善……如果天主要你性命，你難道不會給祂嗎？就承行主旨吧！」[16]

沒想到畢奧神父去莫孔內報到不過五天，就重病到非離開不可。畢奧在給菈菲莉納的信中，提到他再次被送回家鄉的場景：「他們全跑出來迎接我，弄得我幾乎進不了鎮。他們一邊感謝天主，一邊高喊『長命百歲！』、『歡迎回來！』我感動得想掉眼淚。」[17] 至於本篤神父那邊，畢奧一面描述自己氣喘病犯得多嚴重，一邊懇求道：「我的好父親，請別對我發怒。我真的不知道該怎麼辦。我不想讓你痛苦，也想自己扛起這個十架，可是我不被容許這麼做。」[18]

然而本篤神父還是十分不快，長達六個月都沒給畢奧隻字片語。在跟奧斯定談起畢奧請他代向梵蒂岡陳情時，本篤忿忿地說：「我會幫他拿到特許，可是我再也不相信他的聖潔了！」[19]

奧斯定試著向畢奧解釋這位省會長的立場：「他跟我一樣，也相信天主在你的心靈工作，但他不相信上主會要你待在那裡，待在會院之外……（本篤神父問道：）『神怎麼可能為了讓靈魂更完美，把一個人帶離會院，要他永遠在世俗世界生活？』……（他希望）你有力量來會院赴死，就跟每一位聖方濟的真弟子一樣。」[20]

奧斯定親自為畢奧向嘉布遣會總會長陳情。此時的總會長是里斯勒—希高特（Lisle-en-Rigault）的維南（Venante）神父，他很同情畢奧的遭遇，也答應向羅馬申請特許。一九一五年三月，畢奧神父獲准在痊癒之前繼續在俗世生活，並留在嘉布遣會內。在養病期間，則被派至皮耶垂西那教區。

雖然是畢奧自己要求提出這個申請，可是在獲得許可之後，他還是十分不安。他寫信跟奧斯定說：「我父啊，我真是覺得羞恥，這樣跟退出修會有什麼兩樣呢！」奧斯定回信安慰他，跟他說這絕不代表他被逐出修會：「總會長聽見了神的旨意，所以給了這份特許——但只是暫時性的。你還是我們的一員，更是聖方濟的弟子。」21

在此同時，更大的騷亂開始侵襲義大利與全世界。一九一四年五月上旬，畢奧即開始為日益惡化的國際局勢尋求啟示。在回覆本篤神父的問題時，畢奧說耶穌不讓他透露世界情勢的最終發展，但他對這位省會長說：「就讓我們以真誠的信仰，向我們的天父祈求有好結果吧！局勢越來越壞，要是天主不出手相助，結果會相當悲慘。雖然是我們自己將耶穌從我們心中流放，實在不配得到天主幫助……然而，也許我們至少還被容許將希望寄託於上主的聖意。」22

六月廿八日，這封信寄出不到兩個月後，一名塞爾維亞恐怖份子暗殺了奧匈帝國儲君，歐洲局勢急速惡化，八月上旬，大多數主要國家皆已參戰，但義大利和美國一樣，此時仍在觀望。畢奧將這可怕的戰爭視為上主對人類背離信仰的懲罰，也擔心上主的怒火會即刻在義大利爆發，如同那些背棄祂的鄰國一樣。

對已高齡七十九歲的教宗碧岳十世來說，這場浩劫已超過他的負荷。在奧匈帝國的「好天主教徒」請他降福軍隊時，他氣急攻心，揮手趕他們走，還一邊痛罵：「我們祝福的是和平，不是戰爭！」沒過多久他就病倒了。八月二十日，在為戰場上的士兵獻上自己作為犧牲之後，這位教宗說：「我完全臣服天主的旨意。」幾小時後，他便因心肺衰竭逝世。這位教宗的死深深觸動了畢奧神父，他將此視為全體基督徒的巨大損失，也認為這位教宗是「一個真正高尚、聖潔的靈魂，羅馬前所未見、無人能及」。23

九月七日，畢奧寫信給奧斯定，請他一同「祈求上主放下神聖公義之手，祂已公正地懲罰了不願認識愛的律法的國家。更重要的是，讓我們一同祈求上主不要對我們國家發怒，雖然她跟其他國家一樣，也做了很多冒犯祂的事。願她能從其他國家的不幸中得到教訓，特別是從她的姊妹法國那裡得到教訓，一個國家遠離上主的傷害多麼大啊！」

然而，義大利還是於一九一五年春加入協約國參戰。畢奧寫信給菈菲莉納嘆道：「義大利終究不願聽愛的聲音。我們國家還是沒能恢復理智，回到天主身邊。唉！我們的國家犯了罪，在上主眼中污穢不堪，恐怕祂的義怒會重重地責罰我們。天主對我們國家發怒完全是對的，但我還是希望祂能大發慈悲，像慈父而非法官那樣地對待我們，雖然我們該當被嚴格地審判。願祂出於對祂造物的愛，能將懲罰轉化為淨化我們每一個人。」[24]

畢奧後來又對菈菲莉納寫道：「我們國家雖然正經歷嚴重危機……但不代表天國已離我們遠去。只要天主還願對我們開口，就代表祂還愛著我們。對那些邪惡至極的國家，天主根本不會開口，連一點不滿都不會表露，因為祂已拋棄了他們，所以也任由他們繼續盲目墮落、頑冥不靈。在那些邪惡的國家身上，天主實現了祂藉厄則克爾（以西結）所說的預言：『我的妒火也要遠離你，我要寧靜，不再發怒。』（厄則克爾／以西結書 16:42）連上主的怒吼都聽不見的國家，顫抖吧！這沉默便是天主更大的懲罰……我們要欣慰，相信天主，因為祂仍愛著我們義大利……祂在等待我們認罪，平撫祂的怒火；祂在等待我們痛悔，止息祂的懲戒。所以，就讓我們真心留下痛悔之淚，就讓我們舉手向天，懇求所有同胞流下如此之淚。」[25]

差不多在同一段時間，他也寫信給奧斯定：「戰爭的殘酷讓我十分痛苦。我寧可死去，也不願看到這般殺戮！」[26]幾個禮拜過後，他又寫信說：「戰爭的恐怖幾乎讓我發瘋。我的靈魂極度憂悶。我早就知道會如此，但這一點也不能減輕我的恐懼與痛苦！」奧斯定也回道：「天啊！人們居然能如此嗜血，如此殺人不眨眼！這世界到底是怎麼了？」[27]

但即使如此，畢奧還是希望戰爭能為世界、義大利、教會帶來「健康的淨化」，讓人重回上主懷抱。他熱切祈禱，祈求世界在經歷這場前所未見的「漫漫長夜」之後，人類能「重新開始」。美國總統威爾遜（Woodrow Wilson）希望戰爭結束之後，能建立一個「民主鞏固的世界」（美國於一九一七年參戰）；畢奧神父則是祈禱戰爭能喚回信仰，從而促進和平、愛與公義：「啊，願所有被戰火蹂躪的國家，都能了解上主平安義怒的奧秘！祂之所以將他們有害的歡愉轉為痛苦，摧毀他們的逸樂，在他們悖逆的屠戮之路上佈滿荊棘，正是因為祂還愛著他們。這是治療者最神聖的殘酷，在病人病重垂危的極端情況下，他會要病人吞下最苦的藥、接受最可怕的治療……讓這些不再與天主同享平安的國家，彼此間也無法再和平共處，便是天主最大的慈悲。」[28]

在此同時，世界大戰也帶來了更現實、更迫切的問題——義大利的神職人員並無法免役。五月底時，佛吉亞已有十三名神父、八名神學生被徵召入伍。奧斯定擔心自己馬上也會被徵召，不禁嘆道：「天啊！這局勢實在可怕！」畢奧也很擔心會被徵召，但奧斯定安慰他說：他健康狀況這麼差，到時候一定會被驗退。不過畢奧並未因此放心，因為當地負責體檢的醫官對徵兵的健康問題可沒什麼同情心。

該來的終究避不了：畢奧神父於十一月時受到徵召，前往貝內文托接受體檢。負責體檢的是一位「粗暴的上尉醫官」，他診斷出畢奧有肺結核。在當時那種狀況下，這對畢奧來說未嘗不是好消息。但讓他震驚的是，他竟被送往卡塞塔（Caserta）接受進一步檢查，而那裡的「愚蠢上校」竟判定他符合入伍標準。畢奧提出抗議，上校則不客氣地大吼：「給我滾去軍團，跟你新長官報到！」

於是，方濟．佛瓊內大兵被派往拿坡里，於義大利醫療部隊第十連管理倉儲。但就跟去會院時一樣，他到那沒多久就開始嚴重嘔吐。連長見情況不對，下令送他去做進一步檢查。他獲准穿嘉布遣會衣前往，但奉命自費住旅舍。由於他身無分文，還不得不打電報請葛拉寄錢和生活物資來。最後，醫師們終於診斷他有慢性支氣管炎，在聖誕節前批准他離營休養一年。畢奧獲知可以回家之後，忍不住歡呼：「讚美天主！祂總能成就奇事！」

雖然畢奧只不過在軍隊待了幾個禮拜，但這已讓本篤堅決認為他可以返回會院。他特別強調許多弟兄都已應徵入伍，大多數會院都跟空了一樣。一九一五年十二月二十日，奧斯定寫信跟畢奧說省會長希望他回會院。雖然奧斯定說自己相信畢奧不回會院有其理由，但他也告訴畢奧：「整個會省謠言紛紛，說魔鬼利用你對家鄉的愛騙了你。」[29]

本篤也在聖誕夜寫信給畢奧，說「每個人都知道有個神父待在家裡」，有害會院訓導，所以「回來吧，全佛吉亞都在等你」。畢奧還是加以拒絕，還說奧斯定一直說回會院對他好，其實跟約伯那幾個朋友也沒兩樣。畢奧也說：既然本篤沒有下令要他依**服從聖願**返回會院，他就不是非回去不可。奧斯定聞言回道：「對我們的救贖來說，服從的重要性超過一切世俗思考，這是始終不變的原則。關於要你返回會院一事，長上們已經把話說得很清楚了，沒有任何人、任何理由可以推諉。長上們也許會犯錯，但服從絕不會有錯。天主從沒讓任何聖人不服從長上過。」[30]

但最後，卻是菈菲莉納．切拉瑟讓畢奧下定決心回會院。在前一年夏天，骨瘦如柴的喬溫娜因消化問題住進了醫院，幾位醫生判定她得了肝病，而且病況嚴重，生命垂危。菈菲莉納為姊姊的健康將自己獻給上主作為犧牲，之後才兩個月，菈菲莉納就寫信跟畢奧說「耶穌給了我一份新禮物」——乳房迅速長出腫瘤，疼痛無比。由於她不敢讓男醫師檢視她的身體，她拒絕就醫。[31]

畢奧對這過份的衿持不以為然，寫信訓道：「妳豈不知拒絕治療亦是冒犯天主？妳豈不知神在聖經裡對我們說，要為了愛祂而愛醫師？」他命令她立即接受檢查，也要她向上主祈求康復，不過，也要「隨時臣服上主的意旨」。[32]

菈菲莉納最後終於看了醫生，醫生診斷是乳癌，並建議她接受乳房切除手術。雖然畢奧安慰她說她「一定會康復」，但菈菲莉納回信說她「不抱任何幻想」。[33] 畢奧跟她說癌症「一定是天主的旨意」，也證明「祂想藉此帶給妳更大的安慰，讓妳走向順從的神聖模範：耶穌基督」。畢奧要她多想想未來，想想「耶穌以後會為了妳的忠信與臣服報償妳」。[34]

菈菲莉納接受了乳房切除，但三個月內，癌細胞已擴散到全身。在此同時，喬溫娜倒是完全恢復了健康，醫生為她做了全面檢查，再也找不出什麼問題。於是菈菲莉納跟畢奧說：「不久之前，我懇請耶穌讓我做個交換。祂是否已答應了呢？」[35] 喬溫娜後來又活了十五年，七十歲才去世。

在奧斯定神父來佛吉亞探望她時，她對他透露了另一件事：其實，她不只為姊姊的康復獻上自己，也為畢奧神父能重返會院獻上自己。奧斯定以前就跟她提過：不僅畢奧有一離開家鄉身體就出狀況的傾向，皮耶垂西那人（尤其是貝芭）捨不得他離開，也加強了這進退兩難的困境。最近一次造訪皮耶垂西那時，奧斯定還特別去找貝芭懇談：「您得了解畢奧神父現在屬於我們。您一定要放手讓他走。」雖然貝芭最後終於接受，但鎮民們顯然還是相當不諒解。奧斯定前次來鎮上時，鎮民謠傳他是來帶畢奧走的，一時沸沸揚揚、群情激憤，「老爹」還得出面安撫。有人甚至對奧斯定神父叫囂：「你要是敢帶走我們的小聖人，我們就砍了你的頭！」當奧斯定跟菈菲莉納講這件事時，菈菲莉納對他說：「神父，別怕。請跟本篤神父安排一下吧。畢奧神父會來這裡聽我告解，在我臨死時給我幫助。請讓長上們許可畢奧神父聽告解，他能拯救很多靈魂的。」[36]

奧斯定將這段談話向本篤報告，然後寫信催促畢奧盡快來佛吉亞，就算只待幾天也好：「你難道不想安慰這可憐的靈魂嗎？你豈忍心讓她失望地離開世間？……對這個常常祈禱、現在也為你祈禱的靈魂，你難道不覺得有義務來看看她嗎？」[37]

一九一六年二月十七日，在告訴媽媽、妹妹、朋友他要去佛吉亞幾天，幫助一位瀕死的婦人之後，畢奧神父到貝內文托的火車站與奧斯定神父會合，一同動身前往東北方的佛吉亞，車程約兩小時。畢奧神父一踏進佛吉亞的聖亞納會院，等在那的本篤神父便對他大聲吼道：「這裡有紙筆，寫信跟你媽說把行李寄來，因為不論死活，你都得待在這了！」[38]

值得一提的是，有悠久隱修傳統的東正教相信：領有神恩的「長老」（starets，可能是司鐸，也可能是隱修士）能分辨神在特定事務上的旨意，為尋求諮詢的人提出相當具體的建議。但為了能成功牧靈，「長老」們一定會遠離人群一段時間。自沙漠教父聖安當（St. Anthony，二五一—三五六）開始，許多神父、修士都曾投身這個傳統，在生命裡的某段時間退隱修行，而現在，畢奧神父也成了這個傳統的一部分。東正教學者提摩西·威爾（Timothy Ware）寫道：「隱修士要先抽離世間、保持靜默，學習關於神與自己的真理。接著，在孤獨、漫長而嚴酷的準備之後，他終於得到長老必備的分辨恩賜，於是敞開他的斗室，歡迎他曾一度遠離的世界。」[39]

畢奧神父會留在皮耶垂西那，雖非有意抽離世間，也並未完全遠離人群，但無論在皮阿納·羅馬納或「小塔」，他的確都花了很多時間獨自默想。於是，他才剛回到會院，便馬上成為眾人眼中的「長老」，擔負起牧靈之責。

10

來到聖若翰・羅通多

畢奧神父就這樣成了聖亞納會院的一份子。菈菲莉納的病況此時急遽惡化，畢奧神父也花了不少時間造訪切拉瑟家。奧斯定帶畢奧去見他這位通信將近兩年、如今奄奄一息的屬靈女兒，後來回憶道：「畢奧神父與菈菲莉納女士的會晤，就像是兩個在上主面前相識已久的靈魂重聚……他們望著彼此的方式如此聖潔，非筆墨足以形容。」[1]

菈菲莉納的身體狀況持續惡化。三月十七日時，畢奧寫信給當時已回到聖馬爾谷・卡托拉會院的奧斯定說：「再過幾天，菈菲莉納就在我們深愛的主的十字架上了。她堅決順服、承擔痛苦，見她如此實在令我心碎。」[2]畢奧同日也寫信給本篤：「她已身在上主的前殿了。不久之後，她就會被引入婚宴。」[3]

喬溫娜不久後偷聽到畢奧對菈菲莉納說：「親愛的女兒，我們一起請耶穌讓我代替妳吧。」菈菲莉納答道：「不，神父。我想自己先去見耶穌，然後我會請祂讓我來找你。」[4]

三月廿五日，畢奧寫信給奧斯定說：「清晨四點時，我們在至高天主跟前多了位代禱者。菈菲莉納已走完了人世旅程，與她聖潔的淨配同享婚宴。帶著一抹蔑視世間的微笑，她這蒙福的靈魂沉沉睡去了。」[5]奧斯定也讚美這「可愛的靈魂」，說她是「虔敬與良善的珍寶」，「犧牲自己」以使畢奧神父永遠待在會院。

畢奧如今極度渴望死亡。當他去佛吉亞時，他懇求奧斯定神父准許他死。畢奧說他跟菈菲莉納約好了：不管是誰先死，誰就要顯現給還活著的那個人。不過，雖然菈菲莉納在天堂的榮光中向他顯現，帶來的信息也不是他想聽的。畢奧悲痛萬分地對不准他死的奧斯定寫道：「你們這群人太殘暴了！省會長本篤神父不准，你也不准。連另一個靈魂……都跟我說她無能為力，因為耶穌也不准！早知如此，我絕不許可她比我早進天堂！你們全都麻木不仁！」[6] 此後，他把不准他死的朋友都稱為「我最真誠友好的敵人」。

畢奧神父在佛吉亞的聖亞納會院待了近六個月。在這段期間，他還是不斷生病，大部分時間都臥病在床。雖然他幾乎無法進食，卻一點都不覺得餓。不過，最讓聖亞納會院的其他弟兄驚異的是：他的房裡每天傍晚都會發出怪聲。

五月時，畢奧的朋友、常駐於廿五哩外聖若翰．羅通多聖寵之母會院的卡薩卡冷達的保利諾（Paolino of Casacalenda），因為要到佛吉亞鄰近城鎮接受兵役體檢，路過了聖亞納會院（他很幸運地被驗退了）。到聖亞納會院時，他發現其他弟兄都很在意畢奧房裡發出的怪聲。

一開始時，保利諾對這項傳聞還半信半疑。到了晚餐時間，全院群集用餐，只有畢奧神父待在樓上的房間裡。用餐過程中，每個人都聽見了可怕的碎裂聲，依保利諾的說法，就像汽油桶從高處落下一樣大聲。保利諾立刻起身奔上樓，看到畢奧滿臉蒼白、一身冷汗，就像是浸到水裡一樣。往後幾天，同樣的事也不斷發生。

這件事傳到了本篤神父那裡，這位省會長聞訊馬上趕來會院。在本篤和畢奧談話時，保利諾湊巧也到了畢奧房裡，於是本篤要保利諾為他對畢奧說的話作證：他下令畢奧停止怪聲。

畢奧小心翼翼地答道：「可是，我敬愛的父啊，您應該很清楚這不是我的問題，不是我弄出這些事的……是天主容許這些事發生！」

不可思議的是，本篤依舊下令：「你跟天主說：我身為長上，為了全院弟兄好，希望這些怪聲停止！」7

畢奧順服地將本篤的命令告訴上主，怪聲也真的停了。畢奧跟保利諾說，那些怪聲是魔鬼作祟所致，也伴隨著猛烈的試探，所以他才會嚇出一身冷汗。至於試探的內容為何，畢奧沒有多說。此後試探依舊上演，只不過沒有外在現象了。

雖然畢奧神父健康狀況欠佳，但此時開始，他已逐漸成為眾所矚目的靈修導師。據一些當時的人的說法，畢奧神父成為某種熱切靈修運動的中心。此靈修運動的核心人物有雅煦姐・迪多馬索（Assunta Di Tommaso，保利諾神父的妹妹）、聖若翰・羅通多的露琪雅・費歐冷提諾（Lucia Fiorentino）與菈潔莉娜・盧索（Rachelina Russo）。畢奧神父透過這幾位女士組織了祈禱會，往後藉著他的影響，此祈禱會更遍佈全球，成員達數千人。

祈禱會的另一成員，是前章提過的安妮妲・羅多德，到此時為止，她已接受畢奧神父靈修指導將近兩年。安妮妲・羅多德親身經驗了一個奇特的事件，而此一事件也得到了保利諾神父的見證。

某次保利諾造訪佛吉亞，安妮妲告訴他說：「神父，我昨天碰到了從沒碰過的事！」她說下午兩點左右，她正在廚房裡忙東忙西，突然聽到「清晰可辨的聲音」不斷叫她的小名：「安妮娜！安妮娜！」剛開始時，她覺得自己大概在做白日夢，但聲音一直持續，她才確定自己十分清醒。那聲音又叫了她兩次之後，吩咐她說：「跪下為我祈禱，我現在正被魔鬼攻擊！」安妮妲既害怕又困惑，那個聲音又開始催促她：「快！快！安妮娜！不要懷疑，這是畢奧神父在要妳祈禱！趕快跪下，我們一起唸聖母德敘禱文！」於是安妮妲馬上跪下，畢奧神父的聲音開始念「天主矜憐我等」，安妮妲接著回應，直到整篇禱文結束。畢奧神父唸完最後一段後，對她說：「謝謝妳，我現在平靜下來了。」

保利諾知道安妮妲絕無欺騙之意，但他也懷疑這是不是魔鬼的把戲。不過，既然那聲音是要安妮妲祈禱、一同對抗魔鬼誘惑，所以保利諾也不認為魔鬼會這樣找自己麻煩。仔細思索之後，他跟安妮妲說：「如果妳又遇上這種事，就跟那聲音說妳一直都有為畢奧神父祈禱，可是妳不喜歡被這種方式要求，因為妳怕這是幻覺。妳也可以說這是妳聽告解神父的建議。」

第二天，安妮妲又來找保利諾神父，跟他說同樣的事又發生了。而且，當她跟那聲音說她怕這是幻覺之後，那聲音對她說：「這絕不是幻覺！我需要靈魂跟我一起祈禱，而且就是現在！因為我正被魔鬼誘惑，很需要人一起祈禱！所以別拒絕我！快發發慈悲跟我一起祈禱！」

聽完之後，保利諾神父告訴安妮妲，如果畢奧神父明天又用這種方式找她，就問他：「你現在在哪裡？」於是第二天，保利諾仔細觀察畢奧的一舉一動，特別是下午兩點時他在做什麼，因為過去幾天安妮妲都是在這個時間聽見聲音要她祈禱。果不其然，安妮妲又跑來找保利諾神父，跟他說又發生了同樣的事。保利諾問她：「畢奧神父有沒有說他當時人在哪裡？」結果安妮妲說的地方，正是保利諾當時看到畢奧的地方。保利諾神父因此也不再擔心，告訴安妮妲如果又遇到這種狀況，可以放心地一起祈禱。不過，他倒是從未跟畢奧問起這件事情。[8]

畢奧神父並未在佛吉亞久留。一九一六年的夏天格外炎熱，一向很怕熱的畢奧，這時更是熱到每晚都睡不著覺。於是，保利諾神父邀他到聖若翰．羅通多的聖寵之母會院小住幾天，因為那裡位處山區，氣候通常比佛吉亞涼爽。畢奧原本有些猶豫，因為他覺得應該要先請示本篤神父，但保利諾說只是去別間會院幾天，會院院長同意就可以了。於是在一九一六年七月下旬，在獲得聖亞納會院院長阿爾佩塞的納匝肋神父（Padre Nazareno of Arpaise）許可後，畢奧神父坐上馬車，前往廿五哩外的聖若翰．羅通多，拜訪保利諾神父。

畢奧回來之後，本篤神父也知道了這件事，雖然他對畢奧沒請示他有些微詞（「你竟中悅一個普通神父，而非中悅長上」），但還是說：「無論如何，我很高興你去了趟聖若翰．羅通多，希望這有益於你的健康。」[9]他甚至還說：如果畢奧覺得待在那裡比較好，他准許畢奧搬到那裡去。

畢奧回信懇求本篤原諒。在取得寬恕、也確定本篤許可自己搬去聖寵之母會院後，畢奧在一九一六年九月四日搬進了新家。搬進聖寵之母會院一週後，畢奧寫信跟本篤說，他「萬分感謝至高天主，讓我來到這麼有教化之風的會院」。[10]

在畢奧寫信給本篤的同一天，保利諾也寫信跟奧斯定說：「你一定可以想像，畢奧神父為我們帶來了多好的影響！同樣地，他也很喜歡我們，喜歡這裡的氣氛、環境、寧靜、清幽，還有這裡的一切。除了上主為試探他而施加的內在痛苦之外，他在此可說非常快樂。最重要的是：我們也都很高興能與他同在。」[11]

聖若翰・羅通多是座有一千兩百年歷史的小鎮，在羅馬時代有門神雅努斯（Janus）的神廟，小鎮也以此為名；基督宗教來到之後，小鎮被重新獻給聖若翰洗者（施洗約翰）。在地理位置方面，該鎮位於義大利「靴刺」部位的加爾卡諾山脈，海拔一千八百呎[12]，在天氣晴朗的時候，可以望見亞得里亞海（Adriatic Sea）。據當地出身的弟兄形容，小鎮「北方為鬱鬱蒼蒼的山脈，滿是樹木、香草，為小鎮提供了良好屏障，宛如被包覆在殼裡；東、西兩面亦以山脈為界；南方則為平緩的小丘」。[13]

一九一六年時，小鎮大致呈圓形，老屋群聚成團，巷弄曲折狹窄。沒電、沒自來水，也沒下水道系統。周遭土地大部分為少數有錢地主所有，大部分鎮民也都為這幾戶人家工作，有的在山區當牧人，有的在平地當農工，無論男女都得下田工作。鎮上只有幾間陳貨有限的雜貨店，即使是日常用品，有時都要跑到佛吉亞或聖瑟維洛（San Severo）才買得到。雖然當時從貝內文托的火車站到皮耶垂西那已有公車可搭，但從佛吉亞到聖若翰・羅通多還是只能靠公共馬車。居民普遍不識字，也多受貧窮、疾病之苦。瘧疾、貧血、肺結核時常威脅鎮民的性命，大多數人以燕麥、蔬菜、馬鈴薯度日，麵條算是過節大餐，肉類更是只有週日才吃的奢侈品。[14]

聖寵之母會院約離鎮上一哩半，是佛吉亞會省最老也最窮的會院之一。通往會院的邊坡小徑坑坑窪窪，滿是石子，冬天一片泥濘，夏季群蛇暗伏，沿小徑曲折而行數哩，可達聖馬爾谷・拉米斯鎮。會院與小鎮之間荒涼而遍佈岩石，僅有幾株橄欖樹、松樹、柏樹點綴其中。簡單說來，當地是加爾卡諾山脈的一個大斜坡，「貧瘠、荒蕪、乾裂，除少數橡樹叢外，放眼望去盡是岩石」[15]。

約在一五四〇年時，聖寵之母會院由當地人申請、出資興建，核准人為希潘托（Siponto）總主教若望・瑪利亞・喬奇・德爾蒙特（Giovanni Maria Cardinal Ciocchi del Monte）樞機（後來成為教宗儒略三世 [Julius III]）。[16] 一六二四年大地震後，會院嚴重損毀，不得不重新改建。一六七六年，會院旁建立教堂，名為聖寵之母堂。聖若翰・羅通多的嘉布遣會士久以聖潔、苦行聞名，聖寵之母會院也被公認為全義大利最嚴格的會院之一。雖然到二十世紀初為止，會院裡還沒有弟兄被正式列入聖品，但數世紀以來，已有許多弟兄被視為聖人。

義大利政府解散修會後，聖寵之母會院一度被改為療養院。一九〇九年會院恢復時，院內只有四名神職人員：皮耶垂西那的伯納德神父（Padre Bernardo）、阿維里諾的路易神父（Padre Luigi of Avellino）、聖若翰・羅通多的艾爾曼內意托神父（Padre Ermenegildo），以及羅卡巴斯切拉納的尼各老弟兄（Fra Nicola of Roccabascerana）。他們以彌撒奉獻及托缽所得維持生活。尼各老弟兄夏季步行、冬季騎驢，沿門托缽。靠著尼各老弟兄討來的物資及會院裡自行耕種的蔬果，他們過著儉樸、幾近素食的生活。

會院弟兄與教區神父之間久有嫌隙，前者以苦行、靈修聞名，後者則主持鎮上的三所教堂。教區神父以若瑟・普倫西培（Giuseppe Prencipe）總鐸為首，常遭指控與地主沆瀣一氣、欺壓窮人，對百姓的貧苦視若無睹。

在畢奧神父來到聖寵之母會院後，會院人數合計七名，除畢奧神父外，尚有：院長卡薩卡冷達的保利諾・迪多馬索神父，三十歲；聖馬爾谷・卡托拉的安傑利柯神父（Padre Angelico），二十八歲；瑟拉卡普里歐拉的路易神父（Padre Luigi of Seracapriola），四十歲；羅卡巴斯切拉納的尼各老弟兄，四十五歲；泰爾的李奧弟兄（Fra Leone of Terre），四十二歲；聖馬爾谷・卡托拉的寇斯坦丁諾弟兄（Fra Costantino），三十八歲。保利諾神父短小精悍、戴副眼鏡。有位美國訪客說他「跟大家刻板印象裡的修士一模一樣」，而且「和藹、溫文、英挺、富有靈性」，他是畢奧神父的終身好友與後盾；安傑利柯神父是嘉布遣會小修院院長（小修院於一九一一年成立），但似乎於一九二〇年代還俗；路易神父在小修院中教書；尼各老弟兄一如前述，擔任托缽工作；李奧弟兄是廚師；寇斯坦丁諾弟兄則協助手工勞作。但在畢奧神父抵達沒幾個月後，七人之中便有四人被徵召入伍。

事實上，畢奧神父十二月時也被召去拿坡里再次接受體檢，但檢查顯示他仍患有慢性肺結核，所以讓他繼續休養六個月。保利諾是因為雙重疝氣被驗退，尼各老則是因為年紀太大而除役。到了這時，全會省已有六十名弟兄入伍——奧斯定神父也在內。他被派去北義，為紅十字會管理一家軍醫院。不過他還是常常寫信給畢奧，請他代禱、也尋求指引。

畢奧神父剛到聖寵之母會院那幾年，主要工作是在小修院教書，並擔任約二十名修生的靈修導師。雖然學生們不知道他的密契內在生活，但他還是立刻贏得了大家的敬愛。對學生們來說，他是個和藹可親的老師、溫暖寬厚的好人。

聖艾利亞阿皮亞尼西的奧瑞里歐・迪優里歐神父（Padre Aurelio Di Iorio）曾在一九一六到一八年間受教於畢奧神父。一九七一年七月接受訪問時，他坦承畢奧神父並不是世界上最好的老師：「他其實不太會教書。雖然他教的是歷史和文法，可是他對歷史了解不多，對文法也一知半解。他講課從沒超過二十分鐘，而且備課似乎也沒備好。他並不怎麼嚴格，連考試時也一樣。基本上學生想做什麼，他大多讓他們做。」

不過，對於這位眼神迷人、笑容可掬的老師，奧瑞里歐還是記得一些特別的事：「每個人都好迷他，他就是有某種難以言喻的魅力。人們後來覺得他是聖人，但在當時我們被他吸引，是因為他好有人性、好了解我們。他跟每個人都處得很好。我想，他的魅力就來自於人性，他的聖潔也來自於他的人性。」

奧瑞里歐神父說，他跟其他學生有時忍不住飢餓，會在半夜裡溜進廚房找東西吃。他們後來發現其實畢奧神父都知道，可是他並沒有舉發他們，而且每次有人送他水果或糖果，他也總會分給學生吃。有些時候，他甚至會違反會院規定來幫助他們。奧瑞里歐神父在近半世紀後回憶道：「有一次我沮喪得要死，結果畢奧神父來我房間陪我，坐在我床邊跟我聊到凌晨兩點。這違反規定，可是他還是這樣做了。」

至於超自然現象，奧瑞里歐印象裡至少發生過一次。那天他狠狠罵了另一位年紀較小的修生，疾言厲色到讓對方信仰動搖。當晚，奧瑞里歐從夢中驚醒，發現房裡有個恐怖的黑影，口吐惡臭的氣息，房裡的東西還一一被砸落！奧瑞里歐嚇得衝進畢奧神父房裡求援，叫道：「我不要回去！魔鬼在我房裡！」

畢奧神父似乎一點都不意外，還笑笑地跟他說：「回房去吧！那是天主給你的教訓，想讓你變得更好……你不該罵同學罵得那麼凶，那件事你做錯了。在你房裡的是魔鬼沒錯，可是你該感謝天主，還好你沒看到牠的臉！」

到聖若翰．羅通多後，畢奧神父很快就吸引了一批弟子。前已述及，他在佛吉亞的祈禱會中，有兩名成員來自聖若翰．羅通多：菈潔莉娜．盧索與露琪雅．費歐冷提諾。早在畢奧神父搬到聖寵之母會院前，她們就已將畢奧神父的事廣告週知。生於一九〇三年的皮耶特洛．庫吉諾在一九八九年回憶道：他三歲大時就已聽盧索跟他父母提起這位佛吉亞的神父，說他很神奇、會神魂超拔、被認為是聖人等等。此外，露琪雅．費歐冷提諾於一九〇六年罹患肺結核時，也曾領受一次神視，看到一棵巨樹在聖若翰．羅通多的會院裡生根。一九二三年，在這次神視十七年後，她在日記裡寫下了這次經驗：「我看到一棵龐然巨樹，深深地在此生根，庇蔭了整個世界。凡有信仰的人，只要來到這棵枝繁葉茂的樹下，都能得到真正的救贖；而不論是誰蔑視這棵大樹，耶穌都威脅要施加懲罰。」費歐冷提諾如今相信這棵大樹就是畢奧神父，「他依神的旨意從遠處而來，要在這會院裡生根。」[17]

總之，畢奧神父才到此地幾個星期，就有一群婦女每週兩次、聚在修院會客室裡和他一起祈禱。祈禱會成員包括菈潔莉娜．盧索、露琪雅．費歐冷提諾、喬望娜．費歐冷提諾（Giovanna Fiorentino，露琪雅的姊姊）；凡垂拉（Ventrella）家的維多利亞（Vttoria）、愛蕾娜（Elena）、費洛門娜（Filomena）三姊妹；坎帕尼磊（Campanile）家的瑪利亞（Maria）、露琪雅（Lucia）兩姊妹；龐琵里歐（Pompilio）家的厄娃（Eva）、安東妮耶妲（Antonietta）兩姊妹；瑪妲蓮娜．卡薩維拉（Maddalena Casavilla），以及費洛門娜．費尼（Filomena Fini）。她們都是聰慧而有教養的女士，其中幾位還是老師。

畢奧神父善用個人時間讀聖經、回信給其他地方的屬靈子女。在這段時期，長上們非常鼓勵他的「函授」牧靈工作，所以他一天會花上好幾個小時寫信，給予靈修建議與指引。

一九一七年初，在安傑利柯神父受召入伍後，畢奧神父被任命為小修院院長。除了行政工作之外，畢奧也繼續教書，好為保利諾神父分勞。由於會院成員大幅減少，保利諾的工作也越來越多。

畢奧的氣管、消化問題依舊不見好。雖然他還是會跟大家一起吃午餐，但他座位旁邊也總是擺個桶子——因為他常會把東西吐出來。此外，他也持續苦於高燒。一九一七年一月廿七或廿八日，畢奧再度臥病在床。保利諾看到他滿臉通紅、呼吸困難的樣子，很是擔心。畢奧似乎連說話、動動手腳的力氣都沒有，保利諾在量過他體溫之後更是驚駭——體溫計直衝華氏一〇八度（按：攝氏四十二・二二度），連水銀都爆衝出來。保利諾又跑去浴室，把溫度計從牆上拔下來，放進畢奧的腋下——華氏一二五・五度！（按：攝氏五十一・六七度）保利諾試著餵畢奧一些蛋羹，結果畢奧吐出了一堆成團結塊、幾乎燒焦的東西。可是，在保利諾把手放到畢奧額頭上時，卻一點都不燒。醫師到會院後，由於除了高燒之外，並未發現其他症狀，所以也只能診斷為重感冒，依一般方式處理。更讓保利諾意外的是：幾天之後，高燒突然就退了，畢奧也像個沒事人一樣。二月十二日，畢奧終於有了些氣力寫信，他跟屬靈女兒瑪利亞・加爾卡尼（Maria Gargani）說：「我發了場連體溫計都測不了的高燒，高到連體溫計都爆了……但我既沒生病，更沒痊癒，我想我不久之後就會死。」[18]不過他錯了，二月廿三日，他寫信跟奧斯定說他「奇蹟似地痊癒了」。

一九一七年五月，畢奧在三十歲生日前後，踏上了生平最遠的一次旅程：跟本篤神父一起陪妹妹葛拉齊耶拉到羅馬，加入聖畢哲女修會（Order of St. Bridget），成為憂苦之母（Our Lady of Sorrows）修院的碧雅修女（Sister Pia）。聖畢哲女修會是個半隱修團體，十四世紀時由瑞典密契者聖畢哲創立，一九一一年獲正式認可。葛拉齊耶拉當時廿二歲，之所以能完成入修會的心願，是由於嫂嫂喬瑟芭・卡東內的慷慨資助。喬瑟芭是卡東內家的獨女，為了不造成在美國工作的公公、丈夫負擔，她大方拿出了從娘家繼承的遺產，給她這位沒有大學文憑的小姑當入會「嫁妝」[19]。對於這趟羅馬之旅，畢奧只在給奧斯定的信中提了一句：「我對這座城市的印象，就留給你想像吧。」[20]但據說到晚年時，畢奧神父曾說他厭惡羅馬，不過沒特別指出原因。

此時，畢奧神父「離營休養」六個月的期限又到了。一月二日得到休養許可時，軍隊說期滿會另行通知，到時再回營報到。但奇怪的是，七月來了又過了，他卻沒有接到任何通知。讓他更疑惑而震驚的是：八月中，他接到電報要他第二天就報到！等他到拿坡里報到後，軍方還差點以逃兵罪名逮捕他。原來，第一封送到聖若翰．羅通多的電報，收件人寫的是「佛瓊內」，但因為沒人知道「方濟．佛瓊內」是誰，所以電報被原件退回。當局於是認定「佛瓊內」逃兵回鄉，還派憲兵去皮耶垂西那抓人。到那時，畢奧的妹妹斐莉綺雅才澄清誤會，跟他們說「方濟．佛瓊內」跟「畢奧神父」是同一個人，而他現在的確還待在聖若翰．羅通多的嘉布遣會院，如果要寄通知給他，收件人得寫「畢奧神父」他才會收到。

「逃兵」風波結束後，畢奧神父又被送到拿坡里的一間醫院接受檢查。兩名醫生診斷他「肺尖浸潤」（infiltration of the pulmonary apices），但還是認為他能在義大利境內從事非戰鬥性工作。於是，他被派往義大利醫療部隊第十連第四排服役。

佛瓊內大兵難過無比，因為他此時不得不換上他厭惡的軍服。畢奧寫信跟本篤抱怨道：「光是想到要做這種打扮，就讓我全身發抖、痛苦萬分。」他還說軍隊長官是一群「劊子手」。雖然加爾卡尼中尉是個「紳士」，但賈納塔修（Giannatasio）上尉則是「一等一的神經病」，「成天欺負小兵」。沒過多久，他又開始劇烈嘔吐。十月中時，他更因為高燒被送進醫院。本篤神父不解為何即使如此，他還是不能除役：「你在床上要怎麼當兵？」到十月二十日，畢奧已完全無法進食，抱怨自己已瘦得跟骷髏差不多。十一月六日，畢奧第三次獲准離營休養，這次為期四個月。

這時的一份軍方文件顯示：三十歲的畢奧神父身高五呎五吋，頭髮、眼睛皆為「栗色」（紅棕色），雖然沒記錄他的體重，但應該是比他後來的正常體重一百七十磅要輕。文件上還說他臉色「紅潤」，而且牙齒狀況良好，皆無缺損。[21]

不久之後，畢奧神父又接到了一次來自天上的訊息，內容似乎暗示和平即將到來。畢奧神父很受安慰，在聖誕節前寫了封信跟本篤神父說：「我最近見到耶穌時，懇求祂可憐可憐這些被戰火蹂躪的國家，放下祂公義的懲罰，賜我們慈悲。奇怪的是，祂沒有直接答話，只做了些手勢，意思似乎是『等等，等等』，我追問：『要等到什麼時候？』雖然祂一臉嚴肅，卻還是露出了一抹微笑。祂看了我一眼，不發一語要我退下。」[22]

畢奧還說：在之前的幾次神視中，每次他問耶穌關於戰爭的問題，耶穌從未做出這種手勢，「總是深不可測地保持沉默」。[23]

本篤神父說他也經驗了類似神視。在神視中，基督也對他做出了同樣手勢，祂還讓他看自己的傷口，對他說：「他們現在有被保護處理，但還沒有痊癒。」[24]

幾個月後，畢奧神父又去軍隊報到，再度接受檢查。一九一八年三月六日，他再次住進醫院，祈求上主「盡快讓我免受這種羞辱」。三月十六日，他的祈禱獲得應允：醫院診斷他有「雙重支氣管肺炎」，讓他永久除役。

當天晚上，畢奧回了一趟皮耶垂西那。那時葛拉已返鄉長住，與貝芭兩人賦閒在家，有時也幫忙照顧裴蕾格莉娜的私生子阿弗雷多（Alfredo）。米切雷仍在紐約工作，但因戰爭之故，已很久未能返鄉。畢奧神父的兄妹之中，現在只有斐莉綺雅還住在鎮上，她嫁給了鎮公所公務員文森佐．瑪索內，育有三名子女：六歲的喬瑟芭（Giuseppa）、三歲的佩雷葛里諾，以及一歲的艾托雷。米切雷之妻喬瑟芭．卡東內從未隨夫赴美，此時也和九歲大的兒子法蘭切斯科住在鎮上。至於裴蕾格莉娜，則繼續做出一些讓家人傷心難過的事。

對佛瓊內家的這個叛逆女兒，我們一直無法拼湊出清晰的圖像，因為她似乎做了太多醜事，以致認識她的人都不想多談她。她無疑是個相當獨立的女性，以裁縫為生，有時在貝內文托工作，有時又到拿坡里工作。她顯然也非常排斥家人的信仰與道德觀。有位女士在被一再追問之後，終於肯透露其中一件醜聞：裴蕾格莉娜居然曾與姊夫文森佐．瑪索內私通！[25]她在一九一七年夏天生下的孩子（當時她第一個孩子才夭折幾個月），謠傳就是瑪索內的。

裴蕾格莉娜的父母怎麼看待這個女兒，我們不得而知。不過，當米切雷終於在一九一九年返家之後，得知妹妹的生活竟如此糜爛，便憤而發誓再也不跟她說話。相形之下，畢奧和斐莉綺雅對她則寬容得多。

在家鄉逗留數日之後，畢奧神父返回了聖若翰・羅通多，從此再也沒回皮耶垂西那。

11

成為靈修導師

如前所述，畢奧神父抵達聖若翰．羅通多沒多久，便吸引了一群「屬靈女兒」一同祈禱、向他尋求指引。往後數年，長上們也鼓勵他以書信方式，對鎮內、鎮外尋求指引的女性提供建議。這些信件許多都被保存下來，而透過它們，我們也得以一窺畢奧神父指導靈修的方式。

有趣的是，畢奧神父早期指導的教友幾乎都是女性，現今所存的靈修指導信件全是寫給女弟子的。也許是因為南義男人把宗教當成女人的事，接受他靈修指導的男性相當稀少。但隨著他越來越出名，他的屬靈之子也越來越多。約二十年後，奧斯定神父還被他屬靈之子的數目嚇了一跳。

畢奧神父不常跟屬靈之子通信的另一個原因，是因為他較常與男性會面。男性不僅能在告解室裡徵詢他的建議，也獲准進他房間與他談話。一九一七年時，曼弗雷多尼亞總主教巴斯加．加依亞迪終於許可畢奧神父聽告解，會院裡也自動分工，讓畢奧神父聽男性告解，保利諾神父聽女性告解。於是，畢奧神父便在聽告解時直接給屬靈之子建議，不再寫信給他們。

總而言之，要認識畢奧神父的靈修指導，我們得大幅依賴他與屬靈女兒的通信。

雖然畢奧神父會聽每一個人告解，但對於收屬靈子女一事，他十分慎重，對那些他「沒在上主跟前認識」的人，以及上主沒先賜他「光照」的人，他不太願意收為屬靈子女。如果他沒獲得超性啟示，在諮詢時便會「慢慢摸索」，依賴「書上那些硬梆梆、無生氣的教條」[1]；但對相對少數的一些人，他有「神光的指引」，也已透過「至善之光」了解他們，「天主不吝光照那些祂召叫為世間代理人的牧者」。[2]

不過，畢奧神父從不因此自以為是。他曾對一位屬靈女兒寫道：「妳只要讚美天主、感謝天主就夠了，不必謝我。我稱不上有為妳做什麼。我只是天主手裡的工具，只有在那神聖的工匠要用我時，我才能發揮作用。別依賴我，我不過是個不斷犯罪的凡人而已。」[3]

畢奧神父的屬靈女兒每週與他見面兩次，在會院會客室裡聽他談聖經、談「走向完美之道」。小名「妮娜」（Nina）的瑪利亞．坎帕尼磊回憶道：畢奧神父很有化繁為簡的功力，能把聖經裡艱澀的段落解釋得清楚易懂，「他能驅散我們的懷疑，照亮我們心靈的暗處。」[4]

畢奧神父為靈性成長立下了五個規則：每週辦告解、每天領聖體、閱讀有益靈性的書籍、默想，以及省察良心。

妮娜．坎帕尼磊的父親問她：為什麼要這麼常辦告解？當她詢問畢奧神父這個問題時，神父答道：「即使沒人在房裡走動，房間還是該每週清掃一次。」有些女士覺得自己不配這麼常領聖體，但畢奧神父跟她們說：「除非妳很肯定自己犯了大罪，否則就該每天領聖體。」坎帕尼磊也說，聖若翰．羅通多的人之所以普遍每天領聖體，大半也是受到畢奧神父的影響。此外，畢奧神父也鼓勵大家勤讀聖經與靈性書籍，不僅推薦大家什麼書該讀，還會幫忙從會院圖書館借書，「如果閱讀靈性書籍能讓世俗之人變得屬靈，屬靈之人閱讀靈性之書當然能讓他們變得更加完美。」[5]

畢奧神父也跟坎帕尼磊說：「默想能讓人更認識自己、也更認識神。藉著默想，我們能達到靈修生活的目標——在基督裡轉化靈魂。」[6] 連默想的姿勢，畢奧神父都有提出建議：「試著把自己帶到上主跟前，祂高居天庭，但也在妳的靈魂之內。認清這點之後，就可以開始祈禱、默想。當妳這樣做時，可以試著閉上眼睛，可能的話也把頭部擺正，或用手掌覆住額頭。」[7]

至於默想的主題，畢奧神父建議從聖經取材，例如耶穌的受難、死亡、復活與升天。他說：

「向天主祈求好好用心祈禱的恩寵，追尋天主最喜悅的果實。此外，也要懇求聖母瑪利亞、天上諸聖為妳轉求代禱。這樣他們會讓妳默想得更好，遠離一切分心與誘惑。」畢奧接著說：

> 在徹底默想一個主題的每個面向之後，接下來需要的便是決心。想想最讓妳無法與天主結合的缺點是什麼？其他缺點和犯罪是不是也跟這個缺點有關？以改進自己、革除這個缺點為目標。下決心實踐某種德性。
>
> 接著，請天主賜下妳需要的一切恩寵、一切幫助。將每個人都託付給天主，無論是全人類或特定的人……為生者祈禱，也為亡者祈禱，為不信者祈禱，為異端祈禱，為罪人悔改祈禱。
>
> 這樣做之後，獻上妳的默想與祈禱，獻上妳自己，也獻上與妳的心最親近的人。把他們全都獻給天主，也獻上耶穌的一切恩賜。[8]

畢奧神父勸人一天默想、良心省察兩次。一次在早上，「準備爭戰」；一次在晚上，「淨化靈魂，除去日間沾染的俗情」[9]。這些反省、收攝心神的時刻，一次至少要半個鐘頭。

畢奧神父也對飲食提出建議。他說，在餐桌坐定之後，「腦子裡要想想神聖的事物」。他建議大家想像自己跟基督坐在最後晚餐桌上，「盡力讓我們為滿足身體所吃下的這餐，成為領受聖體的預備」。他告誡說：「在向上主致謝之前，不可貿然起身。因為要是如此，我們便是對貪食之罪無所畏懼。」雖然一位基督徒不該餓著肚子離席，但也「絕不該吃得比實際需要更多」[10]。

關於休息，畢奧神父說：「在還沒對一天做良心省察、歸心向主之前，絕不要上床就寢。把自己和全體基督徒一起奉獻給主。」此外還說：「為妳將得到的一切歸榮耀給神。也別忘了始終在妳身旁的護守天使，無論妳對他多壞，他都不會離開妳。」[11]

畢奧神父通常對新弟子比較寬鬆，但在他們信仰日益加深之後，就會變得越來越嚴格。妮娜·坎帕尼磊就記得，她第一次見到畢奧神父時，神父還送她糖果。她有些驚訝，不解為何神父自己守安貧願，卻送屬靈子女這種奢侈品？神父跟她開玩笑說：「就因為我不吃，所以送給妳啊！」坎帕尼磊當時已是方濟第三會成員，不禁問道：「可是，我不也是聖方濟（San Francesco）之女嗎？」結果畢奧神父笑笑，指指妮娜的父親法蘭切斯科·坎帕尼磊（Francesco Campanile）說：「不，妳是法藍切斯科老爹的女兒！」[12]

坎帕尼磊有想過畢奧為何對新弟子較寬鬆：「他贏取靈魂的方式，是先展現同情、滿足人家的需要。如此一來，他們就不太會再犯罪。」[13]畢奧神父深知人們深陷物欲，若驟然離開這些東西，他們反而會有絕望、對靈性失去興趣的危險。在論及這種悲慘困境時，他的說法倒也簡單：「離了陰溝，死了蟑螂。」[14]

畢奧神父對屬靈子女的建議，大致說來可以歸納為十點，每個也都能運用到日常生活之中：

一、**相信基督，將祂視為個人生命的救主**：畢奧神父常要弟子拋下自己、委身基督，「像孩子依偎在母親懷裡一樣」。他要弟子們這樣向基督禱告：「除祢之外，在世間我還有誰？我的耶穌啊，除祢之外，我在天國又還能有誰呢？祢是我心之主，我永遠渴望的至寶！」[15]

二、**明瞭自身毫無功勞**：畢奧神父在給菈菲莉納·切拉瑟的信中時常寫道：「沒人配得愛天主，明知我們毫無價值，最慈悲的天父卻讓我們有此榮幸，多麼讓人欣喜！多麼讓人安慰！」[16]對另一位名叫愛米妮雅·加爾卡尼（Erminia Gargani）的弟子，畢奧神父也寫道：「認清妳自己真實的樣貌：妳什麼也不是……微弱、渺小、不停犯罪、轉善為惡、為惡棄善、自以為是、以作惡為傲，甚至因為耽溺罪惡，蔑視至善天主。」畢奧神父給了加爾卡尼下列規則：

- 絕不對自己滿意。
- 不抱怨自己遭受的冒犯。
- 以基督徒的愛心寬恕每一個人。
- 在上主面前，永遠如一個可憐卑鄙之人呻吟傾訴。
- 別訝異自己竟如此軟弱，要承認自己真實的樣貌；為自己對上主缺乏信心與忠信而羞恥；平靜、完全地委身於天父，就像嬰兒委身於母親一樣。
- 不為任何德行而得意，將一切歸給上主，把所有的光榮都歸給祂。[17]

畢奧神父教導說：所有的美善都在上主之內，也都來自於上主，人對此毫無貢獻，也沒什麼能自豪的。也因為如此，全心信賴基督的人一無所懼。加爾卡尼知道她對自己的救贖完全無能為力，很是恐懼，畢奧神父對她說：「沒有一個朝聖的靈魂[18]配得愛天主，可是，如果這靈魂已盡其所能做了自己能做的事，也全心相信至聖者的慈悲，耶穌何必拒絕這個靈魂呢？祂不是要我們依自己的能力來愛神嗎？如果妳已將一切都獻給神，又有什麼好怕的呢？」[19]

他提醒屬靈子女們說：「聖經說，若非聖神工作，我們無法靠自己稱耶穌之名。」[20]

換句話說，基督徒要盡其所能、全力以赴，並將其他一切交託給主，全心信靠上主，向祂祈求正直生活的恩寵。畢奧神父曾對一位會院弟兄說：「不管做什麼事，都不要計較結果，而要單單為了神的愛、神的榮耀。行動是由動機、而不是由結果評判的。不要計較成敗。」[21]畢奧神父也跟菈菲莉納說過：「如果上主要以嚴格的公義審判我們，大概沒有人能得救。」[22]凡垂拉姊妹曾對畢奧神父說，她們很擔心死於戰爭的弟弟沒有得救，畢奧神父也回信寫道：如果神的慈悲真如許多基督徒以為的那麼小，那「全人類都會下地獄了」。[23]

三、謹記善行只出於上主：畢奧神父教導說，只有在與基督結合時，善行才會存在。他跟瑪利亞・加爾卡尼說：我們的一切所言所行，都摻雜了傲慢、空虛、自戀等罪惡傾向；但若我們的動機是以神為中心，行動也是為了獻給上主，那神就會悅納這些行動，讓它們光榮祂。他也寫信跟凡垂拉姊妹說：如果一位基督徒的言行都是出於中悅上主，那就不必患得患失，老是擔心自己動輒得咎。

四、認知魔鬼真的存在，牠決意要毀滅你，但不用害怕：畢奧神父顯然相信魔鬼及其鷹犬的存在。他有一次對一群弟子說：在世上活動的魔鬼的數目，遠比自亞當以來的人類總數都多。不過，他還是強調基督徒不需害怕：「如果魔鬼使盡全力要讓你們不相信我說的話，一點也不用訝異。這是牠成天在做的事，牠也樂此不疲。所以你們要保護自己，但蔑視牠。你們要以無比堅定的信心對抗牠，因為聖經說：『你們的仇敵魔鬼，如同咆哮的獅子巡遊，尋找可吞食的人。應以堅固的信德抵抗牠。』（伯多祿／彼得前書 5:8-9）別被惡獸的利齒嚇倒，因為永遠與你們同在、與你們一同戰鬥、也為你們而戰的耶穌，絕不會讓你們被欺騙、征服。」[24]

五、無論在任何處境中，都要向神祈禱「願祢的旨意承行」：畢奧神父對一位屬靈女兒寫道：「在一切事物中，最重要的是辨認、愛戴天主在每件事上的旨意。要常常說我們敬愛導師的聖言：『願祢的旨意奉行在人間，如同在天上。』願這美麗的宣告能在妳困頓之時，依舊滿溢妳心、出於妳口。遭遇磨難時誦讀它；面臨耶穌要妳接受的試探與考驗時讀誦它；當妳浸潤在耶穌的愛裡時，還是要讀誦它。這是妳的依靠，也是妳的救贖。」[25]

有一次，畢奧神父的屬靈之子問他：「神父，我在祈禱時常常分心。這種事發生的時候，我是不是該重新祈禱、全部重來呢？」畢奧神父答道：「不必。你繼續禱告下去就可以了，因為你還是有可能分心。」[26]

畢奧神父非常相信祈禱能帶來改變，從人的眼光來看，神有時甚至會因為人的祈禱而改變心意。喬溫娜・切拉瑟重病痊癒之後，畢奧神父就曾跟她妹妹說：「神將她帶離了死亡。上主原本想讓她與天上的父母重聚，但因為這麼多人為她祈禱，祂決定暫緩這個意旨。」[27]

在戰爭早期，切拉瑟姊妹曾避禍於北義薩沃納（Savona）數月，直到畢奧神父要她們趕快離開。她們當時二話不說就離開了，後來找到機會才問神父當時為何這樣說，畢奧神父解釋道：「那時大難就要降臨，美麗的薩沃納尤其嚴重。但犧牲與祈禱後來觸動了上主，讓祂暫時止息了義怒。」[28]畢奧神父寫道：「天主的權能的確勝過萬物，但謙卑而哀慟的祈禱仍能打動祂。」

不過，畢奧神父一點也不認為人能操控上主，也不覺得神會任人予取予求。他的妹妹裴蕾格莉娜就是很好的例子，雖然很多人為她哀慟祈禱，卻完全無法讓她迷途知返。畢奧神父有次也跟他的屬靈之子說：有些事已被永恆註定，但其他事則取決於人的祈禱。

如前所述，畢奧神父也鼓勵大家為亡者祈禱。教宗碧岳十世過世時，畢奧神父說：「我相信他神聖的靈魂並不需要我們代禱，但我們還是為他永遠的安息祈禱吧！我們的祈禱絕不會白費。」[29]他也跟一位屬靈女兒說過：「即使妳的父母已在天上，我們還是要祈禱。即使他們不需要代禱，這些禱告還是可以用在其他靈魂身上。」[30]他甚至鼓勵為死去很久的人祈禱，他跟朋友說過：「你大概不知道：直到現在，我還會為祖父的善終祈禱……對天主來說，沒有過去，也沒有未來，一切都是永恆的現在。所以這些祈禱還是算數，我也才會直到現在都在為祖父的善終祈禱。」[31]

六、愛十架：畢奧神父一直教導，苦難是上主之愛的特殊記號。他寫道：「不愛十架，我們的基督徒生命便無法長進。」他常常提醒弟子們說：「天父想讓你們肖似祂的聖子，同他一樣受苦、受試探。」

為什麼基督徒非受苦不可？為什麼他們一定會遇到壞事？畢奧神父說：「對靈性生病、想尋求醫治的人而言，宗教就是醫院。為了獲得治癒，他們必須接受痛苦，忍受放血、打針、手術、燒灼，忍受種種痛苦的醫療。為了讓靈性獲得治癒，我們也必須順服於神聖治療所帶來的種種痛苦。」[32]

正因如此，神的兒女不應抱怨受苦。畢奧神父常引舊約為例，告誡大家古代以色列人就是因為不斷抱怨，才未能進入應許之地。他對一位屬靈女兒說：「專心凝望天主，祂是引妳進入天國的嚮導，無論在什麼地方，祂都會引導妳。只要天主一直與妳同在，引妳進入蒙福的永恆之中，何必擔心要通過沙漠或沼澤呢？」[33]

畢奧神父也常用以下例子說明為何受苦是必要的：「有個女人在刺繡，她兒子坐在旁邊矮凳上看他媽媽工作，只不過他看不到繡面，只看到繡裡，看到一團團的繡線揪在一起……於是他問媽媽：『媽，妳在做什麼呀？我一點都看不出來妳在弄什麼！』於是媽媽把繡面放低，讓孩子看上面的圖樣，配色用心，設計華美，樣子十分好看——我們就跟那孩子一樣，因為坐在矮凳上，所以只看得到繡裡。」[34]

七、將一切行動奉獻給神：畢奧神父常要弟子作簡短心禱（mental prayers），把自己所做的一切都獻給基督，無論多微不足道都不例外。他寫道：「讓我們把一切歸於上主，在主內生活、行動。」同樣地，基督徒也要以苦痛為祭，將它們獻給上主。雖然畢奧神父並不要求每個人都獻上自己作為犧牲，但他還是教導大家：在遇上苦難時，要將它們獻給上主，讓神運用它們成就好事。在給妮娜・坎帕尼磊的信裡，畢奧神父寫道：「無論是身體上或心靈上的疾病，都最配得獻給以受難拯救妳的上主。」[35]

八、絕不憂慮：畢奧神父認為，焦慮只是在浪費時間。憂慮代表對神缺乏信心，所以魔鬼常會利用憂慮來阻礙我們行善。畢奧神父說：「只有在我們不信任上主、不向祂敞開心門時，祂才難以賞賜我們聖寵。」他相信憂慮「會抽乾基督徒的虔敬之情，讓人心靈乾枯」[36]。

九、渴求天國的賞賜：畢奧神父曾對屬靈女兒寫道：「天國的永恆多麼可愛！凡塵俗事又多麼可悲！妳要不斷渴求天國，堅決鄙棄必朽世間的舒適與俗務。」[37]

一提到天國，畢奧神父就有不少事可說：神的兒女在那永享幸福、與所愛之人團聚、看顧世間的親戚朋友……等等。在他屬靈女兒加爾卡尼姊妹的父親過世時，他寫信跟她們說：「請記得妳們的父親並沒有死，多想想這個來安慰自己……他現在喜樂地活著，也將這樣直到永遠。他現在人在天堂，與他深愛的人同在。」[38]在費洛門娜．費尼與克理斯多福．費歐冷提諾（Cristoforo Fiorentino）兩歲大的兒子過世時，他也寫信跟費洛門娜說：「妳的孩子現今在天堂看顧妳、支持妳，對著妳微笑，為妳預備地方。」[39]有個親戚曾問他：到了天堂，我們還會認識自己所愛的人嗎？畢奧神父回道：「要是我們沒辦法和我們深愛的人相聚，那算是什麼天堂？」[40]畢奧神父也和一位屬靈之子提過：「天堂的喜樂足夠我們享用。我們在世間獻上的每個犧牲，到時都能獲得報償。天國是完全、永久的喜樂。我們會在那裡不斷地感謝天主。要精確描繪天堂的樣貌根本是不可能的，因為那超乎我們的理解。但當此生的帷幕揭開，我們會以很不一樣的方式了解它們。」[41]畢奧神父也跟菈菲莉納．切拉瑟說過：「每個痛苦都能在永生中得到報償，無論多微不足道也是一樣。相信、盼望耶穌的慈愛，即使賤如糞土，祂都能化為精金，讓它們在天國的宮殿中閃耀。」[42]

十、在主內喜樂：雖然畢奧神父將自己獻為聖愛犧牲，飽受苦痛，但他還是十分開朗。幾乎每個認識祂的人都說他是個很快樂的人。他曾寫信跟菈菲莉納說：「把憂鬱趕跑！」也常常說：「喜樂、平安都是慈愛的姊妹……要笑著侍奉天主。」

畢奧神父既關心人們的心靈健康，也關心他們的肉體健康。正因如此，他的幾位屬靈子女有一些相當特殊的經驗，特殊到被他們視為「奇蹟」。妮娜．坎帕尼磊記得，在她剛剛認識畢奧神父時，就見過兩次這種事。第一次，是妮娜的母親因為呼吸道問題，被診斷為雙肺肺炎（double pneumonia），醫生們放了八隻水蛭來放血。畢奧神父聞訊大驚，馬上叫道：「她不能放血啊！」他堅稱這位老太太的病不是肺炎，而是瘧疾。縱然他那時根本沒見到妮娜的母親，更別提幫她檢查，但他還是一口咬定「肺炎」是誤診。後來事實證明他是對的：他們拿開了水蛭，請另一個更高明的醫師再次檢查，證明這位老太太的確是瘧疾而非肺炎。[43]

一九一八年二月二日，妮娜的母親康復後沒多久，她的另一個妹妹在家裡摔倒了。在咬牙說出肝臟劇痛之後，她陷入了昏迷。醫生診斷她肝臟嚴重受損，還有其他內臟受傷，情況相當不樂觀。醫生表示他無能為力，家人也許只能準備辦後事了。

妮娜馬上衝上山找畢奧神父，但神父要她不用擔心，她妹妹一定會好起來的。然而，她妹妹當晚持續昏迷，還每隔十五分鐘就吐一次。妮娜叫她的名字、拍她、甚至刺她，她都毫無反應。

就在這時，奇怪的事發生了。妮娜的一個朋友當時也來房裡幫忙，突然間朋友的臉色發白，妮娜問她是不是不太舒服，她卻答道：「不是……畢奧神父在這裡……」妮娜從不知道有分身這種事，一頭霧水地問她朋友：「妳說什麼？畢奧神父在這裡？」

「他的靈魂在這裡。」她朋友說道。

可是妮娜什麼都沒看到，所以接著問：「那他穿什麼樣子？」

「就穿得跟修士一樣。」

「我碰得到他嗎？」

「不可能，他現在是精神體啊！妳看！」她朋友突然指著空氣說：「他現在走到妳妹旁邊了，還說『可憐的孩子！』」

十分鐘後，妮娜的朋友又跟她說：「他現在走了。」

妮娜馬上衝到妹妹床前，問她說：「妳現在覺得怎樣？」

她重傷的妹妹突然醒了過來，跟她說：「好多了。」

妮娜看看錶，當時是晚上八點。第二天，妮娜帶著她明顯好轉的妹妹上會院，在院子裡找到了畢奧神父。妮娜單刀直入地問他：「神父，您昨晚是幾點到我家的？」結果畢奧神父眼也不眨，一副若無其事的樣子對她說：「差不多八點吧！」[44]

不過，當大家對這類神蹟太過好奇時，畢奧神父也不願多作回應。每次人家問他神視、奇蹟這些事，他總是說：「這得由教會長上回應。」他有一次還跟一位弟兄說：「我發現很多人無心依信仰而活，只愛追求奇事。」[45] 隨著他越來越有名，也有越來越多人寫信給他，到後來他根本無法親自回信，只能另由專人處理。對於那些尋求奇蹟的來信，畢奧神父總建議秘書這樣回：「依信仰而活！」[46]

除了建議「依信仰而活」之外，畢奧神父也會建議大家「依愛而活」。他很少會譴責人，只會淡淡地說：「神的判斷並非人的判斷。」每當他聽到有人批評別人，他總會告誡他們別這樣做：「把審判留給天主！」[47] 有位婦女曾請教他該如何讓自己更好，畢奧神父答道：「愛！愛！愛！」那婦人追問：「那罪呢？愛比不犯罪更重要嗎？」他說：「愛比什麼事都重要。」[48]

即使對那些跟他妹妹裴蕾格莉娜差不多，似乎頑固到無可救藥的人，他還是願意付出愛與耐心。有一次有人跟他說：「我不相信神。」畢奧神父反倒笑笑對他說：「可是神相信你！」[49]

畢奧神父對屬靈子女承諾，他會引導他們終生，直到他們獲得拯救。他曾對一位屬靈之子說過：「我怎可能忘卻那些我所養育、讓他們在恩寵中重生的人？那不跟個壞母親把孩子生下又遺棄一樣嗎？」[50]

12 聖傷

一九一八年春、夏兩季，在終於除役之後，畢奧神父重執教鞭，於小修院教書，並擔任靈修導師。隨著「聖人」之名鵲起，人們也把越來越多奇蹟歸功於他。然而，某些「奇蹟」其實頗有疑義，其中之一便是路吉．卡多納（Luigi Cadorna）將軍那有名的案例。

一九一七年十月，當畢奧神父於拿坡里服役時，義大利正好在一場戰爭中慘敗，六萬名軍士於特里斯特（Trieste）西北的卡波雷托（Caporetto）向奧地利投降，義大利前線大幅後撤，十一月七日退守威尼斯，義大利指揮官路吉．卡多納伯爵亦遭撤職。據說當這位將軍正要舉槍自盡時，突然聞到濃郁的玫瑰、紫羅蘭香氣，還看到一位「雙手流血」的弟兄要他冷靜下來。他跟朋友說起這件事時，他朋友說「這一定是聖若翰．羅通多那位聖傷者」。於是，卡多納於一九二〇年造訪了聖寵之母會院，也立刻認出畢奧神父就是「那位來看我的弟兄」。畢奧神父還跟他說：「那天晚上，我們兩個都不好受。」[1]

這則軼事於一九五〇年代公開，但裡頭有幾個問題，最有問題的地方是：一九一七年十月，畢奧神父還未以「聖傷者」聞名。「聖傷」在當時只偶爾浮現，而且知道的人少之又少——至少卡多納的生活圈裡沒有人知道。另外，畢奧神父永久性的聖傷，要到卡波雷托投降十一個月之後才出現；聖若翰．羅通多有位弟兄領受聖傷的消息，也要到一九一九年五月才廣為人知——那時距卡波雷托投降都一年半了。如果會院或會省有卡多納將軍來訪的紀錄，或是畢奧神父當時有記下這次分身經驗，這則案例的可信度都能大為提升；可惜的是原始記錄無處可尋，而且這個故事過了這麼多年才被披露，可能難免有些加油添醋。

姑且將這則軼事放下不表，這段時期還是留下了不少超自然事件的相關記錄，而就像某位德高望重的醫生說的：「這不可能全都是空穴來風。」某些見證者在當時就留下了詳盡的書面記錄，例如：一九二二年五月，畢奧神父當著五名會院弟兄的面，跟會院長上聖馬爾谷．拉米斯的樂倫神父（Padre Lorenzo）以及梅爾菲（Melfi）主教雅博．寇斯塔（Alberto Costa）說了一些事，在場的五名會院弟兄之一——雅博．達坡里托弟兄（Fra Alberto D'Apolito）詳細記下了前後經過。畢奧神父那時提到，在戰爭期間的一個冬日午後，降了一場大雪，當晚，他坐在會客室的火爐旁邊，沉浸於祈禱之中。突然，有位老人坐到他身邊，身上穿著件早已過時、但南義農夫仍很愛穿的袍子。畢奧神父說：「我想不出來都那麼晚了，他怎麼還能跑進會院裡來。所以我問他：『您是哪位？有什麼事嗎？』」

那位老先生跟他說：「畢奧神父，我叫皮耶特洛．迪茂羅（Pietro Di Mauro），我的父親叫尼可拉斯（Nicolas）。我在一九〇八年九月十八日死於這間會院的四號房，當時這裡還是療養院。那天晚上我抽煙抽到一半睡著了，我也死於煙蒂引起的大火。我現在還在煉獄，需要人為我獻彌撒才能得救。天主許我回來一趟，請你幫忙。」

畢奧神父回憶道：「我聽完之後，對他說：『好好安息吧！明天我就為你獻彌撒，讓你得救。』然後，我就起身帶他到會院門口送他走。我不知道那時門已經關好、上鎖了，只是很自然地開門，跟他道別。那晚月色明亮，照著滿院白雪。直到我看不到他之後，才一陣恐懼襲上心頭。於是我關上門，回到會客室，暈了過去。」[2]

幾天之後，畢奧神父把這件事告訴了保利諾神父，兩個人決定去鎮公所一趟，查查那裡的官方記錄。結果發現：一九〇八年九月十八日，真的有個叫皮耶特洛．迪茂羅的人，在當時還是療養院的會院四號房裡死於火災！[3]

差不多同一時期，畢奧神父也跟雅博弟兄提過另一件煉靈現身的事，他說：

> 有天晚上，當我在小堂的位子上沉浸於祈禱時，突然聽到一陣腳步聲，還覺得有人搖我，教堂裡的蠟燭、花瓶也被挪到祭壇上面。我以為有人在那，就喊道：「誰在那裡？」
>
> 結果沒人回答，於是我再次專心祈禱。沒想到同樣的噪音又開始了。這一次，我甚至覺得聖寵之母像前的一根蠟燭掉了下來。我想弄清祭壇那邊到底出了什麼事，便起身走到那裡。藉著聖體龕的微光，我看到一位年輕弟兄在那擦東西。我不禁叫了出來：「烏漆抹黑的，你在做什麼啊？」那小弟兄回我：「我在擦東西。」
>
> 「燈都不點就擦東西？」我滿腹狐疑地問：「你是誰啊？」
>
> 那小弟兄回道：「我是嘉布遣會初學生，現在在這接受淨煉。我需要人為我祈禱。」講完他就不見了。[4]

在一八六六年政府強制解散修會之前，聖寵之母會院原為初學院。由於這位「小弟兄」沒說他叫什麼名字，畢奧神父就沒去查文獻資料，證明真的有這個人存在。不過，他還是為這位「小弟兄」獻了一台彌撒，此後就再也沒見過他了。

在保利諾神父當時的筆記中，也有另一件奇事的紀錄。有一天，他去畢奧神父房裡找他聊天，聊著聊著兩個人都累了，不知不覺就睡在椅子上。保利諾大約在午夜時分醒了過來，發現畢奧「半躺在床上，右手靠著枕頭，頭倚手掌，就跟他平時默想一樣，還一邊用力喘氣」。藉著微弱的油燈火光，保利諾發現畢奧平常紅潤的臉現在一片慘白，眼睛好像還定定地看著什麼東西，只是保利諾一點都看不出來房裡有什麼異常。在此同時，畢奧開始用奧斯定在維納弗洛聽過的那種語調說話：「是的，耶穌……請賜我這個恩寵……如果您不賜我這個恩寵，我實在很難在世間逗留。」一陣沉默之後，畢奧突然神情一亮，大聲說：「聖母！您怎麼來了？」接著又是一陣沉默，然後畢奧笑了出來，說：「你們兩個怎麼一起笑我？」然後又是一陣沉默，接著畢奧大聲說道：「耶穌，謝謝！聖母，謝謝！」然後他也醒過來了。

保利諾好奇畢奧是否真的進入了神魂超拔，但他當時什麼也沒問。大概三、四天後，他又發現畢奧進入了這種狀態，於是打算做個實驗。他悄悄地關門出去，走到會院裡離畢奧房間最遠的地方，在**心裡**說：「畢奧神父，我命令你依服從聖願，離開神魂超拔狀態。」結果他馬上聽到畢奧叫他。

保利諾若無其事地跑回去問他說：「你有什麼事嗎？」

「什麼**我**有什麼事？應該是**你**要跟**我**說**你**有什麼事吧！」

保利諾繼續裝傻，聳聳肩說：「我？我沒什麼事啊。是你叫我我才來的啊。」

畢奧這下知道是怎麼回事了，他笑了笑，看著保利諾神父說：「院長，你自個兒心裡有數！」

發現光是在**心裡**對畢奧下令，就可讓他依服從聖願離開神魂超拔，讓保利諾神父相信他這個朋友不是在作夢，也不是有幻覺，而是真正經驗了神魂超拔。[5]

保利諾神父也相信：畢奧神父有時能看穿人心。有一次畢奧不知是說了還是做了什麼，弄得保利諾很不高興，整整三天都跟他避不見面。有天晚上畢奧終於忍不住了，跑到保利諾房間來問他說：「保利諾，拜託你跟我說我到底做錯了什麼，別這樣對我。如果我做了什麼事得罪你，請讓我知道，我以後絕不再犯。」

保利諾那時還在氣頭上，不太想理他，只冷冷地說：「我才不跟你說你哪裡惹我生氣。如果天主慈悲讓你知道，那比我自己來說更好。」

畢奧又問了好幾次，但保利諾就是不說。於是畢奧又擺出他的「默想姿勢」——手靠在桌上，手掌支撐著頭，但雙眼定定看著保利諾的眼睛。保利諾描述道：「突然，我覺得自己的內在深處好像被翻轉過來。那種感覺不是身體上的，但我實在不知道該用什麼方式形容。」在此同時，畢奧也開口了：「原來如此！你是因為這樣才生我的氣！我還以為你不會為了這種我控制不了的小事生氣！」說完以後，畢奧神父還鉅細靡遺地道出保利諾神父的牢騷。[6]

保利諾還有就畢奧的護守天使做過測試。他曾當面問關於護守天使的事，但畢奧拒絕回答，所以保利諾打算再找機會做做實驗。有一天機會來了：畢奧神父生病了，有一天他跟保利諾說，他前晚叫了他好幾次，但他都沒來。於是保利諾告訴他自己老是睡得太熟：「如果你想叫醒我的話，最好是差你的護守天使來叫我。」

保利諾的房間在會院另一頭，接近學生宿舍。當晚，他一如往常沉沉睡去，但到了午夜，他被粗魯地搖醒，「我馬上想到畢奧神父，也想立刻去看他。可惜的是我又在床上睡到天亮。我實在精疲力竭，根本沒辦法起床看他。」

第二天早上，保利諾跑去跟畢奧說：「你的護守天使怎麼叫醒我就走了，放我在那邊繼續睡？這樣根本沒用。如果你今晚又差他來，叫他不要只叫醒我，還要等我清醒起床再走。」

當晚，保利諾神父覺得又有人把他叫醒，可是他還是不由自主地睡著了。第二天，保利諾又去找還在臥病的畢奧，跟他說下次差護守天使來的時候，千萬不要客氣，在他確實起床之前都別讓他安寧。到了晚上一點半，護守天使真的不再客氣了——保利諾寫道：「我覺得有人用力搖我，力道之大讓我完全清醒。於是我馬上下床，去找畢奧神父。」

他手持蠟燭到了畢奧房間，問他是否需要幫忙，這位發燒的病人對他說：「我全身盜汗濕透了，請幫我換衣服，我一個人沒辦法換。」[7]

整體說來，畢奧神父的身體狀況比在佛吉亞時要好，不過從皮耶垂西那時開始的心靈黑夜，倒是仍舊沒有結束的跡象。「神聖的歡愉時刻」退去之後，畢奧神父陷入「比以往更黑暗的牢籠，舉目望去盡是永恆的恐懼」，他寫道：「我在黑夜裡舉目向東，尋找那顆曾指引先賢往白冷城（伯利恆）的明星，然而天上一顆星星都看不見。我越是專心凝望，視線便越是模糊；我努力尋找，但越是熱切，黑暗便也越深。我晝夜孤寂，沒有一絲光芒照耀我。我身陷熊熊烈火，卻始終未被燒盡，但連一滴減緩火勢的涼水都找不到。」[8]

不僅對上主的渴望完全得不到滿足，他也一直無法釐清自己的靈魂狀態（但在此同時，他總是很了解別人的靈魂狀態），於是始終煩惱自己到底有沒有被神接受。他常向本篤傾吐被神拋棄的恐懼，這位靈修導師也總是要他安心：「我要你依服從聖願，把我的擔保放在心上。」奧斯定神父這時仍在紅十字會服役，也同樣要他全然相信靈修導師的判斷。

一九一七到一九一八年間，畢奧神父越來越常提到神隱藏了起來，好似藏身於「河邊晨霧」之中。他跟本篤說濃霧阻擋了他的視線，讓他無法「凝視」基督，但越是見不到上主，他就越是渴望能再看到祂。

本篤回信寫道：「濃霧正代表了天主離你很近：梅瑟（摩西）在西乃山（西奈山）的濃霧裡與主相會；希伯來人見祂形如雲朵；祂在聖殿裡亦以雲朵之貌顯現。基督變容之時，也曾被光芒萬丈的雲朵包圍，讓人看不見祂。所以，天主藏身於濃霧之中，表示你正在清楚地見證祂的偉大，而祂也將從可見、可理解的神，變容為純粹的神聖。」[9]

雖然無論是理智或情感上，這些話都未能讓畢奧神父得到安慰，但他還是全然交託，寫道：「喔，美善的天主，我向祢祈禱，求祢做我的生命、我的船、我的港灣……祢已讓我爬上祢聖子的十架，我也盡我所能去承擔。我深信我不會從上面下來，也知道我周遭一切將不再平靜。我確信，在這狂風暴雨之中，更是要向祢祈禱……我覺得我腳下的這條路正在分解崩裂，除祢以外，有誰能堅定我的腳步呢？惟有祢能支撐我的軟弱！喔，主啊！求祢垂憐！求祢垂憐！別讓我繼續軟弱！請讓祢的信實再次照亮我的理智，讓祢的愛溫暖我的心，在受試探之時，我曾冒犯了祢，那痛苦擊碎了我的心！主啊！這念頭不斷殘暴地刺穿我！我主，我主！請別再讓我如此受苦！我再也無法承受了！」[10]

一九一八年六月，畢奧寫信跟本篤說：「我該怎麼描述那凌虐我靈魂的痛苦？……我覺得被祂的全能聖手壓碎。我終日以淚洗面，心慌意亂地尋找祂，但我找不到祂，只看到祂的義怒。」雖然他對別人的心靈還是有超感官智慧，自己的靈魂卻常處「黑暗」。而且，他似乎感受不到神的愛了。畢奧寫道：「唉，祂抹去了一切，我卻仍然身陷無邊無際的黑暗之中，放不下那逝去的愛的回憶……喔，我至高至善的天主啊，祢到底在哪裡呢？我找不到祢了！祢收下了我的一切奉獻，卻讓我找不到祢了！」[11]

既然缺乏光照而不知自己身在何處，畢奧只能完全依賴本篤和奧斯定的建議。奧斯定稍後寫信跟畢奧說，他覺得神讓他受試煉的目的是要他謙卑，因為若是自認已成功實現了神的意旨，無疑將導致靈性的傲慢。畢奧則說，他怕上主正對自己發義怒，而祂沉重的聖手會把自己「砸成碎片」，可是他還是繼續祈禱說：「請祢賜我受苦的力量，帶走一切安慰。讓我的神枯更久、更深、也更有益，直到能讓祢的義怒平息。」[12]

畢奧常為不同的意向，一次又一次地獻上自己作為犧牲。一九一八年七月，一次大戰的戰火仍在延續，教宗本篤十五世（Benedict XV）呼籲全體基督徒一同為停戰祈禱。於是，縱然畢奧神父此時仍飽受煎熬，他還是在七月廿七日獻上自己作為犧牲，他寫道：「我獻上自己不久之後，就覺得被推進一間恐怖的監牢，還聽見大門在身後喀地一聲關上。」從這時起，他無時無刻不覺得身在地獄。他跟本篤神父說：「我什麼也看不清，再也不知何去何從。舉目望去盡是黑暗，沒有一根火炬、一絲微光，沒有指引、生命、真理，我完全不知道該如何自處，如何支持、更新自己。於是我依你的建議，企盼自己不再抱著希望。」簡單來說，畢奧像約納（約拿）自願被鯨魚吞下一樣，也自願墜入風暴，但他還是寫道：「我很怕我沉入海底之後，除了永死還是一無所獲。」[13]

不過，就在畢奧神父覺得自己被神遺棄時，他領受了一次奇妙的神視：基督出現在他身旁，拿長刃刺他肋下。無獨有偶的是，聖女大德蘭、小德蘭（St. Teresa of Lisieux）也都有過類似經驗。[14]這次神視發生於一九一八年八月五日，畢奧寫信跟本篤說了經過：「我當時正在聽修生們告解……突然，有位天界住民現身於我的理智之眼面前，我心中頓時感到極度恐懼。祂手裡拿著某種武器，狀似尖長的鋼刀，上面似乎還冒出火焰，在我看到這一切的瞬間，那位崇高者便全力投出這把刀，直直刺向我的靈魂。我得努力忍住才不致失聲慘叫出來。那一瞬間，我還以為自己死了。因為我覺得很不舒服，快撐不下去了，所以我請那位修生離開……那股劇痛不斷持續到七日上午，我實在不知道該怎麼跟你說那多痛，連我的內臟似乎都被那武器重創……我覺得自己那天受了重傷，靈魂深處有個一直不癒合的傷口，不斷引起劇痛。」[15]

畢奧信裡沒寫清楚是否有肉體傷口，但在一九六七年二月的一份證言裡，他很肯定地說在那次神視之後，肋旁出現一個可見的傷口。不過當時他對此相當保密，連本篤和奧斯定都不知道除了靈魂受創之外，他身上也有出現傷口。畢奧有寫信跟他們提起這次神視，也問他們說：「這難道是天主公義的另一次懲罰嗎？……請告訴我這件事的真實性有多少？我是否該感到害怕？」

奧斯定聽本篤說了這件事後，立刻寫信跟畢奧：「那天界住民給你的靈性傷口，是天主愛你的標記……你沒想到六日正好是救主顯容節嗎？耶穌不只想轉化你的靈魂，還在上頭留下了只有祂能治癒的傷口……如果在祂召你到祂跟前之前，祂都想讓那傷口敞著，那就讓它敞著吧！」[16]本篤神父則認為這個神視乃是「心之穿刺」（transverberation），寫道：「不是遺棄，也不是懲罰，你並沒有什麼該被遺棄、懲罰的。你身上所發生的一切都是愛的果效。那是試煉，是同擔救贖的呼召，也因此更是光榮的泉源！」[17]

本篤也好奇：「是否復活的光明與喜樂就要到來了呢？若天主願意，我衷心希望如此。親吻那給你心之穿刺的雙手，好好珍惜這個傷口，那是愛的印記。」

當時，由於尼各老弟兄常常不在，保利諾神父是畢奧神父最常接觸的長者。但即使是他，對畢奧神父的靈性試煉也一無所知。畢奧從沒跟他提過這些事，只有讓本篤和奧斯定知道。

一九一八年夏末，各國鏖戰未休，屋漏偏逢連夜雨，肆虐全球的西班牙流感病毒於此時傳入義大利中部。據信全球約有一億人感染，兩千萬人因此死亡。聖若翰・羅通多未能倖免於難，一時之間似乎每個人都生病了，原本就不旺盛的經濟活動，此時更完全停止。

畢奧神父的屬靈女兒人人自危，跑來請他指點如何免受流感之害。畢奧神父跟瑪利亞・坎帕尼磊說：「別害怕，讓聖母保護妳，也不要犯罪，疾病就不會擊倒妳。」雖然有些屬靈女兒還是生病了，但她們沒人死亡。

如前所述，畢奧神父在這年七月為求戰爭結束，獻上自己作為犧牲。此外，他也有為任教的小修院獻上自己作為犧牲（當時他擔任院長）。九月十七日，他還為流感結束獻上自己作為犧牲，不過疫情似乎毫無減緩之象。

小修院裡約二十名的修生幾乎已全數染病。醫生來看過之後決定給他們打針，但因為醫生工作太重，無法親自注射，所以他只教了保利諾和畢奧怎麼打針。由於沒有酒精，醫生留了一些石炭酸下來，供注射消毒之用。但不幸的是：醫生真的忙昏頭了，忘了跟他們說使用前要先用水稀釋。於是這兩位神父沾起來就用，過程中不小心滴到自己手上，還灼傷皮膚起了紅疹。至於接受注射的修生，保利諾神父回憶道：「你可以想像那些被我們消毒的孩子多慘！」

修生們終於痊癒、回來上課之後，有件事讓他們大惑不解：為什麼畢奧神父現在講課時，老是要用塊布包著手呢？保利諾也注意到一件事：雖然他自己的灼傷早就好了，但在誦經席祈禱時，他發現畢奧手上還是有紅點。而當畢奧發現保利諾在看他手時，他馬上用長袖把手蓋住。

九月的最後一個禮拜，妮娜．坎帕尼磊神情緊張地來找保利諾神父，問他是否方便跟她單獨談談，她的問題驚人：「您知道畢奧神父有聖傷嗎？」保利諾神父聞言大笑，覺得這位女老師實在太過天真，跟她說那些紅點其實只是石炭酸灼傷。然而妮娜一點也不接受這個解釋，堅稱那個傷口是超自然聖傷。[18]

五十年後，當時已高齡七十五歲的坎帕尼磊，動筆寫下了這段回憶：

> 我九月十八日那天去會院找神父談話，抵達、離去時都有吻他的手，當時手上沒有傷痕。
>
> 到九月廿一日禮拜六下午，我才又去會院。這不太尋常，因為我通常每天下午放學都會去會院一趟（其實因為流感的關係，我們那年到九月都還在放假），可是我那時因為家人全都生病了，所以在九月十八日禮拜三去過會院之後，就一直到九月廿一日禮拜六下午才去。我跟我爸都沒有染病，所以那幾天都忙著照顧病倒的家人。
>
> 我妹妹維多利亞（Vittoria）當時有六個月身孕，因西班牙流感病況嚴重。那地方有很多懷孕婦女都病得很重，奄奄一息。九月二十日晚，我妹妹病情惡化，她希望當晚就能為她舉行聖事。
>
> 我媽嚇壞了，跟我說：「快去找神父，帶些獻儀請他幫忙獻彌撒，別忘了跟他說妳妹妹情況多嚴重。」

坎帕尼磊到會院找到畢奧神父之後，神父跟她說：「妳三天沒來了。我這幾天一直在等瑪利亞來，帶給我幾句安慰的話。」坎帕尼磊跟他說完家裡的事後，神父向她保證維多利亞一定能平安康復，講完之後，妮娜就拿了彌撒獻儀給他。就在那時，她注意到神父的右手似乎有塊燒傷，於是她脫口說了一句：「唉呀，神父，你怎麼燒傷了？」沒想到畢奧神父突然臉色一白，趕忙把手收到袍子裡。他們接著聊了一下別的話題，直到三鐘經的鐘聲響起。一起祈禱完之後，妮娜又想吻神父的手跟他道別，結果他說：「真希望妳知道這讓我多尷尬……請努力向天主祈禱，祈求祂讓這一切消失。」19

聽坎帕尼磊說完這件事後，保利諾神父仍滿腹狐疑。但不久之後，費洛門娜．凡垂拉也跟他說畢奧神父有聖傷，「就跟聖方濟一樣」。

保利諾決心弄個水落石出。有一天，他門也不敲就走進畢奧房裡，看到他正坐在書桌前，便馬上開口道：「不用管我，繼續寫東西。我今天沒事要談。」畢奧神父便自顧自地繼續做事。這時，保利諾仔細看了畢奧的手，發現上面的傷疤絕不是石炭酸造成的。保利諾描述道：「我小心靠近他，剛開始是看到右手手背、手掌都有傷口，接下來也發現左手手背有傷疤。但因為他左手放在桌上按著紙，所以我沒看到他左手手掌的情況。」20

保利諾默默離開畢奧房間後，馬上提筆寫了封信通知本篤神父，跟他說畢奧領受了聖傷，請他趕快過來一趟。不過本篤沒有動身，只回信要他嚴格保密。

本篤顯然對保利諾的報告態度保留，不願貿然隨之起舞。此外，他也想起畢奧之前也曾出現聖傷，但沒多久就消失了。不過，在畢奧寫信跟他說有位「崇高者」傷了他之後，本篤的態度也有了改變。畢奧寫道：「啊，親愛的父親，請發發慈悲幫助我。我的內在流血不止，有些時候，我甚至連外在都在流血，我一點辦法也沒有。」21

本篤回道：「親愛的孩子，把一切明明白白地告訴我，別用隱喻。那崇高者做了什麼？你什麼時候流血？每天或每週流幾次？你的手跟腳怎麼了？又是怎麼發生的？我想知道一切細節，我令你依服從聖願回答我。」[22]

雖然畢奧神父後來也有談過他的聖傷，但十月十八日的這封信——依服從聖願而向本篤提出的報告——卻是所有紀錄中最早、也最詳盡的一份。雖然他後來對聖傷出現日期有些記憶模糊，但確切日期應該是九月二十日。那天保利諾神父和尼各老弟兄一起外出辦事，會院裡只有畢奧神父一個大人。約上午九到十點之間，畢奧神父獻完一台彌撒，修生們都去了院子裡休息，他自己則繼續待在教堂裡，坐在誦經席祈禱。他在給本篤神父的信裡寫道，就在那時，「我徹底地感到放鬆，彷彿陷入沉睡。所有內、外在感官，甚至靈魂的作用都暫時停止，進入難以言喻的平靜。我的內在感到絕對的寧靜……我感到極大的平安，一切煩惱、憂慮也都被徹底拋盡——這全在一瞬間發生。」[23]在那當下，他再次看到那「神秘的崇高者」——也就是八月五日刺了他的那位崇高者。畢奧神父並未明說這位崇高者就是基督，但有說祂的手、腳、肋旁都滴著血。這天界的訪客嚇壞了他：「我以為我會當場斃命，事實上，我的心幾乎要從胸口迸出來，若非上主插手加強我的心，我一定當場死了。」[24]

這位崇高者到底是誰？一九六六年三月（四十七年後）在一份給會院弟兄的證言中，畢奧神父說：「突然，有道強光射入我眼。在強光中現身的是負傷的基督，祂直到離去都不發一語。」[25]在一九六七年二月六日受訪時，他講出了更多細節：誦經席前的十架苦像，突然轉化成「偉大的崇高者，全身是血，光芒萬丈，火光四射，那火傷了我的手和腳。而我的肋旁，則已於同年八月五日受傷」。[26]

也就是說，畢奧神父在此生將盡之時，終於清晰地指出：一九一八年八月、九月向他現身的那位「崇高者」，就是基督。

在畢奧給本篤的信裡，並未提及領受聖傷之後的事。但在與若瑟．奧蘭多的談話中，畢奧神父有提到在領受聖傷之後，他痛到幾乎無法起身，只能蹣跚走上階梯，回到自己房裡。他慢慢地把滲血的傷口清乾淨，然後倒回床上。看著傷口，他一邊流淚，一邊吟唱感恩曲。[27]

雖然畢奧歡喜領受聖傷之痛，並將此視為聖愛犧牲的一部分，但一想到他人會怎麼看聖傷，他還是相當困擾。他寫信對本篤神父說道：「我要不斷高聲祈求上主，請祂慈悲拿走這有形的記號，我不求祂拿走創傷與苦痛（畢竟我本來就想承擔痛苦），但這記號讓我深感困窘與羞愧。」[28]

當他在一九一八年十月寫下這些話時，知道他有聖傷的人屈指可數。據我們所知，當時知道這件事的人只有本篤神父、保利諾神父，以及妮娜．坎帕尼磊。由於本篤神父要求嚴守秘密，甚至連奧斯定神父都蒙在鼓裡。一九一八年九月底，奧斯定神父去了聖若翰．羅通多一趟，跟畢奧神父談話時也發現了他手背上的紅點，但「沒有鼓起勇氣問他那是什麼」。[29]

所以，畢奧神父的聖傷並未立即引起轟動；在消息傳開之後，由於西班牙流感仍在肆虐，人們也無法特地跑來聖若翰．羅通多一探究竟。一九一八年秋，平均每三人就有一人罹患流感，南義大利疫情尤其嚴重。十月上旬，聖馬爾谷．卡托拉會院一下子病倒了十二位弟兄。奧斯定神父拜訪聖若翰．羅通多後沒多久，也染上了流感，「病況嚴重」。[30]皮耶垂西那的疫情也相當猛烈：裴蕾格莉娜的孩子阿弗雷多病死；米切雷和喬瑟芭．卡東內的孩子「小方濟」不僅病倒，還終身留下後遺症；貝芭亦重病數週。斐莉綺雅一家也無一倖免：六歲大的茱塞貝娜因此留下了肺結核的病根，十八歲時過世；兩歲大的艾托雷腦部受損，終身為癲癇所苦；九月廿二日，佩雷葛里諾跑去他爸爸文森佐身邊，才說完「爸爸，我頭好痛！」就立刻倒下，沒過幾小時就過世了。[31]

斐莉綺雅這時才流產沒多久，也染上流感，臥病在床。文森佐不敢跟她說佩雷葛里諾死了，但她心知有異，連著三天不停追問兒子在哪裡，文森佐一直心虛地說他在跟鄰居小孩玩。最後，斐莉綺雅猛然撐起身來，對丈夫吼道：「你騙我對不對？」

「我親愛的斐莉綺雅，妳怎麼這樣講話？」

「你騙我！你說佩雷葛里諾在外面玩。但他已經死了！」

「妳怎麼講這種話呢？妳到底在想什麼啊？」

斐莉綺雅說道：「少來，我知道他死了。你自己看，佩雷葛里諾身邊有好多天使。他現在來找我了，我還看到畢奧神父在他後面！」她一說完就倒下去，半小時後嚥氣了。[32]這一年，她才二十九歲。

畢奧神父之前毫無心理準備，所以一接到妹妹過世的電報，他當場哀嚎、崩潰（由此看來，斐莉綺雅死前見到的畢奧神父應該不是「分身」，至少他毫無所覺）。接下來幾天，畢奧神父心神恍惚，悲痛不已。他一直認為斐莉綺雅是家中真正的聖人，後來他也寫道：「她是聖人……我從沒看過她發脾氣。儘管受了這麼多苦，她還是笑口常開。從她小時候開始，天主就一直讓她常保善良、單純……她比家裡的任何人都善良、慈愛。」[33]在給父母的信裡，他也寫道：「我能說什麼呢？我只覺得悲痛萬分，再多的話也哽在嘴裡。親愛的爸媽，在這死別的哀痛之中，我只能說：『主啊！祢是公義的，祢的判斷是正確的！』天主把我可憐的妹妹賜給了我，現在又把她帶回去了。願祂的聖名因此蒙受讚美。只有這樣想、這樣順服，我才有力量不被悲痛打倒。但願你們也能順服天主的意旨，我相信在祂的意旨之中，你們也會跟我一樣讓悲痛獲得抒解。」[34]

不久之後，畢奧自己也得了流感，但令他極為失望的是，他沒多久就好了。十一月十三日，他寫信跟本篤神父說：「我真是不幸，誰能讓我離開這必死之軀？誰能讓我離開這不斷焚燒我的磨難？」畢奧還說，雖然他這位靈修導師給了他許多保證、建議，但他所得到的安慰稍縱即逝，讓他覺得非常孤單。他的心「深感痛苦、冷硬如石」，他的熱情「立即冷卻，靈魂之苦甚至傳遍肉體」。[35]到一月時，畢奧似乎稍微開心了點，寫道：「我覺得自己像是浸在上主愛的大海之中……此愛之苦如此甜蜜，這份重擔何等甜蜜。」[36]他沉浸在這樣的神慰之中，這神慰既讓他渴望上主，又帶來強烈的苦痛，遍及靈魂與肉體，在此同時，他也深深恐懼著自己的罪。

世界大戰終於結束，流感疫情也總算減緩，雖然本篤要求對聖傷一事嚴格保密，但消息還是傳了開來。保利諾神父怪罪妮娜．坎帕尼磊和其他幾位屬靈女兒，認為是她們口風不緊所致，寫了一段無疑會讓女性主義者大為光火的話：「女人……就是沒辦法守密。即使她們出於好意，還是把這秘密跟朋友說了……然後她們的朋友就又跟別的朋友說，這樣一傳十、十傳百，最後秘密變得人盡皆知！」[37]妮娜．坎帕尼磊後來也承認，她的確沒把保利諾神父的守密要求當一回事，把聖傷的事告訴了母親和妹妹。總之，到一九一九年春天，聖傷的消息開始傳出會院，而畢奧神父龐大的牧靈事工也將隨之開始。

13

異常聖潔或精神異常？

十三世紀之前，並沒有關於聖傷的紀錄。一二二四年，當聖方濟在拉維納山（Mount La Verna）祈禱、進入神魂超拔時，他的雙手、雙腳、肋旁出現五傷。聖方濟的神視與畢奧神父的有些類似。據《聖方濟的小花》（*The Little Flowers of St. Francis*）描述：「那天早上，當他在這默觀中充滿愛火時，他看到色辣芬（撒拉弗）天使從天而降，六翼火光四射。色辣芬天使快速飛近，聖方濟也清楚地見到了祂的模樣：祂像個被釘上十架的人，兩翼覆著頭部，兩翼飛翔，兩翼遮住身體。」[1]在這聖顯之時，「整座拉維納山彷彿陷入火海，烈火光芒萬丈，照亮了黑夜，也照亮了四周的高山、深谷，讓它們變得比在白晝之下更為清楚。」[2]

十架上的耶穌以色辣芬天使之形向聖方濟顯現，對他說：「我賜你聖傷，我受難的標記，讓你堪得與我一同承擔十架。」[3]

到兩年後過世為止，聖方濟身上一直有著聖傷。不過，他的聖傷和畢奧神父的不太一樣：聖方濟是右肋受傷，畢奧神父則是左肋受傷。至於聖方濟手、腳上的傷，則「像是從中心被釘子穿過，穿透傷的入口在手掌、腳背，出口則在手背、腳掌。傷口既深且大，像是刺到一半偏斜，然後又抽出重刺，抽出重刺的地方寬可容指，指頭能像穿過戒指一樣地伸進去——這不是象徵，而是血肉事實。釘傷入口呈黑色圓形。」[4]

據說在聖方濟的時代，還有另兩名生平不詳的聖人也領受了基督聖傷：一是哈斯卡的真福多鐸

（Blessed Dodo of Hascha），他是弗里斯蘭（Frisian）血統的一位修道者，晚聖方濟五年去世，據說雙手、雙腳、肋旁都有開放性傷口；[5] 二是東格的聖呂佳田（St. Lutgarde of Tongres），她是布拉龐（Brabant）的熙篤會（Cistercian）修女，晚聖方濟一年出生，一二四六年過世，享壽六十有四，曾多次在神魂超拔中雙手、雙腳、肋旁出血。[6]

接下來七百年中，至少有四百人領受了不同形式的聖傷，他們幾乎全是天主教徒，大部分是女性、義大利人。其中有些人的聖傷是隱形的（如瑟納的聖加大利納），只有疼痛，但無肉體傷口；有些人的聖傷出現在體內，如義大利奧斯定修會滿地科高的聖嘉勒修女（St. Clare of Montefalco）——死後解剖時，發現她的心臟出現十架苦像；還有些人只有頭上出現荊冠刺傷，如加西亞的聖麗達（St. Rita of Cascia），她也是義大利奧斯定修會的修女，額頭部位出現聖傷。不過，聖麗達的聖傷不像畢奧神父的會發出馨香，反而惡臭難聞，以致她不得不與其他修女隔離，長達十五年之久。有些人的聖傷維持多年，也有些人的聖傷只短暫出現；有些人不斷流血，另一些人則只有在特定時間流血。此外，雖然大部分聖傷者都很受敬重，滿有恩膏，但聖傷也未必是神聖的保證，有些聖傷者說好聽是言行古怪，講難聽一點根本像精神失常。

畢奧神父的年代也出了好幾位聖傷者，其中最有名的是巴伐利亞平信徒德蕾絲．紐曼（Therese Neumann）。她比畢奧神父年輕十一歲，一九二五年先領受肋傷，隔年又領受了手、腳之傷，持續到她一九六二年心臟病過世。紐曼手、腳聖傷的狀況和聖方濟類似，根據一名醫師的報告：「左手手背是釘傷入口，約呈長方形，與手掌角度一致。長方形約十五公釐長，十公釐寬，邊緣平滑，但四角清晰，狀似鐵釘於砧板上擊出的形狀。釘傷入口微突，近於穹形，上有不規則的小平面，類似鐵匠在鐵器上敲出的小面。傷口呈紅褐色，色如蠟印。」[7]

紐曼跟畢奧神父一樣，也有分身、神視、狂喜、神魂超拔的紀錄。據說她成年之後，大部分的時間既不吃也不睡。紐曼有段時間比畢奧神父還有名，但是，雖然很多人將她視為聖人，也有些人覺得她精神有問題，不然就是騙子。認識她的人都說她開朗、慈愛、心胸開闊，也充滿活力。她也曾寫信問候畢奧神父，請他為她祈禱。[8]

另一位當時有名的聖傷者，是出身魁北克（Quebec）、後定居羅德島（Rhode Island）文索基特（Woonsocket）的瑪希．蘿絲．阿爾瑪．費宏（Marie Rose Alma Ferron），她大半生為嚴重關節炎所苦，一九三六年五月十一日死於慢性心肌炎，年方三十四歲。[9]費宏是否有跟畢奧神父聯絡過，我們不得而知。據說她多次經歷密契現象，也同樣毀譽參半，既有追隨者也有質疑者。一九二七年四旬期期間，「小蘿絲」領受了鞭笞聖傷，報告顯示她「手臂佈滿又紅又紫的鞭傷，每道傷痕寬約半吋」。[10]兩天之後，她的手、腳也出現傷口。雖然它們並非開放性傷口，而更接近紅色圓形標記，但它們不斷流出充滿馨香的血液。[11]此外，她不僅肋旁出現聖傷，頭上也出現枝狀的「荊冠之傷」。[12]紐曼有時連雙眼都會流出鮮血，而費宏的傷口，則是突然在一九三一年八月一日消失。[13]

明尼蘇達（Minnesota）中央信義會（Central Lutheran Church）的愛爾希．尼爾森．耶辛（Elsie Nilsson Gjessing），是少數非天主教的聖傷者之一。耶辛生於一九〇四年，孩提時於祖國瑞典領受聖傷，聖傷一直持續，直到她七十九歲時心臟病發，死於客廳座椅上。她的一位牧師說她既謙卑又可愛，「在各方面皆與常人無異」。她同時也是少數有結婚的聖傷者。耶辛手、足、肋旁的聖傷都不大，呈紅色皰狀，從聖週四開始到聖週五下午三點[14]都會大量出血。據說在四旬期期間，她還會經受「地獄之火」，全身發熱，得用冰過的衣物降溫。她自己曾說，她所受的痛苦「只是讓世人稍稍認識基督之苦的點滴。祂只讓我稍微體驗祂的一點痛苦，一點點而已」。耶辛也跟紐曼和費宏一樣，有過神魂超拔的經驗。一九七〇年時，她的牧師莫理斯．米（Morris Mee）博士曾記下她在神魂超拔時所說的話，她說：「我的靈魂現在往上升。我的靈魂開始邁向永恆，快速舞動……我聽到音樂……

我聽得到……我現在越來越接近金色的門……它好美啊……」她說她見到了基督、護守天使和馬丁·路德，還跟他們說了話。雖然不少人對耶辛嗤之以鼻，但她也以醫治病人聞名——在她以聖傷之手按摩病人之後，他們常常不藥而癒。[15]

畢奧神父手上的聖傷，無疑延續、出血了近五十年之久。這是無庸置疑的事實，因為在這些年裡，有成千上萬的人在他主持彌撒時看到他手上的傷。在一九二〇年代教廷法院禁止他出示聖傷之前，也有幾位醫生檢查過這些傷口。第一位看到聖傷的醫生，是聖若翰·羅通多的鎮長安傑洛·瑪利亞·梅爾拉（Angelo Maria Merla）醫師。他說他很肯定這傷口不像某些人說的那樣，是結核病的產物，但他也承認：在進一步檢查之前，他無法確定那是什麼造成的。[17] 教宗本篤十五世的私人醫師朱塞貝·巴斯提亞內利（Giuseppe Bastianelli）教授，也曾檢視畢奧神父的聖傷，但他的書面記錄從未公布。一九一九到一九二〇年，有三名醫生仔細檢查了聖傷，並留下詳細記錄：一九一九年五月及一九二〇年七月，巴雷塔市立醫院院長路吉·羅馬內利（Luigi Romanelli）五度檢查畢奧神父的聖傷；一九一九年七月，羅馬大學病理學教授阿米柯·比納米也花了幾天來研究聖傷；此外，自行開業的羅馬外科醫師喬吉歐·費斯塔（Giorgio Festa）也曾三度檢視畢奧神父的聖傷。費斯塔醫生最後一次檢視聖傷是一九二五年，當時畢奧神父需要接受疝氣手術，而教廷法院也已令他未經許可不得出示聖傷，即使是醫師亦不例外。由於費斯塔醫生未獲許可，於是畢奧神父為了服從教會命令，便也拒絕麻醉。但對費斯塔來說幸運的是：才剛動刀，畢奧神父就暈過去了，所以在暌違五年之後，他得以再次檢視聖傷。

由於教廷法院始終沒有解禁，聖傷再也沒被詳細檢查。不過，有些醫師和會院弟兄還是有機會匆匆一瞥聖傷。由於聖傷在畢奧神父死前不久完全消失，一點小疤都不留，所以即使在他身後，人們也沒機會好好研究他的聖傷。

聖傷的樣子實在不太好看。手部傷口乍看之下很大，但大部分是乾掉的血塊，實際傷口是銅板大小。在畢奧神父晚年常伴左右的阿雷修．帕稜提神父回憶道：「傷口的大小、形狀都跟硬幣差不多，上面黏著一層乾掉的血……血塊要是剝落，會讓他的手相當疼痛……可是，他還是會自己去把乾血剝掉。有一天他又這樣做，結果暈過去了。我想一定是他剝的時候連皮帶肉，所以才會痛到暈過去。那些傷口看起來實在嚇人，雖然我沒看到之前一直想看，但看過之後我馬上祈禱『主啊，請別再讓我看到它們！』他的手就跟痲瘋病人的手一樣——一片糜爛。」[17]

透過種種書面、口頭記錄，我們可以清楚想見五個聖傷的樣貌。

一九一九年時，比納米和費斯塔兩位醫師都曾記錄畢奧神父的外貌（神父當時卅二歲）。比納米說他「體格柔弱」、骨架小、肌肉鬆弛而不發達、臉色蒼白、「一臉病容」。[18] 不過，這位病理學家也說他「看起來既善良又真誠」，雖然體格看起來不太好，卻能一口飯都不吃，連續工作十五、六個鐘頭。比納米還發現畢奧神父即使進食，也吃得很少。[19] 費斯塔醫師對他的描述也差不多：畢奧神父瘦弱而蒼白，但「雙眼炯炯有神」。費斯塔也注意到比納米跟其他人都有發現的事：雖然畢奧神父吃得很少，卻「精神能量」充沛。[20] 在這幾位醫師檢查畢奧神父的聖傷時，精密的血液檢驗技術尚未出現，但到一九五〇年代，路吉．潘卡洛（Luigi Pancaro）醫師為其他不相關的身體問題檢查畢奧神父，倒是為他做了不少血液檢查，結果發現他的「血液功能」完全正常，沒有貧血，凝血功能也沒問題，血壓（166 / 90）也還算正常。[21] 一九五六到一九六八照料畢奧神父的朱塞貝．薩拉（Giuseppe Sala）醫師也說：畢奧神父的血液檢查都很正常，「血液功能相當好」。[22]

畢奧神父雙手手掌、手背中央，都有明顯可見的傷口。在外觀上，醫生們的紀錄全都一致：傷口呈圓形，直徑約四分之三吋。雖然傷口不像聖方濟和紐曼的那樣，邊緣有瘤狀突起，但它們有「光滑的紅色黏膜」，微微鼓起，在沒被瘡痂或乾血覆蓋時，看起來有點像小按鈕。[23]

關於聖傷的深度，醫生們的觀察便有些出入。據羅馬內利醫師的描述：「用拇指、食指分別按住傷口兩端，一起擠進去，會覺得手指之間似乎是空的，只隔了一層柔軟的皮質黏膜，感覺沙沙的。那個位置原本應該有骨頭、肌肉，但完全感覺不到。」[24]而另一方面，雖然比納米醫師的檢查日期跟羅馬內利沒隔多久，他的說法卻與羅馬內利大相逕庭：他認為傷口很淺，僅及表皮與真皮（皮膚最外的兩層組織）。至於費斯塔醫師的說法則前後不一：他一開始的看法跟比納米一致，認為傷口很淺；但在檢查兩次之後，他改口說是因為傷口被瘡痂蓋住，所以才會看起來很淺，在傷口清過後觀察，就會發現它們其實很深。[25]不過，他還是認為手沒有整個被穿過，因為手背和手掌的傷口位置並不完全一致。[26]四十年後，薩拉醫師的觀察又和羅馬內利一致，認為手掌部位的傷口有凹陷。[27]此外，一九六八年十一月，高齡九十二歲的安得烈・卡東內醫師發表聲明，表示自己也曾檢視畢奧神父的聖傷，但並未交代檢查的時間和地點。如果讀者還有印象的話，卡東內醫師是皮耶垂西那的名醫，他在聲明中指出：傷口「完全穿透手掌，甚至能透過傷口看到光」。[28]帕稜提神父則在一九六八年二月處理過畢奧神父的傷口，他說傷口深約半吋。[29]一九五四年十月十四日，佛吉亞的醫師阿貝托・卡塞塔（Alberto Caserta）則以X光檢查畢奧神父的手、腳，結果發現骨頭的位置與結構皆無異狀。[30]

比納米和薩拉都有提到聖傷的邊緣整齊乾淨，長期不癒合的傷口通常不會如此。費斯塔也寫道：「傷口邊緣的皮膚相當正常，沒有紅腫或滲透，連用放大鏡看都看不出來。」[31]羅馬內利同樣也說傷口沒有紅腫或發炎。

足部傷口的相關記錄，就比手部傷口要少得多。費斯塔醫師的觀察是：「在雙腳腳背第二蹠骨正中間，有圓形傷口一處，顏色呈紅褐色，上有薄而黑的瘡痂，與手部情況可說完全一樣，但可能較小也較淺……傷口周邊皮膚同樣沒有浸潤、腫脹或發炎，但也跟手部傷口一樣不斷微微滲血。腳掌上的傷口亦清晰可見，位置約與腳背傷口相對，形狀亦完全一致。」[32]

至於肋旁的傷，大多數見證者都說它狀似十字架。保利諾神父認為：第一道傷是一九一八年八月「心之穿刺」時留下的，第二道傷則是在九月時跟手、腳的傷一起出現。不過羅馬內利醫師說：當他在一九一九年六月為畢奧神父檢查時，看到的肋傷不是十字架狀，而是「一道與肋骨平行的明顯傷口」，長約三吋。[33]然而在後續檢查中，包括羅馬內利在內的每位檢查者都說：傷口位於左側乳頭下方，狀似十字架。

不僅確定傷口深度有困難，估量出血量多少更是困難。羅馬內利說肋傷大量流出動脈血；[34]但在比納米檢查這些傷口時，它們卻全都沒有流血；[35]而費斯塔檢查時，則發現聖傷邊緣微微滲血。[36]二次大戰之後長居聖若翰．羅通多的美國嘉布遣會士道明．梅耶神父，雖然並未實際檢查畢奧神父的聖傷，但也在一封寫給底特律愛德蒙．克拉默（Edmund Kramer）神父的信裡說道：「據我所知，畢奧神父的傷口雖然出血量不多，但一直在滲血。」[37]

在某些特定時間（如四旬期），傷口的出血量似乎較多。也不斷有人指出，畢奧神父身上會不時出現其他外傷，就像是基督所受的鞭傷一樣。對此最好的證據是一張神父睡衣的照片，上面顯示衣服從上到下全是血跡。不過見過這些傷口的人都沒留下記錄，所以我們所能找到的文獻，還是都跟畢奧神父手、腳、肋旁的聖傷有關。

即使傷口疼痛不堪，畢奧神父還是盡力將它們掩飾起來。自一九四九年起，梅耶神父即已開始記錄畢奧神父的言行，他說聖傷才剛出現，畢奧神父便已試圖掩飾：「畢奧神父白天會戴褐色的羊毛手套，一方面在出血時能吸血，另一方面也不會讓別人看到。到了晚上，他通常改戴白色布質手套，有時到白天就全都是血，他就自己在房裡洗乾淨。他會在廚房裡洗腳，不過都躲在角落，不讓別人看見他的傷口。因為肋旁的傷也會不斷出血，所以包住那裡的布他一天要換兩到三次……這些小亞麻布是由附近的人提供的……他用胸前帶子蓋住這塊布……」[38]

聖傷不僅不斷出血，讓畢奧神父必須頻頻清理、更換衣物，也真的造成疼痛。人家常問他：聖傷會不會痛？他總回答說：「你以為天主賜我聖傷當裝飾嗎？」費斯塔注意到畢奧神父無法把手握緊，即使腳部只是輕微受壓，也會疼痛無比，他也提到走路對畢奧神父來說其實相當痛苦。有位美國神父曾問及聖傷的疼痛情形，畢奧神父跟他說：「週四晚到週五最痛。」[39]

畢奧神父聖傷的特色之一，就是流出的血會發出馨香。事實上，有些人還說這些血異常「光亮」，彷彿有光從裡面透出來。關於聖傷之血的馨香，費斯塔醫師寫道：「我第一次去拜訪畢奧神父時，從他肋旁拿了一塊沾滿血的布，帶回羅馬用顯微鏡檢查。我是個嗅覺不佳的人，當時沒發現什麼香氣，可是跟我從聖若翰．羅通多同車回羅馬的人聞到了，其中還包括一位有名的官員。他們並不知道我箱子裡放了這塊布，但即使汽車廢氣沖天，他們還是聞到了那股香氣，跟我說那味道就跟畢奧神父發出的馨香一模一樣。回到羅馬很久之後，那塊布還是一直發出香氣，我把它擺在我研究室裡，結果香氣不僅充滿全室，還溢了出去，好多病人都跑來問我這股香氣是怎麼回事。」[40]

這些證言誠然可貴，有個問題還是沒有解決：該怎麼從科學的角度解釋畢奧神父的聖傷？被本篤神父問了這個問題之後，羅馬內利醫生答道：「就我所知所學，我只能說這些傷口跟一般的傷口不同……我無法用任何臨床標準分類這些傷口，但我也不想信口就說那是『聖傷』，因為這個判斷已超出醫生能力範圍。」[41]另一方面，比納米醫生的看法則是：畢奧神父的傷口是「精神異常」的產物，「皮膚神經之所以多處壞死，可能是無意識之心理暗示作用所致，並以人為方式繼續維持——使用化學藥物（即畢奧神父用來消毒傷口的碘酒）。」[42]至於身為虔誠天主教徒的費斯塔醫師，則是毫不猶豫地說畢奧神父的傷口是聖傷，是天主所賜的。

雖然比納米醫生認為畢奧神父的傷口是精神異常所致，但這種看法其實很難成立。沒有證據顯示畢奧神父精神異常，這是眾所周知的事，相反地，每個認識他的人都說他很開朗、平和、理性。雖然有些人說他年輕時嚴重的胃病、呼吸道問題也是精神官能症的某種表現形式，可是這些毛病難道不可能是因為過敏嗎？畢竟從哪方面來看，他都不像個精神異常的人，沒有任何證據足以支持這種推論。

有兩個現象可以說明畢奧神父的傷口無法以醫學、心理學來解釋。第一，雖然聖傷從未癒合，但畢奧神父其他的傷都會正常痊癒：畢奧神父小時候割傷指頭，終身都有傷疤，但傷口痊癒了；43 一九二〇年代，畢奧神父也曾因為腹股溝疝氣和頸部囊腫接受手術，傷口也結疤癒合了。然而，他手、腳、肋旁的傷，卻一直沒有癒合。第二點的重要性更不容小覷：在畢奧神父死前不久，聖傷自動消失，而且連一點疤痕都沒留下。這個現象之所以值得注意，原因在於：即使是認為傷口很淺的比納米醫生，也同意傷口有傷及表皮、真皮，而根據皮膚科專家的看法，傷口只要深於表皮，就一定會留下疤痕。然而在畢奧神父的遺體上，除了手術疤痕和一些小傷疤之外，在手、腳、肋旁伴他將近五十年的重傷，居然完全癒合，消失得無影無蹤！

終其一生，畢奧神父絲毫不想對聖傷多作解釋。有人問他為什麼他手部的傷是在手掌而非手腕（因為十字架受刑人是手腕被釘），他只是聳聳肩說：「嗯，我猜大概是因為如果位置跟我主一模一樣，就僭越得過分了。」有人問是不是他太專心默想基督受難，所以才出現聖傷？畢奧說：「那你去田裡仔細好好地看著牛，用你全部的力量專注在牠身上，看看你會不會長出角來？」44

14

聖潔名聲傳遍四方

一九一九年中，畢奧神父的牧靈工作大幅進展，他多年來的心願也終於實現——義大利從戰爭中獲得教訓，重新淨化，讓靈性再次覺醒。在斷垣殘壁之中，義大利及世界各國的人民不再抱持幻想，也總算認清了戰爭的殘酷。許多十八、十九世紀的政治哲學家曾經相信：不需神或宗教的幫助，世界也會越來越好，而人類也終將建立和平、公義、博愛的烏托邦——現在，這個夢想徹底粉碎。雖然有些人想藉著享樂來療傷止痛，但另一些人則深深體驗到了人類的無助，轉向宗教尋求意義。

畢奧神父聖傷的消息在戰後迅速傳開，渴慕宗教的氛圍亦提供了沃土。很多人引頸企望一位真正接近上主的人、一位能回答生命問題的人。他們厭倦了俗世哲學家含糊、相對主義的答案，也不再滿意神學家們艱澀難解的教理，他們盼望有人能明確告訴自己該怎麼活，又該怎麼認識神。就在此時，有謠傳說某人身上帶著基督的傷口。對許多義大利人來說，聖傷代表上主揀選了一個人、在他身上留下了記號，是親近上主的鐵證。這樣的人能為人解惑，更值得人不遠千里前來求道。而對越來越多的人來說，這個人就是皮耶垂西那的畢奧．佛瓊內神父。

直到一九一九年三月，本篤神父才終於有機會來到聖若翰．羅通多，檢視畢奧神父的聖傷。一九一八年九月底時，奧斯定神父已發現畢奧手上有「斑」，到了此時，本篤神父寫信跟他說：「那不是斑，也不是污點，而是真正的傷口，直透手、腳……肋旁也的確有傷，流出血或血色液體。週五流血。」[1]

雖然本篤神父要求保利諾神父「嚴守秘密」，但畢奧神父聖傷的消息還是傳開了。保利諾雖然對妮娜．坎帕尼磊未能守密十分不快，但他自己其實也按捺不住，把這件事告訴了他在佛吉亞的姊妹雅煦妲。雅煦妲顯然也未能守密，因為在一九一九年五月的第一個禮拜，雅煦妲的朋友費耶洛（Faiello）太太就帶了兩個女兒來會院，求見畢奧神父。

費耶洛太太來的第二天，佛吉亞地區不同城鎮來了一大群人，也要求見畢奧神父。接下來幾天更多人跑來，其中有位男士說他原本眼盲，但在畢奧神父祝福他之後，他就重見光明了。不久之後，他還把自己被治癒的事告訴了媒體。

於是在五月廿五日，路切拉（Lucera）的一家報社報導說：由於「有位具有聖潔之名的卑微弟兄」，聖若翰．羅通多「變得聞名全義」。[2] 沒過多久，其他報社也報導了畢奧神父的事，結果，以保利諾神父的話來說：「開始有洪水般的人潮湧入會院，讓我們從此不得安寧。」[3]

這位院長一開始大惑不解，因為「我們那時完全不知道其他報紙說了什麼……我們在會院裡只讀天主教報紙，而那些報紙都很謹慎，完全沒有報導這些事。所以看到一下子有那麼多人跑來，我們實在很吃驚。」[4]

在此同時，本篤神父也請來了路吉．羅馬內利教授，在五月十五、十六日兩天正式檢驗畢奧的聖傷。但不幸的是，剛被派來的拉斐爾神父將報告的部分內容透露給拿坡里的《晨報》（*Mattino*），後者馬上做出報導。

本篤神父聞訊大怒，痛斥保利諾神父，訓誡他洩漏機密消息給媒體可能激怒教廷。他也對拉斐爾神父大發雷霆，斥責此舉不僅不妥，而且非法，甚至還威脅要將他趕出會院。最後，「在這極大之罪的痛苦下」，本篤神父禁止會院裡任何人透露畢奧神父的事：「這樣做不僅有損修會清譽，也對畢奧神父有害。」[5]

除了卅七歲的拉斐爾神父之外，聖寵之母會院此時還多了四名神父，他們都跟拉斐爾神父一樣，剛剛從軍隊退役，他們是：聖馬爾谷．拉米斯的普拉西多神父（Padre Placido），卅三歲；米拉貝洛（Mirabello）的巴西略神父（Padre Basilio），三十歲；聖艾利亞阿皮亞尼西的達瑪蘇神父，三十歲；以及羅悠的亞納大削神父（他曾在神學院裡與畢奧神父同窗），卅三歲。他們抵達會院不久，都被指派了工作。

現在，聖寵之母會院與教堂的生活，變得以畢奧神父的牧靈工作為中心。保利諾神父發現「信件如雨般落下」，會院裡要特別撥出一個房間處理信件，由拉斐爾神父負責。其他神父則要用大部分的時間聽告解——因為畢奧神父的關係，告解聖事的需求大幅增加，大部分告解者為女性。畢奧神父除了負責管理祭衣房之外，也聽所有男性信眾的告解，而女性信眾的告解則由五名會院弟兄共同分擔。

春天將盡之時，男信眾們要向畢奧神父辨告解，已經得排上兩個禮拜的隊，由於聖若翰．羅通多並無旅社，很多人甚至得在外頭露天而眠。讓保利諾神父相當驚訝的是：居然有這麼多農民為了見「天主之人」一面，願意先把莊稼擱上兩個禮拜。此外，由於鄰近的加冕聖母（Our Lady Crowned）朝聖地、總領天使彌額爾朝聖地久負盛名，朝聖者本來就不少，當他們聽說聖傷的事之後，便也順道來會院拜訪畢奧神父，人潮越來越多。

到了夏天，會院裡已是人山人海。據保利諾神父形容：原可容納兩百人的小教堂，現在已被各色人等「佔領」——不只是農民，連醫師、律師、記者都紛紛湧入。其中有不少人相信自己的病能被治好，也有人覺得自己被附身了，希望神父能為他們驅魔，而當然，看熱鬧的好事之徒也很多。[6]隨著人潮湧入，扒手也紛紛出現，而且不只在外頭行竊，甚至還扒到教堂裡來，連畢奧神父都被偷——一九一九年四月，他向本篤神父抱怨他的日課經被偷了。

前已述及，會院弟兄的衣物都會送到鎮上洗，而現在，畢奧神父每次把內衣、睡衣送洗，便有去無回，但人家會送套新衣物來代替，弟兄們不久後發現：畢奧神父的舊衣服被剪成小塊販售。尤有甚者，鎮上的商人還會把布塊沾上雞血，偽稱為沾有聖傷之血的布來賣。狂熱份子有時還會溜進祭衣房，剪下他們認為是畢奧神父曾用過的長袍、祭衣，最誇張的是，他們把畢奧神父坐過的椅子拆開，掏出裡頭的稻草收藏！此外，人潮多了，衝突也多了，有些人為了告解排隊的事大打出手，於是警方也被派來維持秩序。每當畢奧神父現身，警察就得將他團團圍住，免得信徒剪下他衣服的後襬！

畢奧神父常常一天工作十六個鐘頭，大部分時間都用來聽告解，晚上也常要回屬靈女兒的信，有時還回到凌晨一點，結果他往往一天只能睡上兩個多鐘頭。不過，畢奧神父不但不在意，還很高興有機會引領靈魂歸向基督。在一封寫給本篤神父的信中（本篤責怪他不像以前那麼常寫信給他了），畢奧談了談自己的心境：「我現在沒一刻得閒，整天忙著將弟兄們救出撒殫之手。我請您別怪我沒像關心別人那樣地關心您，因為我覺得最大的愛，莫過於將靈魂從撒殫手中釋放，讓他們歸向基督。這正是我現在在做的事……沒日沒夜地做……」[7]

畢奧神父不只一次跟保利諾神父開玩笑，要他一起分擔「行奇蹟」的責任：有天晚上畢奧神父去會院門口應門，有個農夫說他想找「那位會行奇蹟的弟兄」，畢奧偷笑，把那位農夫帶到保利諾神父的房間，然後躲在門外偷聽。那農夫跟保利諾說：「弟兄，我的馬被偷了。聽說您無所不知，請告訴我，是誰偷了我的馬？」保利諾答道：「要是我跟你說誰偷了你的馬，你一定會去興師問罪，甚至揍人家一頓吧？這可不行。但我還是想幫你，仔細聽聽我說的話，回去好好想想，俗話說：『知道你習慣的人，最能趁虛而入。』」

八天之後，那位農夫高高興興地回來，帶了塊乳酪給保利諾神父當禮物。他跟保利諾說：「弟兄，我回家之後好好想了想您的話，我仔細想：到底有誰知道我那天在田裡呢？我想到一個人，馬上跑去他家跟他說：『你偷了我的馬對不對？那個會行奇蹟的弟兄全都跟我說了。』我才說完他就認栽，乖乖把馬還我。」

於是，保利諾之後也常跟畢奧開玩笑說：「老畢啊，不只有你會行奇蹟。我也會！」[8]

無論如何，保利諾神父現在被工作壓垮了。有一次他忍不住跟畢奧抱怨說，每天來這麼多人，「讓我們一點自由時間都沒有，事情多到做不完，根本沒法休息」，但畢奧答道：「我實在很驚訝你會說這種話！……你應該很清楚神父得花多大力氣，才能讓一點點人進教堂聽天主的話吧？要讓人來告解更不容易，他們常常要賴到不能再賴時才會來告解。現在看看，我們什麼都沒做，天主就賜下恩寵，讓這麼多教友到我們這邊，結果你還要抱怨？難道你想放這些靈魂自生自滅，不引領他們與天主和好嗎？我們就認真工作，感謝天主吧！是祂讓我們為祂的光榮、靈魂的益處而工作的。」[9]

然而世事總難盡如人意，批評與不滿還是有的。聖若翰．羅通多的教區神父對畢奧鵲起的聲名尤其抱有偏見。很多人不再去堂區教堂，轉而跑來聖寵之母教堂望彌撒、辦告解，把總鐸若瑟．普倫西培及其同工晾在一邊，還說他們是靈性淪喪的偽君子。

畢奧神父最早、最激烈的批評者之一，是一位叫若望．米西歐（Giovanni Miscio）的神父，他當時卅三歲，在小學當老師。他從一九一九年起即四處投書，指控會院弟兄「為了賺錢而吹捧畢奧神父」，而且他不僅投書報紙，還寄信給加依亞迪總主教、嘉布遣會總會長，甚至投書梵蒂岡。他說這些嘉布遣會士根本唯利是圖，連這位聖傷神父穿過、用過的東西都拿來兜售。

某些政府官員也來意不善，其中之一是內閣閣員弗拉卡克雷達（Fraccacreta）。弗拉卡克雷達是共濟會員，對所有的組織宗教都不具好感，他家鄉聖瑟維洛有個叫魯比諾（Rubino）的教士，正好非常推崇畢奧神父。某個禮拜天，魯比諾在講台上宣布：因為畢奧神父的感召，弗拉卡克雷達信主了！但事實上，信主的是與弗拉卡克雷達同名的姪子。在弗拉卡克雷達本人聽說這件事後，二話不說就跑去揍魯比諾。六月時，弗拉卡克雷達向內政部長抱怨，強烈指控嘉布遣會在弄一場「鬧劇」，要求警方介入，取締「這骯髒的生意」。

雖然政府後來還是沒有干涉，但本篤神父已覺得有必要採取行動，以免落人口實。由於米西歐指控尼各老弟兄藉畢奧而非修會之名化緣，本篤令尼各老此後不得離開會院托缽，只能坐在教堂角落接受信徒奉獻。本篤也派更多人護送畢奧從祭衣房到教堂，並請警方在神父舉行彌撒時讓祭壇淨空，不讓群眾湧入。此外，弟兄們也奉命在談及畢奧神父時，言詞務必「審慎保留」。

到目前為止，畢奧神父都還能在相對自由的情況下進行牧靈工作。上午聽告解，中午主持大禮彌撒，彌撒結束後就待在祭衣房裡，讓無法跟他辦告解的女性信眾吻他的手、跟他說幾句話。除此之外，他也獲准每天幾次在窗口為那些擠不進教堂和祭衣房、只能待在院子裡的人降福。但也因為如此，城裡的教區神父說會院根本是在作秀。

一九一九年春、夏兩季發生了多次「奇蹟」，雖然本篤和保利諾都試著保密，消息還是傳了開來，甚至上了報紙。其中之一跟聖若翰．羅通多的一名智障者有關，也有保利諾神父作證。這位老人名叫法蘭切斯科．桑塔雷洛（Francesco Santarello），不僅智能遲緩、容貌古怪，而且足部畸形，無法行走，只能靠小枴杖在地面膝行，常常拖著身子上山，到會院討些麵包和湯水，是會院的常客。鎮上有些壞孩子很愛欺負他，有時甚至會故意把枴杖踢走，看他倒在地上取樂。

有一天，桑塔雷洛又到了會院門口討錢，當時一大群人正聚在那裡，等著畢奧神父出現和進教堂。在畢奧經過的時候，桑塔雷洛對他高喊：「畢奧神父，祝福我吧！」

畢奧停也不停繼續走，但看著他說：「把你的枴杖丟掉！」

桑塔雷洛楞在那裡，動也不動。於是畢奧停下腳步，對他叫道：「我說：『把你的柺杖丟掉！』」然後一句話也不多說，走進教堂主持彌撒去了。

這時，桑塔雷洛當著好幾十個人的面，把柺杖丟掉，生平第一次起身走路。鎮民們目瞪口呆，因為不過才幾分鐘前，他還只能蹣跚膝行！

這次事件之後，桑塔雷洛還活了好一段時間。他從此再也沒用過柺杖，只用手杖支撐就能走路。由於桑塔雷洛的身體並無實質變化（他的腳還是一樣畸形），智能也毫無進展，所以米西歐和其他教區神父說這根本不算奇蹟。然而，對這位老乞丐和認識他的人來說，他光是能起身走路就已是奇蹟了。[10]

也是在一九一九年時，卡洛．納爾第（Carlo Naldi）神父遠從佛羅倫斯帶朋友來聖寵之母會院，他的朋友是猶太人，名叫雷洛．沛納（Lello Pegna）。納爾第神父說他這位朋友最近失明了，希望畢奧神父能為他代禱，求上主醫治他。

有點可惜的是，當時沒人記下這位先生為什麼失明，是因為白內障？意外事故？戰爭受傷？還是疾病？沒人留下記錄。見證者之一的保利諾神父，對這件事也只交代了短短幾句。但毫無疑問的是：當沛納來會院之時，他的雙眼的確全盲，吃飯時得有個人幫他把盤子挪到前面，幫他切麵包、切肉，把酒杯放到他手裡。

畢奧神父歡迎沛納的到來，但也跟他說：「除非你的靈魂先接受光明，否則天主不會賜你肉眼光明。你要先去領洗，天主才會讓你恢復視力。」

幾個月後，沛納回來了，但這一次他沒戴墨鏡。他說儘管家人反對，他還是受洗成為基督徒了。由於他的視力沒有馬上恢復，所以他一開始其實有些失望。但幾個月間，他的視力逐漸恢復，跌破了一堆醫生的眼鏡。他們本來都覺得他不可能恢復視力了，但現在卻不得不承認他的眼睛健康如昔。保利諾神父後來一直跟沛納保持聯絡，三十年後，他的視力依舊沒問題。[11]

我們手邊還有一封保利諾寫給本篤的信，裡頭提到兩件他認為是奇蹟的事。一九一九年六月，一名自稱是「卡里（Cagli）總鐸的姪女」的女士來找畢奧神父，請他代求醫治。她有長短腳，短的那隻幾乎碰不到地。才剛跟畢奧神父說完沒多久，她就能雙腳平均著地，正常走路了。據保利諾神父所述，當場有很多人都可以作證。[12]

同月還有另一件更驚人的治癒奇蹟發生。有位名叫瑪利亞・史考托迪費斯塔（Maria Scotto-Di-Festa）的女子，四十九歲，來自拿坡里，右腿已麻痺十八年之久。在拜訪畢奧神父、請他為自己祈禱之後，她就坐車回家了。結果還沒到家，她就覺得麻痺的那條腿有了感覺；才到佛吉亞，她就能自己走出車子，不用別人幫忙了。無論是她或是與她同行的友人，都對此大感驚奇。[13]

除此之外，還有不少超自然事件的報告。附近托雷馬糾內鎮（Toremaggiore）的一名陶匠說：有天晚上他的窯怎麼點都燒不起來，他一氣之下「罵了句很難聽的髒話」，就在此時，畢奧神父居然現身在他面前，斥責他不該這樣講話，並隨手讓窯燒起來了！驚訝之餘，他也嚇出了一身冷汗。[14]

還有很多人說，他們的生命態度因為畢奧神父而改變，其中之一是卡爾・克魯基斯特親王（Prince Karl Klugkist），一位流亡於佛羅倫斯的中年俄國貴族，平日以作畫為生。他對東方宗教與密契主義相當著迷，讀了拿坡里《晨報》上羅馬內利的報告後，他深感興趣，很想會會這位聖若翰・羅通多的「師父」。到了會院之後，他馬上詢問能否跟這位「聖人」談談。他後來很詳細地描述了初次見面的情形：「我興沖沖地用力把門打開，差點撞上一位嘉布遣會士。他那時坐在椅子上，兩手交叉靠在另一張椅背上，身旁跪著一位鎮民，正跟他辦告解。這嘉布遣會士緩緩抬起頭來看我，他就是畢奧神父！」

當時房裡全都是人，從門口排到房間另一頭，克魯基斯特還聽到有些人想擠過警察，彼此發生口角，所以他默默站到牆角去等著辦告解。不過，他發現自己完全被畢奧神父吸引住了，覺得無論是畢奧神父的神情或是氣質都美得不可思議。克魯基斯特說：「我能從他的表情看出，他全神貫注在聽告解者說話……他不是用肉眼在看告解者，他全身像是僵住了一樣，動都不動，那雙交叉的手更是如此。聽完告解之後，他才彷彿又活了過來，用清晰、充滿關懷的聲音對人家說話。他一開口，表情就完全變了，彷彿他所有的注意力都是隨著他的心境變化一般。在此之前，似乎有光照在他的頭和身體之上，但他一開口，那道光似乎就消失了。」

克魯基斯特也提到一個很有趣的現象，這也是唯一一則提到畢奧神父說「異語」（方言）的實例：「他緩緩地用喉音吟誦神秘的禱文，似乎是一種我不懂的東方語言。我記得有些詞不斷出現，如『阿戴．南達』（Adai nanda）和『南達』（nanda）。這奇特而神秘的禱文大大引起了我的好奇，我很後悔沒能請他解釋一下。」

說完這段奇特的語言後，畢奧神父「抬起雙眼，面容放光，赦罪的神態格外莊嚴。」約有六個人排在克魯基斯特之前，有位神父還想看看畢奧神父的聖傷。

畢奧神父斥責他說：「多默，你要看到、摸到才願相信嗎？」[15]不過，畢奧神父還是伸出手讓他看，也讓他親吻傷口。

輪到克魯基斯特告解時，他對畢奧神父說：「我來這裡，就是希望能跟您好好聊聊。」

沒想到畢奧神父說：「先生，我沒辦法特別撥出時間跟你多聊。你想說什麼，就趁現在告解時說吧。」於是，克魯基斯特開始雜七雜八地跟他說起話來：「我一下子說說這個，一下子說說那個，犯的罪、冒的險、研究的東西，什麼都說。但即使如此，畢奧神父還是聽得很專心，不過他一直沒看我的臉……我邊說邊觀察他，越來越相信他真的是位聖人，也越來越為他著迷。我會這樣想，並不是因為他在這過程中做了什麼、說了什麼，只是感受到在他虛弱的肉體之內，還有某種無限、更高的東西。我不知道是不是因為我說話太沒章法，他有時會輕歎一聲，傾身向左靠著，撫弄左手滲血的傷口。另外，他也好幾次無意識地吹吹雙手，彷彿被火燒到一樣。我差不多講了十分鐘左右，要不是及時想起後頭還有別人在等，而且想到神父這麼好心，我實在不該得寸進尺，我可能還會沒頭沒尾地繼續講到半夜。」克魯基斯特繼續說：「神父的回答既清楚又優美，邊說還邊帶著生動的手勢。他一句責備的話也沒說，而他對我密契經驗的篤定態度，更讓我相信他的確是位大師。我知道他不可能精研東方宗教，但他非常了解我想表達的是什麼，他對我的了解無疑是藉著自身經驗，也藉著那超越一切象徵、獨一無二的真理……他跟我說魔鬼引起的妄想有多危險，而結論歸納起來就是：『**你在尋找真理，但其實你已經找到它了。**』」

最後，畢奧神父吟誦他那「神秘的禱文」。據克魯基斯特的說法，畢奧神父的「心思似乎沉入這些神秘言語所出的深淵。接著……他的整個存在都因內在之光而發亮，他似乎在那光中被無以名之的崇高者吞沒，而那崇高者藉他之口賜下了赦罪。」

當克魯基斯特親吻畢奧神父的手時，他聞到「傷口冒出濃郁的香氣」，而在離開之時，他的結論是：「我覺得自己面對的是神聖的『我』（divine Ego），惟有在畢奧神父身上，我嗅不出一絲凡俗之氣。」克魯基斯特說，其他靈性導師「只是或多或少沾上了神聖的邊，但他卻完完全全是神聖的工具。他已達到了與神聖結合的境界。」[16]

克魯基斯特後來在羅馬加入聖三修會（Trinitarian Order），成為「畢奧弟兄」，最後晉鐸成了神父。他後來也成為公認的聖者，於一九四八年在加拿大的哈理法克斯（Halifax）去世，享年七十七歲。

另一位因畢奧神父而人生改變的人，一開始也是從拿坡里《晨報》上知道他的事。很有趣的是：他讀到的報導其實是則烏龍奇蹟。

同年早春時期，有位叫安東尼歐・柯隆內羅（Antonio Colonello）的退伍軍人拄著枴杖來到會院，說他的腳傷一直治不好，希望能請畢奧神父幫忙醫治。結果才到會院，他馬上就宣布自己被治好了。保利諾神父要求他接受三名醫生的檢查，柯隆內羅也相當配合，繼續宣稱腳傷奇蹟痊癒。但檢查的醫師跟保利諾神父報告說，柯隆內羅的傷口至少已經結疤六個月了。於是保利諾進一步寫信跟柯隆內羅的醫生查證，結果發現：他的傷已經好了六個多月了。也就是說，無論目的為何，柯隆內羅應該只是想引人注意而已。[17] 然而，在這則「奇蹟」的真相被揭露之前，《晨報》已經迫不及待報導出來了，而且還用了很大的篇幅。

結果，這則報導被二十六歲、一事無成的艾曼紐爾・布魯納托讀到了。布魯納托生於一八九二年九月九日，家境良好。他是位個性複雜但有趣的人，非常聰明，甚至帶點狡猾，時而固執、時而善變，但對人十分忠誠。他在慈幼會（Salesian Order）中接受教育，也一度動念想當神父，但進入青春期後便與教會漸行漸遠，發現自己還是對金錢和性較有興趣。他成了玩世不恭的紈绔子弟，既無心工作也無意繼續求學。有一天，他夢到過世的父親伸手祝福他：「他的臉放出難以言喻的靈性之光，要我跪下。我遵命跪下了。他把雙手放在我頭上，就在那當下，我感到他手裡流出了溫暖，如液體一般穿透我的肉體與靈魂。」[18]

布魯納托醒來之後，回想了這個夢一下子，隨即抛之腦後，繼續荒唐度日。然而，他讀到《晨報》上柯隆內羅的報導之後，立刻有股衝動想去見畢奧神父。那時他人在拿坡里，跟一名女子同居，「跟最底層的妓女廝混，過著墮落的日子」。但在讀了報導之後，他開始捫心自問：我真的無藥可救了嗎？不！他馬上這樣告訴自己，因為神「之所以將我抛向陰溝，就是要讓我認清自己的軟弱與罪過，祂已為我預備了救贖的道路，從遠方召叫我」。布魯納托寫道：「畢奧神父的事不斷盤旋在我腦海。我想立刻去見他，但身上盤纏不足。」

於是布魯納托去打零工賺了點錢，夠他坐公車到聖瑟維洛，然後再花十小時夜行至聖若翰・羅通多。他說：「那晚月色皎潔，我穿過一個荒涼、寂寥的山谷，一個人、一隻動物都沒遇到。火山岩在月光照射下顯得格外慘白，宛如死城廢墟。到處都是老樹的扭曲枝枒，有如鬼影。我彷彿把自己的人生又過了一次，頓悟自己正由長夜走向光明。」

破曉之時，他終於見到了荒山上的聖寵之母會院。進去之後見到一位弟兄，坐的姿勢跟克魯基斯特描述的一模一樣，旁邊跪著一個農夫，正跟這位神父辦告解，屋裡也是滿滿的人在排隊。布魯納托問身旁的人說：「這就是畢奧神父嗎？」那人跟他說是。

沒想到這位聽告解神父馬上轉頭瞪他。布魯納托說：「他盯著我看，眼神既犀利又憤怒。」

布魯納托只覺這人長相粗魯，神情凶惡，一把鬍子雜亂無章，不禁自問：「這真是個聖人嗎？怎麼長得活像江洋大盜？又為何這樣狠狠瞪我？老子把錢花光跑來，居然就是為了看**這種人**！這可真划算！」布魯納托覺得大為失望，馬上跑了出去，他說：「對那時的情形，我只有模糊的記憶。反正我瘋了似地衝出祭衣房，回過神來已身在院子裡，那裡只有我一個人，四周都是圍住園子的籬笆，我蹲坐在地抓起一把石子，痛哭失聲，像個受傷的孩子。『我的主啊！我的神啊！』我掏出了自己的靈魂，悲痛與希望在心中交織翻騰，那種感受我實在難以形容。」

哭完之後他又進去會院，這次發現只有畢奧神父一個人在屋裡，神父在等他。他的表情完全變了，現在看來「美得超凡絕俗，放出難以言喻的喜樂。雖然他的鬍子還是雜亂無章，但他的眼神充滿了愛」。畢奧神父一句話也沒說，用手指示意要布魯納托跪下。布魯納托回憶道：「過去的記憶如洪水一般從我嘴裡湧出。從年少到今天，我到底犯了多少錯，又做了多少醜事啊！要不是神父阻止，我可能會說個沒完，他跟我說：『你在戰時有告解過，天主當時已寬恕了你，把那些罪一筆勾消了，那些你不用再提。只要講在那之後犯下的罪就可以了。』」

布魯納托說畢奧神父不僅幫他回憶起罪過，也用「簡單明瞭、充滿同情」的方式給了他建議，而「在他要赦罪時，他重新開始了好幾次，彷彿在跟我肩上看不見的魔鬼對抗。赦罪經不斷中斷，又重新開始……他口中冒出玫瑰和紫羅蘭的濃郁香氣，我就浸潤在那當中。最後，似乎有千斤重擔從我身上挪開，我終於站起身來。」

布魯納托請畢奧神父為他祝福，「他輕輕地用包著半掌手套的雙手放在我頸上。就在那時，我感到他手中流出了溫暖，像是一股神秘的液體，就跟我三年前在那場夢裡感受到的**一模一樣**！那種溫暖跟我父親在夢裡給我的**一模一樣**！」

回到拿坡里幾天之後，布魯納托又有了一次奇特的經驗：「過去的人生突然像電影一樣，一幕一幕出現在我眼前：所有冒過的險、犯過的罪，所有的傷心、快樂、恩賜、聖寵、逃離、回歸，全都依序出現，那真是一生難遇的奇妙經驗，我才發現聖母一直在保護我。我這樣怔怔地過了好幾個鐘頭，像個觀眾一樣，為這部關於我人生的電影落淚……但有一件事我十分清楚：這部電影的放映人是畢奧神父。」[19]

不久之後，布魯納托又回到聖若翰．羅通多，在鎮上墳場旁的小屋住了下來。他在那裡養兔子和雞，其餘時間都用來祈禱和默想。後來他被聘為老師，分配到會院裡的一個房間。在時辰祈禱之時，他總待在誦經席裡畢奧神父身邊，有時候打瞌睡，就會被畢奧神父輕輕搖醒，開玩笑問他說：「祈禱時打瞌睡，你要怎麼進天堂？」有天院長建議布魯納托也出家當弟兄，結果他還沒答話，畢奧神父就在一旁揮手說道：「不！不！不！不！」[20]

在接下來十年及更長的日子裡，布魯納托在畢奧神父的生命中扮演了相當重要的角色。

克魯基斯特和布魯納托的經驗，其實也是很多人的共同經驗。有些人跟克魯基斯特一樣，說畢奧「放射出內在之光」；也有些人跟布魯納托一樣，在接觸過畢奧神父之後，看到過去的人生一幕一幕在眼前流過。此外，幾乎每個見過畢奧神父的人都說：他能用簡單明瞭、充滿同情的方式給他們建議，讓他們知道該怎樣緊密與神同在。他們也都相信，畢奧神父傳達了神對他們個人的旨意。許多人的生命都因為他而戲劇性地發生轉變，從此跟隨基督，這些人的故事在在證明畢奧神父的確是位聖潔又有影響力的人。

一九一九年夏秋之交，對畢奧神父來說鐵定相當難熬。除了聖傷、人潮、失去隱私之外，他在八月時還接受了長達一週的檢查，由梵蒂岡派來的羅馬大學阿米柯・比納米醫生負責。同樣是檢查聖傷，羅馬內利是虔誠的天主教徒，在檢查之前還先請畢奧神父為他祝福，[21]比納米則不然，他是無神論者。如前所述，比納米醫生認為聖傷是「精神異常」造成的「皮膚神經壞死」。[22]他也認為傷口之所以久不癒合，是因為畢奧神父不斷用碘酒擦拭、消毒傷口。他建議保利諾神父「當著兩位見證者的面包紮好傷口，加以封印，並在兩位見證者監督下連續檢查封印八天，以確認傷口在此期間未受任何接觸」，八天之後，再仔細檢查傷口一次。比納米認為在封印傷口八天之後，傷口應該會開始癒合。

保利諾遵照指示做了。第八天時，三位負責包紮畢奧神父傷口的弟兄宣誓作證：「第一，八天期間傷口狀態不變，但最後一天特別鮮紅；第二，所有的傷口每天流血，最後一天出血量尤多。在包紮傷口時，我們未做任何醫療處置……雖然我們全然信賴畢奧神父，但為了避嫌，我們還是取走了我們放在他房裡的所有碘酒，一小瓶都不留。」[23]

比納米對這份證詞的回應如何，沒有留下紀錄。他之後沒有再來看過畢奧神父，但有傳言指出，幾年後他中風時，曾請畢奧神父為他祈禱。畢奧神父之後沒再用碘酒，但他的傷口也仍舊沒有變化。

不過，醫學檢查並未就此告終，嘉布遣會總會長維南神父也派了醫生來：一九一九年十月，喬吉歐・費斯塔醫生受託檢查畢奧神父的聖傷，隔年七月，又再次與羅馬內利醫生共同檢查。

一九一九年夏，嘉布遺會舉行大會，伊斯基泰拉（Ischitella）伯多祿神父（Padre Pietro）獲選接任本篤神父的省會長一職；保利諾神父調往傑蘇阿爾多的會院，聖寵之母會院原職由聖馬爾谷・拉米斯的樂倫神父接任。

一九二〇年春，嚴規方濟會士奧斯定・杰梅禮神父來訪。他是傑出的醫生、心理學家、神學家，也是米蘭天主教大學的創辦人與校長。杰梅禮微禿、大鼻、小耳，當時四十二歲。他是米蘭總主教阿契磊・拉提（Achille Ratti）的好友，後者不久便獲選為教宗，即碧岳十一世。

杰梅禮於四月十八日抵達聖寵之母會院，告知樂倫神父自己受命來檢查畢奧神父的聖傷，派他來的是梵蒂岡專司捍衛信理、裁決異端的教廷法院。後來在一九五二年七月，杰梅禮寫信跟英國神父濟利祿・馬丁達爾（Cyri C. Martindale）說：「我仔細檢驗了畢奧神父及其聖傷。檢驗聖傷期間省會長也在場。我不記得教廷法院命令的確切用詞，因為幫羅馬教廷法院做事，我沒有留紀錄的習慣，而且我會試著忘記給我的命令內容。」[24]

但能肯定的是：這個檢驗根本沒有進行。為證明這一點，我們有本篤神父、布魯納托和弗圖納托神父（Padre Fortunato）的證詞，在杰梅禮與畢奧會面的時間，這三個人都在場，而且連杰梅禮神父自己都說，他跟畢奧從未獨處過。事情的真相似乎是：杰梅禮曾寫信給新任省會長伯多祿神父，告訴他自己要前往聖若翰・羅通多檢查畢奧神父。伯多祿神父回覆說：如果杰梅禮想檢查畢奧神父，得先獲得羅馬嘉布遺會總會長的授權（在畢奧神父後半生中，這也是他長上們的固定政策）。於是杰梅禮向伯多祿保證，他是為了「私人及屬靈原因」去拜會畢奧神父。

然而杰梅禮一抵達會院，就急著要進行檢查。在被要求出示書面許可時，他回答說：「好吧，我只是想見見畢奧神父而已。」於是他被安排在祭衣房跟畢奧神父見面。

祭衣房的這次會面，一共有五個人在場：杰梅禮、畢奧、本篤、布魯納托和弗圖納托。本篤堅稱這次會面只有短短幾分鐘，他也記得杰梅禮對畢奧說的話相當無禮：「我建議你治好自己的傷。」本篤說畢奧覺得很煩，馬上請杰梅禮離開。布魯納托也說這次會面約莫只有三、四分鐘，他還記得畢奧問杰梅禮是否有取得檢視聖傷的許可，杰梅禮才開口說：「沒有書面許可，可是……」畢奧就馬上打斷他：「我也沒被授權讓你看傷口。」之後立刻拂袖而去，杰梅禮則在後頭對著他吼：「沒關係！我們會再見面的，畢奧神父！」[25]

這次會面是一九二〇年，雖然本篤和布魯納托都要到十年之後才寫下這次會面的情形，但他們的紀錄還是比杰梅禮寫給馬丁達爾的信早了二十年。一九五二年時，杰梅禮都七十四歲了，也許他那時已記憶有誤。如果對他公平一點，或許可說他當年大概覺得有教廷法院口頭授權，便足以進行調查；也可能他完全沒想到沒有嘉布遣會長上的授權，畢奧神父跟其他人竟然會拒絕合作，所以當時才會那麼失態。

不過，杰梅禮似乎的確曾就畢奧神父的聖傷，寫了份報告給教廷法院秘書長樂法．梅瑞．德爾瓦爾樞機（Rafael Cardinal Merry Del Val）。但就算真的有這份報告，它也從未公開。然而在一九三一年時，聽到嘉布遣會阿維里諾的路易神父讚美畢奧神父，彌額爾．雷卡樞機（Michele Cardinal Lega）這樣對他說：「要是你看過杰梅禮的那份報告，你一定會對畢奧神父改觀。」而當路易神父追問報告內容時，雷卡樞機說他被禁止透露內容，但很篤定地再次重申：「那很恐怖。要是你看了，一定會對畢奧神父改觀！」[26]

杰梅禮神父似乎認為所有聖傷者都是騙子。雖然一九二四年聖方濟領受聖傷七百週年時，杰梅禮曾為文肯定聖方濟的聖傷是真的，但他也將此後所有聖傷者斥為精神異常。不過也有謠傳指出，在他於一九五九年過世之前，曾說從一九二〇年到現在，他對畢奧神父的看法「多少改變了點」。

無論杰梅禮在一九二〇年寫了些什麼，作用似乎都不太大，因為教宗本篤十五世堅定地支持畢奧神父。在杰梅禮到聖若翰・羅通多一個月前，教宗已派了自己的醫生巴斯提亞內利教授過來。巴斯提亞內利在兩位嘉布遺會神長的見證下，檢查了畢奧神父的聖傷，這兩位神長分別是：印度西姆拉（Simla）總主教安生・愛德華・若望・坎尼利（Anselm Edward John Kenealy），以及士每拿（Smyrna）的總主教若望・安當・祖契提（Giovanni Antonio Zucchiti）。檢驗據信是在一九二〇年三月廿四日進行的，雖然報告內容也未公布，但可以肯定的是，這份報告對畢奧神父的聖傷持正面態度。

接下來幾個月，教宗又派了幾名教廷官員來看畢奧神父——全都有書面授權。非常教務部（Congregation for Extraordinary Ecclesiastical Affairs）秘書長文德・切雷提（Monsignor Bonaventura Ceretti）蒙席[27]，以及奧斯定・希利樞機（Agostino Silj）都來拜訪過畢奧神父，據說也都曾檢視聖傷，而且接受其真實性。

埃及孟菲斯（Memphis）主教雅博・瓦爾波內希（Alberto Valbonesi）也在一九二〇年拜訪畢奧神父，並對其十分心儀。他跟畢奧神父談了沒多久，就說這次會面「撫慰了我多年來的痛苦」。梅爾菲與拉波拉（Rapolla）的雅博・寇斯塔主教也說：「我之所以相信畢奧神父是聖人，不只是因為他手上有聖傷，更是因為他用全部的生命榮耀天主、感召罪人。」他更總結道：「一言以蔽之：我覺得自己在和一位聖人談話。」印度安拉阿巴德（Allahabad）主教安傑洛・波里斯（Angelo Police）也在教宗鼓勵下拜訪了畢奧神父，他的感想是：「我來，我見，我被征服。[28]我一點也不懷疑：天主的手指在此。」此外，教廷國務卿伯多祿・加斯帕里樞機（Pietro Cardinal Gasparri）雖然可能沒跟畢奧神父見過面，卻早在一九一九年起就向畢奧神父祈禱，他還時常寫信到聖若翰・羅通多，索取畢奧神父的物品當聖髑恭敬。[29]

本篤教宗似乎完全相信畢奧神父是聖人。他曾和一位調查畢奧神父的人說：「畢奧神父確實是天主之人。有些人質疑這點，但你們去調查他，只會讓他更加出名。」他也曾對費南多．達米亞尼（Fermando Damiani，烏拉圭薩爾托市的副主教）說：「畢奧神父確實是位不凡的人，天主不時會派像他這樣的人來世上感化世人。」對敵視畢奧神父，將米西歐、弗拉卡克雷達等人的詆毀信件送到梵蒂岡的曼弗雷多尼亞總主教加依亞迪，本篤教宗也告誡他說：「關於畢奧神父的事，你該更謹慎一點。太懷疑不信並不是好事。」[30]

終其一生，本篤十五世都對攻擊畢奧神父的話置若罔聞。

15

小弟兄與總主教

一九一九至一九二三年，畢奧神父一直身陷種種爭議，但也在風暴之中勉力牧靈。他繼續維持單純的生活，主持彌撒、聽告解、祈禱即填滿了他的一天，除此之外少有餘暇。自一九二〇年代早期開始，他便一天工作十九個小時。但即使如此，他還是想辦法擠出時間回屬靈兒女的信，只不過信越來越短。可想而知的是，他現在更不願意增加額外的通信，對那些寫信求教的人，若上主未光照他知曉那人的靈性狀態，他通常不再回信。不過，雖然他拒絕與大多數人通信，但他還是承諾會「很努力地為他們祈禱，願他們得到光照，明瞭他們想明瞭的事」。

雖然畢奧神父大多數時間都在處理別人的需求，但他的屬靈生活似乎又更進一層。他跟很多靈性、智性卓絕的人一樣，似乎不需要太多睡眠。此外，每當他想歇一會兒時，聖傷總會更加疼痛。他曾說：「白天一件事接著另一件事，很快就過了。難熬的是晚上。我每次想倒頭睡一下，傷口疼痛就會加倍，讓人難以忍受。」[1]於是，他晚上即使能得一刻之閒，也大多會花在祈禱上面。

畢奧的屬靈生活也持續在高峰與低潮間擺盪。在感受到「人們無法成功地回應上天恩典」時，他感到尤其痛苦。一九二〇年十月，他寫信對本篤神父說：「想到耶穌送來了那麼多人，我卻沒辦法安慰他們的靈性；想到有那麼多愚昧的靈魂還振振有詞，為自己反抗至善天主的罪惡強辯，我覺得自己彷彿被鞭打、被凌虐、被處死，這已超過我心靈的負荷，我的心像是被撕成碎片……我既想活著為我流亡的弟兄們做點事，卻也想趕緊死了與我那天國淨配結合。」[2]

一九二一年十一月二十日，畢奧神父又寫了封類似的信給本篤神父：

一言以蔽之：我整個人被對神、對人的愛吞沒。天主在我心烙下了印記，我每時每刻都注視著祂，未曾移開我的視線。我欽崇祂的美、祂的笑、祂的煩惱、祂的慈悲、祂的懲罰、祂的義怒……人怎麼可能眼見天主悲傷……而不也感到悲傷呢？我看到天主將要降下雷霆，除了伸手擋住祂的手，似乎再也沒有別的辦法；在此同時，我們也要趕緊揮動另一隻手，警告我們的弟兄遠離邪惡……因為法官的手就要擊在他身上了！

除了求神所願、願神所願之外，我已無其他感受。在祂之中我總能感到平安，至少靈魂內在得以平靜。但在這外在世界，我有時真為我的弟兄感到煩惱。[3]

本篤和奧斯定持續給予畢奧支持，但畢奧現在很少有機會能跟他們見面了。卸下省會長一職後，本篤被派往羅馬的嘉布遣會總會；奧斯定此時則擔任聖馬爾谷．卡托拉的會院院長。畢奧神父還是常常去信尋求他們的建議，有時是靈修問題，有時則是日常瑣事。

此時令畢奧神父困擾的事情之一，是該如何處理人家送上的大筆獻儀。身為嘉布遣會士，他已發願安貧度日，而現在，他更不想有任何把柄讓人家說他「斂財」。本篤跟他說只要他知道奉獻人的意向，並確實為其實現，接受獻儀其實沒什麼關係。不過在人家往他手裡塞錢時，他還是常常把錢推回去，告訴對方幾位困苦之人的姓名與地址，要他們直接把錢送去。如果對方還是堅持要他收下，請他隨自己的判斷來用，他就會馬上把錢分給他知道有需要的人。

雖然本篤還是持續給畢奧建議，但他們的關係也發生了微妙的轉變：年輕的畢奧現在反倒常在安慰本篤。本篤開始做幾年前奧斯定做過的事，不斷詢問畢奧自己的靈性狀態。畢奧也盡己所能，不管有沒有獲得超感官指引，都對他這位以前的老師提供建議與安慰。

奧斯定、本篤現在不斷請畢奧代禱、提供超性指引，但對部分問題，畢奧還是覺得自己不適合回答。這兩位年長神父的信清楚說明了畢奧神父老是在面對哪種問題：奧斯定問他一位在戰爭中喪生的醫生現在在天堂還是地獄？畢奧回說：「我不知道。」本篤問他一位失蹤的弟兄下落如何？畢奧說：「我只知道我跟路加弟兄（Fra Luca）處得很好，但我不知天主對他的安排。雖然我覺得他可能不在人世了，但我希望天主不同意我不祥的預感。」天主的確不同意，畢奧神父的預感錯了：路加弟兄後來好端端地生還。[4]

在另一封信中，本篤洋洋灑灑地提出了一堆請求：「有位拿坡里醫生的女兒精神失常，祈求天主幫助她；這裡有位善心太太長期咳嗽不止，希望能得到醫治……吉拉弟兄（Fra Gerardo）的一隻手受傷了，他希望能盡快痊癒，好繼續服事天主。」本篤還有一封信是這樣寫的：「有位婦人的孩子十四歲大，智能不足，無法行動，跟個木頭沒兩樣。她希望上主能讓他開竅，至少讓他身體能恢復一點機能，不然就把他帶到天國去吧。」另一次，本篤轉寄了美金一元給畢奧，說是一位美國太太請他轉交，希望能重獲健康。還有一次，本篤是請畢奧為瑪利亞·茱塞貝娜·喬莎法妲·契亞爾迪—阿皮切里（Maria Giuseppina Giosafatta Ciardi-Apicelli）祈禱，她是聖馬爾谷·卡托拉的鎮秘書夫人，罹患絕症，但因放心不下孩子還不想死。此外，本篤也請畢奧為一位神學院的學生和若瑟·瑪利亞·波佐托（Giuseppe Maria Bozzuto）祈禱，前者罹患肺結核，後者則是聖馬爾谷·拉米斯總鐸，正因舌癌性命垂危。

大多數這類請求的結果不得而知，但契亞爾迪—阿皮切里女士在提出請求不到三個月後就去世，波佐托最後也不敵病魔辭世。畢奧神父常嘆息說上主不應允他的祈禱。

會院的日子變得越來越不平靜。伯多祿神父繼任本篤神父成為省會長後，做了不少變革。保利諾神父也被調到傑蘇阿爾多的會院（洩漏羅馬內利報告給報紙的事，他也有受到指責）。除了本篤和奧斯定之外，保利諾大概是畢奧當時最親的朋友，所以保利諾的調職讓畢奧神父「深感痛苦」，還寫信告訴他說這次別離「在（他）靈魂留下了深淵」。

在此同時，教區神父持續向梵蒂岡攻擊畢奧神父，特別是詠禮司鐸（曼弗雷多尼亞主教座堂的領職神父，不需承擔堂區牧養工作，唯一的義務是誦日課經）。若瑟·普倫西培總鐸跟他許多同事一樣，也曾向畢奧神父告解過，但他很會見風轉舵。在向畢奧神父告解之後，他曾在日記裡說自己「身在一位滿有特恩的人面前」；到了一九二○年，這位四十八歲的總鐸卻警告畢奧神父說：「詠禮司鐸對我強硬施壓要譴責你，但你卻沒幫我祈禱！」

然而畢奧說道：「如果我沒祈禱的話，情況會更糟。」於是普倫西培的態度也稍微軟化，暫時支持畢奧神父。[5]

義大利此時的政治情勢也相當不安，黨爭蔓延全國，任何騷動都會引來政治當局的強烈鎮壓。聖若翰·羅通多亦暴力事件頻傳。由於戰後經濟崩盤，義大利罷工、封鎖、勞工暴力不斷。一九一九年的國會選舉，社會主義者贏得了約三分之一的席次，而社會主義政黨與逐漸崛起的法西斯黨之間，黨爭也愈演愈烈。

聖若翰·羅通多的社會主義者屬極左翼，雖然他們不稱自己是共產黨，但曾公開表示要建立「蘇維埃政權」。他們主張將地主田產充公、重新分配，支持者也多半是占當地大多數的無田農民。一九二○年秋，他們在市級選舉中有了斬獲，而情勢也隨之惡化——法西斯黨嚴詞質疑選舉結果，衝突一觸即發。政府出動四十名騎兵、八十二名步兵維持秩序。

畢奧神父意識到情況嚴重，立刻召見聖若翰·羅通多的新鎮長，三十一歲的法蘭切斯科·莫卡爾迪（Francesco Morcaldi）。莫卡爾迪後來不斷連任，在畢奧神父的大半生中，他一直擔任聖若翰．羅通多鎮長。大家都說他是位仁厚、安靜、有禮而虔誠的人，但他也是個政治變色龍，誰掌權就往誰靠。在他死後，一位熟人說他「（在心裡）傾向法西斯主義」。畢奧要莫卡爾迪運用影響力來維持和平，敦促他說：「快去鄉間安撫大家。」

雖然莫卡爾迪盡力而為，卻終究未能避免大禍。十月十四日，社會主義者試圖攻佔市政廳，拿下義大利國旗，代之以馬克斯主義紅旗。不過，他們還未能衝進軍隊防護線，法西斯黨便加入戰局，兩派以棍棒、石頭、刀械互毆。一名社會主義者奪槍殺了一名士兵，部分士兵也開始向群眾開火，隨後，社會主義者以土製炸彈展開攻擊。一場混戰下來，有六人喪生，七人性命垂危，超過八十人受傷。

莫卡爾迪淚流滿面地跑去會院，邊哭邊說：「畢奧神父！畢奧神父！我們現在該怎麼辦？」畢奧將手放在這位鎮長肩上，對他說：「和解，孩子，大家要和解。」幾天之後，畢奧就向他提出了一套安民草案，莫卡爾迪隨即公布，也強調這出自畢奧神父的意思：

- 地方政府會更重視聖若翰．羅通多人民的心聲。
- 成立勞工處，改善農村勞工處境。
- 農業學校派員教授農耕技術。
- 成立長期撫卹委員會，幫助陣亡將士遺孤。
- 建立有手術室配備的地方醫院，提供居民免費醫療照護。
- 於城鎮、鄉間建設更好的道路系統。
- 鋪設人行道，建造公廁，修繕、更新貧民區建築（大部分為土製），以改善公共衛生。
- 建立電話網絡。[6]

雖然莫卡爾迪努力想讓改善方案付諸實行，但沒想到只因畢奧神父參與其中，畢奧本人跟會院都因此得咎，有人把「聖若翰・羅通多大屠殺」的責任也算到他們頭上，說他們跟統治者是同路人，也要為流血事件負責。有位叫道明・帕拉提諾（Domenico Palladino）的年輕詠禮司鐸，因為同情社會主義者，竟指控畢奧神父跟會院弟兄都是法西斯份子！但無論如何，社會主義者都因為這次事件失了民心，在下次選舉中慘敗。

這新一波敵意的核心人物，是六十四歲的曼弗雷多尼亞總主教，巴斯加・加依亞迪蒙席。由於除了厭惡他的人之外，幾乎已沒人記得他，所以我們無法得知他的真實樣貌。即使把對他的指控打折再打折，這些描述還是極為不堪，完全找不到他好的一面。

關於他的少數資訊如下：加依亞迪生於南義特里卡利科村（Tricarico），十四歲時入修會，十九歲於羅馬加普蘭公學（Almo Collegio Capranica）畢業，並於額我略大學（Gregorian College）獲哲學、神學博士學位。廿三歲晉鐸後返鄉教書，直到一八八八年被派往貝內文托的修院，教授哲學與信理神學。卅七歲時，這位「神童」獲教宗良十三世任命為曼弗雷多尼亞總主教。[7]

加依亞迪年輕時的表現堪稱亮眼，但在長期擔任總主教、經年累月案牘勞形之後，亦倦勤僵化而才氣盡失，於是批評之聲也漸漸出現。有人說他有虧私德，有人說他怠忽職守，甚至有人說他假公濟私，利用職權牟利。莫卡爾迪和布魯納托後來蒐集了數百頁的文件，都是關於加依亞迪歷年來的作為，這些文件顯示加依亞迪不但越來越不像基督徒，更沒有資格擔任總主教。值得一提的是，這些文件有些是梵蒂岡的正式調查，絕非捕風捉影、空穴來風。總之，這位曼弗雷多尼亞總主教的行為，很適合登上八卦雜誌的頭版。

由於畢奧神父天生不喜道人是非，他從未對加依亞迪口出惡言，他身邊的人大多也和他態度一致。聖艾利亞阿皮亞尼西的拉斐爾神父在多年後寫的回憶錄中說：這位總主教「可能是個好人」，只是身邊太多小人，才被他們的讒言蒙蔽。另外，奧斯定神父似乎很了解這位總主教，但在他的回憶錄中，他也謹慎避免對他做出評斷。但他的確有提到畢奧和加依亞迪兩次會面的情形。

第一次會面是一九一七年，加依亞迪授權畢奧神父聽告解。奧斯定說「那時沒人知道畢奧神父的事」，即使加依亞迪對畢奧略有耳聞，知道的也只是他是個身體很差的好神父。第二次會面則在一九二〇或一九二一年，當時奧斯定正好也在會院：

> 畢奧神父約十一點時主持彌撒，然後就去聽告解。總主教則約在十點半時抵達會院，由我在會院門口迎接。我陪他到九號房，然後跟他單獨聊天，畢竟我們已是老相識了。十點三刻或稍晚一點時，畢奧神父來了。總主教坐著，畢奧神父則跪下親吻總主教的權戒。在總主教向畢奧神父伸出右手時，我看到他彎身親吻畢奧神父包著的手。他們兩個簡單講了幾句話後，畢奧神父請他許可自己去主持彌撒，總主教轉頭跟我說：「我們就一起去參與彌撒吧。」於是我陪同他一起到了誦經席，他在那裡找了位子坐下……手裡拿著日課經本祈禱，也看著畢奧神父主持彌撒……彌撒最後畢奧神父沒念〈聖母經〉，總主教問我原因，我跟他說因為這是會院彌撒（Conventual Mass）。然後我陪總主教去飯廳，一步也沒離開過他。午餐時，我們幾位弟兄談起聖女貞德（St. Joan of Arc）和聖女瑪加利大（St. Margaret Alacoque）近來被封聖一事。總主教提到法國為聖女貞德的封聖案特地派專使到羅馬，極力宣揚聖女貞德是愛國的聖人，另一方面，法國政府卻認為聖女瑪加利大根本精神有問題。加依亞迪蒙席還說：「可是我的想法跟他們相反，我當時只贊成聖女瑪加利大列聖品，對聖女貞德的封聖案則未表同意。」我接著說：「那太好啦！您現在也相信聖女貞德是天國聖人了。」他說：「是啊，毫無疑問我相信，畢竟羅馬都決定了。」
>
> 午餐後畢奧神父回房休息，我們其他弟兄則去花園，陪總主教一起散散步。休息到大約三點，

蒙席說他該走了，想跟畢奧神父說聲再見。於是我陪總主教去找畢奧神父，在大廳裡遇到了他。總主教走向畢奧神父，跟他說了幾句話。我雖然站在旁邊，但還是清楚聽到總主教說了什麼，他小聲地跟畢奧神父說：「神父，請為我生病的小姪女努力祈禱。」神父點點頭說好，再次跪下親吻總主教的權戒。然後神父跟我還有其他人一道，陪總主教走到樓梯間。[8]

記下這次會面之時，奧斯定神父的心情其實相當沉重。因為那時加依亞迪開始攻擊畢奧神父，宣稱自己曾與他獨處，也看到他在身上灑香水。可是從加依亞迪會請畢奧神父為姪女祈禱看來，他當時對畢奧神父的印象應該不壞。有人說因為那女孩後來沒有痊癒，這位總主教才轉而攻擊畢奧神父。

無論如何，用奧斯定的話來說，這次會面不久之後，加依亞迪便開始對畢奧神父「打爛仗」，寄了「數不勝數充滿指控、渲染與毀謗的信——開啟一場名符其實的撒殫之戰」。[9] 加依亞迪寫信跟教宗說，畢奧神父「聽告解的方式極其駭人」。如前所述，他宣稱曾與畢奧神父獨處，也看到他在身上灑香水，這無疑是赤裸裸的謊言。但就聽告解一事來說，平心而論，加依亞迪的指控未必毫無所本，畢竟授權畢奧神父聽告解的人就是加依亞迪，他會很在意畢奧神父聽告解的狀況也不為過。他也許發現畢奧神父有時聽告解不甚有耐心，而在他認定告解者並無悔意時，也會不赦罪就叫人家走。然而這些也都是揣測，加依亞迪發動「撒殫之戰」的真正動機永遠是個謎。

總之，加依亞迪後來不斷向梵蒂岡攻訐畢奧神父，但在本篤十五世在世時，他還不敢太過造次。因為如前所述，本篤十五世已由可靠的教會人士獲知畢奧神父的事，也始終堅定地支持他。

16

撒殫之戰

一九二二年一月，本篤教宗於罹患肺炎不久後即驟然而逝，享年六十七歲，以教宗平均壽命而言不算高壽。隨著本篤教宗過世，畢奧神父的處境也隨之丕變。本篤十五世的繼任者，是六十五歲的米蘭總主教阿契磊．拉提，取號碧岳十一世。碧岳教宗矮小結實、圓臉、禿頭、戴副眼鏡，但不怒自威、望之儼然，自然散發出一種高貴的氣質，連親人都不敢跟他太親暱。即使是納粹黨的第二號人物赫曼．戈林（Hermann Göring），見了他都敬畏有加。一九三〇年代，戈林寫信給一位羅馬尼亞官員說：「你知道我這個人一生未曾膽怯，但在這一身白袍的小個子前，我心跳變得比以前都快。這是我人生第一次感到害怕。」[1]

雖然碧岳十一世在神學上絕非自由派，但濟利祿．馬丁達爾神父說，這位不喜奇聞軼事的教宗「對超自然現象敬而遠之，能不談就不談」，[2]所以，對於調查一位在窮鄉僻壤享有聖人之名的嘉布遣會弟兄，他顯得興趣缺缺。碧岳十一世就任之時，墨索里尼正快速崛起，法西斯主義很快就要席捲全義；俄國在列寧血腥統治下快速赤化；德國在凡爾賽條約重壓之下亦危機四伏，不安的局勢在十一年後促成希特勒崛起；此外，許多國家也尚未從一次大戰的傷害中恢復過來。總之，此時的天主教會要面對國際情勢的重大考驗，碧岳教宗必須當機立斷，優先處理更急迫、嚴重的問題。由於教宗無暇親自過問畢奧神父的事務，便只能依賴信得過的人的報告，來對畢奧神父的工作及相關爭議做出判斷與裁決。但不幸的是，碧岳教宗很倚重奧斯定．杰梅禮和巴斯加．加依亞迪。

碧岳就任教宗沒多久，加依亞迪即私下致函梵蒂岡，說有個不安分的弟兄結黨營私，為教區帶來諸多困擾。在諸多指控之外，加依亞迪更哀嘆畢奧神父「聽告解的方式極其駭人」，讓許多靈魂「深感焦慮」。[3] 加依亞迪表現出十分自責的態度，向教宗嘆道：「我想我得對授權畢奧神父聽告解一事，向天主好好交代。」

據加依亞迪的說法，畢奧神父不僅誤入歧途、學養不足、迷信愚鈍，而且根本已經走火入魔。加依亞迪甚至還到主管教區行政事務的樞密部（Consistorial Congregation），向部內主教、總主教譴責畢奧神父。他堅稱：「畢奧神父已遭鬼附。我向諸位宣布：他與魔鬼同路，聖若翰．羅通多的弟兄亦為雞鳴狗盜之徒。我親眼看見畢奧神父在身上灑香水，在臉上化妝！以上所言，我願按著胸前的十字架起誓！」[4]

他還說畢奧常常睡在會院的會客室，在那裡跟年輕女孩亂來。加依亞迪也指控會院弟兄賄賂新聞記者，託他們誇大報導畢奧神父的事，捏造奇蹟跟改邪歸正的假見證。他說這群嘉布遣會士過著「不為人知的奢侈生活」，甚至在頭髮上抹油！他還指控弟兄們因為搜刮了太多錢財，分贓不均而大打出手，還繪聲繪影說打得血都濺到錢袋上去了。

但在這場會議中，畢奧神父至少還有一位支持他的朋友：雅博．瓦爾波內希，埃及孟菲斯的主教，幾年前曾親訪聖若翰．羅通多。他對加依亞迪的做法深感厭惡，馬上寫信給畢奧的省會長伯多祿神父，詳加報告總主教的種種指控。

伯多祿神父接到信沒多久，嘉布遣會總會長佩爾西切托（Persiceto）的若瑟安當．布索拉利（Giuseppantonio Bussolari）神父也表達了關切。總會長聽說了加依亞迪的的指控，不知這些是真是假，也詢問弟兄們是否真的為錢拳腳相向。伯多祿神父深感憤慨，馬上回信說聖若翰．羅通多的弟兄品德極佳：「我完全不相信他們會做出這麼離譜的事。他們相處極為和睦，彼此相愛，連口頭爭執都沒有，怎麼可能犯下被人指控的這種罪呢？他們絕無打架，更不可能為錢做出這種事，這些指控荒謬絕倫、不可置信！」[5]

伯多祿神父也反問道：「抹黑毫無嫌疑的清白之人，難道是合法的嗎？我想知道，是哪個狡獪歹毒之人說了這麼荒謬的話，撒了這種漫天大謊來污衊我虔誠的弟兄！請告訴我他的名字，我一定要這奸詐無恥的騙子撤回控訴……」

當然，若瑟安當神父沒跟他說這「奸詐無恥的騙子」是誰（但伯多祿神父其實心知肚明），而這「奸詐無恥的騙子」也並未就此休兵。一九二二年整整一年，加依亞迪不斷慫恿對畢奧神父不滿的神職人員寫黑函到羅馬。本篤教宗在世時，對這些指控不僅置之不理，還訓誡加依亞迪不該把這種信轉給他；但現在不同了，碧岳教宗下令把這些信送交教廷法院處理。

最嚴重的毀謗來自若望·米西歐（他也是第一個向加依亞迪指控畢奧神父的人）。他寫了封長信給教廷法院，宣稱畢奧神父不僅罹患肺結核、神經失調、癲癇，甚至還有性病。他和加依亞迪一樣，也指控畢奧神父與其屬靈女兒發生性關係，為證明自己所言不虛，他還寫上一堆淫穢的細節。

對畢奧神父的批評紛紛湧至教廷法院，甚至連梵蒂岡的小圈子裡都開始有人指責畢奧神父。教廷法院成員卡洛·裴洛西（Carlo Perosi）主教便指控畢奧神父害他妹妹離婚：他妹妹、妹夫之前都定期跟畢奧神父辦告解，但後來離婚了。之後他前妹夫繼續跟畢奧神父辦告解，他妹妹則不再去了。只因為這樣，這位主教就說畢奧神父害他們離婚！

由於對畢奧神父的指控實在太多，教廷法院不得不於一九二二年春展開調查。調查案由出生於倫敦的西班牙樞機樂法·梅瑞·德爾瓦爾主持，除詳閱羅馬內利、比納米、費斯塔、巴斯提亞內利等人的醫學報告之外，也聽取國務卿加斯帕里樞機、教廷最高法院院長希利樞機的證詞。此外，寇斯塔主教和瓦爾波內希主教也都奉命出席，報告畢奧神父的言行。

控訴畢奧神父的主要人物除了加依亞迪之外，還有影響力龐大的杰梅禮，以及數名聖若翰．羅通多的教區神父（其中最重要的莫過於若望．米西歐和道明．帕拉提諾）。聽證會結束後，梅瑞．德爾瓦爾樞機決定要做些處置，並將處置方案告知嘉布遣會總會長若瑟安當神父。

處置方案內容如下：為避免謠言、醜聞，畢奧神父的活動將限制到「與一般會院弟兄無異」；為避免人潮湧入，畢奧神父主持彌撒的時間每天都要變更，不得事先宣布，而且最好在一大清早私下舉行；畢奧神父不得再於窗口降福群眾，也不得再向訪客出示或提及聖傷。

教廷法院也指示嘉布遣會總會長下令，將畢奧神父從聖若翰．羅通多調到佛吉亞省外的會院，最好是調到義大利北部。此外，法院也禁止畢奧神父再與「尋求諮詢、祝福或其他東西的熱情民眾」通信，這項裁定不啻斷絕了他與屬靈子女的通信。

不過，最嚴厲的措施應該還是：教廷法院認定本篤神父的靈修指導有誤（然而到底哪裡有誤，教廷法院卻說得不清不楚），「遭熱情蒙蔽」而造成「靈修困惑」，於是下令不再讓本篤擔任畢奧的靈修導師，往後也禁止他們聯繫。失去屬靈之父的打擊，讓畢奧神父為之心碎。

畢奧與本篤此生再未相見。奧斯定神父說，畢奧神父雖然傷心至極，卻還是「依服從聖願接受裁定」。本篤神父也是一樣，在往後二十年的餘生中，這位前任省會長對此一句怨言也沒有。此後每次搭車經過聖若翰．羅通多，他都只在心裡默默問候畢奧神父，一次也沒去見他。本篤將死之時，照顧他的聖瑟維洛會院院長曾問了這位老人，是否想捎封信給畢奧神父？但本篤拒絕了：「不用，沒必要。他已經在這陪我了。」[6]

接到總會長轉來的裁定後，伯多祿神父馬上回信給他，向他保證每封寫給畢奧神父的信，都會由院長、副院長或其他「穩重、明智無可非議」的弟兄拆閱。內容若是「在良心問題上」尋求建議，便回信勸勉其找位有智慧的聽告解神父，聽從他的建議；而內容若是尋求祝福或恩寵，則不加回覆，或僅僅允諾會為對方祈禱。

通信的事還好處理，對伯多祿神父來說，最大的問題其實是調離畢奧神父的命令，因為地方政府官員之前已經警告過他：如果將這位聖人調走，可能會引發比「聖若翰．羅通多大屠殺」更嚴重的流血衝突。因此伯多祿神父也坦承告訴若瑟安當：如果真的要調離畢奧神父，很可能會引起暴動。此外他也跟總會長說：「除了聖若翰．羅通多之外，我不認為還有其他地方能將畢奧神父保護得更好、更能讓他與世隔絕。」伯多祿一一細述此處冬天道路不通、沒有旅社或其他落腳處、會院跟鎮上也有一大段距離等等。若瑟安當似乎也同意伯多祿的看法，沒再催他調走畢奧神父。

次年五月，教廷法院終於就前一年調查畢奧神父一事，發表了措辭謹慎的聲明：「負責捍衛信仰與傳統之完整的教廷首席聖部，已就肇因於聖若翰．羅通多嘉布遣會會院之皮耶垂西那的畢奧神父的相關現象進行調查……在此宣布：調查無法肯定這些現象具超自然性質，勸諭信眾配合此聲明而行。」[7]簡單說來，就是要求信徒不得將畢奧神父視為聖人、亦不可崇敬傳聞中他所具有的超自然恩賜。

梅瑞．德爾瓦爾和教廷法院原本希望這項聲明能減少大量湧入聖若翰．羅通多的人潮，不料事與願違，這項聲明似乎刺激了更多人前往聖若翰．羅通多，而悔改、歸化、醫治、預言的報告也依舊大量出現。

見到情勢如此發展，總會長若瑟安當神父深感憤怒，他覺得畢奧神父是故意扯他後腿，才不好好服從去年的指示。於是，雖然梅瑞．德爾瓦爾並不堅持畢奧神父不得公開主持彌撒，但若瑟安當神父再次指示畢奧神父應該私下獻彌撒。此外，他也要求伯多祿神父配合他的指示，好減少人潮、讓事情漸漸降溫。若瑟安當顯然認為溫和的措施已經失敗，因此應該採取更嚴格的手段。他可能也覺得伯多祿神父故意不配合相關行動，因此乾脆以總會長身份**下令**，要求這位省會長僅能許可畢奧神父在會院裡的小堂獻彌撒，而且不得有信眾在場。於是，伯多祿神父只好不甘願地將命令傳達給耶爾西（Ielsi）的伊納爵神父（Padre Ignazio）——聖寵之母會院當時的院長。

雖然畢奧神父奉命不得定時主持彌撒，但信眾似乎總能發現他的彌撒是什麼時間，所以照舊有大批群眾湧入教堂等他出現，但這一次，他們落空了。法蘭切斯科・莫卡爾迪在日記裡寫下了當時的情形：「畢奧神父沒來教堂，因為他當時已接到命令，以後要在會院小堂關起門來獻彌撒，不得有任何人幫忙。當信眾們看到畢奧神父平常的輔祭（布魯納托）熱淚盈眶、孤伶伶地走進教堂時，他們也什麼都明白了——畢奧神父已被下令隔離。」[8]

聖若翰・羅通多的鎮民立刻做出回應。在鎮長莫卡爾迪的率領下，鎮民們馬上組織起「人民聯盟」（People's Association），並在第二天發動了大規模遊行——估計有五千人參加，約為該市鎮區人口的一半。群眾的怒火越燒越烈，當晚漸漸失控，開始攻擊道明・帕拉提諾神父的住所（他一直在講道時批評畢奧神父），若非莫卡爾迪努力安撫群眾，他們甚至還想把帕拉提諾關在屋裡活活燒死。然而，莫卡爾迪終究未能阻止暴民燒了普倫西培的教堂，因為這位反復無常的總鐸，現在已被公認為畢奧神父的敵人。接著，莫卡爾迪設法將群眾從鎮上帶往會院。

通往會院的路上頓時滿是火炬，綿延半哩之長。弟兄們看到這番陣仗，同樣也瞠目結舌。莫卡爾迪徵召了鎮上樂隊，一路敲鑼打鼓，跟自己以及其他耆老一同走向會院。

伊納爵神父開門迎接之後，莫卡爾迪立即說明來意，請這位院長准許畢奧神父公開主持彌撒，並警告他說：「如果您不答應，我現在就辭去鎮長一職，以平民身分參加這場馬上會發生的暴動！」

在這最後通牒之下，伊納爵神父屈服了。他後來說，他當時很怕「這些狂熱份子會不擇手段使用暴力」，也立刻打電報跟伯多祿神父報告：「我今天執行了不讓他（畢奧神父）公開主持彌撒的命令。但入夜後，由於大規模群眾遊行的壓力，這項命令實難執行。我被迫再次中止這些措施。」[9]

接下來幾天，人民聯盟拍電報給每個他們想得到的教會、政府人員，一方面表達對畢奧神父的支持，另一方面也傳達對相關禁令的不滿，同時提出他們最關切的問題：他們正在抗議的這些限制措施，是否只是將畢奧神父調離聖若翰．羅通多的前奏？

人民聯盟也派了代表團去見總主教，加依亞迪臉上帶著笑容說道：「我會盡一切努力不讓畢奧神父調離。我也得說，這些措施非我本意，我會馬上派我秘書去羅馬，跟嘉布遣會總會長傳達人民聯盟的陳情。」但代表團才剛離開，加依亞迪就臉色一沉，對助理說：「這些人下回再來，我馬上叫警察！」

加依亞迪馬上寫了封高姿態的信給莫卡爾迪，同時也寄了副本給若瑟．普倫西培。他在信裡寫道：「我再說一次：不管是我或教區神父，都沒人要求調走畢奧神父。這種說法根本無的放矢。你們的毀謗是造謠生事！」[10]不過，加依亞迪除了寄這封信的副本給普倫西培之外，其實還附了一封短箋，裡頭暗示他知道羅馬想調走畢奧神父，同時也說他力促調走畢奧神父的主要原因，是想避免狂熱份子滋事擾民，讓一般大眾受到傷害。

於此同時，梅瑞．德爾瓦爾和若瑟安當也埋頭苦思，想找出調走畢奧神父的萬全之策。他們由衷擔心狂熱份子的言行有傷基督信仰形象，也明確認知地方神長已無力遏止：大小衝突仍層出不窮；婦女仍想盡辦法突破重圍，剪下畢奧神父的衣袍；小販也仍四處兜售沾了雞血、兔血的布塊，宣稱這是那位「天主之人」的聖髑。畢奧神父有天在誦經席祈禱時，也聽到外頭群眾的鼓譟，有個賣畢奧神父明信片的人還喊得特別大聲：「畢奧神父兩分錢！畢奧神父兩分錢！」畢奧神父不禁莞爾，回頭跟其他弟兄說：「救主也許看重我，但你們聽聽，原來畢奧神父才值兩分錢！」[11]

但對梅瑞．德爾瓦爾和若瑟安當來說，這一點都不好笑。他們同意畢奧神父或許是聖人，卻絕不樂見他變成鬧劇的中心。因此，他們希望能把他調到別的會院，遠離這些狂熱、衝動的群眾。由於聖若翰・羅通多已太過沸沸揚揚，似乎再也無法恢復平靜，所以他們覺得把畢奧送到北方城裡的會院，對他也未嘗不是件好事，那裡雖然懷疑主義氛圍較重，但至少不太會有激情演出。最後，若瑟安當神父選擇了安科納的一所會院，打算把畢奧神父調到那裡。

然而紙終究包不住火，人民聯盟透過布魯納托獲得了情報。畢奧神父最親密的三個朋友決定前往羅馬，阻止畢奧神父被調離：布魯納托去見杰梅禮神父；莫卡爾迪去見聖職部（Congregation of the Council，專司監督神職人員風紀）部長多納托・史巴瑞提樞機（Donato Cardinal Sbaretti）；若瑟・奧蘭多則去見教廷法院督察亞歷山大・洛提尼（Alessandro Lottini）神父。

布魯納托知道杰梅禮四處宣稱他有檢查過畢奧神父的聖傷，連對教宗都這麼說，因此對這位心理學家極感厭惡。他到羅馬聖安當會院找到杰梅禮後，當場揭穿他的謊言：他提醒杰梅禮自己也是在場證人，可以作證杰梅禮根本沒檢查畢奧神父的聖傷。但令布魯納托吃驚的是，「這位大教授竟轉而恐嚇我，說我質疑像他這種身分的人根本是自討苦吃」。杰梅禮厲聲斥退了他，對他大吼：「我會讓你完蛋！」布魯納托輕輕地回了句：「謝謝你啊！這還真是方濟會士該說的話。」隨即轉身離去。[12]

莫卡爾迪方面，則是對史巴瑞提樞機說：「如果出於正當理由，讓畢奧神父非調離聖若翰・羅通多不可，我們會敲鑼打鼓歡送他離開。但若只因為一些不道德、好鬥、不誠實又敗壞信眾的神職人員的煽動，便讓一位聖潔的神父無端受辱，落得要像罪犯一樣離開這裡，那樞機殿下，我會立刻辭職，您也得先踏過我們的屍體，才能帶走畢奧神父！」[13]

雖然莫卡爾迪說得慷慨激昂，史巴瑞提樞機仍無動於衷，不置可否。不過令莫卡爾迪安心的是，教廷國務卿加斯帕里樞機依舊支持畢奧神父，並未動搖。然而，由於對畢奧神父的限制措施是由教廷法院主導的，加斯帕里樞機又非教廷法院成員，因此即使他想為畢奧神父出一份力，也是心有餘而力不足。

至於若瑟．奧蘭多對亞歷山大．洛提尼的遊說，則部分獲得成功。洛提尼跟奧蘭多說了加依亞迪的「詳細報告」，還有這位總主教認定聖傷是「瘋狂的假造」。此外，洛提尼也跟奧蘭多說，加依亞迪公開宣稱：「畢奧神父要是不走，那我就走！」

洛提尼很在意「畢奧神父不從命令」的傳言，也認為畢奧去年抗命不從，未依梅瑞．德爾瓦爾之命換會院。洛提尼說：「我們下了命令，要他依服從聖願轉院……結果他不但不服從，反而教唆身旁那些狂熱的女人，煽動起那麼大一場遊行，不只讓鎮上不安，也讓政府、軍方深感困擾。」

奧蘭多對洛提尼說他會親自跟畢奧神父談談，確認一下這些指控的真實性，洛提尼也同意了，他說：「好，那你現在以這彌撒經書起誓，回去調查吧！」於是奧蘭多跪下親吻洛提尼的右手，按著彌撒經書起誓他會詢問畢奧神父，並忠實報告他的回應。

奧蘭多回到聖寵之母會院後，馬上問畢奧神父說：「他們對你提出了一堆指控，但其中最嚴重的是他們說你不服從長上，沒有依他們的命令離開這裡。」畢奧神父聞言單腳跪下，張開雙臂說：「若瑟，我以這十字向你起誓……我從來沒收到這樣的命令。即使長上命令我從窗戶跳下去，我也會二話不說馬上跳。」[14] 奧蘭多一字不漏地跟洛提尼說了畢奧神父的回答。

在此同時，聖若翰．羅通多鎮民也自發組成巡守隊，排班守護會院，唯恐有人偷偷把他們深愛的神父帶走。布魯納托這時也滿腹牢騷地從羅馬返回，把杰梅禮、加依亞迪還有其他不肯幫忙的教會官員臭罵一頓，沒想到畢奧反倒教訓他說：「你怎麼這樣講話！這不對！我們必須服從教會的命令，必須默默受苦！」[15]「無獨有偶的是，莫卡爾迪回來也痛罵了教會一頓，畢奧神父也對他說：「一切言行都要在教會之內，也只在教會之內！我們必須隨時留意，不要讓自己反抗慈母教會……即使慈母教會打我們，她的手還是甜蜜溫暖的！」[16]

一九二三年七月下旬，若瑟安當神父召見了阿維里諾的路易神父，跟他說自己終於下定決心要將畢奧神父調走，地點可能是安科納的會院。若瑟安當要路易向畢奧傳達這項命令，讓他「依服從聖願」奉派前往新會院。

路易神父於八月七日抵達聖若翰．羅通多。雖然到會院時已是午夜，他還是直接走進畢奧神父的房間，向他傳達總會長的命令。畢奧低下頭來、雙手交叉置於胸前，恭謹答道：「我任您差遣。我們現在就走吧。與我長上同在，即是與天主同在。」

反倒是路易神父聽了不敢相信，他遲疑地問：「你是說你現在就要跟我走？現在是三更半夜啊！我們走了要去哪裡？」

畢奧答道：「我也不知道該去哪。我只知道不管去哪裡、什麼時候動身，我都會跟您走。」

路易神父有點反應不過來，只能說道：「我只奉命跟你說這個命令，下一步該怎麼做，我也要等羅馬進一步指示。」[17]

在此同時，總會長對於將畢奧神父調至安科納一事也有二想，因為那裡的省會長說：「安科納並非適合聖人之處。」於是，若瑟安當開始考慮是不是要將畢奧神父調至西班牙、甚至美國？但在做最終決定之前，他收到了卡梅洛．卡米雷利（Carmelo Camilleri）醫生的報告，後者先前受委託前往聖若翰．羅通多，與當地仕紳討論調離畢奧神父的可能性。

在和不少人談過之後，卡米雷利的結論是：在聖若翰．羅通多地區，真正視畢奧神父如眼中釘的人，其實只有加依亞迪、教區神父，還有和加依亞迪極為友好的聖馬爾谷．拉米斯鎮聖瑪竇會院的嚴規方濟會士。而在和警察談過之後，卡米雷利也相信：如果非帶走畢奧神父不可，勢必引發「流血衝突」。

八月十日晚禱時的突發事件，進一步證明了卡米雷利絕非危言聳聽。當時，畢奧神父正要舉起聖體光（monstrance）降福教友，他已經打開了聖體龕，正要將祝聖過的聖體放進聖體光裡。沒想到就在此時，一名叫做多納托的砌磚工突然衝了上來，拿槍抵著畢奧神父的頭高喊說：「不管是死是活，你都要跟我們一起待在鎮上！」[18]好在教友和警察在千鈞一髮之際拿下了他，悲劇才未發生。但無論如何，這次意外都清楚說明了鎮上局勢有多不安。

畢奧神父雖然大受驚嚇，但還是為那位差點殺了他的人求情，原諒了他。

當晚，他寫下了自己的感觸：「主啊，這些人究竟希望我怎麼做？……我不知道明天會如何，也不知道長上們會要我去哪裡。但我會做服從聖願的忠信之子，我會二話不說服從命令……」[19]

畢奧已有隨時離開聖若翰．羅通多的心理準備，也覺得如果非離開不可，最好能被派去傳教。事實上他也真的寫了封信給長上，請他們派他去印度傳教，但未被批准。畢奧想必很疑惑為什麼請求遭拒，畢竟他也知道長上們對他相當頭痛。但無論如何，他已決定接受任何命令，同時敦促支持他的人也要這樣做。八月十二日時，他便以這般的順服精神，寫了封感人的信給莫卡爾迪：

> 近來發生的事讓我深感困擾……這些事令我恐懼，讓我覺得自己在無意之中，已成了我所深愛的這個小鎮的亂源。
>
> 我祈求天主別再讓這樣的禍事發生……若長上們如你所說，已決定將我調走，我懇求你用適當的方式讓這件事順利完成。因為長上們的旨意便是天主的旨意，我們必須承行……
>
> 我會在我卑微但熱切的祈禱之中，永遠記住這裡熱情的鄉親，為他們祈求平安與順遂，我會以此獻上我的愛，因為除此之外我一無所有。我也願在此說出我的心願：若長上們不反對，將來我願埋骨於此……[20]

這次暗殺事件顯然引起了若瑟安當神父的注意，讓他驚覺卡米雷利所言不虛，因為在八月十七日時，教廷法院便來了電報，表示轉院之事暫緩，待進一步觀察再做決定。

維吉尼亞・希利—薩維烏奇（Virginia Silj-Salviucci）伯爵夫人在一九四八年過世前，說了一件她認為跟畢奧神父有關的事。這位伯爵夫人是奧斯定・希利樞機的親戚，希利樞機曾告訴她，一九二三年夏一次重要會議時，他和教宗碧岳十一世都有出席。當時，教廷法院正激烈辯論該如何處置畢奧神父，而教宗傾向認為畢奧神父是狂熱份子，故意引起騷動以避免調職。在這場教廷法院高層及相關部會都有出席的會議中，教宗宣布他打算暫停畢奧神父執行聖事之權。但在他說話的時候，一位嘉布遣弟兄突然出現了，他在教宗面前跪下，親吻他的腳，說：「聖座，為教會的好，請別這樣做。」他請教宗降福，接著再次親吻他的腳，然後起身，走了。

教宗問道：「是誰讓這位弟兄進來的？」神長們衝出會議廳訓斥衛兵，質問他們怎麼會放人進來，但衛兵們一頭霧水，說他們根本沒看到有人進出會議廳。神長們跟教宗報告之後，教宗一語不發，沉默了一陣，接著下令在場人士不得透露此事。教宗也同時指派希利樞機進行調查，確認當日當時畢奧神父身在何處。當希利得知畢奧那時正在誦經席誦時辰禱時，他大感困惑，而在他向教宗報告之後，教宗的反應也跟他差不多。但從此以後，教宗再也不提暫停畢奧神父執行聖事之權的事。據伯爵夫人所說，希利樞機認為這才是教廷法院不再逼嘉布遣會調走畢奧神父的真正原因。[21]

然而，無論這件相隔廿五年的二手報導可信度多高，畢奧神父的麻煩並未就此結束。

17 行奇蹟者

畢奧神父已三十五、六歲，身體狀況不再如初抵聖若翰．羅通多時那般憔悴，變得健康、結實許多。有位細心的報社記者發現：他本人其實跟四處販售的畫像不太一樣，是位「相當英俊的年輕人」。雖然他的頭髮、鬍鬚在照片上是灰色的，實際上卻是深金色。他表情「溫和、平靜」，聲音無比輕柔，「一聽見便深入靈魂，讓你終身不忘」。[1] 其他拜訪過他的人也說，他的臉龐白裡透紅，眼神明亮而深邃，笑容光彩奪人。

雖然遇上不少干擾、限制與爭議，畢奧神父的牧靈工作仍未中斷。即使支持者覺得他始終平靜、波瀾不驚，但他的心也不是鐵做的，有時還是會深感悲痛。例如一九二二年十二月，在加依亞迪和杰梅禮攻訐方殷之時，他寫信給寇斯塔主教說：「我正承受種種侮辱……祈求上主……趕快救我脫離這嚴酷的牢獄、必死的肉體，召我到祂跟前。我真的再也無法忍受了！」[2]

另一方面，雖然教廷法院禁止他和信眾通信，世界各地還是不斷有人寫信給他，表述自己的心意並請他代禱。而且不只升斗小民寫信給他，王公貴族也寫信給他。一九二三年三月，西班牙國王阿豐索十三世寄來了信。西班牙王室可說是活生生的疾病博物館：國王的長子阿豐索與次子貢札洛（Gonzalo）有血友病，三子赫梅（Jaime）天生聾啞。阿豐索國王寫道：「聽說至高上主會垂聽您的祈禱，有幾次您甚至為那些只有天主能醫好的人，求得了完全的醫治。神父啊，我願向您提出我最熱切的懇求。」[3] 然而，西班牙王室並未盼到治癒奇蹟。赫梅至死耳聾，阿豐索和貢札洛也在一九三〇年代出了車禍，流血過多而死——若非他們有血友病，那種輕傷原本不至於死。

不過，還是有不少治癒奇蹟被歸因為畢奧神父的代禱。不知讀者是否還記得十四章中提過的費南多・達米亞尼蒙席？他是烏拉圭薩爾托市的副主教，本篤教宗曾對他讚揚畢奧神父，也鼓勵他向自己的國人介紹這位嘉布遣弟兄。達米亞尼蒙席回國之後的確這樣做了，而受到感召崇敬畢奧神父的人之一，是德蘭・薩爾瓦多雷（Teresa Salvadores）修女。德蘭修女是顯靈聖牌職校（Escuela Taller Medalla Milagrosa）校長，當時五十八歲，於一九二一年初即臥病在床。據其醫生璜・莫雷利（Juan Morelli）的記錄，德蘭修女主要的健康問題有二：(1)胃部問題，常感胃部灼熱、疼痛；(2)心臟部位常感疼痛，伴隨沮喪、憂鬱及猝死的焦慮。雖然X光檢驗並未找出胃部問題的原因，但她的另一名醫生康撒尼（Canzani）懷疑是癌症。其他檢驗則發現她的大動脈也有異狀。[4]醫師讓修女按時服藥、多休息，進食則以牛奶及蔬菜為主。然而修女的情形持續惡化，常感暈眩、劇烈疼痛，一九二一年十月後虛弱到無法下床。以下，讓我們來看看德蘭修女的自述：

> 到了一九二一年十一月，姊妹們陷入前所未有的憂慮，但也聽人提到畢奧神父和藉他實現的奇蹟，她們說要寫信給他，請他代求醫治。我答應了。十二月廿四日時，我跟大家說我已行將就木，不想再打針了。我請大家讓我平靜離去，別再折騰我了（據推算，這時正是畢奧神父收到我姊妹們的信的時間）。十二月卅一日上午有不少人來探病，其中之一是薩爾托副主教達米亞尼蒙席的親戚，艾絲特拉・馬提涅茲（Estela Martinez）女士。她跟我說達米亞尼蒙席剛從義大利回來，帶了一個畢奧神父用過的手套，如果我同意的話，她們想把手套放在我會痛的地方。於是，她把手套放在我側腹大如拳頭的腫塊上，然後又放到我覺得快窒息的喉嚨上。
>
> 最後，我潸然淚下……昏昏睡去，夢到畢奧神父觸碰我側腹疼痛的地方，向我的嘴巴吹氣，告

訴我不屬世間的事。[5]

莫雷利醫師表示，德蘭修女當時並不知道夢裡的人是畢奧神父，只說夢到一位紅褐鬍子、容貌慈祥的嘉布遣弟兄。莫雷利醫師說：「她那時完全沒看過畢奧神父的照片或畫像。漸漸好轉之後有一天，她看到了畢奧神父的畫像，馬上說這就是她當時夢到的人。」[6]

德蘭修女昏睡三小時後醒了過來，問道：「現在幾點了？」照顧她的修女答道：「現在七點。」德蘭修女說：「幫我拿會衣來。」那位修女不解地問：「妳想做什麼？」德蘭修女說：「我要趕快穿好去學校。」那位修女以為她神智不清，想趕緊安撫她，但德蘭修女堅持她完全好了，想趕緊去學校教堂感謝神。她沒有神智不清，真的痊癒了，也到教堂獻上了感謝。中午時她還走進飯廳問道：「今天要吃什麼？我好餓。」然後坐下來用餐，吃得比誰都多。[7]

不久之後她親自去找莫雷利醫師，醫生欣喜若狂，握著她手高喊：「奇蹟！奇蹟啊！」[8]不過莫雷利醫師再次為她檢查，卻發現她大動脈依舊異常（之前也是因為大動脈異常，她才會疼痛、虛弱、呼吸短促）。有趣的是，德蘭修女的身體三年後還是很好，能走好幾個小時卻一點都不累。她不再覺得疼痛，也能爬上長長的階梯卻一口氣都不喘，繼續管理學校、探視窮人，處理眾多事務。[9]

在一九二五年一月提交的報告中，莫雷利醫師指出：「由於組織異常狀況並未改善，我無法作證肯定修女的復原屬超自然現象。」但他也承認：「就我看來，因心臟、大動脈異常而起的痛苦迅速消失，確實是相當耐人尋味的事實。」他也提到，「雖然組織異常的情況並未改善，但長期折磨這名女性的心絞痛症狀突然消失」，的確「值得進一步研究」。莫雷利醫師也認為「病痛突然消失且長期沒有復發，造成病痛的組織異常卻並未改善，實不合常理」，「此一現象確實無法解釋」。[10]

德蘭・薩爾瓦多雷修女的故事，是畢奧神父代求醫治的典型例子。在這些案例中，患者總是能長期解除痛苦與病痛，但在臨床上，他們的疾病並未消失。

另一則記錄有案的醫治案例發生於一九二四年，案主是奧莉華・白歐奇（Oliva Baiocchi）伯爵夫人。記錄是在醫治發生幾個月後，由奧莉華的丈夫文森佐・白歐奇（Vincenzo Baiocchi）伯爵記下。文森佐・白歐奇是律師，住在羅馬近郊。他在報告中指出，他的妻子當時已被「腹部疾病」困擾了好一陣子，但多次檢查都無法確認是什麼問題。她右側後方有明顯腫塊，醫生原本以為是腎臟出了問題，於是為她檢查尿液，但檢查並未發現問題。白歐奇夫婦束手無策，最後決定來找畢奧神父。據伯爵敘述，「畢奧神父既謙卑又和藹，問她是否願意為了天主的榮耀，領受醫治的恩寵？她說『是』，於是畢奧神父在患部降福」。回家之後，伯爵夫人馬上大量排出腎結石，「量多到像在下紅沙雨」。接下來一整個夏天，伯爵夫人持續排出類似的東西，醫生們檢驗後說那是「尿酸結晶」。雖然在伯爵寫下記錄時，他的妻子仍未完全痊癒，但狀況已大幅改善，醫生們也終於發現她右腎有結石，得以做出適當的醫療處置。[11]

這個時期的另一則醫治案例，是五十六歲的瑪利亞・茱莉雅妮・寇奇（Maria Giuliani Cozzi），當時她在佛羅倫斯的包德理尼（Boldrini）家當女傭。一九一九年上旬，她開始常常覺得舌頭疼痛。八月時包德理尼為她看看舌頭，發現「上頭盡是囊腫」。寇奇痛到無法咀嚼食物，在佛羅倫斯住院、接受數名醫師檢查之後，她被告知自己罹患舌癌，需以手術切除部分舌頭。雖然醫生們「為了不嚇到她」，跟她說「只要開個小刀」就沒問題了，但他們還是跟包德理尼說了實情：即使開刀，阻止癌細胞擴散的機會還是極為渺茫。但無論如何，他們還是為她安排了手術。

包德理尼給了寇奇一張畢奧神父的照片，敦促她祈求天主，「並透過這位以聖傷聞名的弟兄之助，獲得恩寵」。

這個手術在動刀之前要先拔掉幾顆牙齒。然而，在牙醫準備為寇奇拔牙時，卻驚訝地發現「舌頭健康完好」。主刀醫師馬切提（Marchetti）教授檢查過後，也判斷不需手術，直接讓寇奇出院。

之後一年，瑪利亞．寇奇皆健康無恙，但在她把照片送給一位生病的朋友後，她馬上覺得癌症又找上門了，於是她將照片取回，再次覺得身體恢復正常。她還說，那張照片「散發馨香」。

寇奇恢復健康三年多後，包德理尼寫信去醫院要她的病歷，但遭院方婉拒。其中一位醫生還質疑他說：「這根本不是什麼奇蹟。癌症患者突然康復的情況並不罕見。」包德理尼忿忿回道：「我是不懂醫學，但我也知道膿包不會一下子就結痂癒合。」[12] 一份資料指出，瑪利亞．寇奇在獲得醫治之後，還好好活了十年以上。

除此之外，還有不少跟醫治有關的分身紀錄。一九二五年春，有位名叫保莉娜．普雷修熙（Paolina Preziosi）的年輕母親罹患肺炎，病情嚴重。她是虔誠的天主教徒，也是方濟第三會成員。據資料推斷，她住在聖若翰．羅通多或在那附近。一九二五年時，盤尼西林還沒被發現，對肺炎的治療成效不彰。保莉娜的家人見病況凶險，趕來會院請畢奧神父代禱，求天主助佑她安度難關。畢奧神父在聖週五晚上說道：「告訴她不要怕，她會與我們的救主一同復活。」

當夜稍晚，保莉娜祈求天主看在她五個孩子的份上，護佑她重獲健康。突然，她抬頭看見了畢奧神父，神父對她說：「不要怕。要有信心、有盼望。明天鐘響之時，妳就能痊癒了。」

保莉娜隨即陷入昏迷。她的家人至此已不抱希望，開始準備她的後事，連方濟會會衣都拿出來了（方濟第三會會員常著會衣下葬）。但到了午夜，當宣告基督復活的鐘聲響起時，保莉娜的家人嚇呆了——她突然從床上躍起，「像被非人的力量推起一樣」。此後，她身強體健一如過往。[13]

佛羅倫斯的路易．丁迪可蒙席（Luigi D'Indico）也遇過類似事件，由美籍神父查爾斯．莫提默．卡第（Charles Mortimer Carty）記錄下來。一九二一年七月廿一日（當時畢奧神父尚未被禁止出示聖傷），丁迪可蒙席在神學院房裡讀書，但心煩意亂，相當擔心城裡重病的姊姊。丁迪可蒙席後來跟卡第說：當時，他突然覺得有人站在他身後，於是馬上回頭，但才瞥到一名像是修士的男子，那個人就消失了。丁迪可覺得自己一定腦袋有問題，馬上去找神學院裡的神父。神父跟他說應該是他太過焦慮加上用功過度，才會看到幻覺。

跟神父談完之後，雖然明知姊姊昏迷得不省人事，丁迪可還是決定撥個電話回去。但令丁迪可驚喜的是，電話接通時，她的意識相當清醒。她說在他弟弟看到「幻覺」時，她也在房裡看到一位修士。那位修士跟她說：「別怕。妳明天就會退燒，幾天之後妳就能完全康復了。」

這病奄奄的女子問道：「您是聖人嗎？」

「不，」那神秘的修士答道：「我只是藉著天主恩寵服事祂的受造物而已。」

蒙席的姊姊問道：「神父，可以讓我吻你的會衣嗎？」

那人說道：「親吻救主受難的印記吧！」他伸出了手，露出聖傷。

修士答應會庇護她的丈夫和孩子之後，就消失無蹤了，她這時也甦醒過來。八天之後，她恢復了健康。[14]

我們在前面也提過，據保利諾神父的觀察，很多來聖若翰．羅通多的人似乎有被鬼附。雖然根據奧斯定神父的記述，畢奧神父此時已不再遭受魔鬼的肉體攻擊（這類攻擊在他早年常常發生），然而在面對那些明顯被鬼附的人的時候，他還是得和地獄權勢交手。

紐澤西艾文頓鎮（Irvington）的喬治．波格尼（George Pogany）蒙席，曾於一九四〇、五〇年代於聖若翰．羅通多服事。他在一九八九年回憶道：「我聽畢奧神父親口說過：他剛領受聖傷時，是在祭衣房聽告解。那裡的門關不緊，老是搖搖擺擺的。有天中午大家都回家吃飯了，弟兄們也關上了教堂。可是畢奧神父發現還有個婦人留著沒走，於是他就在祭衣房聽她告解。畢奧神父說她告解了很重的罪，但當然，他沒有跟我說內容。畢奧神父給了她建議，正準備要為她赦罪，沒想到才出口說『天上的……』那女人便一躍而起，厲聲尖叫，突然消失了。畢奧神父很是驚恐，馬上向外衝去，但只看到那扇門在那搖搖擺擺的。畢奧神父發現伊納爵神父站在那裡，就問他說：『你有沒有看到什麼人從教堂跑出去？』伊納爵神父回答說：『沒有啊。我什麼人也沒看到。』畢奧神父說他不認識那個女人，猜想那可能是魔鬼跑來這裡愚弄他。這件事是畢奧神父親口跟我說的。」15

雅博・達波理托（Alberto D'Apolito）神父曾看過畢奧神父驅魔。那是一九二二年五月的一個週日午後，雅博神父當時才十四歲，在教會擔任輔祭。雅博神父說：「在晚禱、降福之後，我們回到祭衣房，結果在那遇到一位被鬼附的女人。她一看到畢奧神父，就開始尖叫、詛咒，但畢奧神父相當平靜，從容地拿起經書開始驅魔，對那些尖叫、詛咒還有褻瀆的話充耳不聞。突然，那女人大吼了一聲，被一股隱形的力量托離地面三呎來高。每個看到那一幕的人都嚇壞了，開始紛紛往外跑。然而畢奧神父絲毫不為所動，繼續以信心和能力驅魔，與魔鬼相執不下。最後魔鬼終於走了，那婦人也重獲平安。」16

另一次與魔鬼交手的紀錄，是一名婦人在彌撒中高聲尖叫，試圖打斷彌撒。雖然波格尼蒙席提過「很多瘋子」會跑來聖若翰・羅通多，其中也有不少人造成了困擾。但那一次，那名婦人似乎並不是精神異常——她的臉嚴重扭曲，相當猙獰，眼裡還閃著邪光。教堂裡的人看了相當害怕，紛紛往外逃。那女人高喊：「這教堂是我的！這裡只有我說了算！」她衝向一幅總領天使彌額爾（天使長米迦勒）的畫，用力撕開，獰笑高喊：「你贏個屁！我才贏了！」（聖經上說彌額爾擊敗了撒殫）。

畢奧神父當時正在祭衣房聽告解，聽到教堂裡有騷動，馬上想趕去幫忙，祭衣房管理員勸阻他說：「別去！那裡有個女人被鬼附了！」但畢奧神父說：「不用怕。我們什麼時候怕過魔鬼？」

畢奧神父到教堂時，那個「潑婦」正蹲在告解室旁叫罵。畢奧神父直直走過去，命令她說：「走開！離開這裡！」

這名「潑婦」的態度頓時軟了下來，像隻小貓似地懇求畢奧神父：「拜託別趕我走！拜託別趕我走！」

於是畢奧神父說：「好。那妳先離開一下，等我聽完告解再來。」

神父聽完男士們告解後回到教堂，看到那女人靜靜坐著，便把她叫進告解室裡。據在場的人說，當那名婦人離去時，「神色簡直跟天使一樣」。[17]

我們無法確定這名婦人是真的被鬼附身，或只是一時精神失常，因此也很難說畢奧神父這次是成功驅魔，亦或是成功安撫了一名情緒不穩的婦人。要確認一個人是被鬼附身而非精神異常，很重要的標準是看有沒有超自然現象。以下這則案例，便是被鬼附身的例子：有位年輕太太已昏迷一年，她的家人在晚禱時將她抬進教堂，祈求醫治。但當畢奧神父舉起聖體降福會眾時，她突然醒了過來，還「像隻公牛一樣噴氣」。目擊者說，她的身體像吹氣球一樣，開始腫大、膨脹。彌撒一結束，畢奧神父趕忙把她跟她丈夫帶到祭衣房，開始正式進行驅魔。在神父祈禱時，這位仍在噴氣、腫脹的女人還試著衝去抓他。驅魔結束後，這婦人終於平靜下來，外型也恢復了正常，她借了梳子整理好頭髮，挽起丈夫的手離開了。[18]

約從一九二〇年代初期開始，畢奧神父也會定時聽女性告解。雖然他還是維持在祭衣房聽男性告解的習慣，但聽女性告解時，他會將地點改在教堂告解室。這樣做不久之後，畢奧神父每天聽告解的時間就增加到十八個小時。無怪乎在遇上並不誠心、只是好奇想來看看他的人時，他會毫不客氣馬上結束。據說即使是這些被他凶過的人，最後也多半會真心悔悟，但當然，並不是每個人都會如此。我就聽一位出身拿坡里的女士說過，她的舅舅當年身患重病，也去了聖若翰．羅通多想找畢奧神父辦告解，但沒想到這位聖人什麼理由都沒說，馬上叫他離開。這位病人怒氣沖沖回到了家，一年之後含恨去世。但這位女士也說，她舅舅其實一向不怎麼虔誠，當初去找畢奧神父也只是想獲

1

2

3

圖一：這張大約是畢奧神父在莫孔內會院做初學生時拍的，可能攝於一九一一年。

圖二：一九一九年的畢奧神父，五月時，他領受聖傷的消息已廣為人知。

圖三：畢奧神父於義大利醫療部隊服役，時為一九一六年。

1

2

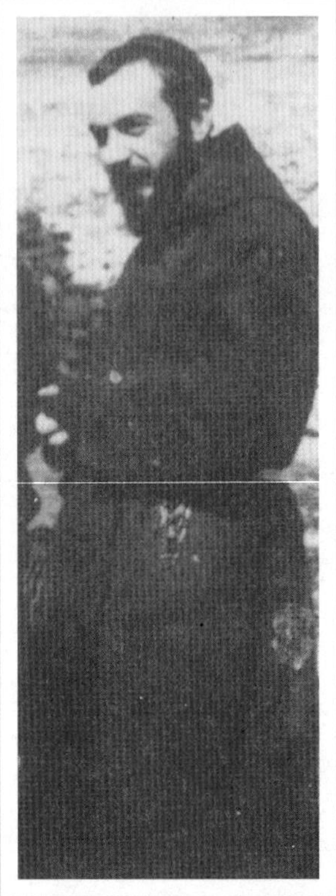

3

圖一：畢奧神父與小羊合影（鎮民們常送小羊給弟兄），一九二〇年。

圖二：三十餘歲的畢奧神父。

圖三：一九六二年的畢奧神父，因接連兩年遭受打擊，精神、體力似乎難以恢復舊觀。

1

2

圖一：聖若翰．羅通多的聖寵之母會院，約攝於畢奧神父初抵此處之時（一九一六年）。

圖二：畢奧神父於舊會院教堂的「誦經席」祈禱。一九一八年時，他就是在這裡領受了聖傷。

圖一：畢奧神父在一九一九年首次奉命出示聖傷。
圖二：畢奧神父於彌撒中降福，手上的聖傷非常明顯。
圖三、四：畢奧神父染血的衣物。

1

2

3

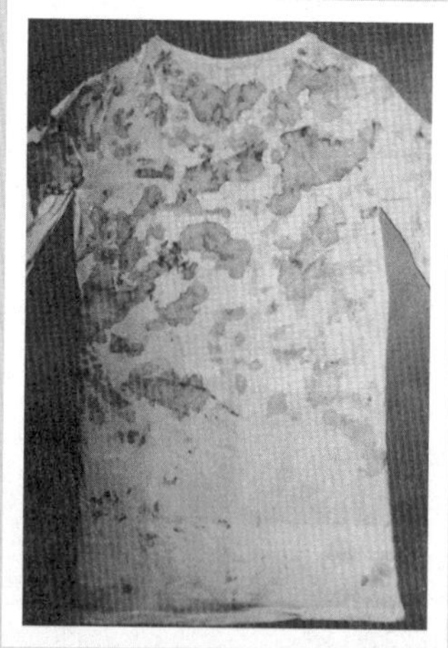

4

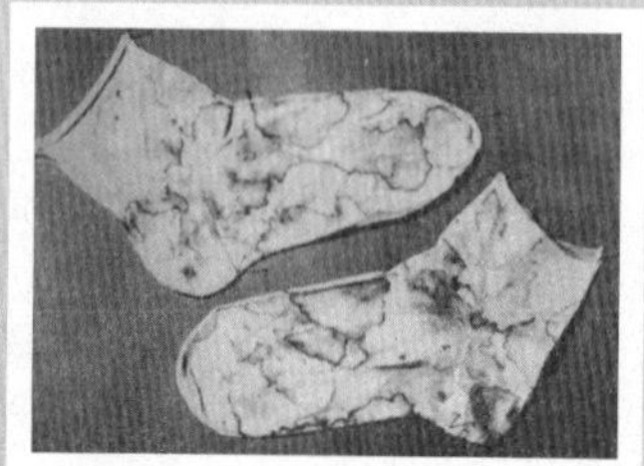

1

2

3

圖一：畢奧神父主禮彌撒，約一九三〇年。
圖二：畢奧神父坐在輪椅上念玫瑰經。
圖三：畢奧神父雙手合十。見過他的人都說他眼神明亮、待人友善。

1

2

圖一：葛拉修・佛瓊內，畢奧神父之父，攝於聖若翰・羅通多的聖寵之母會院的花園，約一九四〇年。

圖二：佛瓊內家的老屋，畢奧神父一八八七年出生地。

1

圖一：喬瑟芭・德・努修，畢奧神父的母親，約攝於六十歲時。

圖二：米切雷・佛瓊內，畢奧神父的長兄，於聖若翰・羅通多安度晚年。

圖三：憂苦之母修院的碧雅修女，畢奧神父最後一位在世的妹妹。她在入聖畢哲女修會四十八年後選擇離開，讓畢奧神父傷心不已。

2

3

1

2

3

圖一：薩瓦托瑞・帕努洛，皮耶垂西那總鐸，畢奧神父因健康問題返家休養時，曾由他協助過一段時日。

圖二：奧斯定・丹尼耶雷神父，畢奧神父最好的朋友。

圖三：奧斯定神父與畢奧神父一同觀賞表演，攝於會院旁大廳（新教堂原址）。

1

2

3

圖一：本篤・納德拉神父，畢奧神父的靈修導師。教廷法院後來禁止兩人見面、通信。

圖二：愛德莉亞・瑪利亞・派爾（美國人稱她「瑪利」），畢奧神父的屬靈之女，出生於紐約，長住聖若翰・羅通多四十餘年。

圖三：保利諾神父，畢奧神父的終生好友。畢奧神父領受聖傷時，他正擔任聖若翰・羅通多聖寵之母會院的院長。

1

圖一：畢奧神父主禮彌撒，攝於過世前一天。請注意：在聖傷消失之後，他手上並未留下明顯疤痕。
圖二：畢奧神父舉行聖體降福。
圖三：默想中的畢奧神父。他非常重視默想，曾向屬靈子女建議默想的姿勢。

2

3

1

2

3

4

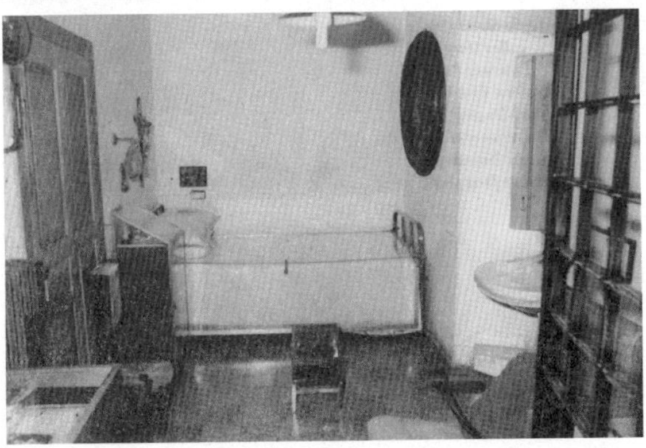

圖一：阿雷修神父為畢奧神父擦臉。在畢奧神父晚年，阿雷修神父時常陪伴著他。

圖二、圖三、圖四：畢奧神父的房間各景。

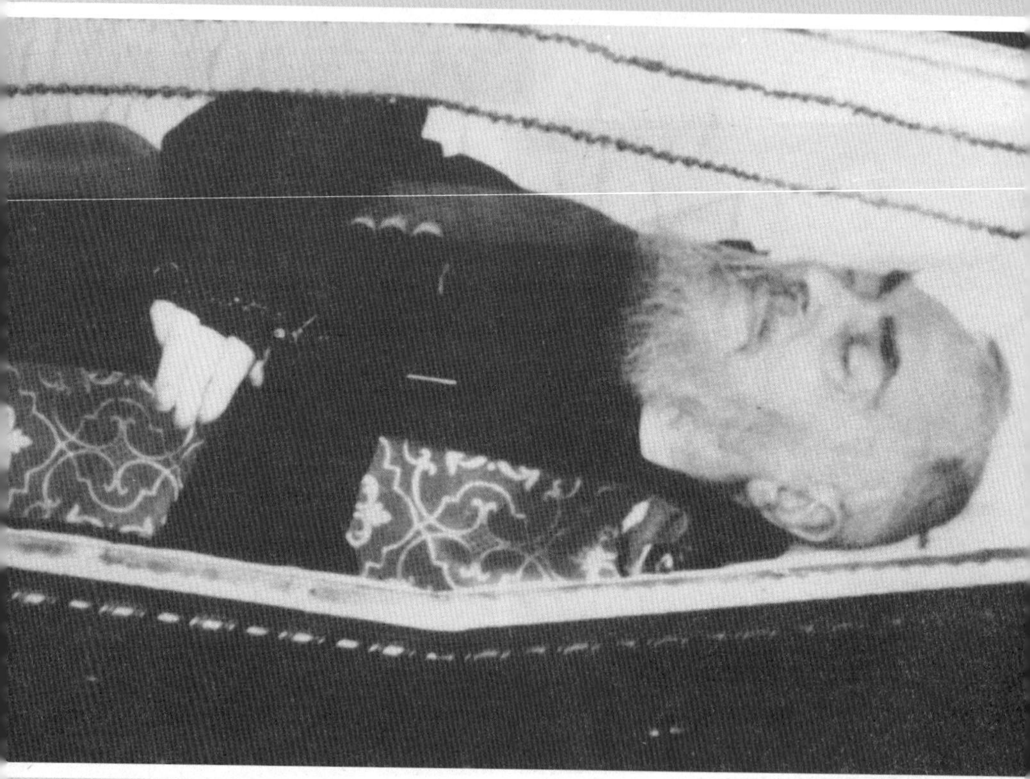

畢奧神父遺容，時為一九六八年。

今日的聖若翰．羅通多。人多了，但土地還是一樣貧脊。遠處可看見依山而建的白色醫院建築群，以及其左邊不遠處的修院。（攝影：林之鼎神父，2013）

1

2

圖一：聖若翰．羅通多的聖寵之母教堂。左邊較小的是原來的會院及教堂，因不足以因應來訪的人數，在右邊又有了加蓋。（攝影：林之鼎神父，2013）

圖二：二〇〇四年為紀念畢奧神父而新建的大殿，假日依然容納不下所有的訪客。（攝影：林之鼎神父，2013）

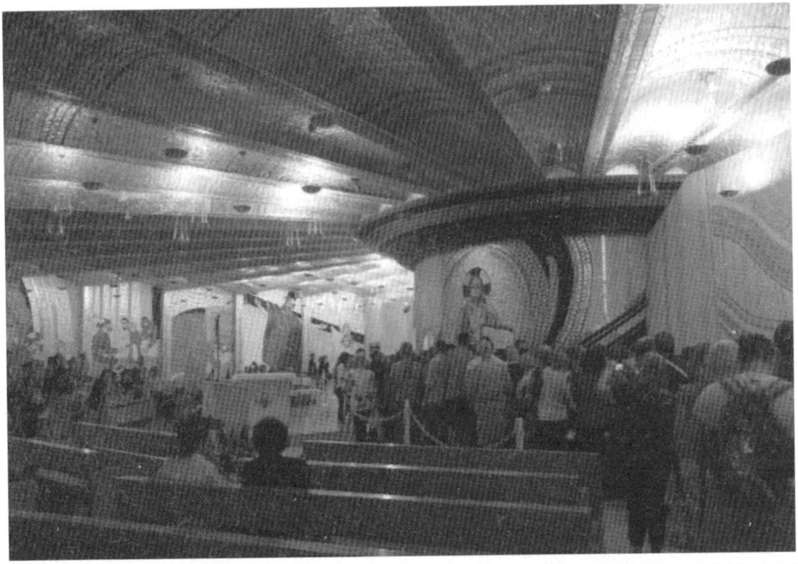

二〇一三年六月一日起，畢奧神父的聖髑被移置到新建大殿的地下小堂。絡繹不絕的朝聖者不遠千里而來，只為一睹聖人面容。（攝影：林之鼎神父，2013）

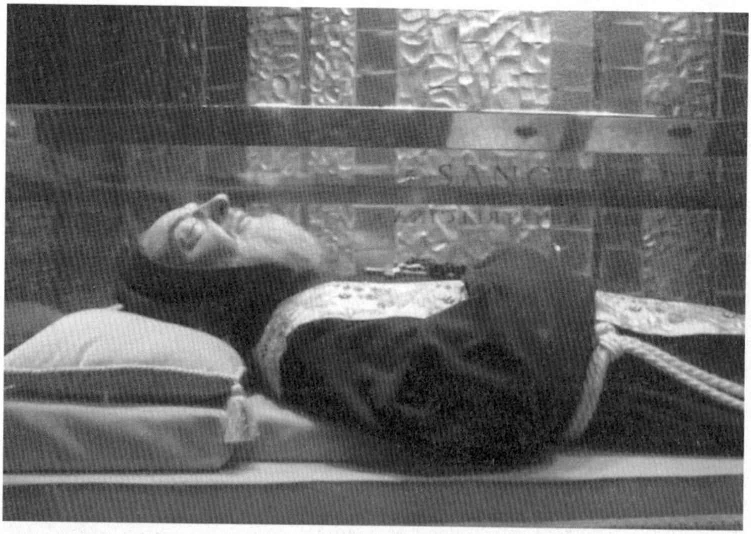

許多前來瞻仰聖人遺容的人，都驚訝於畢奧神父的面容如此安詳。（攝影：林之鼎神父，2013）

得醫治，並不是真心要辦告解。[19]

對自己不時欠缺耐心的表現，畢奧神父其實也深感困擾。一九二〇年六月，他曾就此事寫信跟本篤神父說：「唯一讓我懊悔的是：在糾正人的時候，我有時會不自覺地放大嗓門。我知道這是我可恥的弱點，但要是我根本意識不到自己的聲音越來越大，又該怎麼避免呢？雖然我常為此向上主祈禱、呻吟、甚至抱怨，但祂仍未回應。此外，雖然我提高警覺、戒慎恐懼，但有時還是會做出自己厭惡、想避免的事。」[20] 本篤回信說：「雖然你的確不該放著這些缺點不管，但也別對此太過不安。如果上主沒賜你無窮而恆久溫柔的恩寵，那也是要讓你學習謙卑。」[21] 一九二一年十一月，本篤再次來信關切畢奧聽告解時的「脾氣問題」。畢奧說自己脾氣不好的部分原因大概是工作過量，但也坦承：看到這麼多頑固而不知悔改的罪人，一股反映天主義憤的怒火就不禁湧上心頭。[22]

即使如此，許多被畢奧神父申斥、責罵、不赦罪就趕走的人，後來反而真誠悔改了，並沒有像前面提過的人那樣積怨在心。有位女士寫道：「很多人來這裡辦告解，卻被畢奧神父趕回去了。但如此一來，那些人反而真的開始懊悔，而神父也還是會為他們祈禱、受苦。最後他們還是會回來，但這次是真心想要懺悔。神父知道怎麼進入人心……他曾對我說過：『從裡到外，我完完全全了解妳，就跟妳了解自己一樣。』……因為如此，所以他一向直來直往，不會藏著什麼話不說。但對於那些貧困、受苦的人，他就像耶穌一樣慈愛、溫柔。」[23]

一九二〇年代起，不僅義大利各地的人紛紛湧入聖若翰．羅通多，連其他國家都有人不遠千里而來。有些人深受畢奧神父吸引，甚至就此定居鎮上。

腓特烈．阿布瑞西（Friedrich Abresch）便是這樣的人。阿布瑞西原籍德國，一九二五年時出於好奇來拜訪畢奧神父，當時二十八歲。阿布瑞西原是信義會教友，但對信仰不甚熱中，後來因為娶了義大利人為妻，改宗天主教，但對信仰依舊相當冷淡（他承認自己那時根本沒有信仰）。

畢奧神父沒把阿布瑞西趕走，據阿布瑞西所述，神父「馬上讓我醒悟自己前幾次告解犯了重罪」。神父問他：前幾次告解是否真心誠意？是否真的相信告解具神聖意義？「我說我的確認為告解是好事，具教育、社會意義，但我一點也不相信這個聖事的神聖性。不過，我那時已深深被他觸動，所以我忍不住說：『神父，我現在真的相信了。』」

畢奧神父接著要他重新檢討一下自己的想法，好好想想上次真心告解是什麼時候的事。畢奧神父也答應當天稍晚會再跟他談談。

阿布瑞西當時「既感動又震驚」，但也覺得手足無措，因為他根本不記得自己有真心告解過！於是，當畢奧神父再次找他來辦告解時，他決定從小時候犯的罪開始說起。沒想到他才開口說：「神父，我曾經……」畢奧就馬上打斷他說：「你度完蜜月後有好好告解一次。就從那次之後說起吧，以前的就不用說了。」阿布瑞西目瞪口呆，頓時明白自己的確「遇上了一位不凡的人」。他說：「度完蜜月後，我太太說她希望我們兩個一起去辦告解，於是我配合去了。聽我告解的神父，就是領我進天主教的那位。他知道我剛入教沒多久，不太習慣這些事。但可能是因為那樣，我反而較為放鬆，所以好好告解了一次。後來我不禁自問：除了畢奧神父之外，還有誰會知道這種事啊？他真的是個有恩賜的人，能看到我們的內在思維、審視我們的良心。」

畢奧神父打斷阿布瑞西之後，也沒讓他停下來多想，阿布瑞西說：「他沒有明說他知道我犯了哪些錯，只是不斷問我問題。但那些問題準確而詳盡地點出了我的罪，甚至連我沒去彌撒多少次都有提到！」阿布瑞西接著說：「聽到這些連我自己都忘了的罪，我完全折服了。透過畢奧神父詳盡的描述，我一點一滴想起過去的種種瑣事。」[24]

一九二六年，在這次會面一年之後，阿布瑞西的妻子開始不斷出血，醫師們診斷她子宮內有腫瘤。兩年後，腫瘤腫大到危險的程度，醫生們建議她盡快接受手術，切除子宮。艾美莉雅．阿布瑞西（Amalia Abresch）得知如此一來自己將終身不孕，幾近崩潰，便去找畢奧神父求助。一開始時，神父也勸她接受手術，但聽她說她多希望至少能有一個孩子之後，神父也改變了想法，跟她說不用去開刀了。後來，艾美莉雅出血的狀況不但漸漸停止，令她欣喜若狂的是：雖然腫瘤並未消失，但她在近四十歲時成功懷孕，生了一個孩子。這孩子被命名為畢奧，後來還成了蒙席。

最後，阿布瑞西一家都在聖若翰．羅通多住下來，開了家照相館營生。後來許多年的歲月中，他在某種程度上成了畢奧神父和其他弟兄的「官方攝影師」，畢奧神父很多廣為流傳的相片，都是這位被他領向基督的人拍的。

不過，讓造訪聖寵之母會院的人最難忘的，其實不是醫治、分身，或告解時不可思議的經驗（畢竟不是每個來見神父的人都會遇到這種事），最觸動他們的，終究還是畢奧神父的彌撒。在我的採訪過程中，每一位參加過他的彌撒的人，都異口同聲說那讓他們深深受到感動。

有位多次參加畢奧神父彌撒的受訪者說：「在那當下，你真的會看到天主臨在。」畢奧神父並不是擅於表演，更沒有把彌撒弄得很華麗、很濫情，但在他主持的彌撒中，會眾就是會覺得他們真的與天主同在。

於米蘭經商的蘇格蘭人約翰．麥卡菲爾（John McCaffery）多年來多次拜訪畢奧神父，他這樣描述神父彌撒時的奇特現象：「一個多鐘頭的彌撒相當緊繃，所有參加的人都不自覺陷在裡頭。我說的『緊繃』並不是身體上的緊繃，因為神父的動作其實很慢、很優雅，聲音也不高。那種緊繃毋寧是靈性上的，我們似乎能看到畢奧神父脫離塵世、到了另一個世界，有時在承擔苦難，有時定定看著我們看不見的東西，有時像是在跟什麼東西心靈溝通，最重要的是，他對自己的言詞與動作完全有意識。他手上的傷口亦流出鮮血。總之，只要你參加他的彌撒，你一定會以某種方式看到一切，至少也能完全了解、接受一切。」[25]

安得烈．曼達托也記得：「在彌撒開始時，神父面無血色，彷彿他正承擔著我們的苦難、痛苦與罪惡。但在祝聖聖體聖血之後，他的神色煥然一新，似乎變容、發光。我第一次參加畢奧神父的彌撒，就覺得聖神一定臨在於此。」有時在彌撒過程中，曼達托和其他人也發現神父似乎在跟隱形的存在說話，有人還曾聽他說「走開！走開！」彷彿在趕跑來干擾的邪靈。[26] 雖然畢奧神父的彌撒通常長達一小時四十五分鐘，比其他神父長得多，但很多人在彌撒結束時表示，他們覺得才過了半個鐘頭而已。總而言之，在畢奧神父的彌撒中，有太多的人以特別真實、特別直接的方式體驗了天主的臨在。

18

美國來的「得力助手」

畢奧神父不僅關心靈魂的健全，也關心身體的安適。一九二〇年代起，他決心要在聖若翰．羅通多設立醫院。當時，離鎮上最近的醫院也在廿五哩外的佛吉亞，而且路況不佳，即使是開車過去（如果找得到車的話）也要花上一個多鐘頭才到得了。鎮上的人要是重傷或重病，只能在家接受治療，地方醫生的程度也參差不齊（前已述及，有些醫生仍用水蛭治病，即使是環境良好的坎帕尼磊家找來的醫生，也把瘧疾誤診成肺炎）。如果傷口較大、出血較多，通常只有死路一條。事實上，南義大多數村鎮的醫療狀況都跟聖若翰．羅通多相去不遠，在尋求畢奧神父醫治的人潮湧入之後，於聖若翰．羅通多設立醫院的需求更加迫切。

約在一九二一或二二年時，鎮上有個人因為意外受傷，在毫無醫療照顧的情況下流血不止，幾天後就這樣去世了。畢奧神父知道後相當難過，設立醫院的念頭也就此萌芽。在獲得長上同意後，畢奧神父開始募款設立「診所」。他得到安傑洛．瑪利亞．梅爾拉醫師（聖若翰．羅通多的前鎮長，同時也是會院弟兄的醫生）以及其他幾名地方醫療專業人員的協助，將廢棄的佳蘭會院改裝，於一九二五年一月重新開放，更名為聖方濟醫院，含兩大間病房、二十張床、一間手術室，算是初具規模。梅爾拉醫師每日看診，佛吉亞的布齊（Bucci）醫生也同意每週過來兩次，負責進行外科手術。

然而，聖方濟醫院只是個開始，畢奧神父還想進一步建立第一流的醫院。但這個願望，還得花上二十年才得以實現。

畢奧神父長久以來的另一個心願，是希望自己的家鄉能有嘉布遣會的臨在。事實上，在他一九一〇年晉鐸後沒多久，有一次他跟帕努洛總鐸從墓園回來時，便指著一塊空地問道：「您有沒有聞到馨香的味道？有沒有聽見天使的歌聲？」雖然「老爹」搖搖頭說沒有，但畢奧還是跟他說：「有朝一日，這裡會建起會院和教堂。到那時，這裡會天天向上主獻上祈禱的馨香、讚美的詩歌。」[1]無論畢奧當時說的是預言或是心願，在一九二六年六月，皮耶垂西那真的蓋起了會院、教堂以及寄宿學校——他的話實現了！這項成就要歸功於愛德莉亞·瑪利亞·麥克阿爾平·派爾（Adelia Maria McAlpin Pyle）的慷慨贊助。她是畢奧神父最傳奇的屬靈女兒之一，於一九二三年十月認識畢奧神父之後，她便成為聖若翰·羅通多的中堅人物，此後也是畢奧神父的「得力助手」。

派爾家族是美國最早的英國移民之一。十九世紀中葉，六呎五吋高的詹姆斯·派爾（James Pyle）於紐約定居，開了間肥皂工廠營生，名為「派爾珍珠」（Pyle's Pearline）。許多年後，派爾偕同兩子詹姆斯·托爾曼（James Tolman）與威爾（Will），遷廠至格林威治村（Greenwich Village），二十世紀初工廠再度擴張，遷至紐澤西州的哈肯薩克（Hackensack）。

詹姆斯·托爾曼·派爾之妻為法蘭西絲·愛德蕾德·麥克阿爾平（Frances Adelaide McAlpin），她有九個兄弟姊妹，父親是大衛·杭特·麥克阿爾平（David Hunter McAlpin）。大衛短小精悍、心高氣傲，在八十六歲於開會中猝死之前，他已透過煙草、房地產買賣累積大筆財富。麥克阿爾平家族原籍北愛爾蘭，在一七九八年參加反抗英國的起義之後，才遷至美國。在愛德蕾德於一八六〇年出生之時，大衛已相當富有，並已加入了風靡一時的石磚長老教會（Brick Presbyterian Church）。愛德蕾德的九個兄弟姊妹幾乎個個功成名就，其中一個弟弟還娶了艾瑪·洛克斐勒（Emma Rockefeller）為妻——她的伯父便是標準石油公司（Standard Oil）創辦人約翰·洛克斐勒（John Rockefeller）。

愛德莉亞・麥克阿爾平・派爾是詹姆斯・托爾曼與愛德蕾德的第三個孩子，也是他們的長女。愛德莉亞生於一八八八年四月十七日，[2]同年九月十五日，她在長老會聖約教會（Church of the Covenant）受洗，當時她的母親為該會會友。

愛德莉亞與妹妹及其他四個兄弟的童年時期，不是待在阿爾平谷，就是待在有八名傭人的第五街六七三號大宅。在大家記憶中，愛德莉亞的父親是位仁慈、好相處、對馬很著迷的人，花錢的速度幾乎和掙錢一樣快。愛德莉亞的母親愛德蕾德則是個不好看透的人：她身材嬌小、神色平靜，卻「活得轟轟烈烈」，多次帶著小哈巴狗遊歷歐洲，也總企望能躋身百萬富翁，過起上流社會的生活。此外，她很有語言天分，能說數國語言，因此大力推動在學校增設外語課程。在此同時，愛德蕾德也很關心兒童早期教育問題。雖然她覺得去課堂教書有損自己身分，但據說她創立了美國第一間護理學校。

不過，愛德蕾德・派爾也有其陰暗面。有子孫說她是「愛生氣又神經過敏的老人」，只要稍不合意就會發脾氣，不管對方是誰都一樣。據說她也霸道、專橫而頑固，要是人家不照她意思做，她馬上就翻臉不認人。在另一位後代口中，她更成了位抑鬱、神經質、陰晴不定的婦人，前一秒還氣勢洶洶，下一秒便退縮卻步，是個「不太正常、也不太平衡的人」，在信仰立場上傾向「經驗宗教」（experimental religion）[3]。她常常一時興起就把孩子帶出學校，也不止一次決定離開丈夫，令傭人打包行李，把丈夫、愛德莉亞和幾個兒子丟在紐約，只帶著她最愛的女兒莎拉（Sara）去歐洲。

雖然派爾家的六個孩子都很聰明，但只有次子大衛（David）完全滿足他母親的社會、經濟、政治、宗教期望，成了「標準」的派爾家人。在結束普林斯頓、牛津、哈佛法學院的學業後，大衛成了出色的律師和慈善家，還當上紐約聯合醫院基金會（United Hospital Fund of New York）董事長。然而在光鮮亮麗的頭銜之下，人家卻說他是個冷酷、剛愎又自我中心的人。派爾家長子詹姆斯（James）則是個敏感又「聰慧」的人，但他想當建築師的心願卻被母親硬生生粉碎，最後不情願地當了律師，後來精神崩潰，生活也就此失序。次女莎拉溫暖纖細，但也精力充沛，長於繪畫、小提琴。她後來成立了康州戴克洛夫特學校（Daycroft Schools）並親自經營、任教，成了有名的教育家。三子查爾斯（Charles）雖亦天資聰穎，但一生飽受挫折，是個「悲劇人物」。最小的兒子高登（Gordon）則從普林斯頓退學，令他母親大為光火，他後來成了音樂家和作曲家。

愛德蕾德一心要把愛德莉亞塑造成社交名媛，並不覺得該讓女兒去上大學，所以在接受家庭教師的基礎教育之後（愛德蕾德請了外語家教與他們一家同住，除了正在學的那種外語之外，禁止她女兒說其他語言，由此可知她對外語有多重視），愛德莉亞只去上了兩間女子專校，學習音樂、舞蹈與歌唱。

愛德莉亞的宗教背景頗耐人尋味。她的父親雖出身聖公會家庭，本身對信仰卻不太熱中；她的母親原是聖約長老教會會友（愛德莉亞和妹妹、兩個哥哥都在這間教會受洗），[4] 但在一八九四年、愛德莉亞六歲時，愛德蕾德帶著孩子轉會到石礴長老教會。石礴教會當時的牧師是有名的亨利・范戴克（Henry Van Dyke）博士，也就是聖詩〈快樂歡欣向主敬拜〉（Joyful, Joyful, We Adore Thee）和短篇故事《第四位賢士》（*The Other Wise Man*）的作者。范戴克牧師於一八九九年離任後，石礴教會改由威廉・羅傑斯・理查茲（William Rogers Richards）牧會。理查茲的部分講章目前仍保存在國會圖書館，雖然至今讀來仍精彩有趣，但仔細研究之後你會發現：理查茲似乎和當時很多想迎合大眾的人一樣，在講道中將傳統教義和「現代主義」、「自由主義」結合在一起。

愛德莉亞不久就覺得這位牧師很「膚淺」，聽他講道很空虛。她從小就熱切尋求上主，此時已差不多十歲，開始跟家裡的愛爾蘭女傭參加天主教彌撒。[5] 她母親知道之後馬上禁止她再去，因為當時的天主教教友多是愛爾蘭、義大利移民，算是社會邊緣人，對社交一點幫助也沒有。於是，愛德莉亞只好繼續待在石磚教會。一九〇三年五月，愛德莉亞十五歲時，領受了堅信禮和第一次聖餐。在此之後，愛德莉亞自陳：「耶穌的血現在在我體內流動，流過了我的手臂。」[6] 對理查茲博士來說，這是種很奇怪的說法，因為在他的觀念裡，聖餐只是象徵，並不真的是基督的血肉。終於，在愛德莉亞不斷堅持要改宗天主教之後，愛德蕾德請理查茲跟她叛逆的女兒好好談談。然而在懇談之時，理查茲禁不起愛德莉亞一再逼問，也承認自己並不完全相信西敏寺信條（Westminster Confession）是對的。愛德莉亞聞言立刻反駁：「如果你不相信，為什麼要強迫我相信？」[7]

其實，無論是愛德莉亞的兄弟、妹妹，都對膚淺的現代主義相當反感，只不過他們反抗的方式跟愛德莉亞不同：她的三個兄弟自此對宗教毫無興趣；妹妹莎拉則是繼續追尋上帝，還跟她母親說：「如果我找到上帝，我一定會知道。」後來她在基督徒科學會（Christian Science）裡「找到」了，終生奉行不渝；查爾斯則自創門派，發明了一個叫「自我分析」（Egoanalysis）的「宗教」，還寫了本《自謀幸福之途》（*Your Way to Happiness*）。他甚至還多次向梵蒂岡宣傳他的理念，希望能引起教宗興趣。不過，他的宗教終究未能帶給他幸福，他一生抑鬱頹廢，最後酗酒而終。

二十四歲之前，愛德莉亞一直勉強過著紐約社交名媛的生活。一九一二年二月，她的父親走進位於紐澤西的辦公室後，便在辦公桌前心臟病發而死，得年五十六歲。約在此時，愛德蕾德也開始對瑪利亞．蒙特梭利（Maria Montessori）的教育理論產生興趣，以紐約為根據地成立蒙特梭利教育基金會（Montessori Education Foundation），計畫在美國設立學校，實行這位義大利教育家的教學理念。詹姆斯．托爾曼過世後不久，蒙特梭利造訪了派爾家，對愛德莉亞流利的義大利文、西班牙文、德文印象深刻，馬上邀請她來當自己的翻譯。愛德莉亞考慮後決定答應，趁愛德蕾德遠行時寫了封信給她，說自己打算加入蒙特梭利博士的行列。當愛德蕾德反對她這樣做的信寄達紐約時，愛德莉亞早已遠走高飛。

愛德莉亞隨即成為蒙特梭利的得力助手與「知性伙伴」，而在與一位天主教老師周遊天主教國家之後，愛德莉亞改宗的念頭愈發熱切。她馬上做了決定：一九一三年，愛德莉亞於巴塞隆納的天主教聖母堂，由一名嘉布遣會神父為她施行「有條件洗禮」（conditional baptism），[8]正式成為天主教徒。在此同時，愛德莉亞也依慣例取了聖名——她取的是「瑪利亞」，不久之後便以此取代本名。此時，根據蒙特梭利的傳記，這位美國女性就像這位義大利教育家的親生女兒一樣，為她奉獻了自己一生。[9]「愛德莉亞」原為其母之名「愛德蕾德」的變形，現在她卻改用了老師蒙特梭利的名字「瑪利亞」。這個舉動是否代表她蔑視母親？是否代表她以後會將瑪利亞・蒙特梭利當成真正的母親？對愛德蕾德來說，答案顯然是肯定的。一九一八年，愛德蕾德痛斥愛德莉亞與蒙特梭利，不僅不再贊助蒙特梭利的事業，還將之前設立的基金會改名為「兒童教育基金會」（The Child Education Foundation）。她不再給愛德莉亞生活費，也說她再也不想見到這個女兒。

瑪利亞・派爾陪伴蒙特梭利數年之後，心靈仍未獲平靜。在讀完高薩德（Caussade）神父寫的《父，隨祢安排》（*Self-Abandonment to the Divine Providence*）[10]之後，她不禁自問：「我為什麼不認識像高薩德神父這樣的靈修導師？」於是，她開始尋找一位聖潔的人指導自己的人生。

約在一九二〇年代初期，瑪利亞聽說了畢奧神父的事，但她後來寫道：「我那時不想只因為好奇就跑去找他。我相信他，但也覺得這就夠了，懶得跑去找他。」[11]

一九二三年初秋，瑪利亞終於被朋友莉娜・德爾鳩・卡特黎尼齊（Rina d'Ergiu Caterinici）說服，陪她去聖若翰・羅通多見畢奧神父。莉娜是東正教徒，想請教畢奧神父自己是否該改宗天主教。一九二三年十月二日，瑪利亞和莉娜相偕上路，從卡布里島（Capri）搭船到拿坡里，轉火車到佛吉亞，再搭公車到聖若翰・羅通多。

畢奧神父對瑪利亞和莉娜皆影響深遠。莉娜是羅馬尼亞人，丈夫聶斯托・卡特黎尼齊（Nestor

Caterinici）曾是殘暴的沙皇軍隊的上校。莉娜對東正教失望已久。她說自己相當渴望「真實的密契經驗」，而「雖然東正教教理跟天主教教理差不多，但實際上，東正教神父似乎不是真的相信在聖體聖事時，我們領受的是又真又活的耶穌」，此外，莉娜也覺得「東正教會裡的告解聖事流於形式，無法減輕靈魂的負擔，也沒辦法讓靈魂遠離罪惡」。她在東正教中掙扎了十八年，終於能和畢奧神父說上話時，她忍不住潸然淚下，神父問她：「妳為什麼哭呢？」她答道：「因為我不是天主教徒。」神父又問：「有什麼人不讓妳成為天主教徒嗎？」他遞給她一本教理問答，跟她說了幾個要學的禱文。莉娜問道：「神父，我還需要學些什麼來做準備嗎？」神父說道：「愛。妳只需要學著愛。除此之外沒有別的要學。」後來，莉娜和丈夫雙雙成了天主教徒。[12]

瑪利亞一見到畢奧神父，就知道自己找到了靈修導師。她寫道：「我們才一見面，我就跪在他面前說：『神父啊！』他把受傷的手放在我頭上說：『孩子，別再四處遊走了，留在這兒吧！』」[13]

瑪利亞先回了一趟卡布里島，還陪著蒙特梭利去英國、荷蘭。她在荷蘭告訴蒙特梭利：「這世上有個活生生的聖人，不待在他身邊讓我很不好受。我想回去找他，如果妳願意陪我去一趟，我會很高興的。」[14]

於是，蒙特梭利和瑪利亞一起去見了畢奧神父。當瑪利亞說她想聽畢奧神父的建議留下來時，神父說道：「順服妳母親。」在此之前，她從沒提過她母親反對她跟蒙特梭利工作。瑪利亞本想先陪蒙特梭利回羅馬一趟，收拾細軟之後再回聖若翰．羅通多。但就在她要跟蒙特梭利搭公車離開時，她突然放聲大哭：「我做不到！我做不到！我覺得自己癱了，像是有人把我的腳釘在地上一樣。」[15]於是，蒙特梭利自己回到了羅馬，把瑪利亞的東西打包寄給她。她們兩人再也沒見過面、說過話，據說，蒙特梭利很氣畢奧神父讓瑪利亞離開她。[16]

瑪利亞剛開始很好奇：畢奧神父會不會要她當修女？她後來跟一位親戚說：「我當時一點都不

想當修女，我不想聽命於人。」畢奧神父也覺得瑪利亞不適合當修女，但他邀請她加入方濟第三會，瑪利亞亦欣然接受，甚至還主動提出穿會衣的申請，並獲得嘉布遣會同意。為了資助畢奧神父的事工，她變賣了所有的珠寶，甚至打碎一隻鑲鑽的手錶，把碎片全交給畢奧神父。後來終其一生，瑪利亞的裝束都是嘉布遣會會衣、腰纏粗繩、側掛玫瑰念珠、腳踏涼鞋。有位朋友還說：「她外型實在太像弟兄，叫她『瑪利弟兄』一點都不突兀。」[17]

瑪利亞用為蒙特梭利工作時攢下的一點錢，在離鎮上兩哩之遙的文齊圭拉（Vinciguerra）家租了個房間，每天早上跟畢奧神父的其他屬靈女兒一道，爬上山坡到會院裡望彌撒。她們叫她「美國女人」，剛開始有些戒心，但後來都很尊敬她、愛她。

瑪利亞到聖若翰．羅通多沒多久，她那事業有成的二哥大衛就打聽到她的消息，跟著跑來找她。大衛對她現在的境況大感震驚，因為以他的價值觀來看，這個妹妹的生活不但有失身分，也極為邋遢。但在他跟母親轉述時，他仍然極力求她跟這個古怪的妹妹和好，並向她伸出援手：「妳不能讓愛德莉亞落魄得跟農夫一樣啊！」

愛德蕾德立刻趕到聖若翰．羅通多——還是帶著她那隻哈巴狗。見到女兒之後，她同意跟她一起去會會畢奧神父。在畢奧神父走過祭衣房時，那隻用緞帶裝扮得漂漂亮亮、原本乖乖待在主人腳邊的小狗，突然衝過去對著神父狂吠。而令這對母女震驚的是：畢奧神父大概是出於本能，一腳就把那隻小狗踢開！愛德蕾德因此大為光火。

不過，愛德蕾德還是跟畢奧神父成了朋友。沒過多久，愛德蕾德就說她見到畢奧神父分身了。因為畢奧神父的關係，這對母女重修舊好，愛德蕾德後來也常不辭辛苦從羅馬跑來，一點也不介意有時得在佛吉亞換騾車。她又開始寄漂亮衣服給她女兒（但瑪利亞都不穿），也再次提供她生活費——每年約五千到七千美元，在當時、當地來說，這是一筆天文數字。在此同時，愛德蕾德也為她女兒在會院旁建了棟兩層樓房，像座城堡一樣。於是，在年近古稀之時，愛德蕾德終於得到了宗教慰藉——只不過仍舊不是透過天主教，而是透過浸信會。瑪利亞對此略感失望，但畢奧神父告誡她說：「順著她吧，別攪亂她的平靜」，因為「她有了信仰，也會因此得救」。[27]

瑪利亞．派爾很快成了大家的朋友。雖然她這時已年近四十，卻還是跟年輕時一樣美麗。對於她的身高，大家說法不太一樣，但每個認識她的人都說她很結實，臉色紅潤、金髮碧眼、笑容迷人。有位朋友後來說她「非常、非常漂亮」，另一位朋友則說她「常常面帶微笑，看起來很快樂，出口都說好話」。[19]

瑪利亞還找了一群當地婦女組成聖詠團（唱詩班），她負責彈風琴伴奏。她也教主日學、幫忙教會服事，尤其熱心賑濟貧病，永遠慷慨解囊。她最為人稱道的一件事，是常去探訪一名叫愛默倫希雅娜（Emerenziana）的婦人。這名婦人面部長了惡性腫瘤，潰爛情況嚴重，大多數人都不敢靠近她。然而，瑪利亞不但每個禮拜都去看她，還會親吻她變形的臉。回家之後，她甚至開心到邊跳邊說：「她真好！她真是太好了！她真的懂得如何受苦！」[20]

瑪利亞的家馬上變得像療養院：她不僅收容了生病、貧困的婦女，有時還照料肺結核、癌症病患。她身邊自然聚集了一群當地婦女，一同投身慈善工作，過得跟修女沒兩樣。據說請她幫忙的人從沒被拒絕過，只要有困難去找她，瑪利亞一定會伸出援手。多年下來，她也資助了至少十位神父念神學院。好在愛德蕾德每個月寄錢給她，因為她急公好義，幾乎每到月底都把錢捐得一文不剩。不過，因為她從不回絕任何一個人，畢奧神父跟其他人也不免擔心她會被騙（事實上，她也的確被騙了幾次）。但無論如何，每個人都說她心地善良，樂善好施。我訪問過不少認識她的人，除了兩個人之外，每個受訪者都對她讚譽有加。總而言之，她真的做到了人見人愛、人見人誇。

住進會院旁的寓所沒多久，瑪利亞就問畢奧神父說：「我可不可以在皮耶垂西那建所會院？」

神父毫不遲疑馬上答應，還跟她說：「馬上去做，建好後將它獻給聖家。」[21] 於是，在愛德蕾德的大力贊助之下，瑪利亞籌到了一大筆錢，不僅能在皮耶垂西那建會院，還能多建一間神學院。監工任務交給了忠心耿耿的艾曼紐爾．布魯納托，他馬上動身前往皮耶垂西那，在畢奧神父父母的一間屋裡落腳。如今七十六歲、幾乎全盲、患有嚴重糖尿病的帕努洛總鐸，帶人找到了畢奧神父十五年前指的那塊地，建院地點就選在那裡。

那塊地的地主是亞歷山大．希爾維斯特里（Alessandro Silvestri），他也相當景仰畢奧神父，所以很爽快地低價出售。然而，因為瑪利亞並非義大利公民，依法不得買賣土地，所以她原本希望能由她出資、嘉布遣會出面，好完成這筆交易。沒想到不僅佛吉亞會省拒絕，羅馬嘉布遣總會也拒絕，最後是畢奧神父的哥哥米切雷．佛瓊內同意幫忙，簽字當了這塊地的名義地主，土地問題才獲解決。而在工程方面，布魯納托從羅馬請了托蒂尼（Todini）先生擔任建築師。

開工奠基那天，全皮耶垂西那的鎮民都聚集於聖母教堂，一路敲鑼打鼓，浩浩蕩蕩地遊行到新會院與教堂預定地。鎮長與貴賓致詞之後（布魯納托亦應邀致詞，但令嘉布遣會和當地神長尷尬的是：他藉此機會把教廷法院痛罵了一頓），大夥前往不遠處廢棄的淨煉教堂（Church of Purgatory），把那裡的石材搬來建會院。布魯納托很驚訝居然有這麼多人來幫忙，現場萬頭鑽動，一片石海。有些看似孱弱的婦女，竟也一同扛起超過百磅的石材，穩當地抬上山丘，再一起回去搬下一塊。日落之時，舊教堂的石材已盡數搬至會院預定地。當晚，一道巨型十字架光芒從會院預定地升起，照亮皮耶垂西那的夜空，持續了半小時才緩緩消失。[22]

幾天之後，貝內文托的樞機總主教路易．拉維特拉諾（Luigi Lavitrano）來巡視、降福工程。此後每週同一時間，聖母教堂都會鳴鐘召集志工，一同將石材搬至工地。令布魯納托萬分感動的是：每次鳴鐘，都有大批鎮民前來幫忙，就連垂垂老矣、只剩幾個月壽命的帕努洛，都強打精神加入他們，步履蹣跚地搬石上山。

沒過多久，另一個問題出現了：這裡缺水。不過畢奧神父得知之後，馬上描述了一個地點，要工人們去那裡挖。令大夥驚訝的是，那裡真的湧出了大量泉水，於是工程繼續進行。然而好事多磨，雖然這個計畫一開始相當順利，但還要等二十年後，這棟由瑪利亞、愛德蕾德慷慨資助的建築，才能由她們敬愛的嘉布遣會神父進駐。箇中源由，我將在另一章裡說明。

19

接連不斷的悲痛

一九二五年，省會長伯多祿神父將奧斯定調至聖若翰・羅通多，一方面授命他於小修院教拉丁、希臘文，另一方面也是為了撫慰畢奧神父，讓他從失去本篤神父的悲痛中走出來。與奧斯定神父重逢，自然讓畢奧神父相當高興。奧斯定在這裡待了兩年，幾年後在日記裡寫道：「能再度一起生活，我和畢奧神父有多開心，真是不言可喻。」[1]

縱然兩人交情深厚，但是本篤神父在畢奧心裡留下的空位，是誰也填補不了的，他指導畢奧靈修的能力更沒人能取代。奧斯定很快就明白自己無法像本篤一樣，陪畢奧深入其靈魂深處。

由於近年不斷受創，畢奧神父覺得很難向人傾訴自己的靈性狀態，即使親如奧斯定也一樣。雖然奧斯定代畢奧取得伯多祿神父許可，讓他得以提筆寫下靈性狀態，但畢奧還是加以婉拒，因為他擔心內容一旦外洩，又會登上報紙、引發風波，讓他以後連奧斯定都不能見。畢奧對奧斯定說：「我現在唯一的安慰，就是能見見你、跟你談談。要是明天又有哪個人知道我寫了東西給你，即使有省會長許可，他們還是有可能禁止你來這裡。那樣我們兩個都不好受！」[2]

奧斯定知道畢奧常無法釐清自己的靈性狀態，他會不時跟奧斯定說：「神父啊，請為我的歸化祈禱。」彷彿他難以確定自己是否獲得拯救。有時他也會跟奧斯定說：「我在靈魂之中只見黑暗一片。上主會悅納我嗎？」畢奧唯有在依服從聖願接受奧斯定的保證時，才會稍感平靜。他曾對奧斯定說：「藉著天主恩寵，我能看清他人的靈魂，但對我自己的靈魂，我只見黑暗一片。」[3] 此外，畢奧也對無法好好表達自己的想法深感挫折。奧斯定神父發現，畢奧有時「會說出他不想說的話，甚至不知道自己在說些什麼」，[4]對畢奧來說，這簡直是酷刑。

一九二三年十二月十三日，畢奧向伯多祿神父抱怨自己被遺棄了：「我無法達成天主的心意，也找不到祂。到處都一片死寂……連天堂都顯得冰冷。」[5]

不久之後，畢奧失去了這位一路相挺的和藹省會長：一九二四年二月廿三日，在長期承受總主教、教廷法院的壓力下，伯多祿神父心臟病發而死，得年四十四歲。接任的省會長是阿爾皮切拉（Alpicella）的伯納德神父，來自帕爾馬（Parma）會省。雖然伯納德神父是位正直的人，但因受制於梅瑞・德爾瓦爾樞機及教廷法院之故，他不得不對畢奧神父設下更多限制。

在教廷法院要求之下，伯納德神父下令：自一九二五年四月廿二日起，禁止訪客群集於祭衣房、會客室及走廊與畢奧神父交談。畢奧受命彌撒後需直接返回誦經席做感恩禱，避免與平信徒談話，亦不可讓會眾吻手（在義大利，這其實是向神父表達敬意的常見舉動）。這些命令的原意，是想終止聖若翰・羅通多常見的難堪場景（例如當地婦女常為了爭吻畢奧神父的手而大打出手），但這些措施也妨礙了畢奧神父幫助眾人，為此，他深感難過。

新限制措施也包括禁止平信徒住在會院——這代表艾曼紐爾・布魯納托得搬走。雖然布魯納托此時已去皮耶垂西那監工，但這項逐客令還是傷了這位聰明、敏感之人的心，他自此立誓要盡一切努力「援救」畢奧神父，也要讓總主教和教廷法院得到教訓。縱然教會高層的命令讓他深感不平，在皮耶垂西那的日子卻給了他不少安慰：他和畢奧神父的家人越來越熟，也越來越喜歡他們。

佛瓊內老夫婦此時仍住在彎谷巷的老房子，也就是畢奧和其他孩子出生的地方。葛拉修此時已六十多歲，但仍親自下田耕作。米切雷從美國回來後也當起了全職農夫，現在也被尊稱為米切雷「大叔」了。畢奧神父說他這位哥哥「手很粗，心很軟」；[6]女兒碧雅（Pia）則說他是個「善良、英俊、幸福的人」。安得烈與葛拉齊耶拉・曼達托夫婦說他「很善良、很聖潔，溫暖、慈愛而開朗」；若瑟・彼得森則說他「非常屬靈，但也很愛開玩笑」，提起畢奧神父的大哥有多會開玩笑時，他還補了一句：「待在米切雷那傢伙旁邊，你隨時得提高警覺，哈！」在彼得森記憶中，米切雷很愛喝啤酒、很愛抽美國煙。此外，米切雷似乎不僅跟他弟弟一樣幽默，脾氣也一樣暴躁。阿貝托・卡東內（Alberto Cardone）回憶道：「米切雷・佛瓊內的田就在我家的田旁邊。他是個好人，心腸也很好。但我小時候有一次跟朋友在他田裡玩，不小心踩壞了幾株麥子，他就破口大罵追著我們跑。他一生氣什麼話都罵得出口，可不是什麼聖人。」

一九二〇年十一月，米切雷的孩子「小方濟」突然死了。他罹患腦膜炎，上午才頭痛、發燒病倒在床，當天傍晚就去世了。米切雷和妻子喬瑟芭・卡東內哀痛逾恆。據一位當時住在皮耶垂西那的婦人轉述：孩子才剛病倒，米切雷就拍電報通知畢奧神父，但沒想到不久之後回覆傳來，畢奧神父便警告該為孩子準備後事了。「小方濟」死後，畢奧跟米切雷保證他會有個能活下來的孩子。一年之後喬瑟芭果然又懷了個兒子，但沒過多久就流產了。這對已年近四十的父母相當哀傷，但畢奧再次跟他們保證：他們一定會有孩子陪他們度過晚年。最後，在一九二四年一月，他們終於生了女兒碧雅，她也真的活下來了。

畢奧神父的父母去了聖若翰・羅通多幾次。貝芭抱怨每次去看她兒子，在一起的時間總是很少。有一次，她跟布魯納托大老遠開車去了聖若翰・羅通多，但母子倆只談了短短五分鐘。貝芭忍不住問布魯納托：「這樣我為什麼要去？連說句話的時間都沒有。以後乾脆你幫我去好了，幫我親一下他的手。」[7]另一次她則是抱怨道：「我在那待了二十天，結果還是沒能跟畢奧神父說上話。聖母啊，他怎麼會這樣？他怎麼連讓我吻他的手都不肯？」[8]

畢奧神父為何沒有滿足母親的心願、跟她好好聊聊，我們不得而知。畢竟，他似乎有充分的時間跟妮娜．坎帕尼磊、露琪雅．費歐冷提諾、瑪利亞．派爾以及其他的屬靈女兒深談。也許他覺得自己的母親靈性已相當成熟，不需要他提供建議了吧？但拒絕讓父母吻手一事，卻是出於孝心：他總跟他們說應該是子女要吻父母的手，不該反其道而行。

畢奧神父遭受攻訐後沒多久，佛瓊內家人也被捲入了這場風波。一九二五年十二月，曾寫信向教廷攻擊畢奧的若望．米西歐，現在寫了一整本書詆毀畢奧神父和佛瓊內全家。他來皮耶垂西那找米切雷，出示手稿，跟他說有人付了五千里拉的訂金要出這本書，但如果米切雷願意付他同樣的錢，他就去退回訂金，不出這本書了。

米切雷說他手邊沒那麼多錢，但為了「讓畢奧神父少受點罪」，他願意變賣田產籌錢。若望．米西歐同意了。米切雷馬上把這件事告訴布魯納托，布魯納托則火速趕往羅馬，向加斯帕里樞機報告這項勒索。這位魁梧的樞機發火了：「把這教士關進牢裡！這應該能讓烏雲罩頂的聖若翰．羅通多透點光！」[9]

在此同時，為了不變賣田產，米切雷說服米西歐先接受四千里拉的現金，餘款則先寫張欠條給他。不過在付錢之前，米切雷也做了準備：他跟警察報案，也把鈔票上的序號抄下來交給警方。不久之後，這位敲詐教士果然落網了。當警察衝進房裡逮捕他時，他趕忙想銷毀要給米切雷．佛瓊內的恐嚇信，上頭已經寫了：「你沒剩幾天了。」[10]

畢奧神父聽到這件事時，吃驚得快昏了過去。他原想勸米切雷撤銷告訴，但他大哥態度堅決，說什麼都不撤告：「保護弟弟不被誣衊，本來就是當哥哥的責任。」但畢奧還是不放棄，要他哥哥千萬別把這種事鬧上法庭，結果這次米切雷告訴他說：在訴訟成案之前，他不打算再跟他囉唆了。畢奧氣個半死。

米切雷拒絕溝通，畢奧轉而與米切雷的律師卡普利磊（Caprile）聯絡。卡普利磊接信後立刻來到會院，在畢奧房裡待了大約一個鐘頭。聖艾利亞阿皮亞尼西的拉斐爾神父說他聽見兩人相互咆哮。最後當卡普利磊要離開時，畢奧把他的雙手緊握在自己胸前說：「答應我，你不會讓米西歐神父被判刑。」

卡普利磊對他說：「神父，您知道我不能違背委託人的要求，而我的委託人是令兄。」

畢奧神父吼道：「我也說了！我命令你不要讓那位神父被判刑！」

於是，卡普利磊終於順從地說道：「好吧。如果這是您的心願，而您都命令我這麼做了。我會盡一切努力淡化罪責，讓那位神父不被判刑。」[11]

畢奧要卡普利磊重述他的諾言，然後就跟他道別了。卡普利磊信守承諾淡化罪責，雖然法官覺得證據確鑿，認為米西歐的手稿「含沙射影、卑劣不堪，出於神父之手尤其令人反感」，但還是判了他緩刑。聽到判決之前，畢奧神父一直不安地踱來踱去，搖頭流淚嘆道：「神父坐牢！**神父竟然坐牢！**這些是非，都因畢奧神父而起！」[12]

米西歐最後雖未入獄，但還是丟了教師的工作。而畢奧神父居然寫信為他求情，懇請地方政府讓他恢復教職——官員也真的同意了。恢復教職之後，這位痛改前非的教士去找了佛瓊內兄弟，懇求他們寬恕、也謝謝他們。畢奧和米切雷這時也已和好如初，他們擁抱米西歐，跟他說他們寬恕他了。米西歐此後終身感激畢奧神父，常來會院請他為他祈禱，即使後來老態龍鍾，卻仍拖著蹣跚的步履造訪會院。在生命將近之時，米西歐跟院長說他希望能在這所會院之中，與他敬愛的畢奧神父度過最後的日子。

一九二六年上旬，加依亞迪寄了更多黑函給省會長伯納德神父。由於伯納德神父是從別的會省來的，並不了解畢奧神父的為人，因此也無從判斷這些指控真實性有多高。若是伯多祿神父還在，會毫不遲疑地把這些誣告擺在一邊，但伯納德神父並不熟悉這裡的人事，無法不在意這些黑函的內容。加依亞迪說畢奧神父要求屬靈兒女更常辦告解，要比一般的八天一次更頻繁。更嚴重的指控還有他讓信眾吻他的手、在告解室外與女性談話——完全違反教廷法院的禁令。

伯納德神父寫信跟畢奧神父說了這些指控，言詞之中似乎也相信這些指控並非空穴來風。畢奧神父讀完信後「幾近崩潰」，於一九二六年五月十八日回覆省會長說：他從未建議每次告解的間隔少於八天；此外，他也只有兩次在告解室外跟女性說話：一次是因為辦告解的婦人幾乎全聾，另一次是跟妮娜．坎帕尼磊說了幾句話，但「那是因為她當時病著，我純粹是出於愛心和同情才會那樣做」。至於吻手一事，畢奧神父直率地提出抗議：「每個來過我們教堂的人都知道，有人想吻我的手我一定遏止，但如果這樣他們還照吻不誤，我到底何罪之有？難道我該把人家推開嗎？是啊，如果我兩手健全的話，我應該要把他們推走！」

在此同時，也漸漸有了批評加依亞迪的聲浪，而且批評者並不都是畢奧神父的追隨者。雖然教宗碧岳十一世相當倚重加依亞迪，任命他為宗座助理（assistant to the Pontifical Throne），但即使在教廷內部，也開始有批評加依亞迪的聲音出現。瓦爾波內希主教在信中常稱加依亞迪為「小報告主教」、「曼弗雷多尼亞的卑劣總主教」。在他的總教區內，也有越來越多人抱怨他單憑個人好惡來祝聖神父，讓「無知、無德」的人擔任聖職。此外，教友也相當不滿他怠忽職守，讓超過一千名年輕人等了十年還沒接受堅振禮。總教區內開始有不少神父直接寫信向教宗陳情，請聖座注意此地嚴重「失序、失德」、「聖職墮落」。神父們指證歷歷，詳述此地買賣聖職成風（據說只要出的錢夠，加依亞迪什麼職位都願意給）；任命與包庇那些遭法院判決「不名譽之罪」的人；作假帳；出售教會公物記錄不詳；當然，他們也嚴厲指控加依亞迪私德有虧。

加依亞迪每聞批評必大怒不已，把每個「背叛」他的人都視為「毒蛇」，禁止他們執行聖事。他似乎也將自己的不受歡迎歸咎於畢奧神父：一九二六年時，有兩名神父只因為參加畢奧神父的主保節慶典，就被加依亞迪暫停執行聖事之權。

在此同時，布魯納托也持續反擊加依亞迪。他那本《皮耶垂西那的畢奧神父》（*Padre Pio of Pietrelcina*）約在此時寫成，書中詳述加依亞迪如何對畢奧神父窮追猛打，欲除之而後快。出版沒多久，教廷法院便將其列為禁書，並一舉買光所有存貨。但在這雷霆行動執行之前，加斯帕里樞機已先睹為快。他將布魯納托召到辦公室來對他說：「你成功了。不久之後會進行宗座調查（apostolic visitation），你到時候也會參與。」[13]

宗座調查是天主教會的官方行動，目的在釐清堂區、教區或修會是否存在問題。一九二七年三月，一次小型的宗座調查開始默默進行。依官方說法，這次調查與畢奧神父或加依亞迪無關，主要對象是主教座堂聖職團（cathedral chapter）——詠禮司鐸，亦即包括米西歐在內的大多數當地司鐸。普倫西培總鐸亦在調查對象之列。調查團成員包括斐理・貝維拉克瓦（Felice Bevilacqua）蒙席、布魯納托，以及秘書阿弗雷多・夸特里諾（Alfredo Quattrino）神父。

詠禮司鐸知道自己要被調查之後，企圖越過調查團、直接向教宗陳情，他們宣稱自己才是受害者，是畢奧神父、布魯納托及其友人惡意攻訐他們，把各式各樣的罪名無端栽在他們頭上。在此同時，詠禮司鐸也堅稱嘉布遣會為錢捏造奇蹟，懇請教宗直接出面干預。然而，碧岳教宗還是讓調查繼續進行。最後真相大白，一堆驚人的醜聞被赤裸裸地攤在陽光下，證明普倫西培及其大部分同僚都涉入其中。貝維拉克瓦蒙席對真相大感震驚，不僅當面怒斥普倫西培及詠禮司鐸，也在報告中痛陳「悖德程度令人髮指」。

縱然調查結果令人咋舌，懲戒行動卻雷聲大雨點小。普倫西培雖被認定品行不端，但一名有力的樞機「為避免滾出更大的醜聞」，出手干涉讓他不致被解職。帕拉提諾則被停職一個月。他利用講道時間痛批畢奧神父的做法，連普倫西培都認為不妥。他曾公開表示他不畏天主，也說過要是加依亞迪敢動他的話，他就把這位總主教的所有醜事公諸於世。總之，雖然很多人被嚴詞譴責，卻沒什麼人遭到重罰，這讓布魯納托、莫卡爾迪等人相當不快。

到一九二八年，教會裡還是有不少人對畢奧神父有疑慮，連他自己的修會弟兄都不例外。舉例來說，在一九二八年八月，一名瑞士籍的嘉布遣會士從弗萊堡（Freiburg）寫信跟伯納德神父說，他在地方報紙上看到畢奧神父「因為違背道德的罪行被指控、定罪、坐牢」。但事實上，這位「罪惡滔天」的畢奧神父還好端端地在執行職務呢！來見他的人依舊以狂熱份子居多，幾乎每個禮拜都有神奇、戲劇性的醫治與皈依天主的消息。

其中一件引人注目、兼有醫治與皈依天主的事件，與法蘭切斯科·里奇亞爾迪（Francesco Ricciardi）醫師有關，他是普倫西培的密友，也坦承不諱自己是無神論者。他的宗教立場既是如此，也無怪乎多年以來相當支持加依亞迪打壓畢奧神父。一九二八年秋，五名醫生診斷其胃癌已至末期，情況太過嚴重，已無法進行治療，痊癒無望了。

到了十二月，里奇亞爾迪病況急遽惡化，命在旦夕。普倫西培趕來看他，希望他能在生命最後一刻與神和好。沒想到這位總鐸才進了房間，里奇亞爾迪就抄起拖鞋往他丟去，罵道：「給我滾！我死都不會改變想法！」[14]

普倫西培怒氣沖沖地離開之後，里奇亞爾迪的醫生安傑洛·瑪利亞·梅爾拉趕來會院，請畢奧神父幫幫他病人的忙。畢奧神父原想立刻動身，但出發之前，他得先請會院院長拉斐爾神父許可。一開始時，拉斐爾神父不知為何不太想答應，但禁不起畢奧神父請求，他後來還是陪畢奧到了里奇亞爾迪的家。

畢奧神父獨自進了房間，默默把門帶上。沒人知道兩人談了什麼，但結果就是里奇亞爾迪懺悔了罪過、也領了聖體。家人再進來看他時，只發現他滿臉淚痕、緊緊擁抱著這位神父。過了一會兒，他低聲向畢奧神父說道：「神父，請再降福我一次。我治不好了，沒多久就會死。我想帶著你的寬赦與祝福離開這個世界。」

家人看到這個幾分鐘前還不信神的人突然有了信仰，皆大感驚訝。但讓他們更驚訝的是，畢奧神父竟開朗地笑著跟他說：「你的靈魂治好了，身體也馬上會治好！今晚是我來看你，改天就輪你來會院看我了。」[15]

三天後，里奇亞爾迪的癌症跡象全部消失。他來到會院感謝畢奧神父，也去了教堂感謝天主。這位醫生後來成了很熱心的天主教徒，直到一九三二年六月離世，享年七十一歲。由於聖若翰．羅通多當時的文件並未記載死因，我們難以確定他生命最後三年是完全沒有癌症，或者只是得到「兩年緩刑」。這個問題會在後面章節討論。

里奇亞爾迪獲得醫治，恰與幾天後的另一件事構成鮮明對比。一九二八年十二月五日，瑪利亞．派爾往皮耶垂西那將貝芭接來，請她在自己家中作客。貝芭期待這趟旅程很久了，而在她抵達聖若翰．羅通多時，每個見到她的人都暗自心想：這位老太太之所以要來，應該是希望死時有兒子相伴。貝芭此時已年近七十，健康情況不佳，身體相當虛弱，不停發燒、咳嗽。

即使如此，貝芭還是每天參加畢奧神父的彌撒。見到這位老太太每次領完聖體，都會跪下親吻她兒子站的地方，令瑪利亞．派爾極為動容。雖然貝芭的身體狀況每況愈下，她還是打起精神跟來派爾家拜訪的人談話。但只要有人出口批評加依亞迪那些人，她馬上會制止他們說：「我們是什麼人？怎能批評天主的牧者？上主說如果我們不願被人論斷，就也不要論斷別人。我們只看得到人家做了什麼，但只有天主能看透人心，知道他們為什麼會這樣做，所以無論人家是好是壞，我們都不該論斷。」[16]

十二月廿三日那天，或許是意識到自己時日無多，貝芭去找了院長拉斐爾神父，跟他說「請好好照顧我兒子」。瑪利亞．派爾永遠忘不了貝芭最後一次去會院的情形：那天是聖誕節，貝芭不顧酷寒風雪，堅持要上山進堂，甚至婉拒人家借她毛皮大衣。「喔，親愛的，我不想打扮得像貴婦一樣。」她說。[17]

彌撒之後，她去祭衣房找她兒子。瑪利亞．派爾記得貝芭跪在畢奧神父腳前，「雙手像顯靈聖牌聖母那樣垂下。她注視畢奧神父的神情，就如靈魂在注視耶穌；而神父看她的神情，也就像耶穌看著靈魂。」

貝芭開口問：「畢奧神父，到天主跟前時，我們怎麼知道自己不是個大罪人呢？即使我們把自己記得、所知的一切罪過都懺悔了，但天主也許還知道我們不記得的罪。」

畢奧神父全神貫注在他媽媽身上，答道：「如果在告解時真心誠意，一心想把自己記得、所知的罪全部懺悔，天主必顯慈悲，把那些我們不記得、不知道的罪也一併寬赦。」[18]

貝芭離開會院，再次踏入風雪，但快到房間時終於不支倒地，被人抬上了床。她開始吐血，趕來的醫生診斷她罹患雙肺肺炎。消息傳開之後，圍在派爾家旁為她祈禱的人越來越多。許多人以為畢奧神父會再行一次奇蹟，畢竟他不久前治好的里奇亞爾迪現在又生龍活虎了。

如果能治好那個無神論醫生，為什麼不能治好自己聖潔的母親呢？被人不斷追問時，畢奧神父只淡淡地說：「天主的旨意要被成就。」他堅持自己並無醫治能力，能做的只是向神祈禱。

葛拉和米切雷馬上趕來了。布魯納托在羅馬得到消息之後，也立刻趕往聖畢哲修院，通知碧雅修女她母親快過世了。不過，碧雅修女的態度就跟他二哥一樣淡然，雖然長上許可她趕去聖若翰．羅通多，她還是婉拒了，只說：「媽媽過世時，我會在修院裡為她祈禱。」[19]

畢奧神父在病榻旁待了很久，一九二九年一月三日清晨四點，天主恩召了貝芭。當時也在場的莫卡爾迪回憶道：「她離開得真美。在我們為她祈禱時，她平靜地嚥下了最後一口氣，自己舉起了十字架置於唇上（走了）。」[20]

見到媽媽斷氣，畢奧神父終於忍不住悲痛，哀嚎倒地，不斷啜泣著說：「媽媽！媽媽！我美麗的媽媽！我親愛、溫柔的媽媽啊！」他就這樣流淚、失神了好幾個鐘頭，每個人都被他嚇呆了。畢奧神父似乎完全崩潰，不但無法返回會院，甚至也無法參加葬禮，每天跟嬰兒似地哭泣、悲號。碧雅修女收到消息後也癱過去了，在床上發著高燒躺了很多天。

幾天之後，省會長伯納德神父發現畢奧已離院多日，開始催他不管狀況如何，都應盡快返回會院。雖然梅爾拉和另兩位醫生都向省會長解釋，說畢奧目前的狀況並不適合回去，但伯納德神父還是執意下令要他返回會院，於是畢奧回去了。在進房之前，他暈倒了三次。

回院幾天之後，畢奧神父又做起了平常的工作，但他還要好一段時間，才能從這個打擊中真正恢復過來。即使伯納德神父請他寫些默想文章，他也以母親過世太過悲痛、暫時無能下筆為由，客氣地婉拒了。

20

監禁

一九二九年五月五日晚，畢奧神父夢到了十六世紀教宗碧岳五世。會院弟兄認為這個夢有預言的性質，因為畢奧神父說：「我夢到碧岳五世。他明確告訴我加依亞迪總主教會被免職，而庫卡洛羅（Cuccarollo）主教會接任。」[1]

預言的第一部分的確在十月一日實現：第二次宗座調查（這次的調查對象變成了加依亞迪本人）之後，總主教得知報告的內容判定他「行事乖謬」，對他相當不利，於是自請退休。他不但沒被揭短，反而得到了蘭諾斯（Lemnos）總主教的榮銜，風光榮歸故里，直到一九四一年十二月十二日去世，享年八十二歲。他終生未與畢奧神父修好，而梵蒂岡的訃告則讚其「虔敬」。畢奧神父得知他的死訊時說：「我明早會為他獻一台彌撒。」奧斯定則在日記裡寫道：「別說死者壞話。願天主接他到榮耀中。」[2]

然而，畢奧神父預言的第二部分並未實現，奧斯定將其歸咎於「凡夫之過」。當時的確有位名叫思天・高爾內略・庫卡洛羅（Sebastiano Cornelio Cuccarollo）的嘉布遣會士，六十二歲，正擔任波維諾（Bovino）主教。他多年來與畢奧關係良好，也常知會他們加依亞迪又跟羅馬告了什麼狀。不過，在教宗批准加依亞迪退休的同時，也要求庫卡洛羅接掌曼弗雷多尼亞總教區，庫卡洛羅卻拒絕了，因為他希冀能得到更好的職位，後來也真的等到了。畢奧與奧斯定聞訊極感不滿，奧斯定失望地寫道：「魔鬼在羅馬作祟。」畢奧則說：「天主不強迫人、讓人照自己的意思做。但庫卡洛羅主教總有一天要給天主一個交代，因為他應該服從教宗、擔起自己的十架！」[3]

加依亞迪的職位後來由另一位嘉布遣會士接任。這位新總主教名叫安得烈・切薩拉諾（Andrea Cesarano），五十歲，有把漂亮的白鬍子。雖然拉斐爾神父也說他買賣聖職，但他似乎是位相當稱職的主教，個性溫和，對待畢奧神父的態度也算友善。畢奧神父餘生的大部分時間，切薩拉諾都是曼弗雷多尼亞的總主教。

雖然加依亞迪退休了，畢奧神父的生活還是沒有重獲平靜。他在羅馬還有一些有權有勢的反對者，其中風頭最健的杰梅禮也仍不斷向教宗告狀。看到加依亞迪失勢、對畢奧神父的限制卻毫無減少，令莫卡爾迪與布魯納托深感不快。於是，他們計畫寫本《致教會書》（*Letters to the Church*），公開爆料某些有力神職人員的私生活，同時也為畢奧神父提出辯護。布魯納托自一九二五年搬離會院後，大部分時間都在聖若翰・羅通多、皮耶垂西那、羅馬三地奔波。透過加斯帕里樞機的關係，他也看了不少常人看不到的資料。當然，在被發現他打算怎麼運用這些資料之後，他就被梵蒂岡列入黑名單。

但他們還來不及出書，畢奧神父就聽說了這件事，他掐著莫卡爾迪的脖子吼道：「你這個惡魔！快給我臣服教會，別再寫這些垃圾東西！你會對你媽媽做這種事嗎？」[4]

莫卡爾迪與布魯納托暫時聽了畢奧神父的話，沒有出版《致教會書》。但不久之後情勢又起了變化，讓他們再次考慮出書反擊。新一波問題的開端是：總會長貝尼薩（Benisa）的梅爾基奧雷（Melchiorre）神父在教廷法院建議下，決定指派其他會省的神父取代拉斐爾神父，出任聖寵之母會院院長一職。

一九三一年三月卅一日，拉斐爾神父被省會長伯納德神父召至佛吉亞，私下告知不久會有人從米蘭來接他位子。這原本應是秘密，但不知為何，在拉斐爾神父回到聖若翰・羅通多時，這件消息已傳得人盡皆知。

布魯納托在梵蒂岡顯然有個位高權重的「眼線」，會隨時通報跟畢奧神父有關的決定。於是一度平靜的小鎮再次沸沸揚揚，一方面不滿要從北義「外省」派來新神長，另一方面也有謠言指出：這項人事異動，其實是預謀要把畢奧神父調走。會院外隨即又日夜聚集大批「守衛」，與一九二三年的情況如出一轍。鎮民們志願排班來會院巡守，唯恐畢奧神父會被偷偷帶走。他們甚至還擺起路障，不讓任何車輛進出會院。

聖若翰．羅通多此時情勢緊繃，偏偏在四月七日傍晚，有位陌生訪客來到了聖寵之母會院。此人是嚴規方濟會士尤震．提紐拉（Eugenio Tignola）神父，他剛結束在拿坡里的講道，坐公車來聖若翰．羅通多，想找畢奧神父談談自己的問題。

不幸的是，他剛好與莫卡爾迪同車，而後者認定他就是要來攪局的那個新院長。沒過多久，全鎮都聽說那個新院長到了，而且馬上就要偷偷帶走畢奧神父，鎮上怒吼聲四起：「他們要帶走畢奧神父！快！快去會院！他們要帶走畢奧神父了！」晚上十點，激動的鎮民將會院團團圍住，粗暴地喊道：「給他好看！罵死那個外地人！撕了他！宰了他！」[5]

拉斐爾神父出面拒絕交出那「外地人」之後，群情愈加激憤，竟合力把燈柱拔起，用它撞毀會院木門。暴民們湧入會院之後，拉斐爾神父一夫當關擋在樓梯口，「威嚴地」命令他們立刻離開。拉斐爾後來在日記裡寫道：「那其實很危險，因為每個人都帶了武器。」但無論如何，他成功勸服這群暴民離開會院，也答應馬上讓畢奧神父自己跟他們談談。

於是拉斐爾立刻趕至畢奧房間，令他去聖詠團的窗台現身，安撫一下院子裡的群眾。人們才看到他那張大鬍子臉，馬上爆出歡呼。畢奧神父對他們說：「我蒙福的孩子們啊，你們一向善良、一向努力順服天主聖寵……現在請你們像以前一樣，好好聽我的話：回家去吧，別傷害任何人。來找我的客人，並不是你們以為的那個人。他只是來這徵詢靈修建議的弟兄！」

沒想到群眾高喊：「不可能！不可能！」他們堅信畢奧神父是受了長上命令才這樣說的。畢奧堅稱他說的是實情，但群眾依舊不相信，於是畢奧關上窗戶回房去了。這時，挑起事端的莫卡爾迪也獲准進入會院，而在與拉斐爾神父談過之後，他終於相信那位「外地人」不是來找麻煩的。他灰頭土臉地走了出去，懇請群眾盡快解散。

但群眾們理都不理，繼續高喊要教訓那個外地人。莫卡爾迪情急之下又抬出畢奧神父，喊道：「你們愛畢奧神父嗎？」「是啊！當然！」群眾紛紛回應。於是莫卡爾迪又吼了回去：「那就照他的話做！聽他的話！服從他！回家去！那位客人早上五點就要回佛吉亞了！」6

就這樣，四月八日凌晨約兩點半時，群眾開始散去。五點時，那位倒楣、幾乎嚇呆的尤震神父，順利搭上公車回佛吉亞。

拉斐爾神父得將會院的損壞情形上報，警方對此一風波的報告也很快送到了羅馬。聞訊之後，教廷法院也採取了行動。一九三一年六月十一日，拉斐爾神父收到了以下指示：「除彌撒聖祭外，暫停畢奧神父執行其他聖事之權。其彌撒亦應於會院內之小堂私下獻祭，不得於教堂公開進行。」7

禁令這次已勢在必行、難有轉寰餘地。梅瑞・德爾瓦爾樞機已於前一年猝逝，接掌教廷法院的多納托・史巴瑞提樞機現在決心貫徹禁令。

晚禱後，拉斐爾神父將畢奧神父召至會院接待室，把命令內容照念了一遍，一句評論也不多說。畢奧神父雙手蓋著眼睛，低下頭來小聲說道：「天主的旨意必當承行。長上的旨意即天主的旨意。」8

不過，畢奧的內心並未如此淡然。七月一日奧斯定來看他時，才踏進房間，畢奧的眼淚便奪眶而出：「我從沒想過真的會這樣！」

奧斯定安慰這位老友說：「可是這真的發生了。這是耶穌的意思，就承行祂的旨意吧。你要繼續懸在十字架上，人們也會繼續把你釘在上面，但最後，一切都將化為天主的榮耀、為靈魂帶來益處。」9

自此開始了為期兩年、被畢奧神父稱為「監禁」的日子，他將這場試煉當作祭品獻給上主，好讓未獲拯救的靈魂得到益處。這段日子裡，他每天早上仍去誦經席和大家一起誦日課經，但誦完之後，他便去會院小堂獻感恩祭（彌撒），只有一名弟兄隨同。由於沒有會眾在場，他現在也能盡情沉浸在與上主的密契交流之中，不必在意彌撒時間了，於是彌撒有時甚至會長達四小時之久。但據奧斯定神父觀察，彌撒多半還是維持在九十分鐘左右，有時候之所以會拖太久，是因為畢奧花很多時間為生者與亡者祈禱。畢奧常說在獻彌撒時，他會看到天主交給他照料的所有靈魂。既然現在他被禁止與信眾接觸，他便花更多時間為他們代禱。

其他時間，畢奧神父多用來讀書、祈禱。他計畫通讀教會歷史，也仔細閱讀、默想聖經及教父著作。嘉布遣會的生活方式已比他剛入會時輕鬆許多，對同儕交流也不再有那麼多限制。奧斯定有一次問畢奧每天都怎麼過，畢奧說：「我盡可能多祈禱、多讀書，然後我就去煩我弟兄。」

奧斯定問：「你這種人怎麼可能煩到人？」

「我就跟以前一樣，老是開他們玩笑啊！不過我開玩笑的技巧比以前差多了！」10

比方說，在午夜要進行「黎明禱」時，他會用力捶桌子把人吵醒。一起去誦經席誦完「黎明禱」後，他才上床睡覺。

也許因為現在更常獨自思考，畢奧比以往更不確定自己是否中悅天主。他曾對奧斯定神父說：「我寧可承擔一千座十架，也不要像現在這樣，老是不確定自己的所作所為是否中悅天主！」11

有些時候，他似乎一點都感覺不到天上的安慰。奧斯定於一九三一年十一月去看他時，畢奧說

「耶穌沉默了」，還說「曾帶給他許多安慰的神視，現在都不出現」。不過，雖然畢奧「有些沮喪」，他還是堅定承行天主的意旨。[12]

一九三二年一月二日，奧斯定來聖若翰・羅通多聽畢奧告解。在詢及畢奧的靈修生活時，畢奧說他「常常感到基督臨在、對著他靈魂說話、賜給他理智神視」。同樣地，他也感受到聖母和他護守天使的臨在。[13]

雖然畢奧此時不能和屬靈子女見面或通信，但有些人說神父分身來探望他們。奧斯定神父有一次聽佛羅倫斯的本雅明娜（Beniamina）修女說，她有天上午領完聖體後，畢奧神父出現在她眼前，安慰她、降福她。奧斯定默默記下這件事，不久後若無其事地問畢奧說：「你是不是常四處走啊？比方說跑去佛羅倫斯？」看畢奧不理他，奧斯定又多問了一句：「有個修女說她有看到你。你去了對不對？」畢奧只答了一句「對」，除此之外也不再多說了。

雖然畢奧神父受到「監禁」，但來聖若翰・羅通多朝聖的人仍絡繹不絕。雖然他們見不到他，卻還是在教堂為他祈禱解除禁令，也聚在會院前一起念玫瑰經。

在此同時，莫卡爾迪和布魯納托也號召大家寫信陳情，合力懇請教廷解除畢奧神父的禁令。不少有力教會人士還收到莫卡爾迪寄的稿件——《信仰之光中的科學謎團》（*The Mysteries of Science in the Light of Faith*），由檢視過畢奧神父傷口的喬吉歐・費斯塔醫師所著，立論嚴謹，但因教廷法院禁止出版與畢奧神父有關的著作，故遲遲未能付梓。加斯帕里樞機這時剛剛卸任教廷國務卿一職，閱畢深感折服，還特地找了費斯塔醫師談。談完之後，加斯帕里樞機善加運用他的影響力，勸服教廷法院不再禁止這本書出版。於是此書終於問世，幾位樞機主教讀過之後，也留下不錯的印象。

不過，此時出版的另一本書卻造成了反效果。一九三二年上旬，阿貝托・德爾方提和卡洛琳娜・喬望尼尼（Carolina Giovannini）出版了《皮耶垂西那的畢奧神父：天主的使者》（*Padre Pio of*

Pietrelcina: Messenger of the Lord)，書中直陳畢奧神父是「天主的使者」，也收錄了許多超自然現象，與教廷法院不願肯定這些現象的立場完全相悖。

結果不但畢奧神父未獲自由，還為他召來了更多羞辱：小修院從聖若翰・羅通多遷走了。

失去牧養學生的機會，令畢奧神父深受打擊。莫卡爾迪對此難過地評論道：教廷法院認為畢奧「跟蘇格拉底一樣有害，會給不適應修院紀律的學生壞影響，敗壞他們脆弱的生活與靈魂」。[14]

很多人不只氣教廷法院，也覺得畢奧神父的某些支持者根本在幫倒忙。德爾方提和喬望尼尼犯了眾怒，奧斯定神父更直批後者是「狂熱、歇斯底里、受撒殫利用來攪局的女人」。[15]奧斯定也怪罪瑪利亞・派爾，指控她提供了這兩個作者太多資訊。雖然沒有證據顯示她真的跟這本書有關，但某段時間，這個「美國女人」幾乎成了全鎮的眾矢之的，甚至在她接近祭壇領聖體時，其他人都會自動避開，不屑與她為伍。好幾個月沒人跟她說話，有些女人還做得更過分——對著她念驅魔禱文。

更糟的是，連莫卡爾迪和布魯納托都起了爭執。布魯納托看到費斯塔的書還沒發揮正面效果，德爾方提和喬望尼尼的書就先招來懲處，憤而打算盡快出版《致教會書》。莫卡爾迪在跟幾位樞機主教談過之後獲得承諾：只要交出《致教會書》手稿，他們就願意協助解除畢奧神父的禁令。聽莫卡爾迪說完之後，布魯納托不客氣地回道：「去跟你那些王子說：我手上還有不少資料，不但能出版，還能追加內容！」莫卡爾迪責備這個多年老友簡直成了「路德第二」，怎麼「非搞垮基督的教會不可」？布魯納托則說他根本不怕被逐出教會，也相信只要他「把這些鐵證公諸於世」，有信德的人一定都會站在他這邊。[16]

這些「鐵證」的內容為何，其實也不全是秘密。它們跟教會高層有關，牽涉到一些性醜聞及財務黑幕，證據可能詳實到光是宣稱要公布，便足以造成教會內部不安。無論如何，此時人在巴黎的布魯納托說他打算以法文出版，書名就叫《基督教會內的反基督》（*Les Antichrists dans l'église du*

Christ)。

在此同時，莫卡爾迪也以較溫和的手段獲得進展：他找上了尤震．帕切里（Eugenio Pacelli）樞機。帕切里樞機曾是教廷駐德大使，現繼任加斯帕里樞機為國務卿。他修長削瘦，白面隼鼻，外表神聖儼然如苦行僧。事實上，他也的確是位靈修涵養極高的人，與德蕾絲．紐曼是很好的朋友（德蕾絲．紐曼是巴伐利亞的密契者、聖傷者，十三章裡曾提過她）。一九三二年十月，莫卡爾迪寫信跟他說「那位聖潔小弟兄」的事，說他「德性至為高超」，即使身居「偏遠山城」，名聲卻已不脛而走。莫卡爾迪還說「身擔苦痛，迷惘而墮落的人」是如何在畢奧神父身上看到了「引導自己的光」。[17]

帕切里似乎說服教宗親自派人去見畢奧神父。如果讀者還有印象，本篤十五世也曾派自己的醫生去看畢奧神父、檢視他的聖傷。在此之前，碧岳十一世對這位爭議人物的認識，都仰賴教廷法院和幾個朋友的報告。即使是一九二七、二八年的兩次宗座調查，也都未直接調查畢奧神父。而此時，一九三三年三月十四日，碧岳教宗終於決定要派人調查這位神父，並將結果直接回報。這項任務交給了路加．帕塞托（Luca Pasetto）蒙席與斐理．貝維拉克瓦蒙席，後者即一九二七年宗座調查的主要負責人。

於是，兩位神長來到了聖若翰．羅通多，穿過在會院外駐守近兩年的武裝守衛，問拉斐爾神父該去哪兒找畢奧神父。拉斐爾神父說他在小堂獻彌撒，於是帕塞托也去了小堂，原想跟他一同敬禮天主，沒想到畢奧神父一直不結束，拖到後來帕塞托也累了，乾脆自己先出來。最後，這場畢奧早上七點開始的彌撒，直到十點才告結束。

獲知帕塞托和貝維拉克瓦要見他之後，畢奧到接待室跟他們談了一段時間。午餐後，帕塞托和貝維拉克瓦和畢奧度過了一整個下午。他們覺得他正常得很，不狂熱、不神經質、不桀驁不馴，反而很好相處，也十分幽默。據拉斐爾神父說，帕塞托對他的謙遜、溫和與一切言行都留下很好的印象，相信他是個聖潔、虔誠的人。

接著，兩位主教向拉斐爾和畢奧提起布魯納托的事。布魯納托這時已寫信給好幾位教廷官員，威脅要是在復活節前不解除對畢奧神父的禁令，他就要出版那本書。貝維拉克瓦警告畢奧神父說，要是這本書真的出版，教會聲譽會受到很大傷害，畢奧神父則天真地建議：「教會大可駁斥書裡那些跟醜聞有關的部分，說那是子虛烏有啊！這樣一來什麼『醜聞』都站不住腳，算是致命一擊！」

沒想到，他換來的是一陣沉默。許久，貝維拉克瓦才搖搖頭，老淚縱橫顫抖著說：「很不幸，那些傳言都是真的。」[18]

畢奧神父此時方知事態嚴重，他立刻寄信到巴黎給布魯納托，設法勸阻他出書。怎料布魯納托置若罔聞，認定是長上命令畢奧神父阻止他，神父才依服從聖願這樣寫的。於是，他仍自顧自地繼續威脅教廷，寫信跟一群樞機、主教們說：「要讓我們封口不出這本書的代價，你們都知道了：釋放義人，撤銷罪名。」[19]

布魯納托給的期限是一九三三年復活節。但復活節來了又過了，布魯納托沒出書，畢奧神父也未獲自由。曼弗雷多尼亞總主教切薩拉諾還特地去了梵蒂岡，親自為畢奧神父的事向教宗陳情。但仍舊毫無下文。

最後，一九三三年七月十四日，碧岳教宗終於取消了禁令。教廷法院當天下令，准許畢奧神父公開主持彌撒，也同意他繼續在會院內聽神職人員告解。

布魯納托自然頗感自豪，認為教廷終於解除禁令，自己厥功甚偉。然而，教宗與教廷法院之所以態度轉變，與他的要脅可能關係不大，帕塞托和貝維拉克瓦的調查結果才是畢奧神父恢復「自由」的主要原因。拉斐爾神父和其他人都認為，教宗是看了他們的報告之後，對畢奧神父的看法才產生轉變。據說教宗還跟切薩拉諾總主教說過：「我對畢奧神父的處置並沒有錯，但我之前的確是收到錯誤資訊。」[20]

有些證據顯示：即使在重新批准畢奧神父公開牧靈後，碧岳教宗還是不相信他是位聖人。一九三四年時，嘉布遺會布拉（Bra）的若瑟神父（Padre Giuseppe）晉見教宗，他很驚訝教宗居然問他說：「你知不知道有哪位虔敬的人，是我能請他代禱以獲聖寵的？」若瑟神父馬上回答「畢奧神父」，但沒想到教宗面露不悅，很快打斷他說：「好，我知道了。」然後就降福他、請他離開。[21]雖然碧岳教宗不像別人那樣看重畢奧神父，但他終究還是相信這位神父是位謙卑、真誠的人。總之，畢奧神父終於恢復清白擺脫毀謗了。

禁令解除的消息是七月十五日傳到會院的，由省會長伯納德神父親自宣布。伯納德神父抵達時正是晚餐時間，但因為畢奧神父通常不吃晚餐，所以他沒跟弟兄們待在餐廳，一個人在誦經席祈禱。伯納德神父說明來意之後，拉斐爾神父派一位弟兄去叫畢奧，跟他說「省會長有重大消息宣布」。畢奧剛回來坐定，伯納德神父便大聲宣布：「奉教宗之命，自明日起，你可公開主持彌撒！」拉斐爾神父在日記裡記錄了這個動人時刻：「四處響起掌聲與歡呼，感謝教宗、也恭喜畢奧神父。畢奧神父至受感動，雙眼含淚，離席親吻省會長的手，激動、顫抖地請省會長代他向教宗表達謝意。」

第二天，伯納德神父也跟剛好來教堂的人說了這個消息，告訴他們畢奧神父又獲准公開主持彌撒了。一時之間一傳十、十傳百，教堂裡馬上擠滿了人，等著參加畢奧神父兩年多來的第一場公開彌撒。當他們敬愛的神父緩緩進堂時，信眾們激動落淚，恍若隔世」。

不過，艾曼紐爾·布魯納托卻未能見證這動人的一刻。由於他拒絕畢奧神父的勸說，堅持以黑函威脅教會，嘉布遺弟兄極感憤怒，告訴他此後不歡迎他進入、接近會院。雖然他此後再也未與畢奧神父相見，但他始終關心神父的事。

事實上，畢奧神父此時仍有不少限制，例如他還不能聽平信徒告解，也不得在祭衣房與他們會面。整體情況其實和一九二五年時差不多：畢奧不得與女性教友談話或讓她們吻手，在過道與男性對話也務必「簡短」。此外，他的彌撒也以半小時為限（不含領聖體時間）。

即便如此，大家還是都很高興又能見到他了，據奧斯定神父說，畢奧神父自己也覺得「很受安慰」，滿心喜樂地感謝上主。日子一久，種種限制也漸漸解除了：一九三四年三月廿五日，畢奧神父獲准聽男性教友告解；同年五月十二日，獲准聽女性教友告解。於是，就在他四十七歲生日之前，他的牧靈工作再度恢復完整。

21

我在世間的工作，就此開始

一九三四年五月廿五日，畢奧神父年滿四十七歲。幾年的「監禁」似乎讓他一下子老了不少，他的鬍子變得灰白，但頭髮仍然濃密，也繼續維持紅褐色。此外，他也變得更胖了。

畢奧變胖的原因並不是貪吃，相反地，他年紀越大，吃的東西越少。一九三〇年代中期，奧斯定注意到畢奧吃得很少，「換成別人，吃那麼一點根本不夠維持那種工作量」。[1] 到一九四五年時，他每天的進食量大約只有三盎司半，但那時他的體重卻有一百七十幾磅。

畢奧神父似乎也越睡越少。在生命的這個階段，畢奧神父通常只下午睡兩小時、晚上睡兩小時，但他似乎一點都不疲倦。雖然就常人來看，他吃、睡得未免太少，但奧斯定說他總是「動作敏捷、精神愉快、待人友善」，跟正常吃、睡的人沒什麼兩樣。

但在靈性生活上，畢奧神父依舊憂心自己是否有中悅上主。奧斯定發現：「他的靈魂不斷受到這種考驗，不曾停歇。雖然他並未因此陷入絕望，但這總讓他不確定自己是對是錯、有沒有中悅天主。」

畢奧有時甚至害怕死亡，因為他懷疑自己到底有沒有聖寵。一九三四年十月時，他向奧斯定吐露：「感謝天主沒給我時間多想這件事，畢竟我還有很多事得想。要是我真的認真去想這恐怖的試煉，我一定會發瘋！」[2]

一九三〇年代末期，畢奧再度感受不到神慰。一九三七年一月，他跟奧斯定說自己彷彿活在

「一團黑暗」中：「我不知道該怎麼過下去。你的保證言猶在耳，卻無法讓我獲得安慰。這折磨無可言喻！我雖不絕望，卻完全不知道到底是怎麼了！」[3]

畢奧神父覺得如果沒有這種折磨，他可以做更多好事，所以十分不解為何天主一直讓他處在這種狀態。但奧斯定神父卻認為：畢奧始終不知自己多聖潔、做了多少好事，其實正是天主賜給他的恩寵。也是在這個階段，畢奧寫下了他對「耶穌於革責瑪尼園（客西馬尼園）之苦」的默想。這是他一生中少數出版的兩、三本小冊之一，裡頭詳述了他的「共救贖」（co-redemption）信念：為了自己與他人的救贖，要與基督一同分擔痛苦與哀傷。他說基督「乾枯的心腸需要安慰」，而基督徒的責任之一，就是要分擔基督的痛苦與恐懼。

一九三〇年代中期，從未申請講道審核的畢奧神父，突然獲頒榮譽講道許可，頒贈者為嘉布遣會總會長瓦斯塔納（Valstagna）的維吉里神父（Padre Vigilio）。於是往後幾年，畢奧神父也偶爾會講講道——通常一年只講幾次。有位聽過他講道的神父說他「講道能力普通」，至於他的講章，只有少數幾篇保存下來。

畢奧神父的牧靈工作此時進入了「陽光期」：教廷法院不再干預，維吉里神父對他也極為友好，他可以放手做事，不受干擾。一九三七年歲末，省會長伯納德神父因瘧疾過世，奧斯定神父接任其職。雖然伯納德神父也是位溫和、公正的長上，但奧斯定畢竟是畢奧知交，關係非同一般。同年，維吉里神父任期結束，比利時人威爾（Welle）的多納托神父（Padre Donatus）接任總會長。

多納托神父久聞畢奧神父之事，很想見一見他。於是，一九三八年八月七日，多納托在奧斯定的陪伴下拜訪了畢奧神父，之後還寫下了他的觀察與感想。多納托自陳，他想近距離觀察這位聖傷者還有他住的地方：「我看了他的聖傷，問了畢奧神父各式各樣的問題。剛見面時，我想探探這位神父的人格特質。他的精神有沒有問題？是否歇斯底里？易怒？粗暴？好幻想？愚鈍？憂鬱？或是狂熱？但在問過許多問題之後，我的結論是畢奧神父神智清明，怎麼看都很正常。我也深深覺得他非常真誠、非常單純……總是實問實答，不會揣摩人家心思挑好聽的講。」

這位總會長還說：「我願意、也必須承認：在跟畢奧神父相處的時候，我深深被他的德性、安詳與謙卑打動……對那些冒犯他的人，他一句壞話都不說，寬恕的精神已銘刻於內……他時常收斂心神……對長上真心敬愛……全然順服教會神長，神智清明、虔敬事奉、樸實無華。」

他在報告裡也提到：「我得加上一句：我個人認為，畢奧神父是位偉大的聖者！」[4]

有這種看法的不只是多納托神父而已。一九三九年二月，八十二歲的碧岳十一世去世，尤震·帕切里樞機繼任為教宗，取號碧岳十二世。畢奧神父稱他是「人間的可愛基督」，新教宗也相當敬重這位嘉布遣聖傷者。從就任之初，碧岳十二世即鼓勵教友拜訪畢奧神父。有些人鑑於教廷法院曾對畢奧神父下禁令，謁見教宗時特別詢問：拜訪畢奧神父是否需要宗座批准？他總說：「去吧，那對你有益。」碧岳十二世似乎完全相信畢奧神父的聖潔。

全義造訪聖若翰·羅通多的人每年俱增，也有越來越多的人組成朝聖團來找畢奧神父，但神父對此頗有微詞，曾對奧斯定說：「我不贊成他們組朝聖團來看我，反倒希望有人勸勸他們別這樣一大群人過來，這讓我沒辦法好好聽告解——那才是我的本分。」[5]寄信來會院的人甚至比過去更多，寇斯坦丁諾·卡波碧揚柯（Costantino Capobianco）神父記得，畢奧神父有次一臉不悅地揀出一封信讀出來：「神聖的畢奧神父道啟……**神聖的**！……瞧瞧寫得**多好**！**神聖的**畢奧神父道啟！」

房裡另一位弟兄問道：「反正您現在也不會因此驕傲，不是嗎？」

畢奧神父聽了馬上張開雙臂彎腰一躬，裝得一副得意洋洋的樣子，譏諷地說：「錯了！朋友！我現在可驕傲得很哪！」[6]然後自己爆笑出來。對他來說，被當成聖人根本是開他玩笑。

雖然敬重他的人越來越多，但困擾還是有的：他的牧靈工作吸引了不少過度狂熱的婦人（多半是本地人），她們天天霸佔教堂，還常常為了告解次序、彌撒的好位子而大打出手，對那些膽敢佔用「她們的」畢奧神父的時間的「外地人」，她們不僅以指甲、髮夾伺候，有時甚至連刀子都掏出來。種種出格舉動，讓有些人把她們諢稱為「忠誠女士」（*Le Pie Donne*）。

聖若翰．羅通多因此出了不少事端，而奧斯定就任省會長後最早要處理的問題之一，就是鎮上某個「忠誠女士」指控：畢奧神父在晚上讓女人進會院，顯然動機不良。由於在此之前已有幾名婦女做出類似指控，奧斯定神父決定加以徹查。舉發人宣稱：每晚十一點正，都會有一名女性進入會院。結果到了晚上十一點，還真的有名婦人在院子現身，偷偷摸摸接近會院。她在一座石製十字架前停了一下，一閃身躲到榆樹後面，然後飛快跑向教堂。會院派一名弟兄去教堂裡搜，卻什麼人也沒找到。最後，他們終於發現闖進來的那名婦人，正是對畢奧神父提出指控的同一個人。她根本沒進教堂，只是暫時躲了起來，才沒被監視的人找到。被發現之後，她坦承是因為畢奧神父花太多時間在她討厭的一個女人身上，她想報復神父，才自導自演了這場鬧劇。奧斯定神父在日記裡寫道：「嫉妒的女人惹不起，哪怕她很虔誠也一樣。」

為了讓這群「忠誠女士」遵守秩序，畢奧神父常常得對她們吼，甚至還要跟個牛仔一樣大甩腰間繩結，把想扯他會衣的人趕開。有天情況特別混亂，他好不容易脫身之後，另一位神父跟他說有個「忠誠女士」十分火大，因為聖潔的神父竟然脾氣這麼壞！結果畢奧神父哈哈一笑說道：「我還真高興我讓她這樣想！」

畢奧神父的屬靈女兒絕不可和這群「忠誠女士」混為一談。如前所述，他的屬靈女兒個個皆有虔敬、真誠的特質，其中露琪雅．費歐冷提諾在一九三二年獻上自己作為犧牲，祈求能讓畢奧神父完全恢復聖職，兩年後以四十五歲之齡過世。彌留之際，她告訴嫂嫂說：「請告訴畢奧神父，我已為他的自由獻上自己作為犧牲。我的命不如他寶貴，他比我更能為眾人的靈魂做些好事。」[7]瑪利亞・派爾也曾說過：「無論在天上或地上，我都想待在畢奧神父身邊。如果我是他小指頭的指甲，我會十分歡喜。」[8]

愛德蕾德・派爾還是常來聖若翰・羅通多，她女兒也仍試著勸她改宗天主教。一九三六年夏，在愛德蕾德要離開聖若翰・羅通多時，畢奧神父指著天空說道：「但願我們很快能再見面。即使我們沒辦法在這裡再聚，我們也會在那相聚的。」隔年愛德蕾德病重，無法前來聖若翰・羅通多，也叫瑪利亞去倫敦看看她。當瑪利亞告訴畢奧神父她不想去時，神父對她說：「妳要知道，這可能是妳最後一次見媽媽了。」於是瑪利亞改變心意，去倫敦陪了她幾天。愛德蕾德後來回到了康州諾羅頓（Noroton）的家，一九三七年九月廿三日在那過世，享年七十七歲。瑪利亞很憂心她媽媽未獲拯救。但有一天，她夢到愛德蕾德站在羅馬聖伯多祿大殿門口，她把這個夢告訴畢奧神父，神父笑著訓她說：「妳看，誰跟妳說妳媽媽不會得救呢？」[9]

一如過往，這段時間也有不少超自然事件的見證。托斯卡尼（Tuscan）的醫生古葉爾摩・桑奎內提（Guglielmo Sanguinetti）是畢奧神父最親近的朋友之一，一九三六年一月二十日晚，桑奎內提和另兩名教友來畢奧神父房裡找他。談著談著，畢奧神父突然跪下，請他們一起為「一位很快就要面對天主審判的靈魂」祈禱。他們二話不說馬上配合，一起跪地祈禱。起身之後，神父問他們：「你們知道自己剛在為什麼人祈禱嗎？」大家搖頭說不知道，神父才說：「是在為英國國王祈禱。」

桑奎內提聽了十分驚訝，因為報紙雖然有說英王得了流感，但也說狀況並不嚴重。畢奧神父只說了一句：「他的情況就像我剛講的那樣。」便把話題帶開了。

到了午夜時分，畢奧敲了奧瑞里歐神父的房門，開門之後，畢奧神父門都沒進劈頭就說：「我們來為一個此刻要去天主審判台前的靈魂祈禱——為英國國王祈禱。」兩位神父一起祈禱了一會兒，然後畢奧神父就回房去了。

第二天下午，義大利報紙刊出了英王喬治五世的死訊。[10]

據我們所知，畢奧神父和英國王室成員毫無接觸，他為何會這麼關心喬治五世，著實耐人尋味。這位國王確實是位謙卑、虔誠的人，成年以後每天都讀一章聖經。但他也老實表示有些地方看不太懂，認為「聖經某些部分實在費解」。一九一〇年登基時，喬治五世也拒絕了一項長達兩百年的英王傳統：在第一次對國會發表演說時，需譴責聖母敬禮與感恩祭是「迷信與偶像崇拜」。[11]

一九三六年初，這位七十六歲的老國王已心肺衰竭，命懸一線。一月二十日那晚，他被注射過量古柯鹼與嗎啡致死。安樂死一方面是為了結果他的痛苦，另一方面也是因為國王於夜裡駕崩，才趕得上在早報發佈死訊。那天深夜十一點五十五分，約在畢奧神父去敲奧瑞里歐神父房門的時刻，王室成員隨侍於喬治五世之側，坎特伯里大主教開始唸誦禱文：「去吧，基督徒之靈。」老國王瞠目瞪視他的醫生，咬牙吐出一句「神詛咒你！」便溘然長逝。[12]這段塵封五十年的秘辛，當時只有極少數人知道。

一九三六年十二月廿九日，出身聖艾利亞阿皮亞尼西、當時駐於佛吉亞聖亞納會院的賈欽托神父（Padre Giacinto）來訪。他請畢奧神父為他會院裡的一名弟兄代禱：聖馬爾谷．拉米斯的若瑟．安當神父，當時正因腎臟炎病重。那天晚上，畢奧神父一如往常於凌晨一點就寢，但沒想到三點鐘醒來一睜開眼睛，就看到若瑟．安當神父站在房裡。畢奧神父驚訝地問：「若瑟．安當神父！你來這裡做什麼？他們說你病得很重，但你看起來氣色不錯啊！我真高興你好多了！」

若瑟．安當神父說：「是啊，我現在一點痛苦都沒了。」話才說完就消失不見了。[13]

隔天，聖寵之母會院得知若瑟．安當神父於那晚蒙召，過世時間差不多就是畢奧神父見到他的時刻。

三〇年代末到四〇年代初，有不少醫治、皈依天主的紀錄。一九三五年十一月，寇斯坦丁諾．卡波碧揚柯神父病了。他跟畢奧神父說自己被診斷出肺結核，醫生要他隔天就去羅馬的療養院報到。這是他第二次罹患肺結核，而畢奧神父向他保證：「你不久就會好的。天主會像上次一樣把你治好。」[14]後續治療果然很成功，卡波碧揚柯神父不久就出院，後來還活得比畢奧神父更久。

一九三九年時，有名的義大利喜劇作家路吉．安東內利（Luigi Antonelli）來訪。安東內利當時五十七歲，短小精悍，有把漂亮的小鬍子，「笑容迷人」、「眼神善良」。[15]他想請畢奧神父幫的忙很大：他的臉部、脖子、下巴都長出了惡性腫瘤，醫生雖建議手術治療，但也坦承即使切除，大概也只剩下六個月壽命。他原本認了，想接受手術，但朋友建議他不妨找畢奧神父幫忙。於是，他從佩斯卡拉（Pescara）來到聖若翰．羅通多，參加了彌撒、也向畢奧神父告解。安東內利後來說道：「我沒辦法複述他跟我講了什麼，因為他跟我說話時，我彷彿身處超自然世界！」

安東內利馬上覺得病況有了改善，不久之後癌症就控制住了。他幾個月後寫道：「我不知道從神學角度來說，我能不能說這是『奇蹟』？但就先別咬文嚼字吧……我現在……每週日為《義大利日報》（*Giornale d'Italia*）寫專欄，還能去打獵。我上個月寫了一部喜劇，不久就會在米蘭曼佐尼劇院（Manzoni Theatre）公演。我不知道醫生會怎麼說，也不知道X光或其他檢驗會有什麼結果……但今天，我覺得自己被奇蹟治癒了。」[16]

安東內利拒絕接受手術時，醫生曾警告他這樣做預期壽命只有三個月，但後來他活了三年，而且十分活躍、多產。[17]終於病倒之前，他將這次經歷告訴了一位阿根廷作家朋友——筆名彼提格瑞里（Pitigrilli）的迪諾．塞格雷（Dino Segre）。

彼提格瑞里當時四十六歲，在義大利、南美都已成名。他自陳為唯物論者，但也曾追尋真理一段時間。當安東內利告訴他自己健康改善的經驗、也要他一定要去聖若翰．羅通多一趟時，他照著做了。他參加了畢奧神父的彌撒，但遠遠坐在教堂一角。據他所知，在場的人應該全都不認識他。

但令他驚訝的是，當彌撒進行到神父請會眾為各種事情代禱時，畢奧神父說：「弟兄姊妹們，請大家祈禱。讓我們熱切地為今天在場的一個人祈禱，他很需要祈禱。有一天，他會靠近祭壇，並帶來許多和他犯了一樣的錯的人。」

雖然沒被點名，但彼提格瑞里相信畢奧神父說的就是自己。他頓時心碎，淚流滿面。之後跟神父辦告解時，神父對他說：「人縱然賺得了全世界，卻賠上了自己的靈魂，又有什麼益處呢？天主才對你有益，真的。」

彼提格瑞里經歷了一次深刻而持久的皈依經驗。回到布宜諾斯艾利斯（Buenos Aires）後，他立刻到出版社報到，堅持要把不符基督信仰的作品撤回。在往後三十多年的人生中，他努力傳播自己一度拒斥的信仰，在作品中帶入基督的信息。[18]

另一位很敬重畢奧神父的南美人士，是烏拉圭薩爾托副主教費南多．達米亞尼蒙席。我們之前提過，教宗本篤十五世曾鼓勵他向自己的國人介紹畢奧神父，德蘭．薩爾瓦多雷修女一九二一年臥病時，也是他將畢奧神父的手套帶給她。他的朋友雨果．卡巴雷洛（Hugo Caballero）神父說他「誠實、溫和、熱愛彌撒。雖然他是個實事求是、沒有密契經驗的人，但他確實十分虔誠」。[19]達米亞尼於一八七七年生於烏拉圭，家族為義大利裔。晉鐸之後先於薩爾托市擔任校牧，隨後前往智利加入默觀團體，之後才又回到烏拉圭，在羅薩里奧（Rosario）鄉間堂區成立農會、勞工救助儲金，深受當地貧苦之人愛戴。最後，他受命負責全烏拉圭的教會社服工作。

達米亞尼曾多次拜訪畢奧神父。他在一九二九年時被診斷出直腸癌，但在畢奧神父為他祈禱之後，腫瘤消失得一乾二淨，以致羅馬、巴黎的醫生都不相信他真的得過癌症，直到他出示在烏拉圭照的X光片，他們才相信他不久前還是病人。[20]

一九三七年時，達米亞尼再次來到聖若翰．羅通多。他這時罹患了冠狀動脈疾病，飽受心絞痛之苦。但他說他來的目的不是尋求醫治，而是希望能死在畢奧神父身邊。

住了一段日子之後，達米亞尼嚴重心臟病發，好幾個鐘頭氣若遊絲。他請人去找畢奧神父，但令他失望的是，畢奧神父繼續待在告解室裡，直到聽完每個人告解才來看他。這位老蒙席不禁抱怨：「你怎麼不早點來？我搞不好都死了！」

結果畢奧神父一臉認真地說：「我就是知道你不會死，才會繼續把告解聽完。」他跟達米亞尼說他會在烏拉圭去世，並對他保證：「我向你承諾：在你要離世之時，我會盡全力讓你的靈魂獲得幫助。」

達米亞尼狀況好轉之後，終於回烏拉圭去了。他繼續牧養工作，但心臟問題也持續惡化。一九四一年九月，他在薩爾托主持聖召會議，神父、修士、神長紛紛湧入主教公署，其中包括烏拉圭的三位主教：當地主教阿弗雷多・維歐拉（Alfredo Viola）、蒙得維的亞（Montevideo）總主教安當・瑪利亞・巴比耶里（Antonio Maria Barbieri），以及烏拉圭中南部佛羅里達教區主教彌額爾・帕特內（Miguel Paternain），教廷駐烏拉圭大使雅博・雷瓦梅（Alberto Levame）也蒞臨現場。

達米亞尼在房裡和總主教談到晚上十一點，巴比耶里才告辭回房。剛過午夜，巴比耶里突然聽見有人敲他房門，開門之後，只見走廊一片漆黑，不過他似乎看到一個嘉布遣會士的身影，那位弟兄說：「請去幫幫達米亞尼蒙席，他快過世了。」有位名叫方濟・納瓦羅（Francisco Navarro）的神父這時還待在同一樓的小堂裡祈禱，他也聽見了那陣敲門聲。

巴比耶里趕忙跑去達米亞尼的房間，門沒上鎖。巴比耶里敲了敲門沒有回應，便直接走了進去，結果發現達米亞尼正倒在床上掙扎，臉部痛苦扭曲，喘不過氣也說不出話，顯然是心臟病發，而且情況相當嚴重。

床邊的小桌散落著藥丸和幾張紙條，上頭潦草地寫了幾個字，似乎是電報草稿：「畢奧神父——聖若翰．羅通多——心悸不止——我快死了——達米亞尼」顯然達米亞尼還沒來得及發電報，就心臟病發了。

達米亞尼睜眼看見巴比耶里，用最後一絲氣力請他為自己行終傅禮。巴比耶里邊趕去拿聖油等物，邊高聲把人叫醒，也命納瓦羅立刻去幫達米亞尼辦告解。結果在巴比耶里趕回之前，主教座堂總鐸已先到一步，為達米亞尼行了終傅禮。幾分鐘後，醫生們也趕來了，但搶救終歸無效。一九四一年九月十二日零時三十分，薩爾托副主教費南多．達米亞尼辭世，身旁有四名主教、六名司鐸陪伴。正如畢奧神父曾許諾的，他過世時得到很好的幫助！[21]

那名神秘出現的嘉布遣會士，實難以常理解釋。有人或許會說巴比耶里根本在作夢，夢到有人敲門、又夢到這個人跟他說達米亞尼蒙席快死了，但問題是：連當時完全清醒的納瓦羅神父，都清楚聽到了聲音。那晚在這棟樓裡，只有巴比耶里一個人是嘉布遣會士，而在一一問過當晚在場的人後，大家也都說是聽到巴比耶里呼救，才知道達米亞尼心臟病發了，在此之前沒人知道這件事，更沒人去敲他的門。

幾年後，巴比耶里總主教來到了聖若翰．羅通多，請求私下與畢奧神父一談。他開門見山問道：「你是不是那晚在我門外的嘉布遣會士？要我去幫達米亞尼蒙席的人是不是你？」畢奧神父含糊作答，想把話題帶開；總主教繼續追問，但畢奧神父還是模模糊糊地回答。最後巴比耶里笑了，說：「好吧。我了解了！」畢奧神父也點點頭說：「是，您了解了。」巴比耶里接著也請畢奧神父在自己臨終時提供協助，但畢奧神父說：「恐怕不行，因為我會比您先死。不過，我會從天上幫助你的。」[22] 後來，巴比耶里真的比畢奧神父多活了十一年，八十七歲才去世。

不過，要是以為畢奧神父的人生是場奇蹟與超自然的大表演，可是大錯特錯。每個熟識他的人都說他看起來再平凡不過，和藹、喜樂、平靜、謙卑才是他最大的特色。很多跟他十分親近的人，都從未見過稱得上「超自然」的事。有位跟他很熟的神父看過德爾方提的書後跟他說：「看了這本書的人大概會以為，你每廿四小時都行廿五個奇蹟。」畢奧神父聽了點頭不語。[23] 他曾對一位紅十字會主管說：「人家說我會行奇蹟……我才不會！」當人家想為一些超自然恩賜感謝他時，他也總是說：「如果你覺得有領受恩寵，該感謝的是天主，而不是我。」[24]

由於很多來聖若翰．羅通多找他的人都是為了尋求醫治，畢奧神父建立現代化醫院的決心愈發堅定。他一直認為聖方濟醫院的規模還不夠，而經濟大蕭條與一九三八年的地震也真的毀了這間小小的醫院。

他跟不少平信徒友人提過這個夢想。一九三九年下旬，他和馬利歐．桑維科（Mario Sanvico）、皮耶特洛．庫吉諾兩人長談了這件事。庫吉諾當時二十六歲，他自幼即盲，平日負責幫會院去鎮上郵局收發信件，久而久之跟畢奧神父建立起不錯的交情。桑維科則四十多歲，小有財力。桑維科的妻子瑪利亞．安東妮耶塔（Maria Antonietta）住在佩魯賈（Perugia），但他們夫婦也和桑奎內提醫生夫婦合資，一起在會院旁買了間別墅。我們前面提過，在喬治五世過世那晚，畢奧神父曾邀桑奎內提一同祈禱。桑奎內提早年是無神論者，被妻子說服來拜訪畢奧神父之後，不僅成了虔誠的基督徒，更有幸成為畢奧神父的屬靈之子。

約在一九三五年時，畢奧神父跟桑奎內提說過：「你就是要來這幫我成立醫院的人。」桑奎內提當時回說自己還要養家活口，不可能放下工作，但畢奧神父仍堅決說道：「天主會安排好的。」結果才回到木杰洛，桑奎內提就發現自己中樂透贏了一大筆錢，不只能買塊地收租過活，還有不少餘錢能跟桑維科在會院旁合買別墅（他們還為其取名「平安居」）。接下來幾年，桑奎內提在聖若翰．羅通多和木杰洛兩地奔波，桑維科則是在聖若翰．羅通多和佩魯賈兩地遊走。

一九四〇年一月九日下午，桑維科在別墅裡召開會議，邀集有心人士成立委員會，一同協助畢奧神父建醫院。桑奎內提夫婦當天沒有出席，與會人還有伊妲．塞茲（Ida Seitz），以及卡洛．基斯瓦岱（Carlo Kiswarday）、瑪利．基斯瓦岱（Mary Kiswarday）夫婦。基斯瓦岱博士來自南斯拉夫，是位藥劑師。幾年前來聖若翰．羅通多時，畢奧神父要他在此定居下來，[25]聽了雖然驚訝，但他還是照辦了。

委員會的任務分配如下：桑維科任秘書，桑奎內提任醫療總監，伊妲．塞茲則負責內部統籌。雖然畢奧神父稍早婉拒正式加入委員會，但大家一致贊成：「做任何決定之前，要先請示畢奧神父，並獲得他同意。」[26]

當晚，桑維科和基斯瓦岱一起去畢奧神父房裡見他（當然，伊妲．塞茲和他們的妻子都未獲准進入會院）。神父很高興他們付諸行動，開心地說：「我在世間的工作，就此開始。我祝福你們，也祝福往後參與的每一個人。這項任務會越來越大、越來越美好的。」[27]

神父還當場拿出一枚金幣，說：「就讓我奉獻第一筆錢吧！」這枚金幣是一位貧窮老婦人當天交給他的，她跟畢奧神父說，她也想為建醫院出一份力。神父原本不願接受，跟她說：「我不能收。這錢對妳來說負擔太大了，我不希望妳這樣做。」那婦人還是堅持要捐：「我不買火柴就能把錢省下來了。我可以跟鄰居借火。」畢奧神父還是一再推辭，最後那婦人轉身離去，撂了一句：「好吧，神父，我想這筆錢的確太少了。」神父聞言終於讓步，說：「請給我吧！這是我想得到的最慷慨的奉獻！」[28]當天晚上，委員會就陸續收到了金額不一的捐款，捐獻者除塞茲、基斯瓦岱、桑維科之外，還有皮耶特洛．庫吉諾、畢奧神父的外甥艾托雷．瑪索內，以及其他四名人士。

下一步是要為醫院命名。桑維科問神父希望起什麼名稱，神父說他得花幾天好好想想。一月十四日晚上七點，畢奧神父說他想到了，叫「受苦者安慰之家」（La Casa Sollievo della Sofferenza）。神父說他不喜歡「醫院」、「診所」這類名稱，因為他覺得那有負面意味。他心中的夢想，是要打造一個結合科學與宗教、同時能增進靈魂與肉體福祉的地方。在後來寫給教宗的信裡，他說「安慰之家」的目標是：「在照顧患者的過程中，加入更人道、也更超性的關懷，提供一個在物質、靈性層面皆屬理想的環境，望能讓病人將治療他的人視為天主的助手，是為恩寵的降臨預備道路」。[29]

他們將此計畫命名為「事工」（The Work）。委員會馬上開始運作，用數國語言發行小冊，解釋「事工」的目標。辦公室設在基斯瓦岱家中（位於會院與鎮中心間的路上）。沒過多久，委員會就募到了一百五十萬里拉，在當時可是一大筆錢。[30]

不過，「事工」不久即戛然而止——一九三九年九月，二次大戰的戰火於東歐爆發；一九四〇年春，幾乎整個歐洲皆已捲入戰局。

22

上主現在不施憐憫

據一位屬靈之子說：「剛開始時，畢奧神父似乎樂見法西斯上台，但不久之後他看法就變了。」[1]他對墨索里尼強迫鎮民入黨極為不恥，也曾跟一位美國官員說過：「弄到後來，你沒有黨證就沒有糖、油、麵粉。這根本是勒索人入黨！連小孩子的書裡都是法西斯宣傳。」[2]但令畢奧神父最感憤慨的，還是墨索里尼於一九三六年與德國結盟。神父既恐懼又厭惡希特勒，因為這位獨裁者「嗜血成性」，對教會也深具敵意。畢奧曾向一位神父朋友說：「如果我逮到希特勒，你知道我會怎麼辦嗎？我會把他關進籠子裡，帶著他走遍世界，這樣他就知道人家是怎麼看他的。」[3]

一九四〇年時，歐洲和世界大多數國家皆已捲入戰火，畢奧神父深感沮喪，對奧斯定神父說：「你記不記得我在一九二〇或二一年就說國際聯盟沒什麼用？我還說『這些國家遲早會再打起來』。你看，現在果然這樣了。」[4]

一九四〇到四一年，德軍所向披靡、橫掃歐洲。不僅墨索里尼跟著沾光，很多義大利人也覺得與有榮焉（甚至連一些嘉布遣會士也如此），相信在即將到來的世界新秩序中，義大利也將佔一席之地。但畢奧神父因現實與神學理由，完全無法認同這種社會氛圍。當德軍於一九四一年進攻蘇聯時，畢奧神父跟許多人一樣，都斷定軸心國遲早會戰敗。據說，他還澆了那些以為會戰勝的弟兄一頭冷水，說：「你們知道俄國有多大嗎？這跟蒼蠅要吞象一樣不可能！」就他看來，上主絕不會讓希特勒這麼邪惡的人取得勝利。他曾對一位堅信軸心國會勝利的嘉布遣主教說：「我們贏不了的！

希特勒這個人不但反教宗，還公開褻瀆聖母，我不相信我們有可能贏……主教閣下，我們贏不了的！即使我們贏了，那種勝利也會是天譴！」[5]他跟一位美國官員解釋過這點：「即使軸心國戰勝，也是德國贏了，不是我們贏了。因為我們那時都會變成納粹的奴隸，那可是人所能想到最恐怖的一種奴隸狀態！」[6]相較之下，畢奧神父似乎更恐懼納粹黨而非共產黨。

美國於一九四一年十二月參戰後，從未拋棄美國籍的瑪利亞・派爾被捕了。以當時的情勢，瑪利亞很可能會被送去集中營，但義大利內政部長正好是虔誠的天主教徒，所以在嘉布遣會介入求情之後，同意讓瑪利亞待在皮耶垂西那畢奧神父的父親家中，名為「拘禁」，實為幫忙照顧這位年事已高的老人。[7]

一九四三年戰況逆轉。陷入絕境的墨索里尼派人來找畢奧神父，請他為義大利祈禱。畢奧神父嚴詞拒絕，憤怒地說：「他毀了全義大利之後，現在倒找上我了！你去跟墨索里尼說，義大利現在沒救了！跟他說：『是你毀了義大利！』」[8]

在墨索里尼於同年夏天下台、義大利向同盟國投降之後，很多義大利人以為最糟的時刻已經過去，但畢奧神父同樣不以為然：「苦日子才開始呢！這場仗還會打很久。戰事將如河水流過各城各鎮，到處會片瓦不存、屍橫遍野、血流成河！主啊！請救救我們！」[9]這次他又說中了：德國對義大利展開報復，全義陷入長達數月的恐怖屠殺；同盟國也在許多人口密集區展開轟炸。由於佛吉亞既是鐵路終點、又有空軍基地，被英、美空軍一再猛烈轟炸，數千人死亡。畢奧神父老友切拉瑟姊妹家半毀（但她們兩人早已過世），聖亞納會院也嚴重受損，奧斯定神父當時仍是省會長，被迫將會省辦公室遷到聖若翰・羅通多。

一九四三年九月，一份後來才知有誤的報告傳至聖若翰・羅通多：希特勒逮捕、拘禁了碧岳教宗。畢奧神父聞訊崩潰，高燒臥床，喃喃詛咒希特勒及納粹帝國說：「德國必亡！天主會降禍於它！」[10]人家問他戰爭何時結束？他只搖搖頭、陰鬱地說：「人們頑冥不靈，就是不轉向天主。上主現在不施憐憫。」[11]在此同時，為了與數百萬飢民同在，畢奧神父吃得更少，也立誓於戰時不吃麵包，以此犧牲獻給上主，好讓其他人免於飢餓。[12]

至於聖若翰．羅通多，畢奧神父則預言不會受戰火波及，多次說道：「上主因祂無盡的仁慈，會寬囿這塊有福的土地。」[13]他說的沒錯：加爾卡諾半島很快就被美軍第八軍團佔領，戰火止於二十五哩外的佛吉亞（當時已幾乎夷為平地）。於是很快也有謠言傳出，說畢奧神父以超自然方式保護了聖若翰．羅通多。

接下來要說的這件事有很多版本，而且幾乎每份講到畢奧神父的資料都有提到。最早的詳細紀錄是道明．梅耶神父寫的，他是美國人，戰後被派來聖若翰．羅通多三年。道明說他是從桑奎內提那裡聽來這件事的：「二戰時期，美軍在巴里（Bari）有空軍基地，離此地約七十五哩。當時這附近還有德軍，巴里基地的美軍軍官接獲情資，說德軍在聖若翰．羅通多這邊藏有軍火。於是他召來屬下安排空襲，也表示自己打算身先士卒，開第一架飛機親上火線。他是個新教徒。但當他們快飛到聖若翰．羅通多時，他看到前面天空有個隱修會士，張開雙臂像是要擋住他一樣。這名將軍看得目瞪口呆，馬上下令返航，把炸彈投在一塊沒有人的空地上。回到基地之後，人家問他到底是怎麼回事？他一五一十地把看到的狀況講了出來。那時有位義大利軍官在場，就跟他提了一下聖若翰．羅通多有個有名的隱修會士，大家都說他是聖人，搞不好將軍在天空看到的就是他。那位將軍決定查個水落石出，就帶著另一個人一起來這裡，跟其他教友一起到祭衣房。他馬上認出了畢奧神父，說那就是他在空中看到的人。」[14]

道明神父的客觀、嚴謹是出了名的，在寫給家人、朋友的信裡，他常對一些太誇張的畢奧神父故事表露憤慨。所以可以想見的是，他一定一字不漏地把桑奎內提的話記了下來。

美國神父查爾斯．莫提默．卡第，也有在他寫的畢奧神父傳記裡提過這件事，從內容看來，資料來源可能也是道明神父。旅居義大利多年的英國人約翰．麥卡菲爾，三十年後於回憶錄裡也有寫到這件事。但他說這是一位道格拉斯．伍德洛夫（Douglas Woodruff）告訴他的，伍德洛夫又是從艾爾頓爵士（Lord Eldon）那聽來的。據說艾爾頓爵士是戰後不久在義大利一輛火車上遇到那位將軍和他夫人。但顯然要讓嚴謹的歷史學家失望的是：他沒說那個將軍叫什麼名字。

這則軼事還有其他版本。嘉布遣會士里斯．畢奧十世（Rises Pio X）的斐南多（Fernando）堅稱，**很多人**當時都有看到那一幕，「英美空軍裡很多飛行員都證實了這件事，他們國籍不同（有英國人、美國人、波蘭人、巴勒斯坦人）、信仰也不同（有天主教徒、東正教徒、穆斯林、新教徒，還有猶太教徒）。」[15]

阿貝托．卡東內當時住在皮耶垂西那，他在一九九〇年三月接受訪問時，跟我說了另一個版本：「他們跟我說過畢奧神父出現在天空的事。有一天，畢奧神父突然現身在一架飛機前面，擋下它、把它引到空地方向，這樣炸彈丟下去就不會炸傷人。那是一九四四年五月以後的事。當時德軍正在撤退，大舉破壞貝內文托的橋樑，所以他們要去炸德國人。他們來皮耶垂西那炸過德軍大砲，但沒對這裡造成什麼傷害。那一次他們想炸的是貝內文托，但畢奧神父在飛機前現身，把他們帶走了。同盟國以為那裡還有很多德軍，幾天前才在貝內文托車站炸死了一千人，但那天一個人也沒死。這件事一發生我就知道了。」

阿拉巴馬州伯明罕市的羅伮．鮑伯．居禮（Loyal Bob Curry）上校，自一九四四年十二月起服役，隸屬空軍第十五大隊四六四轟炸小隊，一個月後遭德軍擊落、監禁。居禮先生說，他是在拿坡里和佛吉亞間的斯平納索拉（Spinazola）基地聽到這件事的：「那時每個人都在講這件事，美軍在講，幫忙整理營房的義大利人也在講。」[16]

作曲家阿豐索．達德佳（Alfonso D'Artega）生於墨西哥，一九四四、四五年於美國空軍服役。一九七一年接受訪問時，他說駐紮在阿曼多拉（Amendola）空軍基地的時候，有天晚上聽到了這樣一段對話：「有個飛行員說：『我又看到幻影飛過去了。』我們那時在喝酒，我一開始不知道他們在說什麼。接著另一個人也說看到幻影飛在空中，但我還是不知道他們在談畢奧神父，只當他們喝多了。但一個禮拜後，有個人在很清醒時跟我說了一樣的事（他是機組人員，不是駕駛）。他說攝影師在任務結束、飛機回營後，為飛機拍了些照，其中一架戰機嚴重損毀，飛行員們也都一臉恍惚。他們根本沒投彈，把炸彈又載回來了，但原定任務是要在亞得里亞海沿岸轟炸的。這個人跟我說，有一次他跟他們一起飛，突然看到前方有個隱修會士的身影，飛得跟飛機一樣快，還不斷跟他們揮手。副駕駛也看到了。他們都嚇到了，所以直接折返，不再投彈。看到那人影時，他們全都起了寒顫。而當然，他們把沒有投彈的原因上報之後，被狠狠臭罵了一頓，連其他人都跟著遭殃。」

達德佳唯一記得的人名是「波普」（Pope），他是位飛行員，雖然他的飛機並未裝載炸彈，但他也說有看到「那個飛在天空的隱修會士」。達德佳說波普在戰爭中陣亡了，他也說有另一位飛行員原是新教徒，但在聽說那個幻影是畢奧神父之後，不但改宗天主教，最後還當了神父！

在相關資料中唯一有提及確切日期的，是文德．瑪撒（Bonaventura Massa）神父一九七五年的紀錄。瑪撒說那天是一九四三年七月廿六日，「大型轟炸機在聖若翰．羅通多天空盤旋」，試圖要空襲公立學校（指揮官認為德軍槍砲藏於此處）。然而，「飛行員兩次試圖投彈，機械卻出了問題……於是他們繼續盤旋，但突然在天空、雲裡看到了三個人：一個留鬍子的弟兄、一位抱著嬰兒的婦人、一位拔劍出鞘的年輕人。他們決定放棄轟炸，返回基地。」17

如果瑪撒的紀錄是真實的（事實上，他的紀錄的確在很多方面獲得佐證），那當天出任務的就不是第十五大隊，而是第九或第十二大隊。根據華盛頓特區波林（Bolling）空軍基地美國空軍歷史部（Department of History of the U.S. Air Force）的紀錄，一九四三年七月廿六日那天，第九、第十二大隊的確有去佛吉亞出任務。依照規定，每次任務結束之後指揮官都應提交報告，但不是所有報告都有被保存下來：在七〇年代早期檔案重新歸檔之前，第九、十二大隊於一九四三年七月十九日到八月六日的任務報告，便已全部遺失了。

居禮上校看過道明神父的紀錄後表示，事情絕不可能像桑奎內提說的那樣：將官不可能擅自決定要轟炸哪裡，然後就像找群人打球一樣帶隊出發。每項轟炸任務都會先層層上報，獲得批准之後才能出動，不會一有風吹草動就馬上出發。居禮認為畢奧神父顯現的事是真的，但他也說情況並不是大家一般傳說的那樣。另一方面，第十五大隊當時的隨軍神父則懷疑整件事都是以訛傳訛：「我從沒聽過這種事，我也不相信這是真的。沒有指揮官會這樣下令。我聽過他們的任務前簡報，飛行員、導航員、投彈員都要參加，指揮官則會很明確地說：『你們今天的目標是……』古蹟和教堂會先用紅筆圈好，避開不予轟炸。抗命是要上軍事法庭的！聖若翰．羅通多當時沒什麼好轟炸的，根本不會變成空襲目標。聖若翰．羅通多沒有軍事設施，沒人會下令轟炸那裡。我覺得一定是有人喝醉酒胡言亂語，這整件事不可能發生。」[18]

這麼有趣的事，當初實在應該早點調查清楚。居禮上校在談這件事時十分冷靜、也不帶宗教情感，讓他的證詞顯得相當可信，亦即：確實有畢奧神父的分身顯現，也至少有一名同盟國飛行員見過。這則軼事顯然有不少消息來源，每個消息來源也都認定自己的版本才是正確的。結果關於到底發生了什麼事？在何時發生？轟炸目標到底是聖若翰．羅通多、佛吉亞，還是貝內文托？觀點莫衷一是。但較無疑義的是：應該有一名以上的飛官因為看到畢奧神父顯現，取消了轟炸任務。

除了這件事之外，還有許多超自然事件的見證。由於空襲嚴重，很多人問畢奧神父自己的城鎮或房屋會不會被炸，有些時候，神父似乎真的知道答案。有位熱那亞人就來問過這個問題，結果畢奧神父開始啜泣，痛苦地說：「熱那亞會被轟炸。唉！他們會轟炸這可憐的城市！很多房屋、建築、教堂會毀於一旦！但你可以安心，你的房子不會被炸到。」後來神父的話果真應驗：一九四四年六月，盟軍猛烈轟炸熱那亞，整座城市幾成廢墟，但那個人的房子竟絲毫無損。[19]

還有幾個人是在佩斯卡拉遭空襲時，正好待在一棟四層建築的一樓。他們緊握著畢奧神父的相片哭嚎：「畢奧神父！救救我們！畢奧神父！救救我們！」有顆炸彈直接命中這段建築，穿過上面三層樓、掀翻他們所在房間的天花板、直直落在他們眼前——但沒有爆炸。[20]

最離奇的故事之一，是阿貝托．卡東內提供的。他當時十八歲，跟幾個朋友一起從皮耶垂西那家裡出發，要去聖若翰．羅通多（對於在戰火肆虐之下，竟還有這麼多人離家去找畢奧神父，很多觀察家甚感詫異）。在聖若翰．羅通多待了三天之後，卡東內和朋友們去向畢奧神父道別，說他們隔天要回家了。結果畢奧神父若無其事地說道：「怎麼急著走呢？不喜歡這兒嗎？是不是我們招待不週？」小伙子們趕忙回答：「沒有沒有！因為我們本來就跟家人說要明天回去，而且我們帶的東西也快吃完了（戰時不僅電話、電報全斷，連食物都沒處買）。」神父又說：「唉，你們怎麼成天就想著吃，一天不吃飯不會死的，人要餓死也是**好幾天**的事。怎麼成天就擔心吃。」神父建議他們五個人把食物集中起來：「別一個人吃，要像一家人那樣一起吃。這樣食物就會夠吃。」於是他們照著神父的話做，結果存糧不只夠那天晚上吃，還夠他們多待一天。

隔天早上他們參加了彌撒。彌撒之後，畢奧神父一如往常地回去祈禱。神父通常會在九點半時回來，但那天早上，他一直待在會院園子裡散步。卡東內跟另一個朋友問畢奧神父到哪裡去了，其他幾位弟兄說他在花園，於是他們去園子裡找他。神父一眼瞧見他們，就大聲說：「孩子們，過來！我們一起祈禱。」卡東內回憶道：「他說：『佛吉亞今天慘了。』我們不知道他是什麼意思，但幾分鐘後，好幾架飛機出現，飛往佛吉亞轟炸……畢奧神父彌撒後不是一直在會院裡嗎？他怎麼知道他們要轟炸佛吉亞？……神父跟我還有我朋友伯納德說：『去把其他人找來，我想跟他們講幾句話，因為你們明天就要回去了。美軍想炸掉車站，車站也的確毀了。不過，火車雖然不會靠站，明天還是會開。你們到佛吉亞後，得問問人家該去哪搭火車。』他沒有收音機，不可能知道車站被炸毀的事。剛剛祈禱時，我們有看到飛機轟炸佛吉亞方向。炸完之後他們又飛回來，好像要在我們這裡投彈。但畢奧神父跟我們說：『不用怕，他們不會炸我們，但可憐的佛吉亞啊！』他話沒說完就開始哭泣。那些飛機前後轟炸了佛吉亞三次，丟下一堆炸彈，然後終於走了。於是我和伯納德跑去找其他人。神父要我們明天別找他了，因為公車七點就開，要是我們參加彌撒，就趕不上公車了。」

卡東內到佛吉亞後，發現四處斷垣殘壁、屍橫遍野，情況慘不忍睹。這場空襲造成數千人喪命，哭嚎聲處處可聞。車站毀了，而旁邊的那堆廢銅爛鐵，不正是他們昨天預計要搭的那班火車？多年以後，卡東內幽幽說道：「要是畢奧神父那天沒攔住我們，我們就坐上那班火車給炸死了。」

驚悸之餘，他們也開始找搭火車的地方。正討論該怎麼做時，有位一身黑衣的男士問他們說：「需要幫忙嗎？」卡東內說：「我們要搭去貝內文托的火車，但不知該去哪搭。火車站全毀了。」那人回答：「那班火車快開了，你們得快點。跟我來吧！但得用跑的，用走的來不及了。」

卡東內回憶道：「我們不久就看到了火車，它已經緩緩開動了。剪票員看到了我們，高喊說：『用跑的！用跑的！』我們趕上了。我們由那個穿黑衣的人帶頭往前跑，跳上了最後一節車廂。回過頭想謝謝那個帶我們找到火車的人，卻找不到他了。佛吉亞當時幾乎被夷為平地，舉目所見一片空曠，但那個人就這樣消失了。剛才他沒上車，只側身讓我們跳上火車，但現在人竟然不見了我們開始痛哭失聲。」[21]

因戰爭與家人失散的人，也會來問畢奧神父自己親人的下落。畢奧神父通常沒有答案，但有些時候，他似乎能獲得超自然洞見。有一次，一位失蹤士兵的母親來問自己孩子的狀況，畢奧神父為他祈禱一陣子之後，跟那位母親說：「他一定還活著，因為我在另一個世界找不到他。」[22]後來那位士兵真的回來了。還有一次，是一位名叫茱塞貝娜．加依亞迪（Giuseppina Gagliardi）的方濟第三會成員從莫孔內來找他，也想問問她失蹤孩子的下落。神父說：「可憐的孩子，他受了這麼多苦！……但他不會再受苦了。我們要順服上主的旨意。」後來透過紅十字會調查，加依亞迪太太得知她兒子伊塔洛（Italo）真的殉職了。[23]

一九四四年五月，阿貝托．卡東內來問畢奧神父幾位親人的近況。他說：「我們好久沒父親的消息了。」他的父親當時在美國工作，但他從沒跟畢奧神父提過這件事。沒想到神父對他說：「喔，你父親在美國嘛！他比你跟我都好多了。有什麼好擔心的呢？他很好。」卡東內接著問他叔叔法蘭切斯科的情況（他當時跟義大利軍隊派駐利比亞），他說：「他突然就斷了音訊。」畢奧神父答道：「恐怕他被關起來了。你回家以後，也許會接到些好消息。」卡東內繼續問另一位叔叔尼可拉的近況（他則是被派往蘇聯戰場）：「我們只接到過一封信，從此再也沒消息。」這次畢奧神父起身說道：「你把我當什麼？算命師嗎？我們就祈禱吧。你回去以後，跟你嬸嬸、媽媽說要祈禱。」然後就離開了。

卡東內回家之後，先是接到法蘭切斯科叔叔的信，說他被關在英國監獄裡當廚子，後來也平平安安回來了。不久之後，卡東內又認識了一個美國士兵，他是紐約人，隨部隊駐紮在皮耶垂西那的會院（這間會院是派爾母女幾年前出資興建的，但直到當時，仍未有弟兄進駐），更巧的是他剛好認識卡東內的父親。他很熱心地跟卡東內說：「寫封信給他吧！我幫你轉寄給他。」至於那位被派往蘇聯的叔叔，卡東內說：「直到今天，我們都不知道他的下落。」[24]

佛瓊內家並未免於戰禍。一九四四年一月，同盟國轟炸亞得里亞海沿岸的基耶蒂（Chieti），畢奧神父那輕狂的妹妹裴蕾格莉娜身受重傷（神父跟她已經很多年沒見面了。裴蕾格莉娜在拿坡里當裁縫幾年之後，搬到了基耶蒂。據說她曾去聖若翰．羅通多一次，重重羞辱、冒犯了她二哥，以致畢奧神父打了她一巴掌)。被救出之後,她在醫院裡拖了一個月,但因受傷太重,還是在二月十九日去世。臨死之前,她請人找了神父、領了聖體,與她抗拒多年的信仰和解。

一個月前,她虔誠的嫂嫂喬瑟芭・卡東內自然去世時,畢奧神父曾分身出現在皮耶垂西那;裴蕾格莉娜去世之時,畢奧神父是否也曾分身出現在她身邊?則永遠不得而知。但無論如何,他就這個妹妹的過世說道:「我祈禱了,獻祭了,也傷痛了。」[25]

23 畢奧神父與美國大兵

戰爭雖然殘酷，卻也將畢奧神父的牧靈工作推向世界。到目前為止，認識他的主要還是義大利人。但在英、美士兵見過他後，很快便將他的名聲傳遍世界。

第八軍團於一九四三年佔領加爾卡諾半島後，很快就有同盟國人員來拜訪畢奧神父。奧斯定神父在一九四三年聖誕夜的日記裡寫道：「每個禮拜天，都有美國士兵來參加畢奧神父的彌撒。包括新教徒在內，每個人都大受感動、深自痛悔。」[1]

畢奧神父最有名的訪客，或許是詞曲家艾文・柏林（Irving Berlin）。他來歐洲勞軍，在一九四三年七月時巡迴到佛吉亞，便順道來聖若翰・羅通多看看他太太的表親約翰・泰爾夫納（John Telfener）伯爵。泰爾夫納說服他去見畢奧神父，但兩人見面後似乎只客套了幾句，沒有深談，神父送了一串玫瑰念珠給這位猶太詞曲家的天主教妻子。[2]

不過，倒是有幾百名一般士兵特地來見畢奧神父。他們大多是天主教徒，駐紮於切里紐拉（Cerignola）——此時擔任這裡院長的不是別人，正是保利諾神父。保利諾神父英、法語都很流利，對參加彌撒的同盟國士兵也相當友好，交上朋友之後，他邀了一些人跟他一起去聖若翰・羅通多。除保利諾神父外，也有不少隨軍神父鼓勵認識的人去見畢奧神父，美國紅十字會亞得里亞區主任威廉・凱利根（William Carrigan）也是如此。許多來訪的士兵受到瑪利亞・派爾的熱情款待，後者當時已從皮耶垂西那返回，不僅將畢奧神父年邁的父親接來照顧，也將會院旁的房子好好整頓了一番。

威廉・凱利根是來得最勤的美國訪客之一。他原在美國天主教大學教心理學，美國參戰之後，他接受任命進入紅十字會工作。一九四三年末，他隨空軍第十五大隊抵達拿坡里，當時雷雨交加，整座城市宛若死城。由於德軍撤退時破壞了供水系統，每個水泉前面都大排長龍，為了拿一點水得排上一整夜。城裡沒有電力、也沒有食物，大多數教堂也都曾被德軍徵用，一片狼籍。隔天，凱利根被軍隊護送到佛吉亞，他對那裡的第一印象是：「他們的人生跟這座城一起毀了。」在前幾個月的轟炸中，高達一萬一千人罹難，大多數倖存者都已離開，少數留下來的人，則需費盡力氣在廢墟中找尋食物，苟延殘喘。

到佛吉亞不久之後，凱利根就聽說山裡有位擁有基督聖傷的人。有些美國士兵在四處找雞蛋的時候，繞著繞著就來到了聖若翰・羅通多，還碰巧遇上了美國同胞瑪利亞・派爾，接受一頓款待之餘，也聽她說了畢奧神父的事。這些士兵回營後跟同袍聊起了這位「山裡的人」，很多人都想去看看這位聖人。由於美軍不准士兵公器私用，不提供軍車作娛樂用途，於是有些士兵找上了威廉・凱利根。

凱利根本來就是很虔誠的天主教徒，聽到之後馬上答應提供交通工具。於是，在一個積雪八吋的嚴寒冬日（此地氣候其實很少如此），他和二十名美軍浩浩蕩蕩前往聖若翰・羅通多。他們進堂之時，畢奧神父的彌撒已經開始。教堂裡相當寒冷，雖然這些美國人穿著厚重的大衣，卻還是覺得冷到骨子裡了。然而凱利根後來回憶道：「沒過多久，我就覺得身體暖了起來。我當下立刻知道這個人（畢奧神父）相當特別。」

那時確實有不尋常的事發生。凱利根發現在祝聖聖體聖血時，這位神父的模樣變了，似乎承受了很大的肉體痛苦。凱利根當時還不知道聖傷的事，但他注意到神父靠著祭壇，先用一隻手肘撐著，不久之後又換另一隻手肘撐著，似乎是想減輕腳上的疼痛。在祝聖聖體聖血時，他好像很難說出：「這是我的身體。」講得結結巴巴，幾乎是咬著牙喊出來，「好像他覺得很痛似的」。拿聖盤時也是一樣，他整隻手用力抽回來，「好像痛到他拿都不能拿」。神父面容扭曲，淚珠滾下臉頰，有時候連頭都會猛烈轉動，像是有人在打他臉一樣。

祝聖完聖體聖血後，他的痛苦似乎終於解除。神父看來全身虛脫，整個人往前靠，像是深深陷入冥想。凱利根相信，這個時候神父正與天主直接對話。

由於戰事減少了訪客數目（但訪客還是從沒停過），彌撒結束之後，這些美國人都在祭衣房見著了畢奧神父。凱利根說他中等身高、身材壯實，走路慢慢的，但很有精神、也很開朗。凱利根正要跪下，神父就拉著他手肘扶他起來，以義大利文問道：「美國人？」「是！是！神父。」凱利根也以義大利文答道。

透過翻譯，畢奧神父跟凱利根等人說：他們是他戰時見到的第一批美軍，他很高興能見到他們。寒暄之後，畢奧神父讓凱利根吻他脫去手套的手。凱利根說他感覺到「血凝塊的粗糙觸感」，還聞到一股讓人神清氣爽的香氣（他當時以為是某種藥水的味道）。神父接著一一問候了每一個人，也都讓他們吻手（這是問候義大利神父的一般禮節）。

這次會面讓凱利根深受感動，近三十年後他說：「見到畢奧神父之後，我真的能說我不再懷疑……基督是世界的救主。」

凱利根當下就決定要盡己所能，讓所有需要靈性指引的士兵都見到畢奧神父。神父對他們也相當熱情，主動請示切薩拉諾總主教，要為他們安排聖誕夜子夜彌撒。

此後一年半的時間中，凱利根帶了許多士兵來見畢奧神父。弟兄們和瑪利亞．派爾都熱情接待這群小伙子。派爾還扮演起母親的角色，不但邀他們來家裡坐，有時還招待他們吃飯。

據凱利根說，畢奧神父似乎只會一句英文：「Okay！」但好在他身邊有不少人可以幫忙翻譯：

瑪利亞・派爾、喬治・波格尼神父（匈牙利流亡神父，當時住在聖若翰・羅通多）；奧斯定神父的英文雖然不甚流利，但他矮胖的身材加上一把大鬍子，讓不少人聯想到聖誕老人，令人倍感親切；此外，畢奧神父的父親也很高興能見到美國人（他當時已住在派爾的家），因為這讓他有機會再練習一下英文，跟他談過的人也說他英文一點都沒忘。

凱利根說語言問題似乎不構成隔閡，因為光是他自己，就認識幾百個因為見到畢奧神父而「重拾信仰」的人，也有很多人因此決定歸向天主。

畢奧神父感化美軍的例子之一，是一位不守紀律、幾近抗命的士兵。這位士兵造成部隊困擾已久，凱利根勸他去見見畢奧神父。由於這位士兵為義大利裔，他跟畢奧神父不需翻譯，便可直接以義大利文交談。談了十五分鐘之後，這位士兵洗心革面，從此不再惹是生非——事實上，他當天就有了改變。下午回到佛吉亞後，他剛好看到路上有小孩踢球，而那個球是用破布、繩子將就做的。他想到這座城裡有八千多個孩子流落街頭，學校毀了之後，很多男生就在街上搶劫士兵，或是為他們姊妹拉起皮條。當晚，他就說服了同袍一起為孩子們辦娛樂活動。由於他之前是在芝加哥休閒中心工作，他也很快就募到了運動器材。

畢奧神父鼓勵美國人多幫助窮人，也勸每個小隊一起認養一個貧困家庭。在此同時，他也請大家一起參與「受苦者安慰之家」的事工，說：「這是天主的事工。等你們回美國之後，請多讓人知道這件事。」

凱利根獲准在飯廳跟弟兄們一同用餐、在畢奧神父對面的房間過夜。畢奧神父也曾邀他一起去誦經席祈禱，挽著他手去座位跪下。弟兄間的相互關愛，讓凱利根深受感動。一九四四年末，奧斯定結束省會長任期，被任命為會院院長。雖然他看起來「既慈祥又溫和」，但對維護紀律一絲不苟。不過，畢奧神父似乎才是會院裡的「精神領袖」，弟兄之間也有一股深刻的靈性氛圍。

凱利根說，畢奧神父看起來不像典型的密契者，反倒像個「你會想邀去釣魚的人」。凱利根沒看過什麼神秘現象，在跟畢奧神父告解時，也覺得「正常得很」。但他發現：雖然畢奧神父幾乎不懂英文，但在美國人跟他說話的時候，他卻似乎知道他們在說什麼。

畢奧神父曾和這位紅十字會官員說：「我對世間之物所求不多：衣足以蔽體，食足以維生，再一點點休息，這樣就夠了。」凱利根也親見畢奧神父的身體需求多低：午餐時，他從不把自己那份吃完；晚上也只在房裡喝幾口葡萄酒和果汁（他特別愛喝鳳梨汁），不吃固體食物。由於就睡在畢奧神父對面的關係，凱利根也發現他每晚很少睡超過四小時。

這段時間也有些不尋常的事。前面有提過一位艾美莉雅・阿布瑞西，她是攝影師腓特烈・阿布瑞西的妻子，曾罹患腫瘤，醫師們都認為她會因此不孕，但她後來成功生下一子，取名畢奧。一九四五年時，艾美莉雅突然重病，生命垂危。畢奧神父請人跟凱利根說：「除非她去安科納的醫院就醫，不然難逃一死。」凱利根原本不表贊同，因為安科納周遭仍有戰事，很多道路也都毀了，但畢奧神父相當堅持：「那就派軍用救護車送她去！」

凱利根十分為難：「神父，您**知道**我做不到。您和我一樣清楚，美軍不准軍用車供民用。」

「你一**定**要帶她去安科納，不然她會死！」

「我恐怕愛莫能助。」

不過，凱利根還是姑且一試，隔天上午跟基地醫院的上校主管講了這事。令他驚訝的是，那名上校竟准他用軍用救護車。他立刻趕往聖若翰・羅通多，將艾美莉雅接往安科納。雖然艾美莉雅當時病況相當嚴重，但一路上還是面帶笑容。到安科納之後，她也真的被治好了。

差不多同一時期，也有位猶太記者從羅馬過來，要寫一篇跟畢奧神父有關的報導。他對基督信仰並無興趣，到會院後便直接求見畢奧神父，但是，當他知道正和自己說話的人就是畢奧神父時，他竟立刻跪下，親吻神父的手說：「您願接納我進教會嗎？」據凱利根說，不僅那位記者很驚訝自己會突然皈依天主，在場看到的人也都很驚訝。[3]

切里紐拉是美國空軍第十五大隊第三〇四轟炸中隊的駐紮地，保利諾神父在一九四四年秋獲選為省會長前，也一直是此地嘉布遣會院的院長。馬利歐・亞威農（Mario Avignone）在此服役時認識了保利諾神父，在他印象當中，保利諾身材壯碩，高約五呎五吋，鬍子短短的，有雙「澄澈、明亮的義大利眼睛」，個性「友善而有趣」。亞威農和兩個朋友若瑟・阿斯特利塔（Joseph Asterita）、良・芬寧（Leo Fanning）常常去切里紐拉一所嘉布遣會的教堂望彌撒，久而久之都認識了保利諾神父。有天下午保利諾邀他們留下來吃飯，席間不僅跟他們說了畢奧神父的事，也問他們有沒有興趣跟自己去聖若翰・羅通多一趟。於是亞威農和阿斯特利塔申請了吉普車，某天凌晨三點半接了保利諾神父一起上路。

亞威農在畢奧神父彌撒中受到的感動，跟凱利根經驗過的差不多：「彌撒持續了將近兩個鐘頭。我真無法形容那場彌撒，實在太美了。空氣中滿是畢奧神父聖傷的香氣。因為我離祭壇很近，所以能清楚看到畢奧神父相當疼痛，他的手、腳不時抽動，就像突然劇痛一樣。整個彌撒過程，他的表情都相當痛苦，似乎也沒注意到教堂裡的人。我有一種感覺：他雖然身體在這裡，但精神……卻在十字架前與基督同在。他不時流淚，彷彿看到基督被釘在十字架上。他像是活出了我主的受難。等他舉起手時，我清楚看到他手上的傷痕……我跪著看這位聖人獻彌撒，不禁喃喃說出：『我主！我天主！』」

弟兄們邀請這兩位美國客人一起吃早餐，餐點是麵包，還有「一種嚐起來像咖啡的飲料」。午餐時他們見到了畢奧神父，他最後一個走進來，全體弟兄還起立以示尊敬。他慢慢走到院長達瑪蘇和省會長奧斯定面前，跪下親吻他們的涼鞋，然後才起身回到自己位子，邊擺弄盤裡的食物、邊跟這兩位美國客人談天。雖然只是閒話家常、他也說了不少笑話，但這兩位大兵還是深受感動。畢奧神父和弟兄們回房午睡時，亞威農和阿斯特利塔去找了瑪利亞．派爾，她煮了美式咖啡給他們喝，還把他們介紹給畢奧神父的父親。到了傍晚，他們回會院跟畢奧神父道別，準備和保利諾神父一起回切里紐拉，亞威農再次聞到「天上難以言喻的」香氣。他深深覺得畢奧神父是個活聖人，而會院則是「我唯一所知的世間天堂」。4

阿斯特利塔是空軍第十五大隊的隨軍神父助理，隨軍神父則是耶穌會士若望．D．聖若望神父。阿斯特利塔不久便邀聖若望神父和他一起去拜訪畢奧神父，於是在一九四四年一月三日，聖若望神父在聖寵之母教堂的祭衣房見到了畢奧神父。

聖若望神父以拉丁文問：「神父，您的作息怎麼沒照會院規定？我聽說您整晚都在小堂裡祈禱。」畢奧神父客氣回道：「我獲得長上許可了。」聖若望神父繼續問：「為什麼您有聖傷？」嘉布遣弟兄說：「長上們不准我說我為什麼有聖傷。」雖然這位卅五歲隨軍神父的問題十分莽撞，但畢奧神父並沒因此發怒，他的回答也讓聖若望神父相信：這位嘉布遣會士的確是位虔誠、服從長上的好弟兄。

聖若望神父也發現：在彌撒之時，畢奧神父「似乎進入神魂超拔狀態。在拿起聖體祝聖時，他像是進入了另一個世界，眼神發亮，不知身在何處」。但聖若望神父還是忍不住想問彌撒時間的問題：「規定上說彌撒不應超過一個鐘頭，但您的彌撒怎麼長達兩個鐘頭？」畢奧神父的回答，就跟他對聖若望神父其他質疑的回答一樣：「我有獲得許可。」

接下來一年半中，聖若望神父去了聖若翰．羅通多九次，有時是一個人去，但通常是帶五十到一百個人坐卡車去。他會直接在布告欄上公告「想拜訪畢奧神父的人，請向聖若望神父報名」，然後一群人一起去望彌撒，有時還有機會在祭衣房見畢奧神父。有些會義大利文的士兵開始定期去找畢奧神父，尋求靈修指引。

在聖若望神父記憶中，畢奧神父是個「很快樂的人」，「他常開懷大笑，也是位聖潔、愛祈禱的人，大部分時間都待在告解室裡。他眼神明亮、笑容可掬。他很溫和，從不大聲說話，動作也都很輕柔，只會說幾個英文。他走路很正常，模樣高貴，不會一跛一跛的……親吻他傷口時，我聞得到香氣。味道很淡，但很芬芳。這沒什麼大不了的，因為那可能是軟膏的味道，聞起來也像軟膏。我有一次問他戰爭還要多久才結束，他說他也不知道。」

聖若望神父在日記裡提過兩次特異經驗。一次是畢奧神父問他認不認識某位中士，他說不認識。畢奧神父又說那人在第二轟炸小隊，他想想還是說不認識。最後畢奧神父跟他說：「你跟他說孩子昨天出生了，母親、孩子都平安。」

聖若望神父沒多問畢奧神父怎麼知道，坐上吉普車到了那小隊，也找到了那名中士。自我介紹之後，聖若望神父問他知不知道畢奧神父，那位中士雖然是天主教徒，卻搖搖頭說道：「不知道。我沒聽過。」大致說了一下畢奧神父是位身負基督五傷的嘉布遣會士之後，聖若望神父切入正題：「我來找你不是為了談他的事，是因為他要我跟你說，你孩子昨天出生了。」

那位中士大驚失色。因為他雖然知道太太快生了，卻還不知道孩子昨天已經出生。事實上要到兩天之後，紅十字會才跟他說了這個消息。一九八九年接受訪問時，聖若望神父說道：「我不會說這是神蹟，但對我來說，這的確非常神奇。」

另一次特異經驗，是他在佛吉亞基地裡跟一群人說畢奧神父的事，其中幾位嗤之以鼻說：「我才不相信有這種事！」但有兩位士兵接受了邀請，和這位隨軍神父一起去一探究竟。第二天，他們帶著一位護士同行。聖若望神父回憶道：

我沒事先跟畢奧神父約，他也不知道我帶了誰去。我在門口遇到像白雪公主七矮人的那位吉拉弟兄，跟他說我們想見畢奧神父。幾分鐘後，畢奧神父下來了，給了我一個羅馬式擁抱，親吻我雙頰。我介紹帶去的人時，他態度變得冷冷的，什麼話都沒說。他通常都很熱情，對大兵們尤其如此，但那一次他只跟他們握握手，說了句「你好」就什麼都不說。我跟畢奧神父談了幾分鐘後，忍不住要其他人先到外面等，問他說：「神父，您到底是怎麼了？」結果他說：「這些人心壞、有罪。」他並不知道這些人的背景，但我知道他說的沒錯，也知道一些他們犯過的錯。我不想透露太多細節，只能說其中一個酗酒，另一個與那護士有染，而且這次居然還帶她一起來。

回程路上，我坐在吉普車前座，問司機說：「你怎麼想？」司機答道：「神父，那人對我做了些事，我無法解釋……」然後他什麼話都不說了，就這樣一路沉默回基地。我想有些心理學家會說這是某種「超感官知覺」（ESP），但我不這麼想，我覺得這是超自然能力。

這兩次事件，讓聖若望神父相信畢奧神父有「讀心」（perscrutatio cordium）的恩賜。[5]

另一位常去見畢奧神父的隨軍神父是若望・杜岡，他在駐紮於切里紐拉的三〇四中隊服務。杜岡神父「深受這位聖潔之人感動，認為他既有智慧又很虔誠，對每天花數小時聽告解甘之如飴」。此外，他也認為畢奧神父「既友善又開朗」，還發現他很愛跟孩子們玩球。杜岡神父沒見過特異的事，但記得：「我覺得自己有聞到香氣。我從沒到處說這件事。有股淡淡的香味，我當時以為是肥皂香。」杜岡神父問了美國和蘇聯的未來，畢奧神父說：「俄國人有朝一日會皈依天主。他們的皈依會一夕發生；美國的皈依雖然緩慢，但也一定會發生。」[6]

另一位常去見畢奧神父的人是良・芬寧，他跟聖若望神父和杜岡神父都認識，也是亞威農和阿斯特利塔的好友。他是紐約州康威・哈德森（Cornwall-on-the-Hudson）人，原本立志進神學院，但還沒來得及進去就被徵召入伍。一開始時，是阿斯特利塔邀他一起去見畢奧神父。

他們到會院之後，就跟吉拉弟兄說想見畢奧神父，結果這位矮小的弟兄笑笑講了句義大利文，阿斯特利塔為芬寧翻譯他講的是「你開玩笑嗎？」然後指指一長列等著找畢奧神父辦告解的人。吉拉弟兄要他們十二點到十二點半間再來，那時畢奧神父應該聽完告解了。於是他們先去了瑪利亞・派爾家，等時間到了才回來。

他們在祭衣房見到了畢奧神父。神父一眼就認出阿斯特利塔，阿斯特利塔則向他介紹良・芬寧。畢奧神父聽完講了一句義大利文，阿斯特利塔翻譯說：「以後人家會叫你『良神父』，不會只叫你『良』。」同樣地，畢奧神父事先也不知道芬寧有意獻身聖職。

芬寧第二次造訪是一九四四年末的事，當時保利諾神父剛就任省會長，想去聖若翰・羅通多跟前任省會長奧斯定神父請益。於是保利諾、阿斯特利塔和芬寧結伴同行，凌晨三點從切里紐拉乘吉普車出發。到聖若翰・羅通多之後，保利諾神父先進會院，幾分鐘後出來開大門讓吉普車進去，還對這兩位美國人說：「進來吧。他在等你們。」芬寧一頭霧水，問：「你的意思是……？」保利諾神父說：「我剛剛在祭衣房見到畢奧神父，他跟我說：『省會長早。您是跟我那兩位美國朋友一起來的吧？一位是良，另一位是若望。』」

他們參加完彌撒後遇到了奧斯定神父，奧斯定神父跟他們說：「幾天前我才說：『希望能見見省會長。』畢奧神父就跟我說：『別擔心。他這禮拜就會來，還會跟我那兩位軍人朋友一起，若瑟和良那兩位。』」

阿斯特利塔在彌撒之後也辦了告解，出來之後說：「他眼睛真尖。我還來不及開口，畢奧神父就說：『若望，你做了這個、那個、還有那個，對不對？』我做錯的事他全都說中！」

這些美國小伙子也和帕斯卡雷・托爾托拉（Pasquale Tortora）交上了朋友，他是切里紐拉主教座堂的管風琴師，曾在美國住過一段時間，會說英文。他的一個女兒安潔莉娜（Angelina）是學校老師，虔誠、獨身，常去找畢奧神父。有天晚上她跟他們說起畢奧神父的香氣，還有她在教室裡也聞過的事。回基地時，芬寧跟阿斯特利塔說：「安潔莉娜是個好人，但她在宗教上太狂熱了。那個香氣的事實在有夠誇張，她學校離畢奧神父有六十哩遠，居然還聞得到香氣？我只能說，這實在太扯了！」

幾個月後約上午十點時，芬寧在戰爭傷亡部裡辦公，「突然，我聞到一股香氣，但當時根本沒想到畢奧神父。那香氣持續了一分鐘左右，我還起來看看是不是有風把這股香氣吹進來，但樹葉一點都沒動。那天天氣相當溫暖，我原本也想忽略這件事」。然而，芬寧終究還是想追根究底：一小時後，他跑去杜岡神父的辦公室，想問問他對此有何解釋，結果沒找著杜岡神父，反倒遇見了阿斯特利塔。阿斯特利塔後來說道：「若望那天話不太多。等到最後，他才跟我說：『我想跟你說件事。你記不記得安潔莉娜說過，她曾在教室裡聞到畢奧神父的香氣？嗯……大概一小時前，我也聞到了。』我那時想跟他開開玩笑，就說：『原來你我來這都為同一件事。我剛剛也聞到了，正想來問問老杜有什麼看法！』」

有一天，畢奧神父要阿斯特利塔把五個客人帶回佛吉亞。雖然阿斯特利塔加以婉拒，解釋說美軍規定不能載送平民，但畢奧神父還是一再堅持，阿斯特利塔只好勉強答應，但想了一會還是覺得不妥，所以他又跟畢奧神父解釋了一次規定，鄭重其事地說：「我真的不能帶他們回去。」結果畢奧神父搖搖手說道：「若瑟，你答應我了就要做到。還有你要記得一件事：我請你做什麼事，去做就對了，不要怕！」於是阿斯特利塔把這五名義大利人載上吉普車（兩男兩女加一個小孩），一路開往佛吉亞。由於這樣一來，車上就沒有空位了，所以芬寧只好暫時先在聖若翰．羅通多待著。等阿斯特利塔回來後，他興奮地跟芬寧說：「這一趟可精彩了！我們下山之後，開上往佛吉亞的曼弗雷多尼亞路，結果你猜我們碰到了什麼？兩個憲兵！還不只一個耶！沒想到他們看了看就走了，香氣這時倒出現了！還一路跟著我們到了佛吉亞。我們就這樣經過一個又一個憲兵，完全沒被攔下。最後我把他們送到了家，他們一下車，香氣就沒了。」

芬寧說，他和阿斯特利塔常常幫畢奧神父送信：「他老說我們是他的郵差。人們會把信送到切里紐拉的托爾托拉家，然後我們再幫他們轉交給畢奧神父。我們總在午餐前跟他一起坐在會院長椅上，他就這樣一聲不吭地讀信，偶爾說句：『跟他們說我會為他們的意向祈禱。』」

芬寧說畢奧神父「相當壯實」，皮膚白皙，「鬍子整齊」。芬寧跟其他認識畢奧神父的人一樣，都覺得他最有特色的是那雙「能看透人的眼睛」，「看你的時候，就好像在讀你一樣」。此外，「他常笑，笑容很迷人，也很有幽默感。舉例來說，安潔莉娜有一次跟我們說：『請幫我帶點畢奧神父的東西回來。』我們跟神父說這件事時正好在餐廳，結果他隨手拿了一盒麥片過來，掏出一片說：『那拿這給她吧！』然後哈哈大笑。但安潔莉娜收到時還是很高興。」

芬寧也記得，在用餐時，畢奧神父「有什麼就吃什麼，不過都吃得很少」。但最令這位美國小伙子難忘的是，這位嘉布遣弟兄「總是與神同在，他以一種很特別的方式，隨時覺察天主的臨在」。

芬寧也和杜岡神父一樣，問過畢奧神父俄國人會不會皈依天主的問題。神父的回答是：「會，俄國人會皈依，就像聖母說過的那樣（他指的可能是法蒂瑪預言）。而且在皈依這件事上，俄國人還會給美國人好好上一課。」

芬寧也跟亞威農和其他人一樣，覺得聖若翰．羅通多是一方「小天堂」，這不只是因為畢奧神父，也是因為這裡很多人都展現出聖潔與愛：有那「美麗的靈魂」瑪利亞．派爾；有「非常聖潔」但也和藹風趣的保利諾神父；更有那慈祥的老先生奧斯定神父。芬寧和朋友都對他那把大鬍子很好奇，曾問過他：「您睡覺時鬍子是放被子裡面還是外面？」結果奧斯定聽了只是一笑。不過，奧斯定神父雖然和氣，管理會院仍是一板一眼、相當嚴格。例如保利諾神父准美軍送弟兄們香菸，奧斯定神父就完全不准。芬寧回憶道：

> 我們常會帶點東西給會士，例如糖果、香菸、啤酒等等（我們特別愛送畢奧神父啤酒），通常都是把東西放在長椅上。後來他們有了條規定，說是要得到長上許可才能吸煙。有天奧斯定神父慢慢走來，看看我們帶了些什麼東西，一樣一樣問：「這是什麼？……那是什麼？……這是什麼？」等看到香菸時，若望說道：「這些是香菸。送神父們的。」
>
> 結果奧斯定神父眼神一閃，緩緩問道：「送神父的？」我們點頭。「送我的朋友可以，送我的神父不行！」他把香菸拿走了。我們想他大概有聞到煙味，正納悶是從哪來的。[7]

大多數來拜訪畢奧神父的士兵，都駐紮在佛吉亞、切里紐拉等鄰近基地，但也有士兵是從較遠的地方過來。若瑟．彼得森當時是空軍第十五大隊的地勤人員，駐於七十哩外的巴里基地。他是從一位同袍那裡知道畢奧神父的，那位朋友的母親從賓州威爾克斯—巴里（Wilkes-Barre）寄了篇報導給他，上面說的就是畢奧神父的事。彼得森有意想見畢奧神父，就先找了隨軍神父談，但神父卻勸他打消此意：「那兒離這很遠。聖體就是最大的祝福，你也已經有了，沒必要再去露德、法蒂瑪或是畢奧神父那裡尋求啟示。」但彼得森不死心，還是天天去找隨軍神父，請他至少告訴自己該怎麼去。最後神父給了他聖若望神父在佛吉亞的地址，去信之後，聖若望神父也回信表示歡迎，並邀他多帶些朋友一起來。於是彼得森帶了三個朋友，搭上一輛英國卡車的便車來到聖若翰．羅通多。他們到達時剛過中午，矮小的吉拉弟兄帶他們到畢奧神父房間、敲敲門，裡面傳出聲音說：「欸？」吉拉弟兄大喊：「美國兵！」沒過多久，畢奧神父便出來跟他們問候，並由聖若望神父的一名助理擔任翻譯。雖然這次會面只有短短幾分鐘，但彼得森已完全相信畢奧神父是聖人，甚至在回到美國、找到一份郵局的工作之後，他每次休假還是會飄洋過海來找畢奧神父。[8]

可以想見的是，來找畢奧神父的年輕人常會問自己未來的事。杜岡神父不只邀了士兵，還帶了羅馬的神學生過來。其中有位叫馬爾谷的學生跟畢奧神父談過之後，聽他的建議離開了神學院。杜岡神父也問過幾位虔誠的女兵的事，因為她們都在考慮要不要當修女。結果畢奧神父說：「讓她們結婚吧！」（她們後來也都結婚了）[9]雖然畢奧神父鼓勵芬寧投身聖職（他聽從建議之後，也成了一位很好的神父），但當阿斯特利塔說他也想當神父時，畢奧神父卻說：「不行！不行！戰爭結束後，回家取個好義大利姑娘，為天國生養些小朋友吧！」阿斯特利塔反駁說他根本不認識任何女性，還說：「誰會想嫁給一個矮小的義大利人？」但畢奧神父看著他眼睛，平靜地說：「若望，如果你找不到個好女孩，我會幫你找的。」

阿斯特利塔繼續爭辯，質疑畢奧神父住在聖若翰・羅通多，而他的家鄉在紐約，神父怎麼可能幫他找結婚對象？但神父說：「交給我吧。我會幫你找個好義大利太太的。」

結果不到一年，若瑟・阿斯特利塔就娶了愛德琳・貝里尼（Adeline Bellini）為妻，當時他已回到美國，在國稅局工作。[10]

一九四三到一九四五年間，到底有多少英、美軍人去過聖若翰・羅通多，沒有人知道。瑪利亞・派爾在一九六七年受訪時表示，那幾年她屋裡全是士兵，擠滿了房裡每一個角落——有時甚至還擠到窗台去。她總在他們回基地前招待他們，跟他們談談畢奧神父的事。

我們前面提過，並不是每個訪客都是天主教徒。雖然畢奧神父認識猶太教徒，但在美國大兵到來之前，他認識的新教徒似乎只有愛德蕾德・派爾一個。由於新教徒在那時還被視為「異端」，鎮民得知某些來參加彌撒、參加時辰禱的軍人其實是新教徒，都感到十分震驚。杜岡神父記得有不少聖公會、長老會信友來參加彌撒，其中至少包括一名隨軍牧師。看到這種情形，杜岡神父不免有些擔心，有一次他問畢奧神父說：「他們有沒有可能改宗天主教？」但畢奧神父似乎一點都不困擾，只說道：「如果他們想改宗，天主會指引他們的。」[11] 畢奧神父「對他們都很友善」，[12] 也從不強迫人「改宗」。

某些英國軍人甚至不是基督徒。據說有一次來了一位印度人，用他們的傳統方式向畢奧神父致敬——俯身用手按對方的腳。不料這一按正好按到聖傷，畢奧神父還搞不懂這個人在做什麼，就痛得跳起來，反射似地打了他一巴掌！後來知道那個印度人完全不知道聖傷的事，那個動作也只是想向他致敬，畢奧神父不禁心痛落淚。[13]

一九四五年九月十四日，一名印度上尉來拜訪畢奧神父，跟他說自己既信佛陀，也信孔子、耶穌基督。第二天早上，這名上尉不僅參加了彌撒，還從畢奧神父手中領了聖體。奧斯定神父在日記裡寫道：「我相信畢奧神父讓他領聖體，是不想引人側目，但我也相信我主被那異教徒接受了。誰敢說他以後不會認識真信仰、成為基督徒呢？」[14]

一九四五年夏，戰爭終告結束，英軍、美軍也在接下來幾個月陸續返國。然而，聖若翰・羅通多從此不再一樣了——這些士兵回家之後，把畢奧神父的事傳遍了美國、也傳遍了大英帝國。海、空交通恢復之後，全球各地的朝聖者立刻蜂擁而來，大批湧入這座偏僻的山城。畢奧神父的使命如今擴及全世界，不再囿於一鄉一國。

24 全球訪客紛來沓至

畢奧神父的家人如今都在聖若翰．羅通多落腳。一九三八年時，他的老父就曾問瑪利亞．派爾說：「我現在八十歲了，身子骨不再能下田。妳可介意我待在妳身邊？」派爾自此將葛拉接來同住，就近照顧。他成了派爾家的固定成員，他的喜樂、平靜與虔誠也為這個家增色不少，每個人見到他都喊一聲「歐拉修大叔」。我們前面也提過，在戰爭期間，派爾一度被安置在他皮耶垂西那的家中數月。雖然葛拉很高興能有派爾陪伴，也很喜歡跟派爾還有他幾位朋友玩牌，但在四旬期時，他也堅持大家要跪著用餐，也要做些他已習以為常的苦行。他很愛坐在壁爐邊，跟訪客們大談他那有名的兒子小時候的事，他很以畢奧為傲，幾乎算是崇拜他這個兒子。每次有人誇他真是命好、生了這麼個好兒子，他總是熱淚盈眶說道：「是耶穌基督造了他，不是我。」[1] 由於他實在太尊敬這個兒子，他甚至不願用家人間較親近的「你」來跟他說話，反而堅持要稱「您」。[2] 另外，他也跟他太太晚年時一樣，老是無法如願吻他兒子的手，因為畢奧神父總說：「豈有此理！哪有父親吻兒子的手？應該是兒子要吻父親的手才對！」後來有一天，葛拉終於又鼓起勇氣拉起他兒子的手，說：「我不是要吻你的手，而是要吻耶穌基督的聖傷。」這次他如願了。[3]

米切雷在妻子去世之後，也帶著女兒碧雅搬到了聖若翰．羅通多。一九四五年五月，碧雅與馬利歐．佩內里（Mario Pennelli）老師結婚，婚禮由叔叔主持，也有一大群美軍參加。碧雅與馬利歐後來生了八個孩子，正符合畢奧神父對理想子女人數的期待（一位屬靈之子記得，畢奧神父常祝福新婚夫婦說：「祝你們生八個孩子！」）。

畢奧唯一的姪子艾托雷．瑪索內（畢奧神父大妹斐莉綺雅之子），在父親於一九四〇年過世之後，也來聖若翰．羅通多住過一陣子。但戰爭結束時，艾托雷決定回皮耶垂西那開家電影院。他去問了這位二伯的意見，畢奧神父要他多留心播放的片子，「免得為邪惡做宣傳」。[4]

沒想到才開了戲院沒多久，艾托雷便癲癇復發，接著又罹患肺炎、肋膜炎。瑪利亞．派爾跑去皮耶垂西那看他，打電話跟畢奧神父說醫生建議開刀，神父說：「好吧，如果有必要的話，就開吧。」

但手術之後，艾托雷還是沒有起色，回家時病況甚至比之前更糟。雖然他這時還不到三十歲，但已失去求生意志，不請朋友、家人為他的康復祈禱，只求他們為他的靈魂祈禱。不久之後，他就陷入昏迷。幾年後他寫道：「我發現自己到了天國門口，多年前過世的妹妹茱塞貝娜也在那裡，接著又看到了畢奧神父。他們兩個都不讓我進去。」

此時，房裡的派爾、醫生和其他人都覺得他快死了。他仍然沒有意識，但不斷叫著：「畢奧伯伯！畢奧伯伯！畢奧伯伯！」多年前他母親快過世時，也是說她看到了畢奧神父。每個人都覺得他快死了，親人甚至都打了電話給教堂，請他們準備明天辦葬禮。不料他們才掛電話，艾托雷就醒過來大喊：「我不會死了！」他就這樣突然完全康復了。[5]

不久之後，葛拉的生命也開始倒數。他身體、心智都已退化一段時間了。一位在他晚年時認識他的神父說，葛拉是個很可愛的老人，話總說個沒完，但仔細聽聽會發現毫無重點。[6]一九四六年春，葛拉終於病倒，接下來幾個月都臥病在床。十月三日起，畢奧神父大多數時間都陪在父親身邊，因為他這位時日無多的老父，現在只肯讓他最疼愛的兒子用湯匙餵食了。十月七日晚間九點半，葛拉修．瑪利亞．佛瓊內安息主懷，享年八十六歲。過世前不久，他說：「你們全都得讓讓路，我要叫天使讓我進天堂，因為我是畢奧神父的父親！」[7]

由於畢奧悲傷過度，一直趴在父親過世的床上啜泣，葛拉的後事由派爾小姐和米切雷一手操辦。喬治．波格尼說畢奧「哭得肝腸寸斷」，葬禮結束回到會院後，他花了整整一個禮拜才稍微恢復，做做平常的工作，但每天獻完彌撒就回房躺下，一整天都不出來。畢奧和米切雷為父親合寫了一篇悼詞，讚美他單純的「美麗靈魂」、他迷人的微笑、他的善良，還有他的智慧：「在您病痛的床上，您重新成了孩子，走向那孩子們的最好朋友。現在，您的兒孫、幫助過您的靈魂，還有所有認識您、愛過您的人，都在此紀念您，也請您在天主跟前紀念我們。」[8]

葛拉病倒的那段日子，也是畢奧神父參與政治最深的時期。法西斯黨垮台之後，他開始憂心共產主義崛起。戰後歐洲百廢待興，紅色浪潮席捲了許多國家，也進入了義大利。在義大利決定是否接受共產主義的同時，公民們也要決定是否延續君主政體。一九四六年六月二日，義大利舉行君主制存廢公投及國會選舉。由於維多利奧．艾曼紐三世（Vittorio Emmanuele III）坐視墨索里尼胡作非為，王室遭受嚴重質疑。維多利奧．艾曼紐三世於一九四六年五月自行退位，傳位給獨子翁貝托二世（Umberto II），新王后瑪利亞．喬瑟則曾去拜訪畢奧神父一次。

畢奧神父每次去投票都會引起騷動。有記者提過，神父和弟兄們的車一到，人群馬上會一擁而上，如果記者、攝影師想採訪他，就非得加入這場混戰不可。為了讓畢奧神父順利投票，警察還得拼命把人推開，才能在尖叫聲中勉強開出一條通路。等他投完票了，陷入瘋狂的信眾還會搶著要吻神父的手，車子被人潮團團圍住，每開幾呎就得停下一次。

這次公投決定廢除君主制，畢奧神父相當滿意。據說他曾私下表示，王室成員沒什麼信仰。[9]

在國會選舉前夕，畢奧神父也大力呼籲投票給基督民主黨，後來基民黨也真的取得絕對多數，遙遙領先共產黨。不少馬克斯信徒將敗選歸咎畢奧神父，說他只要「出現」，就能讓他們流失大批選票。

兩年後共產黨捲土重來，聲勢浩大，似乎有勝選的跡象。畢奧神父這次直接寫信給總理阿爾齊德．德．加斯佩里（Alcide De Gasperi），表示自己支持基督民主黨繼續執政。選前幾週，奧斯定神父在日記裡寫道：畢奧神父跟每個朝聖者都說要投基民黨，「為法律與秩序取得勝利」。

共產黨對神父插手政治自然極感不快。選前幾天，鄰鎮聖馬爾谷．拉米斯有共產黨員坐卡車跑來宣傳，經過會院時還刻意高喊：「打倒畢奧神父！」結果他才到市中心就覺得身上劇痛，不得不趕往最近的醫院求助（或許是佛吉亞的醫院），但開刀之後醫師認為無法救治，就又把傷口縫上了。[10]信眾普遍覺得這是天譴，懲罰他與畢奧神父作對。

四月十八投票日那天，畢奧神父再次於投票所引起騷動。他才剛下車，就有個女人擠過來對他高聲叫罵、口出穢言，卻跌倒摔斷了腿，馬上被人送進醫院，沒辦法投票給她的共產黨了。[11]基督民主黨勝選了。畢奧神父成了南義最有名的人，許多人向他致敬，將他視為阻擋共產黨取得政權的大功臣。很多共產黨員也像上次一樣，將敗選原因歸咎於畢奧神父。

畢奧神父既擔心共產黨得勢，更牽掛皮耶垂西那聖家會院的命運。聖家會院好幾年前就完工了，但因貝內文托的總主教遲遲不予授權，嘉布遣會至今仍未進駐。戰爭期間，會院先後被義大利、德國、同盟國軍隊徵用，現在一片狼籍，牆上到處都是猥褻不堪的塗鴉，義大利文、德文、英文、波蘭文都有。

如今戰爭雖然結束，在皮耶垂西那設嘉布遣會院的計畫，卻仍遭總主教奧斯定．曼其內利（Agostino Mancinelli）反對。畢奧很不滿這位神長的處理方式，一九四六年七月甚至寫信對他說：「貝內文托被轟炸，主教座堂、主教住所毀於一旦，是給總主教的懲罰。這樣說令我心頭淌血，但這是事實……更糟的是，即使天主已經降罰，總主教卻仍不願認清自己的責任。他的心剛硬透頂……靈魂迷失，天主之敵橫行，都是因為總主教渾渾噩噩，不願讓弟兄們進駐皮耶垂西那。」[12]

畢奧神父口中的「天主之敵」既不是共產黨、也不是法西斯黨，而是「耶和華見證人」這個教派。耶和華見證人當時在皮耶垂西那積極活動，由一位叫卡瓦盧索（Cavaluzzo）的人帶頭，四處舉辦說明、散發傳單，甚至還直接送錢給農民。皮耶垂西那有不少人被說動，在鎮旁的河裡接受了再洗禮。卡瓦盧索見勢有可為，便把腦筋動到空著的會院上，想把它買下來作「王國之殿」。鎮長聽他講了計畫之後十分震驚，立刻通知畢奧神父。由於耶和華見證人也有去聖若翰・羅通多傳教，畢奧神父對他們的教義並不陌生，雖然在當時的社會氛圍下，畢奧神父對其他基督宗派的態度可謂極為包容，但耶和華見證人對他來說還是太過極端，已經根本不算基督信仰。畢奧神父當下決定：要對抗這有害人心的教派，非得趕緊讓嘉布遣會進駐皮耶垂西那不可。於是，他央請老友若瑟・奧蘭多侯爵去羅馬一趟，看看能不能打聽出總主教老是反對的原因。

奧蘭多不久就見到了曼其內利，這位總主教也坦誠說出了他反對的理由：「不讓嘉布遣會進駐皮耶垂西那，是因為這樣可能會引發和當地堂區神職人員之間的問題……以後大家可能會把奉獻都給嘉布遣會士，因為他們和畢奧神父同修會，而不奉獻給當地的堂區神職人員。他們是我下屬，我總得保護他們。」[13]這位神長也說，如果有辦法補貼一下堂區神父，讓他們在嘉布遣會進駐後不致一窮二白，他也願意讓步，不再繼續反對。

不僅如此，奧蘭多還打聽到另一件事：位於帕杜利（Paduli）的嚴規方濟會正在梵蒂岡進行遊說，試圖阻止嘉布遣會在皮耶垂西那設會院。原因何在？因為皮耶垂西那離帕杜利太近了，要是嘉布遣會進駐，將損及嚴規方濟會在此募款的權利。嚴規方濟會省會長還說：「只有**我們**才能在這裡募款！」[14]知道真相原來如此，奧蘭多不禁搖頭心想：「同是會士，相煎何太急！」

不過，奧蘭多此行還是得到了奧援：路易・拉維特拉諾樞機答應幫忙說服曼其內利。他派助手送信給曼其內利之後，這位總主教終於不作梗了。信的內容如何，旁人不得而知。但無論如何，總主教和教廷相關部門現在都已首肯，成立會院的最後一關過了。

一九四七年一月，奧蘭多將這好消息帶回。畢奧當時生病，正躺在床上休息，結果被走廊上的掌聲吵醒。弄清楚弟兄們在高興什麼之後，他不禁上前擁抱、親吻奧蘭多，喜極而泣說：「看吧！若瑟！天主選了你來完成這個工作！」

奧蘭多後來跟畢奧說起在羅馬有多「好運」，常常剛好就接觸到能幫得上忙的人。他問：「這難道是巧合嗎？」畢奧答道：「是啊。不過是天上的那一位安排了這些巧合。」[15]

於是在一九四七年四月，第一批嘉布遣弟兄來到了皮耶垂西那。很多鎮民希望新會院啟用之後，畢奧神父也能跟著回到家鄉。雖然畢奧神父沒這打算，但一九五一年五月祝聖會院教堂時，他的確希望能回睽違三十年的家鄉看看。事實上，他原本真的計畫回去一趟。但消息傳出之後，有傳言說皮耶垂西那人想趁機把他硬留下來，於是聖若翰．羅通多人心惶惶，又跟之前一樣組成巡守隊監視會院，唯恐畢奧神父離開。看到氣氛變得這麼緊張，畢奧神父也擔心又引發暴動，自己取消了去皮耶垂西那觀禮的計畫。[16]

在此同時，畢奧神父也變得國際知名。凱利根在回國之前就寫了一篇報導，不僅介紹畢奧神父，也談到有很多士兵在戰時前來朝聖，生命從此大為改變。結果幾個月內廣受轉載，美國幾乎每份天主教期刊都刊登了這則報導。

除了凱利根之外，瑪利亞．派爾也讓畢奧神父在美國越來越出名。一九四八年時，派爾回美國探望匹茲堡的朋友、處理姑姑的資產，也為「安慰之家」籌款。當時很多人都是第一次聽說畢奧神父，沒什麼人捐錢。派爾不久就花光了錢，跑去問管理她母親遺產的律師說：「我現在該怎麼辦？我連回去的錢都沒了。」那位律師二話不說，馬上開了張兩萬美元的支票給她——這些錢是從定期匯給她的錢裡預扣下來的，她母親有先見之明，早就料到會有這種情況。[17]

寫信給畢奧神父的人與日俱增。一九四七年，嘉布遣會的總會長克勉・紐包爾（Clement Neubauer）神父來訪，發現畢奧神父居然一天會收到兩百五十封信，而且其中有不少都來自美國。幾乎所有外國信件都由瑪利亞・派爾經手，很多人都在信裡告解，請畢奧神父告訴他們怎麼補贖，也請神父為他們赦罪。因此，克勉決定要派一位會英文的神父給畢奧當秘書，隔年調來了他的美國同胞兼老友道明・梅耶神父。

道明神父出身伊利諾州貝勒維爾（Belleville）德裔大家庭，俗家名阿洛修斯（Aloysius）。直到中學畢業之前，阿洛修斯從沒想過自己會當神父，而且他自己也承認，他年輕時「又皮又野」。開始轉變的契機，是有一次學校要演聖方濟的戲（那所中學是嘉布遣會辦的），神父請他來扮強盜頭子的角色，跟他說這個角色很適合他，「我覺得你一定會演得很好」。聽了這話，這個「野孩子」極感不安。神父見他如此，便好心建議他不如畢業後去小修院讀書，但心裡其實不太相信這孩子能待得下去。梅耶神父說，他在小修院讀了一學期後，聖誕節放假回家去看那位神父，神父老實跟他說：「我不太相信你撐得下去。」事實上，當時沒人相信他做得到。[18]

不過，阿洛修斯還是堅持走了下去，他取了聖名「道明」，三十歲時在威斯康辛州馬拉松市（Marathon）晉鐸，後來還在羅馬額我略大學取得神學博士學位，回國擔任信理神學教授。一九四五年時，他因為罹患喉炎，聲帶嚴重受損，辭去了教學工作。但一九四八年奉派擔任畢奧神父的英、德文秘書時，他的聲音已經恢復，正在印第安那州杭亭頓（Huntington）的聖斐烈（Felix）會院擔任初學生聽告神師，時年五十六歲。

據大家描述，梅耶神父道貌岸然，是位嚴厲、不苟言笑的人，身高將近六呎，四肢削瘦，卻有個極不協調的鮪魚肚。雙目黑而下陷，兩腮無肉，眉毛濃密，一把灰鬍子又長又亂。有位認識他的神父說他「完全不在意自己的外貌」，喜怒不形於色，活像個木頭人。[19]他對飲食極其節制，甚至連畢奧神父都勸他要多吃點，但他只是淡淡回答：「我胃口不大。」[20] 道明的個性並不討人喜歡，許多美國弟兄都覺得他太過拘謹、急躁易怒，有人說他接到出任畢奧神父秘書的派令時，面無表情地說了一句：「嗯，就算畢奧神父現在還不是聖人，之後也會變成聖人！」

道明神父後來回憶他在聖若翰．羅通多的生活，說：「我每天早上三點一刻起床，準備彌撒、在房裡誦日課經，接下來去獻彌撒。彌撒之後，我在房裡吃片麵包、喝杯咖啡當早點。七點開始回信。信件九點送來之後，我就去幫忙依語言分類，之後我會被召去見一些人。我每天大部分時間都在見人、回信、跑上跑下。午餐後大家會去小睡一下，連教堂都關起來。下午繼續回信、見人……」

道明的工作是跟說英文、德文的朝聖者談，為他們提供建議，如果可能的話，也為他們安排與畢奧神父見面。他發現「大多數人來這裡是出於誠心……雖然有些只是想滿足好奇心，但這種人不多」。[21]

道明每個禮拜要處理幾百封信，但他過濾之後，大約只有十多封要再徵詢畢奧神父的意見。畢奧約每週來他房裡一次，「聽我說大家在信裡提到的意向」。[22] 在一封一九四九年七月的家書中，道明說道：「我把要回覆的問題整理出來問他，他通常都說『要他們委身、信從天主的慈悲』，或是『這問題我回答不了』。很多人寫信過來，是要問她們戰時失蹤的丈夫、孩子是死是活。他有時會很肯定地說『他死了』，但更多時候是給一個模糊的答案，表示天主沒啟示他。」

沒過多久，道明神父就覺得自己一個人忙不過來，所以在到聖若翰．羅通多幾個月後，艾爾曼內意托神父也加入了他的行列，負責處理義大利文信件；之後英國神父歐達奇（Father Eustace）也幫忙分勞，負責處理英文信件，於是道明神父便專門負責德文信件了。

瑪利亞．派爾也收到了大批信件，不只請她代向畢奧神父轉達意向，也常附上給「安慰之家」和其他事工的奉獻。派爾把這些信依語言分類，一疊一疊放在大籃子裡。她有自信非常了解畢奧神父，能照他的意思回信，有時**顯然**沒跟他商量。曾依她口述回信的一位志工說，她會讓志工這樣寫：「由瑪利亞．派爾回信者大可放心，雖然信是瑪利亞．派爾回的，但裡頭的想法是畢奧神父的」。[23]

從道明神父寄回美國的家書中，我們可以看到聖寵之母會院在四、五〇年代的生活樣貌。比方說在聖誕夜時，弟兄們會在晚上八點上床休息，十點半起床，「十一點時黎明禱，唱誦聖歌、日課經、聖詠（詩篇）。子夜彌撒時，副助祭、助祭、主祭神父一人講一篇道。今年（一九四九）是畢奧神父主祭。誦經席在教堂後面……只保留給弟兄們，也只能從修院入席，無法從教堂進去。畢奧神父講完第三篇道後，聖嬰像擺上講道桌，由畢奧神父獻香，然後大家一起誦〈感恩曲〉（Te Deum）。接著大家拿蠟燭列隊，由畢奧神父拿聖嬰，一起前往聖堂。到聖堂後把聖嬰放在祭壇上，繼續把〈感恩曲〉誦完。然後由主祭神父畢奧祈禱，再把聖嬰放到側祭壇的馬槽裡。畢奧神父換上祭衣，子夜彌撒開始。來的人很多，女子聖詠團負責詠唱。領聖體時，她們唱了義大利文聖誕歌。你相信嗎？最後一首居然是義大利文版的〈平安夜〉！彌撒之後，弟兄們再一起誦晨禱。我凌晨兩點回去睡了，但畢奧神父在子夜彌撒之後，馬上又主持了兩台彌撒。留下來的人很多。他大約五點才上床睡覺，然後十點就又出現在告解室了。」[24]

聖週的一連串儀式只由少數弟兄舉行，卻「絲毫不失莊嚴」：

> 聖週四上午七點半誦日課，半小時內誦完。然後神父們去聽告解，直到十點半彌撒開始。會院院長主祭，畢奧神父助祭，喬治擔任副助祭。雖然院長和畢奧神父一起發聖體，但還是花了不少時間，直到十二點半才結束。我們沒吃早餐，一點鐘時才吃午餐。
>
> 聖週五的彌撒由畢奧神父主祭。我想你的看法應該跟我一樣：在這偉大的日子，我們沒有任何

人比畢奧神父更適合擔任主祭。

週六的儀式八點二十開始，十一點半結束。這次又是由院長擔任主祭，花了一個多鐘頭才發完聖體。彌撒之後，我們彼此祝福復活節快樂。[25]

道明神父發現鎮民會送羔羊給弟兄們當復活節禮物，他們最後都煮來吃了。

在皮耶垂西那，一年裡最熱鬧的慶典是「釋放之母」慶日；在聖若翰．羅通多，最熱鬧的慶典則是當地主保聖若翰洗者的誕辰。那是在六月，每年到了這天，鎮民們都會組成浩大的遊行隊伍，傍晚六點從聖若翰洗者堂出發，抬著二十多個若翰洗者和聖經人物的像繞行全鎮，嘉布遣會每年也都會派弟兄參加。令道明神父好奇的是：聖若翰洗者備受崇敬，但遊行隊伍中卻沒有耶穌像。這些雕像都跟真人等身大小，聖若翰洗者排在最後，以表特別敬意。鎮民們一邊遊行，一邊敲鑼放炮，在聖若翰像前，「有六、七個小男生辦成聖若翰的模樣——披著羊皮、光著腳、拿著十字架，舉著『請看！天主羔羊！』的布條」。在一九四九年的慶典中，道明還發現「有些小男生扮成主教，戴禮冠披長袍。有個小男生被媽媽抱著，也穿黑袍戴白巾，扮成方濟會士的模樣。雕像前還有群小女孩扮成天使，一路灑花」。

道明神父繼續寫道：「雕像之後是鎮上的堂區神父、嘉布遣弟兄，以及其他的神職人員；再後面是樂隊，一路演奏進行曲。神父們會在每段演奏之間誦降福經，鎮民則從窗戶抛下糖果、鮮花，隊伍也三不五時會放一陣炮……那些炮可不小，每次都震耳欲聾……大廣場上搭起馬戲篷，主街上也到處是小販，賣衣服、糖果、鞋子、玩具，應有盡有。有照相攤、旋轉木馬、冰淇淋攤，收音機不停播放著各式各樣的音樂……全鎮的人都跑到街上，遊行大約九點半或十點結束，但慶祝活動過了午夜仍在持續。」[26]

每年五、六、九月，是弟兄們最忙碌的時節。據道明神父觀察，這幾個月「義大利人最愛出門走走、朝聖。他們會呼朋引伴、包輛巴士或卡車，一間教堂又一間地跑。一天同時來六到十輛巴士或四到八輛卡車的日子，並不少見。」[27]

來見畢奧神父的不只有升斗小民，也有顯赫人士。一九五〇年十月，道明寫信跟堂弟雅博・梅耶（時為密爾瓦基總主教）說：「過去三星期來了七位主教：巴西的、委內瑞拉的、哥倫比亞的、印度的、尼加拉瓜的、冰島的、還有瑞士的。那位印度主教還是改宗來天主教的……另一天還有位衣索匹亞的熙篤會士來訪，六呎二吋高，就跟黑桃A一樣黑，在這裡以科普特禮（Coptic Rite）獻了台彌撒。剛剛說到的那位印度主教，則是敘利亞—安提阿禮（Syro-Antiochean Rite）的。此外，美國、英國、奧地利、瑞士、愛爾蘭、澳洲等地，也有很多人來。」[28]

我們之前已經提過，像艾文・柏林、義大利王后這類名人，也都來見過畢奧神父。一九四九年上旬，阿根廷男中音維克多・達米亞尼（Victor Damiani）和女高音瑪法妲・黎那迪（Mafalda Rinaldi）連袂而來，為弟兄們唱了幾首詠歎曲。弟兄們雖然聽得高興，但奧斯定神父不容日課受到干擾，三鐘經時間一到，他馬上中斷演出，高喊：「全體起立！」等到大家一起唸完三鐘經（連表演者在內），才繼續欣賞演出。

兩年後，知名男高音班尼亞米諾・吉矣來訪。這位演唱家早年心高氣傲、脾氣不佳，但這幾年倒是熱心贊助畢奧神父建醫院。當道明、畢奧和其他幾位弟兄和他一起在園子散步時，這位六十一歲的男高音似乎很害羞，「一絲驕氣不見」，「跟我們說了不少不為人知的舞台軼事」。接著在畢奧神父一位七歲大的親人請求下，他還高歌了一曲。桑奎內提不僅在旁錄下他的即席演出，也錄下了大部分對話。大家散去之後，吉矣還單獨跟畢奧神父坐了很久。這位演唱家後來說道：「我到處演出，也算是認識不少人，但沒人像畢奧神父那樣讓我難忘。」[29]在一九五七年過世前，吉矣多次造訪聖若翰・羅通多，也奉獻了大筆金錢。

差不多也是在這段時間，義裔美籍作曲家吉安－卡洛・門諾提來訪。參加彌撒之後，他跟畢奧神父談了幾分鐘。神父問道：「你相信教會嗎？」門諾提老實回答：「不，我不怎麼相信教會。」神父問：「那你覺得，是誰給了你這麼好的稟賦呢？」門諾提說：「您誤會了。我不是不信天主，而是不信教會。」神父看了他一會兒，才緩緩開口說：「那你為什麼會來找我呢？我信教會。」

許多年後，門諾提重溫這次會面時說：「其實，我當時挺希望他能給我個答案，告訴我我為什麼會去找他，但他沒這麼做。我在想，如果他那時伸手抱抱我，我應該馬上會回到教會的懷抱吧！」但無論如何，這位作曲家還是認為：「那是一次很棒的經驗，我永難忘懷。我的確認為我遇到了一個聖人。」[30] 門諾提的幾位朋友也認為，正是因為這次會面，才給了他寫作《布里克街的聖人》（*The Saint of Bleecker Street*）的靈感——這齣戲的主角是一位有聖傷的少女。

除了這些音樂家之外，也有不少政治人物來尋求畢奧神父的建議。其中一個是西班牙強人佛朗哥，十年之前他在血腥內戰中勝出，現在大權在握，牢牢掌控了西班牙。他寫信問畢奧神父說：「我該如何治理人民？」神父回道：「你要多關注道德、屬靈之事，而非屬血肉之事。」[31]

這段日子也發生了一些改變。一九五二年六月，七十二歲的奧斯定神父結束了院長任期。依照慣例，卸任長上有權選擇要在哪所會院頤養天年。毫不令人意外的是，他決定要跟老友畢奧待在一起。這位暗地裡被暱稱為「胖老爸」的慈祥老先生，身體情況已十分不佳。一位認識他的神父說：「他那時胖到不太能走。」但事實上，他之所以行動不便與體重無關——大家後來才發現，奧斯定腳上生瘡好多年了，那時已大片紅腫、發炎、疼痛無比，但他卻一句怨言也沒有，默默忍了下來。認識他的人都認為，他應該是很多年前就獻上了自己作聖愛犧牲，而這病痛便是他的十架。[32]

不過，聖若翰・羅通多戰後幾年最大的變化，既不是長上人事異動，也不是信件大量增加、名人紛紛來訪，甚至也不是畢奧神父對政治的影響，或是皮耶垂西那的會院啟用——這段時間最重要的大事，莫過於「受苦者安慰之家」的落成。

25 受苦者安慰之家

大戰剛剛落幕，「受苦者安慰之家」的事工即如火如荼再度開始。一九四六年十月五日，安慰之家登記為股份公司，一百萬里拉的資本被分為一千股，每股一千里拉，股東均簽署文件放棄一切獲利。公司最早的成員有桑奎內提、基斯瓦岱、若瑟・奧蘭多、艾蕾歐諾拉・費納（Eleonora Figna，佛羅倫斯工程師）、古葉爾摩・潘卡利（Guglielmo Pancali，農業科學家）以及帕斯卡雷・德梅斯（Pasquale DeMeis，富有地主）。當天下午，桑奎內提和費納就去跟畢奧神父報告了這件事。神父當時正在瑪利亞・派爾家照料他父親，聽他們說完之後，便為這計畫正式降福。[1]

接下來幾天，畢奧神父的朋友紛紛認股加入，其中有桑維科、安琪拉・賽瑞特里（Angela Serritelli，聖若翰・羅通多當地的富有地主）、約翰・泰爾夫納伯爵（艾文・柏林的親戚）、吉安巴提斯塔・薩切提（Gianbattista Sachetti）侯爵，以及家世顯赫的伯納托・帕特里奇（Bernardo Patrizi）侯爵。安慰之家登記為公司後三天，杜林（Turin）的貴婦人瑪利亞・巴西里歐（Maria Basilio）便捐了建院土地——她的地正好就在會院旁邊；隔天，安琪拉・賽瑞特里也捐了巴西里歐旁邊的一塊地。[2]

隔年春天，畢奧神父任命若瑟・奧蘭多侯爵為計畫「總監」。當時，奧蘭多才剛解決了皮耶垂西那會院啟用的問題，一口氣還沒鬆下來，畢奧神父便力邀他來幫忙安慰之家的事工。奧蘭多說：「他一直跟我提這件事。每晚都拉著我講個沒完，後來我乾脆避免坐在他旁邊。」

畢奧神父窮追不捨：「你知道這個工作非你莫屬嗎？」

「老畢啊，何必讓人看我們笑話呢？要蓋醫院卻沒有草圖、沒有設計、也沒有工程師，你要我怎麼做？」

神父只是堅定地說：「這份工作得由你來做。」[3]

於是，一九四七年春天，畢奧神父為開工降福；五月十九日，奧蘭多雇來了二十個人為醫院工程開路。有位佛吉亞名醫聽說這件事後公開表示：「在山上蓋醫院？他們瘋了不成？」[4] 不少醫界人士也覺得這根本是不可能的任務。

奧蘭多從佩斯卡拉請了安傑洛．路皮（Angelo Lupi）擔任建築師。安傑洛．路皮是位怪才，身材高大魁梧，總穿緊身褲、工作服、長靴，性情喜怒無常如有躁鬱症。大家說他：「前一秒還很開心，下一秒就跌落谷底；有時像嬰兒一樣溫和，有時又像野獸一樣暴躁。」每當創意被打折扣、或是他覺得規定太煩人時，總會暴跳如雷。這時桑奎內提就要負責安撫他，好讓工程能繼續進行。[5]

路皮招了批農工來當建築工人，以軍事化方式加以管理，將數人編為一組，每組都有組長、監工。一九四七年春夏之交，大片山腰被剷平；到了年底，醫院地基完成。

由於畢奧神父拒絕向銀行貸款，資金問題仍待解決，即使艾曼紐爾．布魯納托贊助了三百廿五萬法郎（他如今是巴黎富商）仍很快用罄，工程發生問題。好在英國經濟學家芭芭拉．沃德（Barbara Ward）及時伸出援手，才未功虧一簣。沃德於一九四八年夏來義大利採訪，準備為《經濟學人》（*The Economist*）寫篇義大利戰後重建的報導。由於沃德的未婚夫羅伯．傑克森（Robert Jackson）爵士，正好是聯合國「救濟與重建計畫」（United Nations Relief and Rehabilitation Administration，簡稱 UNRRA）的副主任，因此沃德特別關注 UNRRA 在此地的工作，他也透過友人帕特里奇侯爵的關係，知道了畢奧神父及其建院計畫的事。一九八一年過世前不久，已成了洛茲沃斯（Lodsworth）男爵夫人的沃德寫下一份記錄，裡面提到：在她要去塔朗托（Taranto）時，帕特里奇要她在佛吉亞留步，「好讓他能帶我去聖若翰．羅通多見畢奧神父。他說這位神父很聖潔、有聖傷、每天都花很長的時間聽告解、有醫治能力，還從義大利和世界各地吸引來很多朝聖者」。於是沃德和帕特里奇侯爵夫婦一道，「從炎熱的佛吉亞到了涼爽的加爾卡諾山區」。到聖若翰．羅通多之後，他們借住在桑奎內提夫婦家裡。這位男爵夫人說，他們是「迷人、聰明，又極其虔誠的一對」。

沃德第二天參加了畢奧神父的彌撒，深深受到感動。她和帕特里奇跟桑奎內提長談了一番，桑奎內提說從他到聖若翰．羅通多兩年之間，照顧生病、垂死的朝聖者的任務已大部分落到他肩上，「雖然全鎮的人都會幫忙，但照顧重症者的責任還是幾乎壓垮了他」。桑奎內提也提到了安慰之家的事：「雖然有捐款進來，我也相信大家會繼續捐，但資金還是不足。我和建築師路皮先生已盡力做計畫、編預算，但最大的問題是：要蓋這麼大型的醫院，我們的錢實在不夠。」

由於 UNRRA 的重要任務之一，就是要重建戰爭地區的醫療設施，於是沃德和桑奎內提開始思考：安慰之家是否可向 UNRRA 申請補助？即使在戰前，南義的醫療資源也相當有限，連大城佛吉亞都是如此，因此桑奎內提不禁認為：「如果能建一間設備、運作都很良好的醫院，對整個區域都有幫助。而且平地夏季十分炎熱，蓋在加爾卡諾山區其實適合得多。」[6]

沃德馬上跟未婚夫傑克森聯絡，詢問可否提供建院資金，作為重建佛吉亞計畫的一部分。回音立刻來了：一九四八年六月廿一日，UNRRA 撥了四百萬里拉給義大利政府，作為受苦者安慰之家的建院經費。但令畢奧神父吃驚、憤怒的是：義大利政府竟只撥了兩百五十萬里拉給安慰之家！政府未將補助款全數撥給「事工」，被畢奧神父視為竊盜之舉，據說他至死都沒有原諒義大利的官僚政治。[7] UNRRA 請神父將醫院命名為「斐歐雷洛．亨利．拉夸爾迪亞醫院」（The Fiorello Henry LaGuardia Hospital），以紀念其最近過世的總計畫主任，但畢奧神父還是堅持原名，只同意設匾紀念這位前紐約市長。

補助款下來之後，工程快速進展。路皮現在請得起三百五十名工人，不僅在工地旁建了石灰窯，還自行生產人造大理石。在建設醫院期間，路皮讓數百名農民習得了工程技術，醫院完工之後，這份新手藝也帶給他們不少好處。

一九四七年末，不僅山腰已剷平、地基已填好，部分牆面也完工了。為了籌措經費，畢奧神父授權舉辦抽獎、義賣、表演、晚會，還小心挑了幾部電影放映。小店老闆在店裡擺上募款箱，世界各地也陸續有大筆捐款匯入，美國和瑞士的捐款尤多。據說班尼亞米諾．吉矣還按一定比例奉獻收入。在此同時，桑奎內提也在一九四九年發行了《受苦者安慰之家》雜誌。編務後來由卡洛．特拉布柯（Carlo Trabucco）接棒，他是羅馬記者，志願不支薪擔任編輯。

基斯瓦岱負責「事工」財務、支付工人薪水，他的綠色小屋現在成了「安慰之家」的會計部；桑奎內提則統包雜務，舉凡開卡車、監工、安頓技術專家、挑材料等等，無所不包。但他最大的貢獻，應該是在會院、醫院原本光禿的土地上，種下了幾千棵植物。剷平山腰時，炸藥炸開了岩盤，留下了大批坑洞，基斯瓦岱用驢子慢慢把土運上來（坡度太陡，卡車開不上來），在這種植了大量長青植物。

安慰之家的雜誌發行之後，也帶動了不少祈禱團體。我們之前提過，畢奧神父還在佛吉亞時，便已組織了非正式的祈禱會。一九四七年時，神父宣布：「結合意向與行動的時候到了。我們要向上主獻上祈禱，請祂施恩給一度忘了祂的人類。」[8] 桑奎內提擔任畢奧神父的左右手，協助在全義廿三座城組織祈禱會，在取得當地主教同意後，由神父指導，每月定期聚會，為教宗、畢奧神父的事工、世界和平，以及他們自己的意向祈禱。考慮到參加者可能變得過於狂熱，畢奧神父堅持：「你們必須有神父協助，因為唯有神父能確保與教會合一。」[9] 畢奧神父希望祈禱會能成為「壯闊的合唱，連接天國與人間、人類與天主。」在被問及組織祈禱會的目的時，他說「把靈魂帶向上主，鼓勵他們……與基督一同祈禱」，還說「這一定會讓撒殫大失所望」。[10]到他過世之時，畢奧神父的「祈禱大軍」已散佈到十四個國家，計七百個團體，人數超過七萬人。

一九五四年七月廿六日，安慰之家在畢奧神父降福之後開始門診。不過，在「事工」接近完成之際，畢奧神父的一些朋友開始擔心一個問題：幾位負責人的股份是否可以由子女繼承？保利諾神父說：「我知道這些負責人都是誠實的好人，但他們過世之後，誰知道會有什麼變化呢？」本身也是負責人的奧蘭多提出了同樣的擔心：「這些負責人的子女可能變成新教徒、共產黨、猶太教徒、甚至無神論！要真有那日，該怎麼辦？」[11]畢奧神父的意思，則是請梵蒂岡或嘉布遣會來管理安慰之家，但兩者當時皆興趣缺缺。於是在一九五四年八月，安慰之家組織調整，由五十人委員會加以管理，而此委員會則構成方濟第三會的特別部門。

主導安慰之家運作的靈魂人物，除畢奧神父之外即是桑奎內提，大家都說他是位「不居功、沒架子、無私而慷慨的人」。[12]他不眠不休地監督「事工」進度，不斷安撫脾氣陰晴不定的路皮，還忙在各地組織祈禱會。然而，一九五四年九月九日，桑奎內提在山上、山下奔波了一整天後，突然心臟病發過世，年僅六十歲。畢奧神父聽到他的死訊極感震驚，一連幾天除了獻彌撒之外，完全無法做其他的工作，悲痛程度就跟雙親過世時差不多。他像失了魂似地一臉木然，只要聽到桑奎內提的名字就會開始痛哭。朋友勸他說：像桑奎內提這樣的好人，天主一定會厚厚賞賜，因此不用為他這麼哀痛，畢奧只說：「你知道，理性知道是一回事，情感能接受又是另一回事。」[13]事實上，畢奧神父這次似乎對上主感到憤怒。有人聽到他向天父抱怨說：「祢怎麼沒跟我說一聲就把他帶走了！如果祢讓我知道祢要帶他走，我絕不會把他交給祢！我會把他從祢手裡搶回來！」[14]另一個朋友勸他說：「人都不免一死，不是嗎？」沒想到他回道：「沒錯，人都會死，我們都會死。但上主應該多讓他跟我在一起一段時間。」[15]

桑奎內提去世才七個月，另一位主要負責人亦英年早逝：一九五五年四月，馬利歐・桑維科因癌症於佩魯賈過世，得年五十五歲。在此同時，米蘭的阿貝托・加雷提（Alberto Galletti）也獲得任命，接任桑奎內提留下的懸缺。無奈路皮很不喜歡加雷提，現在又沒了桑奎內提從中緩頰，路皮開始處處掣肘，不斷找加雷提的麻煩。結果還不到三個月，加雷提便自請辭職，委員會只好又請了路吉・吉斯雷利（Luigi Ghisleri）接任。吉斯雷利是位嚴格、不苟言笑的現代商業經理。當路皮再次甩性子時，吉斯雷利二話不說直接解雇他。路皮不服，不但佔著辦公室不走，還向法院提出告訴。但判決對他不利，路皮一怒之下一走了之，還把所有的設計圖都帶走了。[16]

吉斯雷利的行事作風與虔誠的桑奎內提多有不同，有時頗令畢奧神父吃驚。舉例來說，桑奎內提只想從畢奧神父的屬靈子女中挑選醫生；吉斯雷利則只問專業能力，想從世界徵才，延攬各領域最頂尖的醫生與專家。桑奎內提期待醫生、職員都不支薪，「出於基督徒之愛與手足之情的使命感」而志願擔任義工；吉斯雷利則認為這種想法太不切實際，打算以高薪攬才。[17]不過，他也沒全然推翻桑奎內提的計畫，例如他也同意由修女負責護理工作，從耶穌聖心傳道會（Zealous Missionaries of the Sacred Heart of Jesus）招募。

一九五六年五月五日，安慰之家終於正式開幕，到場觀禮人數高達一萬五千名。現場冠蓋雲集，教會、政府、大學高層人士紛紛蒞臨，其中包括義大利參議院議長、國務大臣，以及波隆那（Bologna）樞機總主教雅各伯・雷爾卡羅。雷爾卡羅樞機首先致詞，他說「天主確實臨在於此」，因為「此地有慈善與愛。凡上主經過、碰觸之處……凡是我們讓祂走進、臨在之處，祂都會留下記號——確切無疑的慈善與愛的記號。你們可在聖若翰・羅通多看到了這個記號？是的，大家都看到了。天主臨在於此，因為此地顯然有慈善、有愛。」

畢奧神父接著致詞。他向全世界的贊助者致謝，說：「你們與天主一道建了這所醫院。讓我們奉主之名祝福它、愛護它。這裡已播下了一顆種子，天主會用祂愛的光芒溫暖它。為了榮耀天主、為了安慰生病的靈魂與肉體，我們將組成一支以犧牲與愛為裝備的軍隊。懇請諸位繼續幫助我們，與我們攜手撫慰人們的苦痛。那無限的神聖之愛，是天主與永生的光，耶穌在十架上將它交給了我們，請大家歡喜領受這份恩寵！你們今天見到的只是開始，這項事工還會繼續成長、茁壯，它還需要大家的慷慨支持，才能繼續發展，成為名符其實醫療之城，不僅具有足夠的醫療技術，也能符合聖方濟的靈性要求，讓這裡成為祈禱與科學之地，讓人們能與十架上的基督結合，如羊群跟著牧人。」[18]

典禮結束時，畢奧神父和雷爾卡羅樞機一起剪綵，安慰之家正式開幕。當天也舉行了心臟外科國際研討會，由皮耶特洛．瓦爾多尼（Pietro Valdoni）教授主持。遠從世界各地而來的頂尖心臟外科醫師，個個對安慰之家讚不絕口。擔任歐洲心臟學會主席的瑞典醫生古斯塔夫．尼林（Gustav Nylin）更盛讚安慰之家是「慈善偉業」。[19] 畢奧神父請醫生們「將天主帶給病人，這比什麼治療都有效……你們肩負治療病人的使命，但若你們無法讓病人感受到溫暖的愛，恐怕醫藥也不會有太大作用。」[20]

三天之後，教宗碧岳十二世也讚美安慰之家是「由至高啟示結成的果實，將成熟、完美的理想付諸實現，看顧在道德、身體上飽受折磨的人群」，教宗也稱讚安慰之家是「偉大的成就」。[21]

在當時的義大利，安慰之家的設備可謂數一數二，有兩間手術室、物理治療室、臨床研究實驗室、門診中心，分科亦廣及一般外科、泌尿科、心臟科、骨科、創傷科、小兒科、婦產科、放射科。《紐約時報》如此描述：「世上最美、設備最先進的醫院之一。頂樓甚至還有直昇機場，能運送重症病患……美麗的綠色大理石、精緻的瓦片、敞亮的房間……先進的手術室、實驗室、廚房；美麗彩繪玻璃小教堂；頂尖的外科醫師與專家——這裡的每個細節，都讓安慰之家既美觀又先進，病人在此自然能生起解除痛苦的盼望。」[22] 此外，這裡甚至還有義大利當時十分罕見的空調設備。事實上，也有人因此批評畢奧神父，指責他不該花這麼多錢在這些奢侈品上，但神父說：「對生病、受苦的人來說，沒有什麼東西是『太好』或『太美』的！」

在此接受治療的大多數義大利人都有國家健保，但即使沒有保險，畢奧神父還是堅持要加以治療，只收一點費用或甚至不收錢。據統計，一九七〇年代晚期，未投保病患每日平均照顧費用為十四．七五美元，這部分的支出由世界各地善款填補。

畢奧神父強調：安慰之家不只要醫治肉體病痛，更要追求全人醫療。他說：「受苦的病人必須領受天主的愛，在天主跟前接受自己的苦痛、平靜默想自己的命運。藉著愛十架上的基督，強化他們對天主的愛。這裡的病人、醫生、神父都要成為愛的儲藏所，在其中彼此交流他們最大限度的愛。」[23]他有時還說安慰之家是「靈魂醫院」，「事工不僅要照料肉體，也要觸及靈魂」。[24]

一九五六年五月十日，第一位病人入院。雖然醫院有三百張床，但到五月底時只有二十五名病患住院。有人開始私下議論安慰之家大而無當，是座蚊子館。但到六月基督聖體聖血節時，畢奧神父拿著聖體繞了醫院一周。沒過多久，安慰之家的病患即大幅增加。[25]

安慰之家建院一周年時，畢奧神父宣布了進一步的計畫，希望能將這裡打造成醫療、宗教中心。他的願景包括以下五部分：(1)男女療養院：讓疲憊的肉體與靈魂與天主同在，從祂那獲得幫助；(2)「洲際研究中心」（Intercontinental Study Center）：鼓勵醫療人員增進專業能力與教會的知識；(3)靈修祈禱中心；(4)神職人員聚會室；(5)避靜所：讓人們能在那裡增進靈性成長、向上尋求天主。[26]他後來又擴大計畫，成立了基督徒托兒所、殘障與發展遲緩兒童訓練所，他表示：「這不是我的成就，而是天主的成就，是祂促成了一切。」[27]

安慰之家的醫生朱塞貝・古索（Giuseppe Gusso）認為：這間醫院是畢奧神父一生之中最大的奇蹟。在他看來，安慰之家能有這般規模，無上主之力實難以致之。

雖然畢奧神父將安慰之家獻給教廷，但碧岳十二世授權他加以管理。換句話說：雖然畢奧神父仍守安貧願，卻能全權管理一整間醫院，有權聘用、解聘醫生、職員，有權決定是否要增建其他設施，也有權決定要提供大眾什麼樣的服務。但實際上，畢奧神父把這些事都放手交給幾位負責人處理。接下來幾年，畢奧神父常去安慰之家探訪，四處走動、探視病人。有時他會在醫院小堂獻彌撒，再親自去病房送聖體；他還有幾次在這裡主持方濟第三會的會議，並為新設施降福。

在此同時，由於訪客暴增，會院教堂容納不下，他們也在舊堂旁邊興建可容納五百人的新堂，一九五九年落成。

畢奧神父如今成了國際名人。曾有人邀他每週一次主持廣播，但他婉拒了這種電子佈道方式，他說：「一直以來，我都是為病人祈禱，而非（透過廣播或電視）跟他們說話，我希望能依個別情況為他們祈禱。」[28]

雖然神父積極入世，但他的靈性生命仍未有一絲鬆懈。奧斯定神父在一九五三年底寫道：「儘管牧靈工作常有挫折，但他還是跟以前一樣，常在默觀天主時狂喜，與祂深深結合。他與天主的密契結合是頻繁而真實的。他的一舉一動還是那麼令人著迷，讓每個接近他、跟他說話的人，都自然而然地敬佩他、感到喜樂。」[29]

拜訪他的人與日俱增，其中也包括不少義大利政要，阿爾多・莫羅、安東尼歐・塞尼（Antonio Segni）、馬利亞諾・盧墨（Mariano Rumor）、喬望尼・雷翁內（Giovanni Leone）這幾位義大利總理都有來拜訪過他。此外，也有越來越多人從世界各地搬來聖若翰・羅通多，與這位「天主之人」為鄰。有位原本信奉東方宗教的女士，也搬來這個她稱為「基督的聖地」的地方長住，她說：「要為內在生命尋找亮光，世上再也沒有比聖若翰・羅通多更好的地方了。」[30]

26 畢奧神父的一天

阿雷修神父說畢奧神父壯年時「十分壯實」；《紐約時報》記者在他六十多歲採訪他時，也說他「身體硬朗，精力充沛，皮膚有光澤，鬍子、頭髮濃密，體型微胖，笑容可掬，棕色眼睛明亮澄澈」。他全身上下最有特色的地方莫過於眼睛，幾乎每個見過他的人，都對他「美麗」、「明亮」、「澄澈」的眼睛留下深刻印象。他的眼神似乎能看透靈魂最深處。沒見過他的人，原本可能以為他很蒼白、孱弱，等到真正見到他之後，才驚訝地發現原來他中氣十足、臉色紅潤、聲音宏亮、笑聲爽朗、性格外向。

雖然畢奧神父的體重不斷增加，但這絕非貪吃所致。有位為他檢查過的醫生信誓旦旦指出：雖然他重達一百九十八磅，但他每天攝取的熱量還不到兩百卡！[1]有些人雖然認為這位醫生講得太誇張，但也說他每天吃的東西大概只有**四百卡**。他從不吃早餐，偶爾只喝杯咖啡；晚餐也極少超過幾塊餅乾，一兩杯冰啤酒或果汁。[2]他唯一會來飯廳吃的是中餐，但據薩拉醫師說，即使是中餐，他也「只吃幾口」，不夠「維持身體所需」。喬治．波格尼也說：「沒人能像他那樣，吃那麼少還能維生，他幾乎什麼也不吃。」[3]巴吉歐（Baggio）的若望神父說畢奧「吃的量大概只有正常人的五分之一」。[4]曾有文章說畢奧神父每餐只吃幾口蔬菜、喝幾口檸檬汁，但在飯桌上坐他旁邊的道明神父則回應說：「他也吃通心麵、起司、豌豆、蠶豆、水果、肝臟等等，他也跟一般義大利人一樣，會喝杯紅酒。」[5]畢奧神父有時也會吃煎肉腸和燻火腿。不過不管吃什麼，他吃的量都很少，總是會把大部分的餐點分給坐旁邊的人。每當他把東西分給也吃很少的道明神父時，道明總會抗議，而他也總會笑瞇瞇地說：「加油！」6

雖然畢奧神父勞動量不大，但每個觀察過他的醫生都說，他吃的量根本不夠成年人維生，更不可能讓人保持健康與活力。此外，他有幾次犯胃病，一連幾天只喝水不吃東西，體重卻還是增加。桑奎內提有一次注意到這奇怪的現象：畢奧神父病了八天，每天只喝一點水，卻胖了六公斤。他大惑不解，問畢奧神父為什麼不吃還會變胖？結果神父說：「吸收。都是因為吸收。」

「問題是：你什麼也沒吃，到底要吸收什麼？」

「我每天早上都領聖體啊。」

桑奎內提搖搖頭說：「不可能，我才不信。你一定在哪藏了吃的，好捉弄我。」

「我真的什麼也沒吃，跟你看到的一樣。我們可以看看聖經裡的寓言，種子如果播在好土壤裡，不是能結出幾百倍來嗎？你看我這土壤多好，結了多少出來？」

「話是沒錯。但這是屬靈的寓言，不能拿來跟屬肉的身體相提並論。」

不過，畢奧神父還是繼續說吃聖體就能維生：「成事在天。是天主在我內工作。」7

神父有一次還說：「你想聽聽我的理論嗎？我覺得人的身體天生就不一樣，就像田地個個有差。有的需要施肥、補充營養，有的不用管它都能收成不錯。我覺得我這塊田挺肥沃的。我說真的，我需要的不多。」8

畢奧神父不僅吃得很少，也睡得很少。雖然有位弟兄說他曾經三年沒睡覺，但薩拉醫師跟其他幾位和他很親近的神父都說，這個說法完全不是事實。不過，他的確每天睡不超過三、四個鐘頭，也不想多睡。

到五、六十歲時，畢奧神父的健康狀況還是很好，道明神父在家書裡也常提到這點。不過，畢奧神父還是會感冒、發燒。一九五六年後，他的健康問題由薩拉醫師照料。薩拉醫師說他生病時發燒的程度在「正常範圍」內；但根據道明神父的記述，一九四九年九月時，畢奧「嚴重高燒」，體溫達華氏一一四度（約攝氏四十五．五度，由桑奎內提的特殊體溫計測得）。[9]

畢奧神父每天三點半被鬧鐘叫醒，接著花兩小時默想、祈禱、準備彌撒（由於聖寵之母會院工作情況特殊，他們取消了午夜時的黎明禱）。他在床邊放了三張像：左邊是總領天使彌額爾，中間是聖母瑪利亞，右邊是教宗。他還特意調整了窗簾，好讓每天升起的第一道陽光照在教宗像上（當然，此時距日出還有好幾個小時）。

會院裡早起的不只他一個。畢奧神父起床十五分鐘後，道明神父便亦起身，而在教堂大門口外，也早有一大群人排隊等在那裡，等著四點半開門。許多人是朝聖者，教堂大門一開，他們馬上會陷入與「忠誠女士」們的混戰。

開門前幾分鐘，「忠誠女士」們出現了。她們從「側翼」悄悄逼近「敵軍」（姑且借用某位作者的用語），等大門一開，就馬上拿出別針、小書、一雙利爪，「對敵軍發動攻擊」，一路又打又踢，甚至張嘴咬人，硬生生地擠過人群。

畢奧神父和身邊的人雖對她們極感驚愕，卻也束手無策。喬治．波格尼回憶道：「聖若翰．羅通多有不少瘋狂、情緒化的麻煩人物。有個德國女人試圖一天領五次聖體，還有個女生一直大喊『史達林萬歲！』」[10]奧斯定神父常坐在誦經席，往下觀察教堂裡的騷動，看不下去時便高聲斥責：「無知的人！你們不知道這裡是上主的住處嗎？」[11]但挨罵歸挨罵，那些人還是完全無視這個老神父。「忠誠女士」們霸佔教堂前方的座位，其他人都被擠到後面。

畢奧神父出現之後，教堂裡頓時恢復安靜。芭芭拉．沃德寫道：「會眾間瀰漫著期待、希望與痛悔……那段時間一點聲音都沒有，只偶爾聽到病童悄悄問句話，媽媽悄悄安慰一下。來的人有健康的、有年輕的、有好奇的、有痛悔前非的，也有重度殘障的，還有不少爸媽會帶著生病的孩子過來，希望能獲得一個奇蹟，但不論是誰都很安靜。雖然這時沒有特別的事發生，但那種深沉的靜默，會讓你覺得自己正在經驗一個小奇蹟。那種靜默充滿祈禱、痛悔與希望，那是一種我從未經驗的靜默。」[12]

如前所述，很多認識畢奧神父的人都說，他牧靈工作中最令人難忘的就是彌撒。有位義大利記者曾說，他的彌撒會讓信眾覺得自己正在十字架旁。一位慈幼會神父記得，在畢奧神父獻彌撒時，「我覺得自己內在最深的地方受到觸動，全身滿溢了我從未經驗的喜樂」。[13]另一位見證者也說，畢奧神父獻彌撒時，似乎「身在比我們更高的境界……在一股與此世不同的氛圍中獻祭」。[14]吉拉．迪弗露梅里（Gerardo Di Flumeri）神父則說，畢奧神父的彌撒是「超自然彌撒」。[15]

為什麼他的彌撒是超自然的？畢奧神父曾說，彌撒是重現十架苦刑，「與耶穌受難神聖結合」，將祂的犧牲帶到現在；[16]他也提過：在獻彌撒時，他常感到另一個世界神秘地臨在其中。因此，除了神父本身的能力之外，他應該也領受了重現耶穌受難的特恩：「雖然我不配，但耶穌所受的痛苦，我也在人能承受的範圍內承受了。我不堪得這份恩寵，只能感謝天主慈悲。」[17]

在道明神父寫給堂弟密爾瓦基總主教的信中，措辭謹慎地說：畢奧神父的彌撒之所以與眾不同，是因為「主禮者投注了強烈感情」。[18]不過，另一些人的說法就沒那麼小心翼翼了。塞撒尼（Sessani）總主教保祿．卡塔（Paolo Carta）說：「畢奧神父在祭壇時樣子都變了：他的臉一片蒼白，但滿有光彩，有時還淚流滿面。感覺得出他情感澎湃，身體也經受著很大的痛苦……不時會沉默卻也沉痛地啜泣。一切跡象顯示，他活出了基督的受難。你會覺得在那一刻，祭壇與髑髏地的時空隔閡頓時消失。」[19]巴吉歐的若望神父也注意到，在獻彌撒之時，「他似乎認真默想每一個字，也全神貫注儀式的每一個動作。他讀經文的聲音很細，細到幾乎聽不見，但他灌注了很多情感，一字一字慢慢讀。從他扭曲的表情、向上的眼神、頭部的動作，你會覺得他像是想趕跑什麼討人厭的東西，像是經受著沉重的苦痛，也像是努力要把自己從神魂超拔中拉出來。」[20]克勉・奈夫（Clement Naef）神父也觀察到：畢奧神父有時會花十到十五分鐘，崇拜祝聖後的酒和餅。每當他這樣做時，他的頭會不時猛地一動，「就像是被打到臉一樣」。[21]

不只神父們有這種看法，平信徒也是如此。常在畢奧神父獻彌撒時幫忙的若瑟・彼得森說：「在彌撒時，你會發現他眼睛睜得很大，定定地看著一點。他會說話，但你聽不見他在說什麼，只能看到他嘴唇在動，不過不是在念彌撒經文。在場的人都覺得他看見了耶穌，正為了世人的罪向祂祈求。神父還會動也不動地進入神魂超拔，似乎在和隱形的存在對話。」[22]

在他念祝聖聖體聖血的經文時，幾乎每個人都覺得他承受了很大的痛苦。很多人也說，那時的他就像十架上的耶穌。在為生者祈禱時，他會停好一段時間，很多人相信在那時，他像看鏡子一樣地看到了自己所有的屬靈子女；而在為死者祈禱時，他彷彿也看到了另一個世界的靈魂。據一位擔任他助祭多年的神父說，到了領聖體時，畢奧原本慘白、緊繃的臉會「頓時改變，變得明亮、美麗」。[23]畢奧神父有一次也自陳：在領聖體時，他覺得自己的存在滿是「耶穌的吻——充滿了祂的憐憫、祂的擁抱」。[24]

即使畢奧神父很少分送聖體，他的彌撒通常還是長達一個半小時。然而，參加過的人都說那像是只有幾分鐘，一點都不覺得漫長，更完全不會分心。

彌撒一結束，會眾們又開始騷動。在畢奧神父前往祭衣房的路上，「忠誠女士」們會不斷試著接近他。她們會站到椅子上，抱起小孩、伸出經書請他祝福；另一些人則搶著要扯他的衣服；還有一些人會不斷大喊「祝福我！」、「救救我！」、「碰我一下！」、「賜我恩惠！」道明神父在家書中寫道：「人們常會偷他手帕，剪他衣服、繩結。但因為一大堆人在他身邊推擠，所以他也不會發現。」

道明神父晚年也說：看到一群瘋狂的女人「爬到他身上去」，是他在聖若翰．羅通多最不愉快的回憶，他後來根本不願再想起。一九五三年一月時，他曾寫信跟堂弟雅博．梅耶總主教說：「天冷時我們會戴頭罩，但畢奧神父老是不戴。我心想：他到底想不想戴帽子？因為我有多一頂頭罩，所以拿去給他。結果他苦笑一下跟我說：『謝謝，不用了。反正他們到時候又會偷走。』伯納德神父後來跟我說，其實他送過畢奧神父六頂以上的頭罩，但都被那些『虔誠的』信徒偷了。」

畢奧神父有時會幽默回應這些過激舉動。有一次有位婦人拉著他手不放，他說：「好，妳拿去吧！我送妳好不好？讓我走吧！」[25]另一次則是一群修女對著他忘情高喊：「神父，請給我們聖髑！」神父喊回去：「修女，回修院自己做聖髑！」[26]

但另一些時候，畢奧神父就沒那麼好脾氣了。威廉．凱利根記得：有一次有位婦人硬是擋住畢奧神父去路，趴在地上扯著他會衣哭嚎。神父似乎終於動怒，對她吼道：「站起來走開！」這位「粉絲」嚇到了，總算退開讓路。後來神父有一次在祭衣房解釋說，其實他不是真的生氣，但「有時你就是得對他們凶一點，這樣他們才會懂」。若瑟．彼得森也記得，女人們每次拉著他不放，他都會一邊高喊「走開！走開！」一邊揮動繩結趕人。他有時也不禁感嘆：「這根本是異教崇拜！這根本是昏了頭！」[27]良．芬寧也說：「他發脾氣我一點都不怪他。如果你當場看到那些人的舉動，就會知道發脾氣很正常，一群人擠啊推的，沒完沒了地用手戳他……」

長上們有時會覺得畢奧神父的反應過於激烈，把他找去訓話。但畢奧神父辯駁道：「要是我們不堅決一點，他們會越來越過火……他們扯我的手、拉我的臂膀，還一直擠我、推我，我覺得頭都昏了，才不得不嚴厲些。我很抱歉我態度不佳，但要是我不這麼做，他們會把我弄死。」[28]他也訕訕地提過多次：「這裡應該用柵欄圍起來，上面掛個牌子寫『瘋人院』。」[29]

他也不喜歡記者和攝影師爭先恐後，曾經不止一次吼道：「趕人！叫警察！」奧斯定神父擔任院長時，一貫不容記者進行採訪。要是這位「老爹」發現某人是記者，他會客氣地拍拍對方的肩膀，說接受記者採訪不是他和弟兄們的習慣，然後指指門請對方離開。

在擔任聖職的大多數時間，畢奧神父都是在教堂後的祭衣房接見信徒。這裡是放置祭衣、供神父們換裝準備彌撒的地方。但即使在此，信徒們還是會脫序演出，阿諛奉承得讓神父極感困擾。神父也都是從這裡去教堂樓上的誦經席，在那作完感恩禱才去聽告解。

從一九一八到一九二三年這段時間，畢奧神父每天聽告解十五到十九個鐘頭，後來長上們主動限制了他聽告解的時間，所以在一九四〇、五〇年代時，他每天大約聽告解五到八個鐘頭。上午在告解室聽女性告解，下午則在祭衣房聽男性告解，還常常邊聽邊把手放在他們肩上。[30]

二次大戰之後，由於想找畢奧神父辦告解的人暴增，情況也越來越混亂。每天天還沒亮，等著聽告解的人就已大排長龍。告解的人也越來越常排了一整天隊，卻連畢奧神父的面都見不到，最後只好再重排一天（女性告解者的情況尤其如此）。更不幸的是，她們的次序無法「保留」到第二天。舉例來說，今天某位婦人可能才差四個就能跟畢奧神父辦告解，但隔天只要起得稍晚一點，就可能排到第三十個去；而即使她真的起個大早想排前面一點，還是得冒上被「忠誠女士」們攻擊的危險，畢竟她們有些人會粗暴地把外地人趕出去，或踢或推，要是人家沒戴帽子，她們還會硬扯人家頭髮拉出去。有些「忠誠女士」則稍微「文明」一點：只要付上一大筆錢，她們就幫不想一大早陷入激鬥的朝聖者留位子！

到一九五〇年時，終於鬧出了大紕漏：在被「忠誠女士」們趕來趕去長達一週之後，有位西西里女人終於排到了第一個。但「忠誠女士」們當然不會讓她如願，還是硬把她推出了隊伍。這次她忍無可忍，抽出一把刀來逼退她們。結果「忠誠女士」們開始尖叫，高喊說這個西西里女人想殺人。畢奧神父聽見外面鬧烘烘一片，已經有些火氣，走出告解室來問到底是怎麼回事？那西西里女人還來不及訴苦，「忠誠女士」們就惡人先告狀，七嘴八舌搬出自己的說詞。神父聽完大怒，轉頭就叫那西西里女人回家去，沒聽她解釋，更沒聽她告解。

那婦人滿腹辛酸，一狀告到省會長那邊去。當時的省會長是保利諾神父，他聽完之後向總會長克勉·紐包爾報告，也請示往後是否可發「告解票」，免得信徒們再因此生事。克勉原本覺得這像在經營劇場，不像是教堂該做的事，但在知道人們為了爭向畢奧神父辦告解、竟然拳腳相向之後，也接受了這個提議。此後，想跟畢奧神父辦告解的人要親自登記，本地、外地人的票也以顏色區隔，排成兩列。為了避免有人賣起「黃牛票」，取票的人還得在一名神父面前親自簽名，神父也得在上面簽上自己的名字跟日期。[31]

此外，也只有義大利文流利的人獲准見畢奧神父。很多人相信神父有「語言特恩」，即使一個人完全不懂義大利文，神父還是能跟他溝通自如——有時的確如此。舉例來說，一九二〇年代時，瑪利亞·派爾一直勸弟妹契內來跟畢奧神父辦告解，契內跟她說：「可是愛德莉亞，妳知道我不會義大利文。」但瑪利亞跟她說一點都不用擔心，所以契內還是去了。她後來說：「當時我說英文，他說義大利文，可是我們兩個竟然都知道對方在說什麼，這實在太神奇了！我出來時一臉恍惚。」[32]有些時候，畢奧神父似乎也能說上幾句他沒學過的語言，有一次有位瑞士神父來找他，用拉丁文請他為一位女信徒祈禱，沒想到畢奧神父用德文回道：「我一定會求上主憐憫她。」[33]

不過，畢奧神父通常還是只聽義大利文告解。他甚至不喜歡人家用拉丁文告解，還會請這樣做的人去找個更博學的聽告解神父。他通常也不太願意聽嘉布遣會士告解，因為修會已經有指定聽告解神父給他們了。

另外，跟大家想像中不一樣的是，跟畢奧神父辦告解通常不會有什麼「特異」現象。吉拉神父說：「他並不會『讀我的靈魂』。那是很一般的告解。」阿雷修神父也說：「我跟他辦過一次告解。

沒什麼不尋常的，他沒有讀我的心。」凱利根說他跟畢奧神父辦告解時「十分尋常」，另一位神父也說：「畢奧神父並沒有揭開我靈魂的神秘面紗。沒錯，我覺得他是個很好的聽告神父，但不少聽告神父也很好。」

據說在聽告解之時，畢奧神父不容告解者推託或找藉口。要是人家輕言往後無法抵抗誘惑、沒有改過決心，他也會老實不客氣地說：「天主是可以寬恕你。但要是你不覺得自己有錯、放縱自己犯錯，就請走吧！別在這考驗我的耐性。」

據估計，畢奧神父在五十一年的時間中，聽了兩百萬次告解。雖然大多數都屬「尋常」，但也有許多人見證說，神父確實會顯露超自然直覺。克萊瑞絲．布魯諾（Clarice Bruno）的例子十分典型：她一走進告解室，畢奧神父就說「我來說吧」，然後開始一一點出她犯的罪，中間只稍停一下讓她說：「是，神父。」其中有一次，神父說：「妳曾經沒耐心發怒……但妳那時馬上悔過了。」布魯諾想了想，記起自己前一天曾在餐廳對侍者發怒，但不確定自己當時有沒有悔過，便有點猶疑地說：「我希望當時有悔過……」結果畢奧神父堅決地說：「我**說**妳馬上悔過了。」布魯諾回憶道：「他那時根本不是在問，而是在告訴我我做了什麼。告解到一半，我還沒來得及問，他就跟我說了我當時最需要的建議，那真的是很不一樣的一次告解。」最後畢奧神父赦了她的罪，關上他們之間的小門，轉頭聽另一個人的告解了。從布魯諾踏進告解室算起，前後還不到兩分鐘。布魯諾離開了教堂，只覺「全身輕快」，「與天主重新和好」。[34]

畢奧神父有時似乎知道告解者想隱瞞、甚至連自己都沒察覺的事。亞伯特．卡東內（Albert Cardone）說，他第一次知道畢奧神父，是聽他一位鄰居說的，當時是一九四四年，他十八歲。卡東內說：「她去找畢奧神父辦告解。神父在赦罪前跟她說：『妳再想想有沒有犯別的罪。』我那女鄰居說：『神父，我想我把記得的罪全都說了，應該沒別的了。』於是神父對她說：『好，妳的補贖方式是去十字架那裡，念十五遍〈聖母經〉、十五遍〈天主經〉。』因為那個十字架在山頂上，路又很難走，所以這補贖難的不是念〈聖母經〉跟〈天主經〉，而是爬上那一段路……她跑去那裡念完了，回來找畢奧神父辦第二次告解。神父又問說：『妳記起所有的罪了嗎？』她說：『神父，我應該全都說了。』但神父說：『不，妳還沒全想起來。妳得再去山頂十字架那裡一次。』於是她去了第二次，但還是想不起來，所以神父叫她去了第三次。等到她第三次回來，神父還是問那句：『現在都想起來了嗎？』她也只能說：『神父，我真的想不起來，我應該全都說了。』結果神父厲聲問道：『什麼叫想不起來？妳都忘光了嗎？妳難道不知道他本來能當個好神父，甚至成為主教、樞機嗎？』她這時才恍然大悟，淚流滿面說：『神父，我從不知道墮胎是犯罪。』神父說：『妳怎麼可能不知道那是犯罪？那可是殺人。』她不禁問：『除了我跟我媽之外，沒人知道這件事。您怎麼知道他可能當神父、甚至樞機？』但神父只是說：『這是罪。而且是重罪。』」[35]

若是已婚男子對妻子不忠，還跑來跟畢奧神父告解「靈性危機」，神父會直接起身對他吼道：「哪門子『靈性危機』？你這混球惹火了天主，快給我走！」[36]他也曾嚇壞當時十二歲的瑪利耶娜·洛提（Mariella Lotti），她才進告解室，神父就說：「妳走吧，我不聽妳告解。妳禮拜天很少望彌撒，也沒把教理問答放在心上，只跟著爸媽到處跑。如果妳對最重要的事滿不在乎，我聽妳告解些瑣碎東西也沒用，只是在浪費時間而已。」[37]這女孩一句話都來不及說，畢奧神父就把她的問題說完了。道明神父也記得：一九四九年一月四日，有三個男人在祭衣房等著跟畢奧神父辦告解，結果神父才進門就說：「回去吧。好好準備、悔罪之後再來。」道明神父說：「如果我還沒開口，聽告解神父就叫我走，我還真不知道該怎麼辦！」[38]

但有些時候，畢奧神父也會額外聽告解。紐約揚克斯（Yonkers）的方濟會神父畢奧·曼達托（Pio Mandato）在一九八九年十月回故鄉皮耶垂西那探訪時，聽鎮上一位「年紀稍長的人」說了以下故事：這位男士雖然出身皮耶垂西那，但他多年來對畢奧神父毫無敬意，總覺得他是江湖騙子。有一天他姊夫邀他一起去聖若翰．羅通多，他搖搖頭說：「我沒那閒錢。而且你知道的，我不覺得畢奧神父有什麼聖潔。」但他姊夫還是熱心幫他買了車票，於是這人滿腹狐疑地上路了。

參加完彌撒之後，這人「出於好奇」，也想見見畢奧神父。但人家跟他說要告解得先「領票」，可能也要好幾天之後才輪得到他。這人沒耐心等，硬是推開人群擠進了祭衣房。畢奧神父當時正在祈禱，整張臉深深埋在雙手之中。他偷偷溜到畢奧神父背後，靜靜地看了他幾分鐘，才開口說：「神父，我在這。我來看你了。」神父也沒抬頭也沒轉身，就直呼他的名字說道：「我等你一陣子了。你不相信我是天主的人，嗯？」這人心裡的想法被一語道破，頓時不知所措，懷疑的態度也沒了，開始跟神父一一告解自己的罪。

某些時候，畢奧神父會嚴厲到讓人難以招架，例如他曾跟告解者說：「你這邪惡的人，竟把靈魂賣給了魔鬼！」、「你這惡人會下地獄！」[39] 有人質疑他說話太粗暴、態度太凶，他則說：「對那些需要徹底洗心革面的人，我不能甜言蜜語。」[40] 他也曾跟一位長上說：「我對待靈魂的方式，就是他們在天主面前配得的。」[41]

幾乎每個畢奧神父不赦罪就趕走的人，後來都明白他的斥責是對的，並以真誠痛悔之心再度回來。有個三度被他拒絕赦罪的人說：「現在我知道自己錯得多離譜了。到我遇見他為止，沒人真的敲醒過我。所以我繼續漫不經心，以為那些罪沒多嚴重，但現在我知道了。感謝天主慈悲，讓畢奧神父用嚴厲的方式打醒了我。」[42] 另一位曾被拒絕赦罪的人也說：「他讓我更了解辨告解的重要，還有獲得寬赦、領聖體有多寶貴。他讓我明白：在道德上犯罪，是嚴重冒犯天主。」[43]

下面這件事，是畢奧神父申斥告解者、拒絕赦罪的典型例子：一九五一年四旬期時，雅博．達波理托神父在薩冷托（Salento）地區講道，地方上一位神父來跟他說，他有點擔心畢奧神父對他堂區的一名教友太凶了。這位神父說：這名教友是個盲人，滿心期待去了聖若翰・羅通多，原本希望能獲得醫治，結果畢奧神父竟罵他「下流東西」，沒聽告解就趕他走。於是那個盲人怒氣沖天地回來，整天咒罵個沒完。雅博神父說他想跟那位盲人談談，結果沒談幾分鐘，那人就一臉愉快、恬不知恥地承認自己跟女友同居。雅博神父跟他說這種男女關係違反第六誡（毋行邪淫），但那人強辯說自己「還年輕」，不可能就此禁欲，於是雅博神父也明白對他說：「我現在可以告訴你，畢奧神父的確是聖人，的確是天主揀選的。因為他沒等你開口就知道要趕你走，老遠就聞到你罪惡的氣息，知道你是個下流東西。上主讓他看見你的靈魂在深淵裡，看見你的靈魂污穢扭曲。你想去聖若翰・羅通多醫治你的肉體之眼，卻絲毫不在意自己的靈魂。難怪畢奧神父會罵你下流、趕你走——他是要讓你反省、打醒你、讓你歸向天主！」這盲人當時氣沖沖地走了，但幾天之後還是回來，真誠痛悔，答應會娶那位女友為妻，成為循規蹈矩的基督徒。雅博神父聽了他的告解，也赦了他的罪，更加相信畢奧神父的確有先見之明。[44] 畢奧神父常說：「真希望你們知道拒絕赦罪讓我多難受。但也要記得：此生被人懲戒，要比死後被天主懲戒好得太多！」[45]

畢奧神父也常拒聽衣著不得體的人告解，讓某些「進步人士」頗為憤怒。短褲絕對不行（即使是兒童也一樣），女性裙不過膝、袖不及七分、無帽進堂者，一概拒聽告解。有位朝聖者也提過，她朋友穿著洞洞衫、低胸裝進告解室，馬上被畢奧神父轟了出來。此外，雖然畢奧神父會用點鼻煙，但要是女人一口煙味去告解，他也不會給好臉色看。他就曾斥責一位名叫妮瑞妲・諾耶（Nerina Noe）的幼稚園老師說：「女人抽煙難看死了！」於是她馬上戒煙了。[46]

不過，我們還是不應被這些例子誤導，以為畢奧神父常常罵人、拒絕聽告解，畢竟絕大多數跟他告解過的人，都說他態度親切、和藹。由於很多人聽過上面那些嚴厲的例子，所以來找他告解時也誠惶誠恐，神父會安撫他們說：「靜下來！靜下來！」若瑟・彼得森記得，如果男性告解者太緊張，神父有時還會把手放在他們肩上聽告解。葛拉齊耶拉．曼達托說：第一次辦告解時，「我嚇到說不出話，但畢奧神父把我做錯的事一一說了出來。」[47]與她有相同經驗的人高達數百名，可見為數不少。總之，畢奧神父大多數時候都是很好的聽告解神父，也總會提供非常好的建議。

由於在聽告解時，也常有「粉絲」跑來騷擾，所以畢奧神父能讓大多數告解者得到收穫，也可謂奇蹟一件。不少人被「忠誠女士」的粗野魯莽嚇到，她們甚至會在別人告解時闖進來，硬是拿東西請神父降福，或是要神父為她們祈求恩寵。畢奧神父竟沒因此氣瘋，可見他心理狀態有多穩定。

雖然有些人說畢奧神父偶爾會威脅人若不悔改、一定會下地獄，但事實上，畢奧神父似乎覺得只有少數人會下地獄。他曾跟一位朋友說：「我相信會下地獄的靈魂不多。神這麼愛我們，用祂的形象造了我們，聖子不但降生為人，還為了救我們而死，可見祂愛我們的程度超乎想像。所以我認為，即使在我們離開世間、進入死亡之後，天主還是會在審判我們之前，給我們一個機會去認識、了解罪到底是什麼，而如果我們了解罪的真貌，又怎麼可能不痛悔呢？」[48]

畢奧神父甚至相信：天主也會給非基督徒這份恩典。舉例來說，在一九六七年十月時，有位歸化為基督徒的猶太人問他：自己那位終生信奉猶太教的父親，是否也能獲得救贖？神父回答：「朱利烏斯．費恩（Julius Fine）會得救，但要多為他祈禱。」[49]神父總是要大家多為過世的人祈禱，還說即使你為他祈禱的那個人已不需代禱，天主還是能將你的祈禱用在其他人身上。神父顯然相信：大多數得救的人都要先經過煉獄，在受完淨煉的痛苦之後，才能獲得整全的幸福。有人問他要怎麼不進煉獄？他回答說：「接受天主手裡的一切，並以愛與感恩向祂獻上一切，這樣，就能讓我們死後直奔天堂。」[50]

以畢奧神父身處的時代來說，他對其他基督宗派的態度可謂相當寬容。我們前面提過，在二次大戰期間，他熱情接待其他基督宗派的士兵們。據說他曾私下表示：「其他基督教會都是由人創立的，像路德、加爾文、慈運理（Zwingli）這些人，但天主教會是由耶穌基督直接創立的。」[51]他也在一九二五年跟聶斯托．卡特黎尼齊說過：「東正教會已行將結束。」[52]不過，他似乎從不逼新教徒或東正教徒改宗天主教，從他跟愛德蕾德．派爾的互動情形看來，也的確是如此。畢奧神父對愛德蕾德的幼子高登也是這樣，這位作曲家、音樂家對宗教毫無興趣，而據他的遺孀契內說，畢奧神父也不曾勸他成為天主教徒。雖然有人聽到畢奧神父在稱讚完一位猶太醫生心地很好之後，又嘟噥一句「真可惜他是猶太教」，[53]但他其實有猶太朋友，有些後來改宗天主教，有些還是沒有。我們前面也提過，他至少有一次讓非基督徒領聖體。他也至少有一次表示願聽非天主教徒告解——愛德蕾德．派爾有一次跟她女兒說：「我跑去告解室裡是要做什麼？我又不會義大利文。」畢奧神父知道之後，說：「唉！她當時要是進來就好了！語言問題交給我就好了嘛！」[54]

我們必須謹記：在畢奧神父身處的時代與地方，天主教徒對其他宗派的基督徒了解很少，也不甚同情，在梵二之前，其他基督宗派基本上都被視為「異端」。我們前面已經看到，若瑟．奧蘭多把新教徒跟猶太教、共產黨、甚至無神論相提並論；道明神父則是這樣說英王喬治五世的：「那個老異端居然能藉畢奧神父的幫助，上了天主教天堂！異端居然也能受信從教宗的神父的幫助！」不過，跟畢奧神父相處過的人都說，他從未對其他基督宗派口出惡言。

雖然畢奧神父嚴格律己，但他從未要求屬靈子女像他一樣苦行。有位婦人有一次跟他說：「神父，我希望能幫上點忙。讓我一同受苦吧！」但神父說：「孩子，妳的麻煩事已經不少了，怎麼還想幫我一起受苦？先解決妳現在的問題吧，別再增加負擔！」[55]另一次是一位過度熱誠的婦人，為了補贖罪過，無視會得傷寒的警告吃了有毒的種子。神父知道之後責備她說：「我不准妳再做這種傻事！補贖的方式明明很多，妳大可以向上主獻上每天的困擾。要不要賜我們十架，是由天主決定的。如果祂沒賜妳十架，是因為祂覺得妳承受不了。」[56]只有極少數人，神父會建議他們獻上自己作「犧牲之魂」。

下午一點，簡單用過午餐後，畢奧神父會去花園裡「消遣」半小時（這是一天兩次的自由交誼時段之一）。我們前面提到過，這時常會有平信徒加入他和弟兄們，和他們一起聊聊天，畢奧神父也總在這時跟朋友們說說笑話，雖然幽默，但絕不輕浮。如果有人開了不得宜的玩笑，神父會請他離開，不然就自己離去。他說的每個小故事幾乎都有宗教、道德意涵，其中許多也跟聖人或聖經人物有關。舉例來說，他曾說過一個死後上天堂的裁縫的故事：

「這位裁縫生前常賭咒、罵人，性格粗魯，還是個酒鬼。過世之後，他跑到聖伯多祿面前求他施恩。聖伯多祿查了查生命冊，沒找到他的名字，想揮手叫他走。但這裁縫看出聖伯多祿不打算讓他進去，便開始大呼小叫，這下引起了路過的聖若瑟注意，於是跑來問聖伯多祿出了什麼事。裁縫一眼看見聖若瑟過來，覺得救星到了，馬上跪到他面前懇求說：『親愛的聖若瑟啊，您一定記得我曾向您祈禱。沒錯，我是個混球、是個爛人，但我每天都有想到您，因為您是我最喜歡的聖人，也是個工人。』聖若瑟看他淚流滿面說個沒完，也心軟了，就要聖伯多祿讓他進去，但聖伯多祿還是拒絕。於是聖若瑟跑去找聖母，跟她說：『瑪利亞，看來我在天堂裡沒什麼地位，我請伯多祿放個人進來，可是他就是不答應。這裡的人好像不把我的話當回事，我們離開這兒吧！』聖母說：『你說的對！我也覺得伯多祿錯了。而且我是你妻子，妻子本來就要跟著丈夫，我跟你走！可是上主也在這裡，而且祂是我們兒子，我們總不能把祂拋在這裡，乾脆帶著祂一起走吧！』聖神看到聖母、耶穌、聖若瑟一起離開，也追了上去，跟他們一道，然後聖父也跟了過去，聖人們也跟了過去。最後聖伯多祿開了大門，讓那裁縫進來了。」[57]

他也常說兩個沒坐過火車的鄉下人的故事：售票員問：「你們要去哪裡？」這兩個土包子說：「關你什麼事？」好不容易上車之後，火車要過山洞，這對活寶嚇壞了。一個問：「現在是要去哪裡？」另一個說：「我們會被送到地獄！」這時第一個反而鎮定了下來，安慰他說：「沒關係，我們買的是來回票！」[58]

畢奧神父在說另一個酒鬼的故事時，還會模仿酒醉的樣子，假裝茫然看著隻蜈蚣醉醺醺地說：「主啊，祢怎麼給了那傢伙一百隻腳？祢看我連站都站不好了，祢怎麼才給我兩隻腳？」[59]

若瑟．彼得森還記得，有一次他跟皮耶特洛．庫吉諾還有一位醫生坐在花園裡。畢奧神父請彼得森表演一下他的拿手好戲——學雞叫。彼得森大大方方叫了幾聲，那位醫生在旁繼續敲邊鼓：「神父啊，若瑟是紐約來的，那裡有的是摩天大樓，但沒什麼雞。神父您倒是在農場長大的，不如也學幾聲雞叫讓我們見識見識？」於是神父也學了幾聲，但聲音不大。那位醫生跟他開玩笑說：「神父啊，您的雞怎麼啦？」神父答道：「若瑟的雞很健康，我的雞剛付完醫生看診費。」[60]

彼得森也記得，有一次他利用年休回聖若翰．羅通多，剛好碰上他生日，於是弟兄們好好招待了他一頓午餐，瑪利亞．派爾還特地烤了個蛋糕。蛋糕吃完後，畢奧神父走到餐廳中間，對彼得森喊道：「若瑟，你來一下！」然後用手挽著他脖子，像是要跟他摔角一樣。彼得森比畢奧神父高一個頭，根本不為所動，只覺有趣，但等到弟兄們全撲上來時，他也只能倒地求饒了。這時佩雷葛里諾．福尼切理（Pellegrino Funicelli）神父才從從容容走了過來，拉起畢奧神父的手宣布：「勝負揭曉！世界冠軍是——畢奧神父！美國小子若瑟，請安息吧！」[61]

畢奧神父也很愛跟弟兄們開玩笑。一九四五年十一月，會院弟兄一起接受霍亂疫苗注射，畢奧神父輪第一個。接種完後，他跟一位弟兄說道：「欸，等等就輪到伯納德神父了，我們跟他開個玩笑如何？我們假裝一下打針很痛，一定很好玩！」

等伯納德神父來了，畢奧神父就假裝跟醫生講話，故意站在門口大聲地說：「醫生！這次打針怎麼這麼痛！」醫生回道：「是啊，神父，因為疫苗要和霍亂對抗，當然很痛。」

伯納德剎時臉色一白，對畢奧搖搖手說：「老畢啊，我不打了。」但畢奧沉著臉說：「三松（參孫）要死還帶了群培肋舍特人（非利士人）一起死。我打過了，所以你們也要打！」接著馬上轉身拉住一個弟兄說：「就從他開始吧！」然後戳戳他，對他偷偷耳語：「叫！叫大聲一點！」那位弟兄很配合地大叫，喊得聲嘶力竭，旁邊一個等著打針的神父不知底細，竟嚇昏了過去。

最後還是輪到了伯納德神父，他還在繼續抵抗：「老畢啊，我都說我不打了。我年紀這麼大了，連仗都打過。但我怕，我不打了！」畢奧神父繼續陰著張臉說：「我說了，三松要死還帶了群培肋舍特人一起死。我打過了，所以大家都要打。」

於是伯納德只好「慷慨就義」，無奈地走到醫生前面，伸出手臂接受注射，但打完之後，他困惑地說：「老畢啊，我沒什麼感覺啊！」畢奧神父一臉正經地說：「當然啦。那些疫苗看你這麼害怕，都不好意思弄痛你了。」[62]

對來告解、尋求建議的人，畢奧神父也是風趣多於嚴厲。有一天他時間有點趕，一位青年還在祭衣房跟他喋喋不休，說他想娶一位女子為妻。神父馬上回他：「好，那娶她吧。」

「可是她爸媽不讓她嫁我。」

「好，那分手吧。」

「可是我想娶她呀！」

「那就娶她囉。」

這段詭異的對話持續了幾分鐘，神父隨這位青年的話反覆改變說法，一下要他娶她、一下要他分手。最後神父真的該走了，就跟他說：「孩子啊，你一定不打算請我當媒人對不對？我會為你祈禱的，請讓我走吧。」[63]

喬治．波格尼也記得：「有一次有個女人告解時太過緊張，放了個響屁，尷尬地跺腳想掩飾過去。畢奧神父柔聲跟她說：『親愛的，不用這樣。做過的事掩飾不了的。』」[64]

有天午餐過後，畢奧神父正從飯廳走到祭衣房，突然發現嘴裡卡著顆甜杏仁。他走到祭衣房門口停下，跟要幫他開門的弟兄說：「等一下！我吃完這個甜點再進去。不然這些人又有得說了：『這算是什麼聖人？居然吃甜點！』」[65]

事實上，每次聽人說他是聖人，他都會拿這來開玩笑。他常說：「他們把我弄成聖人之前，得先把撒彌擺上聖伯多祿大殿祭壇。」[66]也曾說：「如果他們把我弄成聖人，來找我求恩的人都得帶通心麵孝敬我，一份通心麵給一份恩典，童叟無欺！」[67]關於自己的聖職，他也打趣說：「有三件事做了等於白做：幫驢子洗頭，幫海加水，向神職人員傳道！」[68]

有一天，畢奧神父接待皮耶垂西那來的幾個親戚，特地在會院會客室擺了張大桌子，讓大家能一起坐下。大人們邊吃邊聊，十分盡興，但畢奧神父注意到一個小朋友似乎很無聊。於是他偷偷溜出去，繞到另一邊的窗戶跟這個六歲小男生打招呼，把手放在唇邊要他安靜，再偷偷把這孩子從窗戶抱出去。神父把這孩子抱進他房裡，拿出兩塊巧克力給他，幾分鐘後再抱著他下來，像剛剛那樣把他從窗子送進去，坐在原來的位子上。大人們一直忙著吃喝、聊天，根本沒發現神父跟小朋友消失了一會兒。

畢奧神父繼續待在外面，開始敲窗叫道：「喂！到底是怎樣？你們都睡著了嗎？」客人們這才發現他在外面，神父接著說：「我站在這裡一小時了！一直叫都沒人聽見！怎麼？你們神魂超拔、神遊物外了嗎？」

大家面面相覷，其中一個客人一臉疑惑地說：「神父，您才會神魂超拔吧？大家都這麼說的。」

「好，那現在是怎麼回事？我在這站了一小時，你們居然沒人理我。」神父繼續扳著張臉說道：「好吧，如果你們不相信，就問問那孩子吧！小艾，你說說我們剛剛在做什麼？」

「畢奧叔叔是好人。他帶我到他房裡。」

大人都笑了，以為這孩子只是隨口附和畢奧叔叔的話——直到那孩子拿出巧克力為止。[69]

還有一天，一位奧地利心理學家來到了聖若翰．羅通多，他想檢查一下畢奧神父，看看能不能從精神病學的角度解釋聖傷。道明神父記得，長上們當時拒絕了這位心理學家，但也邀他在休息時間看看畢奧神父。觀察了畢奧神父一個半小時、看到他怎麼跟別人說笑之後，這位心理學家結論道：「嗯，他顯然沒有精神異常。精神異常的人沒幽默感。」

畢奧神父自己倒是對精神病學沒什麼信心。雖然他長期被精神不正常的人騷擾，但在建立醫院時，他完全沒想要設立精神科。事實上，當有位婦人跟他說醫生要她接受電擊治療（shock treatment）時，神父還不以為然地說：「就算妳現在沒瘋，電擊治療完也會發瘋。」[70]

下午休閒時間過後，弟兄們會回房午睡約一小時。畢奧神父有時也會去午睡，但他通常會坐在房外陽台藤椅上念玫瑰經。事實上，他只要一有時間就會唸玫瑰經，不管是在大廳、樓梯、甚至來回告解室的路上，都可以看到他邊走邊撥念珠。對畢奧神父來說，玫瑰經便是他對抗魔鬼的「武器」。

午睡隨著時辰禱時間到來而結束。時辰禱後，畢奧神父便跪在誦經席祈禱，進入深沉默想。奧斯定神父相信，對畢奧來說，這是他「身體與心靈獲得真正休息」的時間。

默想完後，畢奧神父有時會和道明跟其他秘書一起工作。從一九二〇年代教廷法院發佈禁令之後，畢奧神父就幾乎不親自回信了，即使禁令解除後也是如此。每週寄給他的幾百封信，大多都由其他人代回，簡單表示神父會為來信者的意向祈禱，也敦促他們要信靠上主，只有極少數信件會請畢奧神父親自過目。

教堂於弟兄們午餐時關閉，到了下午才打開，畢奧神父開始聽男信眾告解，雖然人數要比女信眾少得多，但他們通常還是得等好幾天才輪得到。到四點半時，畢奧神父主持晚禱並降福，將聖體放在聖體光裡舉得高高的，好讓會眾們都能崇拜，而瑪利亞．派爾所組的女性聖詠團也用心歌唱。見到被他們視作「第二基督」的聖傷者高高舉起聖體，許多人不禁感動落淚。

降福之後，畢奧神父再到花園休息十到十五分鐘。他跟聖方濟一樣，與大自然相當親近。放射線醫師尼可拉．山特拉（Nicola Centra）記得，一九五六年某日，當畢奧神父和幾位朋友一起散步的時候，有群鳥「像受到召喚一樣，飛到他們身邊」，沒過多久，「整座花園裡都是畫眉、麻雀、金絲雀和種種鳥類，五彩繽紛，啁啾啼鳴，與蟋蟀、蟬的聲音共譜一首美麗的交響曲」。鳥鳴聲甚至蓋過了他們談話的聲音。畢奧抬起頭來看看樹，舉起一隻手指放在唇上，輕輕說了聲：「夠了。」據這位醫生說：「效果就像用水滅火一樣，周遭一下子安靜下來，宛若身在教堂。」71

畢奧神父通常不會跟弟兄們一起吃晚餐，多半是在自己房裡讀書或祈禱，隨便吃一、兩塊餅乾，喝一、兩杯啤酒或果汁。日落之後，鎮民們會聚在他窗台下鼓譟：「畢奧神父！畢奧神父！」等他出來之後，他們會一起歡呼、揮動手帕、獻上飛吻、對著他唱詩歌，直到神父為他們降福，說：「善良的人們，晚安！」他們才回道：「畢奧神父，晚安！」

神父晚上還有不少事得做，比方說處理醫院事務。此外，畢奧神父也擔任會院委員很多年，協助處理跟會院生活有關的事，為了做好這份工作，他得定時檢查會院的紀錄和收支。他有時也會離開會院到其他鎮上，為方濟第三會的成員做非正式演講。在這些演講中，神父不時會流露出他與天主創造物有多親近。若瑟．畢奧．馬丁（Joseph Pius Martin）神父記得，有一次畢奧神父話講到一半，籠子裡的金絲雀吵得他講不下去，神父轉頭就對那隻金絲雀說：「**我**現在在讚美天主！」那隻金絲雀居然馬上乖乖站在籠底，直到他講完都沒出聲。在場的人都驚奇不已。

畢奧神父也常在晚上跟其他神父靈修聚會，為他們的問題提供建議。有時他也跟道明神父一起回信。

一九五〇年代中期，會院裡有了電視，不過畢奧神父不常看。事實上，似乎沒人見過他來看電視，唯一一次是轉播教宗碧岳十二世的殯葬彌撒，他站在門外看了一會兒，然後就走開了。他對電視興趣缺缺，不只是因為他覺得沒時間看，也因為他認為電視有害道德，而且會破壞家庭生活。瑪利亞．派爾問過他自己是不是該買台電視，神父勸她打消此意。他也跟若瑟．彼得森說過：「發明電冰箱的人會上天堂，至於發明電視的人嘛……」他往下指指算是回答。似乎也沒人看過他看報紙，他說過他覺得看報浪費時間。雖然當時很多人抽煙、抽雪茄，但他很不喜歡，不過，他也會用用鼻煙。若瑟．彼得森記得，畢奧神父跟大多數弟兄一樣，會把鼻煙放在會衣袖口的小口袋裡；畢奧．曼達托神父也說，畢奧神父會拿鼻煙出來待客。畢奧神父說鼻煙有助於清鼻竇。有天晚上腫瘤專家們開癌症研討會，有位英國人精神不濟，昏昏沉沉的。畢奧神父問他說：「你抽煙嗎？」他點點頭說是，畢奧神父嚴肅地搖搖手指說：「抽煙很不好。」但他馬上就轉頭問另一位醫生說：「你有用鼻煙嗎？」

入夜之後，畢奧神父和弟兄們一起夜禱，然後弟兄們便上床就寢。但在回房之前，畢奧神父會先去長上那裡，雙手交叉於胸前鞠躬，請長上為他祝福。他通常會跟奧斯定神父聊上幾分鐘，然後才擁抱道別。他有時也會去皮耶垂西那的伯納德神父房裡，跟這位老友聊上幾句。有一次他去找伯納德神父時，伯納德神父已經睡了，畢奧探頭進去說：「伯納德神父，晚安！」沒聽見回答，就又大聲了點說：「伯納德神父，晚安！」伯納德神父躺在床上不太想理他，暗自希望他趕快回房。沒想到畢奧還是不死心，繼續說：「伯納德神父，晚安！伯納德神父，晚安！」這位長上煩不勝煩，終於嚷了一句：「快去睡吧！靜默的鐘聲都響過了！」[72]

在聖寵之母會院的大部分歲月，畢奧神父都住在八乘十呎見方的五號房，這裡既是臥室，也是書房。這房間的規格跟會院其他房間一樣，並未特別寒酸。窗外景色開闊，能看見一大片村莊。房裡有書桌、床頭桌、洗臉台、扶手椅，公用浴室則在樓下。畢奧神父長年堅持睡在硬梆梆的小床上，就跟他年輕時在嘉布遣會的陶成過程一樣。反倒是桑奎內提看不下去，買了張較舒適的床給他，還說服他的長上命令他用。一九六二年時，有位信眾送了台空調給他，但因為那個人沒辦法送每個弟兄一人一台（直到一九九〇年代，空調在義大利仍十分少見），所以畢奧神父還是拒絕接受。

畢奧神父很少跟其他弟兄同時就寢，通常會再花幾個鐘頭祈禱、讀聖經。直到凌晨一點或一點半，他長達廿一或廿二鐘頭的一天才告結束。

有一次人家問他：到底要怎麼安排，才能一天做這麼多事？神父回答：「聽說拿破崙能同時做四件事。我不是拿破崙，可是同時做三件事倒沒問題！」[73]

27

領有神恩之人

二次大戰之後，關於畢奧神父行奇蹟的報導大量出現，義大利報紙三不五時就會出現如下標題：「畢奧神父偉大醫治」、「畢奧神父代禱治癒癱瘓病人」、「癌症婦人奇蹟痊癒」、「久病六年，老嫗痊癒」、「病痛纏身三十年，波隆那修女一夕康復」。

畢奧神父開始被當成能人異士，廿四小時行廿五件奇蹟，無所不知、無所不能。大家以為同會院的弟兄一定天天聽他說預言，天天見到超自然現象與醫治——但這完全不是事實。大多數認識他、親近他的人，都說他是位和藹、溫柔、虔誠、聖潔，但也平凡的人。道明神父晚年被人問說：「跟畢奧神父住在一起，您會不會有些緊張？」他只淡淡說道：「我大概只緊張了兩、三天吧。我沒有戰戰兢兢的，不是因為對他失望，而是因為雖然他很聖潔，但他也跟其他人沒什麼兩樣。」[1]

若瑟．畢奧．馬丁神父曾和畢奧神父共處三年，他說這位聖人病倒之前，「一直是個很好玩的老先生，老帶著雙手套」。怎麼個「好玩」法呢？比方說，有一次見了一位長頭髮的朝聖者，之後畢奧神父就一直問他：「你有看到那傢伙頭髮多長嗎？」還有一次主持完婚禮，神父對新娘的指甲評論道：「她指甲長到能把人的眼睛挖出來！」[2]

跟畢奧神父共處兩年的吉拉．迪弗露梅里神父說：「他也是人，也有情緒，不是不食人間煙火的天使。一般人會為什麼事生氣，他也會為什麼事生氣。他是個凡人，有時傷心，有時高興，有時候也會生氣。」吉拉神父也說，畢奧神父最令他印象深刻的是他的個性：「沒錯，我相信他有超自然恩賜，我在書裡看過、也親眼見過。但你跟他說話時，會覺得他再平凡不過。他的靈性、順服和愛心都令人難忘，除此之外別無其他。」[3]

聽大家把畢奧神父說成能人異士，威廉．凱利根對此深感懷疑：「就我和畢奧神父的相處經驗來說，我**從沒**看過什麼奇蹟。」他也提到不少由畢奧神父某著名弟子講出的奇蹟，覺得它們「誇張到不像真的」。[4]

安慰之家的朱塞貝．古索醫生看法亦近於此。他說他沒見過超自然事件，也覺得那些奇蹟故事「**全都**誇大不實」。[5] 不過，還是有確切證據顯示，畢奧神父有時會展現超自然神恩。

瑪利亞．派爾便以英、法文留下了兩本筆記，把人家告訴她的見證記錄下來，這些見證者都相信是因為畢奧神父的代禱，他們才得到了特定恩賜。不少英文發表的畢奧神父奇蹟故事，都是以這兩份筆記為資料來源（但派爾在死前不久毀掉了這兩本筆記）。依凱利根之見，瑪利亞．派爾的客觀性值得存疑，而其他認識派爾的人也多半同意凱利根的看法。為派爾作傳的作家也說，雖然派爾是個真誠、有愛心的人，但她「對聽到的事未嚴謹查證，沒有反芻、沒有去蕪存菁、也沒有確認細節。基本上人家說什麼她就信什麼。」[6]

雖然如此，還是有不少客觀、細心的人（例如奧斯定神父、道明神父、保利諾神父）在超自然事件發生不久就記錄了下來，可信度很高。據說桑奎內提也是幾則超自然事件的資料來源，但他英年早逝，未能留下書面記錄。

在開始述說畢奧神父的「奇蹟」之前，我們最好先來討論一下「奇蹟」的意義。一般說來，「奇蹟」咸信是上主直接干預自然世界的運作，讓自然律發生改變。在《天主教新百科全書》（*The New Catholic Encyclopaedia*）中，是以三項標準界定「奇蹟」：第一，「奇蹟」事件必須是「特異的」（extraordinary）；第二，奇蹟必須是感官能感知的；第三，奇蹟是由天主所行，具宗教意義，成為祂臨在的證據。

舉例來說，〈戶籍紀〉（民數記）十六章提到有人反抗梅瑟（摩西），上主讓大地裂開，吞沒了那些反抗祂為以色列所揀選的先知的人。這件事無疑是特異的，也是在場的人都親見的，另一方面，神也以此顯示祂的權柄、祂對梅瑟的支持，以及祂對反叛上主之人的義怒。

同樣地，新約裡提到的奇蹟也是特異、可見的記號，揭示了神的臨在（特別是耶穌的神性）。舉例來說，耶穌治好那個被友人從屋頂垂下的癱子，正可說明「人子在地上有權柄赦罪」。[7]耶穌平息風浪，讓門徒相信祂確實與眾不同，驚嘆：「這人到底是誰？連風和海也聽從他！」[8]上主治好天生眼盲的人，說這病既不是因為他犯了罪，也不是因為他父母犯了罪，而是「為叫天主的工作在他身上顯揚出來」。[9]換句話說，這人生來眼盲的部分原因，是要讓耶穌有機會顯出他的神性。

耶穌「治好了一切有病的人」（至少治好了一切願意來見他的人），[10]五旬節之後，十二宗徒（使徒）似乎也都能成功治癒病人。幾乎所有相信世上有奇蹟的基督徒都同意（如果一個人不相信有奇蹟，我懷疑他是否仍稱得上是基督徒）在宗徒時代，奇蹟還是常常發生。然而對於之後的時代是否仍有奇蹟，大家的看法就不太一致了。

教父們的著作顯示，宗徒時代之後四、五百年，偶爾還是會出現奇蹟，不過數量與戲劇化程度大不如前。雖然埃及亞歷山卓教父奧利振（Origen）說，在他的時代只能看到「些許」奇蹟，但比他稍早的里昂主教聖宜仁（St. Irenaeus）則說，在他的教區常有奇蹟，其中還包括死者復活。小亞細亞的聖金口若望（St. John Chrysostom），在某些著作中似乎暗示奇蹟已不常見（至少像說靈恩異語、預言這類奇蹟已不常見）；與他同代的米蘭主教聖安博（St. Ambrose）則至少記錄過一次很明顯的奇蹟。北非希波（Hippo）主教聖奧斯定（St. Augustine）則曾以大篇幅討論過奇蹟。

聖奧斯定認為：首先，奇蹟只是天主**明顯改變**自然律，並非天主自我矛盾；[11]其次，奇蹟是要讓人產生信心、注意到天主的偉大。在某些著作中，聖奧斯定暗示耶穌所行的偉大奇蹟不會再出現，但他亦肯定小奇蹟常常發生：「見證了肉體復活、進入永生的最大奇蹟。」[12]雖然聖奧斯定這樣說，但他在《天主之城》裡提到的那些奇蹟，在現代人眼中可一點都不「小」，例如他曾提過一位羅患乳癌的婦女奇蹟痊癒，也說過有個男孩死而復活。

整個中世紀都很相信奇蹟，天主教會對奇蹟的信心更一直持續到現代，不過，有些神學家（如若望・亨利・紐曼樞機〔John Henry Cardinal Newman〕）也為奇蹟「分級」，例如：「聖經裡的奇蹟無疑是超越自然的，但教會史上的奇蹟常常是較為特異的事件或巧合，而且在敘述上也常有誇大不實之處。」[13]

新教徒對奇蹟的態度較為保留。馬丁・路德雖然相信神在聖經時代行奇蹟，有時卻似乎懷疑他的時代沒有奇蹟。雖然他至少有一次同意驅魔，也常為病人祈禱，但他在部分著作中對奇蹟故事嚴詞批評，甚至還將某些聖人的生平故事斥為謊言。他曾言詞激烈地寫道：「要是我看到有哪個神父或修士以聖亞納之名讓死者復生，我只會說那是魔鬼的伎倆！」[14]路德承認他的追隨者很少行治癒奇蹟（如果有的話），他說：「對某些傢伙來說，宗教好像是個笑柄，他們譏諷路德派連隻瘸馬都沒醫好過，完全沒有行奇蹟的恩賜。」[15]路德坦承他們可能連瘸馬都沒醫過，但他話鋒一轉，請大家把重點放在他改革運動的理念，堅持內在的奇蹟比肉體奇蹟重要。這位偉大的改革者寫道：「被魔鬼迷惑的心靈重歸基督，即是瞎眼得見；迷信的人重聞福音，即是聾子能聽；崇拜偶像的人重拾正確信仰，即是跛子能走。」路德認為，這些事「不亞於死人復活、盲人重見光明」。[16]

循道會創立者約翰・衛斯理（John Wesley）曾說，奇蹟在羅馬帝國教會化之後就停止了，因為「教會此後在信仰和道德上都腐化了」。[17]事實上，十七到十九世紀的大多數新教神學家都認為，行使奇蹟的神恩已隨使徒時代結束而告終，或者，依二十世紀初的班傑明・沃菲爾德（Benjamin

Warfield）之見：「行使奇蹟的神恩在使徒時代延續了一陣子，之後就逐漸消失，就像光線遠離光源就漸漸消失一樣。」[18] 多數主流新教教會跟他們的創立者一樣，認為現代世界已沒有奇蹟。雖然天主教、東正教聖人的生平記錄會提到奇蹟，但在新教的加爾文、衛斯理、喬納森・愛德華滋（Jonathan Edwards）、查爾斯・葛蘭迪森・芬尼（Charles Grandison Finney）、查爾斯・哈登・司布真（Charles Haddon Spurgeon）以及德懷特・萊曼・慕迪（Dwight Lyman Moody）等人的生平中，都很少提到奇蹟（會有這種現象的部分原因，可能是他們的追隨者不太能接受「奇蹟」的概念，所以不會請求他們展現奇蹟）。

然而，天主教會始終相信聖潔的人領有神恩。宣真福（beatification）、列聖品（cannonization，即「封聖」）的程序，在十八世紀時由教宗本篤十四世確立，若「天主之僕」獲教會確認在世時一生聖潔，過世後至少有兩件信徒請其代求得到應驗、並經檢定為奇蹟的實例，便符合封聖的條件。雖然只有少數聖人、真福在他們在世時即以行奇蹟聞名（如聖衛雅〔St. Jean-Marie-Baptiste Vianney〕、真福安得烈・貝塞〔Blessed André Bessette〕），但每位聖人、真福不論是在世時或去世後，都被認為領有神恩，能在天主座前為人代求。此外，聖潔的人縱使不以行奇蹟聞名，還是會被視為神聖恩寵的分施者（至少在拉丁語系國家是如此）。舉例來說，聖傷會（Stigmatine Order）會祖聖加斯帕・伯通尼（St. Gaspar Bertoni）雖然沒留下行奇蹟的紀錄，但因他聖潔聞名，所以很多人會帶病患的衣服來請他祝福，甚至在他生前，就有人想盡辦法要拿到一片他的衣物，希望能藉此獲得醫治。

因此，畢奧神父被視為行奇蹟者，與天主教傳統是很一致的，但一個人能行這麼多奇蹟、身上有這麼多神恩，的確是相當特殊的情況。雖然有些現象只有他自己感知得到，其他人感知不到（例如與超自然存在對話）；有些現象或許能解釋為「特異的事件或巧合」（不過，每次人家提出這種解釋，畢奧神父都會說：「你以為萬事是出於誰呢？」）；但有些現象顯然是「奇蹟」，因為它們不僅特異、可見，而且能顯出上主的榮耀，讓懷疑的人相信上主的權柄、善良與慈愛。

從畢奧神父有許多聖經裡的恩賜來看，他確實是「領有神恩之人」。神父過世之後，神恩復興運動興起，以「聖神的洗禮」與「說靈恩異語」為兩大特徵，從神恩復興運動的角度來看，是否也能說畢奧神父是「領有神恩之人」呢？回顧神父的經歷，我想我們的確能說：不論在傳統意義或當代意義上，畢奧神父都是「領有神恩之人」。

畢奧神父是否曾經歷「聖神的洗禮」？所謂「聖神的洗禮」，是指一種確切的宗教經驗，讓人感到被聖神「充滿」、有更積極活出基督徒生活的能力。荷蘭長老會信友彭柯麗（Cornelia ten Boom）對此經驗有過精彩描述。彭柯麗和畢奧神父是同代人，她的想法和畢奧神父也十分接近。一九五〇年代中期，彭柯麗既為病痛所苦，又因戰後僅存的一個姊姊過世而心灰意冷，一位牧師為她按手祈禱時，奇妙的事發生了，她後來寫道：「我感到一股能力流遍全身，那是何等充沛的喜樂啊！我不再哀傷，反而和大衛（達味）一起高歌：『你使我的悲哀變為舞蹈；你使我脫掉悲傷，披上喜樂。』（聖詠集／詩篇 30:11）我實實在在感受到我主耶穌的臨在，豐沛的愛流遍我全身，宛若浸在恩典之海。那股喜樂如此劇烈，以致我最後不禁祈禱：『夠了！我主，別再繼續了！』我的心溢滿喜樂，幾乎爆裂。我馬上知道這就是耶穌應許的美妙經驗——聖靈的洗。」[19]她結論道：「這是新靈性祝福的開始，這祝福讓我一天比一天離我主耶穌更近。」

畢奧神父常有類似的經驗，這點無庸置疑，我們的問題只在於：他這麼常經驗聖神的洗禮，是否因為早年就已領受這份祝福？如果是的話，他第一次有這種經驗又是什麼時候？畢奧神父很肯定地跟奧斯定神父說過，他第一次有這種經驗是十二歲，而且後來每次想起，都會「因為豐沛的神慰而落淚」，他說：「我始終記得聖神那天帶給我的感覺……那獨特的一天讓我永生難忘！聖神帶給了我何等狂喜！光是想到那天，我就覺得從頭到腳都被烈焰炙燃、焚燒、融化，但毫不痛苦。」[20]

那次「聖神的洗禮」讓畢奧神父感受到神的「整全與完美」，那時是一八九九年。

也有證據顯示畢奧神父會說靈恩異語。我們在十四章提過，當神父祝福卡爾．克魯基斯特時，他「用喉音吟誦神秘的禱文，似乎是一種我不懂的東方語言」。不過，神父從沒說過這種恩賜是必要或值得追求的。

關於畢奧神父說異語的記錄雖然有限，但有不少人見證說，神父能懂他從沒學過的人類語言（如英文、法文、德文、希臘文）。我們前章提過他曾用德文跟一位瑞士神父說話，對於非義大利籍的告解者，他偶爾也會用他們的母語說幾個字。若瑟．畢奧神父也說，畢奧神父有一次用完美的英文跟他說「把窗戶關上」，讓他驚訝不已。畢奧神父對外語的認識常出人意表，到底是因為他在語言上有超自然恩賜，還是因為他總謙稱自己不懂其他外語，我們不得而知。不過，有些例子的確難以解釋（這種例子通常發生在告解之時），比方說契內．派爾用英文跟他告解，他用義大利文答覆，但兩個人卻完全了解對方在說些什麼。對於這樣的過程，畢奧神父總說護守天使會幫忙翻譯。

由此可知，雖然很多人可能覺得難以接受，但畢奧神父顯然領有特恩，能跟護守天使和其他超自然存在溝通。道明神父剛被派到聖若翰．羅通多時，有一次看到一位美國太太寫來這樣一封信：「親愛的神父：我派了我的護守天使去找你，他有跟你說我的問題嗎？」道明神父覺得好笑，就把這封信挑了出來，跟那些他覺得需要畢奧神父過目的信一起帶著，想讓畢奧神父也開開眼界。坐定之後，道明神父掏出信說：「畢奧神父，你聽聽這封信啊……有個美國女人說她派了她的護守天使來找你，想問你有沒有見到？」沒想到畢奧神父認真地望著他，在他眼前搖搖手指、靠近他說：「道明，跟那女人說她的天使可跟她不一樣，她的天使順服得很。還有我要跟你說：她把護守天使派來時，我看得明明白白，就跟我現在看你一樣清楚！」[21]

事實上，畢奧神父還鼓勵屬靈子女在碰上麻煩時，趕快請他們的護守天使來找他。有一次，他的英國屬靈之子賽西爾・韓佛瑞—史密斯（Cecil Humphrey-Smith）在義大利車禍受傷，他的朋友打算拍電報給畢奧神父，請神父為他祈禱。但讓他驚訝的是，當他把電報送到旅館櫃臺請服務生轉發時，服務生交給了他一份畢奧神父拍來的電報，上面說他會為賽西爾祈禱早日康復。賽西爾痊癒後馬上去找畢奧神父，問他為什麼電報還沒拍、消息也還沒傳開，他就知道自己受傷，還拍了電報過來？結果畢奧神父咧嘴一笑：「怎麼？你覺得護守天使的速度跟飛機一樣慢嗎？」[22]

畢奧神父的幾位會院弟兄也相信，他們曾經遇過畢奧神父的護守天使。前面提過，保利諾神父在一次大戰期間，有幾晚一直被看不見的手搖醒，好去幫助臥病在床的畢奧神父。喬治・波格尼也有類似經驗：「有一次他們要我去幫忙大禮彌撒。那應該是禮拜天吧，我原本應該一早就到，但我在鎮上的房裡睡過頭了。我覺得有人想把我叫醒，有四根指頭放在我肩上，也彷彿聽見畢奧神父對我說：『快起來吧！你現在得來幫我了！』房裡當時明明沒人，可是我就是覺得有四根手指放在我肩上。」[23]

阿雷修神父也遇過一模一樣的事。那時是一九六〇年代中期，畢奧神父已年老體衰。阿雷修神父說：「我當時白天、夜裡大部分時間都陪著他，睡覺時間不多。我常把他送到祭台、告解室後，就自己回房休息一下。有幾次我睡著了，就聽見有人敲門，或是在夢裡叫我，我醒來後趕忙跑下去，往往發現畢奧神父彌撒或聽告解快結束了。有一天我真的睡過頭，來不及去告解室接他，我請他原諒我遲到，他看看我，用手指頭指著我說：『你以為我一定會請護守天使去叫你嗎？』」[24]

佛羅倫斯車商皮耶喬鳩・比雅瓦提（Piergiorgio Biavati）還提過一件更驚人的事。一九六〇或六一年時，他開車前往聖若翰・羅通多，但碰上大塞車，在路上動彈不得。他原本預計傍晚便能抵達，結果太陽都下山了他才到拿坡里，離聖若翰・羅通多還有三小時車程。在休息站喝了杯咖啡之後，比雅瓦提再次上路。他後來回憶道：「我只記得我發動引擎，把手放到方向盤上，然後就什麼都不記得了。那三個小時我一點印象都沒有，等到了會院前的廣場，才覺得有人搖搖我肩膀說：『到了，下車吧。』」

比雅瓦提跟畢奧神父說：「我明明從拿坡里開車過來，卻一點開車的印象都沒有。」結果畢奧神父說：「沒錯，你一路上都在睡覺，是我的護守天使幫你開車的。」[25]

阿雷修神父相信：畢奧神父不只能跟自己的護守天使對話，當他在午休時間念玫瑰經時，他也能跟屬靈子女的護守天使溝通。有時阿雷修神父想引起畢奧神父注意，畢奧神父還會說：「孩子，別這樣，先別吵我，我現在很忙。你沒看見我屬靈子女的護守天使都在這，忙著跟我說他們的情況嗎？」[26]晚上念玫瑰經時，畢奧神父也常喃喃說「跟她說我會為她祈禱」、「跟他說我會努力請耶穌給他這恩賜」、「跟她說聖母會給她這恩賜」等等。[27]聽見他這些話的人，都相信他是在跟屬靈子女的護守天使說話。

有些弟兄也把一些不尋常的事，歸因為天界住民的降臨。阿雷修神父說，他們有一次在會院裡聽見「美妙無比的歌聲」，但沒人知道聲音是從哪裡傳出來的，於是其中一位弟兄決定去問問畢奧神父。畢奧神父當時正沉浸於祈禱，那位弟兄叫了他幾聲，他才像大夢初醒一般反應過來，答道：「你們怎麼這麼驚訝呢？那是天使的歌聲啊，他們正把靈魂從煉獄帶往天堂。」[28]

畢奧神父通常不太愛說超自然現象的事，但如前所述，他寫給靈修導師的信常常提到護守天使，談到護守天使如何保護他免於魔鬼與人的攻擊，也提到護守天使會為他翻譯外文信件。雖然懷疑的人可能會用其他方式解釋這些現象，但畢奧神父無疑深信這都是護守天使的幫助。

據說畢奧神父也常看見他為之祈禱的人的靈魂（不論他們是生是死），「像從鏡子裡看到一樣」。來聖若翰．羅通多朝聖的人，最常見的心願往往是請神父「看看」自己的靈魂，好知道自己在上主面前是什麼樣子；第二常見的心願，則是想知道他們死去親友的消息。道明神父在信裡寫道：

「畢奧神父是否**總能看見**他為之祈禱的靈魂，我們只能臆測。從某些跡象來看，他似乎是有這種能力，但他從不明說，我覺得大家也不必費神瞎猜。有句話說『事實比虛構更加奇特』，就他這個人來說也是一樣。他有些事情比雜誌作家編的故事還奇特。」[29] 寫完這封信四個月後，道明神父決定測試畢奧神父一下。

那天晚禱之後，道明神父來找畢奧神父說：「明天我要為我媽獻彌撒，你願不願意跟我交換彌撒意向？你為我媽獻彌撒，我為你的意向獻彌撒。」畢奧神父欣然同意。道明這樣做的目的，其實是想看看畢奧神父能否見到他過世的母親。

兩人隔天獻完彌撒之後，道明看到畢奧站在他門口跟另一位神父說話。在寫給父親的信中，道明說道：「他笑容滿面地看著我，我第一個念頭就是：『他知道媽的消息嗎？』他看起來很高興，走過來擁抱我、用臉碰我雙頰，還說了幾句話。我只模模糊糊聽到一句『媽媽上了天堂』。我趕忙問他媽媽是否上了天堂？他說：『就我所知，沒錯。』我又確認了一次：『你認為她在天堂？』他笑容滿面肯定地說：『對！』我吻他手謝謝他，馬上去誦經席作感恩禱。」[30]

不過，畢奧神父其實只說「**就他所知**」，道明神父的母親在天堂，而道明神父也未鼓足勇氣追問：他是否**真的看見**他母親在天堂？

畢奧神父看見靈魂在地獄裡的例子相當罕見。若瑟．畢奧神父記得，有位寡婦來問她自殺的先生的事，畢奧神父凝視著遠方，彷彿看著另一個世界，先是憂鬱地說：「希望不大……」然後臉色霎時一變，悲痛地跟那位婦人說：「沒希望了。」不過，另一位先生自殺的寡婦倒是得到了較好的答覆：「他有得救。他從橋上跳下去時懺悔了。」

畢奧神父也常不等人開口，就主動跟人家說他們死去親友的靈魂狀態。道明神父在一九四九年時認識了一個人，他跟道明神父說，多年以前畢奧神父突然沒來由地跟他說「他們得救了」，把他嚇了一跳。後來這個人才想到，他為幾個死於轟炸的親戚擔心很久了。他從沒跟畢奧神父提過他們，更沒說自己很擔心他們的靈魂狀態，可是畢奧神父似乎不但看出了他的擔憂，也看到了他的家人在另一個世界的處境。[31]

有很多人信誓旦旦地說，畢奧神父能看穿人心，我們前面也已提過幾個例子。巴吉歐的若望神父的經驗十分典型：有一次畢奧神父突然責備他對某位弟兄太嚴苛，若望神父嚇了一跳，心想他從來沒把對那位弟兄的不滿表現出來，畢奧神父是怎麼察覺的？他鼓起勇氣問畢奧神父這個問題時，神父只淡淡地說：「這不重要。重要的是：你心裡有沒有怪罪那位弟兄？」若望神父不死心，又問了一次，畢奧神父還是說：「這不重要，告訴我，我有沒有說錯？」於是若望神父坦承，他是跟那位弟兄意見不合，也的確在生他的氣。畢奧神父跟他說那位弟兄其實用心良善，告誡他說：「不要從表面判斷人。言行之間有些落差，只說明了人性軟弱，並不代表一個人一定是偽君子。」[32]若望很驚訝畢奧不僅知道他心懷不滿，也知道他在氣誰，甚至連他氣的那個人的真實動機，畢奧神父竟也瞭若指掌。

畢奧．曼達托神父也聽祖父帕里斯．德．努修（Paris De Nunzio）說過幾個故事：德．努修的朋友希維歐．司柯卡（Silvio Scocca）有天帶了包糖果要送給畢奧神父，他坐上火車後覺得餓了，就打開包裝拿了幾顆吃，然後再把開口封好。等他到了聖若翰．羅通多，神父問候他說：「希維歐，過得好嗎？」「很好，神父。」他開心地回答，並拿出那包糖果說：「我帶了些糖果給您。」畢奧神父看看他說：「你在火車上吃的那幾顆味道如何？」

另一次，是司柯卡準備離開皮耶垂西那去看畢奧神父，臨走前先來德．努修家串門子，問說：「瑪利阿姨，我要去找畢奧神父，要不要我幫妳帶什麼信？」瑪利阿姨請他進屋喝杯咖啡，馬上拿了紙筆寫信，寫完封好交給司柯卡之後，司柯卡就動身前往聖若翰．羅通多了。等到抵達會院、辦了告解，畢奧神父把司柯卡找去，問起皮耶垂西那的近況。司柯卡完全忘了幫瑪利阿姨帶信的事，跟畢奧神父聊了幾件事後便無話可說。畢奧神父問：「還有什麼事沒說嗎？」「沒有了，神父。」沒想到畢奧神父說：「你不是去瑪利阿姨家喝了杯咖啡，還答應要幫她轉交一封信嗎？怎麼全忘了！」司柯卡這才想起來，邊道歉邊把信交給了畢奧神父。

我們之前也提過，畢奧神父有時似乎能預測未來。有趣的是，他認為未來並不是預定好的——至少有時不是。舉例來說，曾有位名叫菲利普．德．卡普瓦（Filippo De Capua）的教授，為了妻子的懷孕問題來找畢奧神父，因為佛吉亞和拿坡里的醫生都說他太太情況不佳，就算沒流產，也很可能因難產過世。但畢奧神父跟這位焦慮的準爸爸說：「媽媽和孩子都不會死。」德．卡普瓦表示他還是很擔心，畢奧神父說道：「這件事天主還沒下令，如果有什麼萬一，那可是因為你缺乏信心。」[33]

一九四五年時，美國空軍隨軍神父杜岡被調往巴里，臨走前跟良．芬寧的長官提出申請，希望能讓這位年輕人來當他助手，一起走馬上任。芬寧回憶道：「因為畢奧神父的關係，我並不想調走。可是我也不敢跟杜岡神父說，怕會傷他的心。後來有一天，我去聖若翰．羅通多找畢奧神父，跟他說：『杜岡神父想帶我去巴里。』神父很肯定地對我說：『你哪兒都不會去的。』」最後，芬寧的長官拒絕了杜岡神父的調職申請。[34]

不過，芬寧和其他美軍撤離義大利的日子還是越來越近。馬利歐．亞威農回憶道：「華盛頓高層決定撤軍，以 ASR 積分決定該送哪些人回國……正式名稱叫服役資歷綜合積分（Accumulated Service Record point system）吧？我想。評分項目有參戰年資、海外服役年資、有沒有結婚、有幾個小孩……等等，反正分數越高的人越早退役。若瑟（阿斯特利塔）、良（芬寧）跟我的積分都在不同等級。若瑟海外服役的時間最長，積分遠遠超過退役標準；我的積分還不夠回國，得去歐洲其他佔領區再待上一段時間；良最可憐，積分最少，上級準備送他去日本的佔領部隊。總之，我們這群哥兒們看來要分道揚鑣了，於是決定一起去找畢奧神父……」

這三名大兵坐上吉普車去聖若翰・羅通多，在路上又聞到了「天國的馨香」。亞威農寫道：「我們三個都聞到了那股香氣，感受到畢奧神父的臨在。」

到了會院之後，若瑟・阿斯特利塔跟神父解釋積分的事，也說了三人可能得各奔前程，「可是畢奧神父笑了笑，說我們三個會一起回家」。神父笑瞇瞇地說：「積分，積分，我搞不懂這是什麼東西。但我能跟你們說：你們三個會一起回國。」等他們回切里紐拉基地之後，他們得知命令改了：幾週之後，他們就都能退役。[35]

不讓人意外的是，很多人想知道自己何時會死。若瑟・畢奧神父說，有一次畢奧神父跟瑪利亞・派爾和其他三位神父在一起，其中一人問起他們死亡的順序，神父說了，後來證明他們過世的順序真的跟畢奧神父說的一樣。當時在場的神父之一是羅默洛神父（Padre Romolo），他顯然還想多知道一點，後來找到機會又問畢奧神父說：「我們兩個幾乎同年，我想知道誰會先死。」畢奧神父說：「我們都會活很久，不過我會比你先死。」羅默洛繼續追問：畢奧神父死後，自己還能活多久？畢奧答道：「天主預定你會非常長壽。」畢奧神父過世後，羅默洛神父又活了十三年，以九十五歲高齡辭世。[36]

另外，瑪利亞・派爾也在身強體建時問過畢奧神父：「天主召你回去時，我該做些什麼？」神父答道：「天主召我回去時妳該做什麼？當然是歡迎我啊！」派爾後來真的比畢奧神父先過世。[37]

不過，這類預言也不是次次皆準。阿雷修神父有一次跟一位維托神父（Padre Vito）一道，問畢奧神父自己能活多久？維托神父當時已罹患癌症，畢奧神父說他能再活五年，至於阿雷修神父，畢奧神父則說他還能活六十年。然而，維托神父**五個月**後就過世了，這讓阿雷修神父不禁猜想：也許自己是還能活六十個月（五年），而不是六十年？五年過後，阿雷修神父終於判定畢奧神父當時在開玩笑。[38]

畢奧神父當然並不總能看透人心、預測未來，或是看到另一個世界。要是人家一直拿這類問題問他，他會覺得厭煩，他的判斷有時也會出錯。我們前章提過，他曾誤信「忠誠女士」對那位西西里婦人的誣賴；還有一次他誤會了外甥艾托雷．瑪索內：艾托雷的學校發現他有癲癇，因為不想多承擔責任，所以開除了他。畢奧神父知道他沒再繼續讀書，沒聽他解釋就認定是他自己中輟。

於是，當這孩子來找舅舅尋求安慰與建議時，這個舅舅竟怒氣沖沖地對他大吼：「給我走！你這遊手好閒的傢伙！你是吃了熊心豹子膽？居然還有臉出現在我面前！」

艾托雷嚇呆了：「舅舅，你怎麼這樣說我？」

「因為你半途而廢！給我走！」

「舅舅，你先看看這封信好不好？」

等畢奧神父終於弄清外甥沒上學的原因後，趴在桌上哭了。[39]

從畢奧神父早年寫給靈修導師的信可以看出：他超感官智慧的泉源，顯然不是某種他能掌控的精神力，如果問題超越他的能力範圍，他就得祈求耶穌告訴他答案。耶穌有時會回答（往往是透過他的護守天使回答），有時則不會。在他回給屬靈子女的信裡，他也常坦承耶穌沒有回答，所以無法答覆他們的問題。我們之前也提過，當神不先知會就帶走他的好友桑奎內提時，他對上主相當憤怒。

因此，畢奧神父的超自然知識，或許最好界定為「先知式的知識」。希伯來文的「先知」叫「navi」，意思是「被召叫的人」。在聖經裡，先知是天主的代言人，受命傳達天主的心意。當上主光照他時，他便將神的心意表達出來，可能是透過看穿人心，可能是透過預言未來，也有可能是透過提供建議與指引；但當神未光照他時，他便只是位善良、聖潔的神父、一位有智慧的諮詢者。

畢奧神父領有的另一份神恩，是能讓屬靈子女的靈魂獲得「光照」。安當．薩維諾（Antonio Savino）神父的故事是最明顯的例子。安當神父年輕時要去澳洲工作，行前來請畢奧神父祝福。他回憶道：「出發卅二天時，我得了喉炎，躺在醫務室裡發高燒，虛弱到無法起身。突然，我覺得自己浸在一道強光之中。醫務室很暗，但我覺得內在被強光充盈。那是上主的光。從那一刻開始，我明白了一切，什麼都清楚了。醒來之後，我完全康復了。」安當神父也堅信，藉著這次經驗，「畢奧神父把我從獅爪下搶回，帶到天主那裡」。[40]這種內在滿溢神聖感的經驗，也不時出現在畢奧神父其他屬靈子女身上，他們表示：由於畢奧神父的代禱，他們的生命突然戲劇化地發生了轉變。這種光照有時在告解時出現、有時在彌撒時出現，有時則跟安當神父的經驗一樣，在遠方突然出現。

梅瑟（摩西）在直接與神對話之後面容發光，要蓋上面紗遮住才不會嚇到以色列子民。同樣地，也有人說畢奧神父祈禱時會面容發光。一位會院弟兄說，他有一次看到畢奧神父「臉上閃著玫瑰色的火光，那種光我從沒見過，以後應該也不會看到」。[41]有人說芬妮．寇斯比也是這樣，不僅能「像朋友一樣」與神對話，有時也會「面容發光」。

不過，畢奧神父最常被人提起的超自然恩賜，可能還是「天國的馨香」。曾被他「讀心」的人不多，經驗醫治奇蹟的更少，曾受「光照」的人更屬鳳毛麟角。然而，大多數親近畢奧神父的人，都曾聞過他聖傷的血發出的馨香。不過，在接近畢奧神父時聞到這股香氣是一回事，在幾百哩外聞到香氣、甚至在他死後還聞到香氣，顯然又是另一回事了！

不只畢奧神父有「天國的馨香」，據說過去幾位密契者也有，其中又以聖女大德蘭最為著名。此外，雖然聖女小德蘭在世時沒有神秘現象的紀錄，在她被宣真福之前，教會循例挖出她的棺木，據說她的遺骨也發出「聖潔的馨香」。另一方面，在彭柯麗晚年照顧她的女士也說，她至少有一次聞到這位老作家身上「發出香氣……有點像橘子樹開花的味道」。[42]

畢奧神父的香氣到底是什麼味道？卡梅菈．瑪洛齊諾（Carmela Marocchino）說自己聞到這股香氣多年（甚至在畢奧神父死後還有聞到），認為它「接近」玫瑰和紫羅蘭的香氣，另一個人卻說它「接近」煙草味！阿里米努薩（Aliminusa）的羅薩里奧神父（Padre Rosario）於一九六〇年代早期擔任聖寵之母會院院長，他說曾經連續三個月，幾乎每天晚禱時都聞到一股香氣，「那股香氣非常濃郁，但我講不出是什麼味道」。[43] 吉拉．迪弗露梅里神父也說：「我聞過那股香氣兩次……我不知道該怎麼描述。那很香、很好聞，但我說不出那是什麼味道。」[44] 亞伯特．卡東內則說，他一九八〇年在紐約住院時（那時畢奧神父已過世多年）曾向畢奧神父祈禱，請他代求第二天的血管造影順利進行，結果，「我突然聞到一股濃郁的異香。我本來以為是被單上的肥皂，就跑去聞被單，可是被單的味道跟我聞到的那股香氣不一樣。於是我開始想：『也許畢奧神父正與我同在！』」[45]

有天晚上，五、六個站在畢奧神父門外的人都聞到了香氣，朱塞貝．古索也是其中之一。但他說：「每個人聞到的香氣都不一樣。畢奧神父開門讓我們進去後，他房裡根本沒香水。事實上，我那時每天都跟畢奧神父在一起，他從沒用過香水，所以我認為那是超自然現象。」[46]

一九七八年九月，信義會神學生羅伯．霍普可（Robert Hopcke）和老友文森．曼達托（Vincent Mandato）在賓州大學校區旁的一間天主教教堂參加彌撒。他說：「在講道前，我清楚聞到一股玫瑰香……我當時沒多想。那股香氣消失了一陣子，然後在念〈信經〉時再度出現，還是一樣芬芳、濃郁。我看看四周，想知道是哪位女士擦了香水，但我們附近沒有女性。於是我又開始看附近有沒有擺花，但也沒看到，而且教堂裡根本沒有玫瑰花。我又想：也許是香水蠟燭的香氣吧？可是那股香氣很濃，蠟燭又離我們老遠，實在不太可能。而且就算香水蠟燭的香氣很濃，那我也應該一進教堂就聞到香氣，不會彌撒到了一半才聞到。這時，那股香氣又消失了，直到祝聖聖體聖血時，才第三次、也是最後一次出現，然後又消失。我那時覺得有點怪，但也沒放在心上，直到彌撒結束後，我朋友文森問起了同一件事：『你剛剛在教堂有沒有聞到什麼？』我說我有，他要我回老家後，去問問他父親這香氣是什麼。我們待在一起一整天，晚上才在火車站道別……」

一回到老家，霍普可立刻去拜訪文森．曼達托的父母，他們都跟畢奧神父很熟，曼達托太太還是畢奧神父的表妹。霍普可回憶道：「我才開口說：『我跟文森今天去了教堂，兩個人都聞到空氣中有股異香……』曼達托先生就馬上接口：『很香、很濃、像玫瑰花香對不對？而且來來去去的？大概三、四次左右……』我很驚訝他怎麼那麼清楚，不禁脫口就問：『您怎麼知道？』但這次換成曼達托太太接口了：『那股香氣是在講道前、念〈信經〉和祝聖聖體聖血時飄來的，對不對？』她開心地從椅子上起身，吻了我一下，說：『你領受了恩寵！畢奧神父的靈今天與你和文森同在。他的靈出現時，常常會伴隨著玫瑰香。文森一定是祈求他保護你未來一年在義大利平安，那股玫瑰香代表他答應與你同在。』」

霍普可說：「我不像曼達托家那樣認識畢奧神父，也自認很理性、嚴謹，所以我無法完全相信、也無法完全否認畢奧神父的事。看他們那麼有信心，我也覺得這位聖潔、虔誠的嘉布遣會士應該滿有恩賜。但很多這類故事都很誇張，讓我很難不感懷疑。不過我無法否認的是：當時我還沒來得及說我聞到什麼，曼達托先生就精確地幫我講完了。」[47]

我們之前提過，有些醫生也聞過這股香氣（朱塞貝．古索就是其中之一）。阿曼修．多托（Amanzio Duodo）醫生在一九五〇年二月十五日作證說：在他和幾個朋友說話時，「一股濃郁的紫羅蘭香突然包圍我們。雖然當時門窗都開著，但那股香氣還是延續了半小時之久。稍後，我們又都聞到了一股刺鼻而濃郁的香氣」。當時在場的另一位醫師是艾多爾托．畢洋柯（Eduordo Bianco），他說那股香氣接近玫瑰、紫羅蘭、麝香石竹的香氣，也說那「完全無法以科學方式解釋」。[48]

瑪利亞．派爾在一次訪問中說：「有一次，我們給了一位美國人一個東西，那個東西裡面放著畢奧神父的東西。我們都沒聞到香氣，但那個人聞到了。他拿著那東西打電話回紐約，把它貼在電話上問他太太：『妳在那裡有沒有聞到什麼？』那婦人說：『我聞到一股很濃的香味。』」

這股香氣的意義是什麼？派爾肯定地說：「當人們聞到香味時，代表他需要祈禱。」莫諾波理（Monopoli）主教安當．丹齊亞（Antonio D'Enchia）則認為，這股香氣「幾乎總預告著某些好事或恩賜，有時則是獎勵人們做了好事」。[49]不過，畢奧神父倒是跟若瑟．彼得森說過：香氣只是「給孩子們的糖果」。[50]

畢奧神父不愛多談他的神恩，更不引以為傲。很多人都聽他說過：「天主創造萬物。祂造了高貴的星星，也造了最卑微的工具——我是第二種。」關於他的神恩，他也說過：「我完全了解神賜我的這些恩賜有多可貴。但我也戒慎恐懼，因為我太清楚我沒把它們運用得很好。說不定祂把這些恩賜給了世上最卑劣的惡棍，還能運用得更好。一想到死後該怎麼回覆天主，我就覺得害怕。」[51]他也曾對外甥艾托雷．瑪索內說過：「想到神賜給我的一切，我就覺得畏懼，因為領受的越多，在祂跟前要承擔的也越多。所以，只要想到祂賜給我的種種恩寵，我就覺得恐懼。」[52]

到目前為止，我們還沒談到畢奧神父最奇特的兩種神恩：分身與醫治。關於這兩項神恩，我們將在後面逐一詳述。

28

超凡的旅人

畢奧神父最特別、最難以解釋，也最令人好奇的神恩，或許莫過於「分身」。他有幾次明明人在聖若翰．羅通多（他的弟兄們也都可作證），卻在義大利、歐洲、甚至世界其他角落出現，而且見到他的人不只能看到他的樣子、聽見他的聲音，有時甚至還能觸摸到他。

我們之前已經提過一九〇五年的事：當時，十七歲的畢奧弟兄人在聖艾利亞阿皮亞尼西，卻突然發現自己目睹了喬望娜．里札尼出生。我們前面也提過，畢奧神父曾分身出現在切拉瑟姊妹面前，一九一八年也曾分身探視妮娜．坎帕尼磊；一九一七年卡波雷托戰役結束後，畢奧神父也曾分身出現在卡多納伯爵眼前。當然，他最有名的分身故事，可能還是在達米亞尼蒙席臨終時現身於烏拉圭。多年以來，「目擊」畢奧神父的傳言從夏威夷、加州到南非都有。據說一九二一年時，畢奧神父在史齊諾西總主教臨終時出現在他病榻；一九二五年小德蘭列聖品時，也有人說在梵蒂岡看到他。許多這類故事無疑是道聽途說或想像力太豐富，一廂情願的證言也一定不少。畢竟對許多信徒來說，只要看見一位不認識的大鬍子嘉布遣會弟兄，他們就有可能以為那是畢奧神父的分身。

筆者在一九七三年春，於賓州薩隆納（Salona）與兩位卡車司機談過，一位是長老會會友，一位是循道會會友。在談話過程中，我們完全沒談到畢奧神父。後來那位循道會會友說了一件他聽說的事：賓州某鎮上有一對夫妻，他們的女兒重病住院，也已奄奄一息。這家人不屬於任何一個教會，但在女兒快過世時，這對夫妻後悔沒讓她接受洗禮。就在那時，「有位年邁、灰頭髮、白鬍子的神父」出現在房裡。之前沒人見過他，他為這孩子付洗之後，就離開房間了。那對父母跟了上去，但沒想到一出門就不見人影，那個神父像是憑空消失一樣，那層樓的人也都說沒看到這個人。我想說的是：會怎麼看待這個故事，顯然因人而異。這位循道會友對這件事沒做出解釋，但如果這件事在義裔天主教徒間傳開，他們很可能就會說這位「年邁、灰頭髮、白鬍子的神父」一定是畢奧神父的分身。

不過，並不是每則畢奧神父分身的紀錄都屬加油添醋、空穴來風。一九七〇年代末期，在李諾．巴爾巴提神父周遊美國、四處蒐集證言時，他曾對其中一位接待人說過，畢奧神父的故事裡最少見的，就是關於分身的可信記錄——然而，這樣的紀錄還是有的。

塞桑諾的卡梅洛神父（Padre Carmelo of Sessano）於一九五三到五九年擔任聖寵之母會院院長，威廉．凱利根稱讚他是「我見過最聰明的弟兄之一」。卡梅洛神父曾跟約翰．麥卡菲爾說過，畢奧神父以分身「在各地出現」。他也說過一九五三年發生的一件事：當時，會院旁的大廳要舉行音樂會（新教堂後來即建堂於此），「有人問畢奧神父要不要跟弟兄們一起參加……他欣然同意……興致勃勃地聽了好幾首曲子。中場休息時，別人都在聊天，他則把手放在前面的椅背上，頭靠上去一動也不動、更不說話。別的弟兄以為他累了，就沒去吵他，他就這樣靜靜坐著五分鐘。中場休息結束後，他再次坐定，跟其他人談笑自如，沒人覺得有異狀。」

但卡梅洛神父隔天去探訪鎮上的一位病人，卻驚訝地發現：那個人竟謝謝他昨晚讓畢奧神父來看他！卡梅洛神父當然很清楚畢奧神父昨晚的行蹤：他整晚都在音樂會會場，音樂會結束後也直接回會院，一刻也沒離開過他視線。他如實說了這件事之後，那位病人和家人卻都堅稱：畢奧神父昨天的確出現在他們家裡。卡梅洛神父問了問時間，發現那正是中場休息、畢奧神父像在打盹的時候！[1]

另一天晚上，是阿雷修神父去畢奧神父房間找他，卻發現他整個人哆哆嗦嗦的，但那天明明很溫暖，而且畢奧神父通常是怕熱而非怕冷。阿雷修覺得畢奧大概又神魂超拔了，也沒試著叫他，幫他多蓋了幾張毯子就走了。他後來才知道：阿爾卑斯山區有個人說，那晚他發高燒時，畢奧神父曾出現在他身邊。[2]

畢奧神父的姪女碧雅．佛瓊內．佩內里也說：「一九四八年時，我已有了三個孩子，生病發燒在家。我婆婆那時也病了，畢奧叔叔說他要來她家看看她，我心想：『那他應該也會來看看我吧，畢竟他會經過我家。』結果我抱著孩子坐在窗邊，看到他坐車經過我家，卻停都沒停，甚至沒轉頭望望我。我覺得很氣，一手甩上了窗戶。我先生跟我爸回來的時候，我還跟他們發了一頓脾氣。馬利歐安撫我說：『別氣了別氣了！冷靜冷靜！』我跟他說我才不去會院。後來我燒得越來越嚴重，就倒回床上。我等著馬利歐回家，卻聽見鑰匙喀啦一響，畢奧叔叔走了進來，站到我床邊。他站得好近，我甚至覺得床單都被他帶緊了些。我閉著眼睛，他拍拍我臉跟我說：『妳不是冒犯妳叔叔，而是冒犯天主。』然後就消失了。等馬利歐回來後，我跟他說了這件事。康復之後我去會院，跪在告解亭裡問畢奧叔叔說：『那件事是真的嗎？』他說：『妳還懷疑那是不是我啊？記住：妳不是冒犯妳叔叔，而是冒犯天主。』」[3]

由於碧雅就住在會院附近，自然有人認為畢奧神父只不過是來回了一趟，不是什麼分身。然而當畢奧神父出現在碧雅家時，很多人說他人在會院。此外，馬利歐也沒跟畢奧神父提起碧雅氣他的事。

我們前面提過，一九五一年時，畢奧神父被迫取消參加皮耶垂西那會院祝聖典禮的計畫。不過，他曾對奧斯定神父說：「我到時會在皮耶垂西那，也會在聖若翰．羅通多告解室。」[4]典禮之後，雅博．達波理托神父原想跟他說一下那邊教堂的情況，沒想到畢奧神父說：「我應該比你還清楚。」雅博神父問他是不是看過照片了？但畢奧神父說：「我去過了。那裡的每個細節我都能跟你說。你不知道入口樓梯有幾階吧？我知道！」[5]這是少數幾則畢奧主動提起分身、甚至有點自豪的紀錄之一。

道明神父在給堂弟密爾瓦基總主教的信裡，也曾好幾次提到分身的事。一九五三年二月十五日，他說：「有位芝加哥女士多次來信，請畢奧神父為他生病的兒子祈禱。她兒子已經結婚，而且有兩個孩子了。最後一封信裡，她說她兒子已安詳離世。醫生們原本擔心他死前會很痛苦，但這位女士在他過世前五天去醫院看他時，他指指他母親站的地方說：『畢奧神父早上就站在這裡。』」

道明也提過一位住在聖若翰・羅通多、名叫安妮・塞德（Anny Seidl）的維也納婦女。一九四三年時，她的手臂嚴重酸痛、幾近殘廢。畢奧神父在她**夢裡**出現，用兩隻大拇指按她手臂。塞德醒來後，覺得手臂完全好了。幾個月後，塞德終於鼓起勇氣問畢奧神父這件事，想知道他是不是真的在她夢裡醫治了她？畢奧神父回答說「是」。一九四八年六月廿九日，塞德失眠到清晨四點，為她飽受戰火摧殘的家鄉啜泣，結果「畢奧神父出現在她床邊，還帶著一個大十字架，她認出來那是誦經席的十字架。畢奧神父用那十字架祝福她，她馬上覺得受到安慰、平靜下來了。到八月廿六日她的主保節時，她在告解亭裡問畢奧神父有沒有來找過她，畢奧神父說他去那裡驅除邪靈。」[6]

一九五二年十月卅一日，道明神父也寫信跟同一位總主教說：「我們的輔祭之一達尼爾弟兄（Fra Daniele）原本是在佛吉亞當廚子，現在則是待在這裡養病。他去年夏天情況嚴重，醫師建議送他到羅馬的癌症醫院治療。他決定接受手術（醫生和護士都說他別無選擇），手術當晚，畢奧神父出現在他床前，按著他額頭說：『別怕，會沒事的。』達尼爾弟兄沒有奇蹟痊癒，但他確實見到了分身……畢奧神父也說他一定會好起來的。畢奧神父離去時，達尼爾弟兄還吻了他的手。畢奧神父後來又出現一次，但那次沒有說話……達尼爾弟兄親口對我說，那兩次他都完全清醒，也很肯定自己見到了畢奧神父的分身。」

道明神父也相信：在他父親於美國過世時，畢奧神父曾分身幫助過他。一九四九年時，道明神父寫信跟父親說了達米亞尼蒙席臨終時的事，老梅耶回信時表示，希望兒子能代向畢奧神父提出請求，讓自己在過世時也能獲得幫助。道明神父跟畢奧神父提起時，畢奧神父欣然同意：「做得到的我都會做。」一年之後，一九五〇年六月廿五日，八十一歲、嚴重心臟病的老梅耶坐在前廊，女兒、女婿為他準備午餐，另一個兒子也在屋裡。午餐弄好，他女兒要叫他吃飯時，卻發現這位老人已倒在屋內的沙發上了。她才衝到他身邊沒幾秒，老梅耶就過世了。「他們不懂為什麼他進了屋子卻一點聲響都沒有？那扇紗門開關時總會嘎嘎作響，整屋子都聽得見，而且爸爸通常也跟其他老人一樣，會把門甩上、拖著腳走，可是他們什麼聲音也沒聽見。」老梅耶的女婿突然想到：是不是因為畢奧神父出現了？道明去問畢奧說：「我爸臨終時，你有去幫他嗎？」畢奧笑著說：「有啊。」道明追問：「那他現在在天堂嗎？」畢奧答道：「就算他還不在天堂，也在門口等著進去了。」一年過後，道明神父再次問起這件事，畢奧神父說：「他老早就在天堂了。」7

不過，除了畢奧神父先前答應會幫老梅耶、後來也確認了之外，似乎沒有具體證據顯示，他真的曾分身幫助過道明神父的父親。

李諾神父在一九七八、七九年於美國蒐集見證時，在長島孟陶克（Montauk）的一間療養院裡見到了一位老修女，她說她曾見過畢奧神父的分身。李諾神父是在夜裡拜訪她的，那位修女長期崇敬畢奧神父，也在她任教的學校裡跟學生提過他的事。一九五三或五四年時，這位修女因胃癌住進了佳蘭會醫院，那裡的修女鼓勵她向畢奧神父祈禱。不過，這位修女知道自己情況凶險，已準備聽天由命了。有天晚上，她突然看見一位大鬍子神父出現在她房裡，用外語跟他說話（她雖然有向畢奧神父祈禱，但這時還沒有看過他的照片）。雖然她不懂這種語言，卻知道他想說她不會死。接著，那位神父碰了碰她，對她說：「別擔心，妳不會死的。」（雖然她還是聽不懂，卻明白他的意思）然後她轉過頭去，那位神父也離開了，整個過程大約三分鐘。再次接受檢查時，她身上已完全沒有癌症的跡象，在此同時，有人拿了張畢奧神父的相片給她，她一眼認出這就是那晚的那位神父。

一九五七年七月，聖馬爾谷．卡托拉的普拉西多．巴克斯（Placido Bux）神父（最早拍下畢奧神父聖傷的神父）因為肝硬化住進了聖瑟維洛的醫院，病情不斷惡化。有天夜裡，畢奧神父出現在他面前，跟他保證他一定會好起來，然後畢奧將手放在病房窗戶上，突然就消失了。普拉西多神父原以為自己在作夢，但第二天早上，他發現窗子上真的有手印。跟其他人說起這件事時，沒人願意相信他。當時也有去探望他的雅博神父說：「我當時也很懷疑，覺得應該是哪個男看護把手放在窗戶上，才留下了那個印子。普拉西多神父仔仔細細跟我說了那晚的事，但我不願相信。見我態度懷疑，他要我去聖若翰．羅通多一趟，幫他問問畢奧神父。於是我去了聖若翰．羅通多，也在會院走廊遇到了畢奧神父，還沒來得及開口，他就問我說：『普拉西多神父好點了嗎？』我說他好多了，又接著說：『神父啊，聖瑟維洛那裡簡直一團亂……普拉西多神父說你晚上有去找他，離開時還留了個手印在窗戶上。醫院裡一大群人來來去去的，把醫生、病人都煩死了。普拉西多神父說的是真的嗎？他是作夢還是幻想？還是你真的去了一趟？』畢奧神父答道：『有什麼好懷疑的嗎？……沒錯，我去了，但別跟人說這件事。』」

不過，雅博神父還是說出去了，弄得聖瑟維洛幾乎無人不知。普拉西多神父不但康復，還又活了十一年。一九六八年十月時，他說畢奧神父出現在「夢裡」跟他說：「你馬上要和我相聚了……年底之前。」他真的在那年聖誕節過世，享年八十有餘。[8]

這類故事大多主觀、偶然，有不少也類似夢境，不過，它們通常都跟醫治、預測未來有關。有些案例中，畢奧神父只是以精神體的形式出現，例如一九一八年現身在坎帕尼磊家時，只有坎帕尼磊的朋友看見，她說她碰不到神父，但能指出他的位置；不過在另一些時候，畢奧神父的分身顯然具有肉體，例如姪女碧雅見到他那次，就能實際感受他的觸碰。

毫無疑問地，畢奧神父相信他可透過「分身」探訪他的屬靈子女。雖然他有時願意承認他藉這種方式見了人，但他似乎從不願多作說明。他幾歲時有了這項恩賜？他自己能控制嗎？只有少數弟兄有機會問這類問題。歐瑟比．諾提（Eusebio Notte）神父與他相熟之後，有一次問他：「畢奧神父，您知道那個人家住羅馬哪裡，對吧？」畢奧神父說：「我怎麼知道，我都那麼多年沒離開會院了。」歐瑟比神父鍥而不捨：「可是那人說您去了他家，還說他看到您了。」畢奧神父答道：「這是兩回事啊！這種事發生時，上主只會讓我看到那個人，不會讓我看到四周環境。」[9]另一次，有人小心翼翼地問他說：有分身經驗的人，知不知道自己要去哪裡、要做什麼？畢奧神父答道：「他們當然知道。他們也許不清楚是精神體或肉體移動過去，但他們完全知道發生了什麼事、自己要去哪裡。」[11]還有一次，他說分身是「靈魂與肉體的延展」，有時他是「靈魂和肉體一起去」，有時則是他的天使用了他的形體和聲音顯現。[11]他也跟阿雷修神父說過：「我只知道是神派我去的。我不知道自己是靈魂或肉體去了那裡，還是兩個都去了。」[12]

無論如何，畢奧神父顯然沒興趣多思考這個現象，只想承行上主的旨意。他跟一位弟兄說過：「想知道我是不是分身去了這裡、那裡，你該問天主，不該問我。我只能說：我一直努力追隨天主的旨意，所以，我總是在我該在的地方。」[13]

關於分身，只有一個問題是畢奧神父能夠回答，也願意坦率、明確回答的：被問到在到處「旅行」時，他用的是哪種語言？他說：「當然是義大利文。你是想要天主行多少奇蹟啊？」[14]

29

治癒奇蹟

畢奧神父身邊的人，其實很少親見治癒奇蹟。幾乎每個人都有**聽過醫治的事**，但親眼目睹的很少，親身經歷的更少。羅莎・迪可西莫（Rosa Di Cosimo）是顯著的例外。一九八九年夏，她還住在聖若翰・羅通多鬧區的二樓公寓裡。她和丈夫喬望尼・薩維諾（Giovanni Savino）結婚後六星期一同去找畢奧神父，從此成為他熱誠的屬靈子女。由於喬望尼十分虔誠，畢奧神父還曾跟他開玩笑說：「你如果結婚前就來找我，現在應該是神父了！跟聖召就差這麼一點點！」這個煙不離手的工人，後來也跟太太生了八個孩子。

羅莎受訪時已七十多歲，她說：「我不知道畢奧神父為什麼對我們這麼好，我現在老了，很多事都忘了，但我絕不會忘記他對我丈夫和孩子們的好。」

他們的女兒莉娜（Lina）還小的時候，去幫朋友慶生時被摩托車撞到。當時受苦者安慰之家還沒建好，孩子只能送去鎮上衛生所。喬望尼和羅莎趕到之後，獲知莉娜腦部受傷、腹腔嚴重內出血，而且已陷入昏迷。由於莉娜情況嚴重，最近的醫院也有廿五哩遠，實在不宜轉送，所以他們也只能靜觀其變。喬望尼和羅莎趕往會院跟畢奧神父說了這件事，神父「舉目望天，彷彿注視著什麼東西」，然後說：「我們一起祈禱。把一切交託在天主手中。」三天過後，莉娜終於睜開了眼睛，叫著「爸爸！爸爸！」不久就完全恢復了。

幾年後，他們的兒子朱塞貝過生日時，在家門口外被摩托車撞到。安慰之家這時已蓋好了，孩子馬上被送到急診室，但因頭部受傷，還是陷入深度昏迷。不過在畢奧神父為他祈禱之後，他馬上恢復意識、康復了，就跟莉娜的狀況一模一樣。

不過，喬望尼在一九四九年二月的經歷，應該才是薩維諾家領受的最大恩寵。喬望尼當時卅五歲，正協助會院擴建工程。他習慣每天早上參加畢奧神父的彌撒，然後去祭衣房請他降福。二月十二日那天，神父為他祝福完後，突然沒來由地擁抱他說：「喬望尼，加油！我會向上主祈禱你不會死。」

喬望尼不知所措，甚是驚異，問道：「神父，我會怎麼樣嗎？」但神父默不作答。

第二天，畢奧神父還是說了同樣的話，也一樣沒多作解釋，第三天也是一樣。二月十五日，神父第四次說了同樣的話，喬望尼不禁對一位弟兄說：「我怕今天要出事。」他也對其他工人說了畢奧神父的舉動，建議這一天停工。不過，其他工人還是決定要依照進度把園子裡的某處炸掉，為擴建工程做好預備。

下午兩點，喬望尼和另一位工人把炸藥埋在一塊大石頭下，然後走開、點燃引信。但不知出了什麼問題，炸藥沒有引爆，於是喬望尼跑回去察看。沒想到他才彎下腰，炸藥就在他面前爆炸。桑奎內提醫生、拉斐爾神父、道明神父隨即趕到，他們把喬望尼送上桑奎內提的車，火速開往佛吉亞的聯合醫院（Ospedali Riuniti）。醫生們立刻動刀，從他左眼角膜取出「大量異物」，但右眼幾乎完全爛了，臉部也嚴重受傷。

桑奎內提先開車回聖若翰．羅通多，跟有孕在身的羅莎報告她先生的狀況。他說喬望尼的眼睛毀了，也告訴羅莎先別去看他。接著，桑奎內提到會院找畢奧神父，神父問他喬望尼的狀況怎樣，他如實以告：「他瞎了，看不到了。」

神父卻說：「你不知道這還不確定嗎？」

「如果你和聖寵之母出手幫忙，他當然有機會好起來，但至少他現在是看不見了。」

神父又說了一次：「現在還不確定。」

喬望尼三天之後才恢復意識，頭部、臉部都被紗布包著。旁人跟他說左眼也許有機會救回來，但右眼「沒辦法了」。

在此同時，畢奧也請他認識的每一個人為喬望尼祈禱三天，甚至為他明供聖體，有人還聽見他祈禱說：「主啊，我願為喬望尼向祢獻上一顆眼睛，他是一家之父，更需要眼睛。」

二月廿五日凌晨十二點半或一點，喬望尼悠悠轉醒，開始念玫瑰經。突然，他聞到了「天國的馨香」。對這位老煙槍來說，那股味道像是煙草香。他覺得額頭被拍了三下，還感到床單微微被床邊的人帶緊，心想畢奧神父一定來了，便喃喃說：「畢奧神父，請讓我恢復視力，不然就讓我死吧。我沒辦法這樣活下去。」

天明之後，眼科醫師來檢查喬望尼的左眼。紗布一開，喬望尼便叫道：「我看得到你！」醫生說：「頭轉過去，你能用左眼看我。」「不！我是用右眼看到你的！我沒用左眼看東西！」但醫生還是堅信喬望尼是用左眼看的，畢竟他的右眼全毀了。然而在進一步檢查之後，醫生終於相信喬望尼說的是真的：取出一堆異物的左眼瞎了，爛成一團的右眼卻看得見了。這位眼科醫生原本是無神論者，這時也不得不說：「現在我也信了。這種事居然在我眼前發生。」

在此同時，羅莎的預產期也越來越近。畢奧神父跟羅莎說過這是個男孩，羅莎問他能不能用他的名字為孩子命名，神父說：「好啊，可以叫他畢奧。不過，我們已經有個女孩叫碧雅了，還是叫他法蘭切斯科好不好？」「好，就叫他法蘭切斯科。」

四月上旬某日，羅莎跟神父說她隔天想去看看仍在住院的喬望尼，但神父說：「不行不行！妳得待在家裡！先別去！」第二天早上八點，男嬰法蘭切斯科呱呱落地。羅莎數年後說：「要是我那天去看喬望尼，早上八點我人就在公車上了。想想那該多糟！」

喬望尼臉部的傷需要大幅治療，待到六月上旬才出院。出院之後，他來感謝畢奧神父，神父輕嘆：「你可知道我花了多大代價啊！」

畢奧神父到底花了多大代價？從皮耶特洛．庫吉諾的話裡，或可一探究竟。庫吉諾是盲人，他說有天在園子裡，突然聽到畢奧神父跟其他弟兄說：「我瞎了，什麼都看不到了。」過了約二十分鐘之後，畢奧神父才又看見了。庫吉諾不太確定那天的日期，但畢奧神父的短暫失明，有沒有可能是因為他為喬望尼獻上自己呢？

喬望尼後來繼續去羅馬找一位眼科專家，希望能連左眼一起治好，但畢奧神父跟他說用處不大。他的左眼一直沒好，但直到他一九七四年六十歲時過世之前，他的右眼視力都很正常。羅莎回憶道：「看著他眼睛，你只會覺得真是一團糟，但他就是能用那隻眼睛看東西。」

恢復喬望尼．薩維諾的視力，也許是畢奧神父最有名的一個奇蹟，相關證據也十分充分。一九四九年七月，喬望尼出院一個月後，道明神父就在信裡提到了這件事，他的記述和喬望尼、羅莎二人的證詞也大體一致（喬望尼在一九七一年七月十七日提供證言，羅莎則是在一九八九年七月一日提供證言）。至於聯合醫院的病歷，則只簡單記錄喬望尼在那動了手術，一眼「角膜有大量異物」，另一眼「炸毀突出」，並未提及痊癒與否。

雖然喬望尼和道明神父都說毀了的是右眼、傷了的是左眼，羅莎的說法卻相反。但很明顯的是：喬望尼後來能看的那隻眼睛，是傷得更為嚴重的那隻。這隻眼睛的傷勢如何呢？聯合醫院的用詞是「完全脫位」或「扯離」。道明神父一九四九年七月的信裡，引用了爆炸發生後立刻趕到的拉斐爾神父的描述：「右眼完全不見，眼窩空了。」喬望尼則說，醫生告訴他那顆眼睛「完全不見了」。羅莎則表示：在喬望尼送醫時，眼窩只剩「一點碎肉」，並否認她丈夫得到一隻「新的」眼睛，她說：「他是用他原來的眼睛在看，是血肉模糊沒錯，但他能用那隻眼睛看。」[1] 在喬望尼幾年後照的一張照片裡，他的雙眼看來完全正常，但這張相片有被大幅修過。道明神父則說，在意外發生之後，他始終戴著墨鏡。總之，喬望尼似乎不是有了新眼睛、或是眼球又長了出來，而是**沒有眼睛**卻能看。

畢奧神父的很多治癒事蹟，都跟全盲或弱視的人有關。一九四六年春，西西里黎貝拉（Ribera）一位修女寫信給畢奧神父，跟他說有名七歲大、名叫吉瑪·狄喬吉歐（Gemma Di Giorgio）的女孩，一出生就沒有瞳孔，雙眼全盲。不久之後，那個女孩的祖母就帶著她來找畢奧神父。抵達之後，那位老太太說才上火車，她孫女就能看到一點東西了。畢奧神父聽了那女孩第一次告解，也讓她領了第一次聖體，然後在她眼睛上劃了十字聖號。

一九七一年七月，已是少婦的狄喬吉歐說：「我出生就沒有瞳孔、看不到東西。我三個月大時，媽媽就帶我去帕雷爾默（Palermo）看一位眼科名醫。但那位醫生說：沒有瞳孔，我根本不可能看得見東西。」[2] 當時訪問她的若望·舒格神父也寫下了他的觀察：「她看起來跟盲人一樣，眼睛灰白無光。可是她無疑能看，我親眼看到她拿電話簿、找號碼、撥電話，動作都很準確……有位西西里嘉布遣會士指著十五碼外的建築，問了她些外觀的問題……她不但能描述工程進度，也能講出那棟建築不同部位的顏色。」[3]

不過，這則治癒的案例還是有些疑義。奧斯定神父聽說這件事之後，花了整整兩年想拿到書面證據。一九四八年二月，孔提諾（Contino）醫生終於寫了信來，說他在狄喬吉歐三歲時為她檢查過，但之後就沒再看過她，直到聽說她獲得治癒。孔提諾醫生完全沒提到「沒有瞳孔」這件事，也說「她並非出生即盲，只是視力出了問題」。[4] 孔提諾醫生說，他在一九四七年十二月時看過這個女孩，當時她的視力顯然已沒問題，能在十六呎外說出醫生伸了幾根手指。也受過眼科訓練的桑奎內提醫生看了這封信後，跟奧斯定神父說他不覺得這次治癒有超出「自然之力」。若瑟．畢奧神父在一九七九年八月的一封信裡也寫道：「吉瑪有瞳孔。事實上，整顆眼睛就是個大瞳孔。」

能確定的事實有三：⑴吉瑪．狄喬吉歐的眼睛天生有問題；⑵在畢奧神父為她祈禱之前，她的視力即使不是全盲，也有嚴重問題；⑶見過畢奧神父後，她眼睛的器質結構雖未改變，但她的視力已經正常——即使依正式歸類，她仍屬盲人。

畢奧神父不太想多提狄喬吉歐的例子。有一次人家讚美他讓這個女孩視力恢復，他冷冷地回道：「你有親眼看到嗎？回答我，**你有親眼看到嗎**？你有**親眼看到**嗎？」那人不敢再多說了。

奧斯定神父在日記中也有提過幾則明顯的奇蹟。一九四五年六月十日，一位瑪撒理（Massari）小姐來到了聖若翰．羅通多，她是聖馬爾谷．卡托拉人，已耳聾了二十年，此行希望「透過畢奧神父的代求，請天主賜予醫治」。結果，那天在望彌撒時，她突然能聽見神父的唱誦了。離開教堂時，她不但能聽見鐘聲，還聽到了會眾之間的對話。

聽說這件事後，奧斯定神父堅持要親自見她一面，確認一下她的聽力是否恢復。瑪撒理小姐的旅伴則堅稱她一直耳聾，直到那天才恢復聽力。[5] 但奧斯定神父後來也沒提到醫療記錄的事，不知是他沒跟人家要，還是對方沒給他。

一九四七年十一月，奧斯定神父收到了一份醫療證明，對方表示自己尿道有問題，非手術不能治癒，但現在卻突然好了。不過，奧斯定神父既沒寫出那位病人的姓名，也沒記下她到底罹患的是什麼病。[6]

奧斯定神父也收過卡拉布里亞省（Calabria）一位安東尼歐．布達（Antonio Buda）醫生的醫療證明，上面說他在一九四七年三月廿五日時，為一位瑪利亞．羅莎．德安潔利（Maria Rosa De Angelis）進行檢查，發現她「上行主動脈有瘤」。不過，在她請求畢奧神父代禱之後，布達醫生於一九四八年七月廿四日再次為她檢查，卻發現「狀況明顯改善，動脈瘤大幅縮小」，醫生也說：「這項已經確認的改善，非常規治療所能獲致。」[7]

一九四九年初，米蘭有位卡菈・米諾拉（Carla Minola）也提出了醫治見證。她罹患了「急性上行脊髓炎」，這種脊髓疾病有時會致命，因為病情一旦惡化，不只手、腳，連胸部、咽喉都會麻痺。米諾拉當時「非常痛苦」，但在請畢奧神父代禱後，卻突然痊癒。她的醫生葛羅索尼（Grossoni）教授雖然承認她「迅速康復」，也向同事說他「很感訝異」，但認為這得歸功於「特殊的放射線治療」。奧斯定神父則似乎相信這是奇蹟，覺得這位醫生未免太過多疑。[8]

道明神父在家書裡也有提到幾則醫治的案例。一九五〇年三月的信中，他提到了一件一個月前發生的治癒案例，也說這已得到桑奎內提醫生、桑維科和泰爾夫納伯爵的確認。案主是位姓名不詳的十五歲少年，他是雷翁內羅・馬利內利（Leonello Marinelli）的兒子，馬利內利則是蒙提納利・迪可雷拉諾（Montignana di Corelano）的公共工程主管（此地位於北義，近佩魯賈）。這位少年罹患「器質性心臟病」五年了，如今已虛弱到無法行動。多馬索・史齊可里尼（Tommaso Schicollini）和卡拉布洛（Calabro）兩位醫師（後者是心臟專家）都說這位少年的狀況已難以治療。馬利內利跟兒子坦白說了病況，對於嚴重性也直言不諱。這位少年請父親立刻去聖若翰・羅通多一趟，求畢奧神父為他的康復祈禱。

馬利內利當晚就搭上了往佛吉亞的火車，再由老友桑維科帶他前往會院。見到畢奧神父之後，馬利內利還沒來得及開口，神父就平靜地說：「我知道你為什麼來。那孩子已經好轉了，也會漸漸康復。」神父邀馬利內利留下來過夜，第二天也聽了他告解。在聽告解和馬利內利要離開時，畢奧神父更兩度向他保證：不出兩個月，他的兒子就能完全痊癒。

到家之後，馬利內利發現兒子真的好轉了，那孩子也說他在夢裡見到了畢奧神父。醫生們為他檢查之後，不但宣布他的心臟沒問題了，也表示這難以用自然方式解釋。三月上旬，這位少年完全好了（比神父原先說的「兩個月」還早了一個月），和父親一起去拜訪畢奧神父。[9]

一九五二年二月廿九日，家住舊金山堪薩斯街五二七號的法蘭契絲・帕斯卡里尼（Frances Pasqualini），用英文寫了封信給畢奧神父（此信由道明神父拆閱、保管），信中表示女兒有天突然劇烈咳嗽，嘔吐不止，還發高燒。當時美國醫生還常常出診，帕斯卡里尼家通知醫生之後，一邊等待醫生到來，一邊向聖母和畢奧神父祈禱。結果他們才剛祈禱完，小女孩就睜眼跟媽媽說她聞到一股香味，「味道像是教堂裡的香氣」。等醫生到時，小女孩的症狀幾乎都消失了，法蘭契絲將此歸功於畢奧神父。

法蘭契絲信上也說：一九五一年十二月時，她廿九歲的小叔羅患「罕見神經疾病」，頸部以下癱瘓。她沒有提到病名，但說醫生們認為「無力回天」，她跟家人當時也寫了信給畢奧神父，請神父為他祈禱。兩個月後，她在這封信裡報告說：「我的小叔已返家和太太、孩子團聚，自己進食，也不用枴杖學習走路，顯示已全然康復。」[10]

一九五三年三月十二日，道明神父寫信給他總主教堂弟說：「幾週以前，有位女士從加州寄信過來，說她丈夫的癌症治好了。醫生先前認為他已藥石罔效，讓他出院回家，並要他三週後回院接受X光檢查。檢查完後，這位女士就寫了信來，說她先生好轉了，X光完全沒照出腫瘤。醫生不知道是怎麼回事，又做了五次檢查，可是大腸、直腸都沒發現腫瘤。於是醫生請那位男士到他辦公室，改用內視鏡檢查，但還是沒發現腫瘤。最後，醫生跟那位男士說：『這是奇蹟。你本來明明有腫瘤，可是現在不見了。』那位男士的姓名是弗瑞德・巴利亞爾迪（Fred Baliardi），住在加州。」

道明神父也提過一位露琪雅・貝洛迪（Lucia Bellodi）的事，她不只疾病被治癒，還看到了分身。這事發生於一九五二年六月十二日（基督聖體聖血節），貝洛迪自己也在一九五五年六月四日提出證言，確認了道明神父的紀錄。

一九五二年時，貝洛迪二十一歲。從十四歲開始，貝洛迪即因腦炎後遺症，罹患了嚴重的尿崩症（請勿將尿崩症與糖尿病混淆，尿崩症是一種慢性新陳代謝疾病，常與腦下垂體受損有關。尿崩症患者的身體無法透過控制尿液形成，保持身體的水含量。他們會排出大量尿液，一天接近十加侖，而為了彌補流失的水分，他們每天也得喝下幾乎等量的水）。

貝洛迪是摩德納（Modena）附近的農家女，自罹患此疾後即臥病在床。她寫道：「在這段時間，醫生已用盡一切治療方法，但我的情況越來越糟……好像什麼治療都不管用。」她先在米蘭多拉（Mirandola）的醫院接受治療，再轉到蓋亞達（Gaiata）的療養院，接下來又到松德里奧（Sondrio）的醫院，然後又轉往摩德納的醫院。最後到二十歲時，她的病況還是沒有絲毫改善，便在摩德納的一間療養院裡住了下來。

貝洛迪的狀況非常嚴重，一天得喝十二加侖的水。即使在睡覺時，護士也要在她嘴裡放上橡膠管，不斷補充水分，不然她會嘴巴出血、舌頭腫脹，連閉都閉不起來。由於她不斷排尿，一天也得換好幾次床單。她大約兩週就會癲癇一次，同時高燒、劇烈頭痛，甚至失去意識。

照顧她的修女鼓勵她「向畢奧神父祈禱」，但貝洛迪說：「雖然我常向他祈禱，但我從沒祈求治癒。相反地，我請他讓我能順服疾病，或讓我一死了之。」

一九五二年基督聖體聖血節，貝洛迪在另一次昏迷、又恢復意識後，表示她希望能去望彌撒。但在辦告解時，她再次昏厥，又被送回病床。她陷入半昏迷狀態到下午兩點，然後喝下更多的水。護士們都覺得她不久於人世，但就在那時，貝洛迪說：「我聞到身邊有一股紫羅蘭香，開始問旁人那是從哪來的。」接著她又陷入昏睡，半小時後才被一名護士喚醒。那名護士擔心她一直沒喝水，可能又會開始出血。但就在她醒來之前，貝洛迪感到一個「無形的存在」告訴她說：「露琪雅，起來吧，妳已經痊癒了。今晚或明天來聖若翰．羅通多找我吧。」於是貝洛迪一睜開眼，就跟護士說自己好了、想下床。護士們本來有些疑慮，但聽她說完剛剛的經驗後，也同意她去教堂感謝上主。那間小教堂在樓上，但貝洛迪「腳步沉穩、輕鬆地」爬了上去。她覺得狀況好極了，像是過去七年完全沒生過病一樣。

醫生們很快過來為她檢查，驚呼必有「神聖力量介入」，但仍希望她留院觀察一個月再走，貝洛迪也依言多住了一個月。出院之後，貝洛迪來到聖若翰．羅通多找畢奧神父，神父熱情地迎接她，跟她說：「我一直在等妳來。我在天主跟前認識了妳。」

醫生們也判定她完全康復了，她回到家鄉，恢復了平靜的農家生活。一九六一年三十歲時，貝洛迪結婚；醫生們原本認為她重病多年，應已失去生育能力，但幾年之後，她順利當了母親。[11]

道明神父也有提過一則驅魔的真實案例，案主是瑪利亞．帕爾瑪．卡波尼（Maria Palma Carboni）。卡波尼是北義孔菲恩托鎮（Confiento）人，在托斯卡尼的有錢人家幫傭。一九五二年四月時，她被診斷出「神經疾病」，在地方醫院接受治療。然而，她的病情越來越嚴重，醫生也束手無策。有些專家說她精神出問題，也有醫生說她腦部長了腫瘤。

卡波尼只好回家靜養，她的家人則漸漸認為她是被鬼附了。道明神父在家書中寫道：「她的行為變得既暴力又古怪，見過的人都嚇到了。她在白天還正常，但一到晚上，她就變得十分暴力，不但會狠揍自己，還會『跟魔鬼說話』，而且她事先知道會講多久，會跟旁人說這次會講卅五分鐘或四十七分鐘等等。」

卡波尼說她看得到魔鬼，其他人則在她宣稱「跟魔鬼說話」時，感到一股「邪惡的氣息」。窗戶格格作響，門也被大力敲擊。鄰村來看過她的人都說，卡波尼痛苦地顫抖、痙攣、發出怪聲。

當地神父德格雷斯波西多（Deglesposito）一開始對「鬼附」之說存疑，認為卡波尼應該是精神病，但時間一久，他也漸漸改變了想法。他寫信跟道明神父說：「這女孩連續三晚受到暴力攻擊，四個人合力都難以讓她待在床上。她雙眼緊閉，尖叫說魔鬼要從窗戶進來。屋裡這時有十個人，我們都看到窗子格格作響、門被甩上，整間小屋都在搖晃。」而且，這可憐的女子還「吟著她從未聽過的古典作家的詩」。德格雷斯波西多神父在她身上和屋內各處灑遍聖水，但徒勞無功。這位神父覺得這樣下去不是辦法，便跟另一位神父和卡波尼的兩名親戚一起雇了輛計程車，送她來聖若翰．羅通多。他們一路上碰到了「幾十次意外」，其中兩次還是跟卡車相撞；卡波尼一路上也至少發作了卅三次。

總之，一九五二年六月二十日，這群狼狽不堪的人坐著傷痕累累的車抵達了會院。卡波尼當時已失去意識，他們讓她躺在教堂長椅上，派人去請畢奧神父來。神父一到便為她降福，說：「可憐的孩子，誰知道她受了多少苦！我們一起期盼她會好轉吧！」說完就走了。但從那時開始，卡波尼完全恢復了正常。她回到家後，會院裡弟兄也跟她保持聯絡了一段時日。卡波尼的一個親戚原本是死硬派無神論者、共產黨，經過這件事後大受震撼，從此也成了基督徒。[12]

畢奧神父的好友喬望尼．吉攸齊（Giovanni Gigliozzi）堅稱：畢奧神父至少有一次讓死人復活過。他說這件事是桑奎內提醫生告訴他的，而桑奎內提則是親眼看到了這件事：

有一天，有個婦人帶著破舊的箱子來聖若翰．羅通多，進了教堂排隊告解。輪到她時，她在畢奧神父面前打開箱子，嚎啕大哭。原來箱子裡用衣服包著一具男嬰的遺體，大約六個月大。她本來是想帶兒子來請畢奧神父醫治的，但那孩子在火車上死了。她雖然十分悲痛，卻還是懷抱信心，將孩子放進皮箱帶來聖若翰．羅通多。桑奎內提醫生說就算孩子放進箱子時沒死，一路過來也一定悶死了。總之，那婦人讓畢奧神父看她孩子時，那孩子一定死了。

在那婦人悲痛哭喊時，神父把那孩子抱起，祈禱了一下。然後把他還給他母親，堅定地說：「為什麼哭得這麼傷心呢？妳看，妳孩子只是睡著了。」那婦人這才抬頭看她兒子，發現他安安穩穩地呼吸。[13]

可惜的是，當時對此事件別無記錄。桑奎內提沒寫下這件事，道明神父信中沒有提過，奧斯定神父的日記也未置一詞。

不過，據一位與畢奧神父親近的弟兄推估，神父生前至少有上千次治療奇蹟，死後應該也不只一千次，不僅數量龐大、而且證據確實，不僅無知、輕信之人樂於接受，連醫療人員也很難不信服。朱塞貝．薩拉醫生就說：「確實有治癒、奇蹟事件發生。」一九五五年時，他的家人甚至親身領受了這樣的恩賜。當時，薩拉醫生的幼子保祿罹患脊髓膜炎，狀況危急。薩拉醫生趕忙拍電報請畢奧神父為保祿祈禱，神父不久就回電報說：「他第三天會退燒，以後也會是你兒女中最聰明的一個。」神父的預言後來應驗了。[14]

在面對病人時，畢奧神父的態度跟很多「醫療佈道」的人不一樣，許多「信仰治療者」說病人有權利要求康復，畢奧神父從不認為如此。他很少為病人按手祈禱，更少說「痊癒吧！」之類的話，而且大多數醫治事件都不是在他面前發生的。阿雷修神父說：「在我印象裡，聖若翰．羅通多沒發生過醫治事件但我看過有人為此來這感謝他。醫治的事有發生，但是在別處，不是在這。」[15]

對那些向他尋求醫治的人，畢奧神父總是態度低調，希望人家不要把焦點放在他身上。在面對他們時，神父如果有所回應，若不是說「我們一起祈禱」，也只是淡淡地說「我祝福你」，然後在病人頭上劃個十字。就若瑟．畢奧神父印象所及，畢奧神父只有一次為病人按手祈禱：那個孩子患了骨癌，家人遠從加州帶了他過來。但除了為他按手之外，畢奧神父並沒說他會痊癒，後來也沒發生醫治奇蹟。

阿雷修神父說：「據我觀察，如果畢奧神父跟病人說『我會為你祈禱』、『我們向天主祈禱』，那個人應該就會痊癒；但若是他說『我們要順服天主的旨意』，或是什麼都沒說，則多半不會有治癒的恩賜。」

無法親自見到畢奧神父的人，也常相信只要接觸畢奧神父碰過的物品，就能獲得醫治。一九二一年德蘭・薩爾瓦多雷修女生病時，旁人就曾以畢奧神父的手套碰觸她的身體。這不是迷信、更不與信仰相悖，因為聖經裡有說：「天主藉保祿的手，行了一些非常的奇事，甚至有人拿去他身上的毛巾和圍裙，放在病人身上，疾病便離開他們，惡魔也出去了。」（宗徒大事錄／使徒行傳19:11-12）不過更常見的情況是：只要畢奧神父鼓勵那些見他、寫信給他的人向神祈禱，他們就能獲得醫治。如前所述，屬靈子女只要在心裡呼喚他，或是請自己的護守天使來找他，疾病常常就能不藥而癒。

畢奧神父身邊的人也相信：雖然他有時未能為病人求得肉體康復，但上主允許他自己為病人擔起病痛，那麼即使病人未能痊癒，症狀卻能獲得緩解。就德蘭・薩爾瓦多雷修女的例子來說，X光檢查發現她病況並未改善，她的症狀卻消失了。阿雷修神父也記得有那麼幾次，癌症末期的病患請畢奧神父為他們祈求康復，神父回答天主的旨意並不是讓他們痊癒，可是神父說他會自己為他們擔起痛苦。雖然疾病不會消失，但幾乎每個得到這種回覆的病人，症狀都減輕了。

更令人好奇的，是被某些人稱作「兩年緩刑」的情況。獲得這種允諾的病人會好起來一陣子，原有的重症暫時消失，有時消失兩、三年，有時消失更久。法蘭切斯科・里奇亞爾迪的情況就是這樣：他的癌症在一九二八年突然消失，之後又活了四年。劇作家路吉・安東內利的情況也類似，在癌症緩解之後又活了三年。另一個有趣的例子，是西西里島的朱塞貝・斯卡提納（Giuseppe

Scatigna）：一九六八年初，斯卡提納發現惡性腫瘤，而且已全身擴散。住進安慰之家時，斯卡提納獲知自己的情況已極為嚴重，可能無法活過兩天。畢奧神父當時也已行將就木，但斯卡提納太太還是跟弟兄們要了一塊他的衣物。她用那塊布擦拭丈夫孱弱、蠟黃的身體，兩人一起祈禱他能再活五年，好看著自己領養的孩子長成少女。斯卡提納先生就這樣好轉了。幾天之後，X光檢查在他身上再也找不出癌症的跡象。他回到西西里的家，平安無事過了將近十年，五十五歲時過世，臨終時說：「我只想多活五年看女兒長大，但畢奧神父給了我九年，我相當感恩。」據斯卡提納太太表示，他過世時「既安詳又喜樂」。[16]

英格蘭肯特郡（Kent）畢奧神父資訊中心（Padre Pio Information Centre）的東尼·李理（Tony Lilley）也提供了三則「兩年緩刑」的案例。第一則是十六歲的德蕾絲·賽克斯敦（Therese Sexton），她腎臟問題嚴重，接受多次腎臟移植也未成功。在第五次腎臟移植失敗時，醫生們宣布她大概只剩幾小時壽命了。幾位朋友在病榻前為她祈禱時，德蕾絲其實已陷入昏迷，人事不省。其中一位男士曾因畢奧神父代禱而康復，整夜守在旁邊祈禱。結果第二天早上，德蕾絲不但能自行下床，還能走下樓梯到醫院會客室，所有的醫生都驚訝不已。之後兩年，德蕾絲的生活也一切如常，同為德蕾絲友人的東尼·李理和妻子史黛拉（Stella）也盡己所能「為她安排生命中一切想做的事……她想做的都做了，想去的地方也都去了」。最後，德蕾絲喜樂地「接受一切皆為神的意旨」，十八歲時去世。

約翰·林區（John Lynch）和愛倫·林區（Ellen Lynch）夫婦的例子也類似。這對六十出頭的夫妻住在坎特伯里，一九八一年時，約翰因充血性心臟病病重，愛倫也罹患了胰臟癌，兩人性命垂危。但就在那時，過世多年的畢奧神父卻在約翰和他的狗顯現，不久之後兩夫婦就幾乎痊癒了，醫生們檢查不出約翰的心臟病、也檢查不出愛倫的癌症。由於他們的身體情況實在正常，醫生還一度懷疑當初是否診斷有誤（不過，之前的檢查都顯示他們有病，愛倫的病況甚至還經探知手術確定）。總之，他們接下來兩年的情況相當好，有充裕的時間讓原本不信教的愛倫歸向天主，也讓他們能看到兒子、媳婦重歸舊好。雖然後來約翰、愛倫舊疾再度復發，雙雙過世，但他們都相信，自己已領受了足夠的時間處理好生命中的問題。[17]

當然，一定有人會質疑這些案例其實是自然痊癒，與「奇蹟」無關。但請仔細想想：病況像上述那些人一樣嚴重的人，有幾個能突然完全康復、正常生活呢？即使這樣的事真的偶爾會出現，前述故事也顯示：這些病人都是在熱切祈禱之後，身體才恢復健康的。依紐曼樞機之見，這或許只是巧合，但即使是巧合，也讓我們想想畢奧神父對「巧合」的評論：「萬事是出於誰呢？」

畢奧神父常暗示某些事在神的永恆計畫之內，無可改變；另一些事則有轉寰餘地，可以透過祈禱、行為加以改變。也許「兩年緩刑」就屬後者，這些人原本可能時刻已到，但因為神回應了他們的熱切祈禱，所以才多得了幾年生命，能在原有的疾病帶走他們之前，好好完成某些特殊的目標。此外，無論是在「緩刑」的例子中，或是在病況不變、症狀減輕的例子裡，畢奧神父似乎都承擔了額外的苦痛。他也曾說過，自己的使命之一，就是要協助基督扛起十架。

在安慰之家接受治療時，畢奧神父從未對醫生的醫療處置表示異議。在他漫長的一生中，他總是順從醫生的建議，也至少接受了三次手術。他曾說：「盡己所能（循自然方式）獲得治癒，是我們的責任。天主希望我們主動尋求醫治、幫助自己痊癒，所以我們應該順服……接受醫藥和相關治療。」[18]

若瑟．畢奧神父有一次燙傷了一個很難恢復的地方，他去找畢奧神父幫忙「把這弄好」，但畢奧神父沒什麼回應，這位年輕的弟兄只好去找醫生，還接受了外科治療，整個過程很磨人。後來，畢奧神父在跟包括他在內的一群弟兄講話時，不指名地對大家說：「奇蹟只有在人力不可為的情況下才會出現。比方說，如果你們有哪位燙傷了，就該去找醫生，聽他的建議消毒、治療、甚至接受手術。」

不過，他有時似乎知道某些治療會無效、甚至有反效果，有人就曾見他勸人不要接受醫生建議的手術。弟兄們常稱他是「大醫生」，他身邊的人在接受治療之前，也總會先來問問他的意見。寇斯坦丁諾・卡波碧揚柯神父曾因鼻竇問題，被醫生建議要動手術，手術之前，他拿X光片來問畢奧神父的意見。畢奧神父看了之後，篤定地說：「這算什麼？他們**都錯了**。」卡波碧揚柯神父說他看了三名耳鼻喉科專家，每個都建議要動手術，但畢奧神父要他再去找第四位醫生問問，卡波碧揚柯神父去了。結果第四位醫生說他的同行誤讀X光片，卡波碧揚柯神父不需要動手術。後來他沒動手術，病也好了。[19]

幾年過後，卡波碧揚柯神父的腸子出了問題，醫生說要動手術。卡波碧揚柯神父跟醫生說，他想先打電話問問畢奧神父的意見，再決定要不要簽手術同意書。醫生聽了不但沒有不高興，還鼓勵他說：「問問畢奧神父也好。我碰上什麼疑難雜症，也都會問問他的意見。」畢奧神父這次要卡波碧揚柯神父接受手術，手術後來也相當成功。[20]

畢奧神父的屬靈子女之一，是整形外科名醫皮耶洛・梅利諾（Piero Mellilo）。他在五〇年代晚期腦出血，同事判斷應是腦內動脈瘤所致，隨時都有中風致死危險，建議他立刻動手術。他們甚至不讓梅利諾下床，唯恐任何動作都會造成動脈瘤破裂。

梅利諾不確定是否要接受極精細的腦部手術，便撥了電話到會院，希望聽聽畢奧神父的意見。畢奧神父正巧經過電話，一響就接了起來。他才聽梅利諾說完，就趕忙說：「不要！不要動手術！叫那些蒙古大夫幫自己開刀去吧！你趕快離開那裡！」

於是，梅利諾跟醫生說他不動手術了，想趕快出院。醫生警告說要是他下床走動，可能還來不及反悔，動脈瘤就會破裂，到時只有死路一條。然而梅利諾還是換好衣服、簽了字，逕自往出口走去。醫生、護士都不放心地跟著，以為他隨時都會倒下，可是他平安回去了，後來還繼續執業。梅利諾沒有接受進一步治療，但往後二十年他的情況一直很好。[21]

另一方面，畢奧神父似乎也能看出一個人快死或快病倒了，即使那個人當時十分健康。舉例來說，一九六二年五月時，前任省會長波索其亞納（Pozzo della Chiana）的德敖斐羅神父（Padre Teofilo）來訪，當時他正巡迴講道，行程排得相當滿。畢奧神父勸他不要把自己逼得太緊，但德敖斐羅神父是個積極、有幹勁的人，覺得自己健康並無大礙，自信滿滿地說可以照原訂計畫講完。畢奧神父忍不住又說：「您不知道您已性命交關了嗎？」德敖斐羅神父卻一笑置之。四個月後，他死於胃癌，得年五十二歲。[22]

兩年後，切爾維納拉（Cervinara）的德宜神父（Padre Dionisio）正暢談他去威尼斯進修的計畫（他當時還不滿廿六歲），畢奧神父卻在一旁大叫：「進修！進修！多想想死亡吧！」德宜神父大惑不解，也有點生氣，便逕自走開。畢奧神父見狀聳聳肩說：「我沒辦法了。」結果三個禮拜不到，德宜神父就突然死了。[23]

有時人潮太多，聖若翰・羅通多的官員會請騎兵來維持秩序。有一次又請了騎兵來，畢奧神父獻完彌撒換下祭衣時，笑著對其中一位士兵說：「等我作完感恩禱，請來我房間一下，我有事要跟你講。」那名士兵到畢奧神父房裡後，聽到的消息令他大驚失色：「孩子，聽著：至遲不過八天，你就要離世返回天鄉了。」那位士兵一臉驚愕地回道：「神父，可是我現在很好啊。」神父卻說：「別擔心，八天內你會變得比現在更好。什麼是人生？人生就是場朝聖之旅。孩子啊，我們就像在搭火車一樣。請假回家，把家裡的事安頓一下吧。」那士兵繼續問：「我可以把您說的事告訴別人嗎？」「現在先別講，等你回家再說。」那士兵的長官原本不願准假，但畢奧神父親自出面，要他們「讓他走」。八天之後，那位士兵過世了。24

畢奧神父並不認為解除痛苦一定是神的心意。有些人堅稱神希望每個基督徒健康、富裕、甚至心靈永遠有安慰，但畢奧神父不作此想。雖然他建了醫院「撫慰人們的苦痛」，也常祈求上主給予物質、甚至金錢上的支援，但他不認為人理應身體健康、生活富裕；反過來說，如果一個人殘疾、貧困，也不代表這個人對上主不夠虔誠。畢奧神父時常強調救贖性苦難的可貴，對那些他知道他們的祈禱無法獲得應允的人，他也總要他們接受自己的苦難，將這些苦痛與基督的苦痛結合，一起獻給上主以救贖人靈。因此，每次有人主動放棄其實可以獲得的醫治，將自己的苦痛獻給上主作為犧牲，畢奧神父總是十分稱許。

雅博．達波理托神父說，一九三二年某日，畢奧神父曾跟皮耶特洛．庫吉諾談過他的失明。庫吉諾當時十九歲，和父親一樣視網膜色素變性（retinitis pigmentosa），十三歲後即完全失明，後來專門為弟兄們跑腿。畢奧神父當時受到梵蒂岡種種限制，正處於低潮期。他對庫吉諾說：「皮耶特洛啊，你很幸運，因為你看不到這世界有多污穢，得罪上主的機會也少。」

說完之後，畢奧神父又問：「老實說，你有沒有想過要重見光明？」皮耶特洛說他從沒想過，但畢奧神父一直追問，他最後只好說他不知道。

「『不知道』是什麼意思？我是問你想不想恢復視力？」

「神父，我得再想想。」

「如果你想的話，我們就一起向聖母祈禱。她又善良、又能說動她的聖子耶穌。」

皮耶特洛說：「神父啊，我出生時看得到，十二歲時主又把我的視力拿回去了。我想神會取走我的視力，一定有祂的道理。那我為何要祈求違反祂旨意的事呢？又為何要祈求祂給過我又取走的東西？」

神父可能是想試探他一下，又問了一次：「你想不想恢復視力？」

皮耶特洛終於說：「神父，天主知道自己在幹什麼的。我總希望能承行祂的旨意。如果神恢復了我的視力，卻讓我因此有機會犯罪的話，那我拒絕。」聽完之後，畢奧神父擁抱、祝福了皮耶特洛。[25]

畢奧神父的另一位屬靈之子也是盲人，他名叫薩瓦托瑞．西奧攸齊（Salvatore Sciogliuzzi），來自北義，中年時才失明。他原本是政府雇員，失明後遭解雇，西奧攸齊的有妻子、兒女得養，請領的殘障撫卹金又遲遲沒有核發，全家頓時陷入困境。西奧攸齊的身體、財務雙雙遭受打擊，心情很是鬱悶，便來找畢奧神父求助。神父對他說：「相信天主，不久之後一切都會好轉。」

雖然西奧攸齊離開會院時依舊失明，但心情已大為好轉。他不久就領到了撫卹金，生活甚至比過去更優渥。後來他每年都去聖若翰．羅通多，每遇重大決定，也總會先問問畢奧神父的意見。

西奧攸齊的小兒子有一天問他：「你為什麼不請畢奧神父幫你恢復視力呢？」他回道：「你何不**自己**去問問他呢？」於是他們下次去聖若翰．羅通多時，這孩子就問了這個問題，但畢奧神父的回答更讓他一頭霧水：「去問你父親。」

這困惑的孩子只好又回去問他父親。西奧攸齊親了他一下，跟他說：「我第一次去找畢奧神父時，他說我什麼時候要恩寵，恩寵都在。但當我一想到耶穌為我們受了多少苦，我就對祂說：『為了祢的榮耀，我願放棄視力。』」

西奧攸齊的經驗確實不凡。有一次在聖若翰．羅通多，他到他朋友安得烈．曼達托的旅館房間找他，既困惑又激動地問說：「畢奧神父長什麼樣子？是不是胖胖、壯壯的，還有把灰鬍子？」曼達托說是。西奧攸齊聽了更加激動，說他稍早去了會院，和一群人待在祭衣房裡等畢奧神父，他先是聽到緩慢、沉重的腳步聲，接著**清楚看到**「一個又胖又壯的灰鬍子會士，轉頭對我一笑，然後我又看不見了」。[26]

不禁讓人好奇的是：如果庫吉諾和西奧攸齊真的希望能恢復視力，他們是否能獲得這項恩寵？但或許畢奧神父在他們身上看出了上主的安排，看出了他們都願意擁抱自己的失明，從而相信這都在上主的救贖計畫之內。

曾向畢奧神父尋求醫治的人高達數千，有些人馬上痊癒，有些是逐漸康復，但大多數人的身體病痛並未消失。然而，即使病況未獲改善，許多人的內在還是得到了醫治，有位重度癱瘓者就說：「畢奧神父有沒有親自見我、治好我，其實不重要了……重要的是我的內在發生了改變，讓我想重回天主懷抱，與祂共融。」[27]

至於有多少人因畢奧神父而歸向天主、靈魂轉變，已數不勝數。

很少有人會心直口快地問他是否能行奇蹟，但歐瑟比神父有一次趁他不注意，冷不防問了一句：「你曾行過奇蹟嗎？」畢奧神父回道：「嗯……我想有吧，但那像個笑話。我常去探望一位生病的婦人，她每次都謝謝我，每次我要離開時，她總要我下次帶點吃剩的東西給她吃，我也都記在心裡。有一天我又要去看她，出發前吃完飯、正要把餐具放進抽屜時，剛好看到抽屜裡有一塊硬得要命的餅乾，應該放一陣子了。我順手把那塊餅乾放進口袋，就出門看那婦人去了。我一進門，她還沒開口跟我打招呼，我就有點開玩笑地跟她說：『吃這個吧。』結果你知道發生了什麼事嗎？我下次去看她時，她好端端地下了床，感謝我說她吃完那塊餅乾就好了！」[28]

這是畢奧神父唯一願意承認的奇蹟，而且顯然沒太認真看待。但另一方面，他對眾人祈禱未獲應允的經驗倒是深具同理心，有一次還說了一個神父的笑話安慰大家：「有個農夫的母牛病了，請神父幫忙為母牛康復獻彌撒。於是神父在彌撒時故意大聲說：『主啊，請讓這好人的母牛死吧！』彌撒結束後，那農夫跑來祭衣房抱怨，神父就說：『我就知道你會來找我。但別擔心，因為我那樣其實是在為你的母牛祈禱……每次我跟天主祈求什麼，祂總是做相反的。』」[29]

每次聽人讚美他會行奇蹟，他總說自己只是個努力祈禱的卑微罪人，也鼓勵人家多多祈禱。他很堅持醫治出於天主，也僅僅出於天主，所以每當人家謝謝他治好了病人，他總會不好意思地說：「別感謝我，要感謝天主！」

30 最沉重的十架

現在，讓我們再次回到畢奧神父的生平。一九五〇年代晚期，義大利已從戰爭破壞中復甦，進入繁榮成長階段。聖寵之母會院原本狹小偏僻，四周荒蕪，只有羊腸小徑可通；但現在，不僅會院旁邊建了新教堂，對街也高高蓋起受苦者安慰之家，會院和舊教堂相形見絀。拜早逝的桑奎內提所賜，四周丘陵不再荒蕪一片，增加了許多常青樹。原本的山路現在也已鋪上石子，兩邊都有房子和店鋪。許多鎮民在醫院工作，或是做起逐漸增加的遊客的生意。依然務農的人，現在也改用耕耘機而非動物耕作。公車每年送來成千上萬的朝聖者，道路不再崎嶇不平，變成了現代化公路。

如今有廿五名弟兄住在會院。道明神父也仍住在那裡，但他因癌症接受手術之後，工作量已大為減少；奧斯定神父年近八十，腳瘸得更加嚴重，卻第三度獲選為省會長。當然，會院裡也有年輕的弟兄，就他們記憶所及，那位日益年老的聖傷者始終是他們的偶像。

會院對街是醫院，路的另一頭則是瑪利亞．派爾的家。雖然她在信裡自嘲是個「老女人」，但她依舊活躍，很多鎮民現在也改口叫她「大娘」。多年以來，派爾和來幫忙的婦女一起組了「傳道小組」，希望能協助嘉布遣會的傳教工作。她們一起剪裁、縫製的衣服或祭衣，或是拿去義賣籌款，或是拿法直接寄給傳教士。派爾在美國的家人也常來看她，但被問到是否想回美國時，她堅決說道：「回去？去找我那些新教親戚嗎？絕不！」她仍在世的同胞手足，現在只剩酒鬼查爾斯和基督徒科學會的妹妹莎拉，但她很少聽到他們的消息。姪子、姪女和高登的遺孀契內倒是常來找她（高登在二戰時於空中巡邏隊服役，後於紐澤西沿岸墜機）。有位姪女回憶道：「她是個很胖、很胖的女人。臉圓圓的，手很漂亮，總面帶笑容。我跟她印象最深的一次互動，是她教訓我不吃東西，說我愛慕虛榮，她說：『妳不過是**不想變胖**而已，但妳也知道，虛榮是罪。』她總是煮很多、也吃很多，通心麵、乳酪、焗烤什麼都來。餐點都是義大利式的，跟她以前吃的美式食物很不一樣。她覺得把做的東西吃光是自我謙遜的方式。我常在想：她是聖人嗎？她的生活方式的確很神聖，例如她把房間短期租給農婦……我常想，她成天跟群鄉巴佬湊在一起，怎麼不會發瘋？能跟她好好深談的大概只有隱修會士，但他們並不常來。愛德莉亞姑姑是個挺頑皮、淘氣的人，常跟人開玩笑、挖苦人，但她也十分體貼、十分慷慨。」[1]

派爾很喜歡拿畢奧神父年輕時的照片給訪客看，然後摟著人家說：「真不敢相信，我從畢奧神父長**這樣**時就認識他了！」她愛說話也是出了名的，話匣子一開就說個沒完，她自己解釋道：「講到畢奧神父，誰能停得下來呢？我覺得我快爆開了！我想大聲讓每個人知道他是誰！」[2]然而，她的熱情有時還是有點過頭，有個美國訪客就說，看她抓著畢奧神父的照片不放、跟個小孩一樣咯咯笑說「畢奧神父是我親愛的主保聖人！」實在是有點受不了。[3]畢奧神父可能也想幫她降降溫，有時會對這名大贊助人很冷淡，但在神父房裡，還是把派爾的相片跟他父母的擺在一起。

安慰之家開幕才兩年，便已人滿為患。畢奧神父一開始就堅持不能拒收病人，人家跟他說病床可能不夠，他也堅不妥協，反而去找醫院管理人員說：「多加些床。把辦公室、圖書館的空間挪來用也沒關係，就是不能拒收病人。」[4]擴增病房之後沒多久，申請入院的病患又超過了病床數，問他的意見，他還是說：「無論如何都不能拒收病人，不可以把他們擋在門外。不然你到時見了聖伯多祿該怎麼說？難道要說『我醫術很好，可是我把病人擋在醫院門外』？擴大醫院！」[5]

於是在一九五八年五月五日，畢奧神父以院牧的身分，遙遙指揮了一連串擴建計畫。兩個月後，他為新樓開工降福，這棟樓預計作護理學校之用，同時也是護士宿舍，而當然，許多空間也是為病患而設。

畢奧神父則漸漸顯出老態。一九五七年五月，道明神父寫信跟他的總主教堂弟說：「畢奧神父跟以前一樣忙。五月廿五他就七十歲了，動作比我八年前剛到時慢了一些。本來嘛，他也是人啊！只是訪客們不是沒看出來，就是根本**不願接受**這點。現在主日和慶日他都不再自己發聖體了，以前這得花上七十五到九十分鐘，他腳上的傷沒辦法讓他站那麼久。但除此之外，他的健康情況都還算好，鬍子也愈發白了。」[6]

但事實上，畢奧神父的狀況並不像道明神父說的那麼好，他已飽受腎結石之苦好幾年，五〇年代晚期因過於疼痛，還需住進安慰之家接受治療。此外，即將邁入七十歲前幾年，他也常跟醫生說他「全身疲累」、暈眩、胸口有壓迫感，不時還得因此停下手邊的事。醫生聽了之後，認為他可能有「慢性鼻炎」，耳朵可能也有受損。[7]

一九五九年四月，畢奧神父病倒了，醫生診斷是支氣管肺炎。一個月後他仍不能下床，無法主持彌撒、也不能聽告解，醫生轉而判斷他罹患胸膜炎。然而整個五月，醫生從他胸膜腔抽了三次血清，他的情況仍無改善。於是，院長卡梅洛神父召集醫療團隊再次檢查，這次認為他「胸膜腫瘤併發出血」，建議採取化療。他們面色凝重地跟畢奧神父說他得了癌症，預期壽命只剩幾個月，沒想到這病人卻笑了出來，跟他們說自己沒得癌症，一定是哪裡弄錯了。這群專家個個一臉吃驚，唯有擔任畢奧神父私人醫生三年的薩拉贊同這個看法，認為他只是「慢性支氣管炎導致胸膜發炎」，駁回了化療的建議。

不過，畢奧神父還是一直沒好。有人幫他在病房裡裝了個小音箱，讓他能聽聽彌撒錄音；他偶爾也會用麥克風跟信眾說幾句話。

七月一日，新教堂祝聖啟用。那天，畢奧神父一聽醫生說他可以下床活動一下，馬上去了安慰之家的小教堂為病人主持彌撒。但彌撒結束後，他覺得虛弱、疼痛無比，不得不入院治療，醫生們又從他胸腔抽出更多液體。兩天後他堅持要回會院，大家用擔架把他抬了回去。

梵蒂岡不久也得知畢奧神父病重的消息，不知是何原因，教廷國務卿決定介入，堅持要畢奧神父入院接受治療。畢奧神父知道後頗為抑鬱，說他的心願就是能死於會院，但也表示如果羅馬堅持，他還是會服從命令。最後，薩拉醫生和畢奧神父的長上都出面說項，梵蒂岡才同意他繼續在會院接受治療。

八月五日，法蒂瑪（Fatima）的朝聖聖母像（Pilgrim Madonna）從葡萄牙本地巡迴到聖若翰．羅通多。一九一七年時，聖母瑪利亞曾在法蒂瑪三度向當地兒童顯現，自此聞名世界。當天聖母像以直昇機運來聖若翰．羅通多，信眾們整整一天群集祈禱、敬禮聖母。八月六日下午，聖母像要移至安慰之家，在那之前則先安置在舊教堂的祭衣房裡。

畢奧神父也坐著輪椅過來，含淚彎身親吻聖像，並為其戴上一串金質玫瑰念珠，但他隨即痛到將近窒息，馬上被送回床上。

最後，直昇機在安慰之家的停機坪起飛，將朝聖聖母像帶往下一個城鎮。畢奧神父撐著到了新教堂的誦經席，聽著群眾高聲歡呼，也看著直昇機在會院上方繞了三圈，像是在跟他告別。畢奧神父注視著空中的聖母像，不禁大聲祈禱：「親愛的母親！您來義大利前我就病倒了，現在您要離開了，難道什麼話都不跟我說嗎？」

就在他淚眼朦朧地呼求時，他感到「一股神秘的力量」充盈全身。在場的人見他從頭到腳一陣震顫，從椅子上一躍而起，喊道：「我被治好了！」兩週之內，他便恢復一切工作，也毫不猶豫地宣告：因為聖母轉求，他被奇蹟治癒。有位醫生不甚贊同，認為他的胸膜炎早有起色，此時痊癒也是意料中事，但畢奧神父說：「我很清楚我還在生病，而且很不舒服。但我跟聖母祈禱之後，她就治好了我。要是有人不相信，就請他自己去問聖母吧。我只知道是她治好了我。」[8] 這場大病總算告終，畢奧神父重新開始了他的牧靈工作。

不過，這場病雖然沒有奪去畢奧神父的性命，但他這時也已是七旬老翁，不如早年精力充沛了。最明顯的是，他不再能趕跑那些張牙舞爪的「忠誠女士」。弟兄們公認其中三名「忠誠女士」的行徑尤其囂張，其中一個叫克蕾翁妮琪·莫卡爾迪（Cleonice Morcaldi），是聖若翰·羅通多鎮長的親戚，另兩個在我寫作本書之時仍然在世。這些「忠誠女士」粗魯、聒噪的舉止，嚇到了不少畢奧神父的朋友、弟兄。她們總是無所不用其極地擠到神父面前，向他討取各式各樣的祝福與恩賜；在會客室裡，也總拿種種微不足道的瑣事纏著神父不放，惹得神父欲哭無淚。見到這種情形，弟兄們很擔心連畢奧神父都制不住她們了。有位弟兄後來說道：「這些女人根本言不及義，說的東西跟靈性沒半點關係，盡是些雞毛蒜皮的小事。」

有人忍不住問神父，為什麼能容忍這些長舌婦佔去他這麼多時間？神父無奈地說，要是他不讓步，那些人更會讓他沒一刻安寧。差不多就在這段期間，有位名叫約瑟芬·米拉佐（Josephine Milazzo）的美國人來朝聖，親眼看到這群人以種種瑣碎要求騷擾畢奧神父，甚至還大刺刺地打斷他聽告解，她既震驚又憤怒，掉頭就走，在教堂前的廣場碰到了米切雷大叔。畢奧神父的大哥跟她說：「妳知道我弟弟最沉重的十架是什麼嗎？妳以為是聖傷嗎？錯了。是那群女人！」[9]

不過，若瑟·彼得森對這些「忠誠女士」倒有些不同看法。我一九九一年訪問他時，他說：「這些故事很多都是謠傳，至少我從沒見過人家說的那些事。現場的確有些推擠，但也僅止於此。我不想太苛責那些『忠誠女士』，畢竟她們是鎮上長大的，很早就認識畢奧神父，每十天辦一次告解。她們會覺得外地人害畢奧神父疏遠了她們，更討厭人家來個一天一晚就走。但如果你在那多待幾天，她們的態度就不一樣了。她們會邀你去家裡，也挺照顧生病和落單的人。她們帶頭的是克蕾翁妮琪．莫卡爾迪，那位老鎮長的妹妹；還有泰爾夫納伯爵夫人，她先生真是個大好人，一口英文說得好漂亮……她們兩個是有點霸道，但也都是好人。」不過，並不是每個人都同意彼得森的看法。

31

金慶前的苦難

一九五八年十月九日，「美善的小教宗」碧岳十二世過世，畢奧神父「極為悲痛」，但據奧斯定神父說，畢奧神父不久就在神視中看到前教宗已抵達天家，因此大感安慰，終於釋懷。[1]威尼斯宗主教安傑洛．龍卡利（Angelo Roncalli）隨即獲選為新教宗，取號若望廿三世，畢奧神父對此亦深感欣喜。不過，雖然有些熟知若望廿三世的人表示新教宗既尊敬也推崇畢奧神父，但對很多崇敬這位嘉布遣會士的人來說，現實看起來並非如此——一九六〇年夏，畢奧神父晉鐸五十週年前夕，教宗下令調查畢奧神父的生活與牧職。

七月廿九日，教宗代表卡洛．馬卡利（Carlo Maccari）蒙席及其秘書若望．巴貝里尼（Giovanni Barberini）抵達聖若翰．羅通多，開始進行調查。相談之後，畢奧神父深感受辱：「他們根本不想讓我好好過日子。他們會把我描述得很奇怪，逼我接受種種要求。」[2]畢奧神父不幸言中：安慰之家成立後逐漸積起的聲譽，一夕之間頓成泡影，媒體不再將他視為聖人，反而對其提出種種質疑。畢奧神父的人生再次陷入低潮。

若望教宗之所以會派人進行調查，原因似乎不少。有些跟他親近的人說：實在是當時不利於畢奧神父的謠言太多，教宗不堪其擾，為了保護畢奧神父令名，才乾脆先發制人、主動出擊，希望能一舉弭平爭議。

據說教宗是聽人說起那群「忠誠女士」的事，知道她們竟為了在教堂搶位子大打出手，甚至還有人在靠近祭壇的座位加鏈上鎖，才覺得有必要加以調查。梵蒂岡不斷接獲報告，表示畢奧神父逐漸無法制住這群狂熱的信徒，只能無奈看著她們推擠、爭執，撕扯他的衣服。也有不少人指控當地人拿布沾上動物的血，訛騙人說這是畢奧神父包過聖傷的紗布，教宗及教廷官員聽了痛心疾首。

除此之外，聖寵之母會院還有其他問題——奧斯定神父。年邁的他前一年才結束第三任的省會長任期，現在常常站在誦經席俯瞰信眾，要是有「忠誠女士」為搶位子爭執，他就破口大罵。年紀越大，奧斯定說話愈形尖刻，最後，醫生不得不命令他在彌撒時待在床上休息。奧斯定也從不知道，這項醫囑其實是為了不讓他火上加油。

這時有兩起事件特別引人側目：首先，據說有名「忠誠女士」攻擊智利大使夫人，甚至還想咬掉她的鼻子，於是大使向梵蒂岡提出抗議（但若瑟．彼得森懷疑這只是謠言。他在一九九一年一月接受電訪時說：「我只記得有位大使夫人被推擠，膝蓋擦傷，還去醫院療傷。後來她終於見到畢奧神父，還說：『我現在知道您為什麼要在對街蓋醫院了。』」）其次，有些「忠誠女士」不滿克蕾翁妮琪．莫卡爾迪和她另兩名跟班，氣她們霸佔了畢奧神父太多時間，憤而散佈謠言，說這位七十三歲的老神父違背了守貞聖願。其中一位弟兄在雜記裡寫道：「這裡謠言滿天飛……說什麼畢奧神父跟C女士（克蕾翁妮琪．莫卡爾迪）上床。」[3]

新院長馬特利切的艾米里歐（Padre Emilio of Matrice）不願事態擴大，決定及早反擊、解決爭議，卻沒想到讓問題更加複雜：一九五九年十月，艾米里歐在會客室裝設錄音機（畢奧神父都在這裡跟克蕾翁妮琪等人談話），希望能藉此消除流言蜚語，但畢奧神父的朋友知道後大為光火。有人責怪畢奧神父的長上竟在會客室竊聽，還有謠言說雷切（Lecce）的猶斯定神父（Padre Giustino）竊聽了告解室。

據說三個月間錄下了卅六卷錄音帶，聖若翰．羅通多的嘉布遣弟兄也在一九八九年證實：會客室的確有裝錄音機，但否認有竊聽畢奧神父的告解室。不過，無論哪裡放了多少架錄音機，畢奧神父顯然事先都不知情。他終於發現這件事後，震驚地寫信給老友——前鎮長法蘭切斯科．莫卡爾迪。莫卡爾迪憤怒難平，跟媒體爆料，說畢奧神父的弟兄竟竊聽他的告解室，有些報紙甚至繪聲繪影地說錄音帶已寄到梵蒂岡，教宗和羅馬公署都大為震驚云云。曼弗雷多尼亞總主教安得烈．切薩拉諾蒙席在報上看到這些事後，對此「不虔的褻瀆」大感吃驚，立刻趕往聖若翰．羅通多進行調查。抵達之後，畢奧神父抱著他痛哭：「我自己的弟兄居然這樣對我！」[4] 事實上，修會裡為此震驚的不只畢奧神父一個，保利諾神父在給法國友人的信中也寫道：「我們對此極感震驚，我們也無法理解神父的弟兄為何出此下策，然而，我們也無法否認這是事實。」[5]

由於有人指控安慰之家管理不當，梵蒂岡對此亦表關切。其實，卡洛．基斯瓦岱在一九六〇年過世之前（他是安慰之家最後一位過世的創始委員），也跟拉斐爾神父抱怨過安慰之家的管理問題，認為有些運作不太妥當。在一份為「記錄歷史」而寫的備忘錄中，拉斐爾神父指出：在桑奎內提和桑維科過世之後，會院與醫院管理人員間的「互信」便逐漸消失，變得彼此懷疑。關於如何處理捐款，兩方顯然意見不一：有些嘉布遣弟兄認為，寄錢來醫院的人有些是想捐給教堂或會院，可是奉獻卻沒交給會院；相反地，醫院的人也認為有些人把錢寄給畢奧神父，其實是要贊助醫院，可是弟兄們也沒把這些錢交給醫院。

畢奧神父的部分追隨者也不滿嘉布遣會和教會當局對他予取予求。一九五〇年代，嘉布遣會在強巴提斯塔．朱弗瑞（Giambattista Giuffre）的指導下，做了一些十分失敗的投資。朱弗瑞自詡為「神的銀行家」，據說曾信誓旦旦表示這些投資能有九成獲利。他曾邀畢奧神父投資他銀行裡的醫院基金，但神父聽完他報告後，不用超自然能力也覺得荒謬：「九成獲利！根本是痴人說夢！」斷然拒絕投資。不過，雖然在畢奧神父的堅持下，會院和醫院都沒有投資「神的銀行」，嘉布遣會卻大筆投資下去了。最後，「神的銀行家」果然判斷有誤，嘉布遣會慘賠。謠傳總會長克勉．紐包爾神父對畢奧神父施壓，要他出借醫院的錢來清償修會債務；謠言還說畢奧神父拒絕之後，克勉神父和其他修會高層十分不快，便想盡辦法要從他手中奪走醫院，改由修會管理。有些報紙甚至還說，克勉神父向教宗詆毀畢奧神父，說他「管理不當……不道德……不服從……叛逆……教唆異端」。

這些指控實情如何，實在撲朔迷離。不過，至少有一位不願具名、當時在修會裡很活躍的弟兄表示：的確有人勸畢奧神父用醫院的錢投資朱弗瑞的銀行，但他拒絕了。至於克勉神父有沒有強迫畢奧神父幫忙，則不得而知，能肯定的只有克勉神父一直很支持畢奧神父。加依亞迪總主教確實曾向碧岳十一世詆毀畢奧神父，但克勉神父似乎不曾向若望教宗詆毀過他。克勉神父的同學兼好友亞德利安．霍茲邁斯特（Adrian Holzmeister）神父表示，這位總會長「完全信任畢奧神父」，也從沒中傷過他。[6]不過，很多義大利嘉布遣弟兄似乎都誤解、不信任這位嚴肅冷淡、喜怒不形於色的美籍總會長，私下譏稱他為「再說神父」，因為每遇爭議，他似乎總想息事寧人，無意明快處理，老是摸著他那把白鬍子說：「再說……再說……」

遭媒體、大眾批判對畢奧神父不友善的教會人士，不只有克勉神父而已。帕多瓦（Padua）主教熱羅尼莫．波提南（Girolamo Bortignan）亦遭教區神職人員公開指控：因為他們想組織祈禱團體，便被主教停止聖職。據說，波提南主教還曾向若望教宗說畢奧神父有分裂教會的危險。[7]

事實上，對波提南主教的這些指控也有些捕風捉影。他後來很支持將畢奧神父列真福品，也澄清他當初之所以將那幾位神父停職，不是因為他們崇敬畢奧神父，而是因為他們太過狂熱，竟將畢奧神父的相片放在聖體龕前，像是把他當成基督一樣！

當時有位神長的確對畢奧神父略有微詞：維多利奧．文內托（Vittorio Veneto）的主教阿爾比諾．盧恰尼（Albino Luciano），他後來先升任威尼斯宗主教，最後還獲選為教宗，即若望．保祿一世（John Paul I）。在一九六〇年二月四日的教區文告裡，盧恰尼說畢奧神父的牧靈工作「可口但難消化」，也憂心他讓人「過度追求超自然與不尋常之事」，並繼續寫道：「信眾需要的是能讓他們成長的麵包（彌撒、教理、聖禮），而不是用來哄騙他們、只會增加負擔的巧克力、酥餅、點心。」[8]盧恰尼尤不樂見人們呼朋引伴組成朝聖團，特地跑去聖若翰．羅通多見畢奧神父。

歸納來說，當時出現的種種爭議包括：安慰之家管理不當、弟兄意見紛歧、信眾過度狂熱、某些神長憂心信眾行為過激、有些人認為教會領袖對畢奧神父不公——凡此種種，促成了馬卡利特地前來聖若翰．羅通多，調查安慰之家的財務狀況，以及「畢奧神父的生活與德行」。

對這次調查最完整、公允的紀錄，是拉斐爾神父寫下的備忘錄。他雖然力求持平，但仍掩不住對馬卡利的厭惡（他也跟畢奧神父的幾位友人一樣，將馬卡利〔Maccari〕謔稱為「通心粉」〔Macaroni〕）。幾乎每個跟馬卡利談過的人，都覺得他對畢奧神父偏見極深。拉斐爾神父說：「馬卡利對修會的報告不屑一顧，卻全然聽信對嘉布遣神父不利的傳言。他到聖若翰．羅通多時已有成見，只聽一面之詞，完全不管另一方怎麼解釋。」[9]

雖然畢奧神父對調查感到不安，拉斐爾和其他友人也大力抨擊馬卡利「立場偏頗」，但畢奧神父的部分支持者一開始並不覺得調查是壞事，奧斯定神父就是如此。奧斯定對教會亂象久感厭煩，對安慰之家的財務問題也有些疑慮，所以挺歡迎馬卡利來查清楚、說明白。他深信安慰之家管理人員有「魔鬼陰謀」，直到調查接近尾聲，他都在日記裡說：「願撒殫斷角滾回地獄，天主的大能獲得榮耀！」[10]

馬卡利在安慰之家暫住下來。第一天剛抵達會院時，他召集全院弟兄（包括畢奧神父），自我介紹之後，當眾宣讀了教宗任命他為宗座調查代表的諭令，也宣布他將約談會院裡的每個弟兄，但拉斐爾神父後來寫道：「他只找了一兩個弟兄談，其他人都白等了。」

雖然普倫西培總鐸已於一九五六年十二月過世，但針對會院弟兄的敵意仍然存在，繼任為總鐸的彌額爾・德・尼提（Michele De Nittis）尤其如此。馬卡利跟德・尼提談過之後，對畢奧神父的支持者已有疑心，隔天就召集了曾在一九二〇年代攻擊畢奧神父、現在也還在世的那批人。有位對畢奧神父友好的教區神父還聽到德・尼提跟道明・帕拉提諾說：「道明，算總帳的時候到了！」[11]

跟教區神父談過之後，馬卡利接著約談畢奧神父的屬靈女兒，態度軟硬兼施。有幾位被問到畢奧神父的性生活問題，嚇得花容失色。其中一位還去跟拉斐爾神父抱怨：「只有地獄來的魔鬼會問這種問題！」[12]

幾天之後，馬卡利召來了拉斐爾神父，也問他畢奧神父的性生活問題。拉斐爾神父忍不住打斷他的話，氣急敗壞地說：「我只能說：無論是教區神父、會院神父、或是神長，如果所有神職人員都能像畢奧神父那麼純潔，那教會就真的聖潔了！除此之外我無話可說！」[13]

馬卡利接著又提到幾樁指控，如信眾過度狂熱、騙子販售假聖髑等等，抱怨這些事竟然都在會院裡發生，並指責說：「這是迷信，不是信仰！」拉斐爾則提醒他全世界的朝聖地都有類似情形，「連羅馬都不例外，一堆人就在梵蒂岡眼皮子底下招搖撞騙」。拉斐爾也強調：聖若翰・羅通多並不都是這種人，也有很多人「信仰堅定，離塵絕俗，過著真正基督徒應有的生活」。馬卡利也控訴有兩名弟兄竟然去找算命師商量，對此拉斐爾神父只能說他們是因為工作過量昏了頭。

馬卡利的態度令拉斐爾起了戒心：「從他說話的方式，我覺得他想讓我知道：在他眼中，跟畢奧神父有關的事都是作秀、都很愚蠢。」[14]

拉斐爾神父也注意到：馬卡利的秘書若望・巴貝里尼，此時「表現得活像偵探或警察，根本不像個神父」。巴貝里尼成天在飯館、酒吧、商店裡打聽畢奧神父的事，待到很晚都不離開。拉斐爾發現畢奧神父很不喜歡巴貝里尼，總是盡可能地迴避他，但有一次還是遇到了，只見畢奧神父「臉色一變，一臉嫌惡」。[15]不過，另一位神父倒是說畢奧神父挺喜歡巴貝里尼，還會跟他開玩笑。[16]

巴貝里尼跟弟兄們說他受命檢查所有信件，一一拆閱來信（連私信亦不例外），看會院有沒有如實轉交給安慰之家的捐款。他甚至跟著郵差到收信的弟兄那邊，監看他分類郵件，拉斐爾神父寫道：「這個自欺欺人的可憐傢伙，也許以為會看到幾百萬里拉，發現什麼駭人聽聞的醜聞吧！」拉斐爾耐著性子陪他檢查了兩個上午的信，最後還是跟他說他無法再參與這麼羞辱人的行動：「我們是神職人員，不是小偷！」[17]

最後，馬卡利終於約見了畢奧神父。但約定時間到了，畢奧神父準時出現，巴貝里尼卻說馬卡利在忙，不克前來。畢奧神父為了這次約談沒去聽告解，聞此托詞頗為不快，但還是隱忍下來，「平靜回房」。[18]當天稍晚，馬卡利再次約見畢奧神父，這次兩人密談了一段時間。畢奧神父出來時「既嚴肅又平靜」，但拉斐爾在一次談話中暗示：畢奧神父當時被馬卡利申斥，說他偏袒幾位當地婦女，律下不嚴以致安慰之家財務不清等等。馬卡利對安慰之家地點的批評尤令神父傷心：這位蒙席說它該蓋在羅馬或其他大都市，不該建在這窮鄉僻壤。馬卡利甚至對畢奧神父說：「要是一個月後你死了，這家醫院就得關門！」[19]

十月一日回羅馬之前，馬卡利召集了安慰之家的護士，正面肯定了畢奧神父的表現；在會院教堂的演講裡，他也澄清了幾個謠言，反駁畢奧神父會被調走之說。然而接下來四個月，小鎮依舊謠言四起，有人說教廷打算像一九三〇年代一樣，再次禁止畢奧神父公開露面，也有人說安慰之家要被關閉。

回羅馬之後，馬卡利向教廷法院院長阿弗雷多・歐塔維亞尼樞機（Alfredo Cardinal Ottaviani）提出報告。一九六一年一月卅一日，歐塔維亞尼樞機寄發備忘錄給聖若翰・羅通多神長，信中表示：據馬卡利調查，此地「有不少違反宗教規範之情事」，為「避免再次發生對畢奧神父類似個人崇拜之行為」，教廷法院決定採取以下措施：⑴今後禁止司鐸、主教與畢奧神父共祭；⑵畢奧神父彌撒時間每日變更；⑶畢奧神父進入、離開告解室時，嚴禁信眾群集於告解室；⑷畢奧神父聽告解時，無票者不得進入教堂；⑸禁止畢奧神父於會客室或其他場所單獨接見婦女；⑹禁止信眾群聚於祭衣房或會院花園；⑺女性告解室前將設立柵欄，以免等待者偷聽告解內容，或突然向前請求神父降福。[20]

此外，會院裡也有人事異動：早在馬卡利完成調查之前，艾米里歐神父即被解除院長一職，由阿里米努薩的羅薩里奧神父接替；畢奧神父的老朋友拉斐爾神父被調走，竊聽會客室的猶斯定神父也被調走；連省會長阿瑪德歐神父（Padre Amadeo）都被解職。

畢奧神父的很多友人都對教廷法院的處置大為不滿。羅薩里奧神父被他們斥為「典獄長」、「魔鬼同路人」。在此同時，各種謠言繼續在小鎮上傳播。有人說克蕾翁妮琪．莫卡爾迪等人暗中策劃，想偽稱握有梵蒂岡之命，騙年高天真的畢奧神父從會院搬往安慰之家；也有人說羅薩里奧神父知道這群「忠誠女士」的計畫，所以每晚都把畢奧神父鎖在房裡。法蘭切斯科．莫卡爾迪公開謾罵羅薩里奧神父，報紙則見獵心喜，不斷刊登消遣莫卡爾迪、畢奧神父及其他弟兄的報導。

瑪利亞．派爾寫信告訴美國朋友：「我們現在只有在每十天辦告解時，才能見到畢奧神父。」[21]還說羅馬的種種禁令「根本是想把白朗峰削至海平面」，但她也相信這座山「仍會遠遠高過其他座山……在種種限制、禁令、障礙之下，它只會更偉大、更聖潔、更肖似受難的主基督」。[22]

據說，畢奧神父在看到告解室圍起柵欄時，曾幽幽說了句：「我是個犯人。」但無論如何，他仍謙卑、順服地接受了這些命令，一句怨言也沒說。[23]與謠傳相反的是，他跟羅薩里奧神父並無摩擦，後者當時四十六歲，身材削瘦、沉默寡言，熟識他的人都說他「很關心畢奧神父」，畢奧神父也堅持要依照往例，每晚跪在院長面前請求祝福。不過，羅薩里奧神父一再說畢奧神父年紀大了，跪著吻他手實在不妥，畢奧神父才勉為同意以擁抱代替下跪，彼此互吻祝福。

雖然畢奧神父默默接受了這些限制，但因為這正好發生在他晉鐸五十週年紀念之前，他還是頗感難受，曾跟約翰·麥卡菲爾喃喃嘆道：「正好是我金慶……」這位英國人回道：「神父啊，您曾祈求受苦，不是嗎？」神父聽了擁抱麥卡菲爾，說：「你現在可知道是怎麼回事了。」[24]

然而，畢奧神父的挫折不僅止於此。一九六一年十一月十七日，總會長克勉神父偕同新省會長雷可瑞（Lecore）的托爾夸托神父（Padre Torquato）一起來到了聖若翰·羅通多，要求畢奧神父簽字，將安慰之家讓渡給梵蒂岡，畢奧神父二話不說照做了。安慰之家此後即屬教廷資產，由「畢奧神父事工：受苦者安慰之家宗教與崇拜基金會」（The Foundation of Religion and Worship of the Casa Sollievo della Sofferenza, the Work of Padre Pio）管理。一九八〇年時，義大利政府將其認證為省級總醫院，可接受政府補助。

艾曼紐爾·布魯納托聽說這件事後大為光火，馬上通知媒體，並向聯合國提出控訴，大肆宣傳畢奧神父遭到不人道的迫害，違反一九四八年〈聯合國人權宣言〉以及一九五〇年〈歐洲人權公約〉。布魯納托振振有詞表示：既然安慰之家的捐款是捐給畢奧神父的，梵蒂岡強迫他轉讓產權即屬違法。布魯納托認為義大利和梵蒂岡都不會公正對待畢奧神父，因此大力敦促聯合國介入調查。據說，他不僅寄了「白皮書」給每個聯合國代表，還一一寄給美國五十州的州長！

畢奧神父知道布魯納托大動作反撲後，溫和地寫了封信要他冷靜，不要把事情越鬧越大，並向他保證：「冷靜下來，事情會恢復原狀的。我們的成果屬於天主，不屬於自己。保持喜樂，這些痛苦絕不會打敗你的。」[25]

32

我再也扛不起我的十架

一九五九年大病、一九六〇年馬卡利調查，畢奧神父接連兩年遭受重大打擊，精神體力似乎難以恢復舊觀。他胸痛、呼吸短促的情況越來越嚴重，醫生診斷是氣喘、支氣管炎。他的腳腫脹嚴重，弟兄們說簡直腫得像「甜瓜」一樣，聖傷、水腫、關節炎更讓他不良於行。瑪利亞・派爾寫信跟一位美國朋友說：雖然畢奧神父呼吸困難，但他還是堅持天天主持彌撒、聽五十個人告解，「他走路、獻彌撒時都要人扶著，但他的力量卻撐起了這又老又病的世界」。[1]

馬卡利調查及後續禁令，並未損及畢奧神父的國際聲譽。據派爾說，一九六二到一九六五年，梵蒂岡第二次大公會議其間，「參加會議的許多主教都來找畢奧神父，好像會議是在聖若翰・羅通多舉辦似的」。[2]

參加會議的神長之一，是克拉科夫（Cracow）代牧區署理卡洛・約瑟夫・沃提瓦（Karol Józef Wojty a），亦即後來的教宗若望・保祿二世。許多年前他還是年輕神父時，就曾來拜訪過畢奧神父，雖然他這次沒辦法親自來聖若翰・羅通多，他還是在一九六二年十一月十八日時，用拉丁文寫了封信給畢奧神父：「可敬的神父：我懇請您為波蘭克拉科夫一位四十歲的婦人祈禱。她是四個孩子的母親，戰時在集中營關了五年之久。她的身體近來出了很大的問題，很可能因癌症而死。懇請您祈求上主與萬福童貞聖母，施恩這名婦人及她全家。主內致候，卡洛・沃提瓦。」[3]

據說畢奧神父一收到這封信，便喃喃說道：「這可不能拒絕。」也有人說他說的是：「是他寫來的！這可不能拒絕。」

這位波蘭主教請畢奧神父代禱的人，是心理醫師汪妲・波塔斯卡（Wanda Poltawska），納粹哈文斯布魯赫（Ravensbruch）集中營的倖存者，一九六二年十一月因腸腫瘤住院。醫生為她檢查之後，說那不是惡性腫瘤的機率只有百分之五。由於有極大的可能是癌症，醫生也坦白告訴她：即使動了大手術，預期壽命大概也只有一年半。由於四個女兒都還年幼，波塔斯卡還是決定接受手術，奮力一搏，手術也排定好要在週五進行。禮拜六時，沃提瓦從羅馬打電話給她先生安傑・波塔斯基（Andrzej Poltawski），令這位主教震驚的是，波塔斯基說他太太已經出院回家了：「她本來昨天要動手術……但醫生說沒什麼好開了。」

沃提瓦原以為是波塔斯卡狀況太過嚴重，連手術都無力回天了，便試著安慰他說：「天啊，安傑，你一定很難過。」沒想到波塔斯基回說：「不不不，您誤會了，汪妲原本也誤會了……醫生說他們遇上了奇蹟，汪妲沒癌症了，他們什麼也沒看到。」[4] 醫生們說，無論原來那個腫瘤是惡性或良性，現在都已完全消失。

十一月廿九日，沃提瓦再次寫信給畢奧神父：「可敬的神父：前信提到的那位波蘭克拉科夫婦人、四個孩子的母親，在十一月廿一日手術之前，突然完全康復了。感謝上主，也感謝您，可敬的神父。我謹代表她的丈夫、家人致上最大的謝意。主內致候，卡洛・沃提瓦。」

二十六年後，仍身強體健的波塔斯卡寫道：「他們在最後一刻發現腫瘤不見了。我當時沒想太多，以為自己正好中了那百分之五。出院回家後，我才知道主教有寫信給畢奧神父……我會痊癒是奇蹟嗎？老實說，我當時不知該作何解釋，只想把這整件事拋諸腦後。但現在，我明白神有多溫柔、體貼，祂不願強迫我們感謝，也不願強迫我們相信難以置信的事。」[5]

據說，畢奧神父接到沃提瓦的第二封信後，跟安慰之家主管安傑洛・巴提斯蒂（Angelo

Battisti）說：「安傑洛，把信保管好，有一天它會很重要。」[6]畢奧神父過世多年，卡洛・沃提瓦也成了教宗若望・保祿二世之後，這封信果然引起了廣大興趣。謠言還說早在一九四七年沃提瓦第一次造訪聖若翰・羅通多時，畢奧神父就在聽告解時告訴這位波蘭神父，有一天他會成為教宗。不過，這件事沒有任何文獻紀錄。在畢奧神父封聖案開始審理時（一九九〇年），在位的若望・保祿二世為避免影響審查，也未公開提過他與畢奧神父的往來。但願在適當時間，教宗能公布他與畢奧神父的談話。

事實上，關於畢奧神父預測教宗的謠言不少，有人說他不只預測出他在世時的每位教宗，連他過世之後的教宗都已準確預言！不過，關於這些預言的文獻紀錄只有一則：一九五八年時，畢奧神父找了安慰之家前主管阿貝托・加雷提過來，請他帶話給米蘭總主教蒙蒂尼：「請跟總主教說他會成為教宗，要做好準備。麻煩你跟他說這件事。」當加雷提把話帶到時，這位總主教笑著說：「喔，這些聖人老是有些怪想法！」[7]

若望教宗於一九六三年六月三日過世後，弟兄們纏著畢奧神父，要他講下一任教宗是誰。神父本來不想理他們，但最後還是禁不起歐瑟比神父一再糾纏，告訴他說：「是蒙蒂尼。別再煩我了好嗎？」[8]

保祿六世就任後，很想解除前任教宗與教廷法院對畢奧神父的禁令，也指責歐塔維亞尼樞機不該對畢奧神父橫加限制，「像對待犯人一樣」。自馬卡利調查之後，嘉布遣佛吉亞會省即由教廷法院直轄，保祿六世就任幾週之後，便任命普塔（Punta）聖瑪利亞（Santa Maria）的克勉神父（Padre Clemente）為省會長，取代托爾夸托神父，並予克勉神父「宗座署理」（apostolic administrator）之銜。九月八日，教宗派克勉神父前往聖若翰・羅通多，囑咐他說：「解除畢奧神父的禁令，讓他能好好做事，完成宗徒的使命。」[9]

克勉神父後來回憶道：「教宗保祿六世意識到會院有危機：他們的初學生、學生都被派去別的會省，省會長、參事也被撤換。因此，我的任務有兩個：第一，解除畢奧神父的禁令；第二，讓會省重新正常運作。」[10] 克勉神父立即解除要畢奧神父不定時獻彌撒的命令，也跟他說聽完告解之後，想跟誰說話都可以；在此同時，他也再次准許信眾在祭衣房見畢奧神父。

於是，就如畢奧神父跟布魯納托說過的一樣，一切都恢復舊觀了。一九七一年，被問到若望教宗在馬卡利調查事件中的角色時，克勉神父說：「教宗跟大家一樣都是人，也很依賴旁人的意見，尼克森總統在越戰時也是如此。雖然教宗有下令的權力，但他們在做決定之前，還是得仰賴旁人的建議，教宗也得依這種模式而行。有些人不相信畢奧神父的聖潔，而教宗若望廿三世也正好聽了這些人的話，是因為他們的建議，教宗才下了這麼嚴格的禁令。除此之外，當然也有些別的因素，但我不能說，我談這些不太恰當。」[11]

無論如何，一九六〇年代是畢奧神父的低潮期，不只精神、體力大不如前，很多朋友也一一離去：一九五七年，喬治．波格尼前往美國紐澤西，牧養匈牙利難民；一九六一年，道明神父嚴重心臟病發，不得不返回美國。道明神父回國後，在印第安那州冠點（Crown Point）的聖母會院養病多年，有空就為孩子們剪貼基督、聖母的畫像，「免得瘋掉」。在忍受病痛的最後日子裡，他不斷喃喃說著：「耶穌，我愛祢。我將這痛苦為別人獻上。」一九六六年八月十四日，七十四歲的他終於嚥下了最後一口氣，彌留時仍不斷喚著「耶穌」、「聖母」。在他葬禮時講道的神父說：「我很難說盡道明神父一生的美善，但若要用一句話來歸納他的人生，那我主基督說祂自己的話，倒是也能用來歸結道明神父的一生：『我來是為執行天主的旨意。』這便是道明神父最偉大的特質。」[12]

一九六三年五月十四日，畢奧神父最親、最久的朋友奧斯定神父，也終於走向了另一個世界。他人生的最後幾年都臥病在床，大小便失禁，「神智不清」，由院長羅薩里奧細心照顧。奧斯定神父過世時，畢奧神父也待在他身邊。雖然畢奧神父在神視中看到老友到了天堂，但之後好幾個月，他每次經過奧斯定的房間都潸然淚下。隔年，保利諾神父也過世了，他最後的日子在安慰之家度過，因疾病、年長失去了行動能力。一九六五年二月，布魯納托在羅馬心臟病發過世。人家告訴畢奧神父這個消息時，他一點也不驚訝，好像已經知道這件事一樣。

大哥米切雷的健康惡化，更加深了畢奧神父的憂傷。米切雷最後臥病不起，不得不住到女兒碧雅家由她照顧。瑪利亞・派爾雖然體力還好，但健康也逐漸走下坡。她已高血壓多年，近八十歲時，她更因關節炎、中風而行動失能。

會院通常不會把生病、年老的弟兄送到療養院，而會指派年輕的弟兄負起照料之責，例如羅薩里奧神父便負責照顧奧斯定神父。畢奧神父晚年也由幾位年輕弟兄輪流照料：歐瑟比・諾提神父、何諾・馬庫齊（Onorato Marcucci）神父、佩雷葛里諾・福尼切理神父，以及阿雷修・帕稜提神父。一九六四年時，紐約布魯克林（Brooklyn）方濟第三會的威廉・馬丁（William Martin，後來成為若瑟・畢奧神父）弟兄來到聖若翰・羅通多，也一起幫忙照顧畢奧神父。

世界局勢的發展也令畢奧神父深感憂傷。一九六三年十一月，美國總統甘迺迪（John F. Kennedy）遭暗殺，神父聞訊極為悲痛。畢奧神父與美國人相處得極好，因此也愛屋及烏敬愛美國總統。他很推崇羅斯福（Franklin Roosevelt），多年以前聽到一個美國人說他壞話，還立刻反駁說：「別這樣講！羅斯福是個偉人！要不是有他，戰爭根本不會結束。」[13] 他也很尊敬杜魯門（Harry Truman）。甘迺迪遇刺後，他跟奧瑞里歐神父說這位總統得救了。[14]

眼見唯物論與悖德之行橫行，畢奧神父幾感絕望。他不斷警告電視對家庭生活的危害：家人晚上光盯著電視看，都不講話了。他強烈反對屬靈子女買電視或看電視，對電影也越來越不以為然，到處說：「魔鬼就在電影裡。」當然，他對當時流行的迷你裙跟其他時尚也很反感。

畢奧神父似乎預見了一個可怕的未來。人家問他以後世界會怎樣時，他常說：「你沒看到世界在玩火嗎？」[15] 很多人說他說了一些很悲慘的預言，例如三分之一的人類會死於大災難，但這些說法都無法獲得確認。有位弟兄暗示他私底下的確講過預言，但內容太可怕，還是不公開為宜。

最令畢奧神父困擾的，或許是他深愛的教會也有了改變。他謙卑地接受了梵二會議的決議，但也跟很多年長的神父一樣，申請繼續延用傳統的特倫多拉丁文彌撒規儀（Tridentine Latin Mass，因為他擔心自己記不起新式彌撒的經文），長上們也批准了。他有時會參加義大利文的彌撒，但未多作評論。

讓他難過的是，教會現在似乎充斥著紛歧與懷疑的態度。看到某些偏激的神父、修女、平信徒嚴詞抨擊教宗與教會，令他痛心不已。他也很憂心聖召減少，見到嘉布遣會也是如此，尤感痛心。有不少人說，神父晚年每次聽到負面消息，常會喃喃嘆道：「感謝天主我已經老了，快離世了！」[16]

在梵二會議期間及會議之後，對修改嘉布遣會傳統會衣也有些討論。某個弟兄有天想開開畢奧神父玩笑，便在休息時間拿著量尺去找他，跟他說：「我得量量尺寸。」

「量誰的？」

「量你的。」

「量我？為什麼要量我？要幫我做新會衣嗎？」

「不是做會衣，是要做長褲。世事難料啊，你沒聽說特別憲章的事嗎？他們可能會要我們穿得跟一般人一樣，所以最好先做好準備。」

畢奧神父信以為真，傷心啜泣道：「你瘋了嗎？我活著要穿會衣，死了也要穿會衣。懂嗎？」[17]

神父身體走下坡後，魔鬼也捲土重來，再次對他展開肉體攻擊。在聖傷出現後那幾年，魔鬼的攻擊似乎少了，但從一九六〇年代中期開始，魔鬼又展開了行動。

神父的視力如今已大為退化，沒辦法讀多少東西。他是有副眼鏡，但很少戴，晚上多半坐在手扶椅上念玫瑰經。威廉·馬丁弟兄發現：在畢奧神父祈禱時，「他的視線會半圓形移動，像是盯著什麼東西繞著他轉。站在旁邊看他這樣挺恐怖的，因為你知道他在看著某個東西」。還有一次是拉斐爾神父剛聽完畢奧神父告解，畢奧神父突然吼道：「轉過來！」把他嚇了一大跳。畢奧神父說他看到一個魔鬼「對著他跑來」，想確定牠有沒有爬到拉斐爾神父會衣上。[18]

阿雷修神父睡在畢奧神父隔壁時，也常聽他提到魔鬼攻擊的事。阿雷修神父說：「他很怕魔鬼。有一晚他叫了我好多次，我都快瘋了，忍不住對他說：『你就不能讓我睡個半小時嗎？』但他說：『留下來陪我！魔鬼一刻也不放過我！』於是我在他房裡待了一整晚。魔鬼會向他顯現、威脅他，但只要我陪他，他就不會怕。」[19]另一位負責照顧他的弟兄也說，有一次他發現畢奧神父突然神色大變、一臉慘白，他趕緊問：「你看到什麼了嗎？」畢奧神父嚇到幾乎說不出話，喘著氣說：「我看到一張臉。」[20]

如果要說畢奧神父這時又老又虛弱，默想過度難免「神智不清」，似乎也言之成理。然而，每個照顧他的弟兄都認為：雖然畢奧神父此時年事已高，但他腦子還是相當清楚，被魔鬼攻擊也確有其事。為什麼他們都這麼肯定？

若瑟·畢奧神父（威廉弟兄）記得，有一次他跟何諾神父想休息一下，下樓喝杯咖啡，便在畢奧神父的椅子扶手上綁了個鈴，讓他有什麼事馬上可以叫人。他說：「我們在樓下待了五分鐘，一切都很正常。然後何諾神父上樓去，卻聽見畢奧神父大喊：『救命！救命！』他馬上衝進房間，只見畢奧神父倒在地上。」威廉和何諾都相信：魔鬼來攻擊過他，把他打倒在地上。[21]

威廉弟兄的感想是：「跟畢奧神父在一起，就像是走進中世紀故事裡。」他才到聖若翰·羅通多沒幾年，就至少看到兩位附魔的女人。有一次他剛進教堂，就看到神父在一位年約三十的女人身上灑聖水：「她力量之大，讓你不得不相信那是超自然現象。兩個大男人都沒辦法讓她好好坐在椅子上。她頭髮散亂、衣衫不整，連鞋子都掉了，一直從椅子上掙脫，把那幾個按住她的男人推開；接著他們又把她抓回來，按在椅子上，她又把他們推開，如此不斷重演。她力氣大得可怕！像是動物一樣。」最後畢奧神父也進來了，「一時之間，她像是死了一樣，一聲不吭，一動也不動。畢奧神父祝福了她就離開了。沒想到他前腳才走，這女人又開始鬼吼鬼叫，展現出那種非人的蠻力。我到現在還餘悸猶存。你看著她，會覺得那根本不是人。」[22]另一次，威廉弟兄看到有人帶了位婦人來教堂，在那等著畢奧神父降福她。結果那女人「突然痛苦地扭曲，像條蛇一樣。這是我見過最誇張的事。那絕不是演出來的，因為一個人絕不可維持那種動作那麼久。卡梅洛神父趕過來叫大家離開」。之後威廉弟兄也聽命走了，沒看到畢奧神父祝福她後發生了什麼事。[23]

一九六四年七月五日，北義貝爾加莫（Bergamo）送來了一位十八歲的少女。普拉西多神父幾天前曾在聖瑟維洛為她驅魔，功敗垂成不說，這女孩還變得更加暴力，連四個大男人都制不住她攻擊這位老神父。最後，普拉西多神父決定請畢奧神父為她驅魔。

事實上，驅魔是件既耗時又費力的工作，畢奧神父當時年事已高，實在難以獨力承擔這項任務。所以他祝福完這個女孩之後，剩下的工作就交給四個年輕神父處理（他們都已獲得總主教授權）。四位神父才開始驅魔，這名少女便口出穢言、凶性大發，弄得他們不得不暫停儀式幾分鐘。那女孩用異常粗野的聲音大吼：「你們真丟人！吃飽了喝足了，還是沒辦法把我弄出這個身體！你們辦不到！」

畢奧神父知道驅魔又失敗後，決定在房裡整晚為這名少女祈禱。十點鐘時，聖若望・加爾多（San Giovanni in Galdo）的卡梅洛神父和歐瑟比神父聽見一聲巨響（卡梅洛此時剛接替羅薩里奧成為新院長），趕忙衝進畢奧神父的房間，只見這個老人倒在血泊裡，臉部青腫，眉稜有道很深的傷口，鼻孔還流著血。房間沒有被強行闖入的跡象，房裡的東西也沒被打破或亂丟。只有那個平常放在扶手椅上的枕頭，現在穩穩墊在畢奧神父頭下。

歐瑟比神父去打電話找醫生時，卡梅洛神父問畢奧神父：是誰拿枕頭幫他墊著？畢奧神父氣若遊絲說道：「聖母。」

隔天上午，教堂外如常擠滿了等著參加畢奧神父彌撒的人，那女孩大剌剌地走了過來，厲聲喊道：「我昨晚教訓了那個老傢伙！你們看著吧！看看他能不能來獻彌撒！」大家都不當回事，沒人理她。但彌撒時間到了，只見卡梅洛神父一臉倦容走來，告訴大家畢奧神父今天不舒服，沒辦法主持彌撒。那少女聽完馬上奸笑：「聽到了吧？老頭今天沒辦法獻彌撒！我昨晚揍了他！」

問題是，那女孩應該根本沒辦法進畢奧神父的房間。

雅博神父當時也在人群之中，聽完馬上衝到畢奧神父房裡，只見他滿臉繃帶，顯然眉稜和臉頰都有傷。雅博神父忙問到底發生了什麼事，但畢奧神父只說：「我昨天跌了一跤。」雅博跟他說了剛剛的騷動，畢奧神父也只淡淡說道：「凡事都有可能。」24

瑪利亞．派爾當時不在場，但也聽說了這件事。她轉述說：那女孩其實還有高喊：「畢奧！我從你小時候就認識你了！」當神父們重新開始驅魔、問那魔鬼昨晚在哪時，那附魔的女孩回道：「我去樓上找那老頭。那傢伙是信仰之源，我恨死他了。要不是那白衣女人插手，我才不會就此罷休！」25

畢奧神父休養了幾天，醫生才准他再去主持彌撒。他一進教堂，那女孩就尖叫、昏倒了。幾分鐘後她恢復了意識，但這次相當平靜，魔鬼顯然已經逃走了。26

兩年後，有個女人在告解時跟畢奧神父重提舊事：「神父啊，我上次來這，就是你被那小魔鬼打傷的時候。」據說神父回道：「**小**魔鬼？那傢伙可一點都不小。他有路濟弗爾（路西法）的角，難纏得很！」27

正是因為親眼見到這種事，弟兄們在畢奧神父提到魔鬼攻擊時，從不覺得他在幻想，反而由衷相信。也因如此，有一次畢奧神父看著院子裡的一大群人，若有所思地說：「要是這裡的魔鬼全都現形，連陽光都能遮蔽。」[28]沒有一個弟兄覺得他只是隨口說說，反而打從骨子裡感到一股寒意。

這些邪惡的超自然事件固然折磨人，但更令畢奧神父沮喪的，可能還是家人的問題：一九六五年三月，會院來了位高瘦、憔悴、一身黑衣的白髮女士，她是畢奧神父的小妹碧雅修女，在進入聖畢哲女修會近五十年後，她決定離開。

有些人說碧雅修女也是聖人，一些追隨畢奧神父的人似乎也會跑去羅馬的聖畢哲女修會會院，向他的妹妹尋求指引。至少有一個人說碧雅修女散發「花朵的馨香」，也有謠傳說她有「隱形的聖傷」。她的姪女碧雅·佩內里被問到這件事時，不假思索地說：「沒錯，沒錯，我一直相信有這件事。」不過，她同會院的一名修女倒是覺得「她的宗教生活普通，不像跟神特別親近」。但另一名身份不詳的修女則說：碧雅修女十分聖潔、有靈性，是修會的人有眼無珠。

碧雅·佩內里說她姑姑「個性很強，但在哥哥面前乖得像隻小羊」。

我們不太清楚畢奧神父怎麼看這個妹妹。但有一次，有個男士到羅馬見了碧雅修女後，來聖若翰·羅通多跪在畢奧神父面前說：「神父啊，令妹實在是位善良、可敬的人！」

沒想到畢奧神父潑了他一頭冷水：「你走吧，別來這說傻話！」

「可是神父，我是說真的。她既善良又聖潔。」

「聽著，**我**才是我家最好的那個。只有一個人比我更好（此指畢奧神父的大妹斐莉綺雅），但她已經不在了。」[29]

總之，梵二會議的變革也撼動了碧雅修女的會院，但她對這些改變十分不以為然。據說她對允許男性進入會院一事十分不滿，因為她深信在「提供他們靈性指引」的名目背後，其實另有文章。

於是，她跟幾位保守修女離開了會院，在羅馬貸屋而居。不久之後，她跟姪女說她想去見哥哥，碧雅便來羅馬帶她去聖若翰．羅通多。

在阿雷修神父的陪同下，畢奧神父一臉不悅地教訓他妹妹：「看看妳這什麼樣子！」碧雅修女試著解釋離開會院的原因，但她哥哥一點都不能接受。他勉強同意她的不滿有些道理，但也強調無論如何，她都不該違反服從聖願。談到她那些新的自由派長上時，畢奧神父說：「她們錯，妳對，可是妳還是要服從，給我回去。」說完便轉身離去，同時忍不住淚流滿面。

旁人之後又安排這對兄妹詳談，但他們在畢奧神父房裡談了些什麼，沒有人知道。碧雅．佩內里來找碧雅修女時，只見姑姑攤在一張椅子上，叔叔攤在另一張椅子上，兩個人都精疲力竭。

畢奧神父努力祈禱碧雅能回心轉意，重回修會。之前聽說年輕修女、修士離開修會，已讓他覺得難以置信，但沒想到他自己七十歲的妹妹居然也離開了修會！對他來說，傳統派人士反叛教會，並沒有比激進派人士攻訐教會好到哪去。然而，碧雅修女終究沒有重返修會。畢奧神父對妹妹違背服從聖願之事始終耿耿於懷，兄妹倆再也沒說過話。

一位在畢奧神父晚年跟他很親近的弟兄說：碧雅修女退出修會，對畢奧神父打擊很大，上主沒有回應他希望妹妹重返修院的祈求，對他來說像是「最後的試煉」。他們常聽畢奧神父抱怨：「上主不再聽我祈禱了！」經過這件事，畢奧神父陷入嚴重低潮。有位弟兄說：「這件事後，他話變得很少，要叫他『沉默弟兄』也不為過。」大家也常聽到他祈禱時喃喃地說：「我再也扛不起我的十架了！」

33

請容我死

一九六五年春，畢奧神父身心情況漸漸惡化。當年時常陪伴他的阿雷修神父回憶說：「他身體一日不如一日，四肢無力，走得很慢、很痛苦，一定要有人攙著他。他的日子不太好過，很氣餒、很沮喪。一定有什麼事讓他心煩……我猜大概是上主沒回應他的祈求。他就這樣沮喪了好幾個月……每次離開房間去聽告解或主持彌撒，他都會用拉丁文寫『in dubiis libertas』，意思是說：在有疑義時，你能決定什麼是對的。[1] 他懷疑自己是否正確處理了事情……他什麼話都不說，沒辦法跟人談，寧可保持沉默。因為氣喘、支氣管炎，他呼吸很重，也咳個不停。雖然他白天一直在工作，但晚上似乎更加疲倦，因為他咳個沒完……醫生開了些藥讓他晚上吃，希望能減輕症狀。有一次我忘了給他吃藥，只讓他吃了維他命，結果他一小時沒事、兩小時沒事，接著就昏倒了。後來我讓他喝一種安神草藥，慢慢增加劑量。差不多有兩三個月他幾乎無法入睡，睡十分鐘，起來兩、三個鐘頭，然後又睡個十分鐘。他就這樣東弄弄、西弄弄、祈禱、默想，但沒辦法讀書。我給了他兩本講聖母的書，結果他只看了兩、三頁而已。他想聽的時候是會聽人說話……有時他會莫名地感到焦躁……不過他從沒跟我發過脾氣。事實上，他還常請人原諒他製造問題，他覺得自己成了我和會院的負擔，常為此哭泣。」[2]

由於咳嗽和呼吸困難，畢奧神父晚上一直失眠，他總喃喃說道：「耶穌！聖母！我向你們獻上我這可悲靈魂的嘆息！」到了白天，人家也常聽他低語：「耶穌，召回我吧！」、「我受不了了。」

每晚向院長卡梅洛神父問安時，他也總說：「請容我死。」

春天將盡時，畢奧神父看來很沒精神。傳言說醫生開了抗焦慮藥給他，但劑量太重，讓這老人「重度鎮定劑中毒」。但薩拉醫生近二十年後受訪時，僅承認他有開微量鎮定劑。總之，畢奧神父那年春天身心情況不佳，部分原因似乎與此有關。入夏之後，他氣管的問題減輕了，睡眠問題也隨之改善，不再需要喝安神草藥，也變得更有精神。

然而，畢奧神父還是沉默寡言，也不太跟人往來。卡梅洛神父於一九六六年寫道：「他幾乎完全沒了活力與朝氣，很少說話，沉浸在自己的世界裡。他變得很少像以前那樣，說故事、講笑話、用生動又俏皮的方式談論有關靈性的事。」[3]

雖然畢奧神父還是怕魔鬼攻擊，但神視總能給他安慰。阿雷修神父說：「我看過他沉浸在神魂超拔中的樣子，臉色好美，像是置身在另一個世界。我常常下午一進他房門，就見他一臉欣喜沉醉其中……等我開口說『神父，該去聽告解了』，他才回過神來。」[4]

一九六六年，畢奧神父定居聖若翰．羅通多五十週年，鎮議會宣布十二月廿六日為他慶祝，頒贈獎章，並在舊教堂門口立牌紀念。然而，就算這些表彰真令畢奧神父感到欣慰，另一件事無疑為這慶典蒙上陰霾：某些報紙做出一系列報導，大量刊載他早年與靈修導師的通信。畢奧神父趕忙寫了短箋跟卡梅洛神父說：「請您協助不要讓這些信見諸報端，那是我寫給靈修導師和其他在靈修上指導過我的神父的。吻您的手，請您祝福。」[5]不過，報社編輯吃定畢奧神父和他長上不會提出告訴，忽視他們的要求，照登不誤。

近八十歲生日時，畢奧神父的健康進一步惡化。他的視力問題嚴重，不得不申請豁免誦日課經，長上也同意了；他的腿不僅無力，還感到麻木，因此也獲准坐著獻彌撒。此外，他也深受腹痛之苦，胸痛的情況更越來越嚴重，醫生診斷認為他有心律不整。呼吸困難的問題，現在嚴重到讓他不時無法開口。他虛弱到無法自己上、下床，也需要人家幫忙穿衣、洗澡等等。他嘆道：「我現在居然這麼無助了。願天主趕快把我召去，我對弟兄們一點用都沒了。」他也常祈禱說：「主啊，我在這世上還能做什麼呢？請來帶我走吧！」[6]老朋友拉斐爾神父來看他時，他也說：「我什麼事都不能做了，什麼也做不了了。」拉斐爾說：「有一天他聽完告解，哭得跟個孩子一樣。他對自己連上下床都不行很感沮喪，看到神父們被派來隨時照顧他，更覺得丟臉。」[7]

雖然他現在不再主持降福禮，也得讓人用輪椅推進教堂，但他仍然盡可能每天早上獻彌撒（他的彌撒現在不超過四十分鐘了）。他還是每天聽五十個人告解，到了晚上，也還是會在旁人協助下來到窗邊，揮手帕問候聚在窗外對他道晚安的信眾。

一九六八年四月廿六日，弟兄們告訴畢奧神父：八十歲的瑪利亞·派爾突然中風，被送到安慰之家去了。他們問他想不想去看看她？神父搖搖頭說：「不用了，我會為她祈禱，祈求上主派天使帶她返回天家。」不久，弟兄們來跟他說派爾過世了，神父點點頭說：「她終於能回去了，終於能聽見天國的歌聲，不再需要彈風琴伴奏。」[8]他這時已太過虛弱，無法參加她的殯葬彌撒，也無法為她送葬。參加她葬禮的人擠滿了教堂，會院鳴鐘為她致哀。她的長眠之處，已有畢奧神父的父母、大哥，以及奧斯定神父相伴。

雖然畢奧神父最親的人都葬在鎮上墓園，但他知道自己將來不能和他們作伴：新教堂的地窖正準備他的安息之所。他說墓穴建好之後，自己也將離世。

即使畢奧神父的健康逐漸惡化，照顧他的弟兄仍不願、也無法相信他真的快過世了。當地有人預言畢奧神父會活到九十九歲，很多信眾也深信不疑。碧雅·佩內里也記得：她叔叔八十歲時，有一次平靜地告訴她說，有個她掛心的問題兩年內會解決，但那時他已不在人世了。她聽了只覺震驚、難以置信。

畢奧神父的聖傷也逐漸消失。腳上的傷已消失一年多了，但還是會痛，在人家幫他穿上鞋襪時尤其如此。肋下的傷不再出血，到一九六八年春天，手上的傷也漸漸消失，夏天時只剩瘡痂和一點紅腫。何諾神父相信這是畢奧神父快過世的徵兆：「他的聖職生涯要結束了，所以天主的記號也消失了。」[9]

七月時，畢奧神父終於病倒在床，全身疼痛，常常無法主持彌撒。雅博神父四月時聽醫生說畢奧神父不久於人世，便想辦法在五月時調來聖若翰・羅通多，每天探望畢奧神父。畢奧神父咳個不停，有時還嚴重到將近窒息，只有在「吐一大口濃痰」之後才能稍獲喘息，[10]於是床邊隨時擺著痰盂。畢奧神父痛苦萬分，不時說道：「我受不了了！主啊，我還該在世上做什麼？快來帶我走吧！」[11]他也很討厭被獨自留下一個人，有人聽到他低喃「主啊，我好痛苦！」、「他們都背叛我」，但沒人知道他說「背叛」是什麼意思。[12]

更讓人難以置信的是，他有時似乎懷疑自己有沒有聖寵。他跟一位朋友說：「你很尊敬我，但你其實不了解我。我是這世上最大的罪人。」[13]他也不斷抱怨善意總因虛榮、驕傲而蒙塵，[14]哀嘆道：「我不是好人。我不配穿聖方濟的會衣，也不懂它為什麼沒從我身上離開。世上最惡劣的罪犯跟我相比也是小巫見大巫，跟我比起來他算是個大好人。請為我祈禱，讓我變成好人。」[15]他不斷要弟兄為他「最終蒙恩」祈禱，也一直貶低自己：「我怕見基督。我沒有好好回應祂的愛與無盡的恩典。」[16]

到了九月，畢奧神父幾乎完全停止進食，即使是最樂觀的弟兄到這時也緊張了起來。他有時會半推半就吃下一片水果，但通常馬上就吐出來。他說他也想試著吃東西，但總是無法忍住不吐。即使如此，很多弟兄還是不相信他快過世了，正如一位弟兄後來所說：「他好幾次狀況糟透了，天主還是把他救了回來……所以我們以為這次也一樣，沒想到他會死。」[17]

一九六八年九月十二日，畢奧神父口述了最後一封信給教宗保祿六世。教宗七月時發佈〈人類生命通諭〉（Humanae Vitae），裡頭對控制生育的觀點引起全球撻伐。畢奧神父對教宗說：

我知道您的心近來憂悶不已，為了教會福祉，為了世界和平，為了全球人民的無數需要，更為了某些人欠缺順服之心，他們之中有些人甚至是天主教徒，卻對您在聖神引導之下、以天主之名給予的教誨不順服。我向您獻上我的祈禱與痛苦，望能發揮微小但真誠的作用，願天主安慰您、賜您恩寵，讓您能堅持正直而艱辛的捍衛真理之路，這永恆真理絕不因時而易。我也願以我屬靈子女及祈禱會之名，感謝您清楚而堅定的言詞，特別是在最近的〈人類生命通諭〉裡傳達的教訓。我願對您明智的引導再次保證我的信仰，以及我無條件的服從。

願天主讓真理得勝，賜教會和平，賜世界安寧，賜您健康、昌盛，願一朝撥雲見日，神的國在每個人心中得勝，接受您——基督王國最高牧者——的指引。[18]

一九六八年九月廿日，畢奧神父有形聖傷出現五十週年紀念。神父的友人從世界各地送來了大量玫瑰，整座教堂花香四溢。前幾個禮拜，神父每次被問到感覺如何，總是虛弱地說「行將就木」，但這一天清晨五點，他親自主持了彌撒，稍晚更忍著痛、駝著背，勉力同誦玫瑰經，並為信眾降福。入夜後，大批屬靈子女、鎮民群集會院，手持蠟燭，高喊「畢奧神父萬歲！」並施放煙火。但令他們失望的是，神父並未像以往一樣現身致意，因為一整天活動下來，他早就累壞了，回到房間倒頭就睡，渾然不知外頭正為他慶祝，第二天早上才從弟兄那裡知道了這件事。有位弟兄來恭喜他，祝他再活五十年，這老嘉布遣會士卻問他說：「我和你有什麼深仇大恨啊？」[19]

那天上午，他胸痛、心悸、呼吸困難，難過得無法獻彌撒，緊握著卡梅洛神父的手說：「到頭了。快結束了。」[20]症狀持續了半個鐘頭，薩拉醫生認為是氣喘所致。到了下午，畢奧神父稍稍恢復，由人推著輪椅進教堂參加降福禮，入夜之後，也終於能現身窗台向群聚的信眾致意。不過，他似乎對眾人的致賀有些詫異，喃喃說道：「這怎麼回事？真想躲起來。」[21]

九月廿二日，第一屆祈禱會國際會議開幕，鎮上的飯店、旅社間間爆滿。安慰之家燈火通明，掛起了大量彩帶，還在教堂前廣場搭起了講台，供講者之用。

當天早上，畢奧神父原想如常舉行平日彌撒，但卡梅洛神父說服他改採大禮彌撒，慶祝這特別的日子。他坐輪椅進入教堂時，會眾爆出歡呼，但他看來憔悴不堪、顫顫巍巍，面容枯槁、蒼白，迷濛的雙眼彷彿看著另一個世界，得由三名弟兄攙扶走向祭壇。會眾頓時安靜了下來，聽他用顫抖的聲音開始彌撒。就眾人記憶所及，這是他第一次在彌撒時毫不遮掩雙手，令靠近的人驚訝的是——他手上沒有傷了。神父的聲音這天又小又模糊，會眾得全神貫注才聽得見。坐前面的人發現他似乎有點失神，得靠助祭神父幫忙才能繼續下去。彌撒一結束，會眾們紛紛高喊「畢奧神父萬歲！」弟兄們從祭壇攙他到輪椅時，他的腿完全失去了氣力，最後幾步其實是被抬著。等他被推進祭衣房時，那裡早已人滿為患，他費力地舉起手，虛弱地問候：「我的孩子！我的孩子！」接著，弟兄們便送他進電梯，回房去了。卡梅洛神父回憶道：「他看起來跟以前完全不一樣了，臉色蒼白、雙手冰冷、渾身顫抖、無精打采，似乎定定地看著每個人，但其實已經不太知道身邊發生什麼事了。」[22]

不久，外甥艾托雷．瑪索內來房裡看他，還帶著五歲大的兒子畢奧。瑪索內問他舅舅：燭光遊行那晚他是否進入了神魂超拔？神父回道：「你問太多了。吻我的手，去做你的事吧。讓我自己休息，我很累、很累。」接著，他轉頭跟他的外甥孫說：「你以我的名字為名，我希望你名符其實，知道嗎？」[23]

這天早上，教堂的地下墓室完工祝聖；下午，教堂山坡開始興建苦路。大約十點左右，畢奧神父在兩名弟兄攙扶下來到舊誦經席窗邊，為廣場上聚集的群眾降福，眾人沒料到他會這時現身，興奮地揮動手帕，高喊：「萬歲！萬歲！萬歲！」

之後，畢奧神父又被推回房裡，弟兄們將午餐送來之後，他吃了一點麵條、菠菜捲，似乎津津有味，然後便上床休息，由何諾神父和威廉弟兄輪流照顧。

六點左右，神父請他們把自己推到能俯視大教堂的窗台。他原想起身祝福底下的信眾，但試了兩次都頹然倒回，最後才勉力舉起右手為他們祝福。不過，他後來又在房裡窗戶現身了一次，揮手帕問候拿著蠟燭、火把聚在外面的人。

拉斐爾神父也來看他，他說：「我現在已經一隻腳踏進另一個世界了。請向上主祈禱讓我安息。」拉斐爾看到老友這麼痛苦，怏怏不樂，去安慰之家請了布魯諾・帕沃尼（Bruno Pavoni）醫生來。醫生為畢奧神父檢查後，拉斐爾問為什麼不給他開些止痛劑？帕沃尼短短說了句「他不要」便掉頭走了。拉斐爾回房找他老友，心知他已命懸一線，彎腰深深吻他前額。畢奧神父也伸出手抱住他，在他額上一吻：「謝謝你為我做的一切。願天主厚賞你的愛。」[24]

晚上六點，輪到佩雷葛里諾神父照料畢奧神父。九點到十二點間，老神父叫了他五到六次，每次都眼眶泛紅，像是哭過一樣。佩雷葛里諾猜想他大概又被魔鬼攻擊了，這位老人像個受驚的孩子一樣，拉著他手懇求說：「跟我在一起，孩子，陪我一起。」畢奧神父一直問時間，也不斷問他說：「孩子，你獻彌撒了沒？」佩雷葛里諾說時間還沒到，老神父卻說：「到了早上，你就要為我獻彌撒了。」

畢奧神父要佩雷葛里諾神父聽他告解，接著對他說：「孩子，如果天主今晚召了我去，請幫我向弟兄們求寬恕，請他們原諒我帶來的麻煩，也請幫我跟我的司鐸弟兄和屬靈子女說，請他們為我的靈魂祈禱。」佩雷葛里諾請畢奧神父為司鐸弟兄、屬靈子女和所有病人作最後降福，神父氣若遊絲地說：「當然，我祝福他們全部。請院長代轉我的最後降福。」[25]

重發安貧、服從、守貞三聖願後，畢奧神父說他想下床。這時已是廿三日凌晨一點半，佩雷葛里諾協助他起身，而令人意外的是，畢奧神父突然又有了走路的氣力，自行走到鄰近陽台、打開燈、坐下。五分鐘後，他再請佩雷葛里諾扶他回房。這時他似乎又沒力氣走路了，於是佩雷葛里諾推了輪椅來接他。回房之後，神父往扶手椅頹然一倒，雙眼彷彿看著另一個世界，喃喃說道：「我看到了兩個媽媽。」[26]佩雷葛里諾後來說，畢奧神父當時應該是看到了聖母瑪利亞，還有他過世的母親喬瑟芭・德・努修。

畢奧神父的話讓佩雷葛里諾心生警覺，畢奧神父的身體也顯露出不祥之兆：他的嘴唇漸漸轉為青紫色。佩雷葛里諾見狀況不對，趕忙想動身找醫生，畢奧神父卻阻止他說：「不用了，別打擾他們。」佩雷葛里諾遲疑了幾分鐘，最後還是忍不住說：「不行，一定得找醫生來。」畢奧神父還是堅持：「別打擾他們。」但這一次，佩雷葛里諾不打算聽命：「屬靈之父，這件事讓我決定吧。」

佩雷葛里諾衝下樓打電話給薩拉醫生，也邊跑邊喊，叫醒了其他弟兄。威廉弟兄立刻趕到畢奧神父房裡，只見他癱倒在扶手椅上，一身是汗。威廉弟兄拿了毛巾為他擦汗，一邊安慰他說：「別擔心，都禮拜五早上了，你會撐過去的。」但畢奧神父只喃喃低語：「耶穌……聖母……」其他弟兄隨即趕到，佩雷葛里諾這時也帶了薩拉和古索兩位醫生過來，開始為畢奧神父供氧。接著，畢奧神父的姪女婿馬利歐・佩內里也到了（由於會院禁止女性進入，所以姪女碧雅沒能進來）。

薩拉醫生原以為畢奧神父是氣喘發作，此時才驚覺他是心臟病發，開始為他打強心針。在此同時，卡梅洛神父也吩咐管堂人員說：「去拿聖油過來，準備為畢奧神父傅油。」在卡梅洛神父為他行終傅禮時，畢奧神父仍不斷喃喃低語：「耶穌……聖母……耶穌……聖母……」[27]

凌晨兩點半，薩拉醫生心知無力回天，放聲大哭：「神父！神父！」畢奧神父一臉淚水，睜開雙眼看了看他的醫生，又緩緩閉上了。他的頭輕輕往右邊一歪，微微咳了一下，在眾人的臨終禱文聲中，嚥下了最後一口氣。薩拉醫師最後一搏，為他人工呼吸、按摩心臟，畢奧神父的心臟又跳了幾下，若有似無地吐出幾口氣，接著，一片死寂。薩拉醫生看著他的臉「漸漸蒼白、浮腫、失去血色」，「嘴唇微開，有如鳥喙」；[28]古索醫生也注意到這些「死亡的臨床表徵」，但他說，這是他見過最安詳、美好的死亡。[29]

良久，薩拉醫生開口問道：「我們該把他放在哪呢？」房裡的大多數弟兄這才醒悟：畢奧神父真的走了。他們將畢奧神父的遺體抬到床上，先供弟兄們瞻仰。十分鐘後，有位弟兄想到相機裡還有些黑白底片，便來拍攝了神父的手、腳，以及肋旁——一點傷口的痕跡都沒有，沒有疤痕、沒有凹陷、顏色也沒有不同。最後，他們將神父的遺體放進木棺，肩膀環上聖帶，包著手套的手裡放上玫瑰念珠、十字架、方濟會規。為避免瞻仰遺容的信眾看到聖傷消失，心生疑惑，他們最後決定為神父戴上手套。

神父過世的消息馬上透過媒體傳遍全歐，會院外隨即聚集大批人潮。弟兄們請騎兵來維持秩序，以免信眾悲傷過度行為失控。他們將棺木放在祭壇前，四周以長椅圍起。上午八點到八點半間，待騎兵就定位之後，教堂大門一開，數百名弔喪者隨即湧入，一面「呼喊、祈禱、大哭」[30]一面衝向棺木，瞻仰這位義大利智者的遺容。

致哀的信眾整日絡繹不絕。到了晚上，弟兄們想讓騎兵、警察能稍事休息，便關閉了教堂，怎料群眾開始鼓譟，他們不得不在幾分鐘後重開教堂。趁著這一小段空檔，弟兄們將遺體改放在金屬棺木之內，並加上玻璃罩，以防狂熱信眾肢解遺體。接下來兩天半，全球信眾持續湧入弔喪、瞻仰遺容，直到九月廿六日中午封棺。當天下午，畢奧神父的靈柩被放在靈車頂上，巡行聖若翰・羅通多。一位在場的人說：「路上、門前、人行道上、陽台上、窗邊，到處都是哭泣、祈禱的人，不斷呼喚著畢奧神父，看他最後一次經過自己面前。場面令人動容，沒親眼見到的人大概難以相信、也難以想像。警察和直昇機向送葬的群眾灑下花朵，群眾也很有秩序地跟著靈柩移動。有很多人待在教堂、醫院前的廣場不動，唯恐靈車開回教堂時會沒位子。恩利科．梅蒂（Enrico Medi）教授透過擴音器要大家祈禱、念玫瑰經，也訴說著畢奧神父種種感人而偉大的奇蹟。」[31]

據估計，當天有超過十萬人來到聖若翰．羅通多，送畢奧神父最後一程。碧雅修女也從羅馬趕來，見她這位三年沒聯絡的哥哥最後一面。幾個月後，她也溘然長逝。

靈車開回教堂已是晚上七點，天色已暗。殯葬彌撒由嘉布遣會總會長、舒泰澤（Schutjser）的克勉神父主禮，二十多名神父共祭。致悼詞的是普塔聖瑪利亞的克勉神父（佛吉亞省前任省會長、現任嘉布遣會總參事），他宣讀教廷悼文說：「教宗驚聞皮耶垂西那的畢奧神父死訊，至感沉痛。聖座祈求上主賜其忠僕公義之冕，並向悲痛的會院弟兄、醫生、職員，以及全聖若翰．羅通多的人民致上祝福與安慰。」[32]

晚上十點，畢奧神父的靈柩緩緩移入地下墓室的壁龕中，以藍色花岡岩的石棺封起，棺木上簡單刻著「方濟．佛瓊內，一八八七年五月廿五日生於皮耶垂西那，一九六八年九月廿三日卒於聖若翰．羅通多」。

畢奧神父的塵世旅程，終於走到終點。

34 畢奧神父還活著！

畢奧神父安息後，很多報紙都說聖若翰．羅通多會沒落，如失根的植物一般枯萎。但事實證明並非如此。畢奧神父生前就常說：「等我到了天堂，一定能比在世時為你們做更多。」一九六八年後，很多人發現他所言不虛。他過世後數十年中，來聖若翰．羅通多朝聖的人不減反增，而且人數年年增加，到了一九九〇年，確定提出擴建計畫，打算興建可容納一萬人的大教堂、一千人的飯廳，並增設醫療站。畢奧神父過世二十年後，安慰之家擴大了三倍，有三百名醫師、一千兩百個床位，同時也被公認為歐洲最好的醫院之一。一九八〇年代，安慰之家增建了三所避靜中心、四百間供避靜者居住的房間，一九九〇年末，醫院又增設了新的門診中心。在一九九〇年時，畢奧神父為殘障兒童成立的機構，已為兩千名以上的兒童服務；同年，祈禱會數目也比畢奧神父過世時成長了三倍。正如一名弟兄所說：「真想不到，他死後竟散發了這麼強的生命力！」

畢奧神父並未被世人遺忘，相反地，他死後名聲越來越大。一九九〇年時，《新聞週刊》宗教類編輯肯尼斯．伍德華（Kenneth Woodward）評論道：「畢奧神父至今仍廣受尊崇，受歡迎的程度可能僅次於聖母瑪利亞。」[1]尊崇畢奧神父的不只有平信徒，神父、主教、樞機也都如此，甚至連教宗若望．保祿二世都非常敬愛他。一九八三年時，這位教宗對一萬八千名來梵蒂岡朝聖、紀念畢奧神父逝世十五週年的人說：「五十年來，他藉由專注、持續不懈、熱切的祈禱，以及引人與天主和解、指引無數信眾追尋真正的完美與基督徒聖潔，活出、實現了天主給他的神聖使命。」[2]一九七四年時，還是樞機主教的沃提瓦回了聖若翰．羅通多一趟；畢奧神父百歲冥誕時，這位教宗也到了聖若翰．羅通多，不僅在為此盛會而建的公園裡發表演說，也到這位聖傷者墓前祈禱。加爾各答的德蕾莎姆姆（Mother Teresa of Calcutta）也在同年來訪，她也到了畢奧神父墓前祈禱。

對許多人來說，南義常見的「畢奧神父萬歲！」塗鴉，並不是表達情感，而是陳述事實。很多屬靈子女都在神視中看到了畢奧神父，有人看到了他的分身，更多人聞到了「天國的馨香」。有人說在愛爾蘭看過他，也有人說在南斯拉夫的默主哥耶（Medjugorje）聖母顯靈地看過他。

雅博神父訪談過一名來自羅馬、姓名不詳的婦人，她的丈夫深受癌症之苦，「晝夜不得安歇」，一九七二年時，她祈禱畢奧神父為她丈夫轉求。後來有一天，她丈夫當著幾個家人的面在床上喊道：「叫這會士走！把他弄出去！他一直叫我跟他走，我才不要！」家人們以為他神智不清，跟他說房裡根本沒有會士，但他一臉不信地說：「你們都沒看見嗎？他就站在床腳啊！他一直要我跟他走，趕他出去！他是嘉布遣會的，一把白鬍子。好，他現在終於走了，還跟我說二月五號還會來找我（當時是十一月）。」剛開始時，家人以為他是因為疼痛或藥物副作用產生幻覺，但他隨即快速恢復，幾乎像是要痊癒了。人家拿畢奧神父的相片給他看時，他一眼就認出這是他病重時來找他的弟兄。兩個月間，他就像沒事一樣，還天天上教堂領聖體，但到一九七三年一月下旬，他又突然病倒了，不過他太太說：「他這次很平靜，幾乎不間斷地祈禱，每天都領聖體……一九七三年二月五日，畢奧神父依言再度來訪，帶走了他。我丈夫走得很平靜，臨終時不斷唸著耶穌聖名。」[3]

另一則更驚人的事件，是安娜．麥克金．希利斯（Anne McGinn Cillis）提供的，故事主角是一位住在英國利物浦（Liverpool）、名叫「布萊恩．約翰」（Brian John）的小男生。這男孩兩歲就罹患白血病，一九七一年已命在旦夕，他的父母名義上是聖公會教友，但不甚虔誠，連祈禱都不會。他媽媽莫琳（Maureen）請一位天主教朋友幫忙找神父、平信徒為兒子祈禱，最後又問：「我們還能請誰幫忙？」「向畢奧神父祈禱。」她朋友說。莫琳根本連聽都沒聽過畢奧神父，不禁問道：「誰是畢奧神父？」她朋友回說：「他是誰並不重要，跟他祈禱就對了。」

於是，莫琳開始向不知是何許人的畢奧神父祈禱。兩週後有一天，布萊恩突然問她：「妳有看到昨晚來找我的那個人嗎？」莫琳一開始以為兒子在胡思亂想，問他是不是看到他爸爸，但布萊恩回道：「不是爸爸，是別的人。」於是莫琳跟他說：「如果下次他又來，你問問他名字吧。」

後來布萊恩又提起了這名神秘訪客，莫琳問他說：「你有沒有……有沒有問他名字？」布萊恩說：「他說他叫畢奧神父。」在此之前，布萊恩從沒聽過這個名字。莫琳繼續問他長什麼樣子，布萊恩說：「他穿一件咖啡色長袍，手、腳都有洞。」莫琳驚訝不已，因為如前所述，她根本不知道畢奧神父的事。不過，在布萊恩繼續說這個人和「聖母」來看他時，莫琳和丈夫約翰都聞到「一股香氣瀰漫全屋」。此外，布萊恩的一句話也令莫琳困惑不已：「畢奧神父說：『別擔心，神已經原諒妳了。』」

幾週過去，從未接受宗教教育的布萊恩突然變得很虔誠，無比熱情地說著畢奧神父、耶穌、聖母的事。

後來有一天，他們家一個朋友艾迪帶了些嘉布遣神父的相片來。艾迪覺得對小孩子來說，嘉布遣會士大概都長得一模一樣，都留個大鬍子、穿著褐色長袍。他給布萊恩看其中一張相片，問他說：「布萊恩，這個人是誰啊？」布萊恩說：「我不知道耶，艾迪。」過了幾分鐘，艾迪又拿了另一張嘉布遣會士的相片出來，問布萊恩認不認識，這孩子還是搖搖頭說不認識。半小時後，艾迪終於拿出畢奧神父的照片，但故意擺在桌上默不作聲，沒想到布萊恩一眼看到，馬上叫說：「艾迪！就是他啦！這就是來找我的人！畢奧神父！」

艾迪故意反駁道：「布萊恩，你弄錯了啦，這不是畢奧神父。我十分鐘前拿給你看過，你跟我說不是他，忘了嗎？」但這男孩堅持：「沒有！艾迪，你才弄錯了！我不認得剛剛那個人，可是這是畢奧神父！」

莫琳後來問他：「布萊恩，他有跟你說話嗎？他有碰你嗎？」

「有啊有啊！我不是說他手、腳都有洞嗎？他說一點都不痛耶！」

另一天晚上，布萊恩爬上媽媽的膝頭跟她說：「媽，妳得再跟神求一個孩子了。」

「為什麼？你為什麼這樣講？」

「畢奧神父說他不久就會來找我，帶我去找聖母。」

布萊恩的健康漸漸惡化，不久便再次入院。一九七二年二月，醫生們終於說他不久於人世了。莫琳跪下祈禱：「主耶穌，如果祢真的要帶他走，我就把他交給祢了，但祢可以給我一個記號嗎？」後來，她看到兩道光射下，照在他孩子胸前，布萊恩輕輕嘆了一聲，平靜地過世了。葬禮那天，莫琳才恍然大悟為什麼布萊恩那時會說：「畢奧神父說：『別擔心，神已經原諒妳了。』」也終於發現在知道布萊恩患了絕症之後，她有多痛苦、對神有多忿忿不平。如今，她總算重拾平靜。[4]

雖然上述兩個例子中的病人在見到畢奧神父不久後都過世了，但不是每個見到他現身的人都是如此。若瑟．畢奧神父就提過一個例子：一九七六年六月，西西里島帕雷爾默的一位婦人，原本因為穿孔性潰瘍，需要開刀切除一部分的胃，但在見到畢奧神父之後，不藥而癒。

這名婦人在接受檢查之後先返家休養，祈禱會也開始為她代禱。但在手術之前，畢奧神父突然「光芒萬丈地」出現在她床邊，並用手觸摸她的胃部（可見他具有肉體，並非只是精神體）。這名婦人馬上覺得身體有了變化，醫生也隨即確認她的潰瘍都好了。她馬上出院，沒動手術、也沒接受藥物治療。

另一則案例的案主，是一位名叫雅妮絲．史圖普（Agnese Stump）的年輕女子。她住在北義大利的沃傑拉（Voghera），有德國、瑞士血統。據史圖普於一九七一年留下的證言：一九六七年，她二十歲時，左膝常感疼痛，她的家庭醫師原本認為是關節炎，但因為疼痛的情況越來越嚴重，她到大醫院裡做了進一步檢查，醫生為她照了X光，認為她「左膝脛骨生出腫瘤」。

史圖普很怕要開刀，便央求父母去聖若翰．羅通多一趟，請教畢奧神父的意見。一九六七年十二月廿七日，神父的回覆到了：「別擔心，去動手術。我會仔細照看整個過程。我會以祈禱幫助雅妮絲，引導為她開刀的手。」

一九六八年一月，史圖普開刀切除腫瘤，左腳打上石膏返家。到了十月，疼痛再次發作，醫生們這時才為她做了切片，赫然發現她罹患的是骨癌，而且癌細胞已擴散至骨髓、血液。一九六八年十二月二十日，史圖普自己來到聖若翰．羅通多，在畢奧神父墓前祈禱。她夢到了畢奧神父，神父要她拋掉用了好幾個月的楞杖。醒來之後，她發現自己真的只扶手杖就能走了，幾個月後，她全然康復了。

據史圖普說，醫生們認為她的康復是場奇蹟，而且最神奇的還不是癌症消失，而是她的脛骨在癌細胞大幅侵蝕後，居然能全然復原！據說為她開刀的醫生看到X光片時，不禁流淚宣布：「這是奇蹟！」還找他的醫生朋友都來診間「看看這位奇蹟之女」。[5] 史圖普痊癒兩年後，若望．舒格神父去她家訪問她，史圖普也出示了治癒前後的X光片。雖然舒格神父毫無醫學背景，但還是能一眼看出顯著差異。

若瑟．畢奧神父還提供了另一則案例（他說會院檔案室也有這件事的紀錄），案主是一位斯里蘭卡的演員。一九六八年十月，這位演員照X光時發現心臟有孔，安排在倫敦動手術。前往英國途中，他先在羅馬短暫停留，祈求畢奧神父的轉求（此時畢奧神父已過世一個月）。他才祈禱完沒多久，就感到心臟一陣劇烈跳動，差點以為是心臟病發，幾分鐘後才又恢復正常。於是，他啟程繼續前往倫敦。但到了醫院、做了檢查之後，醫生居然告訴他說不用動手術，在斯里蘭卡照出的那個孔不見了！

畢奧神父在世時，家族成員鮮少領受治癒恩寵。若讀者仍有印象，畢奧神父很多姪女、外甥都早夭，或是意外過世。

一九八二或八三年，畢奧神父的外甥孫米切雷・佩內里（Michele Pennelli）年方廿三，股骨頂端無菌性壞死（aseptic necrosis），這種疾病會讓骨頭逐漸退化，造成走路劇烈疼痛，最後甚至不良於行。米切雷的哥哥歐拉修（Orazio）也是醫生，帶他去羅馬的杰梅禮診所（Gemelli Clinic）就醫，但那裡的醫生跟米切雷說：唯一的治療之道，是移植人工髖骨。

醫生也很坦白地說：即便動了手術，也不敢保證一定能根治，米切雷下半輩子還是有可能要在輪椅上度過。米切雷別無選擇，安排了手術日期，接著先回聖若翰・羅通多處理一些瑣事。然而，他竟然不知不覺就突然痊癒了，完全沒有經歷任何超自然現象。醫生再次為他檢查，宣布他的股骨已恢復正常，不需要動手術了。此後七年，他的情況一直很好，完全沒有復發。[6]

位在賓州里德利園（Ridley Park）的保祿・華爾許（Paul Walsh）也提供了一則略有爭議的醫治「奇蹟」。一九八三年時，華爾許十七歲，就讀於賓州切斯特（Chester）的聖雅各伯中學（St. James High School）。十二月二日晚上十點半，由於道路結冰，華爾許的車子打滑，高速撞上了路旁的電話亭。救護車將華爾許送往泰勒醫院（Taylor Hospital），醫生見他頭部嚴重受創，臉骨多處碎裂，鼻子、下顎受傷尤其嚴重，並有多處撕裂傷。由於傷勢太過嚴重，泰勒醫院無法處理，便再將他轉送到克洛瑟—切斯特醫學中心（Crozer-Chester Medical Center）。十小時手術後，華爾許的情況似乎有所改善，不僅恢復了意識，身體狀況也一日一日見好。但到了十二月廿六日，華爾許卻開始出現癲狂的症狀，醫生這才發現他因頭骨碎裂，有腦脊髓液滲漏的問題。醫生原本試著輕拍止住滲漏，但成效有效，最後只好在他腦部置入引流管，希望能順利將腦脊髓液導出，然而，華爾許水腦症、脊髓膜炎的問題還是相當嚴重。此外，由於腦下垂體也有受創，華爾許罹患了尿崩症。在前面我們提過露琪雅．貝洛迪患了同一疾病，這種病的病人無法控制身體含水量，會不斷排出大量尿液，也得喝下大量的水來彌補流失的水分。由於華爾許尿崩情況嚴重，得藉由靜脈注射來控制病情。

他昏迷、高燒了好幾個禮拜，呼吸、心跳紊亂。醫生也跟華爾許的父母說：尿崩的情況恐怕一生都難以改變。在此同時，水腦症和脊髓膜炎的問題也不見好。

華爾許的父母都是很虔誠的天主教徒，他們和其他九個孩子一起為他念了九十串玫瑰經。華爾許的母親後來說道：「我們呼求每位想到的聖人，請他們和我們一起為保祿祈禱。我用聖碧岳十世和聖牛滿（St. John Neumann）的聖髑為他祝福，也用聖安當小像、聖油、露德和法蒂瑪的聖水祝福他。」然而，保祿的狀況還是始終沒有改善，他的父親四處問朋友：有沒有哪個人正被考慮列入聖品，需要代求奇蹟作為證據？有人跟他提到畢奧神父，於是他們開始祈求畢奧神父代求醫治。沒想到他們才開始這樣做，保祿的母親就發現：雖然兒子還是沒有意識，但每當他們呼求畢奧神父之名時，他就不再扭動了。

華爾許夫婦接著致電位於諾利斯鎮（Norristown）的國家畢奧神父中心（National Center for Padre Pio），找到中心主任薇菈．卡蘭德拉（Vera M. Calandra）女士。薇菈隔天就讓丈夫哈利（Harry）去克洛瑟—切斯特醫學中心，用畢奧神父的手套為保祿祝福。一開始時，保祿的狀況似乎一點也沒變，但幾天之後，華爾許太太發現靜脈注射管抽掉了，一問之下才知道：就在用畢奧神父的手套為保祿祝福那天，他的尿崩症突然好了。

不過，保祿的整體情況仍在惡化。由於第一根引流管未能發揮作用，醫生在三月廿一日置入了第二根，然而成效還是不令人滿意。主治醫生這時跟華爾許夫婦說：保祿的腦部恐怕受到了「永久、不可逆的傷害」，水腦症可能已讓前額葉癱瘓，最好的狀況可能也是變成植物人。他建議華爾許夫婦開始找養護中心，為這不幸的孩子提供終生照顧。

後來有天晚上，華爾許太太為保祿祈禱完後，剛回房休息就聞到了一股馨香，「像是走進花園似的」。不久之後，保祿突然痙攣、停止呼吸，被裝上了呼吸器。華爾許太太和她母親當時都在場，原以為保祿這次大概在劫難逃，沒想到四天過後，他又能自主呼吸了。

四月六日，哈利又來到克洛瑟—切斯特醫學中心。他和太太剛從聖若翰．羅通多回來，還拿了保祿的照片碰觸畢奧神父的墳墓。哈利再次以畢奧神父的手套為保祿祝福，保祿突然睜開了眼睛一下，然後又閉上了。

華爾許夫婦隔天去看兒子時，他竟然恢復了意識，而且說話也連貫了。從這時起，他日益好轉。

四月廿二日復活節，華爾許夫婦又去看兒子，保祿說稍早時查理舅舅有來看他。保祿這時已轉出加護病房，住進普通雙人病房，房裡的另一個人也說的確有人來看過他。華爾許太太問：「他長什麼樣子？」那個人說：「胖胖的，留把鬍子。」華爾許太太頗為疑惑：「聽起來的確是查理舅舅，可是不可能啊，他不住在這州，我也沒聽說他要過來。」那個人繼續說，那位「胖胖又留把鬍子」的人似乎是個神父，穿了件褐色袍子：「我一大早醒來，就看到他站在保祿床腳，看著他笑。」保祿則堅稱那個人就是「查理舅舅」。華爾許太太聽了愈發困惑，因為她知道「查理舅舅」不在鎮上，也不認識什麼穿褐袍的神父。

在此同時，華爾許太太的外甥女在她媽媽桌上看到一份畢奧神父的傳單，拿起來隨口就說：「查理舅舅嘛！」華爾許太太的妹妹聽女兒這樣說，靈光一閃，立刻打電話問姊姊：「妳覺得……復活節早上去看保祿的人會不會是畢奧神父？也許保祿把他當成了查理舅舅？」華爾許太太掛了電話，馬上找出一份有畢奧神父照片的傳單，把臉部以外遮住拿給他看，問他說：「這是不是復活節那天來看你的人？」保祿不假思索回答：「對啊，不就是查理舅舅嗎？」華爾許太太這才把整張照片露出來，說：「不是，他是畢奧神父。」保祿不以為然：「你覺得畢奧神父可能來看我嗎？他都死了耶！是這個人來看我沒錯，但我覺得他是查理舅舅。」華爾許太太繼續問這位大鬍子訪客有沒有說什麼，保祿只記得他站在床腳微笑，說了句：「你看起來不錯！」

一九八四年五月二日，保祿終於出院。返家之前，他先在特拉華州（Delaware）威爾明頓（Wilminton）的杜朋復健中心（DuPont Rehabilitation Center）住了一陣子。完成高中學業後，他進了特拉華縣社區學院（Delaware County Community College），也順利畢業。一九九一年一月，他又申請進了西切斯特大學（West Chester University），主修教育，立志當老師。雖然這次車禍讓他失去左眼，但右眼完全正常，也沒有「神經缺損」，身體狀況相當良好，連頭痛都很少。7

我曾親自拜訪保祿．華爾許兩次，也能作證他走路、外表、談話都很正常，沒有腦部受損跡象。

保祿．華爾許的康復算是奇蹟嗎？在克洛瑟─切斯特醫學中心為保祿寫出院病歷摘要的兩位醫生都拒絕簽署證明他的康復是奇蹟的聲明。但一年過後，保祿的醫療團隊成員之一、口腔頷面外科醫生邁可．雷恩（Michael Ryan），在一封寫於一九八五年六月十九日的信裡說：「據我過去的經驗，我當時認為他無法存活。對我來說，他能順利存活，而且腦部功能完全恢復正常，實在很難用醫學及科學充分解釋。我自己的感覺是：如果沒有超自然力量介入，保祿現在就算沒死，應該也還在昏迷狀態。」同年，三名當年未參與保祿治療工作的醫生，重新檢視了他的斷層掃瞄與病歷，最後表示：保祿能重新康復，而且「沒有神經缺損」，「實在很難用醫學角度合理解釋」。8

我把保祿的斷層掃瞄拿給兩位熟識的醫生看，一位是家醫科醫生，另一位是神經外科醫生。家醫科醫生認為保祿的復原「很特殊」；神經外科醫生雖然也同意他的狀況特別，但不認為無法以醫學角度加以解釋。他說多年行醫下來，什麼特殊的狀況都看過，不管多重的傷，幾乎都有完全康復的案例。雖然大部分跟保祿傷勢類似的病人都很難痊癒（至少很難完全痊癒），但還是有極少數完全復原了。總之，看了保祿的斷層掃瞄後，他的評論是：「喔，這個年輕人挺幸運的。」

最後一個透過畢奧神父代求而神奇康復的例子，是英格蘭默西塞德郡（Merseyside）聖海倫鎮（St. Helen）的愛麗絲・瓊斯（Alice Jones）女士，她四十一歲，任教於聖雅各幼稚園（St. James Infant School），因傷殘障。她的經歷就由她自己來說：

一九七三年三月廿七日下午，我在賀達克（Haydock）聖公會的聖雅各堂大廳裡堆放桌子時受傷。那時幼稚園在整修，所以暫時借用教堂大廳當教室。我把桌子抬起來時，一個小男生對著我衝過來，我趕忙閃開，卻撞上了電熱器。後背、大腿剛開始有些麻，之後轉為劇痛。醫生要我躺在床上休養三週，然後轉介我看一位骨科醫生。骨科醫生要我穿醫療束衣，也建議我多多休息，但接下來一年，我覺得越來越痛，於是他建議我動手術。

手術在利物浦的布洛德格林醫院（Broadgreen Hospital）進行，主刀醫生是赫隆（Heron）先生。他發現我的神經揪成一團，長成神經纖維瘤。由於腫瘤無法完全移除，所以他挖掉了一點脊椎骨，好讓神經能順利通過。手術後我恢復情況良好，但左腿、左腳掌還是會麻。赫隆醫生對此不甚滿意，決定在一九七五年一月再為我做檢查。但不幸的是，我回診前幾天他過世了。

醫院把我轉給傑克森（Jackson）醫生，他很年輕，有不少新想法。他幫我做了不少治療，可是我還是很痛，也開始常常跌倒。我跟他長談一番之後，決定接受進一步的手術，讓我脊椎的狀況穩定下來。一九七六年十一月，我動了腰部手術，接下來十四週全身打石膏，每四小時用吊索翻身一次。很幸運的是，我丈夫正好是骨科護士，整個過程都很幫我。醫生從我右髖骨取下一部分骨頭，整形成新脊椎，再移植到受傷的那個地方去。無奈手術失敗，我變得更痛，也得吃更強的藥來制住肌肉抽搐。不到十二個月，我髖骨被取走部分骨頭的地方感染，又得回醫院動手術。那時我已幾乎不能走路，即使用枴杖、步行夾都很難走。我越來越灰心，每次去看醫生，都覺得希望更為渺茫。

我的家庭醫生把我轉給利物浦的一位神經外科醫生，他看了X光片後，覺得我實在動了太多次失敗的手術，所以很不想建議我再做進一步治療。至此，我已完全失去行動能力，照顧不了自己，更照顧不了家人。我很難面對這件事，也漸漸失去對神的信仰。

一九七九年四月一日，女兒愛麗森（Alison）帶了我媽來我家，她通常每個禮拜天都會來一趟。那天我媽坐在椅子上，我則躺在羊毛地毯上，她開始絮絮叨叨自己不中用了、快死了等等。我女兒聽了很氣，開始罵我媽媽腦子有問題（我的病對愛麗森打擊很大），我媽一邊掉淚一邊說：「等我到了天堂，我會請人幫幫我女兒。」隔週週五，四月六日，我丈夫法蘭克（Frank）發現我媽在她房裡過世了。對我來說，這是壓垮駱駝的最後一根稻草，我無法接受她就這樣死了，開始越來越依賴藥物來減輕自己身心的痛苦。

一九八〇年年初，聖雅各教會準備慶祝利物浦教區百年慶，莫菲爾德（Mirfield）救主復活會（Community of Resurrection）也決定要在五月時辦一場佈道大會，邀請兩位有醫治神恩的神父來：一位是佳播神父（Fr. Gabriel），另一位是艾瑞克．費雪神父（Fr. Eric Fisher）。費雪神父是德比郡（Derbyshrine）巴克斯頓鎮（Buxton）聖母堂的神父，平時便常為人治病。

老實說，我對這場佈道會興趣缺缺。五月十八日那天，威爾森（Wilson）牧師打電話給法蘭克，說費雪神父隔天想來看我，我一點都不想見他。我幾乎把積蓄都花在看病上了，根本不相信他幫得了我。

第二天早上，女兒萊絲莉（Lesley）帶著我六個月大的孫子安德魯（Andrew）來了；十一點時，費雪神父也到了。我坦白跟他說他只是在浪費時間，但他還是坐下跟我談了好久。他是個很好的人，我跟他談著談著也卸下了心防，輕鬆了很多。臨走時，他把手放在我背上為我祈禱，雖然我那時穿著金屬束衣，但還是感到一股強烈的暖流。他走了以後，我覺得事情大概也到此為止了。萊絲莉說她有聞到一股「刮鬍水」的味道，我以為大概是費雪神父帶了什麼草藥。我左腳跟的膿瘡常發出臭味，每天早上都得擦藥。它外觀有點像花椰菜，但傷口其實很深。我一直很在意這股味道，那時便跟萊絲利開玩笑說：大概有人警告過費雪神父，說我的腳不好聞吧。

隔天上午，我很驚訝費雪神父又來了。萊絲莉和安德魯那天也在，女婿史蒂芬（Stephen）也來了。費雪神父說他昨晚為病人祈禱時，「受命」今天要再來看我。他跪了下來，開始卸下我的步行夾，雖然我表示反對，怕這樣一來我會背部痙攣，但他一直跟我說沒關係。步行夾卸下之後，他把手放在我腿上，開始祈禱。我沒注意他祈禱了些什麼，因為我的腿開始痛，最後痛到我忍不住叫他趕快住手。我低頭看他，他的樣子似乎變了，看起來較老，還有了把鬍子。我以為自己產生幻覺，便掉頭不看，沒想到頭才轉過去，就發現那個老人站在我旁邊，我轉念一想，他大概就是佳播神父吧。總之，我當時看到兩個人：一個是跪著的費雪神父，一個是站在我旁邊、穿得像個隱修會士的老人。我清楚意識到這是兩個不同的人，而且主導的似乎是那個老人。

我聽得到費雪神父的聲音，也聽得到那個老人用外文跟我說話。我女兒跟費雪神父都沒看到他，但我女兒說她有聞到香氣。那老人劃十字聖號祝福了我兩次，一邊喃喃說道：「耶穌，聖母，耶穌，聖母。」我深深覺得被愛、深深感到溫暖，然後他握起了我的手，說：「奉耶穌之名，起來走。」他扶我從椅子上起身，一路穿過了客廳。我感到他放開了我的手，回頭一看，只看到費雪神父還跪在那裡。我一點都不痛，腿有了氣力，扭曲的骨盆也直了。我看看淚流滿面的女兒，又看了看費雪神父。我們全都激動不已，萊絲莉也再次提到了香氣。費雪神父先行告退，說他要好好消化一下這件事，我也跟他說我晚上會去參加醫療佈道會。法蘭克中午打電話回來，問需不需要幫我帶什麼東西，我對著電話大叫：我能走了！我開始想鞋子的事，因為接在步行夾上的那雙有個支架，但我現在不需要了。萊絲莉幫我卸下束衣，然後我們一起去衣櫥裡找鞋子。我們找到一雙很老氣的高跟鞋，我穿上在屋裡走了一圈。法蘭克提早回家，我衝到車道上去迎接他。我們緊緊擁抱，喜極而泣。

那晚我們全家上教堂感謝上主，費雪神父邀我上台對大家作見證。我那時才第一次見到佳播神父，也發現他並不是上午在我屋裡的那個人。佈道會結束回家的路上，我興奮地跟法蘭克說我看到「摩西」了，但法蘭克覺得我有點沖昏頭，叫我早點上床休息。那天晚上，我不再需要止痛藥、安眠藥，倒頭就睡，一夜好眠。反倒是法蘭克整晚沒睡，一直盯著我瞧，深怕自己是在作夢。第二天早上，他把我叫醒，說要幫我敷藥，但我腳上的膿瘡都不見了。他再度落淚，頻頻說這真是奇蹟。

我決定去做禮拜感謝上主。那種感覺好難形容，彷彿我換了雙新眼睛，一切都不一樣了。禮典裡的話變得好真實，我也覺得自己像是親身參與了最後晚餐。離開教堂時，費雪神父在門口等我，給了我一張畢奧神父祈禱卡，我低頭一看——可不是昨天在我房裡的那個人嗎？我鬆了一大口氣，因為終於知道是真有其人，不是我在幻想了。但回家之後我看了看祈禱卡，還是嚇了一跳：原來他一九六八年就過世了！我馬上折回教堂去找費雪神父，但他已經回巴克斯頓鎮了。於是我改去找威爾森牧師，跟他說了這兩天經歷的事，他溫和地跟我說，我應該是看到了異象。在此之前，我完全不知道畢奧神父這個人，但他好像自己找上了我。我急著想多知道一點他的事，可是問了很多人，大家都不太知道他。

後來到了七月，我跟法蘭克去莫菲爾德過節，看到書店在促銷一本《誰是畢奧神父？》，我轉頭就跟法蘭克說：「這本書是給我看的。」馬上買了下來。然後，我們一起去找費雪神父。我跟他說了兩個月前的事，也告訴他我懷疑自己是不是瘋了。他鼓勵我帶病歷去聖若翰．羅通多一趟，但我說我們沒這閒錢。後來，他邀我和法蘭克下週三去巴克斯頓鎮一趟，參加在那舉行的醫療佈道會。

我們去了聖亞納堂，在位子上發現兩個信封，一個裝著往拿坡里的機票，另一個裝著租車表格。機票日期是十月下旬，費雪神父和另一位貝蒂．白克漢（Betty Packham）會陪我們去。這份厚禮我們實在不好意思收，但貝蒂堅持要我們收下。她和費雪神父顯然想要去聖若翰．羅通多很久了。

隨著朝聖的日子接近，我也越來越常做些怪夢。我常夢到一些對我來說沒有意義的圖像，看不清楚細節，但隱約覺得那像是某種少見的鐘。有天早晨我一大早便跳起來，趁還有記憶時把那圖像的輪廓畫下。

我還看到一扇門，覺得很想進去，但也不知這個畫面有何意義。在此同時，我還有另一個問題：我無法拿到證明我已康復的醫生證明。有一天，法蘭克說他發現十架教堂要放畢奧神父的電影，我們都跑去看，剛好碰到聖海倫鎮的病理學家穆尼（Mooney）醫生。他認識法蘭克，相談之後，我們決定去天佑醫院（Providence Hospital）做X光和相關檢查。沒想到的是：身體檢查判定我脊椎正常，X光檢查卻照出我脊椎嚴重變形。穆尼醫生深感困惑，便請麥卡錫（McCarthy）醫生再為我檢查一遍，也再照一次X光，但結果還是一樣。於是兩位醫生寫道：「必有超自然力量介入此疾，否則病患絕無不賴協助自行行走之理。」他們兩個也都簽了名。

一九八〇年十月底，我們一行人終於啟程前往義大利。我很緊張，一直在想會院的人會有何反應。我們很晚才到聖若翰．羅通多，住在聖寵之母教堂旁的女修院裡。隔天早上去教堂祈禱，發現滿滿都是等著望彌撒的人。突然，我發現夢裡見到的圖像就在教堂牆上：那是苦路的畫，外框就是我夢到的那種鐘型；我夢到的那一扇門也就在祭壇旁邊，我不自覺走了過去，法蘭克原想拉我回來，但費雪神父說：「讓她去吧。」我沿著樓梯走上去，發現自己身在畢奧神父領受聖傷的十字架下。費雪神父說：「看他帶妳到了哪裡！現在開始妳不能回頭，只能往前走了！」

我們離開教堂到了會院，之前已經約好要跟阿雷修神父見面。他熱情地歡迎我們，我也拿了我的資料給他看。接下來三天，阿雷修神父、吉拉神父、若瑟．畢奧神父問了我不少問題。到了第三天，若瑟神父帶我們去畢奧神父的房間，裡面的東西都用玻璃罩上了。我走近一張椅子，碰到之後忍不住脫口而出：「耶穌，聖母。」若瑟神父問我怎麼突然冒出這句話，我說畢奧神父當時就是這樣祝福我的。他這才跟我說：畢奧神父就是在這張椅子上過世的，彌留之際，一直喃喃唸著「耶穌，聖母」，直到嚥氣。他的臉又再次浮現在我眼前，我還講了他令我印象最深的動作。若瑟神父聽了，擁抱我說：「平安去吧！妳看到他了。」

我們回到辦公室，若瑟神父跟阿雷修神父說了我剛剛說的事，他們用畢奧神父的手套祝福我，讓我也成為他的屬靈女兒，我誓願永不令他蒙羞。之後，我們一行人離開聖若翰．羅通多，前往亞西西。大家都被聖若翰．羅通多的聖潔氛圍深深感動。

回英國之後，我跟法蘭克都加入了聖拉斐爾會（Guild of St. Raphael），一起致力讓病痛者得安慰。我們把自己的家向所有需要的人敞開，祈禱之後，也往往會發生不可思議的事。法蘭克和我跑遍了英格蘭、蘇格蘭、威爾斯、愛爾蘭，到處訴說上帝之僕畢奧神父的故事……

我常常在想：畢奧神父為什麼會幫助我這個聖公會教友？但答案他其實自己說了：「我屬於每一個人，每個人都能說畢奧神父是我的。我不會拒絕任何人，因為至善天主也從沒拒絕過我卑微的請求。」[9]

沒錯，畢奧神父死後仍在「散發生命力」。對尊崇他的人來說，他的確還活著。懷疑主義者當

然會提出種種理論，反駁這些案例並不是奇蹟，然而安慰之家的古索醫生說得好：「這些見證不可能**全是**空穴來風。」

不過，教會並沒有全力支持所有見證。吉拉．迪弗露梅里神父是畢奧神父封聖案的副申請人，已獲授權收集畢奧神父列真福品的一切相關資料，他告訴我說：「我聽很多人說自己遇上了奇蹟，但要判定一件事是不是**真的**奇蹟，我們有一連串『程序』要走。換句話說，我們得聽證詞、讀醫療記錄，並設法證明一切。只有在通過這個程序後，我們才會判定某個案例是不是奇蹟……要證明一件事是奇蹟，時間相當漫長……對奇蹟的紀錄只是證詞而已，不能有人說『我遇上奇蹟』就照單全收。我們得召開教區審理會……到目前為止，我手邊還沒有證明屬實的奇蹟。是有很多報告、很多證詞，可是還沒有**證明屬實的奇蹟**，因為時候未到。我現在的工作只是收集證詞，並未嚴加分析。要在教宗宣布畢奧神父是『可敬者』（Venerable）之後，才是證明奇蹟的時候。」

35

皮耶垂西那的聖畢奧

雖然「封聖」程序近年來已有簡化，但過程還是複雜而漫長。天主教會要宣布一個人是聖人，事前會經過層層審查。

第一，當地主教要收集候選人的著作，以及其他人對他的報導，確認候選人的確被公認為聖潔之人。

第二，教區將收集的資料送交教廷宣聖部。宣聖部詳加研究後，再將這些資訊濃縮成一份報告，正式名稱為「提案」（positio）。這份「提案」會進一步送交神學委員會審查，判斷這位「天主之僕」是否展現「超凡英勇的」（heroic）德行，亦即，候選人是否展現信、望、愛三超德，智、義、勇、節四樞德。此外，也要審查候選人是否具有與其身分相符的德行，例如畢奧神父是聖職人員，服從、安貧、守貞三聖願便也在審查之列。

第三，神學委員會投票後，若多數肯定候選人德行出眾，提案便進一步送交宣聖部的主教、樞機審查；如果他們也多數投票認同，便能將案子送呈教宗。

第四，若教宗肯定天主之僕具有英豪的德行，行誼足堪效法，便授予「可敬者」頭銜。

第五，教會需透過「證明屬實的奇蹟」來尋求上主的確認，確定上主認可眾人對此候選人的判斷。奇蹟通常和醫治有關（因為相較於其他超自然現象，肉體康復較容易有書面記錄），必須符合兩項要件：(1)此奇蹟必須發生於可敬的天主之僕死後；(2)此奇蹟必須是天主之僕對信眾請其代求的回應。要證實一件醫治確屬奇蹟，教會會詳加檢視書面記錄，確認其症狀、副作用等完全消失。此外，這項醫治也必須是**突然**、**自發而持久**的。

第六，此一治癒須經兩個醫療專家審查會無異議確認，才能送交神學審議會審查，判斷此一治癒是否為可敬的天主之僕代求的結果。如果神學審議會多數投票贊同，案子便送呈教宗，由教宗宣布此可敬的天主之僕為「真福」。

在宣真福**之後**，必須再有一件奇蹟確認為真福者所行，真福者才會被列入聖品。第二件奇蹟的審查程序亦如前述，在奇蹟獲證明屬實之後，教宗即可宣布真福者為「聖人」。

畢奧神父過世後，信徒們原以為他很快會被列入聖品，但他的封聖案卻延宕了十五年之久。據肯尼斯．伍德華所著之《聖人的形成》（*Making Saints*），畢奧神父過世後沒多久，嘉布遣會即已開始非正式收集他的相關資料，但就在那時，「難解的事發生了：羅馬有人在教宗保祿六世授權下，下令不得開始畢奧神父封聖案的地方程序」。[1]

無論暫緩封聖案的原因為何，一九八三年時，封聖案重新開始。有人猜測是因為若望．保祿二世相當推崇畢奧神父，才打破了僵局。無論如何，八名樞機、卅一名總主教、七十二名主教提出了申請書；[2] 五月二十日，畢奧神父封聖案的教區程序於聖若翰．羅通多正式展開，兩萬名信眾志願參與。

教區程序進行了六年。教會審議會由五名委員組成，獲得授權收集見證；歷史委員會也由五名專家組成，負責審查畢奧神父所有已出版、未出版的著作，同時也審查與封聖案相關的其他資料。自一九八四年四月七日訪談何諾．馬庫齊神父開始，教會審議會總共進行了一百八十二次訪談，訪問了七十三名證人。歷史委員會收集的資料則多達一萬頁，分為二十冊！[3]

一九九〇年一月廿一日，數千名信眾群集於聖若翰．羅通多的會院教堂，慶祝教區程序完成。二月十二日，曼弗雷多尼亞總主教范倫・維拉蒂（Valentino Vailati）蒙席、封聖案申請人保利諾・羅西（Paolino Rossi）神父、副申請人吉拉・迪弗露梅里神父，將所有資料送呈宣聖部秘書長安當・卡西耶里（Antonio Casieri）蒙席。

宣聖部接手後，又花了七年研究這些資料。一九九七年六月十三日，宣聖部神學委員投票通過：畢奧神父確實表現出英豪的三聖德、四樞德；十月廿一日，宣聖部的樞機、主教同意神學委員會的結論，並將結果送呈教宗。教宗接受、批准了宣聖部的決議，下令準備公開表彰天主之僕的英豪德行。一年後的十二月十八日，教宗若望・保祿二世宣布：「我在此確認：天主之僕、皮耶垂西那的畢奧神父——世間之名方濟・佛瓊內，嘉布遣會小兄弟會司鐸——對天主及鄰人表現了英豪的信、望、愛三聖德，智、義、勇、節四樞德，並在其他相關德行上表現出眾。」[4]

至此，畢奧神父只要有一個奇蹟獲得證實，即可榮列真福品，而事實上，此時已有一個奇蹟等著被確認了：三年前（一九九五年）的十一月一日，安東尼歐・黎那迪（Antonio Rinaldi）之妻孔希雅・德瑪提諾（Consiglia DeMartino）被送往薩萊諾（Salerno）的聯合醫院（Riuniti Hospital）。德瑪提諾頸部的淋巴導管破裂，淋巴液大量溢出、形成腫瘤，容量多達兩升。入院當日，兩次斷層掃瞄均已確認上述事實，醫生也建議她「盡快」接受「困難、複雜」、但也「必要」的手術，德瑪提諾同意了，手術日程也排定在十一月三日。[5] 德瑪提諾長期尊崇畢奧神父，入院當天即已祈求畢奧神父代求，決定接受手術後，她也立刻致電聖寵之母會院的莫德斯提諾弟兄（Fra Modestino），請他為自己代禱。莫德斯提諾弟兄後來報告說：「我掛了電話馬上去畢奧神父墓前，為德瑪提諾女士的康復向他祈禱。」[6] 德瑪提諾則說，她在醫院「聞到一股濃郁的香氣，強烈感到畢奧神父的臨在」。[7] 十一月二日，她覺得自己好多了；到了手術那天，醫生驚訝地發現她的淋巴液都被吸收掉了。德瑪提諾於十一月六日出院，沒有接受手術或任何治療。[8]

德瑪提諾的例子很適合作為候選奇蹟：她的病況嚴重；不動手術，難以在短期康復；她沒接受治療，疾病就突然消失了。

封聖案申請人保利諾．羅西神父知道這件事後，於一九九六年七月十五日向薩萊諾－坎帕尼亞－阿瑟諾（Salerno-Campagna-Acerno）總主教提出請求，請他對德瑪提諾經歷的奇蹟開始「調查程序」。七月廿二日，教區審理會成立；兩天後，吉拉．皮耶洛（Gerardo Pierro）總主教召開會議，德瑪提諾及其他十四名見證者（含兩名參與會診的醫生）在宣誓後接受調查。一年後，調查委員會完成任務，將文件送交宣聖部，由五名醫療專家審核德瑪提諾的病歷。一九九八年四月卅日，醫學審查會無異議同意：德瑪提諾原本病況嚴重，但在沒有接受手術及其他治療的情況下，疾病快速、完全消失，且痊癒情況持久，整個過程無法以科學方式解釋。不過，無論一次醫治有多特別、多難以解釋，要被宣告為「奇蹟」，還是要由教會正式授權的神學家判定。於是，相關資料再送呈七名神學諮詢委員，結果他們也無異議同意：德瑪提諾的痊癒確為奇蹟。

於是，一九九八年十二月廿一日，在宣布畢奧神父具有英豪之聖德、樞德後，教宗若望．保祿二世宣告：「我在此確認：此奇蹟乃天主藉可敬的天主之僕、皮耶垂西那的畢奧神父之代求而行……孔希雅．德瑪提諾女士鎖骨上方……因淋巴導管破裂而流出液體的情形，痊癒得快速、完全而持久。」[9]

畢奧神父逝世紀念日（九月廿三日）被訂為他的慶日，也有人為真福畢奧日課（Office of Blessed Pio）寫了一篇禱文：「主啊，願受祢施恩、得以參與祢愛子苦難的真福畢奧，常常垂聽我們的祈禱，透過他的代求讓我們遵行耶穌的死，從而獲得復活的榮光。」[10]

一九九九年五月二日，畢奧神父宣真福的日子，天色剛亮，上千輛遊覽車便已湧入羅馬。據估計，在聖伯多祿廣場親臨盛會的人高達二十萬，在聖若望．拉特朗大殿（Basilica of St. John Lateran）

外觀看實況轉播的人，也高達十萬。

教宗若望．保祿二世宣布：「我們謹以我們的宗徒權柄認可：可敬的天主之僕、皮耶垂西那的畢奧神父，自此稱為『真福』。在尊崇與謙卑的原則下，可在既定場所慶祝他的慶日。」[11]

教宗在講道中說：「去聖若翰．羅通多參加他的彌撒、尋求他的建議、向他告解的人，都在他身上看到了受難、復活的基督的活肖像。畢奧神父的面容反映了復活的榮光；他領受『聖傷』的身軀，揭示了逾越奧蹟中死亡與復活的緊密連結。皮耶垂西那的真福畢奧深深參與了救主受難：他領受了特別的恩賜，承擔了伴隨恩賜而來的神秘內在之苦，凡此種種，都讓他不斷參與上主的苦難，從不懷疑髑髏地是所有聖者的山丘。」[12]

教宗也提到了安慰之家：「他的愛心如香膏一般，抹在他虛弱、受苦的弟兄姊妹身上。畢奧神父結合了對靈魂的熱情、對人類苦難的關懷，努力在聖若翰．羅通多建立了大型醫院……」

教宗結論道：「真福畢奧正從天國看著我們，看著此刻在廣場上的人，也看著在聖若望．拉特朗大殿和聖若翰．羅通多在祈禱中與我們同在的人；他也會為全世界在靈性上與此合一、與你們同禱的人代求。去幫助每個人，去安慰每顆心，讓他們重獲平安。阿們！」[13]

列真福品後，只要再有一件奇蹟獲得證實，畢奧神父即可榮列聖品。

二〇〇一年十二月二十日，教宗若望．保祿二世宣布：畢奧神父又有一件代求奇蹟獲得確認，列聖品條件完足。這次獲得治癒的對象，是八歲大的瑪竇．畢奧．柯雷洛（Matteo Pio Colello），他的腦膜炎在經過最先進治療後仍不見好，但在祈求畢奧神父代求後突然痊癒，宣聖部醫學審查會也認定：他的康復「迅速、完全而持久，沒有後遺症，也難以用科學方式解釋」。

瑪竇．畢奧．柯雷洛是兩個孩子裡的幼子，父親是聖若翰．羅通多的醫生安東尼歐．柯雷洛（Antonio Colello），母親是瑪利亞．露琪雅．伊波利托（Maria Lucia Ippolito），夫婦兩人都很尊崇畢奧神父，家裡每個房間都擺了他的相片。在孩子生病前一年，瑪利亞．露琪雅夢到畢奧神父溫柔地問她說：「妳為什麼在哭？」她回答說自己也不知道，神父伸手拍了拍她臉，安慰她說：「有什麼好怕的？我與妳同在，我會一直在妳身邊。」

六或七個月後，瑪利亞．露琪雅夢到自己身在一個陌生的墳場裡，「恐懼到發抖」。這時，畢奧神父又出現了，問她說：「妳在這裡做什麼？」她又說她不知道，神父跟她說：「走吧，離開這裡，妳不該來這邊。」

瑪利亞．露琪雅醒來後，在臥室裡聞到一股「非常甜美、舒服的香氣，融合了玫瑰和紫羅蘭香」，她西處張望了一下，卻沒發現有什麼東西會發出香氣。她走到陽台，以為會找到香氣是從哪飄來的，但一無所獲。她搖醒了丈夫，問他有沒有聞到什麼味道，安東尼歐說他有聞到花香，但聳聳肩說：「那又怎樣？」[14]

二〇〇〇年一月二十日上午，瑪竇突然發高燒、顫抖、頭痛、嘔吐，變得相當虛弱，也神智不清。他的醫生爸爸一開始以為他感冒了，但到了晚上，瑪竇全身浮現青紫斑點，家人見狀況不對，趕忙將他送到安慰之家，那裡的醫生診斷他得了急性腦膜炎。雖然醫院立刻進行治療，但瑪竇還是出現敗血性休克、呼吸困難、心律不整等症狀。醫生為他裝上呼吸器，也盡力在他心臟停止時把他救了回來，但還是坦白跟柯雷洛夫婦說：種種治療似乎效果不彰，這位陷入昏迷的孩子「可能很快會過世」。[15]

隔天，瑪利亞．露琪雅去了對街的會院，請求能到畢奧神父的房間與墳墓祈禱：「黎那多（Rinaldo）神父幫我開了兩個地方，我因此有幸跪在畢奧神父的床前、墓室前向他祈求……我請他別讓我們家庭破碎，把我們卑微的祈禱與淚水帶到天主跟前，別帶我的小天使走。」當晚，她跟弟兄們在墓室念玫瑰經時，神秘的事發生了：「我臉貼著冰冷的花岡岩祈禱，雖然我眼睛閉著，卻突然看到了黑白影像——我看到一位大鬍子弟兄堅定地走到床前，兩隻手抱起一個孩子瘦小而僵硬的身軀，把他放在腳上。」[16]

瑪竇病倒後第四天，莫德斯提諾弟兄跟這對父母說：「要有信心，要有信心。不要違背天主的旨意，但要好好祈禱。只要對神說：『祢把他給了我們，現在，也請把他還給我們。』不要違背神的旨意，祈禱說：『我為瑪竇獻上我的生命給祢，我獻上我的生命與苦痛。』」莫德斯提諾弟兄拿了畢奧神父送他的十字架來，讓這對父母吻它，接著祝福了他們，又再一次說：「要有信心，要有信心，不要違背天主的旨意。我跟畢奧神父說了：『請為瑪竇祈禱，讓這成為你榮列聖品的奇蹟。你還得要一個奇蹟才會列入聖品，幫幫瑪竇吧！跟他一起走上祭壇。』」

莫德斯提諾弟兄還說：「我相信這會成真的。瑪竇會痊癒，畢奧神父也會因此榮列聖品。」[17]

在畢奧神父墓前祈禱後第三天，瑪利亞．露琪雅突然聞到一股「異常濃郁的花香，味道好香、好舒服」，她恍然大悟，發現「畢奧神父一定在這裡，他藉此讓我知道他與我同在，瑪竇的情況也會變好」。[18]

又七天後（瑪竇病倒十天後），這孩子突然清醒了，每個人都嚇了一跳。他睜開了眼睛，但還不能說話；隔天，二月一日，他右手能順利開闔，也說：「我想找畢奧神父，我想找畢奧神父。」

又過了一天左右，瑪竇終於完全恢復意識，他媽媽跟他說他「睡了好長一覺」，也問說：「你有沒有夢到什麼？記不記得睡覺時發生了什麼事？」一開始時，瑪竇聳肩不答，後來才說：「我遠遠看著自己睡在床上，孤伶伶地一個人。」

「一個人嗎？沒有看到醫生、護士、爸爸或我？」

仔細想了想之後，瑪竇說：「沒有耶，只有我一個……但有個很老、很老的白鬍子老人……穿著咖啡色長袍……他對我伸出右手，跟我說：『瑪竇，別擔心，你很快會好起來的。』」瑪利亞．露琪雅拿了畢奧神父的照片給他看，他一眼認出這就是他夢到的白鬍子老人，他後來還說自己有看到「大天使」，一個全身雪白、黃色翅膀，另一個全身赤紅、白色翅膀，「可是他們太亮了，我看不到他們的臉」。[19]

瑪竇很快就康復了，曼弗雷多尼亞主教公署也開始調查，最後將相關紀錄送交宣聖部。二〇〇一年十一月廿二日，宣聖部醫學審查會同意：瑪竇的康復「迅速、完全而持久，沒有後遺症，也難以用科學方式解釋」；十二月十一日，神學委員會召開；四天過後，與會的樞機、主教有了結論：這次事件有神聖力量介入，確屬奇蹟。樞機部長寫了詳細報告，上呈教宗，教宗也認可了宣聖部的決議。[20]

二〇〇二年六月十六日，豔陽高照，萬里無雲，超過三十萬人揮汗群集聖伯多祿大廣場，聆聽年逾八旬、駝背、中風的老教宗若望．保祿二世宣布：「為榮耀至聖天主聖三，昂揚基督信仰，在這漫長的過程中，我們時時呼求神聖的協助，傾聽我們許多主教弟兄的建議，謹以我們的主耶穌基督、聖宗徒伯多祿與保祿，以及我們的權柄，在此認可：皮耶垂西那的真福畢奧為聖人。」[21]

兩名弟兄緩緩向前，將畢奧神父的聖髑放在祭壇旁邊：一座聖方濟與聖佳蘭的銀質雕像，內含這位新聖人染血的衣物，以及他聖傷的瘡痂。也許是因為已有他的肉體遺物，他的遺體並未像許多聖人那樣被掘出展示。他的遺體繼續靜靜躺在聖若翰．羅通多的教堂底下，待旁邊可容納一萬人的新大教堂建好後，才會遷過去。[22]

這一天，不只梵蒂岡歡聲雷動，聖若翰．羅通多也舉辦了盛大慶祝活動：苦路旁邊，路易．莫瑞提（Luigi Moretti）主教與五十名神父共祭，現場釋放了一萬二千三百二十七顆藍、黃氣球，象徵畢奧神父自過世到封聖的每一天，觀禮人數超過四萬人，警察與海軍陸戰隊的樂隊，也在旁奏起義大利國歌。

在梵蒂岡，教宗在講道中引了〈瑪竇福音〉（馬太福音）十一章裡基督的話：「我的軛是柔和的，我的擔子是輕鬆的。」教宗說，「軛」的意象「提醒了我們：這位聖若翰．羅通多的謙卑嘉布遣會士，一生面對了多少考驗。我們今天在這裡緬懷他的一生，便知道只要有忠信的愛，基督的軛便多柔和，祂的擔子便多輕鬆。畢奧神父的人生與行誼證明：只要以愛來接受困難與悲傷，這些苦難就能被轉化為通往聖潔之路，引人走向唯有神知道的更大的善」。

教宗接著引用聖保祿的話：「我只以我們的主耶穌基督的十字架來誇耀。」（迦拉達書／加拉太書 6:14）請大家不忘畢奧神父一生努力仿效被釘上十字架的主，還說「他以一種特殊的方式受呼召，一同參與救贖事工」。

教宗也特別提到畢奧神父是傑出的聽告解神師：「我在年輕時，也曾有幸向他告解，並從中受益。」他接著說：畢奧神父應被視作典範，「鼓勵司鐸們以喜樂與熱誠牧靈，這對今日尤其重要」。

教宗還說，畢奧神父牧靈成功的「最大原因」，是他「長時間地祈禱與告解，藉此密切而持續地與神合一」。畢奧神父的精神也在祈禱會中獲得延續：「這些團體以不間斷而有信心的祈禱，裨益了教會與社會」，畢奧神父也在祈禱會中「喚起熱烈的愛心，從而促成『受苦者安慰之家』這偉大的工程。祈禱與愛心，具現了畢奧神父的所有教誨，直至今日仍振聾發聵。」

教宗最後以基督的話作總結：「父啊！天地的主宰！我稱謝祢，因為祢將這些事瞞住了智慧和明達的人，而啟示給小孩子。」（瑪竇／馬太福音 11:25）他說：「把耶穌的這句話用在您——謙卑而可愛的畢奧神父——身上，是多麼恰當啊！」他最後向這位新聖人祈禱說：

> 請教導我們……常懷謙卑，讓我們足堪成為福音裡所說的「小孩子」，領受天父應許的天國的奧秘。

請讓我們不斷祈禱，堅信在我們祈求之前，天主已知道我們需要什麼。
請讓我們有信德之眼，能立刻在窮人、受苦的人中認出耶穌的臉。
請在我們爭戰、受試探時支持我們；若我們犯錯，也請讓我們經驗寬恕的喜樂。
請讓我們崇敬耶穌的母親、我們的母親聖母瑪利亞。
請在我們的塵世朝聖之旅中陪伴我們，帶領我們走向幸福的天鄉，我們盼望在那永遠默觀聖父、聖子、聖神的榮耀。[23]

彌撒結束後，教宗宣布：畢奧神父的慶日——九月廿三日，他「在天國的生日」——將被納入禮儀曆中，並歸為「必行紀念日」（obligation），亦即：天主教會的每位司鐸，都必須紀念聖畢奧的慶日。

典禮結束後，梵蒂岡施放煙火，聖伯多祿大殿也演奏起貝多芬的〈快樂頌〉。就這樣，方濟·佛瓊內在過世卅三年八個月又廿四天後，成了皮耶垂西那的聖畢奧。

後記
基督的仿效者

最後，還有一個問題：「為什麼畢奧神父很重要？」要回答這個問題，我們得從兩個方面切入：畢奧神父**做了什麼**？畢奧神父是**怎麼樣的一個人**？

很多人只以窺奇的眼光來看待畢奧神父，對他們來說，畢奧神父跟怪胎沒兩樣。毫無疑問的是，這位特別的神父的確與很多超自然現象有關：他手、腳、肋旁都有開放性傷口，治不好，也無法用醫學或心理學解釋，但在他死前，這些傷口又神秘地癒合了，一點傷疤都不留；有人信誓旦旦說他能看穿不認識的人的心，很多人見過他之後也說：「他比我還了解我自己。」他無疑也與一股神秘的香氣有關，而這馨香就跟他的傷口一樣，至今難以解釋；此外，在請他代禱、向他尋求建議之後，很多人的身、心、靈也經歷了突如其來而無法解釋的改變；最後，不論他生前死後，都有不少人見證說他「分身」出現在不同地方。

然而，這些能說明什麼呢？的確，這些事都很有趣，但要是畢奧神父的人生和人格特質的實質內涵僅止於此的話，那若望．保祿一世的擔憂的確是合理的：畢奧神父的神秘軼事可能變成「靈性的甜點」，讓基督徒從福音與禮儀的「肉食和蔬果」上分心。

不過，如果我們好好看看畢奧神父**做**了什麼，就會發現他不只做了超自然的事，也做了許多人道工作：在一個過去醫療資源嚴重不足的地方，他建起了第一流的醫院；他為老人、殘障者設置了療養機構；二次大戰之後，他還在政治上發揮影響力，有人甚至認為是因為他的努力，義大利才未在大選中淪入共黨之手；他為義大利政治領袖提供建言，甚至也有外國領袖向他尋求建議（例如西班牙的佛朗哥將軍）；最後，他也將傳統價值諄諄灌輸給了好幾代義大利人。

即使只從表面來看，畢奧神父也會是歷史學家、超心理學家極感興趣的人物。雖然很多專家說他的神學沒多特別，但他還是影響了非常多人，讓神學院的老師、學生難以略而不顧。

不過，這些都未真正觸及「畢奧神父**是怎麼樣的一個人？**」上述種種，仍難以證明他堪為道德與靈性的表率——很多神學家和宗教作家的信仰不冷不熱；很多社工領袖、人道主義者傲慢、自大、不虔誠；很多有超能力的人既不是好人、更不算聖人。

很多人認為畢奧神父的「奇蹟」就能說明他的聖潔，實則不然。很多聖人並未領有神恩，反倒是一些一點也不聖潔、甚至不是基督徒的人，有能力做出一些明顯超自然的事，例如格里高利・拉斯普丁（Grigori Rasputin）、艾德格・凱西（Edgar Cayce）、海倫娜・布拉瓦茨基（Helena Blavasky）、以及魯道夫・史代納（Rudolf Steiner）。我還可以舉另一個例子：二十世紀晚期，出現了一個叫實諦・賽巴巴（Sathya Sai Baba）的印度教上師，宣稱自己是神的化身，據說也會治病、甚至讓死人復活，還有人說他和畢奧神父一樣也會散發馨香；據說他能把水變成汽油、把沙變成宗教書，還能憑空變出食物、珠寶、手錶、戒指、自己的相片，還有一種稱作 vibhuti 的聖灰。不過，賽巴巴的作風跟畢奧神父截然不同：畢奧神父相當自謙，甚至謙卑到懷疑自己是否會被救贖，也將眾人對他的尊崇引向基督；而這位印度教上師，則是公開宣稱他就是神。[1] 此外，畢奧神父嚴格要求屬靈子女過著聖潔生活，賽巴巴則據稱不太給信徒道德規範。

畢奧神父跟非基督徒、邊緣基督宗教的那些「大師」不一樣，也跟二十世紀的許多宗教治療者不同，因為他總是把眾人的目光從自己身上移開，請大家把焦點放在基督身上。透過畢奧神父而產生的「奇蹟」，彰顯了那位新、舊約中的上主，那位天主教、新教、東正教共同敬奉的上主；在畢奧神父的牧靈工作中，基督的教誨得到確認、得到彰顯。在一個充滿懷疑的年代，在一個連神學院都質疑聖經與基督的年代，畢奧神父確認了聖經裡的基要見證。

比「畢奧神父**做了什麼**？」更重要的問題是：畢奧神父**是怎麼樣的一個人**？大多數熟識他的人都說，他最令人難忘的不是超自然恩賜，而是人格。大多數人都被他的謙卑深深觸動，阿雷修神父說：「畢奧神父最大的特質就是謙卑。他從不好名，總把自己看作世上最卑微的一個。」與他生活多年的奧瑞里歐神父也說，他最難忘的是畢奧神父的人情味。與瑪利亞．派爾同住多年的卡梅菈．瑪洛齊諾，或許一語道盡了每個人對畢奧神父的想法：「他真是個大好人！……對每個人都很好。這就是畢奧神父最大的特質！」

這裡是作者加入評價畢奧神父特質的適當之處。書評家可以批評我不夠客觀，因為我的確很喜歡我所描寫的主角，但我也覺得，我對畢奧神父的崇敬並不是盲目的。

畢奧神父是怎麼樣的人？除了領有神恩之外，他還有什麼特質？如果他毫不脆弱、毫無缺點，那他真的太超乎尋常了，但幾乎每個忠心耿耿的傳記作者都看不到他的缺點。那麼，我們就來試著探究一下：畢奧神父是否有不好的一面？

我們的問題在於：除了畢奧神父自己的作品之外，關於他生平的第一手資料，無論是書面也好、口述也好，都對他充滿溢美之詞，完全找不出他的缺點；他的很多屬靈子女也說他完美無瑕、毫無缺陷。不過，巴吉歐的若望神父倒是試著承擔了這項重任，談了談他眼中畢奧神父的缺點：「他跪姿不好（考慮到他腳傷的情況，這點其實不難理解）；眼神會隨著進出教堂的人飄進飄出；吸鼻煙……有時發火似乎是因為沒耐性；晚禱時，我看過他打呵欠五次。」[2]

如果畢奧神父的缺點只有這些，那他的確超乎常人了。然而，也有些人完全是從負面角度來看畢奧神父，但可惜的是，到我寫作本書為止，還沒有人仔細研究這些人為什麼這麼敵視他。畢奧神父的弟兄含糊暗示是因為嫉妒，但我訪問了很多人，沒人對此有確切答案。攻擊畢奧神父最詳盡的書面資料，就是在他牧靈工作的早期，由奧斯定．杰梅禮和巴斯加．加依亞迪提出的指控，他們兩人在當時都是既有權勢、又有名望的神職人員。畢奧神父的傳記作者多半提都不提這兩個人，就算寫到了，通常也和我一樣，把他們當成邪惡之人。

我會有這種看法，固然是因為跟我提到他們的人都是畢奧神父的支持者，但他們長年、持續而有意地詆毀畢奧神父，卻是無可否認的**事實**。原因究竟何在？我一直想獲得真相，但得到的答案卻是：加依亞迪的報告、信件，都被「機密保管」於曼弗雷多尼亞總教區，杰梅禮的報告也禁止閱覽。因此，我也只能藉由現有證據做出判斷：這兩位神職人員之所以攻擊畢奧神父，動機不純，內容也不值一哂。

我只有一次遇到不喜歡畢奧神父的人，但這兩個人根本沒見過他。約一九七二年時，我在康州紐黑文（New Haven）認識了一對夫婦，兩人都是新教某宗派的傳教士，我還記得他們的名字，但我不覺得有寫出的必要。他們住在米蘭，在畢奧神父在世的時候也很活躍。他們都是善良、仁慈的好人，但對畢奧神父的看法非常負面。他們說自己教會有個人曾去請畢奧神父醫治，神父說他會好起來，但他一直沒有痊癒，於是他開始怨恨這位嘉布遣聖傷者，甚至怨恨神，等到他「將生命獻給基督」、加入他們的宗派之後，身體才真的好起來。這對傳教士把這則案例當作輕視畢奧神父的理由，但我的問題是：這個人不是的確痊癒了嗎？既然如此，何必要繼續憎惡畢奧神父呢？我後來還寫信請他們提供更多資訊，但石沉大海。

吉安—卡洛．門諾提說畢奧神父「個性固執」，有時還有點「粗魯」，[3] 但他還是覺得自己遇上了聖人。畢奧神父封聖案申請人保利諾．羅西神父，也曾在受訪時跟《新聞週刊》宗教編輯肯尼斯．伍德華說：「畢奧神父是有點粗魯，但我覺得他不是有意為之，而是因為在農村長大的關係。

照過去的思維，我覺得一個人有這種缺點，大概很難為他提封聖案。但大家現在想法變了，如果發現候選人有缺點，不會一下子否定他，而會開始細加研究，試著發現這位天主之僕如何克服缺陷，或是雖然沒有克服、卻能好好與缺點共處。」4

保利諾神父的意思是什麼？有些人疑慮：由於畢奧神父的母語是拿坡里方言，轉譯為標準托斯卡尼（標準）義大利文或英文時，譯者可能已經加以「美化」了，一個詞句直譯可能有些不雅，但轉譯成標準義大利文後就沒那麼刺耳了（例如我在第十一章時譯的那句「離了陰溝，死了蟑螂」）。畢奧神父這個農家子弟，有時可能確實**粗魯**了點，但能肯定的是，他絕不**粗鄙**。認識他的人都說，他從不說「低級」笑話，如果有人在他面前開這種玩笑，他也一定會立刻離開。

他最令人不安的舉動，或許是有時會直接趕走不誠心的懺悔者和喧嘩鼓譟的人。有些時候他的確動怒了，他也常常合理化自己的行為說：要是不這樣做，根本管不住亂哄哄的人群，也無法讓虛應故事的懺悔者真心悔改。其實仔細想想：在諸多無理要求及龐大壓力下，怎麼能苛責他發脾氣呢？如果他始終笑臉迎人，那還真的不是人了。

所以回到原來的問題：畢奧神父是怎麼樣的一個人？我得到的印象是：他是一個開朗、外向、敏銳又有智慧的人，也跟常人一樣會失望、沮喪、發脾氣。他直率、坦白、真誠，但也非常溫暖、非常關心人。另外，他談吐幽默、妙趣，有如義大利的馬克·吐溫（Mark Twain）或威爾·羅傑斯（Will Rogers）。訪問過這麼多人、聽他們一個個談畢奧神父之後，我最深的感覺是：畢奧神父溫暖的人性光輝，似乎還蓋過了他的那些神秘神恩。熟識畢奧神父的人，並不是因為他滿有恩賜而敬愛他，而是因為他是個智慧、善良、謙遜、親切、溫柔的基督徒。他之所以能感召那麼多人親近上主，與其說是因為他有超能力，不如說是他以德服人。

如果好好思索畢奧神父做了什麼、又是個怎麼樣的人，他生命的信息也就十分清楚了。雅博神父說他是「天主差來的使者，助人抵抗邪惡，帶領靈魂歸向基督」；[5]歐瑟比神父說：「他以一種特別的方式訴說了十架神學：為什麼要承擔苦難來**協助天主**呢？因為天主要你幫祂帶領靈魂歸向祂。不要受了苦就反抗天主，反而要接受苦難，因為天主是父親，祂在你的苦難裡看到了價值。」[6]翻譯畢奧神父信件的瑪利．英格茲比（Mary Ingoldsby）說：「他把基督宗教帶到了今日消費社會。」[7]費城加爾默羅會受釘基督之碧雅修女（Sister Pia of Crucified Cross）說：「天主似乎透過畢奧神父再次介入我們的時代，提醒每一個人：基督確實曾在世上降生、為我們而死。」[8]畢奧神父封聖案副申請人吉拉．迪弗露梅里神父則說：「在唯物論、科技至上的二十世紀，畢奧神父再次見證了基督受難，他體現了福音中受難與復活的意義。」[9]

即使一個人對聖經只有粗淺認識，也會知道每個基督徒都受召要完全、無條件地獻身，在耶穌基督裡向上主獻上自己，畢奧神父積極、動人地回應了這個呼召，不論一個人怎麼看待他的神恩，怎麼看待他獻上自己作聖愛犧牲，怎麼看待他的牧靈工作、神學、甚至人品，都難以否認畢奧神父確實向上主完全獻上了自己。即使狂熱的無神論者會覺得他只是投身於幻覺，卻也不得不承認他的確完全投入其中。他的整個生命都獻給了神、獻給了服事人群，他在這世上唯一關切的事，就是要拯救靈魂；對他來說，每個靈魂都該被深深關懷，所以他即使犧牲自己，也無怨無悔。

畢奧神父跟每個人一樣，都受到家庭、環境、教育的影響，也跟基督之外的每個人一樣有缺點、會犯錯；但他不跟大多數人一樣隨波逐流，反而**完全順服**他的救主基督，自生至死努力仿效基督，甘願為此承受身、心、靈的極大痛苦。無論從聖經或教會傳統來看他的信仰奉獻，都難以否認：他是史上最好的基督徒典範之一。

或許我不能說畢奧神父比其他人更接近神，畢竟無論有名、無名，很多人都努力過著聖潔的生活，但我能肯定的是：沒有人像畢奧神父一樣，讓我覺得神如此靠近自己。他的生命、人格、典範散發出無窮魅力，而且不僅沒有喧賓奪主地遮蔽耶穌的教誨，反而將其發揚光大。如果有人問我：「你覺得畢奧神父最大的貢獻是什麼？」我一定會說：「他把神彰顯給無數人。」

如果一個人仔細看看數千份關於他的見證，一定會發現：無論這些證言是口述，或是親筆寫下，幾乎每個認識他、研究他的人都一致同意——透過耶穌基督，他體現了神的臨在。

附錄

喬治・波格尼蒙席的見證

下文依據喬治・波格尼蒙席訪談記錄（於紐澤西艾文頓鎮，一九八九年七月廿九日），除為釐清理路所做的小幅潤飾外，基本上是逐字記錄。主題之所以常有跳躍，是因為訪談有所壓縮。部分內容已在書中引用。

我生於匈牙利，是猶太人。家母是個很好的天主教徒，後來死在奧許維茲毒氣室。二次大戰時，我的雙胞胎弟弟和姊姊都被迫害、送進德國集中營，只有我逃到義大利，我姊姊後來倖存，兩年前才在澳洲過世。我所有親人都是猶太人，到我七歲時才全家領洗——爸爸、媽媽、姊姊、弟弟，全都領洗。領洗那天的情形，我到現在還記憶猶新。家父吃素。我爸媽之所以決定領洗，原本是出於現實考量：匈牙利是基督徒國家，他們覺得也當基督徒比較好。我們本來就不是多嚴格的猶太教徒，聖誕節也等著天使送禮物來。我是一九三五年七月十四日在匈牙利晉鐸的，不久就有了腎結石問題。大概在一九三八或三九年，醫生希望我去羅馬附近的菲烏吉（Fiuggi）溫泉療養，治療腎結石問題，於是教區給了我八個月的假，我也搬進羅馬的百鐸療養院（*Ospizio Centopreti*）。我在那認識了一位瑞士神父，叫艾米爾・卡普勒（Emil Kappler），大概兩、三年前才過世。他認識畢奧神父，非常推崇他，也找我一起去聖若翰・羅通多。我那時已經拿到神學博士了，艾米爾神父跟我說：「問問畢奧神父你該不該繼續待在羅馬，還是跟他待在聖若翰・羅通多。」

我問了畢奧神父這個問題，也接受了他的建議。畢奧神父問我：「你為什麼會在羅馬？是為了讀書嗎？」

「不是，我是為調養身體才來的。」

「離開羅馬吧，那裡空氣不好。」從他的答案就能看出他是聖人，在此同時，他也知道要循序漸進給建議。他先問：「你為什麼會在羅馬？」我說：「為了調養身體。」然後他才說：「那裡空氣不好。」他是個很直率的人，不會說多餘的話。

我就這樣在聖若翰．羅通多住了下來。我是教區神父，不住在會院，自己在鎮上租房間住。我在一九四〇年二月二日到那裡。我維也納的叔公西格蒙德（Sigmund）有自己的銀行，我寫信跟他說我病了、要住在義大利一陣子，他就寄給我一筆錢，我後來在義大利的開支都靠那筆錢。西格蒙德叔公戰爭時在瑞士過世了。我每天都在畢奧神父的教堂裡獻彌撒，也盡己所能幫嘉布遣神父們的忙。比方說，我每天早上都送聖體去病人家——每天早上都送。我也幫忙處理國外來信，因為世界上有很多人都寫信給畢奧神父，請他幫忙代禱。我記得有位美籍義大利婦人寫信說：「神父！天主在這的確偉大，但錢才是萬能的。」她信裡都在寫這種事，我一輩子都忘不了。

我後來歸化義大利籍，也有了義大利護照，這本來是不可能的事，但我居然拿到了。一九五七年時，我被找去擔任紐華克（Newark）高街匈牙利堂區神父，於是離開了聖若翰．羅通多。我來這裡（紐澤西）見到了我的雙胞胎弟弟，他當時在埃塞克斯縣（Essex County）當福利督察，現在已經退休。我來這裡看他全家，我之前就見過他太太，但當時還沒見過他孩子。我原本預計在這待五個月，沒想到最後待了三十二年，到現在還在這。我離開義大利時，畢奧神父跟我說：「要回來啊！」但最後我沒回去。我在義大利只是個公民，但在這裡，卻被賦予匈牙利堂區主任職，所以我留下來了，但每隔三、四年還是會回義大利看看朋友。我回去時，畢奧神父還是一樣溫和體貼。一九六七年種族衝突之後，我自己掏錢在艾文頓鎮買了棟房子。我的房間在樓上，教堂就在樓下，可容納一百個人。

畢奧神父總叫我「喬傑托」（Giorgetto），我們每天都在會院花園裡散步。他這人很率真、不做作。他是個標準南義人，很愛說笑話，下面這個笑話他常說：

紅鬍子腓特烈（Federico Barbarossa）有一天來修院，跟院長說：「一年後我會再來，你到時要是沒有解出我的三個問題，我就剷平這裡。」

院長很煩惱也很絕望，修院廚子見他悶悶不樂，問他說：「神父，您怎麼啦？怎麼看起來很難過？」

「我不能說。」

「跟我說說看嘛！也許我幫得上忙也說不定。」

於是院長跟他說了紅鬍子腓特烈的三個問題：第一，大地跟月亮距離多遠？——要記得那可是中世紀喔！第二，我這個皇帝價值多高？第三，一年後我再來找你時，心裡在想什麼？

廚子聽完後說：「原來如此！那您別擔心了，我會回答。」

一年後，紅鬍子腓特烈又來了，廚子穿上院長的衣服去見他，他也沒認出來。

「我問你的問題，你想出答案了嗎？」

「是的，陛下。」

「好，那第一個問題：大地跟月亮距離多遠？」

廚子隨口說了一個天文數字。

「你怎麼知道？」紅鬍子腓特烈問。

「陛下，我量過了。若陛下不信，可以叫人去量。」

「好吧。那第二個問題：我價值多少？」

廚子畢恭畢敬地說道：「救主耶穌基督是三十銀元賣的。您是皇帝，相當偉大，但還是不會跟耶穌基督一樣偉大。所以如果基督值三十銀元，你就值二十八銀元。」

「好。那最後一個問題：我現在在想什麼？」

「陛下在想：『跟我說話的人是院長。』但其實我是廚子！」

我記得，第一本關於畢奧神父的書是德爾方提寫的。我還跟畢奧神父說：「看了這本書的人大概會以為，你每廿四小時都行廿五個奇蹟。」他聽了沉默不語。這本書一點用都沒有，把畢奧神父寫得一點都不像真正的他。我唯一記得的一個奇蹟，是一個義大利男人帶了他兒子來，大概才八歲大吧。醫生說那孩子「嚴重弱視」，實際上跟瞎了差不多。結果在彌撒時，那位父親竟發現他孩子在東看西看，看看天花板、又看看人——他恢復視力了！畢奧神父彌撒結束後來祭衣房，見大夥鬧哄哄的，還說了句：「別吵！」這是我親眼目睹的事，發生在大戰期間，不過我忘了那個孩子的名字。

還有一個人，他眼睛被炸傷，弟兄們要畢奧神父為他的視力祈禱，因為對弟兄來說這也是一大慘事。他現在能用他炸壞的眼睛看東西。我那時不在場，但有聽人家說（波格尼蒙席記得薩維諾被治癒的事，但他把當事人記成了皮耶特洛）。

我有聽說飛行員見到異象，這事我有聽過，但我沒辦法做什麼補充。我是在會院裡聽說的。當時地中海最大的空軍基地在佛吉亞，我聽說他們有時會出動上千架飛機執行轟炸任務。

聖若翰．羅通多來了很多美國大兵。有一次人家介紹一個摩門教隨軍牧師給我，我很沒禮貌地當著大兵們的面問他：「所以你有兩個老婆？」大家都在笑。畢奧神父對大兵們都很友善，但只要講到宗教，他一定堅持只有天主教會是耶穌基督所創。他誠心接納每一個人，但他也深信其他宗派都只是由人創立的，像路德、加爾文、慈運理等等。他從沒跟大家說過這個想法，從來也沒有。我不太記得他有跟非天主教徒長談，事實上，因為他實在太忙，也沒辦法跟任何人長談。他通常凌晨兩、三點起床，開始祈禱，五點時去獻彌撒。他的彌撒通常九十分鐘，結束後先去感恩祈禱，然後就去聽告解。

有一次畢奧神父病了，有位從路易斯安那（Louisiana）什里夫波特（Shreveport）來的美國猶太醫生來看他。醫生建議他休養八天，但當然，畢奧神父沒接受他的建議。畢奧神父一直稱讚那位醫生人很好，他離開之後，畢奧神父跟我說了句：「真遺憾他是猶太教。」

有一次他們要我去幫忙大禮彌撒。那應該是禮拜天吧，我原本應該一早就到，但我在鎮上房裡睡過頭了。我覺得有人想把我叫醒，有四根指頭放在我肩上，也彷彿聽見畢奧神父對我說：「快起來吧！你現在得來幫我了！」房裡當時明明沒人，可是我就是覺得有四根手指放在我肩上（波格尼蒙席作勢摸摸肩膀）。

我有聞過那股香氣，但次數不多，也講不出那聞起來像什麼。我在聖若翰．羅通多一個很好的朋友跟我說：畢奧神父過世，他們將他放進墓穴時，也聞到一股很濃郁的香氣。但我到美國之後，再也沒聞過那種香氣，一次也沒有。

沒人能像畢奧神父那樣吃那麼少維生，他幾乎什麼也不吃。嘉布遣弟兄每個主日都邀我跟他們一起吃飯，所以我每個禮拜天都親眼看到他吃很少。他夏天穿羊毛襯衣，為了消暑會喝些啤酒——冰啤酒。

如果有外國人來，畢奧神父聽告解的時候，會用他們的語言說幾個字。

他最大的成就，就是在告解室裡領人接近天主。要是有人不接受他嚴格的建議，他就不予赦罪。這種事發生不只一次。

我聽畢奧神父親口說過：他剛領受聖傷的那段時間，是在祭衣房聽告解的。那裡的門關不緊，老是搖搖擺擺的。有天中午大家都回家吃飯了，弟兄們也關上了教堂。可是畢奧神父發現還有個婦人留著沒走，於是他就在祭衣房聽她告解。畢奧神父跟我說她告解了很重的罪，但當然，他沒有跟我說內容。畢奧神父給了她建議，正準備要為她赦罪，沒想到才張口說「天上的……」那女人便一躍而起，厲聲尖叫，突然消失了。畢奧神父很是驚恐，馬上向外衝去，但只看到那扇門在那搖搖擺擺的。畢奧神父發現伊納爵神父站在那裡，就問他說：「你有沒有看到什麼人從教堂跑出去？」伊納爵神父回答說：「沒有啊。我什麼人也沒看到。」畢奧神父說他不認識那個女人，猜想那可能是魔鬼跑來這裡愚弄他。我在那裡時沒遇過這種事，不記得有驅魔。

我認識畢奧神父的父親葛拉修大叔，他是個很好的老莊稼人。我不會用「聖潔」來形容他，但他是個好莊稼人，我每天都見到他。他年輕時很窮，窮到需要一隻母牛就得跑去南美打工賺錢的地步。他很單純、很善良，我每天都看到他。他很愛說話，但沒什麼內容。我認識他時他已經很老、很老了。他不用家人間較親近的「你」來跟畢奧神父說話，反而堅持要稱「您」。畢奧神父跟弟兄們說話通常都用「你」，但他們跟他說話則用「您」。我記得畢奧神父在父親過世的那天晚上，哭得肝腸寸斷。

我在聖若翰・羅通多的大部分時間，都是拉斐爾神父當院長。他是個很好、也很嚴格的長上。奧斯定神父曾擔任省會長，卸任之後有權決定要待在哪間會院，不讓人意外的是，他決定要來畢奧神父的會院。你知道，無論在教會或世俗，最丟臉的莫過於一個人有了權力，卻畏首畏尾不敢使用。奧斯定神父可不如此，需要運用權力時他就會用。舉例來說，畢奧神父讓我成了第三會會員，我想穿第三會會衣，但奧斯定神父一口回絕，事情就這樣定了，我們都得服從。如果有人遇到問題，不知道怎麼做才對，奧斯定神父會說：「請他來找我。」如果有人想做教會和信仰不認可的事，奧斯定神父也會說：「請他來找我。」然後他會跟你說怎麼做才對。他是個很好、很好的神職人員，我們私下叫他「胖老爸」，因為他真的挺胖的。

畢奧神父的哥哥米切雷・佛瓊內，也是個標準義大利莊稼人，後來在他女兒碧雅家裡過世。他是個很單純的人，會想盡辦法護著畢奧神父。

我幫那些大兵當翻譯，也去軍營裡主持彌撒、講道。美軍佛吉亞基地的隨軍神父叫若瑟・馬許（Joseph Mush），他去聖地時，就找我去代他主持彌撒、講道。除了那次之外，他還有找我代打過幾次。

我看過聖傷，其實每個人都看過。因為他雖然平常會戴手套或半掌手套，但彌撒時得脫下來。義大利當時的習慣，也會在彌撒結束後吻神父的手致敬。你看得到聖傷上面沾著一層血。有一次彌撒進行時，一個男人懷疑聖傷是不是真的有孔，於是在彌撒結束吻神父的手時，他故意用手指去戳了一戳，畢奧神父說：「你現在相信了嗎？」有一次有個義大利士兵託我問畢奧神父：「您有聖傷多久了？」他只說：「很久了。」還有一次是位波蘭籍猶太人（後來由畢奧神父付洗）提出質疑：「誰知道聖傷是不是假的？」畢奧神父說：「如果這是假的，那我是第一個被騙倒的人。」

翁貝托二世王后瑪利亞・喬瑟，曾來拜訪過畢奧神父一次。想當然爾，事前有一大堆維安人員過來，但他們都不跟畢奧神父說是誰要來，然而畢奧神父堅持要知道：「我非知道不可，也許那個人我根本不想見。」他們只好老實跟他說是王后要來。

西班牙的佛朗哥大權在握後，也寫信徵詢畢奧神父的建議：「我該如何治理人民？」神父回道：「你要比關注肉身之事更多的去關注道德、屬靈之事。」畢奧神父很尊敬我們皇帝法蘭茲・約瑟夫（Francis Joseph），[1]因為他雖然年紀大了，還是每年參加維也納基督聖體聖血節遊行，恭恭謹謹地跟在聖體後面，一手拄著枴杖，一手拿著蠟燭。法蘭茲．約瑟夫是個很虔誠的人，畢奧神父很尊敬他。

不過，他倒是說義大利國王維多利奧．艾曼紐三世沒信仰。艾曼紐三世有一次跟人家說：「你們這些有信仰安慰的人真幸運。」畢奧神父聽說之後則說：「信仰是天主的恩賜。」他不怎麼支持義大利王室，因為他們沒信仰。對畢奧神父來說，信仰是最重要的事。

畢奧神父有一次跟我說：「如果我逮到希特勒，你知道我會怎麼辦嗎？我會把他關進籠子裡，帶著他走遍世界，這樣他就知道人家是怎麼看他的。」畢奧神父從沒說過希特勒有沒有下地獄，倒是蒂羅爾（Tyrol）有位聖潔的女士說她看到異象，看到希特勒死後來到救主耶穌基督面前，耶穌伸開雙臂作十字狀，問希特勒說：「你現在相信了嗎？」然後希特勒就直奔地獄了。但畢奧神父從沒說過這種事。

我很感謝義大利人待我的方式，他們說：「他是猶太人沒錯，但他什麼事也沒做錯。」就讓我留下了。在猶太政策上，墨索里尼並沒把希特勒那套照單全收。義大利只有七萬名猶太人，他把他們關進集中營裡，但也沒有趕盡殺絕。畢奧神父沒特別談過希特勒的猶太政策。我雙胞胎弟弟被丟進德國集中營，我姊姊離開集中營時只剩六十磅，那段日子毀了她的身體，她再也無法生育。我在布達佩斯也有一些親人，他們躲過了這場浩劫，因為納粹不想讓世人知道他們是怎麼對待猶太人的，所以在首都並未進行大規模迫害。西班牙使館庇護了不少猶太人，這是佛朗哥的決定。我有些朋友後來也當了神父，當時就待在西班牙使館裡。匈牙利納粹守在使館門外，但沒有強行闖入把猶太人抓出來。

聽好，重點來了：有六百萬猶太人被殺，但其中將近一半是基督徒。對希特勒來說，如果你不能證明你家三代都是基督徒，那你就是猶太人；如果你祖母不是基督徒，那你就是猶太人。

畢奧神父知道誰離開了煉獄到天堂，也會告知來問亡者去處的遺族，但我沒問過我死去的親人到了哪裡。

在告解時，如果你忘了什麼事，他會留著你繼續問：「還有呢？」有時候我是他的告解神父。他知道每個人都會犯罪，就像聖若望說的那樣：誰要是說自己沒犯罪，一定是在撒謊。但我認為畢奧神父沒犯過罪，連小罪都沒有，我真的這樣覺得，因為我聽過他告解。

關於天堂，我只聽他說過：「靈魂要脫離肉體，得要多大的力量啊！此刻，我們的身體是靈魂的牢籠。」

一九四八年，法西斯倒台後的第一次義大利國會大選，畢奧神父四處勸人投給基督徒，他也身體力行，到兩公里外的鎮上投票，把這件事看得很認真。你可能聽過，義大利共產黨黨魁托亞提（Togliatti）有一次在拉特朗大殿外演講，指著教堂說：「我們把這兒改成戲院！」他原本以為共產黨必勝無疑，沒想到這樣一來丟了幾千張票。

關於性，畢奧神父有一次說：「我十多歲時，根本不知道人是怎麼變出來的。在那個年代，皮耶垂西那的青少年根本對性一無所知。」關於道德，他則說：「以前有大洪水，我們現在則需要一場大火。」有一次有個女孩穿迷你裙來告解，他又震驚又不快，跟我們說：「後頭全被看光了！她還來告解！」他沒說過墮胎的事。有一次有個離婚再娶的人來見他，畢奧神父沒聽他告解，但好言好語地跟他談了談。

聖若翰・羅通多有不少瘋狂、情緒化的麻煩人物。有個德國女人試圖一天領五次聖體，還有個女生在彌撒時大喊：「史達林萬歲！史達林萬歲！」

桑奎內提醫生死得很突然，他山上、山下奔波了一整天，好不容易能回家休息，隔天早上就突然心臟病發過世了。

安慰之家的創始人之一基斯瓦岱博士，是南斯拉夫伊薩拉（Isara）的藥劑師。除了他的藥學知識外，南斯拉夫沒收了他的一切。他跟太太沒有小孩，有一年半的時間他們遊歷全歐洲。他跟我說：有天早上，他司機載他連人帶車開進了亞得里亞海。水裡出現一道強光，他不能說話，但開始合掌默禱。他這個人挺胖的，但那道光裡有個人把他從車窗拉了出去。在正常情況下，這根本不可能，因為他實在太胖了，不可能擠得過窗戶。他浮上來吸了口氣，又游下去救他司機。基斯瓦岱濕答答地回到藥局，鎮上的人看到他猛劃十字，以為他是鬼，因為他們看到車子開進海裡，以為他死定了。基斯瓦岱始終相信強光中的那個人是畢奧神父，認識他的人也都說不可能有人有辦法把他拉出車子。基斯瓦岱博士又矮又胖，當時已是很好的基督徒。

道明・梅耶神父是個好人，也是個很好的神職人員。他是芝加哥樞機總主教雅博・梅耶的大堂哥。

無論畢奧神父會不會被列入聖品，我都覺得他是聖人。一九四七年，瑞士的尼各老・馮物洛（Nicolas von Flue）被列聖品時，瑞士神父艾米爾・卡普勒很得意，一直說：「我們現在有兩個聖人了。」畢奧神父跟他說：「到了天國都一樣。」

謝詞

本書得以問世，首先得感謝聖若翰．羅通多（San Giovanni Rotondo）聖寵之母會院（Our Lady of Grace Friary）嘉布遣會神父的鼎力相助，他們不僅允我引用他們的出版品，也慷慨讓我翻拍他們保存的珍貴照片，沒有他們的大力幫忙，本書絕無成書可能。我也想特別感謝若瑟．畢奧．馬丁（Joseph Pius Martin）神父與阿雷修．帕稜提（Alessio Parente）神父，在我於一九七八、一九八九年兩度拜訪聖若翰．羅通多時，他們兩位不僅與我分享對畢奧神父（Padre Pio）的相關回憶，還帶我訪問了很多我原本根本見不到的人、讓我看了不少相當珍貴的資料。訪問其間，他們也載我跑遍聖若翰．羅通多，帶我去見許多畢奧神父的舊識。對於一九八九年的那次拜訪，我也想再次感謝皮耶垂西那（Pietrelcina）聖家會院（The Friary of the Holy Family）的歐瑟比．諾提（Eusebio Notte）神父，他帶我看了畢奧神父的出生地，以及許多他童年待過的地方；艾米迪歐．卡帕比盎卡（Emidio Cappabianca）神父幫我拷貝堂區登記簿的紀錄，安當神父（Padre Antonio）從皮耶垂西那載我到聖若翰．羅通多，在此一並致謝。我也想感謝卡梅菈．瑪洛齊諾（Carmela Marocchino）、皮耶特洛．庫吉諾（Pietro Cugino）、薩維諾（Savino）的羅莎．迪可西莫（Rosa di Cosimo）、朱塞貝．古索（Giuseppe Gusso）醫生、碧雅．佛瓊內（Pia Forgione，畢奧神父唯一仍在世的姪女），以及吉拉．迪弗露梅里神父（Padre Gerardo Di Flumeri，畢奧神父封聖案的副申請人），他們都慷慨接受了我的訪問。我也要感謝教廷宣聖部（Congregation for the Causes of Saints）的若瑟．薩爾諾（Joseph Sarno）神父，縱然要務纏身，他仍在梵蒂岡辦公室裡抽空接受了我的訪問。

此外，我也想感謝已故的朱塞貝・帕紐辛（Giuseppe Pagnossin）先生，他允我引用他的兩部大作，並轉載書中的珍貴相片：兩卷本《畢奧神父的髑髏地》（*Il Calvario di Padre Pio*），以及三卷本《畢奧神父：一個犧牲的故事》（*Padre Pio: Storia d'una vittima*）。特別值得一提的是，這兩部鉅作收錄的一手資料，許多如今已無處可尋。帕紐辛先生亦容我使用他精心收藏、之前未曾出版的數封畢奧神父信函。

麻州春田市（Springfield）的若望・舒格（John A. Schug）神父，對我寫作本書出力尤多。光是他提供的種種協助，就夠我再另寫一本書。他慷慨提供大批信件、剪報、訪談，也為我費心查考一些不甚清楚的資料。他是我的嘉布遣會資料庫，也讀了我一九八二年的初稿，提供許多有益的評論與建議。我也想特別感謝他溫暖的鼓勵，在準備寫書的過程中，我有很多次深感挫折，在那些時刻，神父都持續地為我打氣。

我也要感謝康州克隆威爾鎮（Cromwell）的若瑟・彼得森（Joseph Peterson）先生。在一九八二年寫本書第一版時，我曾用電話簡短訪問過他；沒想到僅僅因為這一「電」之緣，在寫作修訂版時，彼得森先生竟願花好幾小時接受訪問，並熱心提供珍貴剪報。此外，他還提供了廣大人脈，讓我找到很多能提供協助的人。對他的古道熱腸，我願在此深深致謝。

國家畢奧神父中心（National Center for Padre Pio）主任薇菈・卡蘭德拉（Vera M. Calandra）女士，也提供了寶貴資料與協助。該中心位於賓州巴爾托市（Barto），出版《畢奧神父之聲》（*The Voice of Padre Pio*），詳細追蹤畢奧神父的封聖過程。卡蘭德拉女士辛勤經營此一雜誌及其他刊物，精神令人感佩。若您想與她聯絡，請至國家畢奧神父中心網頁：http://www.ncfpp.com/。

賓州羅克海汶（Lock Haven）的桃樂絲・高迪歐斯（Dorothy M. Gaudiose）小姐，是我第一位認識實際與畢奧神父有接觸的人，在此謹致謝忱。

感謝若亞敬・史楚普（Joachim M. Strupp）神父，他於密西根州底特律市（Detroit）嘉布遺會聖若瑟會省（province of St. Joseph）檔案室任職，允我引用道明・梅耶（Dominic Meyer）神父的信函與報告；感謝芝加哥（Chicago）總教區實習檔案管理員茱莉・薩齊克（Julie A. Satzik），允我引用道明・梅耶神父與其堂弟雅博・梅耶（Albert Meyer）總主教的往來信件，後者先後歷任密爾瓦基（Milwaukee）與芝加哥總主教。

我也要特別感謝馬里蘭州肯辛頓鎮（Kensington）的威廉・凱利根（William Carrigan）、紐澤西州艾文頓鎮（Irvington）的喬治・波格尼（George Pogany）蒙席、紐澤西州多佛市（Dover）的良・芬寧（Leo Fanning）神父、麻州多切斯特鎮（Dorchester）的若望・D・聖若望（John D. Saint John）神父、紐約州尼亞加拉瀑布城（Niagara Falls）的若望・杜岡（John Duggan）神父、伊利諾州芝加哥市的馬利歐・亞威農（Mario Avignone）、紐約曼哈頓（Manhattan）的黛安娜・派爾・羅溫（Diana Pyle Rowan）、麻州威斯頓鎮（Weston）的希拉蕊・斯馬特（Hilary Smart）、紐約州基恩谷（Keene Valley）的安娜・派爾・丹尼斯（Anne Pyle Dennis）、紐約牡蠣灣（Oyster Bay）的詹姆斯・派爾（James T. Pyle）、英格蘭肯特郡（Kent）的東尼・李理（Tony Lilley）、英格蘭默西塞德郡（Merseyside）的愛麗絲・瓊斯（Alice Jones）、賓州里德利園（Ridley Park）的伊莉莎白・金椎根・華爾許（Elizabeth Kindregan Walsh）與保祿・華爾許（Paul Walsh）、紐約布魯克林區（Brooklyn）的卡洛琳・哥薩克（Carolyn Cossack）修女與孔切塔・岡貝羅（Concetta Gambello）、紐約曼哈頓的理查・柯斯諾提（Richard L. Cosnotti）牧師、烏拉圭薩爾托市（Salto）的艾米里歐・吉托提（Emilio Ghidotti）博士、華盛頓特區的莫妮卡・赫爾維格（Monika Hellwig）博士、已故的英格蘭洛茲沃斯（Lodsworth）男爵夫人芭芭拉・沃德（Barbara Ward）、賓州新堡（New Castle）的保羅・多明尼克（Paul Dominic）與李帕塔・德・普羅斯裴洛（Riparta De Prospero）、紐約市的德蕾絲·蘭納（Therese Lanna）、紐澤西州北平野（North Plainfield）的安得烈·曼達托（Andre Mandato）與葛蕾絲·曼達托（Grace Mandato）、紐約州揚克斯市（Yonkers）的畢奧·曼達托（Pio Mandato）神父、紐約州漢普斯提德鎮（Hempstead）的亞伯特·卡東內（Albert Cardone）、康州索欣頓鎮（Southington）的威廉·阿庫斯提（William Accousti）與蘿貝塔·阿庫斯提（Roberta Accousti）、維吉尼亞州瀑布教堂市（Falls Church）的約翰·居禮（John L. Curry），以及華盛頓特區的大衛·克夫曼（David Corfman）醫生。

本書得以順利完成，亦得力於下列諸君協助翻譯：義大利拿坡里（Naples）的莉莉雅娜·加依亞迪（Liliana Gagliardi）、紐澤西州北平野的羅伯·霍普可（Robert H. Hopcke）與安得烈·曼達托、馬里蘭州貝塞斯達（Bethesda）的蒙特瑟拉·索拉—索雷（Montserrat Sola-Solé）博士，以及我的阿姨，華盛頓特區的露意絲·瓊斯·胡巴特（Louise Jones Hubbard）博士。

我也想藉此機會，感謝幾位提供資訊、但不願公開姓名的人士。

最後，我想感謝我的編輯亨利·歐布萊恩（Henry O'Brien），他為整理手稿出版出力甚鉅，直到付梓前的最後一刻，他仍以無與倫比的耐心做了無數增添、修正。願上主報賞他的耐心。

注釋

楔子　聖方濟第二

1 *National Review*, October 22, 1968, pp. 1050-1051.

2 *The Voice of Padre Pio*（以下簡稱*Voice*）, Vol. III, No. 1, 1973, p. 6.

3 *Voice*, Vol. I, No. 3, 1971, p. 3.

4 審訂者注：在畢奧神父封聖案確定之後，若望．保祿二世不止一次公開讚揚畢奧神父是聖人。

5 譯注：為方便讀者區分神職人員與平信徒，書中神職人員名將以通行聖名中文譯法翻譯，平信徒名則以音譯。如此處Giacomo、Giuseppe兩名，若為神職人員，譯為「雅各伯」、「若瑟」；若為平信徒，則譯為「賈柯莫」、「朱塞貝」。但若神職人員名並非中文常見之聖名，則仍以音譯，如下文之阿雷修．帕稜提（Alessio Parente）神父。

6 *Voice*, Vol. V, No. 3, 1976, pp. 12-13.

7 Rudolf Bultmann, *Keryma and Myth* (New York, 1961), p. 5.

8 譯注：若無特別說明，文中聖經經文將採思高譯本。

9 譯注：friar常中譯為「修士」。但因嘉布遣會特別自稱「弟兄」而非「隱修會士」（monk），為尊重嘉布遣會傳統、並凸顯此一特色，本書將把friar譯為「弟兄」。

1　凡事靠主之家

1 譯注：為「正午」之意。

2 Dennis Mack Smith, *Italy: A Modern History* (Ann Arbor, MI, 1959), p. 150.

3 同前注。

4 Dante Alimenti, *Padre Pio* (以下簡稱Alimenti's *Padre Pio*) (Bergamo, 1984), p. 11.

5 出處同前，頁 38。

6 出處同前，頁 15。

7 譯注：天主教傳統祈禱方式之一，連續九天為同一意向祈禱，或為求恩，或作為慶典之前的預備。

8 Gherardo Leone, Padre Pio: *Infanzia e prima giovenezza* (1887-1910) (以下簡稱*Infanzia*) (San Giovanni Rotondo [以下簡稱SGR, 1973]), p. 35.

9 譯注：復活節前四十天行愛德和守齋的時期。

10 Lino da Prata and Alessandro da Ripabottoni, *Beata te, Pietrelcina* (以下簡稱*Beata te*) (SGR, 1976), p. 112.

11 譯注：聖母名號眾多，「釋放之母」僅為其中之一。其他請詳見〈聖母德敘禱文〉。

12 *Voice*, Vol. VII, No.2, 1977, p. 5.

13 同前注。

14 Interview, Riparta Masone De Prospero, New Castle, PA, June 20, 1985.

15 譯注：亞蘭文屬閃族語系，近希伯

來文，為第二聖殿期（539 BC-70 AD）猶太人之通行語，據信耶穌亦以亞蘭文傳道。

16 Interview, Riparta Masone De Prospero, New Castle, PA, June 20, 1985.

17 同前注。

18 Alimenti's *Padre Pio*, p.44.

19 Unpublished manuscript by Maria Pyle in possession of John A, Schug.

20 *Infanzia*, p. 14.

21 Interview, Pia Forgione in Pennelli, San Giovanni Rotondo, June 30, 1989.

22 *Beata* te, p. 105.

23 Schug manuscript (see n. 14, above).

24 同前注。

25 Giuseppe Pagnossin, ed., Il Calvario di *Padre Pio*, Vol. I (以下簡稱Il Calvario) (Padua, 1978), p. 349.

26 Augustine McGregor, *Padre Pio: His Early Years* (以下簡稱*His Early Years*) (SGR, 1985), p. 30.

27 教堂記錄的出生時間是下午五點半；官方記錄則是晚上十點。五月廿六日，方濟·佛瓊內於聖亞納堂由尼可朗東尼歐·奧蘭多（Nicolantonio Orlando）神父付洗。據家族說法，喬瑟芭在洗禮時將兒子獻給聖母。一八九九年九月廿七日，方濟於聖亞納堂領堅振禮，主禮者為貝內文托的總主教多納托·瑪利亞·德羅里歐（Donato Maria Dell'Olio）蒙席。

28 *Beata te*, p. 206.

29 *Infanzia*, p. 31.

30 Alberto D'Apolito, *Padre Pio of Pietrelcina: Memories, Experiences*, Testimonials (以下簡稱Alberto-Eng.) (SGR, 1986), p.179.

2 可愛的小方

1 Alessandro da Ripabottoni, *Pio of Pietrelcina: Infancy and Adolescence* (以下簡稱*Infancy and Adolescence*) (SGR, 1969), p. 3.

2 *Infanzia*, p. 28.

3 *Infancy and Adolescence*, p. 100.

4 *Voice*, Vol. IV, No. 3, 1974, p. 1.

5 *Infanzia*, p. 28.

6 出處同前，頁73-74。

7 Forgione interview.

8 *Infanzia*, p. 76.

9 Alessandro da Ripabottoni, *Pio of Pietrelcina: Un cireneo per tutti* (以下簡稱*Un cireneo*) (Foggia, 1974), p. 43.

10 *His Early Years*, p. 72.

11 *Infanzia*, p. 89.

12 De Prospero interview.

13 *Beata te*, p. 128.

14 Forgione interview.

15 De Prospero interview.

16 *Beata te*, p. 239.

17 出處同前，頁 207。

18 出處同前，頁 109。

19 Alessio Parente, *The Holy Souls* (以下簡稱*Holy Souls*) (SGR, 1988), pp. 68-69.

20 出處同前，頁 81。

21 依傑拉爾多·雷翁內（Gherardo Leone）所言，這孩子是腦水腫；據丹提·阿里曼提（Dante Alimenti）所說，他四肢都有問題。

22 *Infanzia*, pp. 41-42.

23 Agostino of San Marco in Lamis, *Diario* (SGR, 1975), p. 58.

24 *Beata te*, p. 113.

25 *Holy Souls*, p. 67.

26 *Beata te*, p. 186.
27 出處同前，頁 185。
28 *La Casa Sollievo della Sofferenza, English edition* (以下簡稱*La Casa*), November-December 1978, p. 23.
29 同前注。
30 *Beata te*, p. 135.
31 *His Early Years*, p. 63.
32 *Beata te*, pp. 134-135.
33 Padre Pio of Pietrelcina, *Letters, Vol. II, Correspondence with Raffaelina Cerase, Noblewoman (1914-1915)* (以下簡稱*Letters, Vol. II*) (SGR, 1987), p. 154.
34 Emmanuele Brunatto, *Padre Pio da Pietrelcina* (Rome, 1926), p. 9.
35 *Beata te*, pp. 386-387.
36 譯注：為方便管理，天主教在主教署理的教區之下，會合數堂區為總鐸區，總鐸由主教自該總鐸區下之堂區司鐸（神父）選出。以高雄教區為例，高雄教區目前下轄九個總鐸區，各總鐸區含四到八個堂區不等。
37 *Un cireneo*, p. 62.
38 Interview, Monsignor George Pogany, Irvington, NJ, July 29, 1989.
39 *Voice*, Vol. XX, No. 1, 1990, p. 14.
40 *Epistolario I*, pp. 1281-1282.
41 出處同前，頁 1283。
42 出處同前，頁 1284。

3 眾人的模範

1 Marion A. Habig, ed., *St. Francis of Assisi: Writings and Early Biographies* (Chicago, 1973), p.57.
2 Geoffrey Chaucer, *The Canterbury Tales* (trans. by Nevill Coghill) (Hammondsworth, England, 1963), pp. 25-26.
3 譯注：為回應宗教改革，天主教於教會內、外採取了一連串措施，以回應、反擊新教的挑戰。
4 Smith, *op. cit.*, p. 89.
5 同前注。
6 同前注。
7 出處同前，頁 91。審訂者注：教會其實是主張宗教自由、良心自由以及出版自由的，其所批評的是濫用和誤用自由。因為濫用和誤用的結果，反而使人得不到真正的自由。
8 *Infanzia*, p. 14.
9 編注：「碧岳」（Pio）與「畢奧」（Pio）為同一字， 為免混淆並顧及現行通用中譯名，在此翻為「碧岳」。
10 *Voice*, Vol. XIX, No. 12, 1989, p. 15.
11 譯注：依天主教信理，在聖體聖事（Eucharist）之時，基督真實臨在於聖體之中。故明供聖體，供信眾朝拜。
12 Evelyn Underhill, Mysticism: *A Study in the Nature and Development of Man's Spiritual Consciousness* (以下簡稱*Mysticism*) (New York, 1961), p. 302.
13 出處同前，頁 313。
14 出處同前，頁 313-314。
15 *Epistolario* I, p. 807.
16 Gerardi Di Flumeri, ed., *Acts of the First Congress of Studies on Padre Pio's Sprituality* (以下簡稱*First Congress*) (SGR, 1978), p. 155.
17 *Infanzia*, pp. 120-123.
18 *Voice*, Vol. XIX, No. 12, 1989, p. 15.
19 *His Early Years*, p. 109.
20 出處同前，頁 102-103。
21 *Voice*, Vol. XIX, No. 12, 1989, p. 6.

22 *Beata te*, p. 224.
23 *Un cireneo*, p. 25.
24 Alessandro da Ripabottoni and Grazio and Carmela Micheli, *L'Umanita di Padre Pio* (以下簡稱*L'Umanita*) (SGR, 1975), pp. 158-159.
25 譯注：天主教神父又稱「司鐸」、「司祭」，故受祝聖為神父稱「晉鐸」。
26 Diario, p. 80.
27 譯注：梵二之前，天主教會信徒培育常側重教理問答，較少鼓勵信眾閱讀聖經，故有此語。請參考房志榮，〈梵二與讀經運動〉，《神學論集》75期，1988，頁35-43。
28 *Voice*, Vol. II, No. 4, 1972, p. 16.
29 Teresa of Avila, *The Way of Perfection* (Garden City, NY, 1964), p.213.
30 John of the Cross, *Counsels of Light and Love* (New York, 1977), p. 30.
31 出處同前，頁42-43。
32 出處同前，頁33。
33 *Diario*, p. 186.
34 譯注：中譯本見《聖女小德蘭回憶錄》，張秀亞譯，光啟文化，2009。
35 Gerard Greene, *All on Fire: A Story of St. Gemma Galgani* (Notre Dame, IN, 1953), pp. 68-69.
36 Francis McGaw, *Praying Hyde* (Minneapolis, 1970), p. 37.
37 *Diario*, pp. 40-41.

4 屬天的秘密

1 *Mysticism*, p. 287.
2 *Mysticism*, p. 282.
3 *Epistolario* I, pp. 373-375.
4 同前注。
5 同前注。
6 出處同前，頁 56。
7 出處同前，頁 259。
8 譯注：聖髑（relics）原意為「遺骨」，但聖人的衣物、用品，甚至接觸過聖人的物品，皆可視為聖髑。
9 Alberto D'Apolito, *Padre Pio da Pietrelcina: Ricordi, Esperienze, Testimonianze* (以下簡稱Alberto-It.) (SGR, 1978), pp. 251-252.
10 出處同前，頁 253-262。
11 Gerardo Di Flumeri, *La permanenza di Padre Pio a Venafro* (以下簡稱*Venafro*) (SGR, 1977), p. 80.
12 *Un cireneo*, p. 29.
13 同前注。

5 聖潔的司祭，完美的祭品

1 譯注：梵二之前，聖秩（hierarchy）分大品、小品，前者含主教、司鐸、執事、副執事；後者含輔祭、驅魔師、讀經員、看門人四種。梵二時已不再將小品及副執事納入聖秩，副執事品則於一九七二年廢除。
2 *Epistolario I*, p. 179.
3 出處同前，頁 180。
4 *Epistolario I*, p. 185.
5 出處同前，頁 188。
6 出處同前，頁 182。
7 *Epistolario I*, p. 192.
8 Gerardo Di Flumeri, *The Mystery of the Cross in Padre Pio of Pietrelcina* (SGR, 1977), p. 22.
9 譯注：天主教彌撒又稱感恩祭，聖體聖事（聖餐禮）的其中一個面向，即是將化為酒餅的基督作為祭

品獻給天主
10 *His Early Years*, pp. 133-134.
11 *Epistolario I*, p. 209.
12 同前注。
13 出處同前，頁 224。
14 *Diario*, p. 131.
15 審訂者注：「罪惡」和「罪惡感」是截然不同的兩回事，這在信仰及靈修上是常必須分清的：「罪惡」是實際上「違反永恆愛的法律的一句話、一個行動或一種願望」，它得罪神也傷害人，因此當然應該避免。而「罪惡感」是指一種愧疚的感覺，它不是有沒有犯罪的指標——不見得犯罪的人都有罪惡感，也不見得有罪惡感就一定是因為犯了罪。
16 *Epistolario I*, p. 194.
17 出處同前，頁 199。
18 出處同前，頁 200-201。
19 出處同前，頁 204。
20 出處同前，頁 210。
21 出處同前，頁 217。
22 Interview, Pietro Cugino, San Giovanni Rotondo, July 1, 1999.
23 *Epistolario I*, p. 229.
24 出處同前，頁 231。
25 出處同前，頁 206。
26 出處同前，頁 207-208.
27 出處同前，頁 304。
28 出處同前，頁 127。譯注：畢奧神父此處應想引用〈迦拉達書〉（加拉太書）1章24節：「如今我在為你們受苦，反覺高興，因為這樣我可在我的肉身上，為基督的身體——教會，補充基督的苦難所欠缺的。」
29 *Beata te*, p. 209.
30 *Epistolario I*, p. 234.
31 *Il Calvario*, Vol. II, p. 358.

6 天堂與地獄之間

1 *Venafro*, pp. 67-68.
2 *Epistolario I*, p. 234.
3 出處同前，頁 237-238。
4 出處同前，頁 239-240。
5 出處同前，頁 240-241。
6 *Diario*, pp. 268-269.
7 出處同前，頁 66。
8 *Venafro*, p. 84.
9 John of the Cross, *op. cit.*, p. 41.
10 譯注：天主教法典規定：信眾若犯大罪，應於告解之後方可領聖體，若有特殊情況可以從權，但仍須有痛悔之心，並儘速補辦告解。
11 *Diario*, p. 269.
12 出處同前，頁 35-36。
13 出處同前，頁 37。
14 出處同前，頁 37-40。
15 出處同前，頁 40-44。
16 出處同前，頁 47。
17 同前注。
18 出處同前，頁 48。
19 同前注。
20 出處同前，頁 49。
21 出處同前，頁 66-67。
22 出處同前，頁 56-57。
23 *Epistolario I*, pp. 442-443.
24 *Venafro*, p. 77.
25 出處同前，頁 76-77。
26 *Mysticism*, p. 59.
27 *Venafro*, pp. 70-71.
28 出處同前，頁 72。
29 *Diario*, p. 255.

7 雙重流亡

1 Dominic Meyer, Circular letter, April 1949, from Provincial Archives, Province of St. Joseph of the Capuchin

Order, Detroit (以下簡稱Detroit)
2 Forgione interview.
3 *Beata te*, p. 205.
4 *Epistolario I*, p. 363.
5 出處同前，頁 256。
6 出處同前，頁 363。
7 *Beata te*, p. 94.
8 出處同前，頁 133-134。
9 出處同前，頁 195-196。
10 *Epistolario I*, pp. 442-443.
11 *Beata te*, p. 203.
12 同前注。
13 出處同前，頁 194。
14 出處同前，頁 194n。
15 *Epistolario I*, p. 302.
16 出處同前，頁 315。
17 *Beata te*, pp. 205-206.
18 *Epistolario I*, p. 330.
19 出處同前，頁 338-339。

8 心靈的黑夜

1 *Epistolario I*, pp. 420.
2 出處同前，頁 420-421。
3 出處同前，頁 461。
4 出處同前，頁 304。
5 出處同前，頁 308。
6 出處同前，頁 424。
7 出處同前，頁 462。
8 雖然本詩於一八八〇年由亞伯蘭·雷恩出版，名為〈密契者之歌〉（Song of the Mystic），但筆者認為本詩應為芬妮·寇斯比所作。在這位盲眼女詩人的抄寫員阿德伯特·懷特（H. Adelbert White）的手稿中，有出現過這首詩。著作權法在十九世紀似乎十分寬鬆，有些名詩人似乎也常將自己的作品贈與、轉讓給其他人。事實上，寇斯比也曾確認過，某些由喬治·菲特列·魯特（George Frederick Root）出版、著作權也歸魯特的作品（如〈空中之歌〉[Music in the Air]），其實是她所作。而另一方面，雖然〈祈禱的美麗時刻〉（Sweet Hours of Prayer）有時被視為寇斯比的作品，實則非她所作。由於〈靜寂之谷〉明顯指涉了寇斯比生命中的某些片段，因此筆者認為這首詩很可能是她的作品。雖然本詩由雷恩神父以〈密契者之歌〉之名出版，但可能是寇斯比將這首詩交由雷恩譜曲，並允其以自己之名出版——如魯特一般。然而事實真相如何，可能永遠無解。
9 *Mysticism*, p. 198.
10 出處同前，頁 381。
11 *Il Calvario*, Vol. I, p. 9.
12 *Mysticism*, p. 383.
13 出處同前，頁 399。
14 Teresa of Avila, *The Life of St. Teresa of Jesus: The Autobiography of St. Teresa of Avila* (Garden City, NY, 1960), p. 192.
15 *Mysticism*, p. 401.
16 譯注：作者此處引用的是英王欽定版經文，與思高聖經經文有出入，故依英王欽定版經文做調整。
17 *Mysticism*, p. 401.
18 同前注。
19 Padre Pio of Pietrelcina, *Epistolario III: Corrispondenza con le figlie spirituali* (1915-1925) (以下簡稱 *Epistolario III*) (SGR, 1977), pp. 1006-1008.
20 *Epistolario I*, pp. 264-265.
21 出處同前，頁273。
22 出處同前，頁382。

23 出處同前，頁297。
24 出處同前，頁327-328。
25 出處同前，頁300。
26 出處同前，頁682。
27 出處同前，頁476。
28 出處同前，頁640-641。
29 出處同前，頁466。
30 *Epistolario III*, pp. 164-165.
31 譯注：為迫使法老王同意以色列人離開埃及，上主降下十災，「黑暗」為第九災。
32 *Epistolario III*, pp. 194。
33 出處同前，頁196。
34 *Epistolario I*, pp. 614-619.
35 出處同前，頁311-312。
36 出處同前，頁341-342。
37 譯注：此處引文可能出自〈雅歌〉8章6節：「愛情猛如死亡，妒愛頑如陰府。」或是中世紀密契者艾克哈特（Eckhart）的名言：「愛猛如死亡，頑如地獄。死亡讓靈魂脫離肉體，愛則讓一切脫離靈魂。」
38 譯注：見〈若望福音〉（約翰福音）11章1-44節。拉匝祿為瑪利亞和瑪爾大（馬大）的弟弟，瑪利亞曾以香膏為耶穌敷腳。拉匝祿病死下葬後，耶穌應允瑪利亞的懇求，讓拉匝祿死而復活。
39 *Epistolario I*, pp. 677-678。
40 *First Congress*, p. 253.

9 重返會院

1 *Epistolario I*, p. 473.
2 出處同前，頁 779。
3 出處同前，頁 375-376。
4 譯注：方濟第三會又稱在俗方濟會，是為追求方濟精神之平信徒所設之修會。
5 *Letters, Vol. II*, p. 92-452。
6 出處同前，頁67。
7 出處同前，頁68。
8 出處同前，頁97。
9 出處同前，頁251。
10 出處同前，頁204。
11 出處同前，頁470。
12 出處同前，頁311。
13 出處同前，頁313。
14 出處同前，頁313-314。
15 *Epistolario I*, p. 439.
16 出處同前，頁479。
17 *Letters, Vol. II*, p. 122.
18 *Epistolario I*, p. 537.
19 出處同前，頁496。
20 出處同前，頁500。
21 出處同前，頁519。
22 出處同前，頁468。
23 出處同前，頁554。
24 *Letters, Vol. II*, p. 446.
25 出處同前，頁457-458。
26 *Epistolario I*, p. 579.
27 出處同前，頁587-588。
28 同前注。
29 出處同前，頁704。
30 出處同前，頁727-728。
31 *Letters, Vol. II*, p. 493.
32 出處同前，頁511-512。
33 出處同前，頁525。
34 出處同前，頁529。
35 出處同前，頁545。
36 *Diario*, p. 258.
37 *Epistolario I*, p. 730.
38 *Diario*, p. 261.
39 Timothy Ware, *The Orthodox Church* (Hammondsworth, England, 1964), p. 48.

10 來到聖若翰·羅通多

1 *Diario*, pp. 260-261.
2 *Epistolario I*, p. 769.
3 *Diario*, p. 261.
4 同前注。
5 *Epistolario I*, p. 773.
6 *Diario*, pp. 261-262.
7 Paolino of Casacalenda, *Le Mie Memorie Intorno a Padre Pio* (以下簡稱*Le Mie Memorie*) (SGR, 1975), pp. 57-59.
8 出處同前，頁 62-68。
9 *Epistolario I*, p. 792.
10 出處同前，頁 821。
11 *Le Mie Memorie*, p. 236.
12 雅博神父說是一千六百呎，道明神父則說「在一千八百到兩千呎之間」。
13 Alberto-Eng., pp. 47-48.
14 出處同前，頁55。
15 *Voice*, Vol. XVIII, No. 3, 1988, p. 4.
16 Alberto-Eng., p. 54.
17 Alberto-Eng., p. 57-58。
18 *Epistolario III*, p. 266.
19 Forgione interview.譯注：當時女修會規定入會者需有大學文憑，或需奉獻一筆資金。參第七章。
20 *Epistolario* I, p. 896.
21 文獻資料由嘉布遣會阿雷修·帕稜提神父提供。
22 De Prospero interview.
23 *Epistolario I*, p. 978.
24 出處同前，頁980。
25 De Prospero interview.

11 成為靈修導師

1 *Epistolario III*, p. 185.
2 出處同前，頁238。
3 出處同前，頁48-49。
4 *Il Calvario*, Vol. I, p. 40.
5 *Letters, Vol. II*, p. 158.
6 *Il Calvario*, Vol. I, p. 41.
7 *Epistolario III*, p. 59.
8 出處同前，頁250-251。
9 出處同前，頁251。
10 *Letters, Vol. II*, p. 291-292.
11 出處同前，頁292。
12 *Il Calvario*, Vol. I, p. 41. 譯注：「方濟」及「法蘭切斯科」在義大利文中為同一字，故畢奧神父可以以此開玩笑。
13 同前注。
14 同前注。
15 *Epistolario III*, p. 251.
16 出處同前，頁425。
17 *Il Calvario*, Vol. I, p. 41.
18 審訂者注：指仍生活在世間、還一路向天國邁進的人。
19 *Epistolario III*, p. 666-667.
20 *Voice*, Vol. XVII, No. 11, 1987, p. 48.
21 出處同前，頁47。
22 *Letters, Vol. II*, p. 426.
23 *Holy Souls*, p. 103.
24 *Epistolario III*, p. 48.
25 出處同前，頁55。
26 Cugino interview.
27 *Letters, Vol. II*, p. 259.
28 出處同前，頁190-191。
29 出處同前，頁179。
30 *Holy Souls*, p. 104.
31 出處同前，頁178-179。
32 *Epistolario III*, p. 300.
33 出處同前，頁831。
34 Giovanni Gigliozzi, *The Spouse's Jewels* (Subiaco, 1958), p. 106.
35 *Il Calvario*, Vol. I, p. 41.
36 *Epistolario I*, p. 1260.

37 *Epistolario III*, p. 701.
38 出處同前，頁800。
39 出處同前，頁809。
40 Forgione interview.
41 Cugino interview.
42 *Letters, Vol. I*, p. 490.
43 *Il Calvario*, Vol. I, p. 42.
44 同前注。
45 道明．梅耶致西彼連．雅布勒（Cyprian Abler）信件，一九五一年六月二日（底特律）。
46 同前注。
47 Cugino interview.
48 道明．梅耶信件，一九四九年七月（底特律）。
49 同前注。
50 Cugino interview.

12 聖傷

1 *Voice*, Vol. XIX, No. 3, 1989, pp. 6-7.
2 Alberto-Eng., pp. 85-86.
3 *Holy Souls*, p. 38.
4 Alberto-Eng., pp. 87-88.
5 *Le Mie Memorie*, pp. 95-100.
6 出處同前，頁102-104。
7 出處同前，頁101-102。
8 *Epistolario I*, p. 767.
9 出處同前，頁803。
10 出處同前，頁837-838。
11 出處同前，頁1027-1028。
12 出處同前，頁1030。
13 出處同前，頁1063。
14 我們可將畢奧神父接下來的描述與大德蘭自傳中的這段做一比較：「上主願意我看到一些以下的神視：我看見靠近我的左邊，有位具有人形的天使。除了罕有的情形，我不常見到有人形的天使。雖然有許多次看到天使顯現給我，但我卻沒有看見他們，就像我先前所說的，這是在理智的神視中顯現的……天使並不大，而是小小的。他非常美，面容火紅，好似火焰，看起來好像是屬於最高品級的一位天使，彷彿整個都在燃燒的火中，顯得火光四溢……我看見在他的手中，有一隻金質的鏢箭，矛頭好似有小小的火花。我覺得，這位天使好幾次把鏢箭插進我的心，插到我內心最深處。當他把箭拔出來的時候，我感到他把我內極深的部分也連同拔出；他使我整個地燃燒在天主的大愛中。這個痛苦之劇烈，使我發出呻吟。這劇烈的痛苦帶給我至極的甜蜜，沒有什麼渴望能帶走靈魂，靈魂也不滿足亞於天主的事物。」（Teresa of Avila, *The Autobiography of St. Teresa of Avila* [Garden City, NY, 1960], pp. 274-275.）（譯文引自《聖女大德蘭自傳》，星火文化）
15 *Epistolario I*, pp. 1065-1066.
16 出處同前，頁1067-1068。
17 出處同前，頁1068-1069。
18 *Le Mie Memorie*, p. 114.
19 Gerardo Di Flumeri, ed., *Le Stigmate di Padre Pio da Pietrelcina* (以下簡稱*Le Stigmate*) (SGR, 1985), pp. 143-145.
20 *Le Mie Memorie*, p. 114.
21 *Epistolario I*, p. 1090.
22 出處同前，頁1091。
23 同前注。
24 同前注。
25 *Il Calvario*, Vol. II, p. 355.
26 出處同前，頁357。
27 *Le Stigmate*, p. 141.

28 *Epistolario I*, p. 1095.
29 *Diario*, p. 262.
30 *Epistolario I*, p. 1091.
31 *La Casa*, September 1973, p. 20.
32 同前注。
33 *Beata te*, p. 230.
34 出處同前，頁231。
35 *Epistolario I*, p. 1098.
36 出處同前，頁1113。
37 *Le Mie Memorie*, p. 117.

13　異常聖潔或精神異常？

1 Habig, *op. cit.*, p. 1449.
2 同前注。
3 出處同前，頁1450。
4 出處同前，頁1450-1451。
5 Ian Wilson, *Stigmata* (New York, 1989), p. 131.
6 出處同前，頁132。
7 René Biot,*The Enigma of the Stigmata* (New York, 1962), p. 39.
8 Elisabeth von Guttenberg, *Teresa Neumann: A Message from the Beyond* (Chumleigh, England, 1978), p. 69.
9 據羅德島普羅維登斯（Providence）衛生局所開之瑪希．蘿絲．阿爾瑪．費倫死亡證明。
10 Boyer, Onesimus, *She Wears a Crown of Thorns* (Mendham, NJ, 1958), p. 81.
11 出處同前，頁82。
12 出處同前，頁87。
13 出處同前，頁88。
14 譯注：聖週四、聖週五即復活節聖週的週四與週五。
15 文獻資料（含一九七〇年神魂超拔之記錄）由莫理斯．米牧師提供。我也曾電訪米牧師、阿爾文．湯普森牧師（Rev. Arvin Thompson）以及L．F．史該牧師（L. F. Schele）。
16 *Le Stigmate*, p. 75.
17 Interviews, Padre Alessio Parente, O.F.M. Cap., San Giovanni Rotondo, September 1-5; Washington DC, and Alexandria, VA, January 4, 1979; and San Giovanni Rotondo, June 30-July 2, 1989.
18 Mary Ingoldsby, *Padre Pio* (以下簡稱Ingoldsby's *Padre Pio*) (Dublin, 1984), p. 143.
19 *First Congress*, p. 124.
20 同前注。
21 *Le Stigmate*, pp. 302-303.
22 電訪朱塞貝．薩拉醫師，一九八九年七月二日。
23 *Le Stigmate*, p. 9.
24 *Voice*, Vol. XIX, No. 3, 1989, p. 23.
25 同前注。
26 *Le Stigmate*, p. 9.
27 出處同前，頁314。
28 出處同前，頁312-313。
29 *First Congress*, p. 134.
30 *Le Stigmate*, p. 9.
31 *First Congress*, p. 132-133.
32 *Voice*, Vol. XVIII, No. 9, 1989, p. 7.
33 *Le Stigmate*, p. 12.
34 出處同前，頁171。
35 *First Congress*, p. 130.
36 出處同前，頁132。
37 道明．梅耶致愛德蒙．克拉默信件，一九四九年四月十日（底特律）。
38 同前注。
39 耶穌會士若望．D．聖若望神父（Rev. John D. Saint John, S.J.）日記。

40 *Le Stigmate*, p. 208-209.
41 *First Congress*, p. 129.
42 出處同前，頁131。
43 Interviews, Joseph Peterson, Cromwell, CT, December 9-10, 1988, and Reston, VA, April 1-3, 1989.
44 Parente Interviews.

14 聖潔名聲傳遍四方

1 *Epistolario I*, p. 1129.
2 *Voice*, Vol. XVIII, No. 11, 1988, p. 4.
3 *Le Mie Memorie*, p. 128.
4 出處同前，頁128-129。
5 *Il Calvario*, Vol. I, p. 3.
6 *Le Mie Memorie*, pp. 143-144.
7 *Epistolario I*, p. 1145.
8 *Voice*, Vol. XVII, No. 11, 1987, p. 46.
9 *Le Mie Memorie*, pp. 160-161.
10 出處同前，頁136-140。
11 出處同前，頁142-143。
12 出處同前，頁238。
13 出處同前，頁239。
14 出處同前，頁192。
15 譯注：典出〈若望輸福音〉（約翰福音）20章24-29節。耶穌復活後向門徒顯現時，多默（多馬）不在，便不相信其他門徒關於耶穌復活的證言，並堅持要親自看到、摸到耶穌的傷口才願相信。結果耶穌向其顯現，要他來看、來摸自己的傷口，並訓勉他要做個有信德的人。多默立刻承認耶穌是天主。
16 *Voice*, Vol. VIII, No. 1, 1978, pp. 11-12.
17 *Il Calvario*, Vol. I, p. 29.
18 出處同前，頁3。
19 出處同前，頁4-7。
20 出處同前，頁24-25。
21 *Epistolario I*, p. 1142.
22 *Voice*, Vol. XVIII, No. 7, 1988, p. 6.
23 出處同前，頁6-7。
24 *Il Calvario*, Vol. I, p. 139.
25 出處同前，頁139-174。
26 出處同前，頁147。
27 譯注：蒙席為天主教榮銜，由教宗授與。
28 譯注：改編自凱撒名言：「我來，我見，我征服。」
29 出處同前，頁170。
30 同前注。

15 小弟兄與總主教

1 John McCaffery, *Tales of Padre Pio, the Friars of San Giovanni Rotondo* (以下簡稱*Tales of Padre Pio*) (Kansas City, MO, 1978), p. 64.
2 *Epistolario I*, p. 1181.
3 出處同前，頁1247-1248。
4 出處同前，頁1121。
5 *Il Calvario*, Vol. I, p. 128.
6 出處同前，頁128-129。
7 Francobaldo Chiocci, *I nemici di Padre Pio* (Rome, 1968), p. 43.
8 *Diario*, pp. 265-266.
9 *Il Calvario*, Vol. I, p. 517.

16 撒殫之戰

1 Carlo Falconi, *Popes in the Twentieth Century, from Pius X to John XXIII* (Boston, 1967), p. 217.
2 C. C. Martindale, "Padre Pio of Pietrelcina," *The Month*, New Series, Vol. 7, No. 6, June 1952.
3 *Il Calvario*, Vol. I, p. 153.
4 出處同前，頁168。
5 出處同前，頁165。

6 *Voice*, Vol. VII, No. 4, 1977, p. 13.
7 *Il Calvario*, Vol. I, pp. 175-176.
8 出處同前，頁182。
9 同前注。
10 出處同前，頁189。
11 Capobianco, Costantino, *Detti e anedotti di Padre Pio* (以下簡稱*Detti e anedotti*) (SGR, 1973), p. 61.
12 *Il Calvario*, Vol. I, p. 208.
13 出處同前，頁260。
14 出處同前，頁232-233。
15 出處同前，頁252。
16 出處同前，頁260。
17 出處同前，頁225。
18 *Voice*, Vol. I, No. 3, 1971, p. 13.
19 出處同前，頁13-14。
20 *Il Calvario*, Vol. I, pp. 238-239.
21 出處同前，頁265。

17 行奇蹟者

1 *L'Umanita*, p . 430.
2 畢奧神父致雅博·寇斯塔信件，一九二二年十二月十日（感謝朱塞貝·帕紐辛[GiuseppePagnossin]提供）。
3 *Voice*, Vol. IX, No. 1, 1979, p. 12.
4 *Le Stigmate*, pp. 285-286.
5 出處同前，頁283。
6 出處同前，頁288。
7 同前注。
8 同前注。
9 出處同前，頁288-289。
10 出處同前，頁290。
11 出處同前，頁292-294。
12 出處同前，頁295-297。
13 Charles Mortimer Carty, *Padre Pio, the Stigmatist* (以下簡稱*The Stigmatist*) (Rockford, IL, 1963), pp. 162-163.
14 出處同前，頁67-68。
15 Interview, George Pogany, Irvington, NJ, July 29, 1989.
16 Alberto-Eng., p. 74.
17 John A. Schug, *Padre Pio: He Bore the Stigmata* (以下簡稱*He Bore the Stigmata*, Huntington, IN, 1976), pp. 51-52.
18 出處同前，頁132-133。
19 Interview, Liliana Gagliardi and mother, Washington, DC, January 1979.
20 *Epistolario I*, p. 1170.
21 出處同前，頁1172。
22 出處同前，頁1246-1247。
23 *He Bore the Stigmata*, p. 51.
24 *The Stigmatist*, p. 104-109.
25 *Tales of Padre Pio*, pp. 133-134.
26 Interview, Andre Mandato, North Plainfield, NJ, November 18, 1978.

18 美國來的「得力助手」

1 *Beata te*, p. 73.
2 一般認為派爾的出生地是紐澤西莫理斯鎮（Morris town），但據紐約戶口普查資料，派爾家弟弟妹妹的出生地被寫為「紐澤西」，愛德莉亞及其兩名兄長的出生地則被寫為「紐約」。
3 譯注：「經驗宗教」為新教思潮，認為除透過聖經認識真理之外，亦要在聖靈引導下，透過生活經驗來實際體驗聖經真理的意義。基督徒不應只是在理智上認識福音內容，更要親身體驗福音真髓。
4 愛德莉亞於一八八八年九月十五日領洗，一九〇三年五月接受堅信禮。

5 Peterson interviews.

6 Bonaventura Massa, *Mary Pyle: She Lived Doing Good to All* (以下簡稱 *Mary Pyle*) (SGR, 1986), p. 94.

7 *Mary Pyle*, p. 94.

8 出處同前，頁14。譯注：請注意「有條件洗禮」並非「再洗禮」（rebaptism）。天主教會目前只有在懷疑改宗者此前洗禮不具效力時，方予施行「有條件洗禮」。見《大公主義原則和法令實施指南》九十九條。

9 Ruth Kramer, *Maria Montessoti* (New York, 1976) p. 220.

10 審訂者注：中譯本由光啟文化出版。

11 *Mary Pyle*, p. 18-20.

12 Carmelo Camilleri, *Padre Pio da Pietrelcina* (以下簡稱Camilleri's *Padre Pio*) (Castello, 1952), pp. 114-121.

13 出處同前，頁21。

14 出處同前，頁21-22。

15 Dorothy M. Gaudiose, *Mary's House* (South Williamsport, PA, 1986), p. 50.

16 *Mary Pyle*, p. 22.

17 出處同前，頁28、140。

18 出處同前，頁108、116。

19 出處同前，頁165、154。

20 出處同前，頁171。

21 *Beata te*, p. 50.譯注：「聖家」即耶穌、瑪利亞、若瑟（約瑟）的小家庭。

22 出處同前，頁50-52。

19 接連不斷的悲痛

1 *Diario*, p. 62.

2 出處同前，頁65-66。

3 出處同前，頁62。

4 出處同前，頁65。

5 *Il Calvario*, Vol. I, p. 175.

6 *Beata te*, pp. 224-225.

7 *Il Calvario*, Vol. I, p. 537.

8 同前注。

9 出處同前，頁272。

10 出處同前，頁276。

11 出處同前，頁286。

12 出處同前，頁283.

13 *Il Calvario*, Vol. I, p. 292.

14 出處同前，頁402。

15 出處同前，頁401。

16 據若望·舒格（John A. Schug）所藏之未刊行資料。

17 *Il Calvario*, Vol. I, p. 537.

18 據若望·舒格所藏之未刊行資料。

19 同前注。

20 *Il Calvario*, Vol. I, p. 537.

20 監禁

1 *Il Calvario*, Vol. I, p. 543.

2 *Diario*, p. 267.

3 *Il Calvario*, Vol. I, p. 543.

4 出處同前，頁564。

5 出處同前，頁580-582。

6 出處同前，頁583。

7 出處同前，頁573。

8 出處同前，頁605。

9 *Diario*, p. 79.

10 同前注。

11 出處同前，頁93-94。

12 出處同前，頁81。

13 同前注。

14 *Il Calvario*, Vol. I, p. 376.

15 *Diario*, p. 84.

16 *Il Calvario*, Vol. I, p. 643.

17 *Diario*, p. 84.
18 *Il Calvario*, Vol. I, p. 667.
19 同前注。
20 *He Bore the Stigmata*, pp. 105-106.
21 *Il Calvario*, Vol. I, p. 689.

21 我在世間的工作，就此開始

1 *Diario*, p. 102.
2 出處同前，頁96。
3 出處同前，頁113-114。
4 *Il Calvario*, Vol. II, p. 24.
5 *Diario*, p. 124.
6 出處同前，頁66。
7 *Mary Pyle*, pp. 102-103.
8 Alberto-Eng., p. 59.
9 出處同前，頁108。
10 道明・梅耶致雅博・梅耶信件，一九四九年五月八日，藏於芝加哥總教區檔案與記錄中心（以下簡稱芝加哥）。
11 Kenneth Rose, *King George V* (New York, 1984), pp. 363-365.
12 *History Today*, Vol. 36, December 1986, pp. 21-30.
13 *Diario*, p. 115.
14 出處同前，頁100-101。
15 *Il Giornale D'Italia* (Pescara), November 22, 1942.
16 *The Stigmatist*, pp. 113-114.
17 *Il Giornale D'Italia* (Pescara), November 22, 1942.
18 *The Stigmatist*, pp. 116-118.
19 艾米里歐・吉托提（Emilio Ghidotti）致伯納德・盧芬信件，一九八一年六月廿三日。
20 道明・梅耶致雅博・梅耶信件，一九四九年五月八日（芝加哥）。
21 *Diario*, pp. 198-199.
22 道明・梅耶致雅博・梅耶信件，一九四九年五月八日（芝加哥）。
23 Pogany interview.
24 Interview, William Carrigan, Kensington, MD, Novenber 29, 1979, and by telephone on January 21, 1980, and August 18, 1980.
25 Gherardo Leone, *Padre Pio and His Work* (以下簡稱*His Work*) (SGR, 1986), p. 24.
26 同前注。
27 同前注。
28 *Tales of Padre Pio*, p. 21.
29 Francobaldo Chiocci and Luciano Cirri, *Padre Pio: Storia d'una vittima* (以下簡稱Chiocci and Cirri's *Padre Pio*) (Roma, 1968) Vol. I, p. 255.
30 *His Work*, p. 26.

22 上主現在不施憐憫

1 Cugino interview.
2 Carrigan interviews.
3 Pogany interview.
4 *Diario*, p. 115.
5 *Detti e anedotti*, pp. 18-19.
6 Carrigan interviews.
7 *Mary Pyle*, pp. 33-36.
8 Carrigan interviews.
9 Alberto-Eng., p. 107.
10 *Diario*, p. 63.
11 出處同前，頁162。
12 Cugino interview.
13 Alberto-Eng., p. 75.
14 道明・梅耶信件，一九四九年五月（底特律）。
15 *Voice*, Vol. XIX, No. 3, 1989, p. 7.
16 Interview by telephone, Loyal Bob Curry, October 1989 and July 1990.

17 *Mary Pyle*, p. 195.
18 Interview, John D. Saint John, S.J., Dorchester, MA, August 17, 1989.
19 *He Bore the Stigmata*, pp. 155-156.
20 *Detti e anedotti*, pp. 9-10.
21 Interview, Albert Cardone, New York, March 24, 1990.
22 Carrigan interviews.
23 Alberto-Eng., pp. 107-108.
24 Cardone interview.
25 Cugino interview.

23 畢奧神父與美國大兵

1 *Diario*, p. 163.
2 *Voice*, Vol. XX, Summer 1990, p. 36.
3 Carrigan interview.
4 Mario Avignone, *My Friend and Spiritual Father* (以下簡稱*My Friend*) (unpublished).
5 Saint John interview.
6 Letter, John P. Duggan to Bernard Ruffin, October 10, 1989. Interview by telephone, October 15, 1989.
7 Interview, Leo Fanning, Dover, NJ, July 29, 1989.
8 Peterson interviews.
9 Duggan interview and letter.
10 *My Friend*.
11 Duggan interview and letter.
12 Pogany interview.
13 Peterson interviews.
14 *Diario*, p. 171.

24 全球訪客紛來沓至

1 Interview, Carmela Marocchino, San Giovanni Rotondo, June 30, 1989.
2 Pogany interview.
3 *Voice*, Vol. XIX, No. 7, 1989, p. 20.
4 *La Casa*, December 1973, pp. 20-21.
5 同前注。
6 Pogany interview.
7 Forgione interview.
8 *My Friend*.
9 Pogany interview.
10 *Diario*, p. 87.
11 同前注。
12 *Il Calvario*, Vol. I, p. 95.
13 出處同前，頁92。
14 出處同前，頁93。
15 出處同前，頁94。
16 道明．梅耶信件，一九五一年五月（底特律）。
17 Rowan interview.
18 訪談道明．梅耶記錄，一九六六（底特律）。
19 Interview, John A. Schug, Alexandria, VA, June 29, 1979,
20 道明．梅耶致雅博．梅耶信件，一九四九年一月廿六日（芝加哥）。
21 同前注。
22 訪談道明．梅耶記錄。
23 *Mary's House*, pp. 9-12.
24 道明．梅耶致雅博．梅耶信件，一九五一年一月廿六日（芝加哥）。
25 道明．梅耶信件，一九四九年四月（底特律）。
26 道明．梅耶信件，一九四九年七月（底特律）。
27 道明．梅耶致雅博．梅耶信件，一九五〇年十月廿八日（芝加哥）。
28 同前注。
29 道明．梅耶信件，一九五一年七月（底特律）。
30 John Ardoin, "Gian Garlo Menotti's

Faith and Doubt," *The Washington Opera*, Issue 53, December 1990, pp. 24-25.
31 Pogany interview.
32 Peterson interviews.

25 受苦者安慰之家

1 *His Work*, p. 29.
2 同前注。
3 出處同前，頁34。
4 出處同前，頁36。
5 出處同前，頁56。
6 芭芭拉・沃德致伯納德・盧芬信件，一九八〇年二月十六日。
7 *His Work*, p. 38.
8 Francesco Napolitano, *Padre Pio of Pietrelcina: Brief Biography* (以下簡稱*Brief Biography*) (SGR, 1978), pp. 150-153.
9 Alberto-Eng., p. 214.
10 出處同前，頁213。
11 *Il Calvario*, Vol. I, p. 195.
12 *His Work*, p. 52.
13 *Tales of Padre Pio*, p. 66.
14 Alberto-It., p. 98.
15 同前注。
16 *His Work*, p. 60.
17 同前注。
18 出處同前，頁67。
19 *He Bore the Stigmata*, p. 223.
20 出處同前，頁222。
21 *His Work*, p. 69.
22 *New York Times Magazine, July 29, 1956*.
23 *Voice*, Vol. VIII, No. 3, 1978, p. 14.
24 *His Work*, p. 72.
25 出處同前，頁74。
26 出處同前，頁81。
27 *He Bore the Stigmata*, p. 226.
28 *Voice*, Vol. VIII, No. 3, 1978, p. 15.
29 *Diario*, p. 219.
30 *Voice*, Vol. VIII, No. 4, 1978, p. 15.

26 畢奧神父的一天

1 John A. Schug, *A Padre Pio Profile* (以下簡稱*Profile*) (Petersham, MA, 1987), p. 35. 帕沃內（Pavone）和馬佐尼（Mazzoni）兩位醫師所記錄的體重，與薩拉醫師的紀錄明顯不同。這很可能是因為畢奧神父跟大多數人一樣，體重隨年齡而有變化。因此，這兩份紀錄應該都正確，只是因為測量時間不同而有差異。
2 Pogany interview.
3 同前注。
4 Ingoldsby's *Padre Pio*, p. 66.
5 道明・梅耶神父書評（底特律）。
6 道明・梅耶致雅博・梅耶信件，一九五七年五月十九日（芝加哥）。
7 *La Casa*, March 1974, p. 20.
8 *Voice*, Vol. XIX, Nos. 8-9, 1989, p. 10.
9 道明・梅耶信件，一九四九年十月（底特律）。
10 Pogany interview.
11 *Le Mie Memorie*, p. 203.
12 芭芭拉・沃德致伯納德・盧芬信件，一九八〇年二月十六日。
13 *Voice*, Vol. XX, No. 1, 1990, p. 6.
14 同前注。
15 Interview, Gerardo Di Flumeri, San Giovanni Rotondo, July 1, 1989.
16 Tarcisio of Cervinara, *Padre Pio's Mass* (SGR, 1975), p. 20.
17 同前注。
18 道明・梅耶致雅博・梅耶信件，

一九五六年七月廿四日（芝加哥）。
19 Ingoldsby's *Padre Pio*, pp. 101-102.
20 出處同前，頁103。
21 *Voice*, Vol. XVIII, No. 2, 1988, p. 11.
22 Peterson interviews.
23 Parente interviews.
24 Tarcisio, *op. Cit*., p. 36.
25 Carrigan interviews.
26 Peterson interviews.
27 Alberto-Eng., p. 245.
28 同前注。
29 同前注。
30 Peterson interviews.
31 *Le Mie Memorie*, pp. 199-208.
32 Pyle interview.
33 *Diario*, p. 167.
34 *Voice*, Vol. XIX, No. 7, 1989, p. 5.
35 Cardone interview.
36 Clarice Bruno, *Roads to Padre Pio* (Rome, 1966), pp. 79-80.
37 *Voice*, Vol. XIX, No. 10, 1989, pp. 4-5.
38 出處同前，頁4。
39 *Voice*, Vol. XIX, No. 7, 1989, p. 6.
40 同前注。
41 *Voice*, Vol. XIX, No. 10, 1989, p. 4.
42 出處同前，頁5。
43 與匿名受訪者之訪談。
44 Alberto-Eng., pp. 253-256.
45 Ingoldsby's *Padre Pio*, p. 68.
46 Bruno, *op. cit*., pp. 79-80.
47 Interview, Graziella Mandato, North Plainfield, NJ, November 18, 1978.
48 *Tales of Padre Pio*, p. 67.
49 *Holy Souls*, pp. 105-106.
50 同前注。
51 Pogany interview.
52 Camilleri's *Padre Pio*, p. 118.
53 同前注。
54 *Mary Pyle*, p. 101.
55 *La Casa*, November 1973, p. 20.
56 出處同前，頁21。
57 *L'Umanita*, pp. 168-169.
58 *Profile*, p. 117.
59 *L'Umanita*, p. 162.
60 Peterson interviews.
61 同前注。
62 *Voice*, Vol. XIX, No. 2, 1989, pp. 10-11.譯注：三松與培肋舍特人的故事請見〈民長記〉（士師記）。
63 同前注。
64 Pogany interview.
65 *Holy Souls*, p. 41.
66 *Voice*, Vol. VIII, No. 1, 1978, p. 9.
67 出處同前，頁8。
68 *Brief Biography*, p. 168.
69 *La Casa*, September 1973, p. 20.
70 *Brief Biography*, p. 168.
71 *Voice*, Vol. XVII, No. 12, 1987, p. 20.
72 出處同前，Vol. XIX, No. 2, 1989, pp. 10-11.
73 *Detti e anedotti*, p. 47.

27 領有神恩之人

1 Interview, Dominic Meyer, 1966 (Detroit).
2 Interview, Joseph Pius Martin, San Giovanni Rotondo, September 5, 1978, and June 30-July 3, 1989.
3 Di Flumeri interview.
4 Carrigan interview.
5 Interview, Giuseppe Gusso, M.D., San Giovanni Rotondo, June 30, 1989.
6 *Mary Pyle*, p. 227.
7 馬爾谷福音（馬可福音）2章10節。
8 馬爾谷福音（馬可福音）4章41節。
9 若望福音（約翰福音）9章1-3節。

10 瑪竇福音（馬太福音）8章16節。
11 Philip Schaff, ed., *A Select Library of the Nicene and Post-Nicene Fathers of the Christian Church, Vol. IV, St. Augustine: The Writings Against the Manichaeans and Against the Donatists* (New York, 1901), pp. 321-322.
12 Augustine, *The City of God* (trans. by Gerald C. Walsh and Daniel J. Horan) (New York, 1954), p. 451.
13 Benjamin Warfield, *Miracles: Yesterday and Today, True and False* (以下簡稱*Miracles*) (Grand Rapids, MI, 1965), pp. 53-54.
14 Ewald Plass, ed., *What Luther Says: An Anthology*, Vol. II (St. Louis, 1959), p. 957.
15 出處同前，頁954。
16 同前注。
17 John Wesley, *Works*, Vol. V (New York, 1856), p. 706.
18 *Miracles*, p. 6.
19 Corrie ten Boom, *Tramp for the Lord* (Old Tappan, NJ, 1974), p. 62.
20 *Epistolario I*, p. 471.
21 Peterson interviews.
22 "A Day With Padre Pio," September 23, 1983, 錄音帶。
23 Pogany interview.
24 Parente interviews.
25 同前注。
26 同前注。
27 同前注。
28 同前注。
29 道明．梅耶信件，一九四九年四月（底特律）。
30 道明．梅耶致其父家書，一九四九年八月十六日（底特律）。
31 道明．梅耶信件，一九四九年十月（底特律）。
32 Ingoldsby's *Padre Pio*, pp. 84-85.
33 *Detti e anedotti*, pp. 75-76.
34 Fanning interview.
35 *My Friend*.
36 Alberto-Eng., pp. 72-73.
37 Interviews, Joseph Pius Martin, September 1-5, 1978, June 30-July 3, 1989, San Giovanni Rotondo.
38 Parente interviews.
39 *La Casa*, October 1973, p. 21.
40 Interview, Padre Antonio Savin, San Giovanni Rotondo, July 3, 1989.
41 *Detti e anedotti*, p. 77.
42 Pamela Rosewell, *The Five Silent Years of Corrie ten Boom* (Grand Rapids, MI, 1986), pp. 170-171.
43 *Voice*, Vol. XIX, No. 3, 1989, p. 5.
44 Di Flumeri interview.
45 Cardone interview.
46 Gusso interview.
47 羅伯．霍普可致伯納德．盧芬信件，一九八〇年六月三十日。
48 *Profile*, p. 211.
49 *Voice*, Vol. XIX, No. 3, 1989, p. 6.
50 Peterson interviews.
51 *Tales of Padre Pio*, pp. 66-67.
52 *La Casa*, November 1973, p. 21.

28　超凡的旅人

1 *Tales of Padre Pio*, p. 26.
2 Parente interviews.
3 Forgione interview.
4 Alberto-Eng., p. 117.
5 出處同前，頁116。
6 道明．梅耶信件，一九五〇年五月（底特律）。

7 道明．梅耶致雅博．梅耶信件，一九五三年三月十二日（芝加哥）；以及道明．梅耶致「兄弟姊妹、姪子、姪女」信件，一九五一年六月三十日（底特律）。
8 Alberto-Eng., pp. 135-138.
9 Ingoldsby's *Padre Pio*, p. 92.
10 *Voice*, Vol. XIX, No. 3, 1989, p. 7.
11 Ingoldsby's *Padre Pio*, p. 92.
12 Parente interviews.
13 *Voice*, Vol. VII, No. 3, 1977, p. 17.
14 出處同前，Vol. XIX, No. 3, 1989, p. 7.

29 治癒奇蹟

1 Interview, Rosa Di Cosmo in Savino, San Giovanni Rotondo, June 30, 1989. Interview, Giovanni Savino, San Giovanni Rotondo, by John A. Schug, July 17, 1971. Circular Letter, Dominic Meyer, July 1949 (Detroit). Pogany interview. Certificate, *Ospedali Riuniti*, February 15, 1990.
2 *Profile*, p. 176.
3 出處同前，頁180。
4 *Diario*, p. 169.
5 同前注。
6 出處同前，頁185。
7 出處同前，頁192-193。
8 出處同前，頁194。
9 道明．梅耶信件，一九五〇年三月（底特律）。
10 法蘭契絲．帕斯卡里尼致畢奧神父信件，一九五二年二月廿九日（芝加哥）。
11 Chiocci and Cirri's *Padre Pio*, Vol. I, pp. 670-672.
12 *Voice*, Vol. VI, No. 3, 1975, p. 15-16.
13 Renzo Allegri, *Padre Pio—L'Uomo di speranza*, (以下簡稱*L'Uomo di speranza*) (Milano, 1984), pp. 177-178.
14 Sala interview.
15 Parente interviews.
16 Martin interview and *Profile*, pp. 181-185.
17 Interview by telephone, Tony Lilley, July 6, 1990.
18 *La Casa*, No. 2, 1974, p. 20.
19 *Detti e anedotti*, pp. 68-70.
20 出處同前，頁71-74。
21 Martin interviews.
22 *Detti e anedotti*, pp. 32-34.
23 *Profile*, p. 134.
24 *L'Uomo di speranza*, pp. 151-152.
25 Alberto-It., p. 187. 雅博神父此書寫於一九七八年。以下所述，則根據皮耶特洛．庫吉諾於一九八九年七月一日（庫吉諾當時已七十六歲）對筆者所言：「我很年輕時，畢奧神父問我：『你想重見光明嗎？』我答說：『看怎麼樣對我靈魂最好。』沒過多久，畢奧神父又問我：『你想看見嗎？』我說：『如果那對我靈魂有益，我就想看見。』結果畢奧神父說：『眼睛是引我們犯最大之罪的器官。』從此以後，我再也沒請他讓我恢復視力。」
26 Andre Mandato interview.
27 Marco Mottola, *My Diary of Life: Two Mini Stories of Franciscans* (unpublished, 1987), p. 10.
28 *Voice*, Vol. XVII, No. 11, 1987, p. 49.
29 出處同前，頁48。

30 最沉重的十架

1 Rowan interview.
2 *Mary Pyle*, p. 181.
3 Milazzo interview.
4 Alessandro da Ripabottoni, *Padre Pio of Pietrelcina: 'Everybody's Cyrenean'* (以下簡稱*Everybody's Cyrenean*) (SGR, 1986), p. 188.
5 出處同前，頁188-189。
6 道明・梅耶致雅博・梅耶信件，一九五七年五月十九日（芝加哥）。
7 *Le Stigmate*, pp. 302-303.
8 *Il Calvario*, Vol. II, p. 294.
9 Milazzo interview.

31 金慶前的苦難

1 *Diario*, p. 225.
2 *Il Calvario*, Vol. II, p. 260.
3 Chiocci and Cirri's *Padre Pio*, Vol. III, p. 460.
4 Luis-Jesus Luna Guerrero, *El Padre Pio: El Tragedia de Fe* (Madrid, 1975), p. 111.
5 *Il Calvario*, Vol. II, p. 144.
6 若望・舒格致伯納德・盧芬信件，一九八〇年四月廿八日。
7 *Il Calvario*, Vol. II, p. 93.
8 同前注。
9 出處同前，頁98。
10 *Diario*, p. 245.
11 *Il Calvario*, Vol. II, p. 99.
12 同前注。
13 出處同前，頁100。
14 同前注。
15 Di Flumeri interview.
16 *Il Calvario*, Vol. II, p. 100.
17 同前注。
18 同前注。
19 出處同前，頁101。
20 *Mary's House*, p. 129.
21 出處同前，頁133。
22 Fernando da Riese Pio X, *Padre Pio da Pietrelcina: Crocifisso Senza Croce* (Rome, 1975), p. 384.
23 *Tales of Padre Pio*, pp. 110-111.
24 *Il Calvario*, Vol. II, p. 209.
25 馬卡利蒙席的「報告」至今仍被梵諦岡列為機密檔案。馬卡利蒙席現為安科納主教，在一封於一九八九年寫給筆者的信中，他表示無法透露相關內容，但堅稱自己才是謠傳、誹謗、謊言的受害者。至於艾米里歐神父和猶斯定神父的錄音帶，人們似乎只知道它們有被寄往梵諦岡，此外則無下文。

32 我再也扛不起我的十架

1 致柯蕾妲・凱侯（Coletta Kehoe）信件，由若望・舒格保存。
2 *Thirty Days*, No. 8, December 1988, p. 75.
3 *La Casa*, May 1988.
4 *Thirty Days*, No. 8, December 1988, p. 75.
5 出處同前，No. 9, March 1989, p. 65.
6 出處同前，No. 8, December 1988, p. 76.
7 *Il Calvario*, Vol. II, p. 26.
8 Martin interviews.
9 *Profile*, p. 107.
10 同前注。
11 出處同前，頁108。
12 Unpublished biographical sketch of Dominic Meyer, O.F.M. Cap. (Detroit)
13 Carrigan interview.

14 Interview, Aurelio Di Iorio, San Giovanni Rotondo, by John A. Schug, July 17, 1971.
15 Martin interviews.
16 *First Congress*, p. 149.
17 同前注。
18 *Profile*, p. 73.
19 Parente interviews.
20 *Profile*, p. 73.
21 同前注。
22 出處同前，頁74。
23 出處同前，頁75。
24 Alberto-Eng., pp. 79-82.
25 Ingoldsby's *Padre Pio*, p. 115.
26 Alberto-Eng., p. 82.
27 *Profile*, p. 72-73.
28 Ingoldsby's *Padre Pio*, p. 116.
29 *La Casa*, No. 2, 1974, p. 21.

33 請容我死

1 審訂者注：這是一整句拉丁名言（in necessariis unitas, in dubiis libertas, in omnibus caritas.）中的一段，是說教會一般在面對事務時的原則：在需要的事上保持合一，在有疑義的事上保持開放，在所有的事上保持愛德。中間這段不是說在疑義的情況下人愛怎麼自由決定都好，而是說在此情況之下切莫自以為是，而需要開放胸懷聆聽分辨，讓真理呈現出來。
2 Parente interviews.
3 *Everybody's Cyrenean*, p. 241.
4 Parente interviews.
5 *Everybody's Cyrenean*, p. 241.
6 Alberto-Eng., p. 308.
7 *Il Calvario*, Vol. II, p. 319.
8 *Mary Pyle*, p. 52.
9 *Profile*, p. 241.
10 Alberto-Eng., p. 320.
11 同前注。
12 同前注。
13 同前注。
14 出處同前，頁223。
15 出處同前，頁221。
16 出處同前，頁223。
17 出處同前，頁320。
18 *First Congress*, p. 257.
19 *Profile*, p. 232.
20 *Everybody's Cyrenean*, p. 246.
21 出處同前，頁247。
22 出處同前，頁218。
23 *La Casa*, June 1974, p. 21.
24 Interview, Raffaele D'Addario, San Giovanni Rotondo, by John A. Schug, July 19, 1971.
25 *Profile*, p. 237-238.
26 *Voice*, Vol. I, No. 1, 1971, p. 11.
27 Martin interviews.
28 *Profile*, p. 239.
29 出處同前，頁241。
30 *Everybody's Cyrenean*, p. 251.
31 出處同前，頁252-253。
32 出處同前，頁253。

34 畢奧神父還活著！

1 Kenneth L. Woodward, *Making Saints: How the Catholic Church Determines Who Becomes a Saint, Who Doesn't. and Why* (以下簡稱*Making Saints*) (New York, 1990), p. 185.
2 *The Evangelist* (Albany Diocese), October 6, 1983.
3 Alberto-Eng., pp. 311-312.
4 Anne McGinn Cillis, *Brian: The Marvelous Story of Padre Pio and a*

Little Anglican Boy (Ottawa, 1974), pp. 18-35.
5 Martin interview.
6 Martin and Forgione interview.
7 Elizabeth Kindregan Walsh, *A Healing from God Through Padre Pio* (unpublished), pp. 1-8.
8 *A CT Evaluation of the Hospitalization of Paul Walsh, February 1, 1985*, signed by Joseph S. Kenny, D.O., Delaware Valley Medical Center, Langhorne, PA; John A. King, D.O., Department of Medicine, Cuyoga Falls General Hospital, Cuyoga Falls, OH; and Raymond J. Salamone, M.D., Department of Radiology, University of Cincinnati Medical Center.
9 愛麗絲・瓊斯致伯納德・盧芬信件，一九九〇年九月十一日。

35　皮耶垂西那的聖畢奧

1 *Making Saints*, p. 185.
2 同前注。
3 *Voice*, Vol. XX, No. 5, 1990, p. 23.
4 出處同前，Vol. XXIX, Nos. 7-9, 1999, p. 11.
5 出處同前，頁12-13。
6 出處同前，頁16。
7 同前注。
8 出處同前，頁13。
9 出處同前，頁24。
10 *Voice*, Vol. XXIX, Nos. 7-9, p. 46.
11 出處同前，頁33。
12 出處同前，頁40。
13 出處同前，頁40-41。
14 *Voice of Padre Pio*, Vol. XXXII, no. 2, 2002, p. 20.
15 出處同前，頁18。
16 出處同前，頁21。
17 出處同前，頁23。
18 出處同前，頁24。
19 出處同前，頁25。
20 出處同前，頁18。
21 *Voice of Padre Pio*, Vol. XXXIII, no. 4, p. 6.
22 譯注：畢奧神父的遺體已於二〇〇八年遷入新教堂，公開展示。
23 *Voice of Padre Pio*, Vol. XXXIII, no. 4, p. 27.

後記　基督的仿效者

1 Lawrence Babb, *Redemptive Encounters: Three Modern Styles in the Hindu Tradition* (Berkeley, CA, 1985), p. 166.
2 Ingoldsby's *Padre Pio*, p. 65.
3 *Making Saints*, p. 188.
4 Ardoin, *op. cit.*, pp. 24-25.
5 *Profile*, p. 49.
6 出處同前，頁121-122。
7 出處同前，頁134。
8 出處同前，頁155。
9 出處同前，頁158。

附錄　喬治・波格尼蒙席的見證

1 譯注：法蘭茲・約瑟夫為奧匈帝國（一八六七—一九一八）皇帝，一八六七至一九一六在位。

國家圖書館出版品預行編目資料

聖五傷畢奧神父傳/伯納德.盧芬(C.Bernard Ruffin)作；朱怡康譯. -- 二版. -- 臺北市：啟示出版：英屬蓋曼群島商家庭傳媒股份有限公司城邦分公司發行, 2022.06
面；　公分. -- (Soul系列；40)
譯自：Padre Pio : the true story

ISBN 978-626-95983-3-5 (平裝)

1.CST: 畢奧(Pio, of Pietrelcina, Saint, 1887-1968) 2.CST: 天主教傳記

249.6　　111006913

啟示出版線上回函卡

Soul系列040

聖五傷畢奧神父傳：當代最偉大的密契經驗者，被神蹟環繞的一生

作　　者／伯納德・盧芬（C.Bernard Ruffin）
譯　　者／朱怡康
審 訂 者／林之鼎
企畫選書人／彭之琬
總 編 輯／彭之琬
責任編輯／周品淳

版　　權／江欣瑜
行銷業務／周佑潔、黃崇華、周佳葳、賴正祐
總 經 理／彭之琬
事業群總經理／黃淑貞
發 行 人／何飛鵬
法律顧問／元禾法律事務所 王子文律師
出　　版／啟示出版
臺北市104民生東路二段141號9樓
電話：(02) 25007008　傳真：(02)25007759
E-mail:bwp.service@cite.com.tw
發　　行／英屬蓋曼群島商家庭傳媒股份有限公司城邦分公司
台北市中山區民生東路二段141號2樓
書虫客服服務專線：02-25007718；25007719
服務時間：週一至週五上午09:30-12:00；下午13:30-17:00
24小時傳真專線：02-25001990；25001991
劃撥帳號：19863813；戶名：書虫股份有限公司
讀者服務信箱：service@readingclub.com.tw
城邦讀書花園：www.cite.com.tw
香港發行所／城邦（香港）出版集團
香港灣仔駱克道193號東超商業中心1F　E-mail: hkcite@biznetvigator.com
電話：(852) 25086231　傳真：(852) 25789337
馬新發行所／城邦（馬新）出版集團【Cite (M) Sdn Bhd】
41, Jalan Radin Anum, Bandar Baru Sri Petaling, 57000 Kuala Lumpur, Malaysia.
電話：(603) 90578822　傳真：(603) 90576622
Email: cite@cite.com.my

封面設計／李東記
排　　版／邵麗如
印　　刷／韋懋實業有限公司

■ 2013 年 11 月 5 日初版
■ 2022 年 6 月 9 日二版
Printed in Taiwan
定價 530 元

Padre Pio: The True Story
By C. Bernard Ruffin

城邦讀書花園
www.cite.com.tw

 ISBN 978-626-95983-3-5